Das Heilige und das Lachen

Fritz Lienhard | Manfred Oeming (Hrsg.)

Das Heilige und das Lachen

Humor und Spiritualität

EVANGELISCHE VERLAGSANSTALT
Leipzig

Bibliographische Information der Deutschen Nationalbibliothek
Die Deutsche Nationalbibliothek verzeichnet diese Publikation in der
Deutschen Nationalbibliographie; detaillierte bibliographische Daten
sind im Internet über http://dnb.dnb.de abrufbar.

© 2023 by Evangelische Verlagsanstalt GmbH · Leipzig
Printed in Germany

Das Werk einschließlich aller seiner Teile ist urheberrechtlich geschützt.
Jede Verwertung außerhalb der Grenzen des Urheberrechtsgesetzes ist ohne
Zustimmung des Verlags unzulässig und strafbar. Das gilt insbesondere für
Vervielfältigungen, Übersetzungen, Mikroverfilmungen und die Einspeicherung
und Verarbeitung in elektronischen Systemen.

Das Buch wurde auf alterungsbeständigem Papier gedruckt.

Cover: Zacharias Bähring, Leipzig
Coverbild: Don Camillo, © Stefan Kahlhammer
Satz: Marion Vogler, Heidelberg
Druck und Binden: BELTZ Grafische Betriebe, Bad Langensalza

ISBN 978-3-374-07356-6 // eISBN (PDF) 978-3-374-07357-3
www.eva-leipzig.de

Inhalt

Abbildungsverzeichnis 7

Manfred Oeming und Fritz Lienhard
Gewitzter Glaube
Programmatische Überlegungen zu einer wesentlichen theologischen
Fragestellung 9

Jochen Hörisch
Wer lacht, zeigt Zähne 43

Jessica Lampe
Zwischen Zähneklappern und Gelächter
Verhaltensbiologische Grundlagen einer Anthropologie des Humors 53

Frédéric Rognon
Das Lachen – eine Gemeinsamkeit der Menschen? 59

Andreas Wagner
Humor und Lachen unter den Emotionen des Alten Testaments? 69

Volker Grunert
Abraham, Vater des Glaubens und des Lachens?
Humor als funktionale Bewältigungsstrategie in Gen 14 85

Peter Lampe
Die Ironie des Heils
Zu einem Grundmuster frühchristlicher Soteriologie 99

Manfred Oeming
Crux causa homoris?
„Humorneutik" der Passionserzählung des Johannes 115

Marc Lienhard
**Die existenzielle und theologische Bedeutung des Lachens bei
Martin Luther** 133

Nora Schmidt
„Das Lachen des Propheten ist schön wie der Mond"
Überlegungen zu einer islamischen Hermeneutik des prophetischen
Körpers 143

Philippe Soual
Ein Lob auf den Humor 161

Simone Hankel
Geht das „Heilige" über die Straße
Programmatische Überlegungen zu einer wesentlichen theologischen
Fragestellung 181

Pierre Bühler
Das Tragikomische als Tiefendimension des Menschseins – im
Lichte der Kreuzestheologie 193

Philipp Stoellger
Lachen der Macht und Macht des Lachens
Zur Hermeneutik einer gravierenden Differenz 215

Fritz Lienhard
Lachen in der kirchlichen Praxis 237

Wolfgang Drechsel
„Mit (Seel-)Sorgen und mit Grämen und mit selbsteigner Pein ...?"
Zum Humor in der Seelsorge 257

Gisela Matthiae
„Ernst – nicht zu ernst."
Humor und Glaube in der Praxis einer Clownin 275

Patrick Ebert
Ordnung des Komischen – das Komische der Ordnung
Vom Komischen, Heiligen und dem Außerordentlichen 301

Anhang 335

Salome Lang
Und Sara lachte
Predigt zu Gen 18,1–15 am 21.12.2022 in der Peterskirche Heidelberg 337

Literaturverzeichnis 341
Abbildungsnachweis 361
Autorenverzeichnis 365

Abbildungsverzeichnis

Beitrag Manfred Oeming und Fritz Lienhard

Abbildung 1: Das Wortfeld von „Humor" in sozialanthropologischer
    Perspektive. 29
Abbildung 2: Vier Pole von Humor. 30
Abbildung 3: Das humoristische Viereck. 30

Beitrag Andreas Wagner

Abbildung 1: Einflüsse der Kultur auf die Emotionssequenz. 72

Beitrag Manfred Oeming

Abbildung 1: Merian, Gefangennahme Jesu. 120
Abbildung 2: James Tissot, Les Gardes Tombant à la renverse/The
    Guards Falling Back. 121
Abbildung 3: Bronzemünze des Pontius Pilatus. 123
Abbildung 4: Umzeichnung einer Spott-Graphity. 128

Beitrag Nora Schmidt

Abbildung 1: Mondspaltung in einer persischen Handschrift des
    16. Jahrhunderts. 160

Beitrag Pierre Bühler

Abbildung 1: Der Clown Dimitri will sich mit seiner Panflöte
    erschießen. 195
Abbildung 2: Mordillo: Der Fischer und seine Beute. 197
Abbildung 3: Friedrich Dürrenmatt, Don Quijote (1988). 201
Abbildung 4: Friedrich Dürrenmatt, Kreuzigung I (1939-1942). 202

Abbildung 5: Friedrich Dürrenmatt, Kreuzigung (1990). 203
Abbildung 6: Friedrich Dürrenmatt, Gelächter (1990). 203
Abbildung 7: „Oh! Pardon": zwischen Entschuldigung und Vergebung. 208
Abbildung 8: Die Kreuzigung im Altarbild der Herderkirche in Weimar, Lucas Cranach d.J., Kreuzigung (1552-1555). 209
Abbildung 9: Die Kreuzigung im Altarbild der Herderkirche in Weimar (Ausschnitt), Lucas Cranach d.J., Kreuzigung (1552-1555). 210
Abbildung 10: Gott als Fischer im Hortus deliciarum (ca. 1180). 211
Abbildung 11: „Ja nie aufgeben!", anonyme russische Zeichnung................213

Beitrag Gisela Matthiae

Abbildung 1: Neugierig wie immer, die Clowns. 275
Abbildung 2: Auf dem Weg, die Kirche zu entdecken. 276
Abbildung 3: Singen aus voller Kehle und mit roter Nase. 280
Abbildung 4: Frau Seibold, deren Engagement nicht nur aus dem Stricken von Socken besteht. 283
Abbildung 5: Clownsgruppe probt in einer Kirche. 284
Abbildung 6: Clown Justav am Abendmahlstisch. 285
Abbildung 7: Clownin fühlt sich ganz wohl unter der Kanzel. 287
Abbildung 8: Clownin im Gespräch mit Herrn Luther. 288
Abbildung 9: Den schützenden Schirm über dem Altarkreuz haben Clowninnen aufgestellt. 288
Abbildung 10: Die Clowngruppe wartet in der Kirche auf den Beginn des Gottesdienstes und hält ihn schließlich selbst, weil sonst niemand kommt. 292
Abbildung 11: Was für ein tiefes Loch! 293
Abbildung 12: Der Sprung als clowneske Übung. 299

Manfred Oeming und Fritz Lienhard

Gewitzter Glaube

Programmatische Überlegungen zu einer wesentlichen theologischen Fragestellung

1. Kein anständiger Witz?

Kommissar Frank Thiel aus der beliebten Münsteraner „Tatort"-Reihe muss den Mord am Regens des Priesterseminars aufklären. Beim Betreten der kirchlichen Ausbildungsstätte fällt die nüchtern-kalte Atmosphäre auf. Er witzelt:

> Wussten Sie, dass Jesus Nichtschwimmer war; der ist doch immer über das Wasser gelaufen. Ich werde es nie verstehen, dass Religion immer so humorlos sein muss. Immer nur Schuld, Blut und Sühne. Die Bibel zum Beispiel ist so ein dickes Buch, nicht ein anständiger Witz![1]

Das Urteil des Kriminalisten dürfte die Mehrheitsmeinung treffend wiedergeben: Die Bibel hat mit Humor nichts zu tun, ebenso wenig wie die Kirche und andere Religionen. Aber was ist eigentlich ein „anständiger Witz"? Die meisten Mitmenschen werden dabei an einen „unanständigen" Witz, an eine derbe bis ordinäre Pointe zum Schenkelklopfen denken. In diesem Sinne ist die Bibel wirklich eine humorfreie Zone. Wie steht es jedoch mit anderen Arten von Humor? Ein hermeneutisch tiefergehendes Verstehen von Humor ist eine notwendige Forschungsaufgabe. Unsere Einleitung versucht dies auf mehrfache Weise zu verdeutlichen: erstens will sie die Geschichte von Humor skizzieren, der – vor allem durch die Kirche – oft unterdrückt wurde. Darauffolgend werden Gegenargumente aufgezeigt, die seit Reformation und Aufklärung für eine positive Funktion des Humors entwickelt wurden. Der gegenwärtige Stand der Humorforschung liefert wichtige Beiträge zur Differenzierung der Arten von Humor, die unter 3. dargestellt werden; damit wurden Kategorien eröffnet, die in einer Tagung im September 2019 durch Beiträge von SprachwissenschaftlerInnen, Philosophen, biologischen An-

---

[1] KIEFER/TIEFENBACHER, Tatort. Tempelräuber, vgl. auf YouTube: https://www.youtube.com/watch?v=4svrv5_Wk-E&t=526s, Minute 8:45–9:00 (Stand: 25.02.22).

thropologinnen, vergleichenden ReligionswissenschaftlerInnen, Bibelwissenschaftlerinnen, Kirchenhistorikern, Ethnologen und von einer Pfarrerin, die als Clownin arbeitet, aufgefächtert wurden. Zum Abschluss listet eine Bibliographie das Corpus religiöser Witze in Judentum, Christentum und Islam auf. Damit veranschaulicht sie den Reichtum des Materials und erleichtert den Zugriff darauf.

Dieses Buch hat als Ziel, WissenschaftlerInnen im Umfeld der Theologie einen Impuls zu liefern, sich in die lebendige Szene der Humorforschung miteinzubringen. Zahlreiche wissenschaftliche Publikationen legen ihre Ergebnisse zur Humorforschung dar. Dabei wird das Phänomen Humor in theoretischen Grundsatzdebatten, Film- und Literaturanalysen oder kulturhistorischen Ausformungen diskutiert.[2] Es gibt mehrere einschlägige wissenschaftliche Zeitschriften: Das bei de Gruyter seit 1988 erscheinende Fachblatt *Humor – International Journal of Humor Research* (HUMOR) wirbt mit folgendem Text für sich: "Humor research draws upon a wide range of academic disciplines including anthropology, biology, computer science, education, family science, film studies, history, linguistics, literature, mathematics, medicine, philosophy, physiology, psychology, and sociology. At the same time, humor research often sheds light on the basic concepts, ideas, and methods of many of these disciplines." Das *European Journal of Humour Research* (EJHR) erscheint seit 2012 als akademische open access Publikation der Cracow Tertium Society for the Promotion of Language Studies und wird unterstützt von *The International Society for Humor Studies* (ISHS). 2012 gründete sich ebenfalls *The Israeli Journal of Humor Research: An International Journal* (ISJHR), das von The Israeli Society for Humor Studies herausgegeben wird.

2. Die Geschichte des Humors unter den Aspekten von Ablehnung und Unterdrückung

Wer in der Welt der Theologie über Lachen oder Humor nachdenkt, kommt nicht umhin, an die Figur Jorge in Umberto Ecos Roman „Der Name der Rose" zu denken. Jorge ermordete seine Kollegen, um die Veröffentlichung von Aristoteles' Buch über die Komödie, dem zweiten Buch der Poetik, zu verhindern. Eco versäumt es bei dieser Gelegenheit nicht, sich vorzustellen, was der antike Philosoph darüber hätte schreiben können. Er nimmt die klassische Formel in den Mund, dass „der Mensch als einziges aller Lebewesen zum Lachen fähig ist." Die Komödie ist in der Tat die literarische Gattung, die zum Lachen anregt.[3] Sie stellt dar, „wie das Lächerliche der Geschichte entsteht aus der Angleichung des Besseren an das Schlechtere und umgekehrt [...], aus der Herabsetzung der Personen [...],

---

[2] Vgl. als einführende Bibliographie https://en.wikipedia.org/wiki/List_of_humor_research_publications.
[3] Eco, Name der Rose (1984), 595.

aus dem Rückgriff auf die weniger edlen Dinge."⁴ Es handelt sich in der Komödie also um ein despektierliches Lachen, das das Laster auch und selbst in der Tugend zeigt, um alle falsche Tugend zu blamieren, das aber auch zu einer Art Verdachtshermeneutik zur Tugend führt.

Jorge ist radikal gegen das Lachen und bereit, für seine Sache zu ermorden und zu sterben. Sein erstes Argument ist, dass Christus nie gelacht und die Menschen nicht zum Lachen gebracht hat.⁵ Gleichnisse sind weder Komödien noch Fabeln. In ähnlicher Weise greift Jorge ein klassisches Argument der Theologiegeschichte auf: „Das Lachen dagegen schüttelt den Körper, entstellt die Gesichtszüge und macht die Menschen den Affen gleich."⁶ In ähnlicher Weise: „Lachen ist die Schwäche, die Hinfälligkeit und Verderbtheit unseres Fleisches."⁷ So steht das Lachen im Widerspruch zu einem Bild des Menschen, der sich selbst unter Kontrolle hat. Genauso entspricht das Lachen den niedrigeren Teilen des Menschen, Bauch und Unterleib, gekennzeichnet durch die Funktionen vom Verdauen und von der Sexualität.

In den Worten, die Jorge zugeschrieben werden, sei noch Folgendes angemerkt: „Wer also über das Böse lacht, zeigt damit, daß er nicht bereit ist, das Böse zu bekämpfen, und wer über das Gute lacht, zeigt damit, daß er die Kraft verkennt, dank welcher das Gute sich wie von selbst verbreitet."⁸ So entspricht die Ablehnung des Lachens dem ethischen Anliegen, das Gute zu fördern und das Böse zu bekämpfen. Die Verurteilung des Lachens trennt die Welt in Gut und Böse, Schwarz und Weiß und ignoriert die fünfzig Grautöne. Wir befinden uns in der Tat in der Sphäre eines religiösen Radikalismus.

Schließlich bedrohe Aristoteles' Werk die soziale Ordnung. Es geht um das Niedrige nicht nur im menschlichen Leib, sondern auch in der menschlichen Gesellschaft. Solange das Lachen plebejisch ist, ist es ungefährlich. Es ist Teil der Exzesse des einfachen Volkes. Wenn es aber mit der Komödie von *Aristoteles* in den Rang eines noblen Genres erhoben wird, hilft es, die *Angst* zu vertreiben, „deren wahrer Name Gottesfurcht ist". Diese Angst ist wesentlich für die kirchliche Kontrolle über Körper und Gesellschaft.⁹ Die schöne Ordnung der Welt könnte bedroht werden: „Das Volk Gottes würde zu einer Versammlung von Monstern, ausgespien aus den Schlünden der Terra incognita, und die Ränder des Erdkreises würden zur Mitte des christlichen Reiches [werden]!"¹⁰ Jetzt geht es um eine dritte

---

⁴ Ebd. Zum „realen" Aristoteles, siehe den Beitrag von Philippe Soual in diesem Band. Dass die These, dass der Mensch das einzige lachende Lebewesen sei, falsch ist, zeigt in diesem Band Jessica Lampe.
⁵ A.a.O., 169
⁶ A.a.O., 168.
⁷ A.a.O., 602.
⁸ A.a.O., 168.
⁹ A.a.O., 604.
¹⁰ A.a.O., 605.

konstitutive Ordnung, die durch die Würdigung des Lachens bedroht ist, eine geographische Ordnung, die zwischen Weltmitte und Weltrand unterscheidet, wobei das „christliche Reich" die Mitte bezeichnet.

In all diesen Bereichen verwandelt sich das Lachen in eine Waffe. Die „Rhetorik des Überzeugens" würde durch die „Rhetorik des Spottens" ersetzt, gegen die sich keine Wissenschaft wehren kann: „wenn eines Tages jemand sagen könnte (und dafür Gehör fände): Ich lache über die Inkarnation... dann [...] hätten wir keine Waffen mehr, um diese Lästerung einzudämmen [...]."[11]

Jorge ist nicht allein. Wenn man die Geschichte des Verhältnisses von Glauben und Humor betrachtet, stößt man im Allgemeinen auf ein sehr dunkles Bild: Glauben hat den Humor über viele Jahrhunderte unterdrückt und erstickt.[12] Die christliche Religion übte einen wichtigen Einfluss auf die Erforschung des Humors aus, aber „nicht, weil die Heilige Schrift oder die frühe christliche Kirche eine systematische Analyse dieses Phänomens förderten, sondern weil sie es ablehnten und jahrhundertelang unterdrückten"[13]. Die negativen Folgen des Lachens sollten aufgedeckt und gebannt werden. In den kanonischen Schlüsseltexten des Christentums gibt es sehr wenige Hinweise auf das Lachen. Diejenigen im Alten Testament beziehen sich auf spöttisches, verächtliches Lachen. Ironischerweise ist es in den meisten dieser Fälle Gott selbst, der lacht. Dieses Lachen zeigt die göttliche Überlegenheit und Allmacht über die Menschen und ist stets mit Strafe und Zorn verbunden.[14] Weisheit und Lachen stehen sich zudem gegenüber:

> Lieber trauern als lachen, denn durch die Trauer bessert sich das Herz. Das Herz der Weisen ist dort, wo man trauert, aber das Herz der Toren ist dort, wo man sich freut. Besser den Tadel der Weisen hören als den Gesang der Toren. Denn wie das Knacken der Dornen inmitten der Gefäße ist, so ist auch das Lachen der Narren eitel (Koh 7,3–6).

Im Neuen Testament, wo es noch weniger Hinweise auf das Lachen gibt, spielen die Seligpreisungen und die Weherufe in Lk 6 in der Christentumsgeschichte eine bleibende Rolle:

> μακάριοι οἱ κλαίοντες νῦν, ὅτι γελάσετε. (Lk. 6,21)
> οὐαί, οἱ γελῶντες νῦν, ὅτι πενθήσετε καὶ κλαύσετε. (Lk 6,25)
> Selig seid ihr, die ihr jetzt weint; denn ihr werdet ⟨dereinst⟩ lachen
> Weh euch, die ihr jetzt lacht! Denn ihr werdet ⟨dereinst⟩ weinen und klagen.

---

[11] A.a.O., 605f.
[12] Wir skizzieren das verbreitete Negativ-Narrativ anhand einer Studie von LARKIN-GALIÑANES, An Overview of Humor Theory, die sich mehrfach auf eine umfangreiche Quellensammlung bezieht: FIGUEROA-DORREGO/LARKIN-GALIÑANES, A Source Book.
[13] FIGUEROA-DORREGO/LARKIN-GALIÑANES, A Source Book, 49.
[14] Vgl. die Beiträge von Andreas Wagner und Philipp Stoellger in diesem Band.

Das klingt wie ein Lachverbot! Wer jetzt lacht, wird in der Zukunft mit Trauer bestraft werden. Darum lacht jetzt auf keinen Fall, sondern weint! Und in der Tat wird nirgends im Evangelium erwähnt, dass Jesus oder sonst jemand gelacht hätte.[15] Genauso wird Lachen mit Spott, aber auch mit „Unreinheit" und „törichtem Gerede" in Verbindung gebracht, die „nicht angebracht" sind (Eph 5,4).[16] Von daher sind seit der Antike Humor und Lachen als Übel bzw. Sünde verworfen worden.

Spätere Kommentare in den Werken der Kirchenväter sind ebenso vernichtend: Obwohl das Lachen für den Menschen natürlich ist und ein gemäßigtes Lachen (das Lächeln) akzeptabel sein kann, ist übermäßiges Lachen mit Beleidigung und Herabwürdigung verbunden und muss im Zaum gehalten werden, denn es „gebiert unflätige Reden, und unflätige Reden führen zu noch unflätigeren Handlungen", in einer Dynamik, die sogar zu Mord und Totschlag führen kann.[17] Die allgemeine Haltung der Kirche wird in der folgenden Passage, die ebenfalls von Chrysostomos stammt, zusammengefasst:

> Christus spricht zu uns viel von der Trauer und segnet die Trauernden und erklärt die, die lachen, für unglücklich. Denn dies ist nicht das Theater des Lachens, und wir sind auch nicht zu diesem Zweck zusammengekommen, damit wir uns übermäßig amüsieren, sondern damit wir seufzen und durch dieses Seufzen ein Reich erben.[18]

Die christliche Kirche erklärte das Lachen dauerhaft für gefährlich und war danach bestrebt, ihre Mitglieder zu kontrollieren. Sie beharrte auf frommer Akzeptanz irdischer Härten und versprach postmortale, himmlische Glückseligkeit. Die

---

[15] Dennoch ist die Fragestellung intensiv untersucht worden, vgl. BEDNARZ, Humor in the Gospels. Das Inhaltsverzeichnis lässt den Gang der Darstellung in zehn Kapiteln erahnen: 1. The Quest for Gospel Humor (1-14); 2. The Humor Taboo (15-36); 3. The Humor of the Absurd (37-70); 4. The Seriousness of Humor in the Teachings of Jesus (71-124); 5. The Comic and the Playful in the Teachings of Jesus (125-158); 6. The Cynic and the Rogue (159-198); 7. The Comic Savant and His Prophetie Humor (199-230); 8. Taking Humor Seriously (231-248); 9. The Laughing Jesus (249-286); 10. A Synopsis of Humor Rhetoric in the Quest Periods (287-325). Sie untersucht die Hindernisse, Erkenntnisse und Fortschritte auf dem Gebiet des biblischen Humors und bietet eine umfangreiche Bibliographie für weitere Studien.

[16] FIGUEROA-DORREGO/LARKIN-GALIÑANES, A Source Book, 151.

[17] CHRYSOSTOM, JOHN, The Homilies on the Statues to the People of Antioch, XV, in: SCHAFF, PHILIP (Hg.), A Select Library of the Nicene and Post-Nicene Fathers of the Christian Church, Bd. 9, ins Engl. über. v. Prevost, George, Michigan 1956 (vgl. ausgewählte Textauszüge in FIGUEROA-DORREGO/LARKIN-GALIÑANES, A Source Book, 157, Übersetzung von Manfred Oeming).

[18] CHRYSOSTOM, JOHN: Homilies on the Gospel of St Matthew, VI, in: SCHAFF, PHILIP (Hg.), A Select Library of the Nicene and Post-Nicene Fathers of the Christian Church, Bd. 10, ins Engl. über. v. Prevost, George, Michigan 1956 (vgl. ausgewählte Textauszüge in FIGUEROA-DORREGO/LARKIN-GALIÑANES, A Source Book, 158, Übersetzung von Manfred Oeming).

Behauptung einer Hierarchie im menschlichen Wesen und in der gesellschaftlichen Ordnung zieht sich durch:

> Für die christlichen Denker war das Lachen zu sehr mit dem Körper verbunden, und die strenge Regulierung des Körpers war ein zentrales Thema in ihrem asketischen Ansatz für das Leben auf der Erde ... Darüber hinaus war das humorvolle Lachen zu sehr mit Relativismus, Subversion, Chaos und Entspannung verbunden, als dass es in die Agenda der Kirche gepasst hätte, die sich voll und ganz dafür einsetzte, die vollständige Autorität in der Gesellschaft zu sichern, sehr oft durch den Diskurs der Angst.[19]

Die Rolle der Kirche wird von Larkin-Galiñanes bis in die Gegenwart dunkel dargestellt; durch die Geistesgeschichte hinweg wurde Humor abgelehnt. Das Aufkommen des Mönchtums brachte ein Leben mit sich, das von Selbstverleugnung, Gehorsam, Schweigen, Demut, Ehrfurcht vor Gott und harter Arbeit beherrscht werden sollte, während Frivolität, Dummheit, Vulgarität und somit auch das Lachen völlig verboten waren. Bis ins 11. Jahrhundert hinein galt in den Klöstern strengstes Lachverbot.[20]

Auch mit der protestantischen Reformation ist die Einstellung zu Lachen und Humor negativ geblieben. In den Jahren 1576–77 entstanden in England mit dem Bau der ersten Londoner „playhouses" (Theater) Hetzschriften gegen die Komödie. Sie wurde als unmoralisch, sündig und schmutzig angesehen, da sie die Jugend zu Müßiggang, Prostitution und vielen weiteren Sünden verleite.

Die Moderne zeigt jedoch, dass es für eine Ablehnung des Humors keine Religion braucht, und sich profane DenkerInnen der gleichen Argumente wie TheologInnen bedienten. Descartes befasste sich mit den physiologischen Erscheinungsformen und analysierte die Ursachen des Lachens. Wie Aristoteles bereits gezeigt hat, verstärkt das Lachen bei Descartes das soziale Gefälle, besonders durch böswilligen, schädigenden Spott. Durch diesen kann einem Individuum schwerer Schaden zugefügt werden, wenn er böswillig eingesetzt wird. Descartes verstand das Lachen entsprechend als Mittel sozialer Kontrolle, weil ein „bescheidener Scherz nützlich sein kann, um Laster zu tadeln, indem er es als lächerlich

---

[19] FIGUEROA-DORREGO/LARKIN-GALIÑANES, A Source Book, 50, Übersetzung von Manfred Oeming. Vgl. LE GOFF, Laughter in the Middle Ages, passim. Vgl. GILHUS, Laughing Gods, passim. Vgl. SANDERS, Sudden Glory, 146. Vgl. TEMPRANO, El arte de la risa, 240f.
[20] RITTER, Lachszenen, 136–139.

erscheinen lässt".[21] Thomas Hobbes verband genauso Humor mit der Wahrnehmung von Obszönität oder dem Unglück anderer Menschen und lehnte ihn scharf ab.[22]

Wie die Ermahnungen von Lord Chesterfield an seinen Sohn zeigen, blieb das Bewusstsein für die Gefahren von derbem Lachen bestehen, das mit sozialem Abstieg einherging:

> Häufiges und lautes Lachen ist das Kennzeichen von Torheit und schlechten Manieren; es ist die Art und Weise, in der der Pöbel seine alberne Freude über alberne Dinge ausdrückt; und sie nennen es fröhlich sein ... Es sind niedrige Possen oder alberne Unfälle, die immer zum Lachen anregen; und das ist es, worüber sich Menschen mit Verstand und Erziehung erheben sollten.[23]

Hegel seinerseits war der Ansicht, dass Lachen kaum mehr als „ein Ausdruck selbstzufriedener Schlauheit" sei.[24] Hazlitt führte eine lange Liste von Objekten an, die zum Lachen anregen können, angefangen von einer „Pappnase in einer Karikatur" über „eine ausgestopfte [...] Figur eines Stadtrats" und „die Kleidung von Ausländern" bis hin zu jemandem, der „hochmodern gekleidet oder aber ganz aus der Mode gekommen ist". Er schloss mit den Worten:

> Wir lachen, um unsere Zufriedenheit mit uns selbst oder unsere Verachtung für die Menschen um uns herum zu zeigen, oder um unseren Neid oder unsere Unwissenheit zu verbergen. Wir lachen über Narren und über diejenigen, die vorgeben, weise zu sein, über extreme Einfalt, Unbeholfenheit, Heuchelei und Affektiertheit.[25]

Wenig später trieb Baudelaire diese negative Einstellung zum Lachen auf die Spitze. Er verstärkte die moralische Besorgnis über den selbstverherrlichenden

---

[21] DESCARTES, RENÉ: The Passions of the Soul (1649), In: DERS., The Philosophical Works of Descartes, III Art. 180, ins Engl. übers. v. Elizabeth Haldane/G. Ross, Cambridge 1911 (vgl. die Textsammlung aus FIGUEROA-DORREGO/LARKIN-GALIÑANES, A Source Book, 292, Übersetzung von Manfred Oeming).

[22] HOBBES, THOMAS: Human Nature, The Elements of Law, Teil 1, Kap. 9, o.O. 1650. DERS., Leviathan, Teil 1, Kap. 6, o.O., 1651, (vgl. die Textsammlung aus FIGUEROA-DORREGO/LARKIN-GALIÑANES, A Source Book, 294).

[23] STANHOPE, PHILIP (LORD CHESTERFIELD): Letters 1748–1752, 09.03.1748 (vgl. die Textsammlung aus FIGUEROA-DORREGO/LARKIN-GALIÑANES, A Source Book, 426, Übersetzung von Manfred Oeming).

[24] HEGEL, Ästhetik. CARLYLE, THOMAS: Voltaire, o.O. 1829 (vgl. die Textsammlung aus FIGUEROA-DORREGO/LARKIN-GALIÑANES, A Source Book, 498). Vgl. den Beitrag von Philippe Soual in diesem Band.

[25] HAZLITT, WILLIAM: Lectures on the Comic Writers, etc. of Great Britain, o.O. 1818 (vgl. die Textsammlung aus FIGUEROA-DORREGO/LARKIN-GALIÑANES, A Source Book, 475f, Übersetzung von Manfred Oeming).

Humor von Platon, Aristoteles und Hobbes, indem er das Lachen als das zuverlässigste Anzeichen des satanischen Geistes im Menschen bezeichnete.[26] Besonders fruchtbar für die Entwicklung der Überlegenheitstheorie im 20. Jahrhundert war Henri Bergsons berühmter Essay „Le Rire" (1900). Dieses Werk ist von besonderem Interesse, weil es wie das von Descartes das Lachen mit sozialen Faktoren in Verbindung bringt, jedoch auf neue Weise. Für Bergson ist Lachen „immer das Lachen einer Gruppe".[27] Sein natürliches Umfeld ist die Gesellschaft. Daher hat es eine soziale Funktion und entspricht bestimmten Erfordernissen des sozialen Lebens. Seine Hauptfunktion besteht darin, die Menschen unter Kontrolle zu halten. Da niemand ausgelacht werden möchte, weichen Menschen ungern allzu sehr von gesellschaftlichen Normen ab. Bergson zufolge „können wir in der Regel zugeben, dass es die Fehler der anderen sind, die uns zum Lachen bringen, vorausgesetzt, wir fügen hinzu, dass sie uns eher wegen ihrer Ungeselligkeit als wegen ihrer Unmoral zum Lachen bringen". Seiner Ansicht nach ist das Lachen „eine Art soziale Geste. Durch die Angst, die es auslöst, zügelt es die Exzentrizität". Seine Funktion besteht darin, „durch Demütigung einzuschüchtern". Lachen geschieht so, bei ihm wie bei vielen anderen, von oben nach unten.[28]

Fast zeitgleich mit „Le Rire" erschien „Der Witz und seine Beziehung zum Unterbewussten" von Sigmund Freud (1905), der dem Lachen und dem Humor einen wichtigen Platz im psychischen Leben einräumte. Freud legte sich seine Beobachtungen folgendermaßen zurecht: Obwohl die meisten Witze feindselig sind, geht es nicht lediglich darum, dass wir über die Schwächen anderer lachen. Vielmehr setzt Lachen die Aggressionstriebe frei, die von der Gesellschaft unterdrückt werden. Lachen ermöglicht es, die „niedrigen" Triebe zu befreien. Witze helfen uns, „Einschränkungen [zu] umgehen und unzugänglich gewordene Lustquellen [zu] eröffnen"[29]. Es geht jedoch nicht nur um die Psyche, sondern auch um die Gesellschaft: Witze ermöglichen es uns, die schwachen und lächerlichen Aspekte unserer verfeindeten Mitmenschen auszunutzen, die wir sonst nicht offen oder bewusst zur Sprache bringen könnten. Durch sie machen wir unser feindliches Gegenüber klein, minderwertig, verachtenswert oder einfach nur komisch; so erreichen wir auf Umwegen das Vergnügen, es zu besiegen.[30]

Aber auch im 21. Jahrhundert wird Humor weiter kritisch beäugt, jedoch mit anderen Voraussetzungen. Feministische und queere Perspektiven führen mit Recht dazu, dass einem bei vielen Witzen das Lachen im Hals stecken bleibt. Das

---

[26] BAUDELAIRE, CHARLES: On the Essence of Laughter, and, in General, on the Comic in the Pastic Arts, o.O. 1855 (vgl. die Textsammlung aus FIGUEROA-DORREGO/LARKIN-GALIÑANES, A Source Book, 508–514).

[27] BERGSON, HENRI: Laughter, ins Engl. übers. v. Sypher, Wylie, NewYork 1956 (1900) (vgl. die Textsammlung aus FIGUEROA-DORREGO/LARKIN-GALIÑANES, A Source Book, 576, Übersetzung von Manfred Oeming).

[28] A.a.O., (vgl. die Textsammlung aus FIGUEROA-DORREGO/LARKIN-GALIÑANES, A Source Book, 582, 623, Übersetzung von Manfred Oeming).

[29] FREUD, Der Witz, 117.

[30] Vgl. ebd.

Maß an Frauenverachtung, Rassismus und Diskriminierung diverser Sexualität, das einem in vielen Witz-Büchern entgegenschlägt, ist wahrhaft erschreckend. Die Feindseligkeiten, die vielen Erscheinungsformen des Humors innewohnen, wurden in den letzten Jahren ausführlich dargelegt. Forschende zum Thema „Humor" stammen heute überwiegend aus der Psychologie oder Soziologie, weniger aus der Philosophie und Literaturwissenschaft wie früher. Sie haben jedoch die Grundannahme akzeptiert, dass Humor ein sozialer Mechanismus mit eindeutigen Funktionen wie Herstellung von Konsens, Konfliktbewältigung und Kontrolle ist. Die ursprünglich von Platon und Aristoteles aufgestellte Hypothese, dass wir über die Schwächen und lächerlichen Aspekte unserer Mitmenschen lachen, zieht sich also bis in die modernen Analysen durch.

Insgesamt ist die Geschichte des Humors eher eine Geschichte der Verhinderung und Kontrolle von Humor. PädagogInnen, PhilosophInnen, TheologInnen und LiteratInnen haben wieder und wieder die Gefahren und die Hässlichkeiten des Humors aufzudecken und argumentativ zu „deckeln" versucht.

Wie kann es also sein, dass eine internationale Fachtagung zum Thema „Glaube und Humor" in der Heidelberger Akademie der Wissenschaften abgehalten wurde? Gibt es überhaupt „anständige Witze" im Bereich von Kirche, Synagoge und Moschee sowie entsprechenden christlichen, jüdischen und islamischen Theologien? Ist es nicht ein kategorialer Fehlgriff, den Witz im oder den Spott über den Glauben zum Forschungsprojekt zu machen? Zudem: stirbt der Witz nicht, wenn er wissenschaftlich seziert wird? Und stirbt die gläubige Spiritualität nicht, wenn sie mit der Kategorie Witz in Verbindung gebracht wird? Ist das Thema nicht eher ein Phantom, mit der großen Gefahr, ins Blasphemische oder Alberne abzugleiten?

3. Gegenargumente: Die Entdeckung des Humors als wichtiges Element der Religion seit den biblischen Schriften

Kehren wir zurück zum Roman von Umberto Eco. Erinnern wir daran, dass dieser Schriftsteller nicht zu den zeitgenössischen DiscountdenkerInnen gehört, die den christlichen Glauben als notwendigerweise radikal und humorlos ansehen. Umberto Eco schrieb im Zusammenhang mit dem Aufstieg religiösen Radikalismus'. Mit Waffen wurden insbesondere islamische Verunglimpfungen bekämpft, wie am – späteren – Beispiel der satirischen Zeitschrift Charlie Hebdo oder der Mohammed-Karikaturen der dänischen Jyllands-Posten ersichtlich wurde. Wilhelm von Baskerville antwortet Jorge im Namen des Christentums selbst! Lachen hat seiner Auffassung nach therapeutischen Charakter. In ihm zeigt sich die Dankbarkeit für Gottes gute Schöpfung. Wie Heilbäder kämpft es gegen Melancholie, die Sünde ist, da sie die Dankbarkeit verkennt. Seinen Worten mangelt es nicht an Kraft, wenn er sagt: „Du bist der Teufel! [...] Ja, du! Man hat dich belogen, der

Teufel ist nicht der Fürst der Materie, der Teufel ist die Anmaßung des Geistes, der Glaube ohne ein Lächeln, die Wahrheit, die niemals vom Zweifel erfaßt wird."[31] Nicht ohne Grund beruft sich Wilhelm auf den Humor Jesu und auf die Tradition des hl. Franziskus. Beide gelten als paradigmatische Figuren für einen lächelnden Glauben.

Entsprechend kann man in der Geschichte des Humors eine Entwicklung von Argumenten gegen eine pauschale Abwertung verfolgen. Seit der Renaissance kam es zu einem neuen, positiven Interesse an Lachen und Humor. Das 18. und 19. Jahrhundert bildeten im Anschluss ein goldenes Zeitalter für die Philosophie des Humors. Diese Zeit war gekennzeichnet durch eine zunehmende Akzeptanz des Zusammenhangs zwischen Lachen und guter Laune, ja sogar durch ein tiefes Wohlwollen für ein befreiendes Lachen. Es hat sich gezeigt, dass Kontrollversuche über Körper und Lachen zunehmend gescheitert sind. Das freie, autonome Individuum der Moderne lässt sich das Lachen nicht mehr verbieten. Im 20. Jh. hat sich eine *umfassende Liberalität* den Weg gebahnt, die — unter anderem — einen freien Umgang mit Humor bewirkte. Alles wird scharfzüngig und tabulos durch den Kakao gezogen, vor allem seit die vielen Fernsehsender ihr Programm füllen müssen. Kirchen, Synagogen und Moscheen müssen sich mit diesen Tatsachen auseinandersetzen. Es gibt viele Versuche, entsprechend dem Trend die Witzigkeit und das Erbe des Humors hervorzuheben. Mit gemischtem Erfolg: Viele Kirchenwitze, die von TheologInnen erzählt werden, sind eher peinlicher Ausdruck einer langweiligen Spießbürgerlichkeit; dafür haben die Witze, die über die Kirche und die Theologie von außen erzählt werden, Pfeffer und Esprit, aber auch ein hohes Potential zur klischeehaften und gehässigen Verzeichnung.

Wichtig in unserem Band ist entsprechend die Feststellung, dass die monotheistischen Religionen durchaus Humor *pflegen* (sollten). Schon die Tatsache an sich spricht gegen die These einer Inkompatibilität zwischen Religion und Humor. Historisch-kritische Untersuchungen — in einem alttestamentlichen Seminar z.B. — befreien sich aus dogmatischen Fesseln und zeigen, dass in antiken Texten vielfach Humor am Werk ist. In unterschiedlichen Textkomplexen lassen sich beabsichtigte Groteske und kritische Witze auffinden: von Genesis bis Kohelet, bis hin zu Hiob. Israel hatte Anteil an der (Humor)kultur sowohl aus Mesopotamien[32] als auch aus dem Alten Ägypten[33].

Ob Humor in der Hebräischen Bibel überhaupt vorkommt, ist keineswegs allgemein anerkannt, sondern umstritten. Aber es gibt doch starke Hinweise; wir

---

[31] Eco, Name der Rose (1984), 607.
[32] Foster, Humor and wit. Frahm, Humor in assyrischen Königsinschriften.
[33] Morenz, Kleine Archäologie. Morenz geht davon aus, dass der Humor vor 5000 Jahren bereits die gleiche Funktion erfüllte, wie er das heute noch tut: Lachen ist etwas wie eine anthropologische Konstante. „Gemeinsames Lachen schafft soziale Bezüge, polstert den harten Alltag etwas ab und macht das Leben angenehmer." Schadenfreude gehörte auch mit dazu.

wollen nur wenige Beispiele nennen: Wenn die Menschen vom Baum der Erkenntnis essen, was erkennen sie? Dass sie nackt sind (Gen 3,7). Wenn die Menschen meinen, einen Turm gebaut zu haben, der bis in den Himmel reicht, dann muss Gott sehr tief herabsteigen, um dieses winzige Gebilde, das die Menschen da errichtet haben, überhaupt wahrnehmen zu können (Gen 11,5). Wenn Sara hört, dass sie als 80 Jahre alte Frau einen Sohn von einem 90jährigen Vater empfangen und gebären wird, lacht sie (Gen 17,17). Aber sie bringt Isaak (= „man lacht") tatsächlich zur Welt. David wird von Philistern bedroht und kann sich nicht anders helfen, als den Geisteskranken zu mimen:

> Und David änderte sein Aussehen vor ihm (dem König der Philister) und gab sich an jenem Tag als ein anderer Mensch aus; und er trommelte gegen die Tore der Stadt und machte große Gebärden mit seinen Händen und fiel gegen die Tore, und er ließ seinen Speichel auf seinen Bart fließen (1 Sam 21,14).

Wenn Gott Jona befiehlt, er solle nach Osten, nach Ninive gehen, dann geht Jona zum Hafen an der Mittelmeerküste und schifft sich Richtung Spanien, also nach Westen, in die genau entgegengesetzte Richtung ein (Jona 1,3). Nach einer Schiffskatastrophe überlebt er im Bauch des großen Fisches, der ihn nach drei Tagen „an Land kotzt" (Jona 2,11).[34] Die Erzähler machen sich über die lustig, die meinen, dass sie Macht und Wissen hätten, die meinen, dass sie Gott gleichwertig oder gar überlegen wären und sich anmaßen, dass sie ihn korrigieren könnten. Richtig ist vielmehr: Deutlich markierte „Witze" gibt es kaum[35], ordinäre oder infantile Zoten finden sich gar nicht.[36] Aber es gibt viel Ironie, Komik und Karikaturen bis hin zu Zynismus (Hiob) und Sarkasmus (Kohelet). Humor ist im AT voller Bild- und Sprachgewalt, mit Wortspielen und skurrilen Stilblüten. Vor allem hat er *ein* Ziel: Er geißelt scharf die menschliche *Hybris* als lächerliche Selbstüberschätzung und entlarvt jene, die meinen, dass sie an der Stelle Gottes stünden und die glauben, sie wüssten genau, was richtig ist. Ihnen wird ein *kritischer Spiegel* vorgehalten, der alle zur Selbstkritik nötigt. Der Humor deckt dabei auf, dass *Glauben besser ist als Unglauben*.

Auch wenn wir hier nicht ins Detail gehen können – weitere Beiträge werden es tun – so steht doch fest, dass die hebräische Bibel voll ist von Humor.[37]

Das *Judentum* hat einen gewaltigen Bestand an Humor hervorgebracht.[38] Jüdischer Humor spiegelt die Geschichte Israels in ihren vielfältigen Facetten und häufigen Abgründen wider. In ihm verdichtet sich die Seele des jüdischen Volkes

---

[34] WOLFF, Dodekapropheton, 86. Die Frage einer literarischen Abhängigkeit von diesem Motiv von der Geschichte von Pinocchio lassen wir hier unbeantwortet.
[35] CRÜSEMANN, Zwei alttestamentliche Witze.
[36] Manche ExegetInnen meinen, dass das Hohelied aus dem Rotlichtmilieu stamme und wie eine Zote in Wirtshäusern gesungen wurde.
[37] Dies zeigt die Bibliographie im Anhang.
[38] Siehe im Anhang die bibliographische Auswahl.

(wenn es eine gibt), seine Freuden und Sorgen, Hoffnungen und Enttäuschungen. Am wichtigsten ist vielleicht, dass er die Bereitschaft zeigt, sich über sich selbst lustig zu machen.

> Eine glückliche Ehe ist eine größere Wundertat Gottes als die Teilung des Schilfmeeres.
> Jüdisches Sprichwort.

> Aus einem Seelsorgegespräch:
>   Q. How can you make God laugh?
>   A. Tell him your plans.

Eine New Yorker Synagoge hatte von ihrem Rabbiner die Nase voll. Der Exekutivausschuss kam zusammen und beschloss, dass sie ihn entlassen müssten. Das Problem war nur: Wer würde ihn nehmen wollen – vor allem, wenn bekannt würde, dass er gefeuert worden war? Eine Lösung konnte nur die Strategie des Weglobens bringen. Der Gemeinderat schrieb ihm ein glühendes Empfehlungsschreiben. Darin wurde gesagt: „Unser Rabbiner ist ein sehr besonderer Mann. Er stellt eine Verbindung von Shakespeare, Moses und sogar Gott selbst dar." Die Empfehlung war so warm, dass es dem Rabbiner innerhalb von sechs Wochen gelang, eine Gemeinde in Florida zu finden, eine große, aufstrebende Synagoge, und zwar mit dem doppelten Gehalt und drei Nachwuchsrabbinern, die unter seiner Anleitung arbeiteten. Nach ein paar Wochen begannen die neuen Arbeitgeber die Unzulänglichkeiten des Rabbiners zu bemerken. Der Vorsitzende der neuen Gemeinde rief den Vorsitzenden der alten Synagoge wütend an und machte ihm Vorwürfe: „Wir haben diesen Mann hauptsächlich aufgrund Ihrer starken Empfehlung eingestellt. Wie können Sie ihn nur mit Shakespeare, Moses und sogar mit Gott selbst vergleichen, wenn er nicht einmal einen korrekten Satz auf Englisch zusammensetzen kann, wenn seine Hebräischkenntnisse schlechter sind als meine und wenn er obendrein ein Lügner, ein Betrüger und ein ganz und gar niederträchtiger Mensch ist?" Der Angegriffene erwiderte ruhig: „Regen Sie sich nicht auf, lieber Kollege. Jedes Wort entspricht der Wahrheit. Wie Shakespeare hat er keine hebräischen oder jüdischen Kenntnisse. Wie Moses kann er kein Englisch sprechen. Und er ist wie Gott, der selbst sagt, er is nisht kan mentch (Hos 11,9 ‚Ich bin kein Mensch!')"

Diese humorvolle Selbstrelativierung hat Juden und Jüdinnen zweifellos in die Lage versetzt, Jahrhunderte der Not zu ertragen. Auch die vielen Schnorrergeschichten, die es im jüdischen Volkswitz gibt, gehören hierher, weil eben die große wirtschaftliche Not unendlich viele Varietäten des Bettelns hervorgebracht hat und weil in der jüdischen Anschauung die Pflicht, den Armen zu beschenken, eine große Rolle spielt.

> Zwei Brüder erhalten regelmäßig von Rothschild eine Unterstützung von 100 Mark. Einer der Brüder stirbt, der andere kommt und will 200 Mark kassieren. „Nein", sagt der Baron, „Ihr Herr Bruder ist verstorben, Sie erhalten 100 Mark." Der Bruder erwiderte: „Wer ist der Erbe? Ich oder Sie, Herr Baron?!"

In der Nazizeit wurden Witze extrem zahlreich, die nach folgendem Muster liefen:

> Im Jahre 1938 sitzen in der New Yorker U-Bahn zwei gerade eingewanderte deutsche Juden einander gegenüber. Der eine liest den Stürmer, das Hetzblatt der Nazis. Der andere liest die jiddische Zeitung, den Forverts, und er wird wütend über seinen Landsmann. Schließlich fragt er ihn scharf: „Wieso um alles in der Welt lesen Sie dieses furchtbare Blatt? Es ist doch reiner Antisemitismus, purer Judenhass!" Der erste Jude guckt vor sich hin und sagt dann: „Schauen Sie. Was steht in Ihrer Zeitung? Überall sind die Juden Flüchtlinge. Armselige Bettler. Man verfolgt uns. Ich lese die Nazi-Zeitung, denn sie macht mich viel zuversichtlicher. Wir besitzen alle Banken! Wir besitzen die großen Firmen! Wir beherrschen die Welt!"

Auch wenn jüdische Witze manchmal unendlich traurig sein können:

> Im Warschauer Ghetto zeigt ein Jude seinem Nachbarn seinen Garten. „Schauen Sie, was für ein großer, wunderschöner Garten!" Der Nachbar verzieht das Gesicht: „Aber der ist doch nur einen Quadratmeter groß. Richtig winzig!" „Ja, aber beachten Sie doch die Höhe!"

Allerdings können solche Witze – nicht beabsichtigt, aber de facto – das Gewissen der Täter entlasten. „So schlimm kann es nicht gewesen sein, was wir getan haben, wenn darüber gelacht wird ..."[39]

Die jüdischen Witze haben ohne Zweifel eine spirituelle Dimension. Jan Meyerowitz versucht aufzuzeigen, dass das talmudische Denken ein Schlüssel zum tieferen Verständnis des jüdischen Witzes sei: „Keine andere orthodoxe Religion zeigt so viel Verständnis für die natürlichen Notwendigkeiten des Lebens, und es ist die eigentliche Aufgabe des Talmuds, Leben und Gesetz in gleichberechtigten Einklang zu bringen. Diese Humanisierung des Gesetzes ist das Hauptthema der jüdischen Gesetzesinterpretation. Die humoristische Übertreibung jener Humanisierungsversuche ist das Prinzip des jüdischen Witzes."[40] Die Kluft zwischen Norm und Leben ist eine unendliche Quelle der Heiterkeit, dies wird sich in den weiteren Ausführungen noch zeigen.

> Ein Jude steht vor einem christlichen Fleischerladen und betrachtet ihm verbotenen Schinken. Schließlich läuft ihm doch das Wasser im Munde zusammen; er geht hinein und erfragt den Preis, worauf in nächster Nähe ein schrecklicher Donnerschlag ertönt. Der Jude dreht sich um und sagt in Richtung der atmosphärischen Störung: „Mer darf doch noch fragen?!"

---

[39] Diesen Vorwurf erhebt z.B. TORBERG, „Wai geschrien".
[40] MEYEROWITZ, Der echte jüdische Witz.

Variante:

Ein Jude geht zum christlichen Metzger und verlangt nach 200 g Fisch, wobei er mit dem Finger auf eine Stelle in der Wursttheke zeigt. „Das ist Prager Schinken!", ruft der Metzger. Antwortet der Jude: „Ich habe nicht gefragt, wie der Fisch heißt."

Wie Burkhard Meyer-Sickendiek gezeigt hat, muss man zwei Arten von jüdischen Witzen unterscheiden: den „jüdischen Witz", der in den 1960er Jahren vor allem durch die Sammlung Salcia Landmanns bekannt wurde, der in der Gefahr steht, sich in heiteren, folkloristischen Erzählwitzen zu erschöpfen. Und den echten, ursprünglich als Schmähvokabel gedachten sog. „Judenwitz". Er wurde von jüdischen AutorInnen des Vormärzes umgedreht und – queer gelesen – zur „Waffe" im Prozess der jüdischen Emanzipation eingesetzt. Dieser Judenwitz ist eine eher aggressive Version, zu deren wichtigsten Vertretern Heinrich Heine, Jakob Börne, Karl Kraus und Kurt Tucholsky zählen. Während dieser echte jüdische Witz in Europa durch die Shoa so gut wie vernichtet wurde, findet sich in den USA eine ungebrochene Tradition, die von Eddie Cantor über Woody Allen bis hin zu der US-amerikanischen Sitcom „Seinfeld" reicht, die in 180 Episoden in 9 Staffeln von 1989–1998 in den USA lief (seit 1995 in deutscher Synchronisation) und zu den einflussreichsten Sitcoms gerechnet wird, die jemals produziert wurden.[41]

Auch der *christliche Humor* hat seine Sammlungen hervorgebracht.[42] Christliche Witze haben sehr unterschiedliche Themen: Das Verstehen oder Nichtverstehen der Bibel, die Peinlichkeiten und Scheinheiligkeiten des Bodenpersonals Gottes (Pfarrpersonen, PriesterInnen, PäpstInnen, Ordensleute), die lachhaften Situationen bei der Beichte, Missgeschicke bei hochheiligen Handlungen (Trauungen, Beerdigungen), Vorkommnisse im Religionsunterricht, Dialoge am Himmelstor.

„Liebe Gemeinde, heute fällt die Predigt aus. Ich muss Ihnen etwas Wichtiges mitteilen."

Einem Pfarrer wird vor der Predigt ein Brief überreicht. In dem steht nur ein einziges Wort: „Blödmann". Er erzählt der Gemeinde davon und meint: „Ich kenne viele Beispiele dafür, dass jemand einen Brief schreibt und dann vergisst, ihn zu unterschreiben. Aber das ist mein erster Fall, dass jemand unterschreibt und den Brief zu schreiben vergisst!"

---

[41] MEYER-SICKENDIEK, Der ‚jüdische Witz'. BATTEGAY, Judentum und Popkultur, 57–69, wo die jüdischen Identitäten in Seinfeld beleuchtet werden.
[42] Siehe im Anhang die bibliographische Auswahl.

> In the foyer of a church, a young boy was looking at a plaque with the names of men and women who had died in various wars. He asked the pastor, "Who are these people?" The pastor said, "Those are members from our church who died in service." The boy asked, "The early service or the second service?"

Auch in der *islamischen Welt* gibt es eine Fülle von Witzen, allerdings mit drei Tabuzonen, die bis in die Gegenwart bewahrt bleiben bzw. stärker verteidigt werden: Allah/Gott, der Prophet Muhammad und der Koran. Diese drei Themen sind heilig und dürfen nicht Gegenstand von Witzen werden. Was diese Tabuisierung des Zentrums bedeutet, ist umstritten. Nach islamischem Selbstverständnis ist es der Schutz vor religiösem Substanzverlust. Während die westliche Welt ihre eigenen Religionen trivialisiere und banalisiere, halte islamische Spiritualität die Erfahrung der Heiligkeit fest. Andere sehen darin eine Verweigerung der Moderne und der Aufklärung. In jedem Falle aber bleibt neben den verbotenen Themen genug Raum für anderen Humor, der sogar innerhalb des Korans, in den Hadithen und in der mündlichen Tradition explizit enthalten ist, z.B.:

> Ein Mann erschien als Zeuge und sagte vor einigen Richtern gegen einen Mann aus. Der Angeklagte sagte zu den Richtern: „Wie können Sie seine Aussage akzeptieren, wenn er 20.000 Dinar hat und nie den Hadsch verrichtet hat?!" Der Zeuge antwortete: „Ich habe den Hadsch verrichtet." Der Angeklagte sagte zum Richter: „Fragen Sie ihn nach Zamzam[43]?" Der Zeuge antwortete: „Ich habe den Hadsch verrichtet, bevor er gegraben wurde."

Außerdem kann Humor Spannungen, auch zwischen Menschen muslimischen und nicht-muslimischen Glaubens abbauen. Ein humorvoller Blick auf die religiöse Praxis kann eine Kraftquelle für vulnerable oder marginalisierte MuslimInnen sein, manchmal auch zum Schutz für die Unterschicht, für die notleidenden unehrlichen Menschen, die Alten, die Armen und die Jungen. Insbesondere junge Frauen oder Minderheiten können ermutigt werden, sich der Macht zu widersetzen oder sich zu verteidigen, indem sie humorvoll auf das Schicksal derer aufmerksam machen, die ihnen schaden. Islamische Witze sind nicht so leicht zu

---

[43] Nach CHABBI, Art.Zamzam, handelt es sich bei Zamzam um die Quelle, die Gott für Hagar und ihren Sohn Ismail, den ersten Sohn Abrahams, entspringen ließ, als diese in der Wüste in Gefahr stand zu verdursten (vgl. Gen 16). Erschöpft und ängstlich soll Hagar zwischen den Hügeln Safa und Marwa hin- und hergelaufen sein, um etwas Wasser zu finden. Nach dem siebten Lauf sah sie das Wasser zu den Füßen ihres Sohnes sprudeln. In Erinnerung an diese Suche und Anstrengung laufen auch heute noch die islamischen PilgerInnen während der Pilgerfahrt Hadsch sieben Mal zwischen den beiden Hügeln – die sich heute im Inneren der großen Moschee befinden – hin und her. Schon der Großvater Mohammeds hat die Quelle in einen Brunnen gefasst; später wurde dieser prachtvoll ausgebaut. Der Witz widerlegt humorvoll die Glaubwürdigkeit des Zeugen, weil dieser eine absurde Unmöglichkeit als Faktum behauptet.

finden, weil sie nicht in eigenständigen Sammelwerken vorliegen, sondern eher im Rahmen von wissenschaftlichen Untersuchungen angeführt werden.[44]

Bezeichnend ist schließlich der Sachverhalt, dass es auch *interreligiösen Humor* gibt. Die Begegnung mit anderen macht die Menschen ihrer Eigenheiten bewusster, aber eben auch der Eigenheiten der anderen.

> Ein Rabbiner und ein katholischer Priester sitzen bei einer Feierlichkeit nebeneinander (manche sagen, es war bei der Eheschließung von einem evangelischen Pfarrer). Der Rabbi nimmt von den angebotenen Speisen fast gar nichts. Kommentiert der Priester bissig: „Wann geben Sie endlich diese blöden Speisegesetze auf?" Rabbiner: „Am Tag Ihrer Vermählung, Eure Exzellenz."

Dabei ist es nicht leicht, diese Differenzen auszuhalten. Man will Toleranz zeigen, aber auch nicht das eigene Profil verwässern.

> Unterhalten sich ein katholischer Priester, ein Rabbi und ein evangelischer Pfarrer über ihre Religion. Schließlich fasst der Protestant den Diskurs zusammen: „Liebe Brüder, wir sollten uns nicht streiten. Wir wissen doch: Ihr dient Gott auf eure Weise. Wir dienen ihm auf seine Weise."

Diese faktische Praxis des Humors lässt theologisch fragen: Ist sie Zufall, Abfall (in beiden Sinnen von diesem Begriff), oder gehört sie genuin zum Glauben – in unserem Fall zum monotheistischen Glauben?

4. Theorien des Humors – auf der Suche nach dem angemessenen Referenzrahmen

> A generally accepted comprehensive theory of humor, explaining all its techniques and why things are humorous, does not yet exist. In a broad sense, humor is connected to the deviation from the ordinary and conventional, which causes relief from the psychological and social restrictions imposed on man, whereas the relief is expressed through smile or laughter.[45]

---

[44] Auch hier nur eine kleine Auswahl von Literatur im Anhang. Wir werden in diesem Rahmen nicht den Humor im Hinduismus ausführen, siehe dazu die umfassende Erkundung des Reichtums an Humor in Indien in: SIEGEL, Laughing Matters.

[45] TAMER, Humor in der arabischen Kultur, XI.

In stark holzschnittartiger Zuspitzung kann man zur Erklärung des hochkomplexen und so stark verbreiteten Phänomens des Witzes sechs Modelle unterscheiden, die zum Teil miteinander konkurrieren, sich zum Teil gegenseitig ergänzen:[46]

a) Humor und Lachen sind *biologisch-instinkthaft*; sie hängen mit dem Nervensystem des Menschen zusammen und funktionieren letztlich als Ersatzhandlung für brutale Gewalt. Humor dient dem Abbau von Spannungen innerhalb einer Gruppe, die durch humorvolles Verhalten gemildert werden können. Humor zahlt sich evolutionär aus. Diese biologische Erklärung des Humors erklärt am einfachsten seine Universalität.[47]

b) *Soziologische Ansätze* hingegen betrachten die Funktionen des Humors in Bezug auf Individuen und Gruppen. Hier wird Humor mit der Befreiung von sozialen Spannungen, Zwängen und unterdrückender Kontrolle erklärt. Der politische Witz hat hier seinen Ort; ähnliche Mechanismen erklären aber auch Witze, die zunächst unpolitisch erscheinen (z.B. Ehewitze).[48]

c) Die *Überlegenheits-Theorie* besagt, dass Menschen in den Situationen lachen, in denen sie sich einem Mitmenschen gegenüber stark überlegen fühlen können, wenn dieser sich z.B. ungeschickt anstellt oder ihm ein Missgeschick passiert, sogar oder gerade, wenn solche Pleiten und Pannen den Betroffenen richtig weh tun. Die Wurzeln dieser Humor-Interpretation gehen auf Platon und Aristoteles zurück, die das Lächerliche mit den Unzulänglichkeiten anderer Menschen in Verbindung brachten.[49] Humor und Lachen sind demnach ein triumphaler Ausdruck der eigenen Überlegenheit, verbunden mit einem Gefühl der Schadenfreude und der Aggression, die darauf abzielt, andere zu beherrschen. Rassistische und sexistische Komponenten sind dabei stark wirksam (z.B. Blondinenwitze, Ostfriesen-Witze, Ausländerwitze).

d) Die *Inkongruenz-Theorie* besagt, dass Humor immer da entsteht, wo ein überraschender Wechsel geschieht, z.B. von einer ernsten Situation zu einer anderen, meist trivialeren. Wesentlich ist das Moment der Überraschung, die durch die Wahrnehmung von etwas entsteht, das außerhalb der normalen oder erwarteten Ordnung von Natur und Gesellschaft liegt. Lachen ist das Ergebnis von Überraschung, Schock und Plötzlichkeit, eine Veränderung zu Freude und Erleichterung.[50]

e) Nach einer anderen Gruppe von Theorien entstehen Humor und Lachen aus ambivalenten Gefühlen heraus. Schon bei Platon wurde das Lachen mit der

---

[46] LARKIN-GALIÑANES, Overview of Humor Theory. KEITH-SPIEGEL, Early Conceptions. DRAMLITSCH, The Origin of Humor.
[47] Vgl. den Beitrag von Jessica Lampe in diesem Band.
[48] In der Soziologie wird natürlich auch bedacht, dass in unterschiedlichen Milieus nicht über das gleiche gelacht wird. Klerikale Witze gründen und pflegen ein eigenes Pfarrpersonenmilieu und schaffen entsprechend Zugehörigkeitsgefühl. Das werden wir hier jedoch nicht ausführen können.
[49] Vgl. den Beitrag von Philippe Soual in diesem Band. Bergson geht in die gleiche Richtung.
[50] Vgl. insbesondere die Beiträge von Gisela Matthiae und Fritz Lienhard in diesem Band.

„Gleichzeitigkeit von Lust und Schmerz aus Neid und Bosheit" in Verbindung gebracht. Humor ist nach dieser Theorie der Versuch, Ambivalenzen in sozialen Situationen, Rollen, Zuständen, kulturellen Werten und Ideologien aufzulösen. Ambivalenz entsteht z.B. durch Konflikte zwischen sozialen Verpflichtungen und Eigeninteresse, zwischen Angst und Vergnügen, zwischen Missbilligung und Neid auf abweichendes Verhalten, zwischen infantilen Trieben und Einschränkungen durch soziokulturelle Normen.

f) Die sogenannte *Entladungs-Theorie* geht auf Sigmund Freud zurück. Nach Freud dient Humor dazu, psychologische Spannungen bzw. Hemmungen aufzulösen sowie unterdrückte Gedanken und Triebe freizulassen und zumindest in Gedanken auszuleben.

Schon die Wahrnehmung der Vielfalt dieser Theorien führt aus der einfachen Ablehnung oder der schlichten Zustimmung zum Lachen heraus und in eine angemessene Komplexität der Beurteilung hinein. Die Frage, die sich als erste dringlich meldet, ist jedoch die nach einer angemessenen Definition von Humor.

Als erste Annäherung möchten wir vorschlagen, mit Humor in seiner Grundbedeutung anzufangen: *Humor hat ganz ursprünglich mit den Körpersäften zu tun* und meint „flüssig sein" oder „flüssig machen, verflüssigen".[51] Festgefahrene starre Ansichten in Bewegung zu bringen, harte Urteile weich zu machen, seelische Verspannungen zu entspannen, krampfhafte Anfechtungen zu überwinden. Humor ist somit eine frohe Haltung, die das Leben leichter macht. Wer Humor hat, der ist bereit, sich für das Unerwartete zu öffnen, das geschlossene System zu öffnen, sich aus der momentanen Situation zu distanzieren. Humor schenkt heilsame Momente des Lachens. Daraus ergibt sich auch eine religiöse Sinnkomponente eines Humors, der *erlösend* wirken kann.[52]

Wie steht es mit dem Humor in der Bibel?[53] Im Rahmen dieser Einleitung begnügen wir uns mit folgenden Überlegungen: Humor in der Bibel ist von allen gerade erwähnten sechs Komponenten durchzogen, besitzt aber noch eine mehr. Wenn man den *Humor des Glaubens* entdecken will, dann muss man subtil werden. Dadurch zeichnet sich bei der Suche nach dem gewitzten Glauben eine siebte Humor-Theorie ab, die noch nicht deutlich entwickelt ist.[54] Hier gibt es nämlich einen „Humor", der ohne lautes Lachen auskommt und der mehr in einem erlösten Lächeln besteht.

---

[51] Dabei sind zwei Sinnhorizonte mit einzublenden: Jedes Lebewesen besitzt vier Körpersäfte (hūmorēs), deren Mischung den Charakter eines Wesens bestimmt (cholerisch = Hochdruck-Blut, aufbrausend, hitzköpfig; phlegmatisch = schwergängiges Blut, langsam und behäbig; sanguinisch = dünnes Blut, feurig, leidenschaftlich; melancholisch = schwarzblütig, schwermütig, depressiv). Die richtige „Verflüssigung" ist heilsam und schafft eine Harmonie der Seele. Zum zweiten besteht eine Beziehung zu der Flüssigkeit des Bacchus, dem Wein.

[52] BERGER, P., Erlösendes Lachen, 177–205.

[53] Vgl. MATTHIAE, Art. Humor.

[54] Vgl. den Beitrag von Manfred Oeming in diesem Band.

Ein Narr lacht überlaut; ein kluger Mann lächelt ein wenig.

ἀνὴρ δὲ πανοῦργος μόλις ἡσυχῇ μειδιάσει (Sir 21,20)

Man darf dabei das Wortfeld von „Humor" nicht zu eng ziehen. Für uns gehören auch „Erleichterung" und die „innere Distanzierung von den Sorgen der Welt" sowie die „Befreiung aus der Angst, besonders aus der Angst vor dem Tod"[55] zum biblischen Wortfeld „Humor". Es umfasst auch viele andere Elemente wie z.B. die positiven Emotionen „Freude", „Glück" oder „Jubel". So gesehen, wäre die vermeintlich so „ernste Bibel" schlagartig prall voll mit Humor!

> Finally, biblical humour is never scatological or frivolous, but intelligent, subtle, and implicit rather than explicit. Genuine comparative literature watches in wonder, for there is nothing comparable to it in antiquity: no more than a hair's breadth separates it from the earnest.[56]

Was hat es mit diesem wundersamen „biblischen Humor" oder „Humor des Glaubens" genauer hin auf sich? Der für das Alte und Neue Testament einschlägige Humor-Begriff ist nicht so leicht mit wenigen Sätzen zu fassen.[57] Worüber lacht bzw. lächelt man in der Bibel, wer löst wie das Lachen aus, welche Wirkung hat ein Lachen im sozialen Kontext? Die literarischen Gattungen des Humors sind zahlreich. Das *Komische* ist das Seltsame, das so Ungewöhnliche, dass es zum Lachen reizt. Das griechische κῶμος (komos) bezeichnet die „Schwäche". Ist Gott „in den Schwachen mächtig" (Wort Gottes an Paulus, 2 Kor 12,9)? Die Mächtigen der Welt sind im Irrtum über sich selbst. Wir haben gesehen, wie Humor als die Sache des „niedrigen Menschseins" betrachtet wurde. Genauso wird von oben nach unten „ausgelacht". Was geschieht jedoch, wenn sich in Christus Gott selbst mit dem Niedrigsten, dem Gekreuzigten, identifiziert?

> „Denn das Wort vom Kreuz ist Torheit für die, die verloren gehen, für die aber, die gerettet werden, für uns, ist es Gottes Kraft. Es steht nämlich geschrieben: zunichtemachen werde ich die Weisheit der Weisen, und den Verstand der Verständigen werde ich verwerfen. Wo bleibt da ein Weiser? Wo ein Schriftgelehrter? Wo ein Wortführer

---

[55] „In der Welt habt ihr Angst, aber seid getrost (θαρσεῖτε), ich habe die Welt überwunden" (Joh 16,33).
[56] RADDAY, On Missing the Humour, 38. [„Schließlich ist der biblische Humor niemals fäkalsprachlich oder frivol, sondern intelligent, subtil und mehr implizit als explizit. Echte vergleichende Literaturwissenschaft schaut staunend zu, denn es gibt in der Antike nichts Vergleichbares: nicht mehr als eine Haaresbreite trennt ihn (den biblischen Humor) von tiefer Ernsthaftigkeit." Übersetzung von Manfred Oeming]. Dabei gibt es schon auch skatologische Andeutungen. Vgl. 1 Kön 18,27, wo Elias andeutet, dass der Gott Baal eventuell auf das Klo gegangen sei.
[57] Vgl. MATTHIAE, Art. Humor.

dieser Weltzeit? Hat Gott nicht die Weisheit der Welt zur Torheit gemacht?" (1 Kor 1,18–20)

Ein sehr probates rhetorisches Stilmittel des Humors ist die *Ironie*: Ironie sagt das Gegenteil von dem, was sie eigentlich meint. Das Wort kommt vom altgriechischen εἰρωνεία (eirōneía) und meint wörtlich die „Verstellung, Vortäuschung". Dabei stellt die schreibende Person eine Behauptung auf, die ihrer wahren Überzeugung gar nicht entspricht, sondern diametral widerspricht; diese Verstellung ist freilich nur für ein eingeweihtes Publikum erkennbar; nur wer aber Sinn für Ironie hat, d.h. wer die Verstellung zu durchschauen vermag, kann sich dann köstlich amüsieren. Komik kann dazu dienen, sich von den zitierten Haltungen zu distanzieren oder sie in polemischer Absicht gegen angesprochene Personen zu wenden. Ironie drückt das Eigentliche mit Hilfe des Uneigentlichen aus. Wesentlich ist allerdings, dass die Empfangenden (Zuhörenden, Lesenden, Zuschauenden) oder zumindest ein bestimmtes Publikum erkennt, dass die Äußerung ironisch war und das Gegenteil meint. Die Funktion der Ironie ist letztlich die Entmachtung.[58]

Mit der Ironie verwandt sind Sarkasmus, Spott und Zynismus, die aber andere Akzente setzen: *Sarkasmus* kommt vom altgriechischen σαρκάζειν (sarkazein) = „zerfleischen"; es bezeichnet einen beißenden Spott, eine vernichtende Verhöhnung. Sarkasmus ist – im Gegensatz zur Ironie – kein indirektes rhetorisches Mittel, sondern drückt die Ansicht bzw. die Absicht unverstellt aus.

Zynismus hat zwar mit der philosophischen Schule der Kyniker, die ein fundamentales Misstrauen gegen Moralvorstellungen hatten, zu tun, er hat aber in der Neuzeit die Grundbedeutung κυνισμός (kynismós) von κύων (kyon), „Hund", also „hündisch", im Sinne von „dem, der auf alles scheißt", angenommen. Zynismus ist also eine Lebenseinstellung, die alle Moral- und Wertvorstellungen bewusst verletzt, besudelt und lächerlich macht. Solch eine Haltung wird im Alten Testament am ehesten Kohelet zuzuschreiben sein: „Alles ist eitel, alles ist Windhauch, alles ist absurd". Nichts hat einen bleibenden Bestand, darum hat nichts einen hohen Wert. Die Praxis des zynischen Humors entlarvt diesen Sachverhalt.

Eine *Karikatur* (vom lateinischen carrus = „Wagen, Karren", meint ursprünglich etwas „überladen") ist eine bewusste Verzerrung, die durch die unsachgemäße Überbetonung eines Aspektes letztlich die sachangemessenen Perspektiven der Wahrheit aufzeigt.

Wichtig ist dabei, die unterschiedlichen Arten von Humor zu differenzieren. Dies lässt sich mit zwei Typologien abschließen, die wir von Herbert Effinger und von Gisela Matthiae übernommen haben.[59] Dabei kann man in dieser Graphik vier Humor-Pole unterscheiden: zum einen links oben einen negativen, zersetzenden und verletzenden Humor; zum zweiten rechts oben einen positiven versöhnenden und heilenden Humor; zum dritten links unten Humor, der vom Machtgefälle lebt

---

[58] Vgl. den Beitrag von Peter Lampe in diesem Band.
[59] EFFINGER, Lachen erlaubt. MATTHIAE, Art. Humor.

und die anderen erniedrigt, etwa rassistischer oder sexistischer Humor; zum vierten schließlich rechts unten einen Humor, der das Machtgefälle abflacht, Brücken baut und Harmonie bewirken möchte. Bei dieser Graphik steht die soziale Wirkung im Vordergrund.

Unterschiedliche Arten von Humor und deren Wirkungen

Soziale Wirkung, Eigenschaften
- negativ
- einseitig
- asozial
- distanzierend
- feindlich

Soziale Wirkung, Eigenschaften
- positiv
- beidseitig
- sozial
- harmonisierend

Scherz, Sarkasmus, Karikatur, Witz, Streich, Sketch, Zynismus, Spott, Anekdote, Hohn, Satire

komischer **Humor** Sinn

- wirklichkeitsverengend
- unfreundlich
- aggressiv
- andere ärgernd
- anspannend
- auslachend
- Machtgefälle ausbauend

Zote, Parodie, Ironie / Selbstironie

- wirklichkeitserweiternd
- freundlich
- andere zum Lachen bringend
- Ärger vermeidend
- entspannend
- anlachend
- Machtgefälle ausgleichend

© Herbert Effinger

Abbildung 1: Das Wortfeld von „Humor" in sozialanthropologischer Perspektive.

Der andere Versuch stammt von Gisela Matthiae; sie bietet eine klarere Polarisierung auf die vier Eckpunkte, wenn auch nicht so ausführlich, wobei die Eigenschaften und Intentionen derjenigen Person die Gliederung abgeben, die den Humor produziert bzw. benutzt: Witz/Verstand, Spott/Hass, Humor/Liebe und Spaß/Leiblichkeit:

WITZ
Verstand

	Satire	Karikatur	Bonmot
	Ironie		
SPOTT	Zynismus		**HUMOR**
Haß	Sarkasmus		*Liebe*

Neckerei
Scherz

SPASS
Albernheit
Leiblichkeit
Vitalsphäre

Abbildung 2: Vier Pole von Humor.

Beide Gliederungen sind hilfreich, weil beim Verstehen jedes Witzes sowohl die soziale Wirkung als auch die Intention des Individuums berücksichtigt werden müssen. Aus der sinnvollen Verschränkung beider Diagramme kommen wir zur Definition eines „humoristischen Vierecks", das zur Einordnung und zur sinnvollen Anwendung jedes Witzes helfen kann. Dies soll unser folgendes Diagramm verdeutlichen:

Analytisch / Intellektuell
Distanzierung / Kälte

Demütigend / Aggressiv   Aufbauend / Liebend
Einschüchterung   Bestätigung

Emotional / Albern
Nähe / Wärme

Abbildung 3: Das humoristische Viereck.

5. Differenzierte Praxis? Nicht alle können Witze erzählen

Das eigentlich Komische an den populären Comedy-Größen, die sich gerne über die Fehler der anderen, so auch über diejenigen der Religionsvertretung hermachen, ist, dass sie meistens keine Ahnung haben, wovon sie sprechen. Sie sind vom Christentum so distanziert, dass sie es im Grunde gar nicht kennen und im Klischee „ersaufen". Charlie Hebdo bietet dafür hervorragende Beispiele: Wenn z.B. die Trinitätslehre auf dem Coverbild so dargestellt wird, dass Vater, Sohn und Heiliger Geit sich gegenseitig anal penetrieren, dann zeugt das nicht von tieferer Einsicht in die Vorstellung von der Dreieinigkeit. Perichorese ist sicher nicht *so* zu verstehen. Das Bild offenbart lediglich pures Unverständnis. Das allerdings teilen viele Mitmenschen, woraus sich die Herausforderung ergibt, dass die Trinitätslehre besser erklärt werden muss. Die kritische Auseinandersetzung mit dem Glauben passiert aus einer arroganten Pseudo-Überlegenheit heraus an der Oberfläche, mit pauschalen Projektionen und in Form eher billiger Polemik. Da werden tagesaktuelle Fehlleistungen der Kirchen und ihres Bodenpersonals mit Recht aufgespießt. Dafür bedarf es aber eigentlich gar keines Kabaretts, weil die Wirklichkeit schon wie eine Satire ist.

Dieter Nuhr (*1960) kommt im Ersten, Oliver Welke (*1966) im Zweiten, manch andere im Dritten, sie haben aber im Blick auf Glauben und Religion fast durchgängig eher das Niveau des Vierten (ohne damit ihre sonstige Klasse bestreiten zu wollen). Ein Jürgen Becker (*1959) hat da schon viel mehr zu bieten[60], aber auch in dieser Hinsicht herausragend aus der Riege der Comedy-Könner ist Konrad Beikircher. Wir entfalten seine Kunst hier als gelungenes Beispiel von Humor im Umfeld des Katholizismus. 1945 in Südtirol geboren, hat er Musikwissenschaft und Psychologie in Wien und Bonn studiert und 20 Jahre als Gefängnis-Psychologe in der JVA Siegburg gearbeitet. Der Mann ist gebildet. Er weiß so viel über die menschliche Seele und ihre Abgründe, er kennt die Sorgen und Nöte seiner „Kundschaft". Das Thema Glaube und Humor zieht sich durch sein ungewöhnlich umfangreiches Oeuvre wie ein roter Faden. Im Rheinland ist er weltberühmt – zurecht. Denn durch sein erkennbares Lebensverhältnis zur Sache hat er Tiefgang.[61] Er ähnelt Peter Sloterdijk (*1947); dieser postmoderne Philosoph bietet als Pfarrerssohn eine facettenreiche moderne Religionskritik, die mehr ist als der platte Vorwurf, Religion sei Projektion menschlicher Bedürfnisse in den Himmel oder eine gewaltsame Hilfskonstruktion von Pädophilen; er bietet eine umfangreich belesene Analyse der Narrative, der Mythen und Fiktionen der Religionen,

---

[60] Z.B. BECKER, J., Ja, was glauben Sie denn?. DERS., Religion ist, wenn man trotzdem stirbt: „Philosophie ist, wenn man trotzdem denkt. Religion ist, wenn man trotzdem stirbt. In der modernen multireligiösen Gesellschaft ist Religion ohne Humor vor allem eines: gefährlich!"

[61] Er hat unsere Tagung wirklich bereichert, indem er einen Kabarett-Abend in der Peterskirche gestaltet hat. Er hat ein köstliches Programm zu den verschiedenen Aspekten von Religion und Religionskritik (was für ihn v.a. Kritik am Protestantismus bedeutet) geboten.

die er als „Glutkern der Gegenwart" bezeichnet.[62] Er kann gekonnt verfremden und bissig polemisieren, wenn er z.B. Jesus, den „kinderlosen, unverheirateten Mann Anfang dreißig ohne feste Adresse und ohne konkrete irdische Perspektiven", einen „Bindungsverweigerer" nennt. Sloterdijk ist in seinem Zynismus ein Wahrheitssucher, und darin erweist er sich als Weggefährte der Theologie, wenn auch wider Willen.

Konrad Beikircher ist seinerseits nicht Priestersohn, aber er ist in einem Franziskaner-Internat in Südtirol aufgewachsen. Als bekennender Katholik (der dennoch aus der Kirche ausgetreten ist) weiß er z.B. um die Bedeutung der Beichte, kennt die Funktion der diversen Heiligen, weiß anschaulich die psychischen Vorteile der Verankerung im Glauben zu schildern.[63] Er wurde so erzogen, dass er das katholische Lebensgefühl mit der Muttermilch aufgesogen hat; katholisch zu sein ist für ihn „normaler Glaube"; er sieht sich wie auch den (fiktiven) Rheinländer überhaupt als „chromosomal katholisch" an. Er empfindet ehrliches Mitleid mit den ProtestantInnen, die so vieles vom Glauben nicht wissen. Sie sitzen in ihren kalten „Gebetsbunkern"; angesichts der modernen Betonarchitektur zahlreicher Kirchen sagt er: „Da kommt bei mir kein Glaube auf" – ProtestantInnen wissen nichts von den Segnungen der Sakramentenlehre, des Heiligenglaubens, der Geborgenheit in der Gemeinschaft oder der Absolution. Wie Luther hat Beikircher den Menschen auf das Maul geschaut; seine brillante Analyse des Rheinischen erweist ihn als einen Dialektkundigen, der wohl wirklich eine Weltanschauung vermittelt. Er ist selbst sehr guter Sänger und Musiker, mit Gitarre und Klavier. Er weiß so viel über Musik, dass er einen ganzen Opernführer zu schreiben vermochte, der in amüsanter Form das breite Opern-Wissen erschließt.[64] Er ist ein Multitalent: Philologie des Rheinischen mutiert zur Psychologie des modernen Menschen; als Ethnologe unterscheidet er streng zwischen dem Filetstück des Rheinlandes und dem geistigen Wattenmeer des Niederrheins oder der Mikrobe des Glaubens. Er legt dar, dass protestantische Theologie kalt, rational, ohne Humor ist, eben Theologie. Stattdessen braucht es eine Psychologie des Glaubens, warm, einfühlsam, verzeihend. Wir verweisen nur auf drei Beispiele:

1. In „Der Rheinländer und die Religion"[65] wird in der Friedhofskneipe bis zur letzten Träne die Frage eines Lebens nach dem Tod erörtert; könnte es sich an der Himmelspforte womöglich herausstellen, dass man sein Leben lang falsch geglaubt hat, weil nur Quäker in den Himmel kommen?
2. Zum Reformationsjubiläum hat er eine äußerst geistvolle Satire auf das individualistische Religionsprogramm von Luther verfasst, das damit schließt,

---

[62] SLOTERDIJK, Zorn und Zeit. DERS., Gottes Eifer. DERS., Nach Gott. DERS., Den Himmel zum Sprechen bringen. Zur Diskussion über seine Sicht der Religion vgl. MÜLLER-ZÄHRINGER/RAHNER/GRILLMEYER, Peterchens Mondfahrt.
[63] Siehe Autobiographie.
[64] BEIKIRCHER, Der große Opernführer.
[65] DERS., Himmel un Ääd.

dass die katholische Kirche, bei kräftiger Reue, die Protestanten wieder aufnehmen würde: „500 Jahre falscher Glaube".⁶⁶
3. In der Bonner Bäckerei „Roleber" werden mit der Protestantin Frau Waterscheid die Vorzüge des lokalen franziskanischen Katholizismus erörtert. Die besonderen Ereignisse bei einer Beerdigung am Rosenmontag führen zur urkomischen Spannung von feierlicher Beerdigung und rheinischem Karneval, was einem zwischen Lachen und Saufen die Tränen in die Augen treibt:⁶⁷

> „Wenn man nicht lachen darf, dann muss man."

Angesichts der mangelnden Vorstellungskraft angesichts der postmortalen Realitäten spottet Frau Roleber:
Sie Protestanten wissen doch gar nicht, wie schön es ist, wenn man tot ist.
Ein weiteres Feuerwerk von gewitzter Theologie brennt Beikirchers Einführung in *Legenda Aurea* ab, in welcher er die Heiligenlegenden äußerst kenntnisreich aufs Korn nimmt.

6. Der anständige Witz als theologisches Programm

Auch wir werden versuchen, die These stark zu machen: Humor und Religion gehören von der Sache her zusammen.⁶⁸ Sogar verletzender, an Tabus kratzender Humor verdient ernsthafte Beachtung. Witze haben eine wichtige heuristische Funktion, weil sie das Wesen des Glaubens in seinen vielfachen historischen Wandlungen, aber auch seinen Schwachstellen erst enthüllen. Zum Beispiel trifft der Spott, den der Kritiker Friedrich Nietzsche über das Christentum ausgießt, gewiss einen wichtigen Punkt genau:

> Bessere Lieder müßten sie mir singen, daß ich an ihren Erlöser glauben lerne: erlöster müßten mir seine Jünger aussehen!⁶⁹

Ein „anständiger Witz" wäre nach unseren Überlegungen ein Witz, der sowohl die Schwächen des Glaubens und der Glaubenden aufdecken als auch die Stärken und das befreiende Potential des Glaubens freilegen kann.

---
⁶⁶ DERS., 500 Jahre falscher Glaube.
⁶⁷ DERS., Sarens.
⁶⁸ Vgl. dazu BERGER, P., Erlösendes Lachen. DOBER, Religion und Humor. Das Buch basiert auf einer Tübinger Ringvorlesung, welche philosophische, psychologische und theologische Zugänge entfaltet. Dabei werden die Quellen von Religionen (speziell Altes Testament, Neues Testament, Talmud und Midrasch, Koran und Hadith) in ihrem Verhältnis zum Humor skizziert und historische und ästhetische Verifikationen untersucht (von Luther bis in die neuere Musik).
⁶⁹ NIETZSCHE, FRIEDRICH, Also sprach Zarathustra I-IV (1988), 118.

Berechtigte Kritik kann man auch in PfarrerInnenwitzen wiederfinden:

> Bei einer internen Fortbildung wird über die Verkündigung der Pfarrerinnen und Pfarrer gesprochen. „Meine Brüder und Schwestern, in der heutigen Zeit müssen Sie die Predigten lebendiger gestalten und die Worte mit Gestik und Mimik unterstreichen. Wenn Sie vom Himmel reden, dann sollen Sie ein fröhliches und strahlendes Gesicht machen." Meldet sich ein Pfarrer und fragt: „Und wenn ich von der Hölle spreche?" „Dann kann Ihr Gesichtsausdruck so bleiben, wie er immer ist".

Aber es gibt ja auch einen Humor, der nicht von außen, sondern von innen her zur Selbstkritik, zur Demut und zur Veränderung drängt.[70]

> In einer Diskussion zwischen einem Atheisten und einem Theologen lehnt der Atheist die Existenz von allem Übernatürlichem ab. Meint der Geistliche: „Sie glauben also an gar nichts?" Entgegnet der Atheist: „Ich glaube nur an das, was ich mit meinem Verstand begreifen kann." Darauf kontert der Geistliche: „Das läuft doch auf das Gleiche hinaus."

Auch wenn es zunächst wie ein Geheimnis wirkt, die Suche nach den vielgestaltigen Formen des Witzes ist ein seriöses Thema, die Suche nach dem spezifischen Humor der Bibel und der anderen Heiligen Schriften und Traditionen ist sinnvoll und wichtig.
  Zwei Fakten sprechen für die Aktualität des Themas:

- Der Blick von außen auf den Glauben zieht geradezu magisch Satire und Spott auf sich. Glauben zu bewitzeln ist des Unglaubens liebstes Kind. Witze über Kirche und Religion sind in. Zum Verständnis der gegenwärtigen Kultur, ihrer Sehnsüchte und Abneigungen, aber auch zum Durchschauen ihrer Steuermechanismen ist es wichtig zu wissen, worüber Menschen lachen und lachen wollen und sollen; worüber sie geschockt sind und worüber sie lachen müssen. Dem muss sich die wissenschaftliche Theologie stellen. Der moderne Mensch emanzipiert sich von religiösen Autoritäten gerne mit Hilfe von Witzen, er artikuliert seine Distanz, seine Enttäuschung und sein Entsetzen gerne mit Verlachen. Mit dem Studium der Witzkultur setzen sich Theologie und Kirche einem heilsamen Prozess der kritischen Selbstbesinnung aus.
- Die Werthaftigkeit ist aber auch für den Blick von innen, für das Denken innerhalb der Religion gegeben. Für den Glauben selbst ist es wichtig zu wissen, was an ihm Witze produziert und eine Art von Selbstkritik durch Witze über Missstände und Fehlentwicklungen auch und in sich selbst zu produzieren. Die Analyse von Humor und Witz ist somit kulturwissenschaftlich und religionskritisch, aber auch religionsverstehend und -verändernd zentral wichtig. In der Bibel wird dann eine Art Humor erkennbar, die die Humoranalyse beleuchtet, die Differenz und das jeweils Eigene, aber auch das Dazwischen. Und

---

[70] Vgl. dazu BERGER, P., Erlösendes Lachen.

häufig ist die Grenze von innen und außen fließend. Entsprechend entwickeln die verschiedenen Religionen selbst eine spezifische Humorkultur. Das Faktum, dass Religionen einen Schatz an Humor hervorbringen, ist das zweite starke Argument, das Thema zu behandeln.

Wir kommen zur Eingangsfrage zurück: Was ist ein anständiger Witz? Sexistische, infantile, rassistische oder ideologisch vernagelte Witze scheiden aus; gegenüber den zahlreichen Befürwortenden solcher unanständigen Witze muss die Theologie sogar eine strenge Kontrollfunktion ausüben. Gewitzter Glaube zielt auf einen Humor, der die Religion beflügelt, indem er sie vitalisiert.[71]

Für das hier umrissene Forschungsziel gibt es zwei Anknüpfungspunkte in Theorien, die in ihrer Gemeinsamkeit nicht sofort einleuchten: Helmut Thielicke und Michael Bachtin. Helmut Thielicke (1908–1986)[72] arbeitet mit dem Kontrast von Witz und Humor. Witz richtet sich ihm zufolge an den Verstand, der Humor aber an das Herz. Ziel des Humors ist die Umwertung der Werte: Das Große wird klein und das Kleine soll groß erscheinen, was an der Erzählung vom Turmbau zu Babel exemplifiziert wird. Die Jünger Jesu, wie Peter Lampe näher ausführen wird, sind ein anderes Beispiel. Der Grund für diese humoristischen Möglichkeiten ist die Menschwerdung und die Menschlichkeit Gottes. Die Unterscheidung von Letztem und Vorletztem ist im christlichen Humor zentral, genauso wie die Aufhebung der Grenze zwischen Sakralem und Profanem als Entsakralisierung. Ziel ist dabei, das Erstarrte wieder nahekommen zu lassen und das Überraschende am Handeln Gottes wieder freizulegen.

„Wir können den Einzug Jesu in Jerusalem nicht mehr im Pathos einer Reiterstatue wiedererkennen, sondern wollen wieder den Esel. Gerade die Lächerlichkeit dieses Gegensatzes zwischen der etwas verächtlichen Kreatur und dem aufgedonnerten Einzugstätärätä markiert den schneidenden Widerspruch zwischen dem, der hier einherreitet, zu der Jubelwelt, an der er scheitern wird. ‚Die Welt ist mir ein Lachen', singt der Choral. Ich sehe auch sie – diese Welt – wieder durch das umgedrehte Fernrohr: Sie rückt weit ab und ist so kümmerlich, wie sie eben ist. Der aber, der sie so ironisiert,

---

[71] In GILHUS, Laughing Gods, findet sich eine beeindruckende Fülle von Beispielen über das kreative Verhältnis von Humor und Religion. Gilhus analysiert, wie sich das Lachen als Symbol in den Mythen, Ritualen und Festen der westlichen Religionen in den religiösen Diskurs eingeschrieben hat. Der mesopotamische Anu, der israelitische Jahwe, der griechische Dionysos, der gnostische Christus und der spätmoderne Jesus waren in seiner Sicht allesamt lachende Götter. In dieser umfassenden Studie untersucht Gilhus die Beziehung zwischen dem körperlichen menschlichen Lachen und dem spirituellen göttlichen Lachen von der klassischen Antike über das christliche Abendland bis in die Neuzeit. Er verbindet das Studium der Religionsgeschichte mit sozialwissenschaftlichen Ansätzen, um eine originelle und sachdienliche Erforschung eines universellen menschlichen Phänomens und seiner Bedeutung für die Entwicklung der Religionen zu liefern. Seine Bibliographie ist eine Fundgrube.
[72] THIELICKE, Das Lachen der Heiligen.

indem er sich des Esels bedient, ist mir auf einmal nah, er durchbricht seine souveräne Entrücktheit und wird ein Mensch wie du und ich."[73]

Der russische Sprach- und Literaturwissenschaftler Michail M. Bachtin (1895–1975) hat eine – auch für TheologInnen – bedeutende Theorie des Humors vorgelegt. Er entfaltet sie am Beispiel des berühmten Werkes über den Karneval von François Rabelais (1494–1553), einem französischen Schriftsteller der Renaissance, der römisch-katholischer Ordensbruder und daneben praktizierender Arzt war: „Rabelais und seine Welt. Volkskultur als Gegenkultur"[74]. Bachtins Grundthese lautet: „Das Lachen öffnete die Welt auf eine neue Weise." Was ist damit genau gemeint? Im Unterschied zu Konzeptionen, die das Groteske in die Nähe des Absurden und Phantastischen rücken, entdeckt Bachkin einen „grotesken Realismus", der das Marginalisierte wieder ins Zentrum des Geschehens rückt. „Der klassische Realismus stellte die Wirklichkeit dar, wie sie den Normen einer kulturellen Ordnung zufolge sein sollte, der groteske Realismus zeigt die Wirklichkeit, wie sie trotz dieser Ordnung existiert."[75] Gegenüber dem „vernünftigen" Weltbild bekommt hier das Seltsame, das Unglaubliche, das Selbstwidersprüchliche und Irrationale sein Recht. Basierend auf dem Klassenunterschied von Volk und herrschender Klasse ergibt sich eine spezifische Funktion des karnevalistischen Lachens: „Das Volk hat Jahrtausende lang die Rechte und Freiheiten der festlichen Lachmotive genutzt, um seine grundsätzliche Kritik, seinen Unglauben gegenüber der offiziellen Wahrheit und seine besten Sehnsüchte und Bestrebungen in ihnen auszudrücken." In dieser Volkskultur falle im „einzigartigen Weltgefühl des Karnevals" jeweils das „Ideal-Utopische und das Reale" zusammen, gerade weil ihr „die pure Verneinung (...) völlig fremd" war. Die volkskulturelle Ambivalenz war gleichzeitig herrschaftsfeindlich und menschenfreundlich. Aus der Karnevalsrede ergibt sich auch eine motivische Vorliebe für die Umkehrung von Unten und Oben, für das parodistische „Auf-den-Kopf-Stellen". In Analogie zu Bachtin verstehen wir die Funktion des religiösen Humors als eine solche Kraft, die „die Welt auf den Kopf stellen" kann (vgl. die Analyse des Humors in der Johannespassion von Manfred Oeming).

Damit sind wir bei einer Theologie des Lachens angelangt. Der österreichisch-amerikanische Soziologe Peter L. Berger (1929–2017) hat mit seinem Buch „Erlösendes Lachen. Das Komische in der menschlichen Erfahrung" eine Bresche in die wissenschaftliche Diskussion geschlagen. Seine Grundthese passt gut zu unserer Theorie zum gewitzten Glauben:

> Der Witz arbeitet sich an der Unerlöstheit dieser Welt ab, im Lachen steckt das Versprechen der Erlösung, in der Religion der Glaube, dass dieses Versprechen wahr ist oder wahr wird. Es ist kein Wunder, dass die Hitler-Witze im Dritten Reich verboten

---

[73] A.a.O. 118f.
[74] Vgl. BACHTIN, Rabelais und seine Welt.
[75] A.a.O. 358.

wurden. Sie demontierten proleptisch etwas vom Machtanspruch Hitlers. Etwas davon steckt in jedem guten Witz. Dass im Witz die Mächte dieser Welt demontiert werden und eine erlöste Welt aufscheint. Lachen befreit uns von den Fragen nach dem Wie und Wann, nach Reformplanen und Anstrengungen. Es stellt Erlösung in Aussicht und macht Lust auf sie.[76]

7. Die Gliederung der nachfolgenden Beiträge

Die Frage nach dem Verhältnis zwischen dem christlichen Glauben und dem Lachen ist somit umstritten. Die Voraussetzungen und Konsequenzen dieser Debatte sind zahlreich. Aus anthropologischer Sicht ist es zunächst wichtig, Phänomene zu unterscheiden, die sich überschneiden, aber nicht identisch sind: Lachen, Komödie, Ironie, Spott, Humor ... Die Debatte darüber ist dann philosophisch: Sollten der Körper und die mit ihm verbundenen Emotionen Gegenstand asketischer Beherrschung sein? Kann die Welt in manichäischen Kategorien gefasst werden? Gibt es mögliche Ungleichmäßigkeiten oder ist die Welt monolithisch? Andere Fragen fallen in den Bereich der Religionswissenschaften: Wird das Komische im Zusammenhang mit dem Sakralen noch komischer? Macht die Gegenwart des Heiligen die Profanierung nicht attraktiv? Ist Spott nicht eine Form der Aufklärung und Emanzipation gegen den Machtanspruch der Religion? Umgekehrt: Besteht die Funktion des religiösen Humors nicht darin, eine heilsame Distanz zu Formen der Sakralisierung der Welt, des Götzendienstes zu nehmen; in einem monotheistischen Kontext: im Horizont des transzendenten Gottes? Es gibt aber auch theologische Fragen zur Auslegung biblischer Texte: Hat Jesus gelacht? Was sagen biblische Texte über das Lachen? Für Christenmenschen sind diese Fragen wahrlich nicht unbedeutend. In den Kirchen und auch in der Theologie wird viel gelacht. Die Idee einer theologischen Abhandlung über Lachen und Humor entstand, als Fritz Lienhard und Manfred Oeming gemeinsam lachten. Ist das Lachen ein Glaubensabfall? Ist es ein Verrat an einem vom Wesen her humorlosen Glauben? Oder ist Humor im Gegenteil Teil der christlichen Spiritualität? In diesem Fall wäre Religion nicht nur Gegenstand emanzipatorischer Heiterkeit, sondern würde von sich selbst aus zu Gelächter führen. Dieses Lachen muss jedoch geklärt werden. „Christliches Lachen" ist sicherlich nicht Aristoteles' Komödie, die sich über die Mittellosen oder Ausgegrenzten lustig macht.

Diese Fragen versuchte die Tagung zu beantworten, die vom 16. bis 18. September 2019 in Heidelberg stattfand, und die mit dem vorliegenden Buch dokumentiert wird. Ziel war es, das Verhältnis zwischen Religion (in diesem Fall Judentum, Christentum und leider eher am Rande Islam) und Humor wissenschaftlich zu diskutieren. Anliegen war es, dem Humor seinen Platz in der Spiritualität zu gewähren.

---

[76] BÄDER-BUTSCHLE, Der Witz über den Glauben, 27f.

In einem ersten Schritt ist es wichtig, das Wesen und die anthropologischen Funktionen des Humors zu verstehen und seine verschiedenen Aspekte zu differenzieren. Lachen ist nicht immer fröhlich oder gar humorvoll. So ist es zum Beispiel nicht immer angenehm, gekitzelt zu werden. In ähnlicher Weise kann Lachen eine Abwehrreaktion gegen unangenehme Situationen oder Gedanken sein. Sich über seine Mitmenschen lustig zu machen, ist nicht unbedingt wohltätige Liebe. Aber Humor kann auch die Möglichkeit bieten, mit den Grenzen der menschlichen Existenz umzugehen.

Im Bezug zu den monotheistischen Religionen hat der Beitrag von Jochen Hörisch (Mannheim) eine herausfordernde Funktion. „Wer lacht, zeigt Zähne – Abgründige Dimensionen religionskritischer Witze." Beißt Humor nicht – insbesondere – christlichen Glauben? Und zwar zentral: Hat dieser Glaube nicht eine Tendenz, die Freuden des Lebens zu vermindern, um das Heil zu erhöhen?

Die anthropologische Definition von Humor ist Gegenstand der Studie von Jessica Lampe (Bern): „Zwischen Zähneklappern und Gelächter – Eine Anthropologie des Humors." Sie zeigt auch, dass die Behauptung, Lachen sei ein menschliches Proprium, gelinde gesagt, fragwürdig ist. Seinerseits zeigt Frédéric Rognon (Straßburg), dass man in einer traditionellen Gesellschaft wie der Neukaledoniens über alles lachen kann, aber nicht mit jedem Menschen: „Das Lachen – Eine Gemeinsamkeit der Menschen?"

Daran anschließend werden die ExegetInnen untersuchen, ob die grundlegenden Texte des Glaubens nicht viel mehr Humor enthalten, als allgemein wahrgenommen wird. Versteckte und unterschätzte Formen des Humors im Alten und Neuen Testament sollen erforscht und ihre Funktionen ans Licht gebracht werden. Andreas Wagner (Bern) wird die grundsätzliche Frage mit methodischer Sorgfalt stellen: „Humor unter den Emotionen Gottes?" In ähnlicher Weise wird Volker Grunert (Heidelberg) Texte der Genesis aufgreifen: „Abraham, Vater des Glaubens und des Lachens?" Manfred Oeming und Peter Lampe (Heidelberg) werden zentrale Texte zur Passion Christi nach Johannes bzw. Markus aufgreifen und die komischen Dimensionen der Passion aufzeigen. Dieser Ansatz ist nicht unumstritten. Jorge fürchtete den Tag, an dem sich einige über die Inkarnation lustig machen könnten. Ist die Blasphemie am Kreuz nicht viel radikaler? Im Gegenteil: Wenn sich herausstellt, dass Humor Teil der christlichen Spiritualität ist, kann er nicht peripher sein. Er muss mit einem Motiv verbunden sein, das für den Glauben zentral ist. Infolgedessen kann das Kreuz Christi in diesem Bereich der menschlichen Existenz, der zum Lachen verleitet, der Komödie, interpretiert werden. Gibt es eine verborgene Verwandtschaft zwischen dem Sinn für Tragödie und dem Sinn für Humor, ohne dass der eine den anderen auslöscht?

Aus dieser Perspektive lohnt es sich, dem Humor in der jüdisch-christlichen Tradition zu folgen. Es wäre interessant gewesen, zu zeigen, wie die „Humilitas" des heiligen Augustinus einem Humor entspricht, der darin besteht, von sich selbst Abstand zu nehmen. Vor allem müssen wir von einem Theologen sprechen, dessen Sinn für Humor sprichwörtlich ist: Martin Luther. Das wird Marc Lienhard (Straßburg) tun: „Die existentielle und die theologische Bedeutung des Humors bei Martin Luther." Auch ein Vergleich mit islamischen Sichtweisen ist notwendig. Dies schlägt Nora Schmidt (Berlin) vor: „Das Lachen des Propheten ist schön wie der Mond. Überlegungen zu einer islamischen Hermeneutik des Leibes"; genauso mit Texten von großen Denkern durch Philippe Soual (Toulouse): „Das Lachen in der philosophischen Tradition." Die Komik wird von Simone Hankel (Heidelberg) religionsphilosophisch bearbeitet: „Überlegungen zur komischen Mimesis", die vor allem den Bruch mit einem routinemäßigen Ablauf des täglichen Lebens bearbeitet, aber als Bruch in der Ähnlichkeit.

Aus systematisch-theologischer Sicht gilt es, das Thema Humor mit den großen Behauptungen des christlichen Glaubens zu verbinden, insbesondere mit der Rechtfertigungslehre und der Botschaft vom Kreuz. Führt Rechtfertigung zu einem „humorvollen", wohlwollenden und vergebenden Umgang mit der eigenen Sünde und der Sünde anderer? Öffnet das Wort des Kreuzes die Tür für den Umgang des Menschen mit seinen eigenen Grenzen? Dieser Frage geht Pierre Bühler (Zürich) nach: „Das Tragikomische als Tiefendimension des Menschseins – im Lichte der Kreuzestheologie." Genauso stellt sich erneut die Frage, ob Gott lacht. Philipp Stoellger (Heidelberg) bearbeitet diese Frage in Bezug auf das Motiv der Menschwerdung. Humor hat dabei mit Macht zu tun: „Macht des Lachens – Lachen der Macht."

Eine Form des Humors im Zusammenhang mit der christlichen Spiritualität besteht im Gegenteil darin, über sich selbst zu lachen. Diese Distanzierung von sich selbst findet auch im Kontext der Transzendenz Gottes statt, aber vielleicht relativiert sich Gott selbst in Christus und setzt sich dem Humor aus, indem er Ansprüche auf götzendienerische Verabsolutierung – wo alles entweder weiß oder schwarz ist – auf dem falschen Fuß erwischt. Aus dieser Sicht wäre das Lachen ein authentisches Element der christlichen Spiritualität selbst, ein Element, das in einer Praxis des gelebten Christentums gepflegt werden muss. In der Praxis des gelebten Christentums spielt der Humor eine wichtige Rolle. Fritz Lienhard (Heidelberg) wird versuchen, die verschiedenen Formen des Humors innerhalb der klassischen kirchlichen Praxis zu identifizieren. Er wird sich auf „Diskrepanzen" konzentrieren, die das Lachen mit der Freude verbinden: „Humor in der kirchlichen Praxis." Traditionell wird das „Osterlachen" in der christlichen Liturgie als eine emotionale Reaktion auf den Sieg Gottes in Christus gegen die zerstörerischen Mächte dargestellt. Führt Osterfreude zu siegreichem Humor in christlicher Existenz?

Es ist jedoch auch wichtig, die Aussage von Wilhelm von Baskerville zu überprüfen: Kann Humor eine therapeutische Funktion haben? Dies ist eine Frage, die im Rahmen der Theorie der Seelsorge und damit auf dem von Wolfgang Drechsel (Heidelberg) kultivierten Feld zu behandeln ist: „Mit (Seel-) Sorgen und mit Grämen und mit selbsteigner Pein …?" Zum Humor in der Seelsorge." Doch ausnahmsweise begnügte sich eine solche Tagung nicht mit der Theologie der Praxis. Sie umfasste auch die Praxis der Theologie, in diesem Fall des Humors, mit Gisela

Matthiae: „‚Ernst – nicht zu ernst' – Humor und Glaube in der Praxis einer Clownin". Das ganze Thema wird in einer von Patrick Ebert (Heidelberg) verfassten Schlussfolgerung zusammengefasst.

8. Bibliographie zum Corpus religiöser Witze

AT und NT

Bednarz, Terri: Humor in the Gospels. A Sourcebook for the Study of Humor in the New Testament, 1863–2014, Lanham 2015.

Berger, Klaus: Ein Kamel durchs Nadelöhr? Der Humor Jesu, Freiburg/Basel/Wien ²2019.

Brenner, Athalya (Ed.), Are We Amused? Humour About Women in the Biblical Worlds, London/New York 2003.

Crüsemann, Frank: Zwei alttestamentliche Witze: I Sam 21,11–5 und II Sam 6,16.20–23 als Beispiele einer biblischen Gattung. In: ZAW 92 (1980), 215–227.

Crüwell, Henriette: Hat Gott Humor? In: IKZ 100 (2010), 256–273.

Diebner, Bernd Jørg: Ironie als Stilmittel innerjüdischer Religions-Polemik. Was der Prophet Jona zu lernen hat, oder: Eine Ketuvim-Botschaft unterwandert die Nevi'im. In: ders., Seit wann gibt es "jenes Israel"? Gesammelte Studien zum TNK und zum antiken Judentum (BVB 17), Münster 2011.

Ebach, Jürgen: Neue Schrift-Stücke. Biblische Passagen, Gütersloh 2012.

Ebach, Jürgen: Schrift-Stücke. Biblische Miniaturen, Gütersloh 2011.

Handy, Lowell K.: Uneasy Laughter. Ehud and Eglon as Ethnic Humor. In: SJOT 6 (1992), 233–246.

Hübner, Ulrich: Mord auf dem Abort? Überlegungen zu Humor, Gewaltdarstellung und Realienkunde in Ri 3,12–30. In: BN 40 (1987), 130–140.

Margianto, Aris: Antike Seelsorge heute? Studien zum Umgang mit Verlust, Krankheit und Tod im Buch Hiob, in der modernen Seelsorge und bei HIV-Patienten in Indonesien (ATM 28), Münster 2016.

Matthiae, Gisela: Art. Humor (AT). In: WiBiLex 2009.

Radday, Yehuda T.: Vom Humor in biblischen Ortsnamen. In: Augustin, Matthias/Schunk, Klaus-Dietrich (Hg.), Wünschet Jerusalem Frieden (BEATAJ 13), Frankfurt 1988, 431–446.

Radday, Yehuda T./Brenner, Athalya (Ed.): On Humour and the Comic in the Hebrew Bible (JSOTS 92), Sheffield 1990.

Wehrle, Josef: Humor im Alten Testament. In: Graulich, Markus/Meegen, Sven van (Hg.), Gottes Wort in Leben und Sendung der Kirche. Festgabe zu Ehren von Prof. P. Dr. Otto Wahl SDB (Bibel konkret 3), Berlin/Münster 2007, 41–54.

Willmes, Bernd: Menschliches Schicksal und ironische Weisheitskritik im Koheletbuch. Kohelets Ironie und die Grenzen der Exegese (BThSt 39), Neukirchen-Vluyn 2000.

Judentum

Bronner, Gerhard: Tränen gelacht. Der jüdische Humor, Wien 1999.

Hessing, Jakob: Der jiddische Witz, München 2020.

Janke, Jutta (Hg.): Von armen Schnorrern und weisen Rabbis. Witze, Anekdoten und Sprüche, Berlin 2013 *(bes. das Nachwort 179–191)*.

Landmann, Salcia (Hg.): Der jüdische Witz. Soziologie und Sammlung, Ostfildern [15]2010.

Meyerowitz, Jan: Der echte jüdische Witz, Berlin 1971.

Patka, Marcus G.: Wege des Lachens. Jüdischer Witz und Humor aus Wien (Enzyklopädie des Wiener Wissens 13), Wien 2010.

Spalding, Henry D. (Ed.): Encyclopedia of Jewish Humor. From Biblical Times to Modern Age, New York [5]1976.

Wüst, Hans Werner: Massel braucht der Mensch. Der klassische jüdische Witz, München 2001.

Christentum

Bauch, Volker (Hg.): Das neue Hausbuch des christlichen Humors. Witze & Anekdoten, Leipzig 2016.

Becker-Huberti, Manfred/Beikircher, Konrad: Märtyrer. Der sicherste Weg zur Heiligkeit (CD), Köln 2013.

Becker, Jürgen: Ja, was glauben Sie denn? Ein Religions-TÜV (CD), Köln [2]2007.

Becker, Jürgen: Religion ist, wenn man trotzdem stirbt. Ein Handbuch für Humor im Himmel, Köln 2007.

Beikircher, Konrad: 500 Jahre falscher Glaube (CD), Köln 2017.

Beikircher, Konrad: Himmel un Ääd (CD), Bochum 2019.

Beikircher, Konrad: Kirche, Perst und neue Seuchen (CD), München 2021.

Bemmann, Hans (Hg.), Der klerikale Witz, München 1991.

Campenhausen, Hans von: Theologenspiess und -spass. Christliche und unchristliche Scherze, Göttingen [7]1988.

Danko, Josef (Hg.): Der Teufel hat Angst vor fröhlichen Menschen. Predigtwitze, Würzburg 2000.

Droop, Joachim: Witz und Humor im Missionarsalltag: nach Anekdoten und Witzen gereimt, Frankfurt a.M. 1995.

Frenz, Achim: (Hg.), Unsern täglichen Witz gib uns heute. Alles zum Thema Kommunikationsschwierigkeiten zwischen Mensch und Gott, Frankfurt a.M. 2001.

Höhren, Leonie: Glücklich lebt, wer Spaß versteht. Scherze, Witze, Anekdoten aus der christlichen Welt, Freiburg 1988.

Hopp, Ernst Otto (Hg.): Geistlicher Humor (Bibliothek des Humors 3), Berlin 1890.

Kranz, Gisbert: Schmunzelkatechismus. Eine heitere Theologie, Trier 2005.

Küstenmacher, Werner Tiki: Tikis Buch der frommen Witze. Und zwar 286 Stück, Pattloch 1998.

Rauch, Karl/Schröder, Christel Matthias: Geistlicher Humor. Heitere Geschichten und Anekdoten, Freiburg 1967.

Roland, Oliver (Hg.): Humor in der Kirche. Der christliche Witz, Mannheim ³2011 *(mit Essays von Kardinal K. Lehmann, Pfr. I. Bäder Butschle, Pfr. S. Vögele und Pater J. Danko und knappen Skizzen der unterschiedlichen christlichen Traditionen).*

Zander, Hans Conrad: Warum es so schwierig ist, in die Hölle zu kommen. Himmlische Komödien aus der Geschichte der Religion. 30 Satiren über Heilige und Päpste, die katholische Kirche und das Leben heute, Paderborn 2021.

Islam

Ammann, Ludwig: Vorbild und Vernunft. Die Regelung von Lachen und Scherzen im mittelalterlichen Islam (Arabistische Texte und Studien 5), Hildesheim 1993.

Babcock-Abrahams, Barbara: "A Tolerated Margin of Mess": The Trickster and His Tales Reconsidered. In: JFLI 11 (1975), 147–184.

Christen, Kimberly A.: Clowns and Tricksters. An Encyclopedia of Tradition and Culture, Oxford 1998.

Georgeon, Francois: Rire dans l'Empire ottoman? In: Revue du Monde Musulman et de la Méditerranée 77–78 (1996), 89–109.

Hyers, M. Conrad (Ed.): Holy Laughter. Essays on Religion in the Comic Perspective, New York 1969.

Karamustafa, Ahmet T.: God's Unruly Friends. Dervish Groups in the Islamic Later Middle Period, 1200–1550, Salt Lake City 1994.

Kishtayni, Khalid: Arab Political Humour, London 1985.

Marzolph, Ulrich: Arabia ridens. Die humoristische Kurzprosa der adab-Literatur im internationalen Traditionsgeflecht, Frankfurt a.M. 1992.

Mir, Mustansir: Humor in the Qur'an. In: Muslim World 81 (1991), 179–193.

Rosenthal, Franz: Humor in Early Islam, Philadelphia 1956.

Scott, James C.: Weapons of the Weak. Everyday forms of peasant resistance, New Haven/London 1985.

Tamer, Georges (Hg.): Humor in der arabischen Kultur. Humor in Arabic Culture, Berlin/New York 2009.

Webber, Sabra J.: Humor and Religion. Humor and Islam. In: Jones, Lindsay (Ed.), Encyclopedia of Religion 6. (²2005), 4210–4218.

Webber, Sabra J.: Romancing the Real. Folklore and Ethnographic Representation in North Africa, Philadelphia 1991.

Jochen Hörisch

Wer lacht, zeigt Zähne

Der letzte Vortrag hat mit schönen Witzen aufgehört; ich fange mit mäßig guten Witzen an – mäßig gut, auch weil Sie sie wahrscheinlich alle schon kennen. Aber ich als Nicht-Theologe finde es auffällig, dass mein Fach, die Literaturwissenschaft, eigentlich keine Witze hervorgebracht hat. Ich wüsste nicht, was typische GermanistInnenwitze sind. Es gibt Sottisen und Schlecht-Reden übereinander, also akademische Üblichkeiten, aber ich kenne eigentlich kein zweites Fach, das so wie die Theologie ihren eigentlichen Inhalt, nennen wir es das Kerygma selbst, zum Gegenstand von Witzen macht.

Dabei ist mir aufgefallen, wie witzaffin die Theologie und die religiöse Sphäre einerseits sind und wie heikel und gereizt andererseits das Verhältnis von Glaube und Humor ist. Man muss nicht gleich an das große Thema der Muhammed-Karikaturen erinnern, um zu erkennen, wie vermint das Gelände von Witzen über Glauben ist. Ich habe es nochmal nachgeschlagen: In einigen Ländern, lange Zeit auch in Dänemark, in Italien und Spanien sowieso, war der Film „Life of Brian" verboten, ich glaube bis heute. Das Verbot wird umgangen, der Film kann natürlich auch da gesehen werden, im Zeitalter des Internets kann es auch gar nicht anders sein – aber gerade auch in einem Land wie Dänemark – Kierkegaard usw. – also in einem erzprotestantischen liberalen Land war „Life of Brian" eine Zeitlang verboten! Also wir merken, dass wir da eine sehr heikle Sphäre betreten.

Ich fand den folgenden Witz einfach sehr schön, weil er eine hübsche antikatholische Tendenz hat. Ich gehe einmal davon aus, dass hier in dieser Runde ein eher homogen kulturprotestantisches oder auch rein protestantisches Milieu vorliegt:

„Die heilige Trinität überlegt, wohin der nächste Betriebsausflug gehen soll. Der Heilige Geist schlägt Jerusalem vor, aber Jesus wendet ein: Nein, Ich habe doch schlechte Erinnerungen daran, was die mit mir in Jerusalem angestellt haben – Kreuzigung usw. –, daran will ich lieber nicht erinnert werden. Dann wird vorgeschlagen, nach Indien zu reisen. Doch da sagt der liebe Gott: Nein, das ist lästig da, also mit diesen Hunderten von Kollegen, die ich alle ernst nehmen soll, da fühle ich mich nicht sehr wohl. Schließlich schlägt ihm Jesus vor: Gehen wir doch nach Rom! Der Heilige Geist ist ganz begeistert und sagt: Ja, sehr gut, da war ich noch nie."

Damit der Witz nicht zu antikatholisch ist, will ich noch der Redlichkeit halber ergänzen, dass es den auch mit der antiprotestantischen Variante gibt: „Hannover (oder Wittenberg), oh ja, da war ich noch nie."

Was natürlich auffallend ist, dass ich diesen Witz nicht, und auch nicht mit anderen Ortsbezeichnungen, in der Bibel wiederfinden konnte. Das fällt dem Literaturwissenschaftler als Bibelfan, als Fan der Luthersprache nach dem Reformationsjahr auf, dass die Bibel einerseits die bis heute schönste, sprachmächtigste, produktivste, verrückteste Anthologie ist, die wir haben können, dass alle möglichen literarischen Genres darin vertreten sind: Legenden, Chroniken, Biographien, Weisheitssprüche, Lieder, erotische Dichtung vom Aller-, Allerfeinsten, Kriegsberichterstattungen, Bauanleitungen, wie man einen Tempel baut, Gebete, Anekdoten, Prophezeiungen und dergleichen mehr, also eine wirklich bis heute aufregende Anthologie; wo aber, meine Damen und Herren, ist die Witzesammlung? Richtig: Ich hätte mir einfach gewünscht, es gäbe sie, es ist mir egal, ob im Alten oder Neuen Testament, eine ordentliche Sammlung von Witzen, aber das ist eine systematische Fehlanzeige. Es ist auch schwer denkbar, dass eine Büchersammlung, die da „Biblia", „Bücher aller Bücher" heißt, so etwas enthält; eben ... Fehlanzeige. Wahrscheinlich muss man kein Lacanist sein, um zu sagen: ohne einen Mangel, ohne ein konstitutives minus Eins[1] kann nie und nimmer ein Ganzes zustande kommen.

Es fehlt also eine Witzesammlung. Und es gibt durchaus Passagen, die in die Sphäre des Witzes, der Sottise, der Ironie, des Humors gehören: Gewiss gibt es einige Jesusäußerungen – z.B. auf dem Esel einreiten und sich als König ausgeben – das sind sehr ironische, schöne Selbstinszenierungen, aber wo wird explizit gelacht? Ihre Bibelkenntnisse sind ungleich besser als meine, korrigieren Sie mich. Ich habe nur eine explizite Stelle, wo gelacht wird, gefunden: Gen 17, die berühmte Stelle, wo Abraham und Sara verheißen wird, dass sie ein Kind kriegen werden. Ich zitiere in der Lutherübersetzung:

„Und Gott sprach abermals zu Abraham: ‚Du sollst dein Weib Sarai nicht mehr Sarai heißen, sondern Sara soll ihr Name sein, denn ich will sie segnen; und von ihr will ich dir einen Sohn geben, denn den will ich segnen, Völker sollen aus ihr werden und Könige über viel Völker'" [also ein großes Pathosregister, es könnte als positive Prophezeiung eigentlich gar nicht großdimensionaler sein, und die Reaktion ist dann eben in Vers 17]. „Da fiel Abraham auf sein Angesicht und lachte und sprach in seinem

---

[1] Bei Lacan ist Grundlage symbolischer Existenz ein Mangel, der eine Art Lücke eröffnet. Es handelt sich dabei wie um ein Tetrisspiel, bei dem das Spielen nur möglich ist, wenn ein Element fehlt, so dass alle anderen bewegt werden können. Daher die Notwendigkeit von einem „minus Eins" (Fußnote von Fritz Lienhard).

Herzen: Sollte mir hundert Jahre altem Menschen ein Kind geboren werden, und soll Sara, neunzig Jahre alt, gebären?"

Abraham grätscht in die Verheißung ein und sagt: „Irre Prophezeiung! Was soll der Blödsinn?" Es ist ein Verlachen einer göttlichen Glücksverheißung, wie sie größer gar nicht sein könnte. Abraham lacht und er verlacht, also ein aggressives Lachen.

Es gibt keine anderen Stellen, wo so explizit, auch mit einer aggressiven Komponente, gelacht wird; im Neuen Testament habe ich keine einzige gefunden. Es gibt komische Stellen: Meine Lieblingsstelle ist – ich finde es großartig, das ist ironisch und schön – in der berühmten Szene, wo die Ehebrecherin {gekreuzigt wird, äh,} gesteinigt werden soll, und dann Jesus gefragt wird: „Was sollen wir machen?" und da kommt ja diese komische Einlage, dass er gar nicht auf die Frage eingeht, sondern sagt: „Wer von euch ohne Sünde ist, werfe den ersten Stein", sondern eben wegtritt, sozusagen mental und irgendwelche Zeichen in den Sand oder in den Staub malt. Wir gäben ja alles drum, wenn das schriftliche Werk zugänglich wäre – und die kritische Ausgabe der Schriften von Jesus Christus wäre ja sehr überschaubar, er hat ja nichts geschrieben, an dieser Stelle hat er zwar nicht gelacht, aber endlich mal geschrieben. Was er geschrieben hat, wissen wir nicht. Sie kennen das Theologoumenon besser als ich, dass er alle Buchstaben des hebräischen Alphabets, also virtuell alles aufgeschrieben habe, aber er hat sie eben nicht so gestaltet: Ist das Lachen universal, ist die Schrift, ist der Sinn universal. Ja, aber welche spezifische Form der Botschaft, des Sinns daraus entspringt, das wird eben nicht mitgeteilt. Das gibt mir Anlass, einen zweiten Witz zu erzählen:

> Jesus geht eben durch Jerusalem und sieht eine aufgebrachte Menge, welche die in flagranti ertappte Sünderin steinigen will, und spricht die goldenen Worte: „Wer von euch ohne Sünde ist, der werfe den ersten Stein". Da kommt eine alte, aber noch sehr muntere Frau, nimmt einen riesengroßen Stein und wirft ihn; die arme Sünderin ist tot und das Volk jubelt: „Klasse, großartig!". Jesus Christus ist schwer indigniert, geht durch die Menge, durch die Gassen von Jerusalem, auf die alte Frau zu und sagt: „Ach, Ohne-Sünde, manchmal finde ich dich richtig zum Kotzen, Mama".

Man zögert, diesen Witz in allzu katholischen Milieus zu erzählen, aber er trifft natürlich genau die mögliche Paradoxalität, die in dieser Botschaft steckt: Wer von euch ohne Sünde ist, der ist also zum Steinigen legitimiert. Das Schöne an Witzen ist ja, dass sie solche Paradoxien eben explizit machen. Man wird nicht dümmer, wenn man sich auf diese Witze einlässt, gerade auch dann, wenn sie aggressiv sind: Wer lacht, zeigt die Zähne. Fast in jedem Witz, in jeder Sottise, nicht in Humor, nicht in Ironie, aber in jedem expliziten Witz steckt dieses aggressive Element: Wer lacht, zeigt die Zähne.

Der Mund ist ja überhaupt das seltsamste Organ, das sich der liebe Gott ausgedacht hat; er ist von einer Polyfunktionalität, die schwer zu überbieten ist. Mit dem Mund kann man so etwas machen, wie ich es gerade tue: Dummheiten aneinanderreihen, also sprechen, man kann mit ihm essen, man kann mit ihm trinken, man kann mit ihm atmen, man kann mit ihm lachen, ich kann mit ihm küssen – wollen wir nicht ganz vergessen – also welches weitere Körperorgan wäre so polyfunktional wie der Mund? Aber es ist eben auch das Organ, das am aggressivsten sein kann; man kann sehr schmerzhaft zubeißen. Man kann, wie unsere ehemalige Bundeskanzlerin, den Mund herunterziehen und ihm eine indignierte Signalqualität geben; man kann aber eben auch die Unterlippen so hochziehen, dass man merkt, er ist jetzt in lustiger, in witziger, in heiterer Stimmung.

Lachen ist theologisch, wir haben es schon mehrfach gesehen, hochgradig verdächtig. Die Referenz zu Umberto Eco ist schon mehrere Male gekommen, deshalb brauche ich sie gar nicht mehr auszubreiten. Ergänzen will ich aber, natürlich, als einer, der aus der Germanistik kommt, mit dem vielleicht berühmtesten und schönsten Zitat in diesem Zusammenhang, aus Georg Büchners Lenz, sprachlich wunder-, wunderschön, Lenz, da heißt es:

> „Dann erhob er sich und faßte die Hände des Kindes und sprach laut und fest: ‚Stehe auf und wandle!' Aber die Wände hallten ihm nüchtern den Ton nach, daß es zu spotten schien, und die Leiche blieb kalt. Da stürzte er halb wahnsinnig nieder, dann jagte es ihn auf, hinaus ins Gebirg. Wolken zogen rasch über den Mond, bald alles im Finstern, bald zeigten sie die nebelhaft schwindende Landschaft im Mondschein. Er rannte auf und ab (also Lenz), in seiner Brust war ein Triumphgesang der Hölle. Der Wind klang wie ein Titan. Es war ihm, als könne er eine ungeheure Faust hinauf in den Himmel ballen und Gott herbeireißen und zwischen seinen Wolken schleifen, als könnte er die Welt mit den Zähnen zermalmen [– ich war ja gerade bei dieser Beißqualität, bissigen Qualität des Witzes –], und sie dem Schöpfer ins Gesicht speien." Lenz schwur, er lästerte, so kam er auf die Höhe des Gebirges [Sie merken die religiösen Anspielungen] und das ungewisse Licht dehnte sich hinunter, wo die weißen Steinmassen lagen und der Himmel war ein dummes blaues Auge und der Mond stand ganz lächerlich drin, einfältig. Lenz musste laut lachen und mit dem Lachen griff der Atheismus in ihn und fasste ihn ganz sicher und ruhig und fest. Er wußte nicht mehr, was ihn vorhin so bewegt hatte, es fror ihn, er dachte, er wolle jetzt zu Bette gehn, und er ging kalt und unerschütterlich durch das unheimliche Dunkel – es war ihm Alles leer und hohl, er mußte laufen und ging zu Bette."[2]

Ist das nicht eine Qualität, die die Sprachqualität der besten Bibelstellen, ich würde in dem Falle sagen, erreicht? Das ist ungeheuer dicht und gut beschrieben.

Fast so gut, rein rhetorisch, ist die ebenso verletzende wie produktive Formulierung, die Nietzsche im Zarathustra findet, als er über die Krise des Christentums nachdenkt, aber vor allen Dingen auch über die Krise der alten Götter. Er knüpft gewissermaßen an die alte Sottise von Heinrich Heine in „Zur Geschichte der Religion und Philosophie in Deutschland" (1834) an, wo Heine so wunderbar

---

[2] BÜCHNER, Lenz, 228f.

kurz und süffig schreibt: „Die alten Götter waren unsterblich".³ Die Götter *waren* unsterblich. Bei Nietzsche wird es ein bisschen ausführlicher als bei Eco und Büchner. Da heißt es:

„Mit den alten Göttern ging es ja lange schon zu Ende [eindeutig die antiken Götter, die griechischen Götter]: – und wahrlich, ein gutes fröhliches Götter-Ende hatten sie! Sie »dämmerten« sich nicht zu Tode – das lügt man wohl! Vielmehr: sie haben sich selber einmal zu Tode – gelacht [Anspielung auf den homerischen Topos des Göttergelächters]. Das geschah, als das gottloseste Wort von einem Gotte selber ausging – das Wort: »Es ist ein Gott! Du sollst keinen andern Gott haben neben mir!« – ein alter Grimm-Bart von Gott, ein eifersüchtiger, vergaß sich also: – Und alle Götter lachten damals und wackelten auf ihren Stühlen und riefen: »Ist das nicht eben Göttlichkeit, daß es Götter, aber keinen Gott gibt?« Wer Ohren hat, der höre."⁴

(Sie können darüber denken, wie Sie wollen, es ist rhetorisch großartig – ‚das gottloseste Wort' ging von einem Gotte selber aus). Eine ungeheure Szene, da kommt so ein Jungstar, so ein Sammy-Davies-Junior-Typ auf den olympischen Höhen an und sagt: „Hier hört mal alle her, ich bin der Sohn Gottes und Vertreter des einzigen Gottes" und die sagen „es kommt der hundertzwanzigste Typ hier an, wir haben doch schon genug", „dieser Junge will uns da Konkurrenz machen". Die alten Götter lachen sich über diese Hypertrophie des Gottessohnes, der trinitärer Teil der Göttlichkeit ist, aber als Vertreter eines Monotheismus auftritt, buchstäblich zu Tode. Es ist eine aggressive, ist eine böse Stelle, aber das „gottloseste Wort" geht von einem Gotte selbst aus, und Nietzsche macht natürlich damit darauf aufmerksam, als gelernter Pfarrerssohn, dass Paradoxien, die solche Witze möglich machen, ja mit großem Ernst verteidigt werden. Ich frage Sie, damit ich nicht falsch verstanden werde – ich bin steuerzahlender protestantischer Christ, nicht per se Kirchengegner, – aber ich finde, man muss sich die Struktur deutlich machen, die solche Passagen, wie ich sie gerade zitiert habe, ermöglichen, in all ihrer verletzenden Aggressivität und in ihrer produktiven Aggressivität. Dass natürlich bei nüchterner Betrachtung die christliche Theologie ja von witzigen paradoxen Zumutungen so überreich versehen ist, dass man sich eigentlich nur darüber wundern kann, dass diese Paradoxien als eben diese Paradoxien nicht am laufenden Band wiederholt werden. Ich hatte ja schon einmal das Vergnügen, mich bei einem anderen Kolloquium über dieses Thema auszulassen: Monotheismus und Trinität, wie geht das zusammen. Es ist ein Anschlag auf kognitive Integrität, wenn man ernsthaft behauptet, dass Vater und Sohn gleichaltrig sind. Man kann das sagen, „von Ewigkeit zu Ewigkeit", da sind sie gleich alt – aber es ist verdammt zumutungsreich. Ein Sohn, basta, ist jünger als sein Vater, das kann nicht anders sein;

---

³ HEINE, Sämtliche Schriften, 596. Vgl. LEC, unfrisierte Gedanken, 90 „Alle Götter waren unsterblich."
⁴ NIETZSCHE, Also sprach Zarathustra (1999), 230.

wenn man Anderes sagt, dann kann man so gut wie alles einigermaßen unkontrolliert sagen. Dass eine Mutter eine Jungfrau ist, das ist schon eine vulgärpsychologische Paradoxie, man muss nur das Provokationspotential, was da drin ist, als solches erkennen und dann auch akzeptieren, dass man darüber Witze reißen kann, über einen Vater, der so alt ist wie sein Sohn, und eine Mutter, die eben Jungfrau ist. Und wenn dann Jesus Christus sagt: „Nach meinem Tod esst mich alle auf, dann seid ihr erlöst" (Joh 6,52–54). Sein Blut zu trinken und sein Fleisch zu essen geben, da haben wir ja dann eben noch die angemessene Reaktion auf die Zumutung, die im Abendmahl oder in der Eucharistie liegt auszulassen, welche Kalamitäten man sich einhandelt, wenn man das realistisch interpretiert.[5] Aber das hat ja die christliche Theologie zu großen Teilen getan, wir wollen es nicht ganz übersehen. Christliche Theologie setzt ja offensiv nicht auf Konsistenz und Argumentativität, sondern auf eine Serie von Anschlägen auf unsere mentale psychische und kognitive Integrität. Unter diesem Niveau, würde ich sagen, ist eigentlich Christentum nicht zu haben.

Auch in produktiver Art und Weise, das gehört ja ersichtlich zu den Paradoxien einer Allmachtstheologie, Gott als allmächtig zu denken, denn das führt zur uralten Theodizee-Problematik, einen guten Gott zu denken. Man kann fragen: Wenn Gott allmächtig ist, kann er das auch nicht sein? Es wäre doch seltsam, wenn wir Sterblichen in einer sehr wesentlichen Hinsicht etwas könnten, was Gott als allmächtiger Gott nicht kann, nämlich etwa Selbstmord begehen. Das wäre ja eine unglaubliche Leistung, die uns ja ermöglichen würde, Gott mit seinem Allmachtsdenken locker an die Wand zu spielen. Ich denke, dass zu den attraktivsten Momenten der Christologie gehört, dass in der Karfreitagsohnmacht des Gottes die Sterblichkeit Gottes mit „eingepreist" ist, um mich sehr sachlich und zynisch auszudrücken. Gerade das ermöglicht es, sozusagen eine Paradoxie immerhin zu fokussieren: Die Ohnmacht Gottes ist die Bedingung der Möglichkeit, ihm das Allmachtsprädikat nicht ganz abzusprechen, Gott selbst macht die Erfahrung der Sterblichkeit. Man muss also nicht gleich in aggressive Formulierungen ausgreifen, um zumindest für die protestantische Theologie zu sagen: Der Karfreitag ist das eigentliche Schlüsselereignis, die Sterblichkeit Gottes steht im Zentrum. Ich weiß noch, wie wirklich erschüttert ich war, als ich damit konfirmiert wurde: Wir sangen dann im KonfirmandInnenunterricht das im Kirchengesangbuch vorhandene, bis heute vorhandene, manchmal auch mit Textvarianten vorkommende Lied „O große Not, Gott selbst ist tot, am Kreuz ist er gestorben" (EG 80,2). Da dachte ich immerhin, da war ich mit vierzehn doch soweit: was singst du da eigentlich: „O große Not, Gott selbst ist tot, am Kreuz ist er gestorben". Es war ja ein guter Pfarrer, der einen tollen Konfirmationsunterricht machte, und der kam in einige Verlegenheit, als wir ihn dann fragten, was es denn damit auf sich hätte. Also „Gott ist tot" ist nicht ein Satz, den Nietzsche gefunden hat, wie Sie alle wissen, sondern der im evangelischen Gesangbuch steht: „O große Not, Gott selbst ist tot". Die Antwort des Pfarrers war dann: „Gotts Sohn ist tot"; so steht es in den

---

[5] Vgl. OEMING, Wer mein Fleisch kaut.

besseren Textvarianten. Ich habe später als Philologe nachgeguckt, Sie finden beides, „Gott selbst ist tot" ist die ältere Textvariante, und einigen ist die Skandalträchtigkeit dieses Kirchenliedtextes eben aufgefallen, dann kann man es ein bisschen trinitätstheologisch abfedern, indem man sagt „Gotts Sohn ist tot". Es muss gewissermaßen doch einen Referenzpunkt geben, der sich von Ewigkeit zu Ewigkeit durchhält. Aber immerhin, großes Kompliment, rein vom Design her – entschuldigen Sie, wenn ich hier so locker rede – ein großes Kompliment an die christliche Theologie, die anders – wenn ich das richtig sehe – als Judentum oder Islam, immerhin Wege vorgeschlagen hat, die wohl mächtigste Gottesparadoxie zu wagen, nämlich die Allmachtsparadoxie: „Kann Gott sterben, wenn er allmächtig ist." Aber es ist offensichtlich so wie in dem Satz „Alle Kreter lügen". Wenn er es nicht kann, ist er nicht allmächtig, wenn er es tut, ist er nicht mehr allmächtig; wenn er nicht ist, ist er auch nicht allmächtig usw. Es ist schwer, da herauszukommen, also immerhin werden Wege vorgeschlagen, wie man das machen kann.

Und damit bin ich eigentlich wieder beim roten Faden meiner Überlegungen: Die spezifisch-theologisch aggressiven Witze könnte es gar nicht geben, wenn sie nicht in der aggressiven Paradoxieanfälligkeit und der Paradoxiesuche, der zumutungsreichen Paradoxiesucht des spezifisch christlichen Glaubens die Bedingung ihrer Möglichkeit hätten. Wenn ich das richtig sehe, würde sich die jüdische Theologie oder die islamische Theologie nicht in solche Probleme manövrieren; sie sind nicht trinitär und sie kennen keinen gestorbenen Gottessohn und sie kennen keine jungfräuliche Mutter, also umgehen sie mit großer Eleganz und mit großer Wirkungsmacht eben die Paradoxien, die die christliche Theologie in ihren katholischen wie protestantischen Varianten offensiv aufsucht. Also ich würde sagen: die spezifisch christlichen Witze reagieren und müssen reagieren auf diese Paradoxien. Aber gerade das müssen sie zugleich invisibilisieren, um in den Buhmann-Slang zu verfallen, das ist eine seltsame double-bind-Geschichte, die da läuft, und wenn man sich dann Filme anschaut, wie „Life is Beautiful" oder „Life of Brian", merkt man eben sehr schnell, was man sich einhandelt, wenn man sozusagen die Aufmerksamkeit und die Pointenlust von klugen Köpfen, die solche Filme machen, auf sich zieht. Wir alle kennen die Oasions-Szene: Jesus Christus am Kreuz, „Always Look on the Bright Side of Life"; und da haben wir folglich ein Kreuzesballett und, naja, Sie kennen die Szenen alle, sie sind ja unglaublich lebendig vor Augen: Aufstieg nach Golgatha, und „ich möchte bitte auch gekreuzigt werden" und dann „einer nach links und einer nach rechts," und das in einer penetrant guten Laune, eine Atmosphäre, die nun weiß Gott wirklich zumutungsreich ist. Eine Lust an Provokationen ist es, die umso größer und umso wirkungsmächtiger ist, als diese Provokationen ja nie und nimmer von außen projizierte feindlich gesonnene Beobachtungen zum Ausgangspunkt machen, sondern sich vom wirklichen Kern dessen her entwickeln, was die Leute an Selbstverständnis haben.

Damit bin ich bei meiner These: Die Paradoxieanfälligkeit von Religion und extrem die Paradoxieanfälligkeit der christlichen Religion sorgt für beides, für – wie ich finde – sehr gute Witze, für sehr weitreichende literarische – Büchners Lenz – oder philosophische – Nietzsches Zarathustra – Ausführungen, die genau in dieses Zentrum hineinführen und damit eben sehr verletzend sind. Es gibt – und das finde ich aufschlussreich – eben nicht nur freundlich-heitere, ironisch-humorvolle, sondern eben deshalb auch bemerkenswert aggressive Komponenten des Lachens eben gerade im religiösen Umkreis. Ich nutze die Gelegenheit: Ich hab sehr früh, ein bisschen voraus, das Buch von *Frédéric Martel* gekriegt, „Sodom. *Macht, Homosexualität und Doppelmoral im Vatikan*". Es wird sicher ein Riesenskandal, also ich kann Ihnen nur empfehlen, da mal reinzugucken, das ist durchrecherchiert bis zum Aller-, Allerletzten; der muss dreißig Anwälte beschäftigt haben, weil er am laufenden Band mit Ross und Reiter und Namensnennungen, Outing macht und zu der These kommt, dass der Vatikanstaat eine durch und durch homosexuelle Lebensformen lizensierender und privilegierender Lebensraum ist und natürlich die Namen Gänswein und Benedikt, was ja ein offenes Geheimnis ist, nennt. Ich bin sehr gespannt, wie die Rezeption dieses Buches läuft. Frédéric Martel, ich kannte den Namen vorher nicht, ein französischer Theologe, der sich selbst als Homosexueller vorstellt, und da denke ich: wirklich 'ne Bombe, also achten Sie drauf. Das Interessante für mich, in literaturwissenschaftlicher Rezeptionsperspektive ist, dass er eben auch eine ziemlich aggressive Form von Lächerlichkeit, also Lächerlichmachung des Vatikans über die Lamettakleidung von Benedikt aus, und über das eigentümliche Gespann Gänswein und Benedikt usw., aufzeigt. Es ist also nicht bloß sehr gut recherchiert und offenbar juristisch durchgehechelt, sonst kann man sowas nicht schreiben, sondern eben auch den ganzen Gestus der Paradoxieanfälligkeit von Homophobie auf der einen Seite und Homosexualitätstabu auf der anderen Seite, ganz ordentlich und deutlich zu machen.

Meine letzte Überlegung, und da bin ich sehr gespannt auf Ihre gerne auch aggressiven Fragen gegenüber meinen Frechheiten – wenn es nun welche sind, aber ich denke, es sind Frechheiten –, dass es sich lohnt, über die Tiefenstruktur der religiösen und theologischen Abwehr von Witz und Lachen, und zwar von naheliegenden, sachlich begründeten, auf den Kern von frohen Botschaften sich einlassenden Witzen nachzudenken. Also, wie kommt es dazu, dass man Witze produziert, die – ich setzte voraus, dass ich nicht gekreuzigt werde, weil ich entsprechende Witze erzählt habe – in einem bestimmten Milieu eben doch dafür sorgen, dass es so ein starkes Tabu gegenüber aggressiven Witzen aus dem religiösen Bereich gibt? Meine Vermutung ist, dass die Negativeinstellung zum Leben ja die Bedingung der Möglichkeit des Erlösungsversprechens ist. Ganz zum Schluß ein kleiner Werbeblock: Ich habe ein Buch über Wagner geschrieben: „Weibes Wonne und Wert. Richard Wagners Theorietheater" mit dem Parsifal, und auch Kundry lacht ja am christlichen Kreuz, und der Parsifal ist ja das Rätselhafteste, was Wagner gemacht hat. Das ist nun weiß Gott kein Meistersinger-Werk, keine Komödie, kein Lustspiel, sondern das Eigentümlichste, aber mit der zentralen Figur, die am Kreuz lacht. Das rätselhafte Wort am Ende ist ja „Erlösung dem Erlöser". Ich lese es immer so, dass Wagner – nicht wie Nietzsche, das ist falsch interpretiert – vor dem christlichen Kreuz auf die Knie gegangen ist auf seine alten Tage, sondern dass er eine nur scheinbar esoterische Formel platziert hat: erlöst werden/wären wir alle, „Erlösung dem Erlöser", das erlösende Lachen, wenn wir uns von der Fixierung auf Erlösung erlösen. Das wäre der Gestus der eigentlichen Erlösung, Fokussierung auf Erlösung, so zu denken, dass wir uns von dieser Fokussierung, von dieser Fixierung erlösen. Die These wäre also, dass eine Abwertung des Lebens, gerade nicht zu sagen „Always Look on the Bright Side of Life", die Bedingung der Möglichkeit des Erlösungsversprechens ist; sonst würde sich das ja nicht eigentlich lohnen. Und deshalb schließe ich so wie ich angefangen habe, mit einem Witz – also ich hoffe, dass die These einigermaßen klar ist: Es braucht die Abwertung dieses Lebens hier, nicht wie Goethe „es sei, wie es wolle, es war doch so schön" zum Leben zu sagen, oder „wie es auch sei, das Leben, es ist gut" (Bräutigam-Gedicht von Goethe), also die großen Pathosformeln, die Art, also die Bonifizierung des Lebens in der Form wie wir es leben, vorzunehmen, das war ja Goethes ganz großes Motiv, sondern umgekehrt systematisch das Leben hier abwerten müssen, damit das Ergebnis post mortem als solches attraktiv ist. Das scheint mir die theologische Grundfigur zu sein.

Naja, der dazu passende Witz ist schnell erzählt:

Da stehen ein katholischer Priester, ein protestantischer Pfarrer und ein Rabbi zusammen und sprechen darüber, wie schlecht es in dieser Welt ist, „the time is out of joint". Also sie sagen das, was man seit Jahrhunderten, Jahrtausenden sagt, „o tempora, o mores", und sagen: „ach, es ist so schrecklich, mit Trump und Johnson und Erdogan und – was weiß ich. Sie können einsetzen, was Sie wollen, nichts ist ja leichter als die kritische Rede über Umweltverschmutzung und was weiß ich. Kriegsdrohung, wie konnte man zulassen, dass x, y, z, also man kann das auf ein gewisses Niveau bringen, aber die Grundfigur ist deutlich: „wie herrlich schlecht, ich find's wie immer herrlich schlecht" sagt Mephisto und argumentiert damit als guter Theologe: „Ist dir gar nichts recht? Nein, Herr, ich find's wie immer herrlich schlecht" – das ist sehr fies und auch sehr witzig – na ja, also wie schlecht es ist und wie mies es ist, und dann sagt der Katholik, der Priester zum Pfarrer: „Naja, da bleibt uns nur die Hoffnung auf das andere Leben". Und der Rabbi sagt: „Ich tät ja lachen, wenn's da auch mies wär".

Jessica Lampe

Zwischen Zähneklappern und Gelächter

Verhaltensbiologische Grundlagen einer Anthropologie des Humors

Humor is mankind's greatest blessing
Humor ist der größte Segen der Menschheit
(Mark Twain)

1. Das Lachen der Primaten

Die Grundlagen menschlichen Humors und Lachens waren bereits in den letzten gemeinsamen Vorfahren von Menschen und Menschenaffen angelegt. Für heutige Verhaltensforschung liegen menschliches Lachen und Schimpansen-Gekicher nicht weit auseinander. Zu menschlichen emotionalen Ausdrucksformen wie Lachen wird argumentiert, dass sie in ihrem Ursprung mindestens 10–16 Millionen Jahre auf nicht-menschliche Primatenvorfahren zurückgehen, in eine Zeit vor der Entwicklung höherer kognitiver Fähigkeiten und der Sprache.[1] Um den für Primaten gemeinsamen evolutionären Ursprung zu erforschen, haben WissenschaftlerInnen wie Maria Davila Ross et al. es sich nicht nehmen lassen, die „heiklen Stellen" wie Achseln, Füße und Nacken von Primaten zu kitzeln. Tatsächlich reagieren diese wie wir – mit „Lachen". In ihren Analysen der Aufnahmen von Schimpansen, Orang-Utans, Gorillas und Bonobos stellten die WissenschaftlerInnen fest, dass Affen in denselben Situationen wie Menschen Laute von sich geben, die als Lachen anzusprechen sind.[2] Die ForscherInnen fanden dabei heraus, dass bei diesen Vokalisierungen Schimpansen und Bonobos dem Menschen am nächsten stehen. Der Hauptunterschied zwischen dem menschlichen Lachen und dem der getesteten Primaten liegt freilich in der Atemtechnik. Während erwachsene Menschen nur beim Ausatmen lachen, tun dies menschliche Babies und beispielsweise Schimpansen sowohl beim Ein- als auch beim Ausatmen. Es scheint, dass die menschliche Ontogenese (vom ein- und ausatmenden Lachen hin zum nur ausatmenden) an diesem Punkt ein Stück phylogenetische Entwicklung spiegelt.

---

[1] Davila-Ross/Owren/Zimmermann, Reconstructing the evolution of laughter.
[2] Ebd. dies., The evolution of laughter.

2. Lachen anderer Säuger, auch einer Vogelart

Können abseits der Primaten auch andere Tiere lachen? Ja, und wieder vor allem, wenn sie gekitzelt werden oder spielen. Experimentelle Studien mit Ratten zeigten, dass bestimmte Lautäußerungen von Ratten im USV-Frequenzbereich (frequenzmoduliert ~ 50 kHz) nur in positiv empfundenen Situationen auftreten und dass dieses Gekicher im Ultraschallbereich mit menschlichem Lachen vergleichbar ist. Diese spezifischen Lautäußerungen treten zum Beispiel beim Kampf-Tobe-Spiel auf, in dem – deutlich von ernsthaftem Kampf unterschieden – die Interaktionspartner nur spielerisch kämpfen, indem sie versuchen, sich gegenseitig auf den Rücken zu legen und den Nacken des anderen zu erreichen.[3] Dieses Spiel kann der Mensch mit der Hand nachahmen, indem er die rücklings gewendeten Tiere auf ihrer Unterseite „kitzelt", so dass diese wiederum die genannten charakteristischen „Kicher"-Geräusche im Utraschallbereich auf frequenzmodulierten 50 kHz hören lassen.[4] Viele Tiere geben beim Spielen dem menschlichen Lachen vergleichbare Vokalisierungen auch deshalb von sich, um gefährliche Eskalationen zu vermeiden. In Schweden haben ForscherInnen beobachtet, dass Delfine bestimmte Laute von sich geben, die nur in "play fights" zu hören sind.[5] Auch Hunde weisen einen „dog laugh" auf in Form einer ausgeprägten, forcierten Ausatmung, welche stressbedingtes Verhalten reduziert und prosoziales Verhalten fördert.[6]

Der besondere Spaßvogel aus Neuseeland, der Kea, ist bislang das einzige bekannte Nicht-Säugetier, das auch seine Artgenossen zum Lachen bringt. Die Vögel dieser Spezies geben sich verspielt, auch wenn sie alleine sind. WissenschaftlerInnen entdeckten kürzlich, dass einer der Kea-Rufe eine einzigartige emotionale Wirkung auf die Vögel ausübt. Sie spielten die Tonaufnahme eines „lachenden" Kea ab und sahen, dass andere Keas dadurch motiviert wurden, allein oder mit Vögeln in ihrer Nähe zu spielen. Der Klang versetzte die Vögel „in gute Laune", er beeinflusste ihre Emotionen positiv, ähnlich wie dies menschliches Lachen vermag: ein Fall positiver emotionaler Ansteckung.[7]

Die sog. *Emotional Contagion* „funktioniert" auch bei Menschen. Lachen, das mit Reduktion von Stresshormonen und vermehrter Ausschüttung von Endorphinen einhergeht, signalisiert anderen nicht nur, dass wir heiterer Stimmung sind. Es hat auch die Wirkung, diese Emotion bei den Zuhörenden selbst hervorzurufen, und kann somit ansteckend wirken.

---

[3] Z.B. PELLIS/PELLIS, What is play fighting.
[4] PANKSEPP, Neuroevolutionary sources of laughter.
[5] BLOMQVIST/MELLO/AMUNDIN, An acoustic play-fight signal.
[6] SIMONET/VERSTEEG, Dog Laughter, 170.
[7] SCHWING, Positive emotional contagion.

3. Lachen und soziale Kohäsion

Dem Menschen stehen freilich auch bitteres oder sarkastisches Lachen oder das Auslachen zu Gebote. Dergleichen Gelächter wirkt zumeist als soziales Nocens (s.u. 5). Herzhaftes Lachen dagegen kann nicht nur bei seinem Subjekt selbst die heitere Stimmung verstärken, sondern – sei es mittels emotionaler Ansteckung oder sei es durch die genannte Signalisierung, dass die lachende Person nicht an Aggression oder Konflikteskalation interessiert ist – in Gruppen starke Gefühle des Zusammenhalts erzeugen. Der evolutionäre Vorteil der Stärkung des Gruppenzusammenhalts liegt auf der Hand, da mit vermehrter sozialer Kohäsion auch die Kooperationswilligkeit wächst.

Die Lautäußerungen des Lachens dienen, wie die mit ihm verbundene deeskalierende, aggressionsreduzierende Signalisierung zeigt, der Kommunikation. Anderen ArtgenossInnen wird mit Lachen zum Beispiel auch mitgeteilt, dass man weiterspielen möchte. Lachen trägt zu Bindung bei, zu Entspannung. Bei Menschen dauern deshalb Gespräche, in denen gelacht wird, durchschnittlich länger.[8] Lachen verbindet und lädt ein zum Spielen.

4. Humor als Coping

Neben der emotionalen Ansteckung oder physischer Stimulation („Kitzeln") führen kognitive Prozesse zum Lachen, beispielsweise semantische Wortspiele, Übertreibungen oder die gedankliche Verknüpfung zweier Inhalte, die normalerweise nichts miteinander zu tun haben. Auf Theorien des Witzes einzugehen, ist nicht der Ort. Aber dergleichen kognitive Prozesse, die beim Menschen sprachgebunden sind, führen dazu, Amüsement zu empfinden. Begleitet wird diese Empfindung von Ausdrucksweisen durch Stimme und Verhalten wie Lachen und Lächeln.[9]

Dieses Amüsement kann auch als *Coping* dienen. Freud betrachtete Humor als einen Abwehrmechanismus gegen Hindernisse und Bedrängnis.[10] In der Psychoanalyse wurde Humor nicht nur als ein Mittel angesehen, Menschen zu helfen, Angst und Beklemmung loszulassen, sondern auch eine amüsante, lustige und weniger beängstigende Perspektive auf die innere Angst des Menschen zu bieten.[11] Auf diese Weise wird mit Inkongruenzen in menschlicher Existenz spielerisch umgegangen, und alternative Interpretationen der Existenz werden angeboten.[12]

---

[8] BBC, Making a chimp laugh.
[9] CHEN/MARTIN, A comparison of humor styles. MARTIN/FORD, The Psychology of Humor.
[10] FREUD, Humour.
[11] MARTIN/FORD, a.a.O.
[12] GIBSON, An introduction.

5. Positive physiologische, psychische und soziale Effekte

Humor übt zahlreiche positive Effekte auf den Menschen aus. PsychologInnen bestätigen, dass Humor nicht nur positive Emotionen hervorruft, sondern auch zum Beispiel Immunität positiv beeinflusst, Kreativität fördert, Stresshormone und Anspannung reduziert und obendrein von anderen als attraktiv empfunden wird, so dass sich die soziale Akzeptanz des Humorvollen erhöht.[13] Beim Lachen werden Endorphine ausgeschüttet, die natürlichen Wohlfühl-Chemikalien des Körpers, welche nicht nur allgemeines Wohlbefinden fördern, sondern sogar vorübergehend Schmerzen lindern. Laut einer Studie der Universität Oxford kann Lachen sogar die Schmerztoleranzschwelle einer Person signifikant erhöhen.[14] Lachen schützt zudem das Herz. Es verbessert die Funktion der Blutgefäße und erhöht die Durchblutung, was dazu beiträgt, vor Herzinfarkt und anderen Herz-Kreislauf-Problemen zu schützen. Forscher der School of Medicine der Universität Maryland stellten fest, dass Lachen den Blutfluss um etwa 22 Prozent erhöht.[15] Lachen ist somit nicht nur mit guter Laune verbunden, sondern schlichtweg gesund.

6. Kommunikation

Spiel und Spaß und das mit diesen verbundenen Lachen zeitigen Vorteile für Mensch und Tier. Doch gilt es, die Unterschiedenheit von Tier und Mensch nicht aus dem Auge zu verlieren, die vor allem in der ausgeprägten, komplexen menschlichen Sprache sich zeigt. Sie bietet ihre eigenen Möglichkeiten an, zu kommunizieren und Humor auszudrücken – auf ganz anderen kognitiven und intellektuellen Ebenen. Dennoch existierte, wie oben skizziert, das Lachen interessanterweise bereits vor der Sprache. Lachen *als* Kommunikationsmittel war eine der Vorstufen der Sprache: als eine Art der Aggression reduzierenden und soziale Kohäsion fördernden Kommunikation, längst bevor wir Primaten unseren Atem so gut regulieren und sprechen konnten, wie wir es jetzt tun. Herzhaftes Lachen fungierte als ein Signal, dass alles „ok" und eben „lustig gemeint" ist, ein Zeichen, dass sich entspannt werden kann und nichts bedrohlich gemeint ist.

---

[13] BENNETT/LENGACHER, Humor and laughter. KUIPER/OLINGER, Humor and mental health. MARTIN, Humor. STERNBERG, Implicit theories of intelligence. REGAN/JOSHI, Ideal partner preferences. FRALEY/ARON, The effect of a shared humorous experience.

[14] DUNBAR, Social laughter.

[15] MILLER, Laughter helps blood vessels.

7. Humorstile

Mit der menschlichen Sprache wird etliches komplexer: Humor kann auf verschiedene Weise eingesetzt werden und verschiedenen Zwecken dienen. Zum Beispiel gibt es affiliativen Humor (sozial/kohäsionsfördernd) und selbststärkenden Humor (etwa Belustigung auch in Stresssituationen), welche adaptiv und dem psychischen Wohlbefinden förderlich sind, doch auch maladaptive Varianten von Humor wie aggressiven (Sarkasmus, Verhöhnung) und selbstzerstörerischen Humor, der dazu benutzt wird, die Beziehungen zu anderen durch Selbsterniedrigung zu verbessern.[16] Normalerweise werden die Spielarten des adaptiven Humors dann angewendet, wenn Menschen sich in Gruppen befinden und die Situation sicher, geschützt und angenehm ist. Auch bei Tieren wie Ratten sind ein gesichertes Umfeld und eine gesunde körperliche Verfassung in der Regel notwendige Bedingungen dafür, dass Spielverhalten und Lachen auftreten. In der Verhaltensforschung werden Spielen und das bei manchen Arten mit dem Spiel verbundene Lachen sogar als Indikator für Wohlbefinden benutzt, also für *positive animal welfare*.

8. Fazit

Darüber, was lustig oder humorvoll erscheint und warum, existiert keine einheitliche Theorie. Klar ist jedoch, dass Lachen sozial verbindet und wir Menschen nicht die Einzigen sind, die dieses Verhalten zeigen. Seine Ursprünge liegen, wie in dieser Skizze dargelegt, entsprechend weit in der Entwicklungsgeschichte zurück. Viele Tierarten lassen mit Lachen vergleichbare Vokalisierungen vernehmen, die mit positiven Emotionen verbunden sind. Bei Tieren sind diese Laute unmittelbar mit spielerischem und affiliierendem Interaktionsverhalten verbunden.

Humor hingegen erfordert des Weiteren Kognition und Kontext, womit der entscheidende Unterschied zwischen Tier und Mensch in den Blick gerät: die Sprache. Hier erreicht die Gemeinsamkeit mit unseren evolutionsgeschichtlichen Cousins ihre Grenze, da unsere Sprache, die im Vergleich zu tierischen Kommunikationsformen über eine kompliziertere Grammatik, über Stilformen und rhetorische Figuren wie Ironie oder Wortspiel verfügt, uns so weitaus mehr Möglichkeiten bietet, Lachen hervorzurufen.

Während Erwachsene im Durchschnitt nur 15mal am Tag lachen, tun Kinder dies ungefähr 400mal.[17] Es sind also nicht nur unsere Cousins in der Evolutionsgeschichte, sondern vor allem unsere Kinder, von denen wir einiges lernen können für ein gesundes und heiteres Leben.

---

[16] MARTIN, Individual differences.
[17] LIEBERTZ, Lachen und lernen bilden ein Traumpaar.

Frédéric Rognon

Das Lachen – eine Gemeinsamkeit der Menschen?

Ist Lachen universell? In einer halben Stunde werde ich, um diese Frage zu beantworten, nicht um die etwa tausend ethnischen Gruppen kreisen, die unseren Planeten bewohnen, um zu prüfen, ob es nicht einen verlorenen Stamm gibt, bei dem nicht gelacht wird. Nicht nur aus Zeitmangel verzichte ich auf diese gründliche Untersuchung, sondern um Ihnen kein mühsames und abschreckendes Inventar aufzuzwingen, das nicht wirklich lustig wäre – das würde Sie überhaupt nicht zum Lachen bringen... Deshalb werde ich mich mit einem Beispiel begnügen, das ohne Anspruch auf Repräsentativität exemplarisch ist, weil es uns erlaubt, mit den Fingern zu berühren, was ich zu zeigen versuchen werde (ich kündige bereits meinen Schluss an): Lachen ist universell, aber es drückt sich manchmal auf unerwartete Weise aus, entsprechend vieler komplexer kultureller Parameter. Ich möchte das Beispiel der kanak anführen, der indigenen Bevölkerung Neukaledoniens im Pazifik, über die einige von Ihnen mich eventuell bereits referieren gehört haben insbesondere bei den Treffen unserer beiden theologischen Fakultäten in Heidelberg und Straßburg. Ich verbrachte in der Tat mehrere Jahre in Neukaledonien und ich widmete dieser ethnischen Gruppe und den religiösen Veränderungen, die sie betreffen, eine Doktorarbeit und mehrere Bücher und Artikel.

Ich beginne mit zwei Zitaten des französischen protestantischen Missionars Maurice Leenhardt, der von 1902 bis 1926 in Neukaledonien weilte.[1] Diese beiden Zitate stammen aus Missionsbroschüren aus den Jahren 1921 und 1922. Das erste Zitat lautet: „Ob sie [die Kanaken] im Griff einer Leidenschaft sind oder ob sie spielen, ihre Gesichter behalten die gleiche Ernsthaftigkeit, die zuerst beeindruckt, und die nur der Ernst der Gesichter ist, die das Denken noch nicht erleuchtet, ein wenig die Ernsthaftigkeit der Tiere".[2] Das zweite Zitat heißt: „Es ist ein Zustand des Halblebens, in dem er [der Kanak] vegetiert, eine Tradition, die sich

---

[1] ROGNON, Maurice Leenhardt.
[2] LEENHARDT, Le catéchumène canaque, 15.

durch Trägheit fortsetzt, eine Gesellschaft, die in der Steinzeit halb Tier, halb Mensch bleibt und sich nicht entwickelt".[3]

Aus diesen beiden Zitaten, die recht überraschend sind, möchte ich die folgenden Anmerkungen ziehen. Erstens, für Maurice Leenhardt ist Lachen eine menschliche Eigenschaft: Tiere sind ernst, weil sie nicht denken und deshalb nicht lachen und sich nicht entwickeln. Innerhalb dieser menschlichen Besonderheit der Fähigkeit zu lachen gibt es jedoch Menschen und sogar Gesellschaften, die nicht lachen, und die daher den Tieren näher sind, die „halb Tier, halb Mensch" sind. Das Fehlen von Lachen bedeutet jedoch nicht das Fehlen von Leidenschaft oder Spiel. Wir müssen uns daher, wenn wir weiterhin unserem Autor folgen, den Kanak als leidenschaftlich und als Spieler, als spielend, vorstellen, aber nie lachend. Außerdem ist ihr Denken noch nicht erleuchtet: Lachen ist also mit der Ausübung des Denkens verbunden, denn es ist das Denken, das Distanz zu sich selbst zulässt, das Lachen erzeugt. Nach Maurice Leenhardts Theorie taucht der Kanak jedoch in die Welt ein (was er „Kosmomorphismus" nennt, ein Prozess, der dem Anthropomorphismus entgegengesetzt ist), er tritt nicht aus der Welt hervor, insbesondere nicht aus der Pflanzenwelt, mit der er sich buchstäblich identifiziert; und der Kanak taucht in seine eigene Gruppe ein, der Mensch unterscheidet sich nicht von der Gemeinschaft, das Subjekt existiert streng genommen nicht.

Ich werde hier nicht auf die Voraussetzungen und Aporien der Theorie von Maurice Leenhardt eingehen (was ich anderswo getan habe), sondern einfach sagen, dass diese Darstellung des Kanak, der dem Tier nahe steht und von selbst nicht in der Lage ist, sich von der Welt zu befreien und sich daher zu entwickeln, Teil der pseudowissenschaftlichen Begründung des Kolonisierungsunternehmens ist (eine Kolonisierung, die bei Maurice Leenhardt, einem Avantgarde-Menschen, humanistisch ist: sie besteht darin, ein Kindvolk zu zivilisieren, zu beschulen, zu erziehen, damit es erwachsen wird). Aber es ist vor allem, innerhalb der Kolonisation, die Rechtfertigung für die Evangelisierung, denn durch die Begegnung des Heiden mit dem Evangelium wird das Denken geweckt. Paradoxerweise beginnt der Kanak zu denken, wenn er Christ wird; er zieht sich aus der Welt heraus und kommt, um Maurice Leenhardts Ausdrucksweise zu verwenden, aus der „mythischen Befangenheit" oder „der Stammesgefangenheit" heraus, um Zugang zum „moralischen Bewusstsein" zu erhalten. Dann erst lacht er: Nur der Bekehrte hat Zugang zum Lachen.

Wir stehen hier im Mittelpunkt des Themas unseres Symposiums, aber zugegebenermaßen treten wir auf eine sehr paradoxe Weise ein: Lachen würde einen religiösen Ansatz erfordern. Aber das Paradoxon verdoppelt sich, wenn wir sehen, dass der Autor dieser einzigartigen Theorie sich selbst völlig widerspricht, indem er uns in anderen Texten Situationen des Lachens in der vorkolonialen und vorchristlichen Kanak-Gesellschaft begegnen lässt. Diese Texte haben nicht den gleichen Status wie diese beiden Auszüge, die wir gerade zitiert haben: Es handelt sich dann um ethnologische Literatur und nicht mehr um Missionsliteratur, ihre

---

[3] DERS., Expériences sociales en terre canaque, 117.

LeserInnenschaft ist nicht mehr die gleiche, es handelt sich um eine wissenschaftliche Öffentlichkeit und nicht mehr um die gemeindlichen UnterstützerInnen der Mission, und vor allem, diese Texte entstehen später, sie stammen aus den Jahren 1937 und 1947, und wir spüren den deutlichen Einfluss des Anthropologen Marcel Mauss, Begründer der französischen Ethnologie, mit dem Maurice Leenhardt, der 1926 aus seinem Missionsbereich zurückkehrte und allmählich seine Bekehrung vom Missionar zum Ethnologen begann, immer enger zusammenarbeiten wird.

Nehmen wir daher die Frage der Universalität des Lachens auf, nicht mehr von dieser sogenannten Ausnahme zur Universalität, sondern von der Umkehrung der Ausnahme, von der Ausnahme zur Ausnahme in gewisser Weise. Eine Vorabklärung ist angebracht. Wenn das Lachen universell ist, variieren seine Modalitäten erheblich. Je nach Kultur lachen die Menschen nicht über die gleichen Dinge, unter den gleichen Umständen, mit der gleichen Intensität. Das erleben wir alle, wenn wir die Grenzen zwischen nahe beieinanderliegenden Kulturen überschreiten: Ein Witz, geschweige denn ein Wortspiel, wird auf beiden Seiten der Grenze nicht die gleiche Reaktion hervorrufen. Die einfache Tatsache, dass man das Wortspiel übersetzen und seinen lachhaften Inhalt erklären muss, wird die spontane Lachreaktion zwangsläufig dämpfen. Ist andererseits die Spontaneität des emotionalen Ausdrucks vorhanden, kann sie auch ausreichend kodifiziert sein, um kulturell determiniert zu sein. So muss man in Melanesien je nach Umständen lachen, wie auch weinen, um den Anforderungen der sozialen Kontrolle gerecht zu werden. Mit anderen Worten, es wäre äußerst unangemessen und schlecht beraten, nicht zu lachen oder nicht zu weinen, wenn es die Situation erfordert, und umgekehrt wäre es mehr als ein Fauxpas, eine Beleidigung, unter irgendeinem anderen Umstand zu lachen oder zu weinen.

Eine besondere Kategorie von Spontaneität, die im Lachen kodifiziert ist, soll nun ausgeführt werden. Marcel Mauss nennt dies „Verwandtschaft im Scherz", Maurice Leenhardt „Verwandtschaft in der freien Rede". Dieser Ausdruck *„Scherzbeziehungen"* (*joking relationships*) und der umgekehrte Ausdruck *„Vermeidungsbeziehungen"* (*avoidance relationships*) sind in der Anthropologie seit Marcel Mauss' Arbeit zum Klassiker geworden. In ihrem *Dictionnaire de l'ethnologie* haben Michel Panoff und Michel Perrin den ersten Begriff mit folgenden Worten dargelegt: „Verschiedene Gesellschaften erwarten von bestimmten Arten von Verwandten, dass sie sich scherzhaft zueinander verhalten; dies wird als Scherzverwandtschaft oder Verwandtschaft im Scherz bezeichnet. In den meisten Fällen ist es üblich, dass sich derselbe Verwandte diese Familiarität immer erlaubt, während der andere Verwandte sie ohne zu zucken oder mit einem Lächeln akzeptieren muss".[4]

Das erste Auftreten des Konzepts der „Scherzbeziehungen" erscheint in der Arbeit des amerikanischen Anthropologen Robert Lowie, in einem Artikel über die

---

[4] PANOFF/PERRIN, Dictionnaire de l'ethnologie, 102, 215.

amerikanischen UreinwohnerInnen Crow aus dem Jahr 1912.⁵ Der gleiche Autor verwendet diesen Ausdruck auf einigen Seiten seines synthetischen Buches *Primitive Society* (1919)⁶; er schreibt insbesondere Folgendes: „Im Gegensatz zu Tabus finden wir eine Reihe von Bräuchen, die verschiedene, oft gegenseitige Formen der Familiarität zulassen und fast vorschreiben, die darin bestehen, Witze oder Beleidigungen zwischen Individuen zu machen, die durch eine bestimmte Art der Verwandtschaft verbunden sind."⁷ Im Gegensatz zu Panoff und Perrin erwähnt Robert Lowie daher Gegenseitigkeit in der Scherzbeziehung: Wir werden auf diese Spannung zurückkommen. 1926 widmete Marcel Mauss die erste systematische Studie dem Thema „Scherzverwandtschaften."⁸ Wie immer arbeitet er aus zweiter Hand, aber indem er versucht, so viele Daten wie möglich von so vielen ethnischen Gruppen wie möglich zu sammeln, versucht er dann zu theoretisieren.

Marcel Mauss will dieses Phänomen zunächst in diese breitere Kategorie von Institutionen integrieren, die er selbst seit seinem berühmten *Essai sur le don* (Essay über die Gabe) (1923–1924) „ein System der totalen Dienstleistungen" nannte: ein strukturierter Austausch nicht nur von materiellen Gütern, sondern auch von moralischen Vorteilen und Gegenleistungen, Dienstleistungen im engeren Sinn von dem Begriff, Höflichkeit, Feiern und Worten, die Einzelpersonen, vor allem aber Gruppen betreffen, die sich gegenseitig verpflichten, austauschen und Verträge schließen, nach extrem kodifizierten Regeln und Standards. Lachen ist daher sowohl spontan als auch strukturiert, kulturell konstruiert und mit einem ganzen normativen Modell verknüpft, das weit darüber hinausgeht. Dann – und dies ist der zweite Punkt seiner Theorie – versucht Marcel Mauss, „Scherzverwandtschaften" in ein binäres Strukturschema zu versetzen: Einerseits gibt es in archaischen Gesellschaften Beziehungen von Respekt, Bescheidenheit und sogar Angst und Scham zwischen bestimmten Menschen, insbesondere zwischen Schwiegermutter und Schwiegersohn, Schwiegervater und Schwiegertochter oder zwischen potenziellen SexualpartnerInnen, die jedoch durch das Inzesttabu verboten sind (Brüder und Schwestern und solche, die „Parallelvettern" genannt werden: für einen Jungen die Tochter des Bruders seines Vaters oder die Tochter der Schwester seiner Mutter); und andererseits gibt es ein Verhalten von Unkorrektheit, Unhöflichkeit, Scherzen, Zügellosigkeit, Beleidigungen und Demütigungen, insbesondere zwischen potenziellen und legitimen SexualpartnerInnen (die als „Kreuzcousins" bezeichnet werden: für einen Jungen die Tochter der Schwester

---

⁵ Vgl. LOWIE, Social Life of the Crow Indians, 187, 189, 204, 205.

⁶ Siehe DERS, Traité de sociologie primitive, 101ff.

⁷ Ebd., 101.

⁸ Siehe MAUSS, Parentés à plaisanteries. Dieser Text war zunächst Gegenstand einer Arbeit, die 1926 dem Institut français d'anthropologie vorgelegt und 1928 in der Annuaire de l'École Pratique des Hautes Études, Section des sciences religieuses, veröffentlicht wurde. Siehe auch RAPHAËL, L'injonction au rire.

seines Vaters oder die Tochter des Bruders seiner Mutter). Marcel Mauss beschreibt diese strukturelle Dualität mit zwei griechischen Begriffen: αἰδώς (was Scham, Angst, Zurückhaltung, Maß bedeutet) und ὕβρις (Exzess, Übermaß, Unbegrenztheit). Lachen ist das Gegenteil von Tabu: Bei „Scherzverwandtschaften" erlauben wir uns nicht nur verbotenes Verhalten, sondern auch verbotene Worte, die wir gierig aussprechen. Und unser Autor weist darauf hin, dass diese beiden Verhaltensweisen (αἰδώς und ὕβρις) nicht nur archaische Gesellschaften betreffen, sondern dass „in Wirklichkeit eine sehr große Anzahl von Klassen und Menschen unter uns auch heute noch wissen, wie man weder seine Höflichkeit noch seine Grobheit mäßigt. Wir selbst haben diese Zustände übertriebener Kühnheit und Frechheit den einen gegenüber, übertriebener Schüchternheit, absoluter Verlegenheit und Zwang den anderen gegenüber erlebt."[9] Hier sind einige Beispiele: „Soldaten, die von dem Krieg befreit werden; Schulkinder, die auf dem Schulhof bummeln; Herren, die sich im Raucherzimmer von zu langer Höflichkeit zu den Damen entspannen.[10] Aber diese Bezeichnung führt uns genau in den dritten Begriff der Mauss'schen Theorie der „Scherzverwandten" ein: ihre evolutionäre Voraussetzung und Absicht. Marcel Mauss ist der Ansicht, dass diese Art von Beziehung zu einem elementaren, embryonalen Stadium der Entwicklung von Gesellschaften in Richtung Zivilisation gehört; und dass daher die in unserem Land beobachteten ähnlichen Verhaltensweisen nur Überbleibsel eines archaischen Zustands dieser Entwicklung sind. Lachen ist daher ein Marker für die zivilisatorische Entwicklung: Es unterscheidet den Menschen von Tieren, aber auch zwischen ersten Völkern (wo „Scherzverwandtschaften" beobachtet werden) und zivilisierten Gesellschaften (wo Lachen auch als Kompensation für die Ernsthaftigkeit des täglichen Lebens dient, aber nicht in starre Strukturen eingebettet ist, die extrem restriktiv sind). In Marcel Mauss' Werk finden wir ein grundlegend evolutionstheoretisches Gerät, wie in Maurice Leenhardts ersten Texten, aber unter ganz anderen Voraussetzungen, denn es ist nicht die Evangelisierung als Zivilisationsvektor, die archaischen Völkern den Zugang zum Lachen ermöglicht, sondern die Tatsache, dass dieses Lachen bereits unter den archaischsten Völkern vorhanden ist und mit dem Zivilisationsprozess befreit wird. Die beiden Systeme sind sowohl affin als auch klar voneinander getrennt. Wir werden gleich auf die Rezeption von Mauss' Theorie bei Leenhardt zurückkommen, aber lassen Sie uns zuvor ein paar Ergänzungen zu dieser Theorie hinzufügen.

Marcel Mauss stellt fest, dass das Gleichgewicht zwischen den beiden Prinzipien von αἰδώς und ὕβρις Teil eines kulturellen Kontextes ist, in dem das Religiöse im täglichen Leben prägend ist, und dass Lachen ein Gegengewicht ist, ein Ventil zur Evakuierung in gewisser Weise, zum Ausgleich zum Ernst der Achtung vor dem Heiligen. So verbindet sich die Institution der „Scherzverwandtschaft", die in jeder Gesellschaft einen bestimmten Namen hat, mit einem ätiologischen Mythos. Und dieser endet oft so: „Ich werde dies und das nicht tun, sonst würden meine

---

[9] Mauss, Parentés à plaisanteries, 111f.
[10] A.a.O., 118.

Scherzverwandten über mich scherzen." Wir sehen, dass dieser Brauch sowohl eine Katharsisfunktion in Bezug auf die gespeicherte und unterdrückte Energie aufgrund einer starken sozialen Kontrolle als auch eine umgekehrte Funktion der sozialen Kontrolle hat. Wenn wir uns zum Beispiel eine unangemessene Freiheit gegenüber einer Person gönnen, die nicht der entsprechenden Kategorie angehört, würde diese Person fragen: „Welche Art von Scherzverwandtschaft habe ich mit dir?" Wie wir sehen können, entkommt Marcel Mauss jeder Versuchung, eine psychologische Erklärung zu liefern, die die Ursache für dieses Verhalten auf Stimmungsschwankungen zurückführen würde, die durch das Bedürfnis nach psychologischer Entspannung notwendig werden. In den 1920er Jahren befanden wir uns in einer Zeit strikter disziplinärer Abgrenzung, insbesondere zwischen Soziologie, Anthropologie und Psychologie. Marcel Mauss beharrt daher auf den streng anthropologischen Faktoren der „Scherzverwandtschaften": Soziale Strukturen und kollektive Repräsentationssysteme, die ihnen entsprechen. Deshalb wird nicht nur die rechtliche und eheliche Position der einzelnen Personen in „Scherzbeziehungen" analysiert, sondern auch ihr[11], ihre wirtschaftliche Position, ihre politische Position, ihre ästhetische Position usw. Kurz gesagt, alle möglichen Instanzen eines „totalen sozialen Phänomens" (alle, außer der psychologischen Dimension ...). Als Beispiel für eine „mythische Position" sollen Fälle von Nicht-Reziprozität der „Scherzbeziehung" wie folgt erläutert werden: In einigen ethnischen Gruppen (wie Fidschi und Banksinseln und im Norden der „Neuen Hebriden", heute Vanuatu) werden Menschen nach fünf Generationen wiedergeboren; so kann ein Neffe eine nicht gegenseitige „Scherzverwandtschaft" mit seinem mütterlichen Onkel haben, ihn verspotten, öffentlich demütigen und sogar regelmäßig sein Eigentum plündern, da er die Reinkarnation seines Ururgroßvaters ist und somit die Autorität über einen Verwandten aus einer Generation kurz vor seiner eigenen hat, aber später als die des Vorfahren, den er reinkarniert (Mauss vergisst einfach zu sagen, dass der Onkel mütterlicherseits auch eine Reinkarnation in fünf Generationen ist, seine Autorität ist die seines Ururgroßvaters, was den Vorrang des Neffen aufhebt und seine gesamte Theorie außer Kraft setzt ...) Marcel Mauss kommt zu dem Schluss, dass „Scherzverwandte" das gegenseitige Recht auf verscherzen haben, dass aber, wenn „diese Rechte ungleich sind, sie der religiösen Ungleichheit entsprechen."[12] Schließlich wird Marcel Mauss, der bestrebt ist, Entwicklungslinien zwischen den Gesellschaften zu establieren, „Scherzverwandte" mit der Institution des „Potlatch" vergleichen, die er im Essay über die Gabe ausführlich analysiert hatte. Das „Potlatch" ist der übliche agonistische Mechanismus, der bei den amerikanischen UreinwohnerInnen Kwakiutl der Pazifikküste Kanadas (Gegend von Vancouver) und bei den MelanesierInnen präsent ist und darin besteht, den Nachbarstamm nicht militärisch, sondern durch das Aufdecken überwältigender Mengen materieller Güter aller Art zu beeindrucken

---

[11] A.a.O., 121.
[12] A.a.O., 122.

und vor den Augen der Gegner zu zerstören. Sie werden dann angewiesen, dasselbe zu tun, die Umfänge zu erhöhen, oder das Gesicht zu verlieren, und so weiter. Marcel Mauss sieht eine Entwicklungslinie, die von „Scherzverwandtschaften", einer einfachen und groben Institution, bis hin zum aufwändigeren und raffinierteren „Potlatch" reicht, das nicht mehr wie mit dem Lachen, Spott und der Demütigung von Individuen innerhalb der Gruppe, sondern zwischen rivalisierenden Gruppen stattfindet. Natürlich sind unsere zivilisierten Gesellschaften auf dem Weg zum Fortschritt noch viel weiter, denn sie sind in der Lage, nicht nur materielle Güter, sondern ganze Völker und vielleicht sogar den Planeten selbst in lautem Lachen zu zerstören. Aber das ist nicht Mauss, der es sagt, es ist nur ein Ausfall schwarzen Humors von meiner Seite, ziemlich sarkastisch gegen Marcel Mauss' Evolutionismus, um einen Übergang einzuleiten.

Gehen wir also zurück zu Maurice Leenhardt und den KanakInnen. Durch die Begegnung mit Marcel Mauss und seinen Forschungen wird Maurice Leenhardt offensichtlich sein Urteil über das Lachen in der Kanak-Gesellschaft revidieren. Das Vertrauen und die Zusammenarbeit zwischen den beiden Männern waren so eng, dass der alte Meister allmählich einen großen Teil seines Unterrichts seinem neuen Kollegen anvertraute, der nach einem Vierteljahrhundert Apostolat aus seinem Missionsbereich zurückgekehrt war, während er selbst die feinsten spekulativen Theorien über die Völker der ganzen Welt entwickelt hatte, ohne jemals seine komfortablen Pariser Bibliotheken zu verlassen. Er war sogar gezwungen, seine gesamte Lehre aufzugeben, als er 1940 aufgrund antisemitischer Gesetze von der Universität entlassen wurde. Ein kleines Augenzwinkern, sogar ein großes Lächeln mitten in dieser Tragödie: Maurice Leenhardt, der ein sehr widerspenstiger Gymnasiast gewesen war (dies ging so weit, dass ihm einer seiner Lehrer einmal gesagt hatte: „Mein kleiner Maurice, wenn du so weitermachst, wirst du in Neukaledonien landen", natürlich hat er dabei an das Gefängnis gedacht, und er ahnte nicht, dass er mit seiner Aussage recht haben würde...), Maurice Leenhardt, der sein Abitur erst beim dritten Mal mühsam erlangt hatte, wird schließlich zum Professor an der Sorbonne ernannt ... So kann man in der Schule ein Dummkopf sein und an der Sorbonne landen ...!

Maurice Leenhardt widmet drei Kapitel in drei verschiedenen Büchern dem, was er nicht „Verwandtschaft im Scherz", sondern „Verwandtschaft in der freien Rede" nennt, und „Spontaneität und Lachen in der [Kanak] Gesellschaft."[13] Zuerst werden die Menschen aufgelistet, die an dieser Beziehungsart beteiligt sind: Großeltern und Enkelkinder, väterliche Neffen und Tanten, und schließlich Kreuzcousins und -cousinen. Und er präzisiert: „Diese Menschen, ob gleichgeschlechtlich oder gegengeschlechtlich, haben die Fähigkeit, miteinander zu reden, so frei sie wollen, sie können sich über einander lustig machen, ohne ihre Empfindlichkeit zu verletzen, und reden, ohne ihre Worte abzuwägen. Sie brauchen ihre Reden

---

[13] S. LEENHARDT, Notes d'ethnologie, 86–88. DERS., Gens de la Grande, 153–158. DERS., Do Kamo, 238–241.

nicht selbst zu verantworten, und es ist die Freude der Zuhörer, wie die Protagonisten im gegebenen Kontext Gemeinheiten aussprechen. (...) Der Witz ist nur der Ausbruch von frechem Lachen während eines mehr oder weniger langweiligen, aber immer freien Gesprächs, das jeden Tag stattfindet."[14] Maurice Leenhardt erklärt diesen Brauch durch die Statusneutralität der ProtagonistInnen, genauer gesagt durch drei Arten von Faktoren: für Großeltern und Enkelkinder durch den Generationsunterschied, der sexuelle Aktivität ausschließt; in der Erwägung, dass die Gesellschaft in ein Netz von Verboten eingebunden ist, die mit dem Tabu des Inzests und dem Risiko der Entweihung des Heiligen, der Beleidigung der unsichtbaren Mächte verbunden sind, spielen diese vom „Verhältnis der freien Meinungsäußerung" betroffenen Personen keine organische Rolle bei der Übertragung des Lebens. Die väterliche Tante ihrerseits hat einen ambivalenten Status, sie repräsentiert sowohl das Prinzip der Macht, da sie zum Klan des Vaters gehört, als auch das Prinzip des Lebens, da sie die Frau des mütterlichen Onkels ist, und aufgrund ihrer Zusammenschließung heben sich die beiden Prinzipien in gewisser Weise auf. Was die Kreuzcousins und -cousinen betrifft, so genießen sie eine besondere Situation der sexuellen Freiheit, bis zur Ehe, und ihre Begegnungen sind ein Auftakt zur Ehe; sie können sich daher alle scharfen Worte leisten, die bis ins Erotische reichen; diese Lizenz steht im Gegensatz zum üblichen Protokoll der anderen ProtagonistInnen, die sich niederwerfen, mit dem Rücken zueinander sprechen und sich gegenseitig siezen, genauso Mann und Frau wie Vater und Sohn, Brüder und Schwestern, Neffe und Onkel mütterlicherseits ...

Maurice Leenhardt gibt ein eindrucksvolles Beispiel dafür, was die „Verwandtschaft der Sprachfreiheit" in der traditionellen Gesellschaft hervorbringen konnte. Nach einer Kanakrevolte gegen die Siedler im Jahr 1917, die blutig niedergedrückt wurde, wurde ein Prozess zur Verurteilung der Rebellen durchgeführt. Die Angeklagten waren jedoch unschuldig im Bezug zum Verdacht, dass sie die Unruhen angeheizt hatten (was Maurice Leenhardt wusste). Und es war eine Frau, die außerdem wie üblich vor den Häuptlingen kroch, die vor Gericht kam, vor den wahren Schuldigen stand, um frei, ungestraft und ohne Angst vor Repressalien mit ihnen zu sprechen, weil sie ihre „Scherzverwandte" war. Und schließlich gestanden sie, indem sie Selbstmord begingen und damit die Tür für den Freispruch der Angeklagten öffneten.[15] So fehlte in der traditionellen Gesellschaft keineswegs die Distanz zu sich selbst. Es war nicht die Evangelisierung, wie der frühe Maurice Leenhardt behauptete, die das Lachen in die Kanak-Gesellschaft einführte, sondern die Evangelisation führte wahrscheinlich zu ernsthaften strukturellen und symbolischen Veränderungen, sogar zu Inversionen.

Maurice Leenhardt kritisiert dann Marcel Mauss' Theorie, die auf der Spannung zwischen αἰδώς und ὕβρις basiert. Dies macht er so: „Es gibt nicht so viel Theorie in all dem. Es gibt die Tatsache, dass die Gesellschaft in zwei Gruppen

---

[14] DERS., Notes d'ethnologie, 86f.
[15] DERS., Do Kamo, 238f.

unterteilt ist: eine, deren Mitglieder von der Geschlechterkategorie dominiert werden und die andere, deren Mitglieder von dieser Kategorie ausgeschlossen werden, d.h. eine, bei der strenge Disziplin erforderlich ist, mit mythischen Tabus und Stützen, und eine, bei der ein Verbot unnötig ist.[16] Und unser Autor unterscheidet die drei Versionen dieser Nutzlosigkeit, in dem besonderen Kontext der traditionellen Kanak-Gesellschaft. Was Maurice Leenhardt will, ist nicht, wie Marcel Mauss, eine universelle Theorie, die sich auf alle Gesellschaften anwenden lässt, sondern Berücksichtigung des kulturellen, organisatorischen und symbolischen Kontextes, der immer einzigartig ist. Während die „Verwandtschaft der freien Rede" in vielen Gesellschaften zu finden ist, wird sie jedes Mal auf eine andere Weise konkretisiert. Und es hat keinen Sinn, zu versuchen, eine spekulative Theorie mit einem universalistischen Anspruch zu entwickeln. In diesen Einwänden ist bereits die Spannung zu erkennen, die bald zwischen Maurice Leenhardts phänomenologischem Ansatz und dem Strukturalismus von Claude Lévi-Strauss entstehen wird, der behaupten wird, Marcel Mauss' Vermächtnis anzutreten.

Und doch möchte ich mit einer Metapher von Claude Lévi-Strauss schließen, die Maurice Leenhardt wahrscheinlich nicht in Frage gestellt hätte. Für das Verständnis von Lachen wie für viele andere soziale Verhaltensweisen und Institutionen und um die Dynamik ihrer Universalität besser zu verstehen, können wir die Menschheit mit einem Kartenspiel vergleichen. Ein Kartenspiel beinhaltet eine begrenzte Anzahl von Karten (32 oder 54), mit denen wir unzählige, aber nicht unendliche Spiele spielen können. Die menschlichen Kulturen verfügen über eine Vielzahl von kulturellen und symbolischen Ressourcen, die sie auf verschiedene Weise kombinieren können. Diese Vielfalt ist beeindruckend. Sie ist trotzdem endlich. Alle Menschen lachen, aber auf unterschiedliche Weise, aus unterschiedlichen Gründen und mit unterschiedlichen Akzenten. Diese Vielzahl ändert nichts an der Einheit des Phänomens.

---

[16] A.a.O., 239f.

Andreas Wagner

Humor und Lachen unter den Emotionen des Alten Testaments?

1. Humor und Emotion

Die Definition von Humor und Emotion sowie der Zusammenhang zwischen Humor und Emotion sind alles andere als klar. Das ist eine klare Aussage, die für alle Disziplinen, die sich mit diesen beiden Phänomenen beschäftigen, zutrifft. Aber ohne einen begrifflichen Umriss über Humor und Emotion geht es kaum. Die nachfolgenden begrifflichen Annäherungsversuche (1.1–1.3) wollen daher nicht das Problem vorweg gedanklich lösen, um dann diese Lösung an die Texte des A.T. heranzutragen, sie dienen vielmehr dem Zweck, einige Klärungen und Sensibilisierungen vornehmen, die für das Verständnis des Sachverhalts „Humor als Emotion Gottes im Alten Testament" hilfreich und für die historische Emotionenanalyse notwendig sind.

1.1 Zunächst zu den Sachverhalten „Gefühl – Emotion – Emotionsausdruck"

Ein wichtiger Grundtenor in vielen psychologischen, philosophischen, literaturwissenschaftlichen und exegetischen Annäherungsversuchen an diese Begriffstrias lässt sich folgendermaßen zusammenfassen[1]:

- Mit „Gefühl" wird die introspektive, nur dem inneren Erleben zugängliche Seite von Regungen beschrieben, die jeder Mensch „fühlen" kann, für die es kulturell unterschiedliche Erklärungsmuster gibt, die sich auch in distinkte Gefühle differenzieren lassen.
- Den Begriff „Emotion" verwende ich wie die meisten für die nach außen tretenden Gefühle, die zu Reaktionen verschiedenster Art führen, zu Handlungen, zu körperlichen Reaktionen, zu Gesten usw.
- Emotionsausdrücke oder Mittel der Emotionsausdrücke sind die Symptome, die Adressatinnen und Adressaten oder Beobachtende wahrnehmen können,

---

[1] Vgl. für das Folgende ausführlich WAGNER, Emotionen, passim. DERS., Emotionen in alttestamentlicher und verwandter Literatur.

wenn es um die Analyse von Emotionen bei Personen geht. In unserem Untersuchungsfeld etwa das Lachen als Ausdruck der Emotion Freude, Glück, vielleicht auch gelingenden Humors.

1.2 Humor und Lachen

Der Obertitel des Symposiums, das Anlass zu dieser Studie war, „Das Heilige und das Lachen", gibt den Hinweis, dass auf der Suche nach dem Humor Gottes das Lachen nicht aus dem Blick geraten sollte. Humor hat man, Lachen hört und sieht man. Beides gehört untrennbar zusammen. In der Beobachtungsperspektive, die wir bei der Analyse des Humors einer Person oder des Lachens einer Person einnehmen, verteilen sich die beiden Aspekte des Vorgangs „Lachen durch Humor auslösen" auf beide PartnerInnen eines Kommunikationsvorgangs: Ohne selbst Humor zu haben, kann ich wohl kaum auf eine humorige Äußerung meines Gegenübers mit Lachen reagieren. Ohne intentional humorig zu agieren, kann ich beim Gegenüber kein Lachen erzeugen.

Von außen beobachtbar, als Reaktion, ist dabei zunächst das Lachen, nicht der Humor. Humor dient als Erklärungskonzept für die Verursachung des Lachens.

Es ist nun, aus mehreren Gründen, schwer zu sagen bzw. zu entscheiden, wie diese Phänomene mit den Emotionen zusammenhängen: Ist Humor eine Emotion oder eher eine emotional bestimmte Handlungsstrategie, ist Lachen eine Emotion oder eher ein Emotionsausdruck?

Machen wir einen ersten Versuch: Dem Lachen begegnen wir zunächst im Kontext der Versuche, nach den angeborenen Prägungen von Emotionen zu fragen. Dass es mindestens einen bestimmten Anteil an angeborenen Emotionen und Emotionsausdrücken gibt, nehmen viele, vielleicht die meisten Emotionsforschungen an. Viele verweisen hier auf Beobachtungen, die schon lange in der Diskussion sind. Das Lachen etwa gilt als Emotionsausdruck und Ausdruck der Emotion von Freude oder Glück und als angeboren. Schon Darwin berichtet über die taubblinde Laura Bridgman, die keinen Emotionsausdruck durch Nachahmung lernen konnte, und dennoch lachte sie und die typische freudige Erregtheit war ihr anzusehen.[2] Solche Beobachtungen werden als ein Indiz für eine menschlich-universale Emotion mit zugehörigem universalem Emotionsausdruck gewertet.[3]

Aber bei den späteren Emotionstheoretikern, die an Darwin anschließen und mit einer bestimmten Anzahl von angeborenen Emotionen rechnen, findet sich Humor oder Lachen als Emotion nicht. Ledoux hat die wesentlichen „Emotionskataloge", die die Diskussion als Klassiker bis heute prägen, folgendermaßen zusammengefasst[4]:

---

[2] DARWIN, Der Ausdruck der Gemüthsbewegung, 180.
[3] Vgl. die Beiträge von Jessica Lampe und Frédéric Rognon in diesem Band.
[4] Vgl. LEDOUX, Das Netz der Gefühle, 121. Bei KAPPELHOFF, Emotionen, 119–297, findet sich Lachen oder Humor nicht unter der Typologie der Emotionen.

nach P. Ekman[5]: Zorn, Furcht, Ekel, Trauer, Überraschung, Glück;

nach S. Tomkins[6]: Überraschung, Interesse, Freude, Wut, Furcht, Ekel, Scham, Angst;

nach R. Plutchik und N. Frijda[7]: Akzeptanz, Erwartung, Erstaunen, Zorn, Furcht, Ekel, Trauer, Überraschung, Glück;

nach K. Oatley[8]: Zorn, Furcht, Ekel, Trauer, Glück

Wenn also Humor keine angeborene Emotion darstellt, was ist Humor dann? – Sehr plausibel ist nach meinem Dafürhalten die Einschätzung von Humor als eines sozialen Phänomens, das sich als eine Art emotionaler Management-Strategie darstellt, wie sie von Linda E. Francis beschrieben wird. Sie fasst ihre These folgendermaßen zusammen:

> Recent work in emotions and emotion management suggests that humor is a social phenomenon and serves an important purpose in interaction. That is, humor can be viewed as interpersonal emotion management, whose purpose is to manage the emotions of others as well as of the self. [...] [L.E.Francis] offers the following definition as an analytical tool: humor as emotion management is an expert cultural performance; which strengthens or restores the feeling norms of the situation and creates amusement in the self and others; generating positive sentiments among members of an interacting group by bonding them and/or reducing an external threat; often at the expense of some excluded person(s), event(s), or object(s).[9]

Humor wäre dann selbst keine Emotion, sondern er setzt eine positive-freudige Emotion voraus, die mit Humor als sozialem und damit kulturell determiniertem Verfahren in der Kommunikation und intentional von der freudigen Emotion ausgehend beim Gegenüber ebenfalls eine freudige Reaktion auslöst bzw. auslösen möchte. Der Zweck ist dabei vielfältig und reicht bis hin zu coping-strategies.[10]

Auf das Lachen als Emotionsausdruck werde ich unten zurückkommen.

---

[5] Vgl. EKMAN, An argument for basic emotions.
[6] Vgl. TOMKINS, Affect.
[7] Vgl. PLUTCHIK, Emotion. FRIJDA, The emotions.
[8] Vgl. OATLEY/DUNCAN, The experience of emotion in everyday life.
[9] FRANCIS, Laughter, 147.
[10] MCGHEE, Humor als Copingstrategie.

1.3 Zur Historischen Analyse von Humor und Emotionen

Das analytische Verfahren für die Untersuchung historischer Emotionen im A.T., wie ich es in den letzten Jahren in verschiedenen Publikationen vorgestellt habe[11], braucht hier nicht ausführlich wiederholt zu werden. Ich will nur einige Marksteine hervorheben:

1.3.1 Emotionen haben (mindestens) einen historisch und kulturell relativen Anteil

Die oben angesprochenen Positionen der psychologischen und philosophischen Emotionsforschung stellen nur einen Pol der Gesamtdiskussion dar, nämlich den eines biologistischen Zugangs, der von einer angeborenen Emotionenpalette ausgeht. Die Gegenposition[12] führt ins Feld, dass sich die Emotionen unter verschiedenen kulturellen Bedingungen sehr unterschiedlich zeigen, sprachlich verschieden gefasst sind, dass im vielschichtigen und nur kompliziert zu fassenden Emotionsprozess sehr unterschiedliche Faktoren wie gesellschaftlich relative (!) Werte und Einstellungen, kognitive Konzepte etc. eine Rolle spielen.

In Aufnahme von zentralen Argumenten aus beiden genannten Positionen hat sich inzwischen eine dritte herausgebildet, die auch ich am überzeugendsten finde, die nämlich mit einem Zusammenspiel von biologischen und kulturellen Faktoren rechnet. Wie hier gedacht wird, zeigt folgende Übersicht über den Emotionsprozess bzw. die Emotionssequenz:

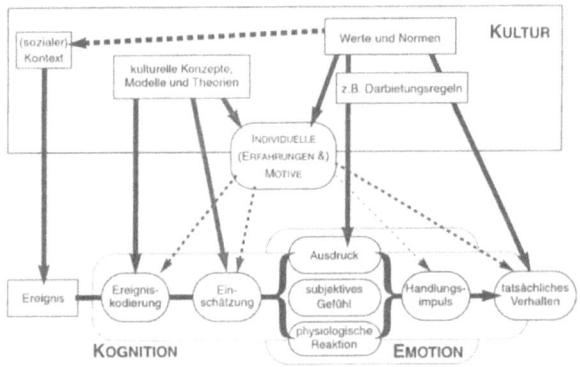

Abbildung 1: Einflüsse der Kultur auf die Emotionssequenz.

„In den Prozess der Emotion fließen kognitive und im engeren Sinn emotionale Momente ein. Es liegt auf der Hand, dass vor allem die kognitiven Elemente, besonders

---

[11] Vgl. WAGNER, Emotionen, passim. DERS., Emotionen in alttestamentlicher und verwandter Literatur. DERS., Emotionen in Text, 207–218. DERS., Liebe Gottes. Mit einer vergleichbaren Methodik hat auch S. Kipfer gearbeitet, vgl. KIPFER, Angst, Furcht und Schrecken.
[12] Vgl. WIERZBICKA, Emotions across languages. SCHERER, Emotionen.

die Ereigniseinschätzung und das tatsächliche Verhalten, kulturell unterschiedlich sind.

Ein Beispiel für letzteres sind die häufig seit dem 18. Jh. beschriebenen Fälle, in denen die Bewohner der Südsee, etwa in Polynesien, den europäischen Besuchern besonders friedlich und glücklich erschienen, weil die Polynesier wenig negative Emotionen zeigten. Nach vielen ethnologischen Studien können wir das heute genauer beschreiben: Es ist nicht so, dass die Polynesier keine negativen Emotionen haben, es gilt aber die Norm, dass sie nicht nach außen treten sollen. Das tatsächliche Verhalten weicht also aus Gründen der gesellschaftlichen Norm vom Handlungsimpuls ab. Dies ist in anderen Kulturen völlig anders.[13]"[14]

1.3.2 Emotionen sind nur aus Quellen erfahrbar, introspektive Gefühle können nicht oder nur schwer aus historischen Quellen erkundet werden

Da wir keine native speaker, kein native subject oder keine native test person haben, die wir in Interviews oder per Test befragen könnten, müssen wir beim historischen Verstehen alle Informationen aus Quellen entschlüsseln. Diese Entschlüsselung kann nur durch interpretierende Menschen geschehen und birgt immer die Gefahr des Eintragens von Aspekten, die in der Person des/der Verstehenden angelegt sind und nicht im zu interpretierenden Artefakt. Es ist also große Vorsicht geboten, insbesondere bei nicht expliziten Sachverhalten, also für unser Gebiet des Lachens und des Humors z.B. „gedeuteten" Spracheffekten (Witz, Komik etc.) aus schriftlichen Zusammenhängen u.ä., ich werde dafür gleich ein Beispiel vorlegen. Da Quellen in Form von schriftlichen Äußerungen (nicht anders ist das bei Bildern und vergleichbaren Artefakten) immer Ausdruck eines intentionalen Aktes sind und ihnen daher zwar klar die Qualität als Emotionsausdruck zukommen kann, aber wir hinter die Emotionsausdrücke nicht zurückfragen können, bleibt die Welt der inneren Gefühle der historischen Personen weitgehend verschlossen; interpretatorische Vermutungen, die aufgrund der Analyse von Quellen und Artefakten erhoben werden, können jedenfalls nicht durch „Rückfragen" an „lebendige" Personen kontrolliert werden.

1.3.3 Emotionen sind im historischen Bereich am genauesten dort zu untersuchen, wo sie explizit benannt werden oder wichtige Emotionsausdrücke explizit greifbar sind

Im Alten Testament gibt es eine ganze Reihe von Emotionswörtern, Verben und Substantiven, in denen in den Texten selbst Emotionen benannt werden, z.B. *'ah^{a}ba – Liebe*, *'ap – Zorn* usw. Ebenso verhält es sich mit versprachlichten Emotions*ausdrücken*, etwa mit dem Lachen. Auch das Lachen kommt, wie gleich zu zeigen sein wird, in den Texten explizit vor.

---

[13] Vgl. PLAMPER, Geschichte und Gefühl, 11–50.
[14] WAGNER, Liebe Gottes, 75.

Alle meine Untersuchungen zu alttestamentlichen Emotionen waren bisher auf solche expliziten Sachverhalte ausgerichtet, um möglichst schon beim Ansatzpunkt für sachliche Nachfragen zu bestimmten Emotionen nicht von der Einschätzung des Interpreten oder der Interpretin, sondern von konkret vorfindlichen Sachverhalten der hebräischen Textproduzierenden auszugehen.

Mit der Analyse expliziter Belege erschöpft sich aber die Untersuchung des Phänomens der Emotionen nicht und erst recht nicht die des Humors. Aber: Es ist viel schwieriger, alttestamentliche Strategien des Humors zu erfassen, wenn wir keine expliziten Hinweise dafür haben und darauf verwiesen sind, aus rein interpretatorischer Kompetenz Humoriges zu erfassen. Da Humor als soziale Strategie sicher kultureller und historischer Prägung unterliegt, die heutigen Interpretinnen und Interpreten hinsichtlich des Humors ganz anders geprägt sind, besteht keine automatische Kongruenz.

Ich will einige Beispiele dafür geben, was ich meine: Beim Lesen des WIBILEX-Artikels über Humor im Alten Testament von Gisela Matthiae[15] bin ich tief ins Grübeln gekommen. Das eben angesprochene hermeneutische Problem ist darin völlig zutreffend formuliert, ich gebe es nochmals in den Worten von Matthiae wieder:

„Humor und Komik und alle damit verwandten Phänomene sind zeit-, kultur-, personen- und sprachabhängig. Worüber man vor vielen Hunderten von Jahren schallend gelacht haben mag, könnte heute nur ein müdes Lächeln hervorlocken, wenn überhaupt. Werden Mittel der Komik in den Texten bewusst eingesetzt, liegen sie auf der Ebene der Intention der Verfasserschaft, wir aber haben Zugang zu dieser Intention nur über die Texte selbst. Es liegt also an der Rezeption, ob und in welcher Form Komik in diesen Texten entdeckt wird. Wird von vornherein Komik in den Texten ausgeschlossen, kann sie folglich auch nicht erschlossen werden. Nach zwei Seiten sind hier Missverständnisse möglich: zum einen eine Rezeption, die die Spuren des Komischen heute nicht mehr erkennen kann oder erkennen will – und über viele Jahrhunderte hinweg war Humor in der Exegese überhaupt kein Thema; zum anderen eine Rezeption, die aus heutiger Sicht Komisches in den Texten wahrnimmt, wo es gar nicht intendiert ist."[16]

Danach folgen in dem Artikel viele Beispiele. In einem Abschnitt trägt G. Matthiae etwa Belegstellen für Humor und Komik bei *Namen*, *Namen von Menschen* und *Ortschaften*, zusammen. Ein Beispiel für Witz, Humor, Komik bei *Namen* ist bei Matthiae folgendes:

---

[15] Vgl. MATTHIAE, Art. Humor (AT).
[16] A.a.O., 1.1.

„Esau wird nicht nur nach seinen roten Haaren der ‚Rote' genannt, sondern auch nach der Speise, mit der er sein Erstgeburtsrecht verkauft (Gen 25,25.30)."[17]

Gen 25, 25 Der erste, der herauskam, war rötlich, ganz rau wie ein Fell, und sie nannten ihn Esau. 29 Und Jakob kochte ein Gericht. Da kam Esau vom Feld und war müde 30 und sprach zu Jakob: Lass mich essen das rote Gericht; denn ich bin müde. Daher heißt er Edom. (Luther 1984)

Es gäbe etliche weitere Beispiele dieser Art zu nennen, die auch in exegetischer Kommentarliteratur diskutiert werden.[18]

Beim zweiten Nachdenken habe ich mich dann ertappt, dass ich eigentlich gar nicht verstehe, was da witzig sein soll?

Beim dritten Nachdenken wurde ich ganz unsicher. Sicher konstruiert die Erzählung hier einen Effekt, nomen est omen, aber ob dahinter Witz, Komik, Humor oder Didaktik oder eine semantisch leere Figur oder anderes steht, ist für *Nicht-native-speaker* des alten Hebräischen schwer zu sagen.

Ist es eine humorige Strategie des Erzählers, wenn am Ende der Nicht-P-Fluterzählung in Gen 8,21–22 die Ausgangsvoraussetzung, die als Begründung für Flut gedient hat, dass nämlich der Mensch böse von Jugend auf sei, zum Schluss der Erzählung fast wörtlich wiederholt wird? War die ganze Flut für die Katz? Und wenn ja, ist das ein humoriger Zug Gottes oder einer des Erzählers, der Gott so agieren lässt? Oder sollen die Lesenden darauf gelenkt werden, dass sich nicht die Menschheit, sondern die Haltung Gottes zu den Menschen geändert hat, was in den vielen Publikationen zur Fluterzählung nicht unplausibel hervorgehoben wurde?[19]

(Übrigens finden sich in dem genannten Artikel von G. Matthiae viele schöne Beispiele für Witz und Humor in den Erzählungen des Alten Testaments, soweit es die *menschlichen* Seiten der Erzählungen angeht. Beobachtungen zu als humorig eingeschätzten Äußerungen Gottes gibt es weit weniger, im Zentrum steht hier das Buch Hiob mit seinen Gottesreden, aber das wird schon bei Matthiae als Ausnahme begriffen.)

Eingedenk dieser Problematik möchte ich nun im zweiten Teil meines Aufsatzes auf das von mir schon bei anderen Untersuchungen eingeschlagene Verfahren zurückgreifen und auf *explizit* in den Texten genannte Phänomene des „sich freudig ausdrückenden Gottes" im A.T. eingehen, die es vor allem in Form des Lachens gibt.

---

[17] Ebd.
[18] A.a.O., passim.
[19] Diesen Sinneswandel Jahwes hat schon Gunkel beschrieben: „Nun dringt zur rechten Zeit der ‚Duft der Beruhigung' in seine Nase. Da weicht der Zorn, und er kommt auf gnädige Erwägungen: ich will es nicht wieder tun; denn es hilft doch nicht; der Mensch ist nun doch einmal böse von Jugend auf. Die Bosheit der Menschen, die ihn zu so furchtbarem Strafgericht entflammt hat, beschließt er jetzt als unabänderlich zu ertragen oder wenigstens nicht mit so furchtbarem Gericht heimzusuchen." GUNKEL, Genesis (1977), 66.

2. Das Lachen Gottes

Noch einmal will ich festhalten, dass ich über den Obertitel des Symposiums froh bin, denn „Das Heilige und das Lachen" bietet die Möglichkeit, beim Lachen Gottes im Alten Testament als explizitem Emotionsausdruck anzusetzen: Gott lacht im A.T., definitiv.

2.1 Anthropomorphismus und Anthropopathismus

Vom Lachen ist sowohl bei Gott wie bei den Menschen die Rede. Dass Gott lacht, überhaupt, dass ihm in den Texten eine Körperlichkeit zugeschrieben wird, mit einiger Analogie zum Körper des Menschen, dass in der Rede von und über Gott Emotionen vorfindlich sind wie bei Menschen, ist für das ganze A.T. eine Grundvoraussetzung. Die Forschungen zum Anthropomorphismus und Anthropopathismus halten fest, dass sich in dieser Art, von Gott zu reden, die Bezogenheit von Schöpfer und Geschöpf wiederfindet, dass die gestalthaft ausgeführte personalisierte Gottesvorstellung auch mit zunehmendem und völlig zum Durchbruch gekommenen Monotheismus nicht aufhört und vieles mehr. Hinter dem Anthropomorphismus steckt ein komplexes System von Aussagen, das es dem A.T. ermöglicht, Gott sowohl unter dem Aspekt der Fasslichkeit, der kommunikativen und handelnden Zugewandtheit zum Menschen darzustellen, wie auch in seiner den Menschen vollkommen übersteigenden Gottheit.[20]

Nur kurz möchte ich darauf hinweisen, dass die Sprache der Texte des A.T. mit allen Arten von Anthropomorphismen, Anthropopathismen und Anthropopragmatismen *menschliche* Sprache ist. Dass hier keine ontologischen Kurzschlüsse getätigt werden dürften, versteht sich von selbst. Inwiefern Gott im Anthropomorphismus sich selbst kundtut und wieviel Anteil begrenzter menschlicher Sprach- und Ausdrucksfähigkeit bzw. -möglichkeit hinzukommen, ist eine sehr komplexe Frage. Wir müssen uns gewahr sein, dass alles, was wir hier sagen, sich auf die Vorstellung der Texte von Gott bezieht, dass wir keinen unmittelbaren Zugang zu Gottes Emotionen oder zu seinem Körper haben.

Zunächst ist nun (kurz) der Befund über die am Lachen beteiligten Körperteile zu betrachten; die Befunderhebung darf dabei menschliche wie göttliche Bezüge einschließen, da etliche Grundfunktionalitäten von Körperteilen bei Gott und Mensch nicht unterschieden sind.

2.2 Lachen und Mund

Der Mund wird in der alttestamentlich-altorientalischen Welt als multifunktionelles Körperteil gesehen, dem ein breites Symbolspektrum anhaftet:

---

[20] WAGNER, Gottes Körper, passim. DERS., God's Body, passim.

> „Mit einem Schrei beginnt das Leben eines Kindes, mit Schreien macht es sich über die ersten Monate verständlich. Das Schreien zeigt existentielle Bedürfnisse an: Hunger, Durst, Angst. Der Säugling erfährt zunächst die Welt im Schmecken, im Ertasten mit dem Mund. Alles Greifbare wird in den Mund gesteckt und gekostet. Erst allmählich kommt das Plappern hinzu, dann die Fähigkeit Worte und schließlich Sätze zu bilden. So ist der Mund für das menschliche Leben von Anfang an ein zentrales und komplexes Organ [...] Nicht nur viel Essen kann den Mund füllen, sondern auch das Lachen."[21]

Der Mund ist im A.T. nicht nur fest im menschlichen Körperbild verankert, der Mund wird auch dem Körperbild Gottes zugeschrieben, mit vergleichbaren Körperteilfunktionen:

> Der Mund [Gottes] ist dasjenige Körperteil, das die Voraussetzung für das aktive Kommunizieren bildet. Der Mund ermöglicht Gott damit auch, zu den Menschen zu sprechen:
>
> Jes 55,11 So ist es auch mit dem Wort, das meinen Mund verlässt: Es kehrt nicht leer zu mir zurück, sondern bewirkt, was ich will, und erreicht all das, wozu ich es ausgesandt habe.
>
> Der Beleg aus Jes 55,11 macht außerdem klar, dass es einen qualitativen Unterschied zwischen der Rede Gottes und der Rede des Menschen gibt: Das Wort Gottes „erreicht all das, wozu ich es ausgesandt habe" — eine Eigenschaft, die dem menschlichen Wort nicht eignet.
> Dass das göttliche Wort andere Eigenschaften hat als das menschliche, zeigt auch der nächste Beleg:
>
> Prov 8,29 als er dem Meer seine Grenze setzte und den Wassern, dass sie nicht überschreiten seinen Mund/Befehl; als er die Grundfesten der Erde festsetzte.
>
> Wort oder Befehl Gottes ist für das Chaoswasser ein Gesetz; im Zusammenhang mit der Chaoskampfmotivik unterstehen nicht nur die Menschen dem Wort Gottes, sondern alle Dinge fügen sich auf das Wort seines Mundes hin.
> Gottes Mund weist also auf die Fähigkeit zum Sprechen/sprachlichen Kommunizieren und dient dem nur Gott möglichen Ausführen von bestimmten Handlungen durch sein Sprechen."[22]

Zur Multifunktionalität des Mundes gehört auch das Lachen. Es wird gleich zu zeigen sein, dass im A.T. Gott die Fähigkeit des Lachens explizit über die Verwendung der hebräischen Verben für *lachen* zugeschrieben wird.

---

[21] SCHROER/STAUBLI, Die Körpersymbolik der Bibel, 119.
[22] WAGNER, Gottes Körper, 152f.

Leider gibt es keinen Beleg, der nicht nur explizit das Lachen Gottes als Emotionsausdruck anführt, sondern auch noch, sozusagen in doppelt expliziter Weise, das Lachen mit dem Körperteil Mund verbindet. Auf der Seite des menschlichen Lachens finden wir eine solche Verbindung in Hiob und in den Psalmen:

> Hiob 8,21 (Hier spricht Bildad zu Hiob)   Er wird deinen *Mund* noch mit *Lachen* füllen, und deine Lippen mit Jubel.[23]

> Ps 126,2   Da war unser *Mund* voll *Lachen* und unsere Zunge voll Jubel. [...]

Aber auch wenn wir im A.T. keinen expliziten Beleg für die Verbindung von *Mund* und *lachen* bei Gott in einem Vers finden, ist der Zusammenhang innerhalb der anthropomorphen Vorstellungswelt des A.T. doch evident. Wie der menschliche Mund muss auch der Mund Gottes das Körperteil zum Lachen sein, wie sollte Gott sonst überhaupt lachen können?

2.3 Explizites Lachen im Alten Testament – Lexeme für Lachen im A.T.

Um Aussagen im Feld des Anthropomorphismus und Anthropopathismus im A.T. gut verstehen zu können, müssen wir uns den Gesamtbestand des jeweiligen Phänomenbereiches auch unter Einschluss der menschlichen Seite ansehen. Besprechen will ich die Lexeme des Biblischen Hebräischen für *lachen*, sie ermöglichen uns den expliziten Zugang zu diesem Phänomen in den Texten.

2.3.1 צחק Verb qal lachen, Verb pi scherzen, spielen; tändeln

Hier aus dem Kontext der Abraham-Sara-Erzählungen einige Beispiele für die Anwendung:

> Gen 17,17 Da fiel Abraham nieder auf sein Angesicht und lacht (צחק). Er sagte sich: Können einem Hundertjährigen noch Kinder geboren werden, und kann Sara, eine Neunzigjährige, noch gebären?

> Gen 18,12 Und Sara lachte (צחק) bei sich: Nun da ich verbraucht bin, soll ich noch Liebeslust empfinden, und auch mein Herr ist alt. 13 Da sprach Jahwe zu Abraham: Warum lacht (צחק) Sara und sagt: Sollte ich wirklich noch gebären können, da ich doch schon alt bin?

---

[23] Wenn keine andere Übersetzung angegeben ist, lehnt sich die Wiedergabe von alttestamentlichen Texten an die Zürcher Übersetzung 2007 an.

In der Tat eine amüsante Situation, in der Abraham und Sara vielsagend lachen, aus Ungläubigkeit, Staunen, Amüsement, freudiger Erwartung auf Dinge, die eigentlich nicht mehr dran sind u.ä. Diese Verwendungsart von צחק bestimmt den einen Teil der Belege.

> Gen 26,8 Als er nun eine Zeit lang da war, sah Abimelech, der König der Philister, durchs Fenster und wurde gewahr, dass Isaak צחק lachte /„scherzte" mit Rebekka, seiner Frau.

Seebass übersetzt hier schön doppeldeutig: *Abimelech sah sich Isaak mit seiner Frau Rebekka erfreuen.*[24] Eindeutig liegt hier eine über die reine platonische Freude hinausgehende Konnotation in der Luft. In Gen 26,8 wie in Ex 32,6 sieht Seebass eine erotische Bedeutung und spricht davon, dass die Szene Isaak und Rebekka in eindeutig „ehelicher Situation" zeigt.

Ähnliche Bedeutungskomponenten gibt es bei zwei weiteren Belegen in Gen 39. In der Josephserzählung wird in diesem Kapitel die Story von Josef und Potifar, der Frau des Pharao berichtend erzählt:

> Gen 39,7 Und nach diesen Begebenheiten warf die Frau seines Herrn ein Auge auf Josef und sagte: Lege dich zu mir! 8 Er aber weigerte sich [...] 10 Und obwohl sie Tag für Tag auf Josef einredete, hörte er nicht auf sie, dass er sich zu ihr gelegt hätte, um mit ihr zusammenzusein. 11 Eines Tages aber kam er in das Haus, um seine Arbeit zu tun, und es war niemand vom Gesinde im Haus. 12 Da fasste sie ihn beim Kleid und sagte: Lege dich zu mir! Er aber ließ sein Kleid in ihrer Hand, ergriff die Flucht und lief hinaus. 13 Als sie sah, dass er sein Kleid in ihrer Hand gelassen hatte und nach draußen geflohen war, 14 rief sie nach ihrem Gesinde und sprach zu ihnen: Seht, da hat er uns einen Hebräer gebracht, dass er צחק *mit uns mache.* Er ist zu mir hereingekommen, und wollte mit mir schlafen, aber ich habe laut geschrien. 15 Und als er hörte, dass ich laut schrie und rief, ließ er sein Kleid bei mir, ergriff die Flucht und lief hinaus. 16 Und sie ließ sein Kleid neben sich liegen, bis sein Herr nach Hause kam.

Im nächsten Erzähldurchgang wird das sexuelle Geschehen ganz und allein, ohne weiteren klarstellenden Beisatz, mit צחק aufgenommen:

> Gen 39,17 Ihm erzählte sie dieselbe Geschichte: Der hebräische Sklave, den du uns gebracht hast, ist zu mir hereingekommen, (לְצַחֶק בּ) um צחק mit mir zu machen. 18 Als ich aber laut schrie und rief, ließ er sein Kleid bei mir und floh hinaus.

Diese beiden Vorkommen in Gen 39,14 und 17 weisen wie Gen 26,8 auf eine erotisch-sexuelle Sachlage. Gesenius-Buhl hält daher mit Recht als Bedeutung für צחק

---

[24] Vgl. SEEBASS, Genesis II, 281.

in Gen 26,8 und 39,14.17 fest: „liebkosen m. einem Weibe"[25], das KAHAL zu Gen 26,8 „kosen mit (Frau)"[26].

Wichtig: Lachen ist in diesen Belegen m.E. über das orgiastische Lachen zur Bezeichnung des Beischlafs geworden. Diese abgeleitete Bedeutung bleibt Teil des Bedeutungsspektrums von צחק und ist damit in der Semantik dieses Lexems jeweils präsent.

2.3.2 Substantiv צְחֹק Gelächter

Beide Belege (Gen 21,6 und Et 23,32) liegen auf derselben Linie wie das in 2.3.1.1 besprochene Verb.

2.3.3 שׂחק Verb qal spielen; lachen, Verb pi spielen, scherzen
שְׂחוֹק Substantiv Lachen

Nun zum zweiten Wortstamm, der für Lachen im A.T. verwendet wird. Das Bedeutungsspektrum von שׂחק ist nicht deckungsgleich mit dem von צחק.

Zunächst finden sich Belege für das Lachen als Ausdruck der Freude, die antinomisch dem Weinen als Ausdruck der Klage und Trauer gegenübersteht:

> Qoh 3,4 eine Zeit zum Weinen und eine Zeit zum Lachen, eine Zeit des Klagens und eine Zeit des Tanzens [...]

Bei diesem Vers ist ebenso zu registrieren, dass durch den Parallelismus *Lachen* und *Tanzen* zusammengebracht werden.

Diese in Aktionen und Handlungen der Freude übergehende Bewegung klingt auch in anderen Belegen von שׂחק an:

> 1. Sam. 18, 6 Als sie nach Davids Sieg über den Philister heimkehrten, zogen die Frauen aus allen Städten Israels König Saul singend und tanzend mit Handpauken, Freudenrufen und Zimbeln entgegen. 7 Die Frauen spielten und riefen „lachend/tanzend"(שׂחק): Saul hat Tausend erschlagen, David aber Zehntausend.

Der Übergang zu Bedeutungen, wo es bei שׂחק nicht nur um das Lachen, sondern die begleitenden Handlungen geht und *lachen* dann erweitert für „*Kurzweil treiben*", „*spielen*", „*tanzen, spielen*" steht[27], ist so gut nachzuvollziehen.

Zum Bedeutungsspektrum von שׂחק gehört auch das Spotten über jemand, wie 2. Chr. 30,10 zeigt:

---

[25] GESENIUS, Hebräisches und Aramäisches Handwörterbuch, 680.
[26] DIETRICH, KAHAL, 475.
[27] A.a.O., 563.

2. Chr. 30,10 Die Eilboten zogen von Stadt zu Stadt durch das Gebiet von Efraim und Manasse bis nach Sebulon. Doch man lachte (שחק) und spottete (לעג) über sie.

Wichtig: Die 36 Belege von שחק (Verb und Substantiv) lassen sich alle in diesem Spektrum „Lachen-Bewegung-Spott" verorten. Beim Substantiv (13x) steht eher der Aspekt im Vordergrund, dass auf den Gegenstand des Lachens und Gelächters abgehoben wird, daher ist für שְׂחוֹק häufig die Übersetzung *Gespött* zu finden. Beim ganzen Stamm שחק finden sich allerdings keine Anspielungen auf erotisch-sexuelle Sachverhalte, und stärker als bei צחק steht das *Lachen* mit begleitenden Gesten und Handlungen in Verbindung.

3. Die expliziten Belege für das Lachen Gottes im A.T.

3.1 Das Lachen Jahwes in den Psalmen

Wenden wir uns nun vor diesem Hintergrund den für uns interessanten Anthropopathismen, den Belegen mit dem Lachen Gottes zu. Es sind vor allem drei Belege, die hier immer wieder im Zentrum der Diskussion stehen, sie stammen alle drei aus den Psalmen:

> Ps 37,12 Arges sinnt der Frevler gegen den Gerechten, und er knirscht mit den Zähnen gegen ihn. 13 Jahwe aber lacht (שחק) über ihn, denn er sieht, dass sein Tag kommt.
>
> Ps 2,4 Der im Himmel thront, lacht (שחק), Jahwe spottet (לעג) ihrer.
>
> Ps 59,9 Du aber, Jahwe, lachst (שחק) über sie, du spottest (לעג) aller Nationen.

In diesen drei Belegen ist vom Lachen in einer ganz bestimmten Weise die Rede: Jahwe lacht nicht unbekümmert aus sich heraus, sondern in einer bestimmten Situation über jemand. Die Grundsituation ist bei allen drei Belegen vergleichbar: In seiner übermächtigen Funktion lacht Jahwe über unterlegene Gegner, deren Verzweifeltes Anrennen und sicheres Scheitern. In Ps 37 ist es der Frevler, der gegen den Gerechten agiert, in Ps 2 sind es die Jahwe und Israel feindlichen Völker und Könige, auch Ps 59 rekurriert auf den mächtigen Jahwe, der Herr über alle Nationen ist.[28]

---

[28] Vgl. GUNKEL, Die Psalmen, 4-12, 133-159, 252-255. HOSSFELD/ZENGER, Psalm 1-50, 49-54, 229-239. DIES., Psalmen 51-100, 140-152. SEYBOLD, Die Psalmen, 30-33, 152-157, 233-236. OEMING, Das Buch der Psalmen, 56-63, 205-210.

Schroer/Staubli deuten diese Szenen m.E. richtig als Schadenfreude: „Lachen ist fast immer verbunden mit Triumph, nämlich mit der Freude am Untergang der Feinde: Schadenfreude ist die schönste Freude [...]."[29]

In dieser Rolle des Triumphators zeigt das A.T. Gott wie Mensch. Wie in den genannten Psalmenbelegen Jahwe lachend triumphiert, zeigt sich auch bei Menschen das schadenfreudig-triumphale Lachen:

> Ps 52,3 Was rühmst du dich der Bosheit, du Held? Gottes Güte währt allezeit. 4 Verderben planst du, deine Zunge ist wie ein scharfes Messer, du Ränkeschmied. 5 Du liebst das Böse mehr als das Gute, die Lüge mehr als wahrhaftige Rede. [...] 7 Doch Gott wird dich zerstören für alle Zeit, dich packen und herausreißen aus dem Zelt und dich entwurzeln aus dem Land der Lebenden. Sela 3 Und die Gerechten werden es sehen und sich fürchten, über ihn aber werden sie lachen (שחק).

Man muss sich vielleicht einen Moment Zeit nehmen, um diese Art des Lachens nachvollziehen zu können, aber sicher fallen uns schnell Szenen ein, in denen ein solches Lachen auch heute noch evoziert wird.

Mir kommt bei solchen Überlegungen immer Wilhelm Busch in den Sinn, bei dem es am Ende der Max und Moritz-Geschichte den beiden Übeltätern an den Kragen geht. Nach ihren unseligen „sogenannten" Streichen werden sie vom Bauer Mecke zur Mühle gebracht, zusammen mit seinem Getreide zermahlen und schließlich als Entenfutter verzehrt.

Bildunterschrift:

Kurz im ganzen Ort herum
ging ein freudiges Gebrumm [=Lachen]
„Gott sei Dank! Nun ist's vorbei
mit der Übeltäterei!!"[30]

Beifall, Klatschen Lachen auch von Seiten der Lesenden und Zuschauenden über den Untergang der Feinde. Ob das pädagogisch wertvoll ist, sei dahingestellt, die Freude und das Lachen über den Untergang ist aber nachvollziehbar.

3.2 Das Lachen Jahwes und der Leviathan

Eine sehr interessante Stelle, bei der es ebenfalls um das Lachen Gottes geht, ist Ps 104,26:

---

[29] SCHROER/STAUBLI, Die Körpersymbolik der Bibel, 109f.
[30] BUSCH, Max und Moritz.

> Ps 104,24 Herr, wie zahlreich sind deine Werke! Mit Weisheit hast du sie alle gemacht, die Erde ist voll von deinen Geschöpfen. 25 Da ist das Meer, so groß und weit, darin ein Gewimmel ohne Zahl: kleine und große Tiere. 26 Dort ziehen die Schiffe dahin, auch der Leviatan, den du geformt hast, um mit ihm שׂחק zu machen / zu lachen / zu scherzen / zu spielen.

Eine gut nachvollziehbare Interpretation dieses Verses hat in neuerer Zeit Annette Krüger vorgelegt. Sie deutet den aus der altorientalischen Literatur gut bekannten und dort als numinoses Chaosungeheuer präsenten Leviathan in Ps 104,26 als gezähmten Spielpartner Jahwes, mit dem Jahwe lacht und scherzt. „Neben den üblichen Meerestieren und den bekannten Schiffen, die das Meer bevölkern, ist da noch der eigentlich furchtbare Leviathan – und auch dieser ist [sogar] ein Geschöpf JHWHs, mit dem [er] spielt."[31]

Wahrscheinlich schwingt hier auch noch der triumphale Ton der zuvor besprochenen Belege mit. Auch der Leviathan ist ja am Ende ein unterlegener Gegner, der hier zwar als Jahwe-Geschöpf, aber eben nicht mehr numinos wirkmächtig und damit unterlegen und gebändigt, vorgeführt wird.

3.3 Signifikante Verbverwendung beim Lachen Gottes

Es ist sicher kein Zufall, dass bei allen Belegen für das Lachen Gottes das Verb שׂחק und nicht צחק verwendet wird. Vermieden werden so die sexuell-erotischen Konnotationen, die mit צחק verbunden sind, das Lachen Jahwes wird in den expliziten Anthropomorphismen auf ein herrschergemäßes triumphales Lachen beschränkt.

4. Zusammenfassung und Ergebnis

Die zentralen Argumentationsschritte und Ergebnisse lassen sich in kurzen Thesen zusammenfassen:

- Humor bzw. der Humor Gottes, der mit dem Phänomenbereich „Lachen" verbunden ist, scheint mir keine Emotion zu sein. Im Hintergrund der Anwendung im menschlichen Bereich (vgl. 2.3.1–2.3.3) steht wohl die Emotion „Freude", die mit der Strategie des Humors in den Adressaten und Adressatinnen aktiviert werden kann und zum Lachen der AdressatInnen führt. Oder es steht, wie beim triumphalistischen Lachen (3.1), die Freude über den Niedergang und die Schwachheit der Feinde im Vordergrund, das Lachen ist dann Emotionsausdruck des Senders für dessen (schaden-)freudige Emotion.

---

[31] KRÜGER, A., Das Lob des Schöpfers, 323.

- Das Lachen selbst ist keine Emotion, sondern ein Emotionsausdruck (vgl. 1.1; 2.2), der u.a. für eine im Hintergrund stehende (triumphal-/schaden-)freudige Emotion steht oder aus humorig geweckter Freude entspringt.
- Gott lacht im A.T., dafür haben wir explizite Hinweise in Form der oben genannten Belegstellen (3.1 und 3.2). Das Lachen Gottes ist allerdings beschränkt auf die Verwendung des Verbes שׂחק (vgl. 3.3) und dadurch auf das triumphale Lachen hin vereindeutigt. Das ist ein typischer Zug des alttestamentlichen kanonischen Anthropomorphismus: Innerhalb des Kanons wird genau ausgewählt, welche Anthropomorphismen zum Zuge kommen und welche nicht, sodass (von der Literaturentwicklung her gedacht spätestens) auf der Ebene des Kanons Signifikanzen entstehen, die zur Formung des Gottesbildes erheblich beitragen.[32]
- Die spezielle Art des Emotionsausdrucks „Triumphales Lachen" und die Vermeidung anderer Arten des Lachens, auch die Vermeidung des Verbes צחק mit seinen erotischen Konnotationen im Anthropomorphismus, ist also signifikant. Die Kontur, die sich durch das triumphale Lachen Gottes abzeichnet, korrespondiert mit anderen Aussagen, Bildern und Themen des im A.T. häufig verwendeten königlichen Gottesbildes.[33]
- So kann als Ergebnis festgehalten werden: Im anthropomorphen Gottesbild des A.T. wird beim *Lachen* weniger die humorige als die herrscherliche Seite Jahwes unterstrichen.

---

[32] Im Bereich der Körper-Anthropomorphismen liegt ein vergleichbarer Sachverhalt vor in der Vermeidung aller geschlechtsspezifischen Körperteile (ausgespart werden im Anthropomorphismus des kanonischen A.T. alle primären und sekundären Geschlechtsorgane), wohingegen die zentralen Körperteile (vom Gesicht über die Hände bis zum Fuß) in großer Zahl vorkommen. Zum Befund und zur Deutung vgl. WAGNER, Gottes Körper, 135–158.

[33] Vgl. ALT, Gedanken über das Königtum Jahwes, 345–357. SCHMIDT, W., Das Königtum Gottes in Ugarit. JEREMIAS, Das Königtum Gottes in den Psalmen. DERS., Theologie des Alten Testaments, 412–417. JANOWSKI, Das Königtum Gottes in den Psalmen. LEUENBERGER, Konzeptionen des Königtums Gottes im Psalter.

Volker Grunert

Abraham, Vater des Glaubens und des Lachens?

Humor als funktionale Bewältigungsstrategie in Gen 14

1. Einleitung

Das Lachen ist eines der prägnantesten Motive in den biblischen Erzählungen rund um die Erzeltern Abraham und Sara. Die Erzmutter quittiert die göttliche Ankündigung eines leiblichen Sohnes in Gen 18,12 mit einem Lachen; letzterer wird dann auch postwendend *Jiṣḥāq* „er lacht" (Gen 21,3) genannt. Auch sollen die Erzählung über die durch zwei nachkommenlose Töchter mit einem Übermaß an Wein herbeigeführte Zeugung der Söhne Lots (Gen 19,30–38) sowie das mit derben sexuellen Anspielungen gespickte Geschlechtsregister der Kinder Nahors (Gen 22,20–24) als Spotterzählungen über die Nachbarvölker Moab und Ammon respektive der Aramäer wohl ein Schmunzeln hervorrufen.[1] Denn derartige Geschichten, die sich über Nachbarvölker mokieren, sind aus dem Alten Orient zahlreich erhalten und ein auch jenseits gebildeter Kreise breit rezipierter Teil altorientalischer Literatur.[2] Die Bibel bildet hier keine Ausnahme.[3] Generell setzt sich die Annahme durch, dass in den Kulturen, die die Hebräische Bibel hervorgebracht haben, über dasselbe gelacht wurde, wie in ihrer Umgebung: Über derbe

---

[1] Vgl. ZIEMER, Abram, 94ff. Vgl. RADDAY, Humour in Names, 73f.

[2] Man denke allen voran etwa an die schon in der Antike berühmte und mehrfach übersetzte Zweite Setnegeschichte aus dem spätzeitlichen Ägypten mit ihren vielen anti-nubischen Spitzen. Vgl. HOFFMANN/QUACK, Anthologie, 125–146. Auf Kosten Ägyptens geht ein hethitischer Spottbrief an Ramses III. aus dem 2. Jahrtausend vor der Zeitenwende und die Geschichte vom Gelehrten aus Isin, der nach Sippar reist mockiert sich über die nicht mehr weit verbreitete Kenntnis des Sumerischen in der für ihre heilkundige Gelehrsamkeit sehr bedeutende Stadt. Vgl. FOSTER, Before the Muses, 819f.

[3] Etwa die Episode über die Entstehung der Ammoniter und Edomiter in Gen 19,30–38 oder die Geschichte über Herrschaft und Tod des füllligen Moabiterkönigs Eglon („das Kalb") in Ri 3 sind voller derb spottender Tropen gegen die ostjordanischen Nachbarn Israels.

Sprüche, sprechende Tiere, aufgeblähte Herrscher und die Dummheiten eingebildeter Menschen.[4] In diesem Beitrag werde ich den Blick auf eine eher rätselhafte Episode des Abrahams-Zyklus wenden, dessen humoresker Gehalt bereits wiederholt betont wurde.[5] Die Dimension des Humors wurde jedoch für seine Hermeneutik bis dato wenig diskutiert. Es geht um Gen 14, nach biblischer Zeitrechnung der „erste Weltkrieg". Hier handelt es sich um eine Geschichte der absoluten Über- und Untertreibung:

> In ihr bilden vier der fünf zum „Club der Großmächte" gehörenden Großreiche des 2. Jt. vor der Zeitenwende eine Koalition, um gegen fünf aufständisch gewordenen und Spottnamen tragende Kleinkönige vom Ufer des Toten Meeres vorzugehen. Unter den Rebellen sind die Könige von Sodom und Gomorrha (Gen 14,1–4). Man schießt also mit Kanonen auf Spatzen. Die Straf-Expeditionäre löschen bei ihrem etwas irrlichtenden Zug von Mesopotamien gen Kanaan rätselhafte Namen tragende Völker aus dem Ostjordangebiet aus und greifen zwei weitere Völker im Grenzgebiet zwischen Kanaan und Ägypten an (5ff.). Als die Großmächte nun doch am Kampfesplatz, dem „Gips-Feld" am Toten Meer, eintreffen, sind die fünf aufständischen Kleinkönige dem militärischen Großaufgebot nicht gewachsen und ergreifen ohne jede erwähnenswerte Kampfhandlung die Flucht (8f.). Die Könige von Sodom und Gomorrha etwa verstecken sich in Asphaltgruben (10). Ihre Städte fallen der Plünderung anheim. Davon ist auch Abrams Verwandter Lot betroffen, der zuvor die Gegend am Toten Meer als seinen Siedlungsort wählte[6] und nun von den einfallenden Truppen fortgeführt wird (11f.). Davon hörend sammelt Abram mit seinen amoritischen Bundsbrüdern 317 seiner Männer und jagt den Großkönigen bis nach Dan und dann gar bis nördlich von Damaskus hinterher, um sie zu schlagen und die von ihnen gemachte Beute und die Gefangenen sicher zurück nach Kanaan zu bringen (13–16). Beim Zusammentreffen mit dem aus seiner Grube herausgekrochenen König Sodoms im Königs-Tal wird Abram von Malki-Zedeq, dem „Priester des Höchsten Gottes" und König von Salem als der gesegnet, dem der Höchste Gott die Feinde in die Hand gegeben hat (17–20). Bei der die Episode abschließenden Verhandlung zwischen Abram und dem König Sodoms über die Frage, welchen Teil der zurückgebrachten Beute nun Abram als Lohn erhalten solle, schwört Abram „bei JHWH, dem höchsten Gott", dass dieser aus dem Lohn für die Bundesbrüder und die Kämpfer nichts vom Besitz des Königs von Sodom behalten wolle. Dieser solle nicht sagen können, dass er Abram reich gemacht habe (21–24).

---

[4] Vgl. dazu der inzwischen klassische einführende Beitrag des Yaler Assyriologen Benjamin Foster. Vgl. DERS., Humor and wit.
[5] In der modernen Exegese macht der liberale jüdische Exeget Benno Jacob den Auftakt. Vgl. DERS., Das erste Buch der Tora. Gefolgt sind ihm neben Yehuda Radday (vgl. DERS., Humour in Names, 64–84) auch Jean-Marie Durand und jüngst Gard Granerød. Vgl. DURAND, Réalités Amorites et traditions Bibliques, 16ff. Vgl. GRANERØD, Abraham and Melchizedek, 120–128.
[6] Vgl. Gen 13,10f.

2. Probleme in Gen 14

Diese Episode hat der Auslegung einige Probleme bereitet. Er berichtet von Ereignissen weltgeschichtlichen Ausmaßes, ohne dass diese an anderer Stelle erwähnt werden, wie es beispielsweise schon der jüdische Ausleger Yedidia Nortzi im 16. Jh. feststellt.[7] Neun der zehn Könige, drei der fünf Völker sowie viele der erwähnten Ortschaften lassen sich bis heute nicht identifizieren. Hinzu kommt ein hohes Maß an nach altorientalischem Maßstab absurden Handlungen. Warum koalieren hier die zum „Club of Great Powers"[8] gehörenden altorientalischen Großreiche miteinander gegen eine Handvoll aufständische Kleinstkönige, nur um schließlich von einem kleinen halbnomadischen *warlord* besiegt zu werden? Welchen Sinn hat das Detail, dass sich einige der aufständischen Könige in Asphaltgruben verstecken? Hermann Gunkel, der durch den Babel-Bibel-Streit noch ganz in der Diskussion um historische Belege für die Erzählung verpflichtet ist, lässt bei diesen Fragen seiner Verwunderung über Gen 14 freien Lauf:

> [V]ier Könige gegen fünf [...]! Diese Gegenüberstellung aber zeigt uns, wie wenig der Verfasser eine Anschauung von den wirklichen Verhältnissen hat; denn wie kann man die kleinen Stadtkönige des Siddimtales mit den gewaltigen Welteroberern vergleichen! Dass sich diese Verhältnisse dem Verfasser so verschieben konnten, ist nur aus einem jüdisch-palestinensischen Lokalpatriotismus zu verstehen, der im Folgenden in der Darstellung Abrahams noch viel stärker hervortritt.[9]

Eine Antwort darauf liegt darin, dass hier nicht etwa — wie im Babel-Bibel-Streit angenommen — eine ernsthafte,[10] sondern vielmehr eine *humoreske* Historiographie vorliegt. Es gilt, den Bibeltext so ernst zu nehmen, dass man es ihm überlässt, auch einmal nicht ernst zu sein. Denn trotz seines chronistisch angehauchten Stils zu Beginn,[11] konnte sich die Annahme einer mutmaßlichen direkten vor- oder außerbiblischen Text-Quelle Gen 14 — etwa die gleich in den Sinn kommenden neoassyrischen Kampagnenberichte des 1. Jahrtausends vor der Zeitenwende — nicht erhärten.[12] Dafür spricht auch die prominente Rolle des Unortes Sodom in der Geschichte. Zu ihm und seinen Nachbarorten gibt es laut Ez 16,56 in der exilischen und post-exilischen Zeit eine Vielzahl mündlich weitergegebener Untergangs-Geschichten:[13]

---

[7] Vgl. Kommentar Minḥat Šaj zu Gen 14,1 aus den Miqraôt Gdolôt.
[8] Bezeichnung der im 2. Jahrtausend vor der Zeitenwende dominierenden Reiche Ägypten, Assyrien, Babylonien, Elam und Ḫatti (letzteres spielt in der Erzählung von Gen 14 keine Rolle). Vgl. MIEROOP, A History of the Ancient Near East, 129–170.
[9] GUNKEL, Genesis, 258.
[10] Vgl. dazu die Einführung von EBACH, Babel und Bibel, 145-163.
[11] Vgl. SETERS, Abraham in History and Tradition, 300.
[12] Vgl. BERNER, Abraham amidst Kings, 30f.
[13] Vgl. ZIMMERLI, Ezechiel 1-24, 341.

Ez 16,56: Ist nicht Sodom, deine Schwester [angeredet ist die Stadt Jerusalem], während der Tage deines Hochmuts zu einer Hörgeschichte [hebr. šmuʿāh] in deinem Mund geworden?

Der Eigenbegriff[14] šmuʿāh, „unterweisende Hörgeschichte", bietet sich auch für die Hermeneutik von Gen 14 an.[15] Ähnlich den frühneuzeitlichen Schildbürgergeschichten sind Sodoms-Geschichten wie Gen 14, Gen 19 oder Jes 1,9f. und 3,9f. Texte mit z.T. derbem Inhalt, die von einer herausragend törichten Stadt und ihrem Untergang erzählen. Von daher nennt etwa Durand Gen 14 eine „burlesque"[16] also eine Schabernack-Geschichte. Auf die sehr vielfältige Diskussion zur literarischen Schichtung sei hier nur kurz eingegangen. Bei weitgehender Einigkeit, dass es sich bei Gen 14 um einen nachpriesterschriftlichen, d.h. vergleichsweise jungen Text handelt, ist bezüglich der Frage der Textgenese noch kein Konsens in Sicht.[17] Es mehren sich in der Diskussion die Stimmen, die für eine Rückkehr zum vorsichtigen Votum Hermann Gunkels votieren, dass in Gen 14

---

[14] Zu dem altertumswissenschaftlich verbreiteten hermeneutischen Konzept der Eigenbegrifflichkeit siehe den klassischen Grundlagenaufsatz von LANDSBERGER, Die Eigenbegrifflichkeit der babylonischen Welt, 355-372.

[15] Der Eigenbegriff šmuʿāh hatte in der späteren hebräischen Sprachgeschichte eine mehr und mehr negativ konnotierte Semantik, vergleichbar mit der des „Gerüchts" oder des „Hörensagens" erhalten. Die Semantik des Begriffes, wie sie bei der oben zitierten Stelle bei Ez vorliegt, übernimmt seit der ersten Hälfte des 1. Jahrtausends nach der Zeitenwende der aramäische Begriff ʾaggadāh „Lehrerzählung".

[16] DURAND, Réalités Amorites et traditions Bibliques, 16.

[17] Eine sehr lesenswerte Übersicht über die klassischen Vorschläge findet sich bei WESTERMANN, Genesis 12-36, 189ff. Die vorgeschlagenen Entstehungsmodelle basieren zumeist auf zwei Grundhypothesen: Erstens der Annahme eines mutmaßlichen Urdokuments, in dem die Ereignisse um Kedorlaomer und seine Bundesbrüder festgehalten wurden und das im Zuge der Entstehung von Gen 14 erweitert wurde. Ganz prominent ist hier etwa das Modell Gerhard von Rads. Vgl. DERS., Das erste Buch Mose, 137. Ferner wird mit einem Wachstum an den Stellen gerechnet, die als Glossen Auslegerinnen und Auslegern überflüssig erscheinen. Vgl. BERNER, Abraham amidst Kings. Beide Modelle sind literarkritisch sehr umstritten. Der Erweis direkter intertextueller Bezüge von Gen 14 zu außerbiblischen Zeugnissen wurde bis dato nicht erbracht. Neuere Arbeiten streichen hingegen deutlich die innerbiblische Intertextualität heraus. Gen 14 weist direkte Bezüge zu den vorderen Prophetenbüchern (Jos-2Kön) auf, an denen sich der Text eklektisch bedient. Vgl. u.a. die sehr detaillierte Übersicht bei WEINFELD, Bereshit, 100-107. Eine gewisse Tendenz lässt sich jedoch bei den Schichtungsmodellen dahingehend erkennen, die Segnung durch Melchisedek in Vv. 18ff als Addendum zu begreifen. Jedoch halten sich auch hier die Voten für und gegen eine Ursprünglichkeit in etwa die Waage. Van Seters wählt für diese Verse den m.E. sehr passenden ägyptologischen Begriff der „vignette" (DERS., Abraham in History and Tradition, 305). Bei einer Vignette handelt es sich um ein Bild, das mit dem umgebenden Text in einem reziproken Verhältnis steht, sprich den Text auslegt und vom Text wiederum ausgelegt wird. Ob dieses Text-Bild im Zuge der Entstehung von Gen 14* oder erst etwas später verschriftlicht wurde, lässt sich dabei nicht mit letzter Sicherheit sagen. Da das reziproke Verhältnis zum übrigen Text in Gen 14 als sehr eng aufzufassen ist (vgl. ZIEMER, Abram, 111-116.), ist man in jedem Fall gut beraten, diese Episode in die Auslegung mit einzubeziehen.

literarkritische Auffälligkeiten besonders im literarästhetischen Bereich liegen und mehrheitsfähige Scheidungsmerkmale nicht auszumachen sind.[18] Dies ist jedoch in der Diskussion um Gen 14 ein Nebenschauplatz. Denn den meisten Raum bekommen die rätselhaft und zuweilen arbiträr wirkenden Personen- und Ortsangaben im Text, die ein Drittel des gesamten Vokabulars ausmachen.[19] Besonders auffällig ist die Dichte einerseits an Archaismen, und andererseits an Spottnamen. Die durch die Archaismen angerufene Vergangenheit wird hier also zu einem Imaginationsraum, in dem durch die Spottnamen das Komische ein zentrales Motiv darstellt. Dadurch wird meines Erachtens eine neue *Karte der Vergangenheit* gezeichnet mit einem nicht geringeren Ziel als die Koordinaten der Gegenwart zu ändern.[20] Auf dieser Karte wird durch die Gestalt des Urahns Abram das Verhältnis Israels zu den Großmächten, deren Spielball es war, und zu den übrigen Einwohnern Kanaans neu geordnet. Für mein Dafürhalten ist in dieser Episode ein auf diesem Wege befreiendes Lachen intendiert. Dies setzt für die späteren Leser und Leserinnen von Gen 14 in der hermeneutischen Erschließung implizites Wissen voraus;[21] Wissen um die Sprache, mit der dieser Text spielt, um politische Rhetorik, Geographie und die Geschichten, die sich Menschen in der Zeit der Textentstehung erzählten.[22]

3. Humor und Implizites Wissen

Ausgangspunkt bei der Erschließung des impliziten Wissens in Gen 14 soll an dieser Stelle die Datierung des Textes sein, der sich in der Pentateuch-Forschung inzwischen eine Mehrheit der Autorinnen und Autoren anschließt. Bereits Wellhausen konnte den Text mit keiner der von ihm angenommenen Pentateuch-Quellen identifizieren und sah in Gen 14 eine späte und von den anderen Quellen unabhängige Erzählung.[23] Ähnlich votiert Hermann Gunkel wenig später.[24] Dies ist insofern zutreffend, als der Text zwar andere Erzählungen des Abrahams-Zyklus voraussetzt, jedoch weder auf diese noch auf andere biblische Texte ausstrahlt. Besonders stark wird der Einfluss von Gen 14 dann auf frühjüdische Schriften,

---

[18] Vgl. GUNKEL, Genesis, 260ff; gegenwärtig besonders WILLI-PLEIN, Das Buch Genesis, 50.
[19] Vgl. GRANERØD, Abraham and Melchizedek, 27.
[20] Zur Dynamik der Erstellung kognitiver Karten sei an dieser Stelle der exzellente soziologische Beitrag von Jörn Ahrens erwähnt. Vgl. DERS., Wie aus Wildnis Gesellschaft wird.
[21] Zu letzterem haben Thomas Krüger von alttestamentlicher und Hans-Hubertus Münch von ägyptologischer Seite kürzlich zwei sehr lesenswerte Beiträge verfasst. Vgl. KRÜGER, Tacit Knowledge in the Old Testament, sowie MÜNCH, Individualität im Alten Ägypten.
[22] Dies ist in etwa vergleichbar mit den im Südwesten sehr beliebten Geschichten vom Äffle und Pferdle, die eine gewisse Vertrautheit mit den kommunikativen Gepflogenheiten in Württemberg voraussetzen.
[23] Vgl. WELLHAUSEN, Prolegomena zur Geschichte Israels, 311ff.
[24] Vgl. GUNKEL, Genesis, 262ff.

etwa das Jubiläenbuch oder das Genesis-Apokryphon aus Qumran.[25] Weitere Indizien im Text sind die Führungsrolle Kedorlaomers von *Elam* (heutiger West-Iran), die für viele Autoren und Autorinnen die politischen Verhältnisse der Perserzeit wiederspiegelt,[26] sowie der Priester-Titel Melchisedeks kōhæn l'æl 'eljôn, der erst in der Zeit des 2. Tempels belegt ist.[27] Ähnliches trifft für den Namen Arioch zu, der in Gen 14,1 genannt wird. Dieser Name ist wohl an einen altpersischen Personennamen angelehnt, der besonders häufig in aramäischen Dokumenten aus der Perserzeit auftaucht.[28] Bereits die mittelalterlich-rabbinische Exegese rückte Gen 14 in die Nähe perserzeitlicher Texte, wie dem Esther-Buch.[29] Daher erscheinen mir die sprachlichen Gepflogenheiten der spät-hebräischen und der aramäischen Texte für die Interpretation von Gen 14 besonders interessant.

4. Die Königslisten in Gen 14

Vier Großkönige greifen die Kleinkönige der Jordansenke an. Ihre Namen werden in den gängigen deutschen Übersetzungen als „Amrafel", „Arjoch", „Kedorlaomer" und „Tidal" (Zürcher Bibel 2008) wiedergegeben. Dies alles sind zwar kaum belegbare, jedoch — besonders im beginnenden 2. Jahrtausend vor der Zeitenwende — keine unwahrscheinlichen Königstitel. Amrafel etwa klingt babylonisch und könnte *Amurru apla iddina* „Amurru hat einen *Erbsohn* gegeben" heißen.[30] Arjoch ließe sich in der biblischen Schreibung mit *Khaph finalis* als nordmesopotamisch[31] und Kedorlaomer als elamitischer Titel verstehen. Diese Namen hat jedoch kein bekannter Herrscher getragen. Zum Königsnamen *Tidāl* ist anzumerken, dass dieser wohl nicht mit *Ayin*, sondern mit dem in anderen kanaanäischen Sprachen bekannten Ġayn geschrieben wurde. Dieser Buchstabe wird im MT nicht diakritisch unterschieden, wohl aber in der Septuaginta, die das *Ayin* des MT-Königsnamens mit Gamma (*Thargal* (LXX)) transkribiert. Da die arabische Schrift das *Ayin* und Ġayn diakritisch unterscheidet, ist die in der Exegese hoch geschätzte judäo-arabische Version des Pentateuchs von Saadia Gaon aus dem 10. Jahrhundert nach der Zeitenwende von großem Wert. Darin gibt Sadia den Königstitel mit diakritischem Punkt als *Tidġal* wieder.[32] Somit klingt der vierte der Groß-

---

[25] Vgl. BERNER, Abraham amids Kings, 24. Vgl. ZIEMER, Abram, 27–69.
[26] Vgl. sehr ausführlich bei GRANERØD, Arbaham and Mechizedek, 117–145.
[27] Vgl. SETERS, Abraham in History and Tradtion, 307f.
[28] In der Variante Arijôḫû etwa in Persep 110(5),1f; als Arijôḫûš in Persep 49(5),2 und als Ariḫû in Persep 47(5),2. Vgl. SCHWIDERSKI, Die alt- und reichsaramäischen Inschriften.
[29] Vgl. dazu David Qimchis und Jacob ben Aschers Kommentar zu Gen 14.
[30] Vgl. ZIEMER, Art. Amrafel.
[31] Vgl. DERS., Art. Arjoch.
[32] Vgl. DERENBOURG, Œuvres complètes, 21.

könige aus Gen 14,1 ähnlich wie eine Reihe z.T. mythischer hethitischer Herrscher, die in ugaritischen Texten *Ttǵl* geschrieben werden.[33] Schon in der rabbinischen Exegese wurde neben dieser Königslisten imitierenden Lesart auch noch danach gefragt, ob diese Namen Wortspiele enthalten. Nachdem sie noch bis in die 1970er Jahre auf die historische Dimension des Textes fokussiert war, hat die christliche Exegese ihre Vorbehalte gegenüber dieser Lesart des Textes aufgegeben.[34] Inzwischen ist die hermeneutische Dimension der Namen in Gen 14 allgemein anerkannt. Wie bei jedem guten Schabernack wird das Schmunzeln durch eine spottende Vieldeutigkeit hervorgerufen. Besonders aufschlussreich ist es, hierbei in der Sichtung der antiken und mittelalterlich-rabbinischen sowie der gegenwärtigen Vorschläge auf das Vokabular der Spätschriften der Hebräischen Bibel sowie reichsaramäischer Dokumente zurückzugreifen – sprich zu versuchen mitzulauschen, was Menschen aus der Zeit des Textes bei den Namen mitgehört haben könnten. So würden beim Namen *Amrafel* etwa die hebräisch-aramäischen Worte für „Befehl" (ʾ*amrāh*) und „falle nieder!" (*pel*) gehört werden. Bei *Arjoch* klingt das Wort „zahlreich" (ʾ*arîkh*) mit. *Kedorlaomer* wird in Gen 14,17 in zwei Wörter getrennt, *Kdār* und *lāġōmer*.[35] Durand übersetzt *Kdār* als „Angriff" und *lāġōmer* als „auf Gomorrha".[36] In *Tidġal* klingt am ehesten aram. *tidḥal* „du erschrickst" an. So greift eine Koalition der Könige „Befehl: Falle!", „Zahlreich", „Angriff auf Gomorrha" und „Er erschrickt" die fünf Könige der Jordansenke an. Der Text spielt also mit real klingenden Königsnamen und dem, was sie über die Folgeverse verraten. Bei der Übersetzung der Namen der Kleinkönige aus der Jordansenke muss vorwarnend angemerkt werden, dass hier die oben erwähnte Derbheit altorientalischer Spottgeschichten Einschlag gefunden hat. Die als wahrscheinlich gehandelten Übersetzungen der Aufständischen aus Gen 14,2 gehen weitaus mehr unter die Gürtellinie, als die der mesopotamischen Großkönige im Vorvers: *Bera* „In-Schlechtigkeit", *Birša* „In-Bosheit", *Šinʾāv* „(Bei-)Schlaf des Vaters" – vielleicht in Anspielung auf die erwähnte Episode in Gen 19.[37] *Šemʾever*, das im frühen biblischen Hebräisch noch elegant mit „Name des Flügels" übersetzt werden

---

[33] Dies hatte Othniel Margalith vorgeschlagen. Vgl. DERS., The Riddle of Genesis 14 and Melchizedek, 501–508. Angeschlossen hat sich dem u.a. Benjamin Ziemer. Vgl. DERS., Art. Tidal.

[34] Gerhard von Rad stand dieser Ebene noch eher ablehnend gegenüber. Vgl. RAD, Das erste Buch Mose, 136. In den gegenwärtigen einschlägigen Monographien hingegen werden der Hermeneutik der sprechenden Namen ganze Abschnitte gewidmet; etwa bei ZIEMER, Abram, 92–111.

[35] Ähnlich wie bei *Tidġal* zeigt der MT das *Ġayn* diakritisch nicht an. Anders tut dies die LXX, die den Namen als Chodollogomor wiedergibt.

[36] DURAND, Réalités Amorites et traditions Bibliques, 16f. Der Begriff ist in der Hebräischen Bibel nur noch als Hapax legomenon im ebenfalls nachexilischen Hi 15,14 belegt und ist aufgrund der zeitlichen und semantischen Nähe – Eliphas malt in Hi 15,14 das böse Geschick aus, das wie ein König, der zum Angriff bereit ist, über den Übeltäter kommt – zu Gen 14 als die wahrscheinlichste Lesung zu betrachten.

[37] Vgl. RADDAY, Humour in Names, 84.

kann; in reichsaramäischen Dokumenten verweist ʾæver jedoch euphemisierend auf das männliche Geschlecht – andere Konnotationen als diese sind nicht belegt.[38] Von daher ist die Annahme dieser Konnotation, die bereits die aramäischen Targumim und Midraschim anführen, nicht aus der Luft gegriffen.[39] *Bela* wiederum, der letztgenannte der fünf Kleinkönige, bedeutet „in Verschlingung" und verweist damit für eine Mehrheit der Auslegenden auf das Schicksal der Aufständischen in den kommenden Versen und eben den sprichwörtlichen Untergang, dem die Orte aus den in und außerhalb der Bibel erzählten Sodom-Geschichten.[40] Sprechende Namen sind in allen Teilen der biblischen Überlieferung belegt: In prophetischen Texten (Hos 2,1 oder Jes 7,3) als rhetorisches Mittel; in narrativen Texten (Eglon in Ri 3,22, Nabal in 1Sam 25, Lemech in Gen 4) häufig in einem spöttischen Kontext. Es wird angenommen, dass der in Gen 14,12 geraubte Lot ebenfalls einen solchen sprechenden Namen, nämlich im Sinne von Jes 25,7 „verhüllt", d.h. „verblendet", trägt.[41]

5. Die Suche nach Aspekten des Komischen

Der Text spielt mit der Repräsentation der Vergangenheit, um aus ihr „kritische Kraft"[42] für die Gegenwart zu gewinnen. Dass sich etwa vier Großreiche zusammenschließen müssen, um fünf aufständische Kleinkönige zu besiegen, wie es V. 9 betont, wirkt vergleichsweise albern. Dasselbe gilt für die umständliche Reise der Nordkönige nach Kanaan in Vv. 5ff. Diese hätten sehr bequem durch das Jordantal reisen können und wären auf dem „Königsweg" binnen kurzer Zeit auf die aufständischen Könige am Ufer des Toten Meeres getroffen. Doch schickt sie der Text durch das gebirgige Ostjordanland, wo die Könige im späteren Ammon *en passant* gegen die *Refāīm*, d.h. die „Totengeister" und die *Zûzîm* „die Fortgenommenen" und in Moab gegen die *ʾEjmîm*, die „Erschreckenden" kämpften. Diese Urvölker sind auch etwa aus Dtn 2 bekannt, wobei sie dort nicht von fremden Königen, sondern von den Nachbarvölkern Israels vertrieben werden. Zudem scheint Zuzim eine verballhornende Abkürzung der Zamzumim aus Dtn 2,20 zu sein.

Es liegt nahe, hier ein bewusstes Neu-Arrangement anzunehmen. Der Text erzählt von der Urzeit, in der nicht die Nachkommen des häufiger durch den Kakao gezogenen Lot im Osten wohnten, sondern Wesen, deren Namen mit ihrer Existenz sowie Nicht-Existenz spielen. Die besiegten Ur-Bewohner des späteren

---

[38] Vgl. SCHWIDERSKI, Die Reichsaramäischen Inschriften, 7.
[39] GRANERØD, Abraham and Melchizedek, 127.
[40] Eine sehr ausführliche Klärung der Kleinkönigs-Namen bietet ZIEMER, Abram, 104–108.
[41] Vgl. RADDAY, Humour in Names, 63.
[42] Im Original „critical power"; Begriff des britischen Historikers Anthony Grafton. Vgl. DERS. Forgers and Critics, 126.

östlichen Edom bezeichnet dieser Text als *Ḥōrî*, als „Lochbewohner" (vgl. Hi 30,6). Der Kampf gegen diese Unwesen könnte zum einen die Heldenhaftigkeit der Könige unterstreichen sollen. Denn Untote suchen etwa in ägyptischen Geschichten[43] oder mesopotamischen Beschwörungen[44] die Lebenden heim und repräsentieren das Unkontrollierbare, das hier von den Königen auf dem Weg ans Tote Meer vernichtet wird. Nur sind in den erwähnten Texten eher Magier und Beschwörer die Handelnden und nicht Könige.

Zum anderen ließen sich die Vv. 5b–6 auch genau anders herum interpretieren. Denn der Kampf gegen nicht-lebende Gegner ist auch leicht als ins Absurde gehende Übertreibung der Rhetorik altorientalischer Kampagnenberichte zu deuten. Denn dort wird zumeist die absolute Ohnmacht der Gegner gegenüber der Ehrfurcht gebietenden Macht des Königs betont. Ins Absurde gehende Übertreibungen sind etwa in kritisch-humoristischen Texten z.B. über Naram Sin bekannt.[45] Da in der biblischen Literatur der Perserzeit die durch assyrische und babylonische Kampagnen herbeigeführten Zerstörungen ein zentrales Thema waren, ist es nicht unwahrscheinlich, diese Verse als sarkastische Replik auf das häufige Topos zu verstehen, dass mesopotamische Könige ausweislich ihrer Kampagnenberichte gegen ihnen nicht-ebenbürtige Gegner kämpfen. Denn hier kämpfen sie gegen nicht-lebendige Gegner. Humor gilt im Umgang mit als traumatisch erlebten Lebensereignissen als funktionale Bewältigungsstrategie. Im Nacherzählen der Ereignisse wird nach Aspekten des Komischen gesucht, die helfen, das als traumatisch Erlebte auf eine Metaebene zu bringen und durch das Darüber-Lachen eine Distanzierung aus der passiv ertragenden Rolle zu erlangen.[46] Die von außen nicht immer 1:1 nachvollziehbare Komik in der humoresken Relektüre des Erlebten ist eine wichtige Ressource für Resilienz, in diesem Fall eines Kollektivs. Für den amerikanischen Philosophen Joseph Meeker gar eine zentrale Überlebens-Ressource, um auf unglückliche Ereignisse zu reagieren:

> The comic way [...] is the path of reconciliation. [...] it is a strategy for survival.[47]

Da der Text für eine gegenwärtige Forschungsmehrheit aller Wahrscheinlichkeit nach auf keine vor- oder außerbiblische Quelle zurückgreift, sondern vielmehr enge Verbindungen mit den vorderen Prophetenbüchern aufweist, ist der Zusammenhang der Erzählung von Gen 14 mit den Narrativen der Geschichte Israels im

---

[43] Vgl. u.a. die spätzeitliche Erste Setnegeschichte. Vgl. HOFFMANN/QUACK, Anthologie, 146-161.
[44] Ebenfalls spätzeitlich sind die bei Forster aufgeführten Beschwörungen gegen Totengeister. Vgl. DERS., Before the Muses, 855-859.
[45] Vgl. a.a.O., 258-270.
[46] Eine sehr differenzierte und umfassende Einführung in die Materie bietet das von Thomas Kirn, Liz Echelmeyer und Margarita Engberding herausgegebene Grundlagenwerk an. Vgl. DIES., Imagination in der Verhaltenstherapie.
[47] MEEKER, The Comedy of Survival, 14.

Auge zu behalten. Dieser Text wurde nicht geschrieben, um neutral über die politischen Vorgänge im Kanaan zu informieren; er dient vielmehr der Selbstthematisierung der sich als Nachkommen Abrahams verstehenden Kinder Israels.

Diese Verbindung zwischen Gen 14 und der Geschichte Israels wird noch deutlicher bei der letzten Station, die die Koalition der Nord-Könige auf ihrem Umweg macht: Es sind die beiden ersten bekannten und belegbaren Volksgruppen des Textes:[48] Die Amoriter und Amelekiter im südlichen Kanaan, die aus der Geschichte des Auszuges als Erzfeinde bekannt sind (Ex 17; Num 21) und in V. 7 von den Nord-Königen geschlagen werden. Saadia Gaon identifiziert im wiederum doppeldeutigen Namen des Lagerortes der Koalition, Chazezon-Tamar (ZUR), ein Wortspiel, das das Rätsel um den nach Westermann „wenig Sinn"[49] ergebenden Weg der Könige nach Kanaan erhellen kann. Denn hebr. *ḥazzōn* kann entweder „Kiesfeld" oder „etwas, das abgeschnitten ist" bedeuten. Saadia Gaon entscheidet sich für Letzteres und übersetzt den Begriff als arabisch ʾ*iltifāf* „Irr-" oder „Umweg".[50] Hiermit ist die auch von anderen jüdischen Exegeten, gegenwärtig etwa Moshe Weinfeld,[51] und in einer neueren Arbeit von Gard Granerød (2010) gesehene Assoziation zum Irr- und Umweg der Kinder Israels in der Wüste gegeben.[52] Die altorientalischen Könige laufen rückwärts den ostjordanischen Zug der Kinder Israels nach Kanaan ab, was noch deutlicher wird, da die Könige im späteren Verlauf der Geschichte bis nördlich von Damaskus, dem äußeren Punkt des Landnahmenarrativs des Josuabuches (Jos 11) vertrieben werden. Auch die Darstellung des Kriegsgeschehens in den Vv. 8–11 ist gespickt mit Aspekten des Komischen. Es fehlen jegliche Verweise auf Kampfhandlungen, wie etwa im besprochenen Zug der Nordkönige durch das Ostjordanland und Südkanaan. Stattdessen wird in V. 10 das Detail erwähnt, dass im *Gips-Tal*[53] am Toten Meer, in dem die Könige gegeneinander aufziehen sollen, sich Pech-Gruben befinden. An der Stelle, an der in anderen altorientalischen und biblischen Kriegs-Berichten der Kampf geschildert wird, beschreibt V. 10 lediglich die Flucht der aufständischen Kleinkönige:

> Und der König von Sodom und der König von Gomorrha flohen und fielen dort [in die Pechquelle] hinein und die übrigen flohen ins Gebirge.

Wie oben gesehen ist in der prophetischen Literatur Sodom eine Chiffre für Jerusalem (vgl. Jes 1,10). Bei Adma und Zeboym handelt es sich nach Ansicht einiger

---

[48] Vgl. WESTERMANN, Genesis 12–36, 195.
[49] Ebd.
[50] DERENBOURG, Œuvres complètes, 21.
[51] WEINFELD, Bereshit, 100–104.
[52] GRANERØD, Abraham and Melchizedek, 49–55.
[53] Übersetzung Saadia Gaon. Vgl. DERENBOURG, Œuvres complètes, 22.

Exegeten um Untergangs-Traditionen aus dem Nordreich (vgl. Hos 11,8).[54] Aufgrund der viel gesehenen Verbindungen des Kampagnenberichtes von Gen 14 mit den Untergangserzählungen des Nord- und Südreiches aus dem 2. Königebuch lässt sich dieses Detail als beißender Spott über die Könige des Nord- und Südreiches lesen,[55] die dadurch in die Geschichte eingegangen sind, sich wie die fünf Städte der Jordansenke in ihrem Umgang mit den Großreichen des Alten Orients stets mit großer Treffsicherheit verpokert zu haben.

6. Die Rolle Abrams

Der Hauptfaktor für ein befreiendes Lachen ist die Rolle Abrams im Text. Sein im Text gefeierter militärischer Erfolg gegen alle Großreiche des Nordens machen ihn zu einer israelitischen Replik auf die Selbstdarstellung altorientalischer Könige, oder – modern gesprochen – einen Superhelden. Diese Superhelden-Rolle Abrams wurde bereits in der altkirchlichen und der rabbinischen Epoche betont;[56] besondere Bedeutung erlangt sie in mittelalterlich-rabbinischen Texten, etwa bei David Qimchi, der in seinem Bibelkommentar Abram als Identifikationsfigur für die durch die christliche Umgebung angefeindete jüdische Gemeinde zeichnet. Die Superhelden-Rolle Abrams, das zeigt seine Rezeption, ist eine humoresk eingeleitete Gegenerzählung zur Wirklichkeit. Diese Gegenerzählung findet auf zwei Ebenen statt:

1. Wie bereits erwähnt, dreht Abram das Erleben der Zermalmung des Nord- und Südreiches durch mesopotamische Großreiche einfach um. Hier behält der Urvater des Volkes Israel die Oberhand über die Großmächte des 1. Jahrtausends vor der Zeitenwende. In Abram soll aber m.E. nicht nur das Vergangene überwunden werden.

2. Der zweite als Gegenerzählung zu bewertende Aspekt ist die Beziehung Abrams zu seiner kanaanäischen Umgebung. Hier gibt es gerade in der Perserzeit mit Esra-Nehemia starke Anwälte für eine komplette Abschottung nach Außen (vgl. etwa Esr 9f.). Im Gen 14 bereits vorausliegenden Vernichtungsgebot in Dtn 20,17 sollen etwa die Amoriter, Kanaaniter und Jebusiter komplett vernichtet werden. In Gen 14 hingegen ist Abram eine Galleonsfigur innerkanaanäischer Solidarität. Amoriter sind seine Bundesbrüder (V. 13,24), er rettet die geraubten Bewohner der kanaanäischen Kleinkönigtümer (V. 16) und erkennt die Priesterwürde

---

[54] Dies geschieht im Gefolge Zimmerlis. Vgl. DERS., 1. Mose 12–25, 36. Vgl. MULDER, Art. s^{e}dom, 761–768.
[55] Vgl. GRANERØD, Abraham and Melchizedek, 100ff.
[56] So etwa in den Homilien Chrysostomos'. Vgl. SHERIDAN, Genesis 12–50, 23.

eines jebusitischen Priesters an (V. 20). Abraham ist hier nicht der Eroberer, sondern der Erbe Kanaans.[57] Wie so häufig ist der Humor hier mit durchaus ernsthaften Botschaften verbunden.

7. Fazit

Humor ist in Gen 14 ein literarisches Mittel, um eine neue, vom Trauma befreite Wirklichkeitswahrnehmung bei den perserzeitlichen Zuhörenden herzustellen. Die am deutlichsten als Element humorvoller Neuerzählung erkennbaren derben Spottnamen der Kleinkönige sollen *erstens* zum in nachexilischer Zeit sehr präsenten Narrativ vom Untergang der Nord- und Südkönigreiche die Ebene des befreienden Lachens hinzufügen. Die unverkennbare Überspitzung des absurden politischen Handelns der Nord- und Südreichskönige im Umgang mit den Großmächten des Alten Orients, die Mischung von diplomatischem Ungeschick mit überhobener Selbstdarstellung bewirkt Kopfschütteln und damit eine befreiende Distanzierung vom eigenen kollektiven Trauma des Untergangs. Aus Königen Israels und Judas werden Narren mit komischen Namen, die fremde Heere provozieren, sich in Lehmgruben verstecken (Gen 14,10) und nach Preisgabe ihrer schutzlos den Großmächten überlassenen Städte (V. 11) erst wieder zur Rückforderung ihres geretteten Besitzes auftauchen (V. 17) und ihrer Dreistheit und Selbstüberhöhung dadurch Ausdruck verleihen, dass sie die Ebene der nicht stattgefundenen Schlacht „Tal des Königs" (V. 17) nennen. Aus dem sonst in der nachexilischen Literatur dominanten Diskurs über die kollektive Schuld wird hier die Verantwortungslosigkeit der königlichen Elite. Die Rolle der nachexilischen Zuhörenden hingegen ist die der preisgegebenen und dem Mutwillen der Großmächte ausgesetzten Stadt-Bevölkerungen (V. 11). So gesehen geschieht eine heilsame Selbstdistanzierung von der Frage der Schuld für das Erlebte. Nicht der kollektive Abfall von JHWH, sondern das Gebaren prahlerischer und feiger Könige haben in Gen 14 das Leid von Zerstörung und Exilierung gebracht.

Bei diesem Leid bleibt Gen 14 *zweitens* nicht stehen. Die Erzählung führt die Zuhörenden auf die Ebene humoresker Imagination. Sie sollen sich vorstellen, dass die Großreiche militärisch gar nicht so stark sind, wie es die Propaganda-Texte und Rituale vorgeben; die Großreiche kämpfen im Endeffekt gegen Luftgespinste und sind keine wirklichen Gegner für den eigenen Ahnen Abram. Er und seine 317 „jüdischen" *und* „nicht-jüdischen" Männer schaffen es, die von den Lokal-Königen preisgegebenen Bevölkerungen (und damit die Zuhörenden selbst) zu retten und aus der Wegführung zurückzubringen. In dieser Gegenerzählung geschieht eine Bestärkung und zwar gerade in einem Diskurs, in dem die kollektive

---

[57] Mit einem solchen dezidiert nicht anti-kanaanäischen Impetus steht Gen 14 bei den perserzeitlichen Texten nicht allein (vgl. Ruth oder Jos 2).

Ohnmacht, das den fremden Heeren Ausgeliefert-Sein, dominiert. Dass es 317 Kanaanäer mit vier altorientalischen Großheeren aufnehmen können mag auf historischer Ebene absurd erscheinen; der Untergang Israels und später Judas ist schließlich auch in den biblischen Schriften mehr als evident. Doch macht diese Gegenerzählung vom närrischen Treiben der Großmächte und ihrer Unterlegenheit vor Abram diese als Zerstörer (Jer 51) und Kindsmörder (Ps 137,9) bezeichneten Heeresmächte zu Lachnummern und nimmt ihnen damit die Macht, bei den Überlebenden Angstfiguren der Gegenwart zu sein. Die Vergangenheit wird damit bewusst umgeschrieben, um einen mutvollen Blick auf das Jetzt zu gewinnen. Im Schlussteil der Geschichte der viel beachteten Begegnung von Abram und Melchizedek (Vv. 18ff.) wird der Faden weiter in die Zukunft gesponnen. Was wäre, wenn das Zusammenleben mit den südlevantinischen Nachbarvölkern von Kooperation und gegenseitiger Anerkennung geprägt wäre? Humor kann befreien – von der Angst der Überlebenden vor den innerlich präsenten Tätern der Vergangenheit hin zu einem neuen und hoffnungsvollen Blick auf eine gemeinsame kooperative Zukunft mit den Feinden der Vergangenheit.

Peter Lampe

Die Ironie des Heils

Zu einem Grundmuster frühchristlicher Soteriologie

Ironie und Heil? Beides durch einen Genitiv zu verbinden, ein blasphemisch-ironischer Witz? Da der Ironiebegriff in der Geistesgeschichte verschiedenartig verwendet wurde, sei vorab in die Schatzkiste der klassisch griechischen Begriffsgeschichte gelangt. Ende des 5. Jh. v. Chr. belegt Aristophanes in seinen Komödien (*Nubes* 449; *Vespae* 174; *Aves* 1211) den Drückeberger mit dem Ironiebegriff, der sich absichtlich kleinmacht, um Pflichten auszuweichen. Dergleichen unmoralisches Verstellen, damals Ironie genannt, wurde auch Sokrates vorgeworfen, der, sich dumm stellend, die Leute auf dem Markt „anquatschte", sie nach ihren Gewissheiten befragte, um diese Schritt für Schritt auszuhöhlen. Diese Methode des Wahrheit-Suchens wurde von Leuten, denen Sokrates' philosophisches Prozedere fremd war, abfällig als ironisch kritisiert.[1] Freilich, an der Gorgiasstelle blitzt bereits ein späterer Bedeutungsinhalt des Ironiebegriffs mit auf: Sokrates stilisiert sich dort zu einem unbedarften Schüler herab und umgarnt den arroganten Sophistenschnösel Kallikles mit den Worten: „Behandle mich sanfter, du Bewundernswerter, wenn du dich anschickst, mich zu belehren, damit ich dir nicht aus der Schule weglaufe". Sokrates sagt hier das Gegenteil von dem, was er meint, denn für „bewundernswert" hält er den sophistischen Schnösel beileibe nicht. Hier ist Ironie als *rhetorisches Mittel* bereits erkennbar, das die griechischen Zeitgenossen jedoch noch als unehrenhaftes *Verhalten*, als unmoralisches Sich-Verstellen kritisieren.[2] Für die meisten Griechen – auch für Theophrast,[3] Demosthenes[4] und Ariston[5] – war Ironie lange ein Negativetikett, das sie hinterhältigem,

---

[1] Z.B. in PLATO, Symposium 216e (von Alkibiades), vgl. 218d; Politeiea 337a (von Thrasymachos); Gorgias 489e (von Kallikles).

[2] Vgl. zur hilfreichen Differenzierung zwischen rhetorischem Mittel und Verhalten z.B. HARTUNG, Ironie in der Alltagssprache, 16.

[3] THEOPHRAST, Characteres, Prooem. 4–5; 1.1.1–2; 1.7.2.

[4] DEMOSTHENES, Epitaphius 18.7. DERS., Philippica 1.7.5; 1.37.5. DERS., Exordia 14.3.

[5] ARISTON, Fragmenta, 14.6.16. Aristoteles dagegen möchte den sich verstellenden Sokrates vom Vorwurf der Unmoral entlasten, indem er Untertreibung (εἰρωνεία) im Gegenüber zur Übertreibung als ehrenhaft gelten lässt, weil sie nicht auf Ansehen und Profit aus sei:

sich verkleinerndem Verstellen aufklebten. Erst in der Kaiserzeit bei den lateinischen Rhetoren – sehen wir beispielsweise von Anaximenes *Ars Rhetorica* ab[6] – mausert sich Ironie zu einem positiv verstandenen rhetorischen Mittel, das Freude bereitet, statt zu ärgern. Die Verstellung ist nun nicht mehr versteckt und hinterhältig, sondern für die Hörerschaft deutlich zu erkennen. Bei Cicero (*Orat.* 2. 262) erteilt Crassus dem potthässlichen gegnerischen Anwalt Lamia, der ihn rüde unterbrach, auf folgende Weise das Wort: „Lasst uns denn den *hübschen* Jungen [*pulchellum puerum*] anhören!". Darauf Lamia: „Meine Gestalt konnte ich mir nicht selbst bilden, wohl aber meinen Geist". Crassus zurück: „So lasst uns denn den *Redegewandten* [*disertum*] hören" – und alle lachen noch lauter. Cicero nennt diese Form der Ironie, bei der die Bedeutung eines einzelnen Ausdrucks für alle offensichtlich auf den Kopf gestellt wird, *inversio* (*Orat.* 2.262: *invertuntur verba*). Sie lebt davon, dass sie für die Hörenden unerwartet kommt und deshalb erheitert. Als andere Spielart der Ironie nennt Cicero die *dissimulatio,* „bei der man anders redet, als man denkt, nicht in dem [...] Sinne, dass man das *Gegenteil* sagt, wie Crassus gegenüber Lamia, sondern in gespieltem Ernst [...], wobei man *anders denkt, als man redet*" (*Orat.* 2. 268; *cum aliter sentias ac loquare*). Ciceros Kontexte zeigen, dass es sich – wie bei der *inversio* – um eine gewollt durchschaubare Verstellung handelt. Jedoch kann die *dissimulatio* sich auf eine ganze Sequenz erstrecken, statt nur auf einen Ausdruck, und das pure Gegenteil des Gedachten muss das Gesprochene auch nicht sein, nur „anders".

Vergleichbar Quintilian (*Inst.* 8.6.54). Er führt bei den Tropen aus: „Zu der Art von Allegorie aber, in der das Gegenteil ausgedrückt ist (*contraria ostenduntur*), gehört die Ironie (εἰρωνεία) [Quintilian verwendet den griechischen Begriff] [...] Denn wenn etwas [...] vom gesprochenen Wortlaut abweicht (*verbis dissentit*), so ist klar, dass die Rede etwas Verschiedenes besagen will (*diversam esse orationi voluntatem*)". Der gedankliche Klartext liegt bei dieser Trope offen für die Hörenden zutage. Quintilian führt die Ironie aber auch als Gedankenfigur vor. „Der Gattung selbst nach ist die εἰρωνεία als Figur (*schema*) von der εἰρωνεία als Tropos fast gar nicht zu unterscheiden. Bei beiden [...] handelt es sich darum, das Gegenteil von dem zu verstehen, was ausgesprochen wird (*contrarium ei, quod dicitur, intellegendum est*)" (*Inst.* 9.2.44). Nur in der Erscheinungsform unterschieden beide sich: Während beim Tropos die Ironie nur in einzelnen Wörtern stecke (*Inst.*

ARISTOTELES, Ethica Nicomachea , 4.13 (1127b). Cicero dann wird der Ironie des Sokrates den feinen Witz der urbana dissimulatio bescheinigen; in höchsten Tönen preist er an Sokrates' Ironie die hohe Eleganz, die Ernst mit Witz verbinde (CICERO, De oratore, 2.270; vgl. 2.268).

[6] In der griechischen Literatur wird Ironie als rhetorische Technik bereits bei Anaximenes (4. Jh. v. Chr.) in der Ars Rhetorica (21 [1434a]) besprochen: Ironie ist „gegenteiliges Ausdrücken", wie es Anaximenes nennt, und gibt z.B. den Standpunkt des (Prozess-)Gegners wieder („diese noblen Bürger [...] wir nichtsnutzigen Sterblichen") mit dem Verständnis, dass der Sprechende vom Gegenteil überzeugt ist. ARISTOTELES, Rhetorica, 1419b, schildert Ironie als gehobene Strategie des freien Mannes, mit der dieser sich selbst erheitert, während der Possenreißer andere vergnügt.

9.2.45f), „handelt es sich bei der [Ironie als] Figur um Verstellung der Gesamtabsicht (*totius voluntatis fictio*) [...], so dass [...] der Sinn vom ganzen sprachlichen Ausdruck und Ton (*sermoni et voci*) verschieden (*diversus*) ist" (*Inst.* 9.2.46). Im Falle des Sokrates habe sogar ein ganzes Leben Ironie enthalten, da Sokrates „den Unwissenden spielte und den Bewunderer anderer vermeintlich Weiser" (*Inst.* 9.2.46).

Festzuhalten ist Ironie also nicht nur als Trope, sondern auch als Gedankenfigur, die sich über mehr als nur Einzelwörter erstreckt. Ganze Passagen sind anders – zumeist gegenteilig – zu denken; anders als und gegenteilig zu dem, was der Wortlaut ertönen lässt. Ironie stellt so in der antiken Tradition nicht nur eine Aussage *sub contrario* dar; das auch, aber nicht nur. Des Weiteren ist die ironische Verstellung für die Hörerschaft durchschaubar, und sie bewirkt positive Gefühle, Heiterkeit (vgl. *Inst.* z.B. 6.3.89). Vier Elemente enthält folglich dieser Ironiebegriff:

- Das Gegenteil des Wortlauts – oder zumindest etwas anderes als der Wortlaut – soll als wahr gelten.
- Die ironische Verstellung ist durchschaubar.
- Nicht nur Einzelwörter, auch längere Passagen, ja eine ganze Vita kann ironisch verstanden werden, d.h. anders, als es vordergründig den Anschein hat.
- Ironische Verstellung, wenn sie nicht hinterhältig daherkommt, sondern durchschaubar, löst positive Gefühle aus, in der Regel Heiterkeit, Freuen.

Mit diesem Ironiebegriff – gänzlich unbeleckt von Ironiekonzepten der Nach-Antike – gehen wir an das Markusevangelium[7] heran. Zu neuzeitlichen Ironiekonzepten lediglich ein Aperçu: Der belgische Literaturtheoretiker Paul de Man begann seinen 1977 geschriebenen Vortrag „The Concept of Irony" mit dem Hinweis, dass der Titel ironisch gemeint sei.[8] That says it all – or does it?

1. Die Ironie in der Verspottung Jesu (Mk 15,16–20)

Im Markusevangelium üben wir uns zuerst an einem einfachen Beispiel: an der Verspottungsszene im Prätorium (Mk 15,16–20). Eine doppelte Ironie fasziniert hier, die in den Zuhörenden – bei aller Tragik des Erzählten – heimlich innere Freude aufflackern lässt. Die AnhängerInnen des im Text Verspotteten sind am Schluss die Erheiterten. Wie das?

---

[7] Ironie als ein Thema im Markusevangelium erkannten bereits z.B. Thomas Hobbes (in Bezug auf besonders Mk 15,18; bei Booth, A Rhetoric of Irony, 28). Camery-Hoggatt, Irony in Mark's Gospel. Hupe, Paradoxe Abschiede.
[8] Man, The Concept of Irony, 163.

Wichtig ist, die Perspektiven der Beteiligten auseinanderzuhalten. Auf der erzählten Textebene bedienen sich die Soldatenfiguren bei ihrem Schmähen der Ironie: „Gegrüßt seist du, König der Juden". Sie legen ihm einen Purpurmantel um die Schultern, fallen auf die Knie und huldigen ihm (vgl. dgl. 15,32). Aus der Perspektive der frühchristlichen Textrezipierenden jedoch ist klar: Die Soldaten sprechen die Wahrheit! Sie sind nur zu verblendet und dumm, dies zu sehen. Ihre vermeintliche Ironie ist keine! Damit ist eine zweite Ironie über die erste gestülpt. Die wahrhaft Blamierten sind die Spötter, was – bei allem Mitleiden mit dem gefangenen Protagonisten – in der Textrezipientin Genugtuung auslöst, wenn nicht gar einen erheiternden Funken schlägt. Wir könnten interpretieren: Den tragischen Protagonisten in der Erzählung anschauen zu müssen und so Mitschmerz zu empfinden, wird erträglicher dadurch, dass die doppelte Ironie die Erzählung aufmischt. Ein Anflug Humors lässt Galgen leichter ertragen.

Was ist nach allem passiert? Was auf der Textebene als Ironie daherkommt – „König der Juden" als Spott – wird auf der RezipientInnenebene ironisch wieder ins Gegenteil zurückgewendet – „König der Juden" als Bekenntnis. Wir werden bei den anderen Beispielen diese Differenz zwischen Textebene und RezipientInnenebene wiederentdecken. Sie ist konstitutiv, wenn die These reüssieren soll, dass die folgenden Textphänomene als Ironie zu kategorisieren sind.

2. Die Ironie in Jesu Verzweiflungsschrei am Kreuz (Mk 15, 34)

Wagen wir uns als nächstes an etwas Schwereres heran: Jesu Verzweiflungsschrei am Kreuz. „Mein Gott, mein Gott, warum hast Du mich verlassen?" (Mk 15,34). Hat das etwas mit Ironie zu tun – oder mit Blasphemie, wenn wir den Vers mit Ironie zusammenbringen? Mehrere Beobachtungen: Hier leugnet niemand die Existenz Gottes. Die verzweifelte Sprache gibt ein Gebet aus Psalm 22,2 wieder, sie spricht Gott direkt an – aber des Inhalts, dass Gott nicht mehr spürbar sei. Hier wird Gott die Absenz religiöser Erfahrung geklagt. Gottes vermeintliche Ferne wird angeklagt.[9] So die Perspektive der erzählten Figur des Gekreuzigten – auf der Textebene. Die frühchristlichen Textrezipienten wissen jedoch: Gott war nah in diesem Schrecken, sonst hätte er diesen Jesus nicht auferweckt.[10] Die Ironie

---

[9] Siehe auch Ps 22,3: „Du antwortest nicht." Ps 22,16 klagt direkt an: „Du legst mich in des Todes Staub." Nichtsdestotrotz richtet der Psalmist seinen Aufschrei betend an Gott - auch wenn er diesen nicht spürt. Die Hoffnung nicht aufgebend, bittet er in Ps 22,12.20 Gott um Nähe und Hilfe, die ihm schlussendlich gewährt werden (Ps 22,22b-32). Diese positive Wendung hebt die vorausgehende Phase des Sich-Verlassen-Fühlens jedoch nicht auf. Dieses Tal wurde vom Psalmisten in Gänze durchschritten.

[10] Vgl. auch die positive Wendung im Psalm (vorige Anm.), die die Markusrezipienten gekannt haben mögen.

besteht darin, dass die Verlassenheitsaussage des Gekreuzigten falsch war, vielmehr das Gegenteil für die Rezipientinnen stimmte. Der Protagonist irrte in diesem Moment. Wie? Jesus, der Held des Evangeliumsnarrativs, irrte? Ja! In der Tat! Aber nun langsam, Schritt für Schritt durchdekliniert:

a) „Gott hat mich verlassen" ist insofern eine ironische Aussage, als die Textrezipierenden (anders als die literarische Figur des Protagonisten) das Gegenteil für wahr halten. Was die Rezipientin aufgrund des Evangeliumskontextes denken muss – im Gegensatz zu dem, was in Mk 15,34 herausgeschrien wird – ist tröstlich und löst Genugtuung aus, wenn es nicht gar einen freudigen Funken schlägt: Gott ist nahe, wie Gottes Auferstehungshandeln am Sich-Verlassen-Fühlenden zeigt. *Gott ist nahe, auch dann, wenn die menschliche Erfahrung dies nicht mehr einholt.* Ein *absconditus deus* ist nicht zwingend ein *deus absens*.

b) Der Rezipient darf obendrein lernen, dass dieser Jesus so tief in das Menschliche eintauchte, dass er nicht nur als Verbrecher hingerichtet wurde, nicht nur vor Angst zitterte in jenem dunklen Garten, sondern im Tode auch Gottverlassenheit spürte und sich sogar irrte. So tief sank er. So grausam endete sein menschlicher Weg. Das Markusevangelium beschönigt nichts an der Passion Jesu, nichts an dem Kreuzestod. Krass und hässlich steht er vor Augen. Auch als Tod religiösen Erfahrens. Auf der Ebene des Erzählten ist kein johanneisches Triumph-Gesums unter dem Kreuz zu vernehmen – etwa, dass das Hochliften ans Kreuz bereits ein Erhöhen in die Herrlichkeit Gottes gewesen sei, wie der Johannesevangelist flötet, verliebt in sein Wortspiel mit dem Verb ὑψόω/"erhöhen". Nein, das Kreuz war tiefstes Erniedrigen (wie in Phil 2,7–8), das Erhöhen davon gesondert.

Nur auf der Ebene der LeserInnenrezeption stellt sich an diesem Tiefpunkt ein positiver Aspekt ein: Was der Gekreuzigte wahrnahm und herausschrie, entsprach nicht der Wirklichkeit. Gott war auch da nahe, in diesem Tiefpunkt, diesen als solchen gelten lassend. Gott, obwohl nah, ließ seinen Protagonisten Jesus den Tiefstpunkt vollends erfahren. Anders als im Johannesevangelium.

c) Das führt zur dritten Feststellung, die auf empfindliche theologische Nerven trifft. Auf der RezipientInnenebene ist zu folgern: Die literarische Figur Gott handelt an diesem Tiefpunkt als εἴρων im klassisch griechischen Sinne – als jemand, der sich zeitweilig verstellt, sich als fern gibt, obwohl er nah ist, und das Gegenteil, diese Nähe, dem Protagonisten nicht offenbart. Ironie wird hier nicht als rhetorisches Mittel, sondern als Verhalten greifbar,[11] als von den Griechen *negativ* bewertetes Verhalten. Hier geht es ans theologisch Eingemachte, an die Theodizeefrage, aus der sich nur ein Ausweg eröffnet, wenn nochmals (vgl. b) vor Augen geführt wird, dass in der Markuspassion die Inkarnation bis zur finstersten Konsequenz ausgelotet wird.

---

[11] Vgl. oben bei Anm. 2.

3. Die Ironie im Jüngerbild des Markusevangeliums

Im klassisch griechischen Sinne gebärdet sich auch Petrus als εἴρων, sich verstellend als dem Angeklagten Jesus unbekannt, ihn verleugnend. Als ein εἴρων gebärdet sich Judas, als er Jesus „Meister" nennt und ihm einen Kuss ins Gesicht drückt, nicht um Ehre zu erbieten, gar Liebe zu bezeugen, sondern um auszuliefern (Mk 14,44f). Mit diesen beiden menschlichen Prachtexemplaren der Passionsgeschichte sind wir beim markinischen Jüngerbild angelangt. Da stehen sie, die Heroen des Christseins, die Vorbilder.

Das Markusevangelium will, wie 13,37 die Lesenden anweist, als *inclusive story* rezipiert werden, das heißt, die Jünger dürfen als transparent für die Gemeinde der christlichen Leserinnen und Leser verstanden werden. In der Geschichte Jesu mit den Jüngern darf die Kirche ihren eigenen Weg mit dem Auferstandenen wiederfinden, sich von den Wundern trösten, von Jesu Worten stärken lassen. Der Markustext spricht die Transparenz der Jünger für die Gemeinde an pointierter Stelle, am Schluss der synoptischen Apokalypse, aus: „Was ich aber *euch* sage, das sage ich *allen*". Sinngemäß gilt der Satz für alles, was im Markusevangelium Jesus spricht und tut.

Wie funktioniert das im Einzelnen? Der Text lockt am Anfang die LeserInnengemeinde, sich mit den Jüngern zu identifizieren. Zu Beginn macht die Identifikation mit den Jüngern Spaß. Da sind Jünger, die sich auf diesen Jesus einlassen, alles stehen lassen und ihm folgen auf seinem Weg (Mk 1,16ff; 2,13f; 3,13ff). Vollmacht wird ihnen verliehen zu predigen, gar Dämonen auszutreiben (3,14f). Sie werden zur Familie Jesu erhoben (3,34). Das Lesevergnügen hält bis Kapitel 4 an. Doch dann wird es zum ersten Mal ungemütlich für die sich identifizierenden Lesenden. In Kapitel 4 erfassen die Jünger die Parabeln nicht und bedürfen einer privaten Nachhilfestunde; sie sind begriffsstutzig. Aber die Leserin kann das Glas noch halb voll sehen, denn Jesus hält die Apostel der Sonderinstruktion immerhin für wert. Düsterere Wolken am Himmel des Jüngerbildes dagegen ziehen Ende des vierten Kapitels auf, wenn über dem See sich der Sturm entlädt, der Meister im Heck schläft und die Jünger sich zum ersten Mal schelten lassen müssen „Was seid ihr so furchtsam? Habt ihr noch keinen Glauben?" (Mk 4,40). Was macht der Markusleser an dieser Stelle? Beginnt er, sich aus der Jüngeridentifikation auszuschleichen? Oder lässt er sich vom Text fragen: Vertraue ich in meinen eigenen Schlechtwetterlagen ebenso wenig auf diesen Jesus?

In den folgenden Kapiteln kommt Schlag auf Schlag das, was als markinisches „Jüngerunverständnis" bekannt ist. Bis zur Wasserscheide des Petrusbekenntnisses in Mk 8,27ff irritiert zunächst der Jünger Nicht-Verstehen der Wunderkraft Jesu – wie bereits in der Sturmstillungsgeschichte. Die Jünger erkennen bei allem Nachfolgeeifer noch nicht, dass hier der mit Gotteskraft begabte Messias vor ihnen steht, der Dämonen, Stürmen und Krankheiten zu gebieten vermag. Blind sind sie und deshalb zu Fehlreaktionen fähig, die den Leser irritieren, vielleicht hinterfragen, zuweilen auch amüsieren. Denn *noch* kann die sich identifizierende Leserin beim selbstkritischen Blick in den Jüngerspiegel antworten: Gott sei's gedankt, ich habe verstanden, dass dies der machtvolle Gottessohn-Messias ist, dem Vertrauen geschenkt werden darf. Seit meiner eigenen Taufe ist das mein Glaube, sonst würde ich dieses Markusbuch nicht lesen.

Beobachten wir, was in der Narratio bis Kapitel 8 passiert. Gewaltige Wunder werden aufgefahren: nach der Sturmstillung die Austreibung des furchtbaren Dämons Legion, das Auferwecken der Jairus-Tochter, die beiden Speisungsgeschichten, die zweite Sturmstillung mit dem Seewandel, die lebendige Schilderung des Taubstummenheilens in Kapitel 7. In keinem Abschnitt des Markusbuches häufen sich so viele Wundergeschichten wie in diesem. Zugleich werden die Einzelgeschichten länger, ausführlicher. Diesem Crescendo steht ein Decrescendo im Jüngerbild gegenüber. Die Jünger irritieren die Leserin zunehmend. Auf Jesu Befehl hin, das Volk der 5000 zu speisen, erwägen sie, zum Bäcker zu laufen und für eine Riesensumme von umgerechnet über Tausend Euro Brot zu kaufen. Ein Ausdruck des Nichtvertrauens. Die Jüngerlein verstehen nicht, dass Jesu Auftrag, den Leuten zu essen zu geben, anders gemeint ist: Tatsächlich sollen sie bei der wundersamen Brotvermehrung den Tischdienst übernehmen, wie der weitere Verlauf zeigt (Mk 6,41.43). Doch die Idee des Bedienens anderer liegt ihnen fern, wie auch Kapitel 9 und 10 in grotesker Weise illustrieren werden. Da wollen sie nicht dienen, sondern die Größten sein.

Nach dem wundersamen Erfahren der ersten Speisung wirkt das Verhalten der Jünger bei der zweiten umso erstaunlicher. Auch jetzt, wo sie es besser wissen könnten, fragen die Jüngerlein: Wie kann einer hier in der Wüste all diese Menschen sättigen (8,4)? Das Jüngerunvermögen wird sogar geographisch illustriert: In 6,45 gebietet Jesus ihnen, nach Bethsaida zu fahren. Doch dort anzukommen, gelingt ihnen nicht (6,53). Erst unter Jesu Ägide erreichen sie Bethsaida – viel später, sechs Seiten weiter (8,22). Bei der zweiten Sturmstillungsgeschichte schließlich zeigen sie ihr Unverstehen dadurch, dass sie erschrecken und meinen, da husche ein Gespenst auf sie zu (6,49). Am Schluss des Seewandels (6,52) kommentiert der Evangelist das Verhalten der Jünger: „Sie waren nämlich nicht verständiger geworden bei den Broten, sondern ihr Herz war geronnen." In 7,18 fällt der Tadel: „Begreift auch ihr es nicht?" Und in 8,14–21 widmet Markus dem Jüngerunverständnis bei den Speisungen einen zusammenfassenden Extrapassus.

In 8,29, im Petrusbekenntnis, wird *dieser* Teil des Jüngerunverstehens abgeschlossen. Endlich – nach einer symbolträchtigen Blindenheilung – fällt ihnen wie Schuppen von den Augen: Ja, dieser ist der machtvolle Messias, der von Israel Erwartete. Aber an diesem Scheitelpunkt ist dann kein Ausruhen, kein Atemholen. Sofort wird die qualitativ nächste Stufe des Jünger-Nichtverstehens erklommen. Denn unmittelbar im Anschluss kündigt Jesus an, dass er *als* dieser Messias – entgegen allen Erwartens – ins Leid gehen wird und so alle religiös vorgeprägten Vorstellungen von Messianität in die Krise führen wird, so wie bei Paulus der λόγος ὁ τοῦ σταυροῦ, das „Wort vom Kreuz", die religiösen Vorstellungen der Welt scheitern lässt (1Kor 1,18ff). Prompt versagen die markinischen Jünger auch auf der neuen Stufe ihrer Verstehensaufgabe: Petrus wehrt den Leidensgedanken ungestüm ab und holt sich den nächsten Verbalwatschen: „Hinter mich, du Satan, aus den Augen!" (8,33). Nicht genug, als weiteren Schock weissagt Jesus nicht nur sein *eigenes* Leid, sondern ruft zugleich in die *Leidensnachfolge*: „Wer mein Jünger sein will, der verleugne sich selbst, nehme sein Kreuz auf und folge hinter mir her" (8,34). Das Griechische bietet das Wortspiel von „geh weg *hinter mich*!" / „*hinter mir* folgen"; beide Male heißt es im Griechischen ὀπίσω μου. Folge mir auf dem „Weg" (ὁδός), der als markinische Metapher den Weg in die Jerusalemer Passion bezeichnet. Das ist das zweite Bittere, das der Kreuzesnachfolge, das die Jünger fortan in ihrem Verstehensprozess schlucken sollen und das sie bis zur Auferstehung nicht herunterwürgen werden.

Spätestens hier kann der Leser, der in den Spiegel der Jünger schaut, nicht mehr leichtfertig antworten: Ja, das alles habe ich für mich schon realisiert. Spätestens hier ist die Leserin genauso gefordert wie die Jünger in der Geschichte. Das Evangelium ist unbequem geworden für die hörende Gemeinde.

Festzuhalten ist zweierlei. (1) Das markinische Insistieren auf der Kreuzesexistenz der Jünger in der Nachfolge bedeutet für den markinischen Verstehensbegriff, dass er nicht kognitiv eingeführt ist, sondern die gesamte christliche Existenz umschließt. Diesen Messias begreift nur, wer sich existentiell auf den Weg der Kreuzesnachfolge einlässt – nicht, wer am Wegrand steht, zuschaut und mit Palmen wedelt. Nachfolge greift nach dem ganzen Menschen. (2) Für Markus ist Kirche eine leidensbereite Kirche, wobei Leiden und Kreuz nicht nur Bereitschaft zum Erleiden einschließen, sondern vor allem eine aktive Seite aufweisen (s.u.).

Wie geht es weiter in Markus Narratio des Jüngerversagens? Noch zweimal schlägt Jesus in Kapitel 9 und 10 die Totenglocke an, zum zweiten und dritten Mal seine Passion ankündigend. Jedes Mal reagieren die Jünger grotesk deplatziert: In 9,33ff überlegen sie, wer unter ihnen der Größte sei. Und in 10,35–37 fragen sie nach den besten Plätzen im Himmel. Der Meister geht an den Galgen, die Jüngerlein träumen von Five-Star-Suiten. Schärfer kann der Kontrast nicht gezeichnet werden. Jesus antwortet auf dieses Nein der Jünger zum Leiden wieder mit Leidensaufforderungen, aber dieses Mal konkreter: Kreuzesnachfolge bedeutet nach Mk 9,35–37, der Letzte zu werden wie ein Kind, also Statusverzicht, und nach Mk 10,38–45 bedeutet sie zu dienen – was die Jünger bereits bei der Speisungsgeschichte nicht begriffen hatten (s.o.). Dienen und dabei bereit zu sein, einmal nicht der Erste zu sein, sondern der Letzte, sind für Markus Konkretionen der Kreuzesnachfolge in einer *passio activa*, die mit tätiger Agape in eins fällt, einer Agape, die ein Stück des eigenen Selbst dem anderen hingibt und nur so echt wird. Mk 10,45 endet: „Denn auch der Menschensohn ist nicht gekommen, sich dienen zu lassen, sondern zu dienen und sein Leben zu geben – als Lösegeld für viele."[12]

---

[12] Markus steht in einer Linie mit Paulus, der ebenfalls eine dienende Kirche propagiert – in einer Kreuzesexistenz, die in 1 Korinther 6,7 und 9,6.12.15.18 sich in Rechtsverzicht zugunsten von anderen manifestieren kann, in 1 Korinther 8,9–13 und 10,28–33 in Freiheitsverzicht zugunsten eines Schwächeren, in Philipper 2,3–8 in Statusverzicht, um andere aufzubauen.

Das Jüngerversagen steigert sich weiter. Sie verschlafen buchstäblich einen Teil der Passion. Symbolisch verschließen sie in Gethsemane die Augen vor dem drohenden Leid, versinken in Verdrängen, während im Kontrast dazu zu Beginn der Passion ein Blinder namens Bartimäus seine Augen öffnet und auf dem „Weg" der Passion nachfolgt, wie es in Mk 10,52 heißt. Die Jünger hingegen sträuben sich; in Mk 14,47 gar mit dem Schwert. Aus ihren Reihen kommen Verrat, Verleugnen, Verlassen; sie machen sich aus dem Staub. Das Passionskapitel 15 muss komplett ohne sie auskommen. Eine Jünger-Blamage nach der anderen, kontrastiert von positiven Randfiguren: Nicht nur Bartimäus, auch die Frau, die Jesus salbt, seine Totensalbung vorwegnehmend, lässt sich auf sein Leiden ein – im Gegensatz zu den Jüngern. Dasselbe tun die anderen Frauen, die bis zum Schluss in Jesu Nähe ausharren, statt zu fliehen. Simon von Kyrene trägt wortwörtlich das Kreuz nach, den Todgeweihten entlastend.

Was bleibt? Den Leser bedrängt die Frage, wie er es mit der Identifikation am Schluss halten will, mit dem selbstkritischen Blick in den Jüngerspiegel. Die Jüngertölpel erheitern auf weiten Strecken mit ihrer Dummköpfigkeit; der Leser weiß immer alles besser als sie und kann sich genüsslich über diese literarischen Figuren erheben. Doch zugleich kommt in der Jüngeridentifikation, die am Anfang so bequem war und dann immer ungemütlicher wurde, eine kirchliche Selbstkritik zum Tragen. Mit seinem Jüngerbild hält das Markusevangelium der LeserInnengemeinde einen kritischen Spiegel vor, sie einladend zu prüfen, ob sie genauso versagt wie die Jünger. Für das Markusevangelium ist Kirche eine selbstkritische Kirche, die sich nicht scheut, sich selbst und die sie repräsentierenden Autoritäten, hier die Apostel, zu hinterfragen, zu karikieren, sie in ihrem Unvermögen zu entblößen. Buchstäblich entblößt – splitterfasernackt – rennt ein Jesusnachfolger in 14,52 davon. Da wird nichts beschönigt. Keine Ausflüchte. Auch nicht für die sich identifizierende Leserin.

Worin steckt das ironische Potential des markinischen Jüngerbildes? Diese Jünger sind ja nicht *nur* Tölpel und Versager. Das wissen die RezipientInnen aus der übrigen frühchristlichen Tradition (gespiegelt z.B. in 1 Kor 15,5–7; Gal 2,9), aber auch aus dem Markustext selbst. Am Anfang von Jesus berufen, bevollmächtigt, zu Jesu *familia* erhoben, werden sie am Ende des Evangeliums noch einmal zum Objekt intensiven göttlichen Handelns (16,7; vgl. 14,28; 9,9). Auf das Versagen der Jüngergemeinde antwortet Gott von Neuem, nämlich mit der Auferweckung, das heißt, mit einer neuen Tat der Gnade. Die Jünger werden so zu Exempeln des *sola gratia*. Wie der markinische Jesus sich im Erzählverlauf um das Schärfen der Erkenntnis der stumpfen Jünger bemühte und so seine Anhängergemeinde unverdientermaßen bis in seine Passion durchtrug, so hält Gott nach dem Tod Jesu an diesen Versagern fest. Gott lässt sie nicht fallen, setzt sie vielmehr zu Verkündern des Evangeliums ein.[13] Ein Gnadenhandeln. *Sola gratia*. Unverdient.

---

[13] Aus Mk 16,7; 14,28; 9,9b müssen dies die Lesenden, die sich dieser Verkündigung verdanken, folgern. Hinzu kommen die Prolepsen in der Narratio: Mk 3,14–15 führt das Motiv des Jüngeraussendens vor, und die spätere Heidenmission der Apostel wird im Leben des

In ihrem Gebrochensein, skizziert im markinischen Jüngerbild, dokumentiert Kirche das Gnadenhandeln Gottes. Die versagenden Jünger werden zu Paradigmen des *sola gratia*.

Wo steckt die Ironie? Die menschlichen Heroen der Tradition, die Vorbilder, die Apostelfürsten sind − Nieten. Menschliche Nieten. Karikaturreif. Oder besser anders herum, die ironische Bewegung in umgekehrter Richtung gedacht: Einmal entblößt in einem Bankrott *menschlicher* Qualitäten, wird durch das *sola gratia* das Nichtige zum Wichtigen, zum Vorbild, zum vollmächtigen Apostel. *Gott* ermöglicht die Ironie des Starken im menschlich Schwachen: Das vom Text Erzählte, die Schwäche der Jünger, bleibt im Gedanken der Rezipientin nicht so stehen, sondern wird als Gefäß göttlicher Dynamis vorgestellt. Dies vermag zwar nicht Lachen, jedoch Genugtuung, Heiterkeit, Fröhlichkeit der von χάρις (Gnade) unverdient Gehaltenen zu wirken. In der Identifikation mit den Jüngerfiguren dürfen die Lesenden ihr eigenes Fehlen, ihr Schwachsein in Gottes Gnade aufgehoben sehen und sich von Gott gestärkt wahrnehmen.

Auf der Textebene sind die Jünger schwach und tölpelhaft, auf der Ebene der Rezeption dagegen, die von kleinen Hinweisen wie dem vorletzten Vers des Markusbuches (s. Anm. 13) und von der übrigen frühchristlichen Tradition gesteuert wird, sind die Jünger stark, Apostelgrößen, Sola-Gratia-Größen, aber Größen. Wir mögen dies paradox nennen, setzen aber noch eins drauf und nennen die Paradoxie des Starken im Schwachen „Ironie" im Sinne der Ironiekriterien, die wir anfangs aus antiken Texten erhoben. Ironie liegt deshalb vor, weil durch das *sola gratia* die Schwäche ins Gegenteil gekehrt wird. Die menschliche Schwäche ist uneigentlich, die Stärke eigentlich. Sie soll schlussendlich als wahr gelten nach der ironischen Denkbewegung auf der RezipientInnenebene.

4. Die Ironie im Leben des Gekreuzigten

Dergleichen Ironie gilt nicht nur für das Leben der Jünger, sondern für das des Gekreuzigten selbst. Beispiellos unverfroren und mutig behaupteten in der antiken religiösen Welt die Christusgläubigen, dass ihr Gott am Ort von Ohnmacht, Schande und Ekel, im Kreuzestod eines Verbrechers, Heil für die Menschheit gewirkt habe. Bisher ging die Welt *in rebus religiosis* davon aus, dass eine Gottheit so rettet, dass dabei göttliche Macht und Glorie sich entfalten. Aber Ohnmacht und Schande eines Gottessohnes? Als Heilsmittel? Eine Narretei, wie Paulus zugibt (μωρία); ein Skandal, eine Provokation (σκάνδαλον; 1 Kor 1,23).

Dennoch trat diese Narretei, genannt Evangelium, einen Siegeszug durch die antike Welt an. Was die Welt als μωρία, als Blödsinn, schmähte, polte sich in den Gedanken der Christgläubigen zu Weisheit um, zu göttlicher Dynamis, zu σωτηρία

---

irdischen Jesus bereits verankert − in Gegenwart der Jünger (Mk 7,24−8,10; 13,10; 14,9; 5,18−20; 15,39).

und ἀπολύτρωσις (1Kor 1,21.24f.30). Mit anderen Worten, Heil wurde *sub contrario* ausgesagt und in dieser Form als Freude wirkendes Evangelium, als „Frohbotschaft", in die Welt getragen. Dies war die Ironie urchristlichen Heils. Hier sind wir am ironischen Kern des antiken Christglaubens angelangt. Dass Schandpfahl und Galgen im Narrativ der „Frohbotschaft" gegenteilig zu denken waren und deshalb aufbauten, froh machten, wurde für die glaubenden Leserinnen und Hörer des Narrativs Lebensinhalt.

Die Ironie, Heil *sub contrario* auszusagen, wurde aus historischem Dilemma geboren. Die Jesusbewegung war mit der Hinrichtung ihres Anführers am Galgen gescheitert. Damit hätte alles enden können. Doch Jesusanhänger, allen voran Petrus, erlebten in ihrer Trauer Visionen, in denen sie den toten Jesus als Lebendigen sahen (1 Kor 15, 3ff). Damit setzte eine gigantische Uminterpretation ein – gestützt von der jüdischen Bibel, die auf weiten Strecken als Weissagung auf das Jesusgeschehen gelesen wurde. Wer Tod Jesu sagte, meinte nun Leben. Wer vom Kreuzestod mit seiner Ohnmacht und Schande erzählte, meinte nun Rettung der Menschheit und Sieg Gottes. Wer das Karfreitagstraurige berichtete, gestattete sich und den Zuhörenden, innerlich Freude aufkeimen zu lassen.

Was als kontingentes historisches Ereignis begann, als Scheitern einer prophetischen Bewegung aus dem galiläischen Hinterland, wurde im nachösterlichen Christglauben zum theologischen Prinzip: Gott und sein Wirken präsentieren sich dem Menschen nicht frontal, nicht von Angesicht zu Angesicht – dann würde der Mensch von der Übermacht und Doxa Gottes erdrückt werden und sterben (Ex 33,20). Vielmehr zeigt Gott nur seine Rückseite, wie es Ex 33,23 formuliert; τὰ ὀπίσω μου heißt es in der LXX. Da begegnet es wieder, das ὀπίσω μου, mit dem Mk 8,33–34 wortspielerisch umging (s.o.): Die Jünger sollen dort sich so positionieren, dass sie ihren Blick auf die Rückseite Jesu richten und ihm *so* nachfolgen. Diese Rückseite wird wenige Kapitel später das Kreuz tragen. Die Vorderseite von Doxa und Dynamis in der Auferweckung werden die Jünger erst später sehen. Zunächst erscheinen Doxa und Dynamis *sub contrario*, in Schande und Ohnmacht.

Dass der allmächtige Gott sich in einem ohnmächtigen Menschen zeigt, in einem Gekreuzigten, in einem Kind im Futtertrog des Viehstalls – das war eine Botschaft für Esel, die die Dissonanz des Paradoxen nicht störte. Das Starke sei im Schwachen zugänglich? Gottes Heilschaffen im Unheil eines Kreuzes, im Gestank eines Stalles? Und nur da zu finden? Was für ein Blödsinn (1 Kor 1,23). Gott sei verborgen in dem Schwachen? Und dann dort sichtbar, greifbar, *be*greifbar? Das war die Zumutung des Evangeliums, die verstörende Zumutung, die Freudenbotschaft sein sollte.

Im Jahr 2018 jährte sich zum 500. Mal die Heidelberger Disputation, die Martin Luther im Hörsaal der Freien Künste der Heidelberger Universität bestritt,[14] am 26. April 1518. Er verteidigte vor stirnrunzelnden Theologieprofessoren, aber begeisterungsfähigen Studenten 28 Thesen, die seine Kreuzestheologie entfalteten. Ein paar Sätze seien wiedergegeben, die Luther den skeptischen Theologen

---

[14] WA 1,353–374.

ins gerunzelte Gesicht schleuderte: Nur „der [verdient ein rechter Theologe genannt zu werden], der das, was von Gottes Wesen [...] der Welt zugewandt ist, als in Leiden und Kreuz sichtbar gemacht begreift".[15] Der Disputant Luther spitzte zu: Gott kann nur dort, „nur in den Beschwernissen und im Kreuz gefunden werden" (*Deum non inveniri nisi in passionibus et cruce*).[16] Er ist der „in Leiden verborgene Gott" (*Deus absconditus in passionibus*).[17]

Im Unscheinbaren verborgen. Im kleinen Volk am Rande des Römerreichs, im Hinterhof auf dem Richtplatz. Gott verborgen beziehungsweise sichtbar *sub contrario* – will sagen, im Gegenteil von dem, was sonst mit Gott verbunden wird, im Gegenteil von Glorie, Kraft, Weisheit. Stattdessen Narretei paradoxer Botschaft – die die Welt veränderte.

Überlegen wir einen Augenblick, was dieses – ironische – Zusammendenken von Gegensätzen anzustellen vermag, diese Mehrperspektivität. Was macht es mit einer Kultur, wenn sie lernt, im Schwachen, Unscheinbaren, im Stallkind und im grausam Hingerichteten *Gott* zu entdecken? Ethisch bedeutete dies, im Gesicht des Hilflosen, des Kranken das menschliche Angesicht Gottes zu schauen, und das hieß, das geschundene Antlitz des Christus Jesus, wie Matthäus 25 festhielt. Es bedeutete, am Krankenbett Christus zu begegnen, selbst dem dementen Patienten Würde zuzusprechen, dem Obdachlosen, der Geflüchteten. Wer Menschen liebt, und seien sie hässlich, blickt Gott ins Gesicht. Wir spüren, wie sehr die Denkart des *sub contrario* den schwachen Menschen aufwertete, ihm Würde zusprach. Wer dies verinnerlichte, kann nicht mehr die Schwachen als „Loser" verhöhnen, wie die vielen neuen Ellenbogenmenschen dies tun, allen voran ein gewisser Präsident.

Das Denken des *sub contrario* bewirkte darüber hinaus ein Zweites. Nicht nur änderte der Blick auf das Schwache sich. Es änderte sich umgekehrt der Blick auf Gott. Herkömmliche Gottesbilder wurden umgeworfen (z.B. 1 Kor 1,18ff). Der Allmächtige thronte nicht nur abseits in jenseitigen Himmeln, von Macht und Doxa umgeben, unnahbar, ein höchstes Sein. Nein, Gott wurde als auch nahe gedacht (z.B. Matthäus 10,29–31). Der ferne Souverän nahe in einem Menschen, der Immanuel hieß, Gott-mit-uns, und dem das Versprechen in den Mund gelegt wurde: „Siehe, ich bin bei euch alle Tage bis an der Welt Ende" (Matthäus 28,20). Der Inkarnierte thront nicht; er hängt an einem Kreuz – an der Seite anderer Menschen. Gott – ein Immanuel in geschundener Welt.

Ein Drittes und Letztes ergibt sich aus dem Denken *sub contrario*. Luther verband in der Heidelberger Disputation seine Kreuzestheologie mit seiner Rechtfertigungslehre. Will sagen, Gott nimmt einen Menschen nicht deshalb an, weil dieser schrecklich fromm ist und eine weiße Weste vorweist. Gott nimmt einen Menschen einzig deshalb an, weil er ihn als sein Geschöpf – ohne weiteres – liebt, obgleich dieser Mensch nichts vorzuweisen hat, mit leeren Händen vor ihm steht,

---

[15] WA 1,362 (in These 20).
[16] WA 1,362 (in These 21).
[17] Ebd.

stattdessen Ballast auf dem Buckel schleppt. Luther in dem Heidelberger Hörsaal:[18] „Menschliche Liebe entsteht an dem, was sie als liebenswert vorfindet" (*Amor hominis fit a suo diligibile);* „Gottes Liebe findet nicht vor, sondern schafft sich, was sie liebt" (*Amor Dei non invenit, sed creat suum diligibile*). Sie „liebt, was [...] schlecht, töricht, schwach ist, um es [...] gut, einsichtig, robust zu machen" (*diligit [...] malos, stultos, infirmos, ut fiat [...] bonos, sapientes, robustos*). Sie „verströmt sich" (*effluit*), sich dorthin wendend, „wo sie Gutes dem Schlechten und Bedürftigen austeilt" (*ubi bonum conferat malo et egeno*). Entsprechend formulierte Luther steil: „Die Sünder sind schön, weil sie geliebt werden; nicht weil sie schön sind, werden sie geliebt" (*Ideo enim peccatores sunt pulchri, quia diliguntur, non ideo diliguntur, quia sunt pulchri.*) Für den Reformator bedeutete diese Erkenntnis ein Befreien von religiösem Druck. Gott schenkt in leere Hände, in ängstliche Herzen, Gott kommt unverdient nah. Das *Do-ut-des*-Prinzip zerbrach an dieser Stelle.

5. Die Ironie im Leben des Paulus

Nach der Ironie im Jüngerbild des Markus und im Christusbild möge am Schluss die Ironie im Paulusbild, wie es in seinen Briefen entgegentritt, in den Lichtkegel rücken. Wie im Markusevangelium Jesus sich ein schwächelndes Jüngerteam auswählte und sich zu Marginalisierten, zu den proverbialen „Sündern und Zöllnern" an den Tisch setzte (Mk 2,15), so wählte der Auferstandene sich den unwürdigen Paulus aus (οὐκ ἱκανός, wie dieser selbst sich sah; 1 Kor 15,9): einen Christenverfolger, eine unreife „Missgeburt", Schlusslicht der Apostel (1 Kor 15,8–9). Es bestätigt sich hier ein Grundmuster christlicher Soteriologie: Gott erwählt das Marginalisierte, das Schwache, um seine eigene Stärke zu entfalten (1 Kor 1,26–29; 2 Kor 12,9). Wo menschliches Sich-Hochrecken Raum greift, hat Gottes Dynamis dagegen weniger Platz.[19]

Bei Paulus begegnet dieses Grundmuster auf Schritt und Tritt in seiner Kreuzestheologie, angefangen bei 1 Kor 1,26ff. Ebenso in seiner Rechtfertigungslehre als Kehrseite seiner Kreuzestheologie. Aus der Hand geschlagen wird den Menschen, was sie Gott mit καύχησις, in Selbstruhm, entgegenstrecken könnten (vgl. o. zum *sola gratia*). Gerettet wird das die Rettung nicht Verdienende, ausgewählt das Nicht-Erwählenswerte.

Wir sahen Quintilians Einschätzung, dass ein ganzes Leben Ironie enthalten könne, etwa wenn Sokrates nach außen hin als „Unwissender" aufzutreten pflegte und als „Bewunderer anderer vermeintlich Weiser" (*Inst.* 9.2.46), während er in

---

[18] WA 1,365 (in These 28).
[19] Aus ethischer Perspektive gesehen, bedeutet dieses Grundmuster: Mittels der Theologie gelang es dem nicht-privilegierten, gesellschaftlich marginalen Urchristentum, die eigene Schwächeposition als positiv zu begreifen – als Ort, an dem es meinte, den Allmächtigen als besonders wirksam zu erkennen, wirksamer als bei den gesellschaftlich Privilegierten.

Wahrheit philosophisch nach ἀλήθεια suchte. Leben als Ironie traf ebenso auf die markinischen Jüngerfiguren zu: Nieten waren sie menschlich und nach außen hin – und dennoch ausgewählt zum ersten Evangeliumsapostolat. Leben als Ironie traf auf die Vita Jesu zu, eines leidenden Menschen, hingerichtet als Verbrecher – dennoch Gottessohn und Menschheitsretter. Es traf auf die Vita des Paulus zu. Nach außen hin als ehemaliger Christenverfolger eine unreife Missgeburt (1 Kor 15,8) – dennoch Heidenapostel. Nach außen hin waren er und seine Mitarbeitenden, wie er selbst es in 1 Kor 4,9–13 beschreibt, „Kehricht der Welt", „wie Todgeweihte" „auf den letzten Plätzen" der Gesellschaft stehend, als „Narren" ein „Spektakel" bietend für die Nichtglaubenden, „verachtet", „beschimpft", „hungernd", „lumpig gekleidet", „heimatlos" – und gerade so, als zerbrechliches menschliches Gefäß, Träger göttlicher Dynamis (2 Kor 4,7), die nicht verzweifeln (4,8), sondern jeden Tag mit neuer Kraft versehen werden (4,16), so dass sie die, die ihnen zusetzen, segnen können (1 Kor 4,12). Die paulinischen Peristasenkataloge in zum Beispiel 1 Kor 4 und 2 Kor 4 drücken die Ironie des apostolischen Schicksals besonders deutlich aus. 2 Kor 4,10 gipfelt in der Aussage: „Wir tragen dauernd das Todesleiden Jesu an unserem Leibe herum, damit auch das Leben Jesu an unserem Leib sichtbar wird." Damit partizipieren die Apostel an der ironischen Existenz des Menschen-Gottessohns Jesus. Nach außen hin vom Tod gezeichnet – doch tatsächlich in der Fülle des Lebens stehend und deshalb (so Phil 1,18fin.25fin; 4,1.4) von Freude und Heiterkeit durchglüht – trotz apostolischen Stresses (Phil 1,17.23).

Die ironische apostolische Existenz bringen die Persistasenkataloge 1 Kor 4 und 2 Kor 4 rhetorisch besonders raffiniert zur Sprache, indem sie mit einer doppelten Ironie spielen. Einerseits macht sich Paulus über die Korinther lustig, die, pneumatisch-enthusiastisch bewegt, sich vollkommen dünken in ihrem Christsein. Er höhnt, ihre Position ironisch nachäffend: Ihr seid schon satt, schon reich geworden, schon zur Herrschaft gelangt (1 Kor 4,8a). Er sticht dann in diese Blase: O, wäre es doch nur so, dass ihr zur Herrschaft gelangt wäret, dann könnten auch wir, die wir euch zu Christus überhaupt erst geführt haben, mit euch zusammen herrschen (1 Kor 4,8b). Vers 4,8b flaggt 4,8a als ironisch aus. Im Klartext: Mitnichten seid ihr vollkommen und zur Mitherrschaft mit Christus aufgestiegen. Denn selbst ich, euer Apostel, bin es nicht, der ich als Evangelist Kehricht der Welt bin.

Doch just als dieser Kehricht bin ich Gefäß göttlicher Kraft (2 Kor 4,7) – als weitere ironische Umkehrung. Sie impliziert: Auch ihr Korinther könntet Gefäße der Dynamis Gottes sein, wenn ihr euch demütiger gebärden würdet, zu eurer Leere stehen würdet, das heißt, euch nicht aufplustern würdet wie in den Parteiungen (1 Kor 1–4), sondern statt eigener Selbsterhöhungsversuche (vgl. 4,8a) dazu stehen würdet, dass wir einerseits von der Welt verachtet werden und andererseits (2 Kor 4,7fin) auch vor Gott aus eigener Kraft nichts vorzuweisen haben.

Auch in der Narrenrede von 2 Kor 11,(5–12.)17–12,13 bedient sich Paulus der Ironie. Er zählt dort seine menschlichen Verdienste auf, die ihn vor den nach

Korinth eingedrungenen Gegnern auszeichnen, welche er ironisch als Superapostel tituliert. Doch dann setzt er um diese selbstrühmende Rede eine Klammer und behauptet: So redet ein Narr. Denn apostolische Stärke wurzelt nicht in eigenen Qualitäten. So denkt nur der Narr, so denkt aber auch ihr Korinther, wenn ihr den Superaposteln nachlauft. Apostolische Stärke wurzelt allein in Gottes Dynamis. Das bedeutet, das in der Klammer Aufgezählte ist als ironische Rede intendiert: Es stellt nicht ein Positivsaldo dar, sondern ein Nichts, sogar ein Nocens (vgl. Phil 3,7f), es ist – sit venia verbo – „Scheiße", eine Obszönität, die Paulus in diesem Zusammenhang sich erlaubt (σκύβαλα Phil 3,8). Wieder wird das Leersein vor Gott als wahre Haltung propagiert, die Gottes Dynamis erlaubt, Raum zu greifen.

Ziehen wir einen Schlussstrich. Zur Grundstruktur des Christglaubens gehört, dass er sich nicht mit allem Vordergründigen in der Empirie zufriedengibt, nicht alles stehenlassen, sondern überraschend zuweilen das Gegenteilige (oder zumindest Andere[20]) als wahr gelten lassen will. Dieses Grundmotiv treibt auch die christlichen Eschatologien an, die zu den De-facto-Verhältnissen Denkalternativen anbieten. Das Grundmotiv, zuweilen das Gegenteil vom empirisch Vordergründigen als das Eigentliche gelten lassen zu wollen, lässt sich deuten als Strategie zum Bewältigen der Existenzhärte, als sinnstiftende *coping strategy* für den Umgang mit dem Absurden der Existenz, als ein humorvolles, sprich Heiterkeit beinhaltendes Distanzhalten zum in der Empirie auf uns Einstürmenden. Es ist ein Distanzhalten, das Alternativen zum Empirischen zu denken bereit ist und deshalb auch soziale und politische Sprengkraft besitzt.

Die ironische Grundstruktur des Christglaubens lässt nicht lauthals loslachen, nein, aber sie schafft Gelassenheit in absurder Welt, setzt einen heiteren Grundton und sichert ein Stück Distanz zum Bedrängenden der Welt. Auch dies ist Humor. Und zwar ein Humor, der konstitutiv für den Christglauben ist, nicht ein Geplänkel am Rande des Religiösen. Er ist Teil einer Lebenskunst, die Paulus, der selbsternannte „Narr" in zerlumpter Tunika (vgl. 1 Kor 4,10f), in kreuzesexistentieller Christusmimesis verkörperte, was ihn von den Kynikern abhob. Für ihn gab die kenotische und mimetische Identifikation mit dem gekreuzigten Christus Raum für δύναμις, nicht eine menschliche, sondern eine göttliche, und eröffnete so eine Hoffnungsperspektive.

---

[20] Vgl. oben zur Ironie als dissimilatio CICERO, De oratore, 2. 268.

Manfred Oeming

Crux causa homoris?
„Humorneutik" der Passionserzählung des Johannes

1. Ironie und Humor

Die Funktionsweisen der johanneischen *Ironie* sind in der Forschung schon vielfach untersucht worden, vor allem das Motiv des Jüngermissverständnisses.[1] Ich frage hier aber nach *Humor*,[2] was mehr und anderes umfasst als nur Ironie.[3] Humor hat eine fundamentale systematisch-theologische Bedeutung.[4] Es gehört zum Wesen des Glaubens, aus den Ängsten und Zwängen der Welt herauszulösen und

---

[1] „Im JohEv finden sich überraschend oft ironische Verkehrungen und Rollenwechsel, die der Evangelist aus christologischem und mystagogischem Interesse einsetzt. Die abgründige Tiefe vieler joh Streit- und Begegnungserzählungen erschließt sich erst, wenn dieses joh Stilmittel erkannt ist." (SCHOLTISSEK, Ironie und Rollenwechsel im Johannesevangelium, 240). Zur bisherigen Erforschung der Ironie im Johannesevangelium vgl. CLAVIER, L'ironie dans le quatrieme Evangile, 261-276; WEAD, The Literary Devices in John's Gospel, 47-68; DERS., Johannine Irony as a Key to the Author, 33-50; DUKE, Irony in the Fourth Gospel (die einzige monographische Abhandlung); BOTHA, The Case of Johannine Irony Reopened I, 209-220; DIES., The Case of Johannine Irony Reopened II, 221-232; CULPEPPER, Reading Johannine Irony, 193-207; ITO, Johannine Irony Demonstrated in John 9, Part I, 361-371; DERS., Johannine Irony Demonstrated in John 9, Part II, 373-387; BURNS, Like Father, Like Son, 27-43.

[2] Vgl. die umfangreiche Sammlung von BEDNARZ, Humor in the Gospels.

[3] Vgl. die Einleitung von Oeming/Lienhard in diesem Band. CULPEPPER, Reading Johannine Irony, 197: „John's use of irony is 'testimony to a unique vision of the Christ-event,' a vision that 'has perceived in the Christ-event itself something fundamentally ironic' arising from the life and death of Jesus of Nazareth. Consequently 'If John punctuates his witness to Jesus with an occasional wink or grin or tear, if he now and then falls into awesome silence, it is ultimately because there is no better way to tell his story.' For Paul Duke, therefore, John's irony is constructed both on the historical tradition of Jesus' ministry and on the dramatic form of the Greek tragedians."

[4] Vgl. die Ansätze bei THIEDE, Das verheißene Lachen; DIRNBECK, Gott lacht (angefangen bei Adam und Eva bis hin zum Letzten Gericht wird die gesamte christliche Theologie über das Medium ‚Witz' neu erdacht. Das Buch schafft einen fröhlichen Zugang zur Theologie).

die Fähigkeit zu schenken, lachen zu können oder zu müssen. Das Ziel der nachfolgenden Untersuchung ist es, die Frage zu klären, ob und in welchem Umfang dies sogar (und wahrscheinlich gerade!) für die Passionsgeschichte gilt. Es soll analysiert werden, ob und wie in Joh 18 bis 19 – eventuell im Unterschied zu den synoptischen Passionsgeschichten[5] – *Humor* eine sinntragende Rolle spielt.[6]

Freilich passt eine solche Frage gar nicht zum allgemeinen Urteil und sie bedarf als erstes einleitender Begründungen, denn sonst wirkt schon die Frage geradezu blasphemisch. Kann es in der Passionserzählung Humor geben? Gibt es einen spezifischen „biblischer Humor"? Um Wiederholungen zu vermeiden, möchte ich hier nur nachdrücklich auf Überlegungen verweisen, die Fritz Lienhard und ich in unserem geneinsamen Vorwort zur Diskussion gestellt haben. In der Kirche gab es nur einen Ort, an welchem das Lachen mit Gott und Jesus angemessen verbunden war – die Osternacht. Die Erzählung von der Auferstehung Jesu und von seinem Sieg über den Tod evozierte die Tradition des *Osterlachens (risus paschalis)*. Der Sieg über den Tod sollte den Menschen durch das Lachen sinnlich erfahrbar gemacht werden. Durch das Mittelalter hindurch entlockten die Prediger den Gemeinden angesichts von Gottes Sieg über den Tod – mit teilweise anstößiger Pantomime und zweideutigen Geschichten – ein lautes Lachen. Mit dem Beginn des Protestantismus aber wurde diese Tradition kritisiert. Der Reformator Oekolampad in Basel und auch Martin Luther wetterten dagegen.[7] Diese Polemik kann als Beispiel für die generelle Einstellung der protestantischen Kirche zu Humor und Komik gelten. Für die Bibellektüre wurde der Humor sehr selten als theologisch legitim dargestellt. Aber muss man das Dogma nicht historisch-kritisch an dem Befund überprüfen, den die Texte selbst nahelegen? Wissenschaftliche Interpretation muss alle Sinndimensionen von Texten ausloten. Gehört ein *sensus humoricus* nicht dazu, wenn er sich aufweisen lässt? Die Passionsgeschichte ist als Theaterstück voller Komik deutbar. Aber nur auf einer höheren Ebene. Brian Larsen bietet eine Analyse von Tragödie, Satire und Komödie, die

---

[5] Vgl. allerdings zu den Synoptikern BEDNARZ, Humor-Neutics.

[6] MARRIN, Did Jesus Have a Sense of Humor?, 68–73, bietet einen kurzen Artikel mit einigen interessanten Statistiken über „Gospel-Humor". Er weist darauf hin, dass es fünfhundert Fälle von Wortspielen in der hebräischen Bibel und zweihundert Fälle von Wortspielen im Neuen Testament gibt. Mit ihren Elementen Umkehrung, Paradoxie, Inkongruenz, Überraschung, komische Situationen und komische Figuren haben etwa vierundvierzig Gleichnisse in den Synoptischen Evangelien das Potenzial für Humor. Als Beispiel diskutiert Marrin das komische Element im Gleichnis vom Senfkorn (Mk 4,30–32), wo die Herrschaft Gottes mit dem Wachsen von Unkraut und der Invasion durch Vögel dargestellt wird. Er erklärt, dass das Gleichnis von der Senfpflanze tatsächlich die große Zeder des Libanon parodiert (Ez 17,23; Dan 4,7–18). Er betrachtet als ein weiteres Beispiel für den Humor Jesu das Gleichnis vom barmherzigen Samariter (Lk 10,25–37): Der verhasste Samariter wird zum Überraschungsheld.

[7] Vgl. SCHUSTER, Das Osterlachen. Diese Studie zeigt, dass die Sitte des Osterlachens doch nicht auf die Alte Kirche zurückgeht, wie oft angenommen wird, sondern auf eine Sitte in Süddeutschland im späten Mittelalter [Dank für diesen Hinweis an Theodora Yde Harbsmeier].

durch die Figuren von Jesus, Pontius Pilatus, Thomas und Petrus ausgedrückt wird.[8] Er schreibt: „damit Erlösung wirklich verstanden werden kann, müssen auch die komischen Aspekte des christlichen Glaubens, Tragödie und was Tragödie ausdrückt, vollständig berücksichtigt werden."[9] Dabei untersucht Larsen Pilatus als tragische Figur in einem dreiseitigen Ansatz, der Aristoteles' Poetik sowie alternative Ansichten verwendet: erstens, die Auswirkungen der Tragödie auf das Publikum, insbesondere bei der Katharsis von Angst und Mitleid; zweitens die wiederkehrenden tragischen Themen (wie Hamartia und Hybris oder moralisches Versagen und tragischer Fehler) im Text selbst; und drittens, die tiefen strukturellen Grundlagen, die Tragödie ermöglichen (die Probleme, die dem menschlichen Zustand innewohnen). Larsen stellt sich Pilatus als einen dynamischen Charakter vor, der in einem Dilemma zwischen dem, was richtig und was zweckmäßig ist, kämpft. Er zeigt, wie der Konflikt zwischen positiven Werten zu Verwirrung, Leid und möglicher Zerstörung führt. Ironie wird als eine Art von Wahrnehmung und Denken dargestellt, die als positiv, zweideutig oder negativ klassifiziert werden kann. Larsen schreibt, „[i]rony verlässt sich auf potenzielle oder anerkannte Konflikte des Verständnisses".[10] Die Verwendung von Ironie ist ein etabliertes Merkmal des Evangeliums, aber wie Larsen bemerkt, „Ironie ist ein rutschiges Konzept, schwer oder unmöglich zu erfassen und doch ein wichtiger Aspekt jedes anspruchsvollen Diskurses".[11] Ironie wird oft als „das Eine sagen und das Andere bedeuten" beschrieben, doch sie wird besser verstanden als die gegensätzliche Spannung zwischen einer oberflächlichen Interpretation und einer verpassten, tieferen Dimension der Wahrheit. Ironische Geräte nutzen figurative Sprache und symbolische Erzählweise. Positive Ironie bestätigt ein Ideal; zweideutige Ironie betont Ambiguität und Naivität; und negative Ironie ist absurd in ihrer Bewunderung oder Abscheu. Larsen stellt fest, dass die Ironie des Vierten Evangeliums durch ein wiederkehrendes Motiv – das in Thomas veranschaulicht wird – auftritt: Ein Bild oder Zeichen wird zuerst missverstanden, anschließend folgt ein Kampf um das Verständnis, dann die Errungenschaft oder Bewegung weg vom Verständnis, welches in einem Bekenntnis oder einer Ablehnung des Glaubens endet.

Schon während der Passion wird im Joh offenkundig, was in der Osterliturgie der *risus paschalis*, das Osterlachen, deutlich macht: Christus ist König, er allein; darum kann man über die finsteren Mächte, die weltlichen Herrscher, die religiösen Funktionäre, über den Tod und den Teufel lachen. ChristInnen können deswegen humorvoll über den Glauben reden und ihn auf diese Weise anderen Menschen näherbringen. Denn Christus hat den Tod besiegt, und wie die Liebe Raum und Zeit sprengt, wie sie mit Leichtigkeit über den Tod hinaus Bestand hat, so ist

---

[8] LARSEN, Archetypes and the Fourth Gospel.
[9] A.a.O., 68.
[10] A.a.O., 135.
[11] A.a.O., 14.

auch der Glaube an einen guten Gott weit mehr als ein nur vernünftiges Unternehmen, das philosophisch einen Gott fordert, damit der Sinn einen Sinn hat und die Moral ein vernünftiges Fundament.

2. Die Passionserzählung im Johannesevangelium als Beispiel für neutestamentlichen Humor?

Das Johannesevangelium im Ganzen bietet im Vergleich zu den Synoptikern durchgängig sowohl einen abweichenden Handlungsaufriss als auch weitgehend anderes Spruchgut. In der Passionsgeschichte aber (und in wenigen weiteren Passagen) folgen alle vier Evangelien einer gemeinsamen, wohl recht fest geprägten Handlungssequenz:

> Der Todesbeschluss (Joh 11,45–54)
> Gefangennahme Jesu (Joh 18,1–11)
> Die Verhöre vor den jüdischen Autoritäten (Joh 18,12–27)
> Das Verhör vor Pilatus (Joh 18,28–19,16a)
> Kreuzigung, Tod und Grablegung Jesu (19,16b–42)

Die Johannespassion folgt diesem synoptischen Handlungsgerüst, setzt jedoch durch Sondergut andere Gewichte. Dieses Sondergut zu verstehen, ist das Ziel der folgenden Überlegungen. Dabei können nicht alle Spezifika des Johannes erörtert werden. Ich wähle als besonders signifikante Beispiele vier Textabschnitte aus:

> 18,2–9: die Verhaftung in Gethsemane;

> 18,36–38: das Verhör des Pilatus mit einem Gespräch über das Königtum Jesu;

> 19,20–22 Der Streit zwischen den Juden und Pilatus um die Kreuzesinschrift;

> 19,30 Kreuzeswort Jesu bei Johannes: „Es ist vollbracht".

2.1 Die „Selbstgefangennahme" Jesu[12]

> ²Judas aber, der ihn verriet, kannte den Ort auch, denn Jesus versammelte sich oft dort mit seinen Jüngern.

---

[12] ZUMSTEIN, Das Johannesevangelium, 663-672.

³ Als nun Judas die Schar der Soldaten mit sich genommen hatte und Knechte von den Hohenpriestern und Pharisäern, kommt er dahin mit Fackeln, Lampen und mit Waffen.

⁴ Da nun Jesus alles wusste, was ihm begegnen sollte, ging er hinaus (Ἰησοῦς οὖν εἰδὼς πάντα τὰ ἐρχόμενα ἐπ᾽ αὐτὸν ἐξῆλθεν καὶ λέγει αὐτοῖς) und sprach zu ihnen: Wen sucht ihr?

⁵ Sie antworteten ihm: Jesus von Nazareth. Er spricht zu ihnen: *Ich bin's!* (ἐγώ εἰμι) Judas aber, der ihn verriet, stand auch bei ihnen (herum).

⁶ Als nun Jesus zu ihnen sagte: Ich bin's! (ἐγώ εἰμι), wichen sie zurück und fielen zu Boden.

⁷ Da fragte er sie abermals: Wen sucht ihr? Sie aber sprachen: Jesus von Nazareth.

⁸ Jesus antwortete: Ich habe euch gesagt: ich bin's (ἐγώ εἰμι). Sucht ihr mich, so lasst diese gehen!

⁹ Damit sollte das Wort erfüllt werden, das er gesagt hatte: Ich habe keinen von denen verloren, die du mir gegeben hast. (Joh 18,2–9)

Die Festnahme Jesu im Garten Gethsemane wird von Johannes im Vergleich zu den Synoptikern stark variiert. Die johanneische Erzählung betont die Aktivität Jesu: V. 4a geht Jesus selbsttätig hinaus, dem römischen Kommando entgegen. Vv. 4b-5 fragt er die Mitglieder des Trupps und gibt sich dreimal zu erkennen. Vv. 7–8a fragt er erneut und gibt sich wieder zu erkennen. Vv. 8b–9 befiehlt er die Verschonung der Seinen. V. 11 verwehrt er Petrus den Schwertstreich, d.h. er lässt keine vermeintlichen Rettungsaktionen von Seiten der Jünger zu. Wie töricht wäre doch solch ein Handeln, das Jesus von seinem selbst gewählten Weg abbringen will. Das Geschehen ist mit dem Weissagungs-Erfüllungs-Gedanken durchzogen, der zweimal ausgesprochen wird. Jesus übernimmt hier ganz und gar selbst die Initiative; er ist es, der die fackel- und waffenbewehrte Kohorte der römischen Soldaten und der Knechte der Hohepriester zweimal nach dem Ziel der Suche befragt. Und er gibt sich dreimal selbst zu erkennen: Die Verhaftung ist gar keine Verhaftung mehr, der Verrat ist kein Verrat mehr. Judas ist komplett überflüssig geworden. Jesus befragt die Soldaten, nicht umgekehrt; d.h. er übernimmt die Regie. Es braucht keinen Judas, der ihn verrät, Jesus verrät sich dreimal selbst. Der Verrat wird komplett zur Selbstoffenbarung umstilisiert: Das dreifache ἐγώ εἰμι wird von vielen ExegetInnen als Verweis auf Ex 3,14 genommen: Jesus offenbart sein Gott-Sein. Das mag so sein; sicher schwingt aber auch eine subtile Bezugnahme auf die Verleugnung Jesu durch Petrus mit (Joh 18,17: „ich bin's nicht" [οὐκ εἰμί]).[13] Alles gilt vielmehr als souveräne Erfüllung seiner Prophetie. Jesus ist

---

[13] SEVRIN, Ego eimi/ouk eimi, 347–355.

nicht mehr das Opfer, das sich nach schwerem Gebetskampf in das unvermeidbare Schicksal ergeben hat und das im Garten Gethsemane Blutstropfen der Angst geschwitzt hat (καὶ ἐγένετο ὁ ἱδρὼς αὐτοῦ ὡσεὶ θρόμβοι αἵματος, Lk 22,44), sondern Jesus erscheint als der allwissende Herr des Geschehens. Der johanneische Jesus vertauscht die Rollen. Jesus wird nicht abgeführt, sondern er schreitet wie ein Anführer hinaus (ἐξῆλθεν). Diesen überraschenden Rollentausch kann man, ja muss man, als eine Form des Humors lesen.

Gethsemane ist ein Ort der Hoheits-Christologie. Man kann sich die tiefgreifende Differenz von Johannes gegenüber den Synoptikern sehr gut optisch veranschaulichen. Die klassischen Bilder zeichnen Jesus im Sinne der Synoptiker als Opfer, so z.B. auch Merian 1625:[14]

Abbildung 1: Merian, Gefangennahme Jesu.

Wie anders ist das Bild bei Johannes, wie es z.B. James Tissot gemalt hat.[15] Jesus steht frei in der Mitte, in ein weißes Gewand gehüllt, unantastbar, wie ein wandelnder Gott. Die Häscher weichen in Angst vor dem Heiligen zurück und stürzen zu Boden. *Die Verhaftung wird zur Epiphanie der Macht Gottes.*[16]

---

[14] Copyright bei akg-images Berlin erworben.
[15] James Tissot, Französischer Maler (1836–1902), aus der Bilderserie La Vie de Notre-Seigneur Jésus-Christ, Deckende Aquarellfarbe über Graphit auf grauem Velinpapier, Brooklyn-Museum, New York, Inventarnummer 00.159.236. https://www.brooklynmuseum.org/opencollection/objects/>13478 (Stand: 30.12.2020).
[16] SABBE, The Arrest of Jesus in Jn 18,1–11, 355–388. SCHEFFLER, Jesus' non-violence at his arrest, 312–326. Zur künstlerischen Bearbeitung vgl. BAUMGARTH-DOHMEN, Die Gefangennahme Christi, 72–75.

Abbildung 2: James Tissot, Les Gardes Tombant à la renverse/The Guards Falling Back.

Das ist es, was ich mit „Humor" in der Johannespassion meine. Die scheinbar Mächtigen werden als ohnmächtig entlarvt. Die Kräfteverhältnisse werden auf den Kopf gestellt. Im Lichte der johanneischen Narration verlieren die synoptischen Darstellungen ihren Schrecken; sie werden sogar als Irrtum entlarvt.

2.2 Das Gespräch Jesu mit Pilatus

Während Jesus nach den Synoptikern beim Prozess vor Pilatus im Wesentlichen nur schweigt, entspinnt sich nach Johannes eine längere Sequenz von Dialogen, wobei die Orte der Unterhaltungen streng voneinander abgetrennt sind, weil die Juden Passa feiern wollen und sich nicht verunreinigen dürfen. Die Szenenwechsel zwischen Innen und Außen markieren die Unveränderlichkeit der Standpunkte und Rollen. Pilatus ist der Einzige, der in jeder Szene präsent ist; er muss hin und her und her und hin laufen.

Die neuere Forschung ist sich darin einig, dass Johannes das Verhör vor Pilatus intensiv umgearbeitet und insgesamt komplett umgestaltet hat. Einige Umstellungen und längere Einführungen führen dazu, dass „eine dramatische Szenenfolge, die zu den eindrücklichsten Stücken dieser Art" gehört, entstand.[17] Die Einheit des Ortes in der Residenz des Pilatus (Prätorium) und die Einheit der Zeit sind durch den Vorabend des Passatages, des „Rüsttages" bis zur Mittagszeit, gegeben. Die handelnden Personen sind der Hohepriester (18,12.36.38; 19,7.12.14)

---

[17] BECKER, J., Das Evangelium nach Johannes, 661.

und Juden (18,6.35;19,15), Jesus und Pilatus. Man kann sieben Szenen unterscheiden:

1. Szene (Joh 18,29–32) Pilatus und die Juden (=> Auslieferung Jesu)

2. Szene (Joh 18,33–38a) Pilatus und Jesus (Erstes Verhör; Thema: das Reich Jesu und die Wahrheit)

3. Szene (Joh 18,38b–40) Pilatus und die Juden (Freilassung Jesu scheitert, stattdessen Amnestie für Barabbas)

4. Szene (Joh 19,1–3a) Pilatus und Jesus (=> Geißelung und Dornenkrönung)

5. Szene (Joh 19,4–7) Pilatus präsentiert Jesus den Juden (*ecce homo*), aber die Juden geben nicht nach

6. Szene (Joh 19,8–12) Pilatus und Jesus (Zweites Verhör; Thema: wer hat die Macht und wer die Schuld)

7. Szene (Joh 19,13–16a) Verurteilung Jesu durch Pilatus vor den Juden.

Die Gespräche kreisen um substantielle Themen der Theologie, der Christologie und der Offenbarung.

[36] Jesus antwortete: Mein Reich ist nicht von dieser Welt. Wäre mein Reich von dieser Welt, meine Diener würden darum kämpfen, dass ich den Juden nicht überantwortet würde; nun aber ist mein Reich nicht von dieser Welt.

[37] Da fragte ihn Pilatus: So bist du dennoch ein König? Jesus antwortete: Du sagst es, ich bin ein König. Ich bin dazu geboren und in die Welt gekommen, dass ich die Wahrheit bezeugen soll. Wer aus der Wahrheit ist, der hört meine Stimme.

[38] Spricht Pilatus zu ihm: Was ist Wahrheit? Und als er das gesagt hatte, ging er wieder hinaus zu den Juden und spricht zu ihnen: Ich finde keine Schuld an ihm. (Joh 18,36–38)

Das Verhör Jesu durch Pilatus weist eine Konstellation auf, die ein bemerkenswertes humorvolles Potential hat, nicht nur wegen der zahlreichen Missverständnisse: Die Juden bleiben „*draußen*", weil sie sich nicht verunreinigen wollen und durch ein Betreten des heidnischen Herrschaftsbereiches die kultische Reinheit und damit die Berechtigung zur Teilnahme am Passah-Mahl verlören. Gleichzeitig wollen sie ohne rechtliche Grundlage das Leben Jesu auslöschen. Jesus soll entmachtet und vernichtet werden. Paradoxerweise tragen sie damit dazu bei, dass Jesus mächtig und weltberühmt wird. Pilatus ist „drinnen". Er kann sich innigst mit Jesus unterhalten, aber er kann ihn nicht verstehen. Er fragt fortwährend nach den *politischen* Gefahren, die von Jesus ausgehen könnten, aber er kann keine finden. Jesus sagt ihm klar und deutlich: „Mein Königreich ist nicht von dieser Welt" (ἡ βασιλεία ἡ ἐμὴ οὐκ ἔστιν ἐκ τοῦ κόσμου τούτου). Pilatus irrt verzweifelt zwischen den Fronten hin und her. Rein in's Prätorium, raus aus dem Prätorium, rein in's Prätorium, raus aus dem Prätorium. Jesus steht fest, „wohingegen sich Pilatus durch sein schwankendes, opportunistisches Verhalten zur Karikatur eines ‚Freundes des Kaisers' bzw. gerechten Richters macht."[18] So wird er zunehmend zur tragischen Witzfigur. Mit „Witz" meine ich hier, dass deutlich wird, was nur der Glaubende weiß: Pilatus hat gar keine Macht. Der Glaubende muss über den Statthalter des Kaisers lächeln, der selbst Münzen prägen lässt, auf denen der Lituus, der römische Herrscherstab, dargestellt ist, aber die Führung völlig aus der Hand gibt.

Abbildung 3: Bronzemünze des Pontius Pilatus.

Er findet keinen eigenen Standpunkt; er ist hin- und hergerissen. Deshalb scheitert er. Er hat die Macht, aber er hat keine Courage Jesus frei zu lassen, weil er sich vor dem Volk fürchtet und schließlich eingeschüchtert nachgibt. Auf einer tieferen Sinnebene des Textes steht nicht Jesus vor seinem Richter, sondern genau umgekehrt: Pilatus wird gerichtet – und er merkt es nicht. Pilatus verkennt Jesus,

---

[18] SCHOLTISSEK, Ironie und Rollenwechsel, 248.

aber er erkennt und bekennt wider Willen die Wahrheit. Johannes nutzt die Pilatusszenen, um entscheidende christologische Aussagen zu treffen. Das vermeintlich dramatische Urteil ist nur der Vollzug dessen, was geschehen muss: Jesus muss erhöht werden. Pilatus wird wider Willen zum Zeugen der Wahrheit.[19] Die Pilatus-Frage: „Was ist Wahrheit?" war falsch gestellt; sie muss richtig lauten: „Wer ist Wahrheit?" und Pilatus beantwortet ironischerweise diese Frage völlig zutreffend („*Du sagst es*, ich bin ein König." 18,37). Das Todesurteil gibt so paradox den Grund des Lebens der Menschen an, die an Christus glauben.

Man kann solchen Humor leicht missverstehen. Arthur M. Wright deutet die Pilatusszene als antirömisches *politisches* Statement der johanneischen Gemeinde: „The Fourth Gospel is a political document. Although it has often been interpreted primarily as a 'spiritual gospel' it has much to offer readers engaged in the difficult task of negotiating life lived under the dominion of empire, whether in the first or twenty-first century. This book gives careful attention to the political dimensions of the Gospels Passion Narrative, including the arrest scene (18:1– 12), the Roman show trial (18:28–19:16), and the crucifixion and burial of Jesus (19:16–40). It employs James C. Scott's model of hidden transcripts and examines the Fourth Gospel's use of irony as it seeks to understand the political dimensions of the Fourth Gospel and its relationship to the Roman Empire. (…) The Gospel mocks the representatives of Rome, including Pilate, the Roman soldiers, and the Jewish authorities, eroding confidence in the empire and its agents. It also subverts Roman imperial claims of dominance, authority, and power. As such, the Fourth Gospel fosters an alternative worldview and community, one centered on faith in the sovereignty of Jesus and Israels God."[20] Aber hiermit wird m.E. der Witz der Szenen verpasst. Das Vierte Evangelium ist kein politisches Dokument, allenfalls in der dritten Reihe. Die Ironie, die in der Passionsgeschichte so weit verbreitet ist, untergräbt nicht die Autorität und Macht des Imperium Romanum, sondern korrigiert grundsätzlich die Hybris des Menschen. Es kann durchaus sein, dass die alternative Weltanschauung den Effekt hatte, dass sich die johanneischen Christen vom römischen Kaiser distanzieren.

2.3 Die Kreuzesaufschrift

Im Konflikt mit den Untertanen erwies sich der Prokurator, der Kaiser Tiberius in Judaea vertritt, als schwach, aber in der schriftlichen Ausfertigung des Titulus erweist er sich als stark. Wie üblich lässt er ein Schild anbringen, das den Grund für die Kreuzigung Jesu angibt. Aber er tut dies gerade nicht im Sinne der Juden, die Christus beseitigt haben wollten. Der historische Grund der Kreuzigung dürfte aus römischer Perspektive gewesen sein, dass Jesus als potentieller oder reeller messianischer Aufrührer untragbar war. Aus Perspektive der Juden war er theologisch

---

[19] KOWALSKI, Was ist Wahrheit?, 201–227.
[20] WRIGHT, The Governor and the King.

inakzeptabel, weil er den Anspruch erhob, als Sohn des Vaters mit dem Vater wesenseins zu sein (Joh 10,30). Gott allein ist König Israels; Jesus aber setzte sich mit Gott gleich. Auch bei den Synoptikern war das Schild oben am Kreuz, das entsprechend der römischen Gewohnheit die Schuld des Hingerichteten kundgab, ein impliziter Schlag gegen die Juden. Ein wichtiges Thema aller neutestamentlichen Leidensgeschichten ist der Königstitel, der über dem Kreuz geschrieben steht.

> „Und die Aufschrift seiner Beschuldigung war *oben* angeschrieben: Der König der Juden." (Mk 15,26)

> Über seinem Kopf hatten sie eine Aufschrift angebracht, die seine Schuld angab: Das ist Jesus, der König der Juden. (Mt 27,37)

> Es war aber auch eine Aufschrift über ihm in griechischen und lateinischen und hebräischen Buchstaben: Dieser ist der König der Juden. (Lk 23,38)

Und gegen den implizit damit erhobenen Status wird von Seiten der Vorübergehenden und sogar von einem Mitgekreuzigten heftig gespottet: „Wenn du der König der Juden bist, dann hilf dir selber".

Aber nur im Johannesevangelium wird explizit um die Kreuzesaufschrift gerungen. Die Juden wollen die Kreuzesaufschrift geändert haben, so dass sie klarmacht, dass Jesus nicht wirklich der König der Juden war, sondern dies nur fälschlich beansprucht hat. Pilatus aber erweist sich hier als wirklich konsequent und stark: Er selbst schrieb das Schild, und was er selbst geschrieben hat, ist unabänderlich. Wenn auch mit einer witzigen Prise Sturheit hält er an seiner Titulatur fest:

> [19] Pilatus schrieb aber auch eine Aufschrift und setzte sie auf das Kreuz. Es war aber geschrieben: Jesus, der Nazoräer, der König der Juden (INRI).[20] Diesen Titulus lasen viele Juden, denn die Stätte, wo Jesus gekreuzigt wurde, war nahe bei der Stadt. Und es war geschrieben in hebräischer, lateinischer und griechischer Sprache.[21] Da sprachen die Hohenpriester der Juden zu Pilatus: Schreib nicht: Der König der Juden, sondern dass er gesagt hat: Ich bin der König der Juden.[22] Pilatus antwortete: Was ich geschrieben habe, das habe ich geschrieben. (Joh 19,19–22)

> [19] ἔγραψεν δὲ καὶ τίτλον ὁ Πιλᾶτος καὶ ἔθηκεν ἐπὶ τοῦ σταυροῦ· ἦν δὲ γεγραμμένον· Ἰησοῦς ὁ Ναζωραῖος ὁ βασιλεὺς τῶν Ἰουδαίων.[20] καὶ ἦν γεγραμμένον Ἑβραϊστί, Ῥωμαϊστί, Ἑλληνιστί. (Joh 19,19–20)

Die Schandtat, die der Gekreuzigte begangen haben soll, verwandelt sich in eine Huldigung. „Das Ergebnis ist, dass die Kreuzigung, anstatt ein Ort tiefen Schweigens zu sein, eine Verkündigungsszene wird".[21]

Die Inschrift ist aber in allen Evangelien *ein Bekenntnis sub contrario*. „König" ist ein Messiastitel. Dass der Messias seinen Weg, die Königsherrschaft Gottes zu verkünden, am Kreuz vollendet, ist ein Strukturprinzip der synoptischen Evangelien.

2.4 Das letzte Wort Jesu am Kreuz

Doppeldeutig ist es, was Johannes über Jesu Tod am Kreuz erzählt:

[30] ὅτε οὖν ἔλαβεν τὸ ὄξος [ὁ] Ἰησοῦς εἶπεν τετέλεσται, καὶ κλίνας τὴν κεφαλὴν παρέδωκεν τὸ πνεῦμα.

Als nun Jesus den Essig genommen hatte, sprach er: Es ist vollständig erfüllt! Und er neigte das Haupt und übergab den Geist. (Joh 19,30)

So wie in Röm 10,4 die Bezeichnung Christi als „Telos des Gesetzes" (τέλος γὰρ νόμου) bedeuten kann, „Christus ist das Ende des Gesetztes" oder aber konträr „Christus ist die Erfüllung des Gesetztes", so lässt Johannes die Bedeutungen bewusst changieren:

Vordergründig ist es der Schrei dessen, der von der Folter erlöst ist und endlich den Schmerzen in den Tod entfliehen durfte. Hintergründig aber bedeutet τελέω „vollständig erfüllen, so dass nicht übrig bleibt, was weiter getan werden müsste". Der Tod Jesu ist ein Höhepunkt. Jetzt ist Gottes Heilsplan erfüllt.

ἵνα τελειωθῇ ἡ γραφή, λέγει· διψῶ. (Joh 19,28)

Damit die Schrift erfüllt würde, sagte er: "Ich habe Durst".

Er hat nicht wirklich Durst, er leidet keinen Mangel, sondern er will die Schrift erfüllen.

Die Formulierung ist gewollt schillernd. Sie kann bedeuten – und wird in der modernen Alltagssprache meist auch so verwendet: „Ich habe die großen Mühen jetzt endlich hinter mir." So werden es die Gegner Jesu verstanden haben. „Ich bin gescheitert" oder „Es war alles umsonst; wie gut, dass es jetzt vorbei ist". Das hat Johannes aber *gerade nicht gemeint*. Es ist nicht die aus Verzweiflung und Scheitern geborene Erleichterung: „Endlich bin ich durch!", sondern ein selbstbewusstes, ja geradezu stolzes und glückliches: „Alles, was ich realisieren wollte, habe ich Realität werden lassen." Jesus hatte einen Plan; nach Joh 13,1 hat er die Seinen bis zum Ende geliebt (εἰς τέλος ἠγάπησεν αὐτούς). Dieses Ziel seines Lebens, diese Liebe bis zum Ende, hat er am Kreuz zur Vollendung gebracht. In dem Wortspiel

---

[21] Vgl. BRODIE, The Gospel according to John, 545, übersetzt von WENGST, Das Johannesevangelium, 527.

erweist sich Johannes nochmals als Meister der Ironie, als Könner spirituellen Humors. So „ist alles vollbracht jetzt, da in den Augen der Welt alles gescheitert ist".[22]

Jetzt, da er erhöht ist, wird Jesus Christus all die Seinen zu sich ziehen. (Joh 12,32)

2.5 Zusammenfassung von 2.

Die Passionsgeschichte des Johannes weist von Anfang bis Ende eine durchgehende Doppelbödigkeit auf. Die Gegner Jesu glauben, dass sie gewonnen haben und Jesu Macht und Einfluss Zug um Zug zerschmettert haben.

Die Lesenden des Evangeliums, die glauben, durchschauen dies als eine große Illusion und lächerliche Selbstverkennung.

Schon bei seiner Selbst-Auslieferung in Gethsemane war Jesus der wahre Herrscher, dessen Macht und Einfluss schrittweise ausgeweitet wurde.

Am Ende wird es in den jüdischen Weltsprachen Hebräisch, Griechisch und Latein verkündet: Christus herrscht als König!

Viele KommentatorInnen haben einen Sinn dafür, dass die Passionserzählung voller Ironien und satirischer Umkehrungen steckt.[23]

Was aussieht wie ein Prozess der Juden gegen Jesus, ist mit den Augen des Glaubens betrachtet ein notwendiges Element „in dem großen Prozeß zwischen Gott und der Welt".[24]

Jesus erträgt in Johannes wie bei den Synoptikern, dass die römischen Soldaten „ihren rohen Spott mit ihm treiben, indem sie sein Königtum persiflierten und ihn misshandelten".[25] Aber Jesus ist nicht das Opfer. Die Übergabe Jesu an den römischen Prokurator Pilatus erscheint als Tag des Untergangs und der Vernichtung. In der Perspektive des Glaubens ist die Botschaft eine ganz andere: „Der Tag des Sieges Jesu über die Welt bricht an".[26]

Die Ironie als rhetorisches Mittel entspricht genau dem Inhalt.[27]

---

[22] BULTMANN, Das Evangelium des Johannes, 523.
[23] So ganz besonders a.a.O., 489-527 und ZUMSTEIN, Das Johannesevangelium, 659-738. Vgl. MOSER, Mißverständnis und Ironie, 47-73.
[24] BULTMAN, a.a.O., 507.
[25] A.a.O., 509.
[26] A.a.O., 504.
[27] MILES, Laughing at the Bible, 168-181. CLAVIER, L'ironie dans le quatrième Évangile, 261-276. MACRAE, Theology and Irony in the Fourth Gospel, 83-96. WEAD, The Literary Devices in John's Gospel, 47-68. DERS., Johannine Irony as a Key to the Author.

3. Schlussfolgerungen

Freilich war das Kreuz schon früh Anlass zum Spott, der hinter dem Pauluswort steht „Das Wort vom Kreuz ist eine Torheit" (1 Kor 1,18). Außerbiblisch greifbar wird solche Abqualifizierung des Kreuzes um 220 n. Chr. in Rom in einem Graffiti an einer Schulwand, das einen gekreuzigten Esel zeigt. Die 36 cm hohe und 32 cm breite Ritzzeichnung wurde 1857 entdeckt und findet sich heute in den Kapitolinischen Museen. Die ironische Beischrift lautet: „Ἀλεξάμενος σέβετε Θεόν" „Alexamenos huldigt Gott".[28]

Abbildung 4: Umzeichnung einer Spott-Graphity.

Der Spott zieht sich durch die Jahrhunderte bis heute. Die zahlreichen Bildwitze über Jesus, von denen das Internet überbordet, haben eine ganz andere Intention als der Humor der Bibel: *Sie wollen Christus herabwürdigen.* Sie wollen das Kreuz in ganz andere Kontexte hineinziehen und damit trivialisieren. So sagt z.B. eine Frau zu einem Mann, der am Karfreitag in Jerusalem sein Kreuz an ihr vorbeiträgt, mit bewunderndem Blick: „Ich liebe Männer mit breitem Kreuz". Oder konnte man auf einem Wahlplakat den Slogan lesen: „Mach mit deinem Kreuz keinen Scheiß!"

---

[28] Zum Fundort im Paedagogicum auf dem Palatin und den Fundumständen vgl. BECKER, F., Das Spott-Crucifix der römischen Kaiserpaläste.

Das tut manchmal weh. Aber manchmal trifft sogar der intendiert zersetzende Spott Aspekte, die an einer Theologia crucis tatsächlich von positivem Belang sind. „Hat Gott nicht die Weisheit der Welt als Torheit entlarvt?" (1 Kor 1,20) Der johanneische Humor verfolgt ein geradezu hymnisches Ziel: Er arbeitet mit den Mitteln des überraschenden Rollentausches („Verhaftung"), des Missverstehens, der Ironie, dass Menschen im Umfeld der Passion die Wahrheit sagen (Verhör des Pilatus), ohne es zu wissen (Kreuzesinschrift); und der Umkehrung der Bewertungen, wie im Kreuzeswort Jesu („Es ist vollendet").

Vor den Augen der Welt passiert etwas ganz Furchtbares. Jesus wird verleumdet, erniedrigt, gequält und grausam getötet. Wie kann hier Humor irgendeinen Ort haben?

Kann man das Humor nennen? Darf man das Humor nennen? Ist die Verbindung von Kreuz und Humor – wie es mir unser Kollege Michael Welker vorgeworfen hat – „obszön"? Der Tod ist etwas Furchtbares, und da verbietet es sich, mit Lachen zu reagieren. Ist die Rede von Humor nicht wieder ein folgenschwerer Irrtum, am falschen Ort zu lachen?

Nach obigen Beispielen kann ich diese Angst nicht teilen. Die Sorge, dass eine Verbindung von Kreuz und Humor dem Ansehen des Kreuzes schadet, ist unbegründet. Es sind gesicherte Resultate der Humor-Forschung,[29] dass das Lachen die seelische Gesundheit fördert, Stress abbaut, zum Überleben in Verfolgungssituationen beiträgt,[30] marginalisierten und diffamierten ethnischen oder religiösen Minderheiten Kraft gibt.[31] Diese Einsichten sollten mit vorliegendem Aufsatz um die Einsicht erweitert werden, dass zentrale Inhalte der Religion positiv zur Grundlage von lebensdienlichem Humor werden können.[32] So wie das Leben und das Kreuz Christi Grundlage des Christentums sind, so ist auch mit der Passionsgeschichte der Humor verbunden. Die exemplarische Erkundung an einem Punkt, an dem kaum jemand Humor vermuten würde, hat zeigen wollen: Gewiss war das Kreuz von früh an (spätestens in der johanneischen Schule bzw. Gemeinde) *causa humoris*: die Passion Jesu führt zur Überwindung der Angst und der Sorge, zur Befreiung von Furchtsamkeit vor der staatlichen Macht, ja zur Überwindung der Todesfurcht.

Die *Glaubenden* wissen, dass in diesem furchtbaren Geschehen die Erlösung der Welt geschieht.[33] Unter der Logik der Oberfläche gibt es eine Logik der Tiefe

---

[29] RASKIN, The Primer of Humor Research.
[30] METCALF/ FELIBLE, Lighten Up.
[31] ZIV, Jewish Humor (Dokumentation einer Tagung an der Tel Aviv University).
[32] WEIss, Ausgelacht!?, entfaltet den Wert des Lachens für den christlichen Glauben. Anhand einer Problemgeschichte des Humors in Geschichte, Medien, Kunst und Kultur zeigt er, dass und wie Humor eine Ressource für religiöse Perspektiven, Kreativität und die Suche nach Neuem sein kann. Das Buch ermöglicht ganz in meinem Sinne einen produktiven Umgang mit Humor und Satire, nicht zuletzt, weil sich darin berechtigte Anfragen und Kritik verbergen können.
[33] Das Johannesevangelium ist keine Missionsschrift für HeidInnen: „Klaus Wengst, among others, has rightly shown that this is unlikely: the Gospel presupposes a knowledge of the

des Glaubens. Jesus ist freiwillig zum Passalamm geworden. Er ist es, der aktiv einen Plan verfolgt. Er gibt sich selbst dahin; und die Menschen, die meinen, dass sie ihn erniedrigen und vernichten, erhöhen ihn zum Herrn der Welt.

Dennoch liegt hier eine starke Dimension des Humors verborgen: Das ganze hässliche Treiben der Menschen führt zum herrlichen Sieg Gottes!

Der Humor des Glaubens ist wertvoll. Eine meinem Denken verwandte Stimme habe ich unerwartet bei Peter Sloterdijk gefunden: „Der Humor kann geradezu als Schule der Mehrwertigkeit gelten, weil er seine Praktikanten dazu erzieht, alle möglichen Lebenslagen, insbesondere die unangenehmen, aus einer *dritten Perspektive* anzusehen. Die dritte Sicht kommt weder nur von unten, aus der Betroffenheit, noch allein von oben, aus der Unbetroffenheit, sondern verbindet die obere mit der unteren Sicht so, dass *für den Beobachter ein befreiender Effekt* entsteht. Damit gewinnt das Subjekt Anteil an einer souveränen Haltung gegenüber der eigenen Lage."[34]

Das Johannesevangelium entwickelt seinen eigenen feinen Humor. Es bietet keinen hasserfüllten Spott, keinen (womöglich noch antijüdischen) Zynismus,[35] keinen destruktiven Sarkasmus, erst recht keine albernen oder derben Späße. Der vornehm ironische Humor des Johannesevangeliums wendet sich an den Verstand, mehr noch an die Liebe. Er will Glauben wecken und Unglauben kritisch entlarven und zum Umdenken führen.

Der ironische Humor des Johannes-Evangeliums ist letztlich ein liebevoller Humor.

Ein *kerygmatischer Humor,* der die Bedeutung von Gott in Christus subtil verständlich zu machen hilft.

In der Leidensgeschichte Jesu nach dem Johannesevangelium vollzieht sich die Entfaltung der Herrschaft Gottes. Über das Gehabe der Welt, der Juden und der Römer, v.a. in Gestalt von Pontius Pilatus, können die Wissenden nur lächeln, ja

---

basic Christian narrative (e.g., the evangelist takes for granted knowledge of the Twelve in 6:67, and Mary as the one who had anointed Jesus in 11:2); it assumes fundamental theological ideas (e.g., what it means to "abide" in Jesus, 6:56 et passim); and it tells the story of Jesus with devices of misunderstanding and irony that suggest an audience already converted to faith in Jesus.", BLUMHOFER, The Gospel of John, 6.

[34] SLOTERDIJK, Gottes Eifer, 167.

[35] Das Problem des Antijudaismus im Johannesevangelium ist bedrängend. Man sollte es nicht verniedlichen. Es erklärt sich m.E. weder aus besonders antichristlichen historischen Umständen, etwa in der Gaulanitis, noch aus ethnischem oder religiösem Hass. Bultmanns Lösung, „die Juden" als Symbol für die ungläubige Welt insgesamt zu verstehen, erscheint mir immer noch recht plausibel. Neuerdings hat BLUMHOFER, The Gospel of John, einen interessanten Versuch vorgelegt, das Johannesevangelium als projüdisch zu interpretieren. Israel soll christlich werden; König Jesus steht in der Tradition der alttestamentlichen Verheißungen, bes. von König David und dem neuen Davididen; seine Inthronisation als König der Juden bis hin zur Kreuzesinschrift ist positiv gemeint. Allerdings kann man diese Sicht wohl nur dann als nicht-antijüdisch begreifen, wenn man ein bestimmtes Konzept von Mission hat.

eigentlich nur lachen. Dieser Humor ist eine Erscheinungsform der Religion.³⁶ „Nur wer über den Dingen steht, kann sie belächeln."

„Die allgemein zum Komischen offene Denkweise des Christentums ist seit langem anerkannt",³⁷ aber „die Tendenz zur Lächerlichkeit wird von Lesern, die aus konfessionellen Gründen oder aus Ehrfurcht vor der Bibel geneigt sind, oft übersehen".³⁸

Wer lacht, ist bereit, seine Meinung zu ändern, denn in diesem Moment sieht die Person die Welt plötzlich unter einer anderen Perspektive. IdeologInnen haben keine Religion und keinen Humor, denn sie haben für alle Fälle eine vernünftige Antwort, vernünftig jedenfalls im Rahmen ihres ideologischen Systems. Und deswegen fürchten sie den Humor, der offenbaren könnte, dass sie in Wirklichkeit in einem kalten geistigen Gefängnis leben, in dem es zwar Antworten auf alle Fragen gibt, aber aus dem das wirkliche lebendige Leben entwichen ist.

„Die ironische Grundstruktur des Christglaubens lässt nicht lauthals loslachen, nein, aber sie schafft Gelassenheit in absurder Welt, sie setzt einen heiteren Grundton und schafft ein Stück Distanz zum Bedrängenden der Welt."³⁹

Crux causa humoris! „Lachen über" wird leicht überheblich, „lachen mit" aber ist solidarisch.⁴⁰ Wer über das Kreuz lacht, überhebt sich leicht und bläht sich auf. Wer „mit dem Kreuz lacht", der wird demütig und dankbar und stellt sich auf den festen Grund. *Crux causa humoris* will sagen, dass mit der Theologie des johanneischen Kreises die Überwindung der Welt, die Enttarnung der eingebildeten Macht, die Perspektive des Erhöht-Werdens durch das Kreuz zu ewigem Leben so befreiend ist, dass man schon jetzt getrost lachen kann. „[D]enn wo Glaub ist, da muß auch Lachen sein."⁴¹

---

³⁶ Vgl. die schöne Sammlung von Fallstudien in DOBER, Religion und Humor, und natürlich die Beiträge dieses Bandes.
³⁷ LARSEN, Archetypes and the Fourth Gospel, 190.
³⁸ A.a.O., 167.
³⁹ Vgl. den Beitrag von Peter Lampe in diesem Band.
⁴⁰ Vgl. LANGE, „Lachen mit", 215–219.
⁴¹ WA TR 1, 813: Ubi enim fides est, ibi oportet aliquem ridere. Zum Humor bei Luther vgl. den Beitrag von Marc Lienhard in diesem Band.

Marc Lienhard

Die existenzielle und theologische Bedeutung des Lachens bei Martin Luther

In Luthers Schriften der ersten Jahre seiner Wirksamkeit gibt es wenig Stellen, in denen positiv vom Lachen die Rede ist. Im Gegenteil! In einem Brief von 1517 kritisiert er ein anonymes Pamphlet, *Dialogus Julii et Petri*, das wahrscheinlich von Erasmus verfasst worden war. Luther sagt dazu: „Es ist so lustvoll, so gelehrt, ja so geistreich (das heißt so ganz erasmisch) verfasst, dass es uns zum Lachen zwingt und zum blöden Getuschel über die Not und das Elend der Kirche Christi, wobei doch jeder Christ darüber stöhnen sollte mit größtem Wehklagen vor Gott."[1]

In den zwanziger Jahren ändert sich aber Luthers Verhältnis zum Humor und zum Lachen. Schon in der Adelsschrift bezeichnet er sich als Hofnarr. Die häufigsten Stellen befinden sich in Luthers Predigten, in den Briefen und in den Tischreden. Aber auch andere Schriften, wie zum Beispiel seine Schrift *An die Ratsherren*, und noch viele andere kommen in Betracht. Dass Luther in seinen Kontrovers-Schriften auch zur Ironie gegriffen hat, liegt natürlich auf der Hand.

Ich werde die Thematik auf eine doppelte Weise darstellen. Erstens wird die Rede sein vom lachenden Luther und zweitens von Luthers Theologie des Lachens.

1. Praxis des Humors

Auffallend ist zunächst seine Fähigkeit, über sich selbst zu lachen. Auf die Frage, was er denn getan hätte, um eine so große Resonanz zu finden, antwortet er in einer Predigt von 1522: „Ich hab allein Gottes Wort getrieben, gepredigt und geschrieben, sonst hab ich nichts getan. Das hat, wenn ich geschlafen habe, wenn ich wittenbergisch Bier mit meinem Philipo und Amsdorf getrunken hab, also viel getan, dass das Papsttum also schwach geworden ist, dass ihm noch nie kein Fürst

---

[1] WA Br 1,118,4, Nr. 50: „Quod tam jucunde, tam erudite, tam denique ingeniose (id est omnino Erasmice) textus est, ut ridere cogat et nugari in vitiis et miseriis ecclesiae Christi, quae tamen summis gemitibus omni christiano Deo sunt querendae."

noch Kaiser so viel abgebrochen hat."² Nach Aurifaber soll er in einer Tischrede kurz vor seinem Tod gesagt haben: „Wenn ich wieder heim gen Wittenberg komme, so will ich mich alsdann in den Sarg legen und den Maden einen feisten Doktor zu essen geben."³

Auch die Art und Weise wie er 1545 im Vorwort zur Edition seiner deutschen Schriften humorvoll von den Vielschreibern spricht, kann als eine Art Selbstkritik gelesen werden : „Fühlst du dich aber und lässt dich dünken, du habest es gewiss, und kitzelst dich mit deinen eigenen Büchlein, Lehren oder Schreiben, als habest du es sehr köstlich gemacht und trefflich gepredigt, gefällt dir auch sehr, dass man dich vor Anderen lobe, willst auch vielleicht gelobt sein [...]: Lieber, so greif dir selber an deine Ohren, und greifest du recht, so wirst du finden ein schön Paar großer, langer, haariger Eselsohren."⁴

Zu reden ist auch von Luthers humorvollem Verhältnis zu seiner Familie, zu seinem Sohn Hänschen, aber auch und nicht zuletzt zu seiner Ehefrau, seiner „catena" (Kette), „meine Katharina" „meine Herrin", „die Herrin von Zülsdorf", die „Doktorin" und, nur einmal „meine Kaiserin" oder „mein Moses": „Meine Käthe grüßt euch mit Ehrerbietung und hat mir befohlen euch wissen zu lassen, dass sie auf dem Thron der wirtschaftlichen Majestät wieder neu lernt zornig zu werden, zu schelten und ihrer Magd, die nachlässig, unangenehm und ungehorsam ist, Böses an zu wünschen."⁵

„Meiner freundlichen lieben Käthen Lutherin, Brauerin und Richterin auf dem Saumarkt zu Wittenberg zuhanden: Liebe Kätha! Wir sind heute um acht aus Halle gefahren, aber sind nicht gen Eisleben kommen, sondern um neune wieder gen Halle eingezogen. Denn es begegnet' uns eine große Wiedertäuferin mit Wasserwogen und großen Eisschollen und drohet uns mit der Wiedertaufe und hat das Land bedeckt. So können wir auch nicht zurück vor der Mulde zu Bitterfeld und müssen allhie zu Halle zwischen den Wassern gefangen liegen, nicht dass uns danach dürstet zu trinken. Wir nehmen dafür gut Torgauisch Bier und guten rheinischen Wein, damit laben und trösten wir uns dieweil, ob die Saale heute wollte auszürnen, denn weil die Leute und Fährmeister selbst kleinmütig waren, haben wir uns nicht wollen ins Wasser geben und Gott versuchen. Denn der Teufel ist uns gram und wohnet im Wasser [...]. Ich hätte nicht gemeint, dass die Saale ein solch' Bad machen könnte, dass sie über die Steine weg und alles so überrumpeln sollte. Jetzt nicht mehr. Betet für uns und seid fromm. Ich halte, wärest du hier, so

---

[2] WA 10,III,18,15-19,2.
[3] WA Ti 6,302,13-14, Nr. 6975.
[4] WA 50,660,31-37.
[5] Luther an Johannes Bugenhagen und Philipp Melanchthon in Schmalkalden, 19.3.1540, WA Br 9, 77, 35-78, 2, Nr. 3455: „Ketha mea vos reverenter salutat, iussitque vobis significari quod residens in sede maiestatis inanis totius suae oecunomicae rursus discat irasci et obiurgare peneque male precari famulae negligenti, incommodanti, inobedienti."

hättest du uns auch geraten, es so zu tun, damit du siehst, dass wir auch einmal deinem Rat folgen."[6]

In einem anderen Brief vom Februar 1546 schreibt Luther: „Allerheiligste Frau Doctorin! Wir danken euch ganz freundlich für eure große Sorge, dafür ihr nicht schlafen konntet. Denn seit der Zeit ihr für uns gesorgt habt, wollt uns das Feuer verzehret haben in unserer Herberge, hart vor meiner Stubentür, und gestern, ohne Zweifel aus Kraft eurer Sorge, wäre uns schier ein Stein auf den Kopf gefallen und hätte uns zerquetscht, wie in einer Mausfalle. Denn in unserm heimlichen Gemache seit wohl zwei Tagen rieselt über unserm Kopf Kalk und Leimen, bis wir Leute dazu nahmen, die den Stein anrührten mit zwei Fingern, da fiel er herab, so groß wie ein langes Kissen und eine große Hand breit, der hatte im Sinne eurer heiligen Sorge zu danken, wo die lieben Engel nicht gehütet hätten. Ich sorge, wo du nicht aufhörest zu sorgen, es möcht uns zuletzt die Erde verschlingen und alle Elemente verfolgen. Lernst du also den Catechismum und den Glauben? Bete du und lasse Gott sorgen, dir ist nichts befohlen, für mich oder dich zu sorgen. Es heißt: Wirf dein Anliegen auf den Herrn, der sorget für dich (Ps. 55)."[7]

Im Briefwechsel und in Luthers Seelsorge dient der Humor auch dazu, Wichtiges vom Unwichtigen zu unterscheiden. Als ein Berliner Pfarrer ihn fragt ob er, im Gehorsam seinem Kurfürsten gegenüber, die hergebrachten Zeremonien wie die Prozessionen einhalten und die Ornate der Priester überziehen darf, antwortet Luther:

„So gehet in Gottes Namen mit herum, und tragt ein silbern oder golden Kreutz und Chorkappe oder Chorrock von Sammet, Seiden oder Leinwand, und hat euer Herr, der Kurfürst, an einer Chorkappe oder Chorrock nicht genug, die ihr anziehet, so ziehe deren 3 an, wie Aaron der Hohe Priester 3 Röcke übereinander anzog. [...] Haben auch ihre Kurfürstliche Gnaden nicht genug an einem Circuitu oder Procession, das ihr umhergehet, klingt und singet, so gehe siebenmal mit herum, wie Josua mit den Kindern von Israel um Jericho gingen. [...] Und hat euer Herr, der Margraf, ja Lust dazu, mögen ihre Kurfürstliche Gnad vorherspringen und tanzen mit Harfen, Pauken, Zimbeln und Schellen, wie David vor der Lade des Herrn tat, [...] wenn nur Abusus davon bleibet, geben oder nehmen dem Evangelio gar nichts, doch das nur nicht eine Not zur Seligkeit und das Gewissen damit zu verbinden, daraus gemacht werde."[8]

Im Verhältnis zu seinen Gegnern wird Luthers Lachen zur beißenden Ironie. In den Tischreden bezeichnet er die Franziskaner als „die Läuse, die der Teufel unserm Herr Gott an den Peltz setzt."[9] Er bedauert die Bischöfe, „die es nicht wagen einen einzelnen Mönch anzugreifen", denn „wenn eine Sau schrie, so lief der ganze Kober [Schweinestall] zusammen."[10]

---

[6] WA Br 11, 269, 3–20, Nr. 4191.
[7] WA Br 11, 291, 4–18, Nr. 4203.
[8] WA Br 8, 625, 20–626,2, Nr. 3421.
[9] WA Ti 1,125, 1–2, Nr. 301.
[10] WA Ti 1,182,27–28, Nr. 416.

Den Braunschweiger Herzog Heinrich macht er 1541 lächerlich: „Er ist ein trefflicher Mann, in der heiligen Schrift geschickt, gewandt und geläufig wie eine Kuh auf dem Nussbaum oder eine Sau auf der Harfen."[11] Im Jahr 1542 veröffentlicht er Eine Zeitung vom Rhein und macht sich darin lustig über den Erzbischof Albert von Mainz, der eifrig Reliquien sammelte. Ironisch zählt er einige vermeintliche Reliquien auf : „Ein schön Stück vom linken Horn Mosi, drei Flammen vom Busch Mosi auf dem Berg Sinai, zwo Federn und ein Ei vom Heiligen Geist, ein ganzer Zipfel von der Fahne, mit der Christus die Hölle aufstieß, auch eine große Locke vom Bart des Beelzebub, der an derselben Fahne kleben blieb, ein halber Flügel von Sankt Gabriel dem Erzengel, ein ganzes Pfund von dem Wind, der über Elias rauschte, in der Höhle am Berg Horeb, zwei Ellen von dem Ton der Posaunen, auf dem Berge Sinai, dreißig Paukenschläge von der Pauke Mirjams der Schwester Mosi, am Roten Meer gehört, ein großes schweres Stück vom Geschrei der Kinder Israel, damit sie die Mauern Jerichos niederwarfen, fünf schöne helle Saiten von der Harfe Davids, drei schöne Haarlocken Absaloms, damit er an der Eiche hängen blieb."[12]

Wie aber spricht Luther vom Erzfeind der Christenheit, nämlich Satan? Er deutet die Weltgeschichte als Kampf zwischen Gott und Satan. Über dieses Drama können wir nicht lachen. Zugleich aber kann Luther über den Teufel spotten. In einer Tischrede soll Luther gesagt haben: „Wenn der Teufel zu Nacht an mich kommt mich zu plagen, so geb ich ihm diese Antwort: Teufel, ich muss jetzt schlafen, denn das ist Gottes Befehl, des Tages arbeiten, des Nachts schlafen. Dann, wenn er mich nicht in Ruhe lässt und mir meine Sünden vorhält, dann antworte ich: Lieber Teufel, ich hab das Register gehört, aber ich hab noch mehr Sünden getan, die stehen nicht in deinem Register, schreib es auch an. [...] Und drittens wenn er nicht aufhört mich als Sünder anzuklagen, dann sage ich ihm mit Verachtung: Heiliger Satan, bete für mich! Denn du hast nie übel gehandelt, und bist allein heilig; geh hin zu Gott und erwirb dir selber Gnade. Wenn du mich gerecht machen willst, dann sage ich dir: Doktor heile dich selbst."[13]

Luther hat auch die mythologische Ausdrucksweise der Alten Kirche übernommen, indem er vom getäuschten Satan spricht, der zwischen der Kreuzigung Jesu und seiner Auferstehung aus Versehen auch Christus verschlungen hat, der doch nie gesündigt hat. Aber dies schmeckt dem Satan nicht. Er muss ihn wieder ausspucken.[14]

Wie war die Wirkung von Luthers Lachen? Es hat dazu beigetragen, seine Umgebung, unter anderem seine Frau zu ermutigen. Es hat auch dazu gedient, Luther selbst zu stärken. Er war ja seit den 20ger Jahren einem starken Druck ausgesetzt: die Angriffe seiner Gegner, die Schwächen der evangelischen Kirchen, sein eigener Hang zur Depression lasteten auf dem Reformator und hätten ihn erdrücken

---

[11] WA 51,522,21-22.
[12] WA 53,404,19-405, 2.
[13] WA Ti 2,132,4-14, Nr. 1557.
[14] Vgl. WA 20,334-335.

können. Er hat besonders im Jahr 1527 unter Depression gelitten. Sein Humor hat ihm geholfen, über diese Anfechtungen hinaus im Vertrauen zu leben.

Er wusste aber auch von den Grenzen des Lachens. Das Lachen betrifft das menschliche Versagen, aber nicht die letzten Tiefen des Menschen vor Gott. Über die Sünde, den Tod und das Heil kann und will er nicht lachen. Er macht den Unterschied zwischen dem Letzten und dem Vorletzten.

2. Theologie des Lachens

Es genügt nicht, vom Lachen Luthers zu reden und von den Ursachen und Formen dieses Lachens. Es gibt auch viele Stellen in seinen Schriften, die eine Theologie des Lachens begründen. Dies soll jetzt in einem zweiten Schritt zur Sprache kommen.

Sie kommt vorwiegend in seinen Predigten zum Ausdruck, doch auch in anderen Texten. Zunächst ist von Gottes Lachen zu reden. In einer Predigt über 1 P 3,8–15 sagt Luther: „Wie er dich ansieht mit gnädigen lachenden Augen, so hört er auch mit leisen, offenen Ohren dein Klagen, Seufzen und Bitten und hört's nur gerne und mit Wohlgefallen, dass es sobald, so du nur den Mund auftust, dich erhöret und ja ist."[15]

Der Christ lebt von der Botschaft, dass „droben bei dem Vater und Christo alles schlicht, eitel Liebe, Freud und Lachen" ist.[16] Luther setzt hinzu: „Was willst du denn dich fürchten vor Welt und Teufel?"[17]

Die Aussage, dass Gott lacht, gründet auf der Inkarnation. „Wenn es wahr ist, dass [Christus] geboren ist von einer Jungfrau und dass er mein ist, dann habe ich keinen zornigen Gott. Dann muss ich bezeugen, dass eitel Lachen, Freude da ist im Herzen des Vaters und keine Unlust."[18] „Welch eine herrliche Freude […] dass ich armer Mensch wissen soll, wenn ich diesen Mann höre und lass mir sein Wort gefallen, dass Gott soll im Himmel oben lachen und sagen: ich hab ein herzlich Wohlgefallen an dir."[19] So ist Gottes Lachen ein Ausdruck seiner Gnade. Das Lachen Gottes begründet das Vertrauen des Menschen, insbesondere wenn er der Feindschaft anderer Menschen ausgesetzt ist. „Wenn unser Gott lacht, was fürchten wir die Menschen? Was fragen wir danach, dass die Leute zürnen?"[20]

An mehreren Stellen erklärt Luther auch, wie der Mensch Gott zum Lachen bringen kann. Zunächst kritisiert er falsche diesbezügliche Verhaltensweisen. „Wir meinen allweg, wir wollten Gott lachen machen mit unsern Werken, wenn's

---

[15] WA 22,70,6–9.
[16] WA 45,600,5–6.
[17] Ebd., 6–7.
[18] WA 32,268, 2–4.
[19] WA 34,I,29,7.
[20] WA 23,683,23–24.

uns gefällt, und wollen mit ihm ins Gericht treten."²¹ Aber das bringt Gott nicht zum Lachen. Er lacht auch nicht, wenn ein Mensch nur für sich lebt und seinem Nächsten nicht beisteht. In einer Auslegung des Propheten Sacharja (1527) legt Luther diesen Ausruf in Gottes Mund: „Und ich [Gott] sollte dazu lachen und gnädig sein!"²²

Was bringt aber Gott zum Lachen? „Er lacht mit uns und dass wir ihm im Schoss liegen wie Johannes beim Abendmahl."²³ Wo ein evangelischer Prediger lehrt, da „sieht Gott eine Weile zu mit lachendem Mund."²⁴ „Wir sollen auch äußerlich fröhlich und fromm sein, so lacht unser Herr Gott, und die Engel pfeifen."²⁵ „Du kannst auf mancherlei Weise deinem Nächsten helfen und dienen, wo nicht mit Geld und Gut, doch mit einem guten Wort und mit einem freundlichen Herzen, [...] dass Gott im Himmel darüber lacht, fröhlich und guter Dinge ist und sagt: Recht, mein Sohn, fahr so fort, solches gefällt mir, ich habe Lust und Liebe daran."²⁶

Bekannt ist Luthers Aussage in seinem Traktat *Vom ehelichen Leben* (1522). Er empfiehlt dem Mann, auch die Windeln zu waschen, und sagt dazu: „Gott lacht mit allen Engeln und Kreaturen, nicht dass er die Windeln wäscht, sondern dass er's im Glauben tut."²⁷ Luther lädt also den Menschen dazu ein, Gott zum Lachen zu bringen. So fragt er in einer Predigt von 1537: „Ist's denn so große Arbeit, dass wir Gott loben und danksagen? Dazu lacht Gott mit allen Engeln."²⁸

Luther kann aber auch aufgrund einiger alttestamentlichen Stellen (Psalm 2,36 und 59, Sprüche 1,26) von Gottes Spott sprechen. „Der Herr lacht der Gottlosen". Im selben Sinn drückt er sich in einer Weihnachtspredigt von 1522 aus und im Brief an die Fürsten zu Sachsen von dem aufrührerischen Geist (1524), wo er Psalm 2 Vers 4 zitiert: „Der im Himmel wohnt lacht ihrer". In seinem Appell *An die Ratsherren aller Städte deutschen Landes, dass sie christliche Schulen aufrichten sollen* (1524) zitiert er Sprüche 1,26: „So will ich [d.h. Gott] auch lachen in eurem Unglück."²⁹

In einer Predigt von 1531 ist die Rede von Gottes Lachen über den Menschen, der nicht auf ihn gehört hat. „Ich hör dich nicht. Ich hab auch lang zu dir geschrien. Du hast mich nie wollen oder mögen hören, weg, weg. Ich will dein auch jetzund lachen."³⁰ Diese Stellen über Gottes spottendes und richtendes Lachen

---

[21] WA 34,II,95,29-30.
[22] WA 23,595,26-27.
[23] WA 49,232,32-33.
[24] WA 22,279, 16-17.
[25] WA 37,553,35-36.
[26] WA 52,713,10; WA 47,727,2.
[27] WA 10,II,296,31-297,1.
[28] WA 45,196,24-25.
[29] WA 15,48,10-11.
[30] WA 34,II,92,30-32.

bringen nicht nur die Souveränität Gottes zum Ausdruck, sondern auch sein Gericht über die Menschen.

Nun macht aber Luther auch an anderen Stellen einschränkende Bemerkungen zu Gottes Lachen. Er kann sagen, dass die diesbezüglichen biblischen Aussagen nur eine Art und Weise sind, um eine Sache oder ein menschliches Verhalten als lächerlich darzustellen. „Nicht dass Gott wie ein Mensch lache", heißt es an zwei Stellen, „aber es ist lächerlich an zu sehen."[31] Luther kann sogar sagen: „Gott macht als ob er lachen würde."[32] Überraschend ist vor allem die Stelle in einer Predigt von 1523/1524 über die Genesis, in der es heißt: „[Gott] kann nicht zornig werden [oder] lachen. Er ist ein Wesen in dem keine Veränderung (alteratio) stattfindet."[33] Trotzdem sollen wir „von Gott reden wie von einem Menschen."[34]

Diese Aussage Luthers entsteht vor seiner Kontroverse mit Zwingli. Man würde sie auch eher Zwingli zuschreiben als Luther. Zwingli unterscheidet Gottes Sein und die menschliche Weise von ihm zu reden. Luther betont im Allgemeinen die Einheit in Christus zwischen Gottheit und Menschheit. „Ja", schreibt Luther 1528 in seiner Schrift *Vom Abendmahl Christi*, „die Gottheit kann nicht leiden noch sterben [...]; aber dennoch, weil Gottheit und Menschheit in Christo eine Person ist, so gibt die Schrift um solcher persönlicher Einigkeit willen auch der Gottheit alles, was der Menschheit widerfährt und umgekehrt."[35]

Auf dieser Basis muss man wohl auch von der Veränderlichkeit Gottes reden und mutatis mutandis auch von seinem Lachen.

Luther kommt auch auf die Frage zu sprechen, ob Christus gelacht habe. Bekanntlich wurde dies von den Kirchenvätern und von vielen Theologen nach ihnen verneint. In mehreren Predigten hat Luther aber die Meinung vertreten, dass Christus gelacht hat, ohne sich aber auf bestimmte biblische Stellen berufen zu können. In einer Weihnachtspredigt von 1530 kann er sagen: „Caesar und alle Papisten sind erzürnt, nur der Sohn lacht mit seiner Mutter."[36] In einer anderen Predigt von 1537 sagt er, dass bei der Fußwaschung „der Herr in seinem Herzen gelacht hat."[37] Stärker noch wird Christi Lachen an anderen Stellen betont: „Er hat geredet und gelacht wie wir"[38], oder noch: „Man hat ihn viel lachen sehen."[39]

Interessant ist auch eine Stelle aus Luthers Schrift von 1539 *Von den Konziliis und Kirchen*. Er befasst sich darin mit den christologischen Auseinandersetzungen, die Nestorius ausgelöst hatte. Indem er von der menschlichen Natur spricht, die auch Christus als Mensch hatte, kann er schreiben: „Sterben, leiden, weinen,

---

[31] WA 8,219,24-25; WA 19,559,7-8.
[32] WA 15,27,15-16.
[33] WA 14,187,17.
[34] Ebd., 19-20.
[35] WA 26,321,20-23.
[36] WA 32,285,9-10.
[37] WA 45,120,16.
[38] WA 16,220, 29.
[39] WA 34,I,132,9-10.

reden, lachen, essen, trinken, schlafen, trauern, freuen, geboren werden, Mutter haben, Brüste säugen, gehen, stehen, arbeiten, sitzen, liegen und was des mehr ist, heißen idiomata naturae humanae, das ist Eigenschaften, die einem Menschen von Natur anhangen."[40] Das betrifft auch Christus. Damit hat Luther auch angenommen, dass er gelacht hat.

Wie aber spricht Luther vom Lachen der Christen?

Er weiß wohl, dass auch die Christen nicht immer Lust haben zu lachen und sagt dazu: „Das weiß Christus wohl, dass sich natürlich Fleisch und Blut entsetzet und niemand dazu lachen kann, wenn es ihm übel gehet, oder ihm alles, was er hat, genommen oder dem Henker übergeben wird."[41]

„Niemand wird es zählen können was für Unrat der Teufel und die bösen Leute den Christen zurichten. Nun sind sie Menschen, haben Fleisch und Blut. Darum ist es nicht möglich, dass sie dazu lachen sollten."[42] „Die rechten Jünger Christi werden nicht Leute sein, die stets lachen. Des Unglücks wird sich so viel zutragen, dass ihnen die Augen übergehen werden, das ist beschlossen."[43]

Luther kann aber auch auf die Freude und auf das Lachen der Gläubigen hinweisen, die Gott mit seinem Wirken verursacht. So legt er folgende Verheißung in Gottes Mund: „Siehe, ich will dich schützen und retten und dir alles geben, auch mich selbst und sollst ein liebes Kind sein. Wer solches höret und bedenkt, welch groß Gut das ist und mitbringet, der mag auch wohl fröhlich lachen, singen und springen und fürchte sich nur vor nichts, denn er hat eitel reichen Trost von Gott."[44]

In einer Adventspredigt spricht er vom kommenden König und von der Wirkung dieser Botschaft: „Darüber sollst du singen, springen, lachen."[45] In einer Weihnachtspredigt drückt er sich ähnlich aus: „Wie könnt ein Mensch nicht lachen und freudevoll sein, so er gänzlich in seinem Herzen glaubte und dafür hielt, dass das Kind sein sei."[46] In einer Vorlesung über den ersten Johannesbrief kann er sagen: „Das Herz lacht, weil das Fleisch Christi nicht nutzlos ist, aber er ist ins Fleisch gekommen um uns zu erlösen."[47]

Gestärkt durch die Botschaft vom Kommen Christi kann der Christenmensch auch im Unglück lachen und somit Gott gefallen: „Es soll ihm wohl gefallen über das, dass du glaubst. Wenn dir Böses widerfährt, so lache dazu und sage: Ich sage dir Dank, dass ich mich in solcher Situation befinde und in dieser Art Lage. Ich

---

[40] WA 50,587,23–27.
[41] WA 21,473,1–4.
[42] WA 52,555,21–24.
[43] Ebd., 34–36.
[44] WA 37,438,7–11.
[45] WA 32,203,13.
[46] WA 7,190,5–7.
[47] WA 20,730,23.

will gern darin tun und leiden, was ich soll."[48] „Wo wir's recht könnten bedenken und nicht so kalt wären, sollten unsere Herzen mit Freuden dermaßen brennen, dass wir Gott auch alles gerne um seinetwillen leiden [...] und dennoch dazu lachen sollen, weil wir einen solchen Schatz von ihm haben."[49] „Was er auch tragen soll, des lacht [der Gläubige] und flucht nicht."[50] „Geht's euch übel, so will ich [Christus] euch den Mut geben, dass ihr noch darüber lachen sollt."[51]

In der Hauspostille von 1544 sagt Luther: „Also sehen wir, wie unser lieber Herr Christus seine Christen malt. Dass es erstlich Leute sind, die nicht sicher sind wie die Welt. Sie haben ein schwaches Herz, fürchten sich vor Gottes Zorn und Gericht und wollten gern fromm sein. Darum geht es ihnen an Leib und Nahrung dermaßen, dass nicht viel Lachens dabei ist und dennoch, ob die Welt gleich sie übel hält, so behalten sie doch ein sanftes Herz und lassen sich zu Zorn und Ungeduld nicht bewegen."[52]

Wie jeder andere Mensch ist auch der Christ dem Tod und der Todesfurcht ausgesetzt. Luther ermahnt ihn aber, darüber zu lachen: „Oportet mortem ridenti ore patiaris."[53] „Der Christ verlacht den Tod" und sagt wie Paulus „Tod, wo ist dein Stachel."[54] „Er kann des Todes lachen weil er Vertrauen hat in Gottes Gnade."[55] „Wenn wir fest glauben würden und die Sünde wie ein Nichts verachten würden, dann würden wir auch den Tod und Satan verlachen, denn wir glauben, dass sie besiegte und geschwächte Feinde sind."[56]

Luther kann das Lachen des Gläubigen auch in Verbindung mit seiner Auferstehung bringen: „In der Auferstehung werden wir dieses Liedlein auch in unserer Person singen, da werden wie auch für uns des Todes lachen, sein spotten und sagen: Tod, wo bist du nun? Hier ist eitel Leben. Ich bin Herr und Siegmann über dich."[57]

Wenn Luther die Unterdrückung der Christen erwähnt und ihr Leiden und Sterben um des Glaubens willen, dann schreibt er: „[Wir sollten] dazu lachen, so wir sollten um seines Wortes und Gehorsams willen sterben und diesen Madensack durch Feuer, Schwert und alle Marter hinrichten lassen."[58] Er erwähnt auch

---

[48] WA 37,479,19–21. Vgl. Bonhoeffer, 3. Strophe des Liedes „Von guten Mächten treu und still umgeben": „Und reichst du uns den schweren Kelch, den bittern, des Leids, gefüllt bis an den höchsten Rand, so nehmen wir ihn dankbar ohne Zittern aus deiner guten und geliebten Hand."
[49] WA 41,758,4–8.
[50] WA 41,357,3–4.
[51] WA 51,194,12–13.
[52] WA 52,563,5–10.
[53] WA 14,465,3.
[54] WA 15,433,16–17.
[55] WA 8,106,15.
[56] WA 40,II,249,35–250,1.
[57] WA 49,769,37–38.
[58] WA 21,486,19–21.

in diesem Zusammenhang das Verhalten der Märtyrer, die „mit Freuden und Lachen zum Tod gegangen sind."[59]

Insgesamt wird man wohl sagen können, dass Luthers Aussagen über das Lachen Gottes und das Lachen der Menschen so etwas wie eine Zusammenfassung seiner Theologie sind, oder zumindest der wichtigen Aspekte seiner Theologie. In der Schrift verwurzelt bringen sie sowohl die Souveränität Gottes dem Menschen gegenüber zur Sprache wie auch seine Nähe durch sein gnädiges Lachen. Und der Mensch ist zum Lob Gottes und zum lachenden Vertrauen in diese Gnade eingeladen. Er wird dabei dazu ermahnt, das spottende Lachen des Unglaubens der Botschaft des Evangeliums gegenüber zu vermeiden.

---

[59] WA 37,71,6.

Nora Schmidt

„Das Lachen des Propheten ist schön wie der Mond"

Überlegungen zu einer islamischen Hermeneutik des prophetischen Körpers

1. Quälende Quelle: Die satanischen Verse als Ausganspunkt

„Das Lachen ist satanisch, also ist es zutiefst menschlich" schreibt Baudelaire in seinem Essay *De l'essence du rire* 1859.[1] In den 80er Jahren des 20. Jahrhunderts ist nicht nur der in diesem Band bereits mehrfach erwähnte Roman Umberto Ecos *Der Name der Rose* erschienen, dessen Thema das Lachen in der Religion ist, sondern acht Jahre später auch der Roman *Die satanischen Verse* des in Bombai geborenen Autors Salman Rushdie. Das in Ecos Roman verbrannte letzte Manuskript der Aristotelischen Poetik der Komödie und *Die satanischen Verse* haben nicht den Humor, sondern ein Moment der Humorlosigkeit der christlichen und der islamischen Religion auf die historische und politische Bühne gebracht. Wenn es sich im Fall von Ecos Roman um den fiktiven Plot einer Mordserie in einem spätmittelalterlichen Kloster handelt und bei den *satanischen Versen* um einen in aller Ernsthaftigkeit und Dramatik ausgetragenen, hoch politischen, realen Konflikt, ist das religiös begründete Tabu des Lachens in beiden Fällen doch erstaunlich ähnlich. Es geht um die Empfindlichkeit des Frommen gegenüber der Ironie, die als Blasphemie verurteilt und als gefährlich geahndet wird. Und um den selbst lächerlichen, den vergeblichen, weil paradoxalen Versuch, mit dem *Verbot* gegen das Lachen anzugehen. Die Entfesselung einer Sprache der Gewalt – den Morden an den Lesern der Schrift von Aristoteles und im Fall der *satanischen Verse* dem von Musawi Khomeini verhängten Todesurteil (der *fatwa*) über den Romanautor Rushdie, die öffentlichen Märsche frommer Muslime in England und dem Iran samt Verbrennung des Buches – ist auch die Folge dieses Paradoxons. Was uns aber am meisten zu interessieren hat, ist eine andere Parallelität der Fälle *Der Name der Rose* und *Die satanischen Verse*: Hier wie dort steht *die Reinheit des Ursprungs* der religiösen Selbstbehauptung auf dem Spiel. Die von der religiösen Autorität verhängte Zensur des Lachens verteidigt oder postuliert die Eindeutigkeit der Urform des Christentums bzw. des Islam und sieht sie durch die Komödie bzw. die

---

[1] BAUDELAIRE, Sämtliche Werke, 186, 292.

Satire verunglimpft. Gerade in seinem Angriff auf den Humor gibt sich diese Form der religiösen Autorität selbst in einem anderen Sinn als dem von Baudelaire gemeinten als „satanisch" zu erkennen.

Wer den Roman *Der Name der Rose* gelesen oder auch wer die Verfilmung gesehen hat, erinnert sich vermutlich an die Szene, in der der blinde Seher und Bibliothekar Jorge, der das Aristoteles-Manuskript vergiftet hat und es schließlich zu verspeisen versucht, entlarvt wird:[2] Der Mörder erklärt sein Werk mit dem Antagonismus des Lachens zur Furcht. Ohne Gottesfurcht würde es keinen Glauben geben. Lachen müsse verboten werden, weil es dem Wesen nach exzessiv sei. Einmal entfacht, kenne das Lachen keine Grenzen mehr und würde damit unweigerlich zur Gotteslästerung. Natürlich behält der mordende Seher in Ecos Roman nicht recht, sondern er wird, der dialektischen Logik seines Kontrahenten, des franziskanischen Aufklärers William von Baskerville zufolge, selbst der Blasphemie überführt. „Antichristlich", satanisch handelt die das Lachen unterdrückende religiöse Autorität, so eine für uns postmoderne ChristInnen tröstliche und versöhnliche Aussage des Romans: Wir dürfen nicht nur lachen, wir sollten es sogar, um Menschen zu sein und zu bleiben.

Die satanischen Verse sind der postmoderne und postkoloniale Roman eines Autors, der vor dem Hintergrund von globaler Migration und territorialer „Entwurzelung" religiöser Identitäten eine ganz ähnliche Frage stellt: Wem gehören die Anfänge des Islam? Wessen Deutungshoheit unterliegen sie? Rushdies Roman erzählt die allen MuslimInnen bekannte und in Ehren gehaltene Geschichte der Offenbarung des Korans und der islamischen Religionsgründung neu. Er erzählt sie als Geschichte von Menschen, die aus menschlichen Motiven handeln: aus Gier, aus Verzweiflung, Liebe, dem Wunsch nach Einfluss und Anerkennung usw. *Die satanischen Verse* erzählen damit gerade nicht von der Unfehlbarkeit des Propheten, sondern stattdessen von der existenziellen Verunsicherung, die mit der Offenbarung Gottes verbunden ist. Rushdie tut dies noch viel vordergründiger als Umberto Eco in einem Verwechslungsspiel von Engel, Teufel und Mensch, mit der er an eine Verunsicherung im Herzen der islamischen Theologie aus der koranischen Prophetologie rührt, nämlich diesem Mythos der satanischen Verse. Die frühmekkanische Sure 53, der Text, auf den sich der Mythos bezieht, beginnt gerade mit einer Beteuerung der Glaubwürdigkeit des Verkünders, der nur ausrichtet, was der Engel ihm offenbart: „Beim Stern, wenn er sinkt! Euer Gefährte (Muhammad) irrt nicht ab und geht nicht fehl. Noch spricht er aus eigener Neigung. Sie (die Lesung, arab. *Qurʾān*) ist vielmehr inspirierte Eingebung (*waḥīyun yuḥyā*), die gelehrt hat einer von gewaltiger Kraft." (Sure 53, 1–3) Gerade zu dieser Sure 53 erzählt nun die islamische Tradition folgende Geschichte, die in Werken der klassischen islamischen Koranexegese überliefert wird[3] und die Rushdie in seinem Roman aufnimmt. Für einen Moment war es nicht mehr der Engel von

---

[2] Eco, Name der Rose (1986), 612ff.
[3] Z.B bei al-Tabari, Jāmiʿ al-bayān ʿan taʾwīl āy al-Qurʾān, Bd. 17, 186–195.

„gewaltiger Kraft",[4] der dem Propheten Muhammad die Worte Gottes vermittelte, sondern ein böser Geist, ein *shaiṭān*, wie ihn auch die Dichter im alten Arabien kannten und von den guten Geistern der Inspiration, den *jinn*, unterschieden.[5] Der Teufel habe Muhammad dazu gebracht, der Sure zwei „satanische Verse" zuzufügen, in denen die Macht der drei wichtigsten weiblichen Göttinnen aus dem vorislamischen Pantheon, Alat, Manat und al-Uzza, bestätigt wurde und somit die Botschaft des reinen Monotheismus, welche die koranische Offenbarung vermittelte, untergraben. Nach Vers 19 „Habt ihr Lat und Uzza gesehen und auch Manat, diese andere, die dritte?" sei der Text ursprünglich weitergegangen: „Jene sind die erhabenen Kraniche, auf deren Fürsprache man hofft." (*tilka l-ġarānīqu l-ʿulā / wa-šafāʿatuhunna turtaḍā* und *tilka l-ġarānīqu l-ʿulā / wa-šafāʿatuhunna turğā / miṯluhunna lā yunsā*) An dieser Stelle setzt der Roman Rushdies an und erzählt aus, wie es dazu kam, dass die satanischen Verse erst verkündet und später von Muhammad selbst widerrufen wurden. Die Krise, die dahintersteckt, ist nicht „nur" die der islamischen Lehre der Unfehlbarkeit des Propheten, sondern eigentlich die der Wahrheit und Glaubwürdigkeit der Offenbarung selbst. Wenn es passieren konnte, dass an dieser Stelle ein böser Geist in die Rolle des ehrwürdigen Boten schlüpfte: Woher wissen wir, dass er es nicht auch an anderer Stelle tat? Die satanischen Verse sind damit *topos* der im Islam so bedeutsamen Notwendigkeit zur Unterscheidung von Lüge und Wahrheit, die sich in zahlreichen Versen wie ein kategorischer Imperativ in den koranischen Diskurs einschreibt.[6] Für Rushdie sind die satanischen Verse Wegweiser dafür, dass im Anfang der islamischen Religionsgeschichte nicht ein selbstsicherer, triumphaler oder auch nur selbstbewusster Prophet und Verkünder steht, sondern ein überwältigtes, jedenfalls unsouveränes Subjekt. *Ironisch* ist dieser „Teufel" (*šayṭān*) im wörtlichen Sinne des griechischen Begriffs der εἰρωνεία, nicht, da er zum Lachen bringt, sondern ein Meister der Verstellung und der Täuschung ist.

Aber weshalb bestand in der Herabstufung des Propheten und der Anzweiflung der Wahrheits-Prämisse der Offenbarung durch die Verwechslung des Engels mit dem Teufel in Rushdies Roman eine derart enorme Provokation, wenn auch die islamische Tradition die Episode von den „satanischen Versen" überliefert? Gerade seit der Moderne ist der islamische Diskurs ganz zentral an der islamischen Urgeschichte interessiert und an ihr orientiert.[7] Der tunesische Psychoanalytiker Fethi Benslama bezeichnet Salman Rushdies satirische „Aufhebung der

---

[4] Einige moderne Koranforscher halten die Erscheinung am Horizont auch für eine Vision Gottes. Siehe SINAI, An Interpretation of Sūrat al-Najm, 8.
[5] Zu den verschiedenen Formen der Inspiration durch Engel und Jinn im vorislamischen Arabien siehe z.B. NEUWIRTH, Der Koran als Text der Spätantike, 684f.
[6] Siehe für einen Überblick über Belegstellen den Artikel BEAUMONT, Art. Lie.
[7] Dieser Prozess, der mit den unterschiedlichen Reformen in der arabischen Welt nach der Befreiung von der europäischen Kolonialherrschaft im Nahen Osten zu tun hat, ist verschiedentlich beschrieben worden. Aus der „Renaissance" (arab. Nahda) der arabisch-islamischen Selbstbewusstseins und der Bemühungen einer Verbindung von religiöser Tradition mit der Moderne sind auch die Gruppierungen hervorgegangen, die heute als

Quelle" in Form des Romans als ein zentrales Ereignis: „eine Subversion der ursprünglichen Metaphern, die eine Umarbeitung und Zersplitterung des väterlichen Textkörpers einschließt, der nun im Namen einer literarischen Gerechtigkeit, die allen den gleichen Zugang zum Text und zu seiner Wahrheit als Fiktion geben soll, die Weltbühne betritt."[8]

Für Benslama, der sich in erster Linie mit dem modernen Islam beschäftigt und diesem eine „Qual an der Quelle",[9] d.h. eine „wahnhafte"[10] Fixierung auf den textlichen und historisch verstandenen Ursprung attestiert, die sich am deutlichsten in den ultrafrommen, fundamentalistischen Strömungen des modernen Islam zeige, hat die fiktionale Literatur das Potenzial der Kritik an der Ursprungsobsession mit Historizitäts- und Faktizitätsanspruch. Gerade die literarische Umformulierung biete eine subjektive Teilhabe an der Quelle und „die Erzählung selbst ist in die Diaspora verbannt."[11] Das hört sich nach einer Deutung an, die vermutlich im Sinne Rushdies wäre. Die Ursprünge des Islam entziehen sich dem Zugriff, so wie sich ehemals der „ehrwürdige Bote" am Horizont entzogen hat. Die Fabulierung, die poetische Neuschöpfung, die humorvolle Überschreibung zeigt sich als der einzige Weg, an „der Quelle" teilzuhaben.

2. Das „Andere" zum „väterlichen Textkörper": Der Körper des Propheten

Im Folgenden soll es mir darum gehen, einen Schritt zurück zu gehen und Aspekte von Lachen im Koran und den Überlieferungen zum Propheten in der islamischen Tradition selbst aufzusuchen.[12] Es geht mir dabei darum zu zeigen, dass die islamische Tradition die meiste Zeit über *nicht* an einer „Qual der Quelle" litt,[13] sondern in der Beschäftigung mit dem Körper des Propheten der Metapher einen Vorrang gegenüber dem historischen Zeugnis eingeräumt hat. Benslamas und Rushdies Plädoyer für eine literarische Überschreibung der Quelle bringt insofern

---

Fundamentalisten beschrieben werden. Im Ende des 19. und Anfang des 20. Jh. sind diese Reformbewegungen aber primär intellektuelle Bewegungen im Zeichen der Unabhängigkeit. Zu den sozialen und historischen Entwicklungen siehe z.B. STEINBERG, Reformismus.
[8] BENSLAMA, Psychoanalyse des Islam, 86.
[9] Ebd., 11 und öfter.
[10] Ebd., 50.
[11] Ebd., 86.
[12] Für weitere Aspekte des Humors in der arabisch-islamischen Kultur des Mittelalters, etwa das Genre von „Spaß und Ernst" (al-jidd wa-l-hazl), welches Teil der erbaulichen und bildenden Literatur ist, sei auf den geistreichen Beitrag von MARZOLPH, The Muslim Sense of Humour, verwiesen.
[13] Benslama argumentiert letztlich ganz ähnlich, indem er etwa „das Offene im Ursprung" sucht und – etwa in auch durch die Beziehung der koranischen Erzählweise zu dem Wissen der Bibel – den Exzerpt-, Kommentar-, und Fortschreibungscharakter des Korans betont.

keine gänzlich neue Kritik an dem grundsätzlich auf die Historie festgelegten religiösen Paradigma Islam, sondern sie bringt vielmehr eine Dimension der islamischen Frömmigkeit und Gedächtniskultur in Erinnerung, die sich seit den islamischen Anfängen an einem anderen Medium abarbeitet als der Offenbarung des „heiligen Textes", dem Körper des Propheten. Der prophetische Körper, so meine im folgenden auszuführende These, hatte seit den Anfängen der islamischen Religion eine metaphysische bzw. metaphorische Bedeutung, dessen epistemischer Zugang sich emotional, haptisch, performativ erschließt im Sinne einer kollektiven Übertragungsliebe. Der prophetische Körper ist Medium der Geschichtsreflexion, das die islamische Religionsgemeinschaft mit ihren Ursprüngen verbindet.

Das Verhältnis von Humor und Islam bzw. Humor und arabischer Kultur ist in den vergangenen Jahren mehrfach zum Gegenstand islamwissenschaftlicher Studien geworden. Sowohl die Beiträge in dem von Georges Tamer 2009 herausgegebenen Sammelband „Humor in der arabischen Kultur" als auch die wegweisenden Publikationen von Ulrich Marzolph[14] sind aus guten Gründen darum bemüht, das entstandene Klischee, welches den zeitgenössischen Islam als humorlos oder humorfeindlich darstellen (neben der Karikaturen-Krise und den Blasphemiegesetzen wird regelmäßig auch auf Rushdies Roman verwiesen) zu entkräften und stattdessen Aspekte von Humor in der religiösen Kultur des Islam, in der arabischen Literatur, in arabischen Zeitungen und anderen Publikationsorganen ins Licht zu heben. Es ist zweifellos richtig, dass eine in der westlichen Öffentlichkeit gestellte Diagnose einer Unverträglichkeit von Humor und Islam, wie Marzolph scharfsinnig folgert, auch aus einem orientalistischen „othering" der islamischen Kultur geboren ist und insofern vielleicht mehr über das Islambild des Westens aussagt als über die soziale Wirklichkeit in „der" islamischen Welt.[15] In diesem Beitrag geht es mir aber weniger als den genannten Autoren um das soziale Phänomen von islamischem Humor, der etwa in Witzen, in zeitgenössischen Formen von Comedy[16] oder humoristischer Literatur, zu denen man Rushdie als einen selbst „islamischen Autor" dazu zu zählen hätte, nachzuspüren wäre, sondern stattdessen um eine hermeneutische Perspektive auf die koranischen und frühislamischen Überlieferungen, die sich an dem Affekt des Lachens und in der *figura*[17] des (prophetischen) Lachens bzw. Lächelns abarbeitet.

---

[14] Siehe seinen Aufsatz „The Muslim Sense of Humour" und seine Monographie „Arabia ridens".

[15] Vgl. MARZOLPH, The Muslim Sense of Humour, 185.

[16] Im deutschsprachigen Raum sei etwa auf die auf Youtube veröffentlichten Videos der „Datteltäter" verwiesen.

[17] Der Begriff der figura war Gegenstand einer interdisziplinären Tagung, die 2015 Anne Eusterschulte und Klaus Krüger in Berlin konzipiert haben. Der Begriff scheint mir für vorliegenden Kontext passend. Zum Bericht siehe: http://www.sfb-episteme.de/Listen_Read_Watch/berichte/jahrestagung-2015/index.html.

2.1 Leib und Lachen im Koran

Historisch-kritische Koranstudien der vergangenen Jahre und Jahrzehnte haben begonnen, den in relativen Chronologien rekonstruierten Kommunikationsprozess, der der heiligen Schrift des Islam zugrunde liegt, auch auf soziale, kultische und emotionale Aspekte hin zu untersuchen. Bereits im Verkündigungsprozess des Korans wird wiederholt auf den Körper des Propheten als dem (prekären) Medium der Offenbarung Gottes eingegangen, in Bildern der körperlichen Beschwernis und Erleichterung, etwa im Bild der Weitung der Brust Q 94,1, im Vorbild des Verkünders für die geforderte Frömmigkeitspraxis im nächtlichen Gebet in Q 73, später durch Angriffe auf den prophetischen Körper durch seine politischen Gegner und das damit verbundenen Erfordernis seines Schutzes, etwa in (dem bereits medinischen Vers) Q 4, 102, der zu suggerieren scheint, dass Muhammad während der Gebetsanleitung mit Waffen protegiert werden musste. Gerade wenn wir solchen sozialen und personalen Aspekten der koranischen Verkündigung nachgehen wollen, ist es unerlässlich, die Genese des Koran als historischen Prozess zu begreifen, in dem sich die Konstellation der verschiedenen Akteure, dem Verkünder zu seinem Publikum, seinen Anhängern und Kontrahenten mehrmals ändert.[18] Eine umfassende Theologie des Lachens werden wir im Koran nicht finden,[19] wohl aber Referenzen auf den Affekt des Lachens unter den Emotionen, die an diesen vielschichtigen Kommunikationsprozessen der Verkündigung, des Betens, der liturgischen Lesung u.a. beteiligt sind.[20] Ich gehe im folgenden Überblick chronologisch vor, d.h. ich skizziere Hinweise auf den Affekt des Lachens in der von der Forschung angenommenen Reihenfolge der Surengenese ohne den Anspruch auf Vollständigkeit.[21]

2.1.1 Ernsthaftigkeitsermahnungen im kultischen Kontext

Die frühmekkanische Sure Q 86 „der Nachtstern" (aṭ-Ṭāriq) ist, wie für die erste Verkündigungsphase üblich, ganz aus der Perspektive Gottes gesprochen und stark poetisch geprägt. Nach einem Schwur im Eingangsteil folgt ein zweiter Schwur bei einem Himmelsphänomen, der bereits in den Schluss überleitet: Q

---

[18] Zu einer Einordnung des Ansatzes einer diachronen Lektüre der Verkündigungen des Korans siehe die Publikationen von Angelika Neuwirth.
[19] Für eine Übersicht zum Lachen im Koran siehe neben dem erwähnten Beitrag von TAMER, Humor in der arabischen Kultur, auch AMMANN, Art. Laughter, und dessen Monographie „Vorbild und Vernunft", auf die im Kommenden mehrfach Bezug genommen wird.
[20] Diese emotionalen Komponenten wird man nicht erkennen, wenn man den Koran als auktorial verfasste Schrift ohne historische Entwicklung liest. Zu einer Gegenüberstellung von Verkündigungsprozess (Quran) und heiliger Schrift (Mushaf) siehe vor allem NEUWIRTH, Der Koran als Text der Spätantike, 24–45.
[21] Übersetzungen aus dem Arabischen orientieren sich an denen von NEUWIRTH, Der Koran. Handkommentar mit Übersetzung, bzw. den Übersetzungen auf der Website des BBAW-Projekts corpuscoranicum.de

86,11–14: „Bei dem immer wiederkehrenden Himmel. Und bei der sich spaltenden Erde. Dies ist ein entscheidendes Wort. Und kein Scherz!" Der Schwur (bei Himmelsphänomenen)[22] und die folgende Affirmation der als „entscheidendes Wort" autorisierten Offenbarung dienen der Bekräftigung der Ernsthaftigkeit des von den Hörern der Verkündigung erlebten Phänomens. Tamer verweist auf den strukturanalogen Kontext in der späteren Sure Q 21, 16–17, dass Gott „die Welt nicht scherzhaft" erschaffen hat.[23] Anders als in Q 21 ist der Kontext der angemahnten Ernsthaftigkeit in Q 86 aber nicht die Schöpfung, sondern die Haltung der Hörer gegenüber dem an sie ergehenden Offenbarungswort und die Ankündigung des Eschatons. Die ebenfalls noch frühmekkanische Sure Q 53 „der Stern" (*an-Najm*) ist besonders charakteristisch für eine von den ersten Hörern des Korans geforderte Ernsthaftigkeit.

أَزِفَتِ ٱلۡأَزِفَةُ	[57] Es naht, was nahe ist –
لَيۡسَ لَهَا مِن دُونِ ٱللَّهِ كَاشِفَةٌ	[58] niemand außer Gott kann es abwenden!
أَفَمِنۡ هَٰذَا ٱلۡحَدِيثِ تَعۡجَبُونَ	[59] Wundert ihr euch etwa über diese Kunde?
وَتَضۡحَكُونَ وَلَا تَبۡكُونَ	[60] Lacht ihr etwa, anstatt zu weinen,
وَأَنتُمۡ سَٰمِدُونَ	[61] und schreitet stolz einher?
فَٱسۡجُدُوا۟ لِلَّهِ وَٱعۡبُدُوا۟	[62] Fallt nieder vor Gott, und dient ihm!

Der Kontext ist die Androhung des Tags des Herrn: „Es naht, was nahe ist." In Angesicht des bevorstehenden göttlichen Gerichts sind die Hörer beraten zu weinen, statt zu lachen.[24] Der Imperativ: „Fallt nieder und dient ihm" zeigt aber auch den kultischen Kontext an: der *sujūd*-Ritus des islamischen Gebets. Hier ist bereits in der Sprechersituation der Sure ein Transfer erkennbar von der intimen Kommunikation zwischen dem prophetischen Subjekt und Gott, der dieses Subjekt im Du anspricht (so etwa besonders deutlich in Q 73 siehe unten) zu einer Weitung der Perspektive auf ein Hörerkollektiv. An dem Wechsel der Sprechsituation können wir ersehen, dass sich eine Gemeinschaft um den Verkünder des „entscheidenden Wortes" herum gebildet hat, deren Zentrum das im mekkanischen Heiligtum gesprochene Gebet ist.[25] Dass Gebet und Offenbarungsempfang bereits seit der frühmekkanischen Verkündigungsphase eng miteinander verknüpft sind, zeigt exemplarisch etwa Q 73 „Der Eingehüllte" (*al-Muzammil*). Q 73 ist eine der Suren, die noch ganz zwischen Gott und prophetischem Subjekt ablaufen. Auch

---

[22] Anders als in der Mehrzahl der Suren hier im Sureninnern, statt, wie sonst, im Anfang.
[23] TAMER, The Quran and humor, 7. Der Zusammenhang von Offenbarung, Schöpfung und angekündigtem Gericht gibt Rahmen der mittelmekkanischen Suren, deren Grundton man als weisheitlich beschreiben könnte.
[24] Der Kontext der Lk Weherufe über die „jetzt" Lachenden ist bereits von Ammann bemerkt worden.
[25] Vgl. NEUWIRTH, Vom Rezitationstext über die Liturgie zum Kanon, mit umfassenden Belegstellen.

wenn hier nicht von Lachen die Rede ist, sei der Anschaulichkeit halber hier kurz zitiert:

يَٰٓأَيُّهَا ٱلْمُزَّمِّلُ	¹ O du Eingehüllter!
قُمِ ٱلَّيْلَ إِلَّا قَلِيلًا	² Steh die Nacht über bis auf ein weniges
نِّصْفَهُۥ أَوِ ٱنقُصْ مِنْهُ قَلِيلًا	³ – die Hälfte davon, oder zieh etwas davon ab,
أَوْ زِدْ عَلَيْهِ	⁴ oder füge etwas hinzu –,
وَرَتِّلِ ٱلْقُرْءَانَ تَرْتِيلًا	trag die Lesung auf deutliche Weise vor –
إِنَّا سَنُلْقِى عَلَيْكَ قَوْلًا ثَقِيلًا	⁵ wir werden dir gewichtige Rede auferlegen;
إِنَّ نَاشِئَةَ ٱلَّيْلِ هِىَ أَشَدُّ وَطْـًٔا وَأَقْوَمُ قِيلًا	⁶ der Beginn der Nacht ist stärker an Wirkung und geeigneter zur Rede;
إِنَّ لَكَ فِى ٱلنَّهَارِ سَبْحًا طَوِيلًا	⁷ tagsüber nehmen dich zahlreiche Geschäfte in Anspruch –,
وَٱذْكُرِ ٱسْمَ رَبِّكَ	⁸ rufe den Namen deines Herrn an
وَتَبَتَّلْ إِلَيْهِ تَبْتِيلًا	und wende dich ihm ganz zu –

Hier wird der im Du angesprochene Verkünder dazu aufgefordert, einen Teil der Nacht stehend, mit Vigilien zu verbringen, woraufhin ihm die Frucht weiterer *gewichtiger Rede*²⁶ zugesagt wird. In der etwas später datierten²⁷ Sure 53 sind bereits die erweiterten Hörer angesprochen, deren Pflicht zur Einnahme einer Demutshaltung („Fallt nieder vor Gott und dient ihm!") anzeigt, dass nun kollektiv gebetet wird. Diese beginnende Strukturbildung einer Betgemeinschaft mit einem verpflichtenden Ritus²⁸ korreliert mit der Veränderung der Surenstruktur. Nicht nur verändert sich die Sprechperspektive vom Du zum Ihr, auch werden die Offenbarungstexte allmählich länger und strukturell komplexer. Das Wachstum der Texte und das Wachstum einer Betgemeinschaft stehen in einem Wechselverhältnis. Anders als in Q 53 ist das Lachen in Q 73 noch keine Versuchung oder anders gesagt: Aus den Ernsthaftigkeits-Ermahnungen in den ersten Gebetskollektiv-Su-

---

²⁶ Vgl. NEUWIRTH, Der Koran als Text der Spätantike, 132 mit Hinweisen auf psalmistische Intertextualität.
²⁷ Vgl. NEUWIRTH, Der Koran. Frühmekkanische Suren, 586ff und bereits NÖLDEKE, Geschichte des Qorans, 74ff, der Sure 73 und 53 (bei gleicher Reihenfolge) in größerer zeitlicher Nähe sieht als Neuwirth.
²⁸ Zu den Hinweisen auf natürliche und kultische Zeiten in den frühmekkanischen Suren siehe NEUWIRTH, Vom Rezitationstext über die Liturgie zum Kanon.

ren können wir erahnen, dass mangelnder Ernst bereits unter den ersten betenden Muslimen ein Thema war. Gott fordert im Kontext von Offenbarung und Gebet Hingabe, Ernst, asketische Praxis, nächtliches Stehen, Konzentration. Er mahnt mit der nah herangekommenen Stunde, in der diejenigen, denen es heute an Ernsthaftigkeit mangelt, weinen werden.

Neben solchen Ernsthaftigkeits-Ermahnungen im kultischen Kontext und der Ankündigung von Verhältnisumkehr in eschatologischen Szenarien des herannahenden Gerichts findet sich eine weitere Position zum Lachen in Q 53. Dort heißt es:

أَمْ لَمْ يُنَبَّأْ بِمَا فِى صُحُفِ مُوسَىٰ	³⁶ Oder wurde ihm nicht berichtet, was in den Schriften des Moses steht
وَإِبْرَٰهِيمَ ٱلَّذِى وَفَّىٰٓ	³⁷ und Abrahams, der seinen Auftrag erfüllte?
أَلَّا تَزِرُ وَازِرَةٌ وِزْرَ أُخْرَىٰ	³⁸ Dass keine Seele die Last einer anderen trägt,
وَأَن لَّيْسَ لِلْإِنسَٰنِ إِلَّا مَا سَعَىٰ	³⁹ dass dem Menschen nur sein eigenes Mühen zukommt,
وَأَنَّ سَعْيَهُۥ سَوْفَ يُرَىٰ	⁴⁰ dass man dereinst auf sein Mühen sehen wird
ثُمَّ يُجْزَىٰهُ ٱلْجَزَآءَ ٱلْأَوْفَىٰ	⁴¹ und ihm dann voller Lohn gewährt wird,
وَأَنَّ إِلَىٰ رَبِّكَ ٱلْمُنتَهَىٰ	⁴² und dass schließlich alles bei deinem Herrn enden wird;
وَأَنَّهُۥ هُوَ أَضْحَكَ وَأَبْكَىٰ	⁴³ dass er es ist, der zum Lachen und Weinen bringt,
وَأَنَّهُۥ هُوَ أَمَاتَ وَأَحْيَا	⁴⁴ dass er es ist, der sterben lässt und lebendig macht,
وَأَنَّهُۥ خَلَقَ ٱلزَّوْجَيْنِ ٱلذَّكَرَ وَٱلْأُنثَىٰ	⁴⁵ dass er die Geschlechter erschafft, männlich und weiblich,
مِن نُّطْفَةٍ إِذَا تُمْنَىٰ	⁴⁶ aus einem Tropfen, der vergossen wird,
وَأَنَّ عَلَيْهِ ٱلنَّشْأَةَ ٱلْأُخْرَىٰ	⁴⁷ dass ihm auch die Wiederentstehung obliegt,
وَأَنَّهُۥ هُوَ أَغْنَىٰ وَأَقْنَىٰ	⁴⁸ dass er Reichtum und Besitz verleiht,
وَأَنَّهُۥ هُوَ رَبُّ ٱلشِّعْرَىٰ	⁴⁹ und dass er der Herr des Sirius ist;
وَأَنَّهُۥٓ أَهْلَكَ عَادًا ٱلْأُولَىٰ	⁵⁰ dass er zu Urzeiten das Volk der ʿĀd vernichtete
وَثَمُودَا۟ فَمَآ أَبْقَىٰ	⁵¹ und Ṯamūd und nichts übrig ließ,
وَقَوْمَ نُوحٍ مِّن قَبْلُ	⁵² und zuvor das Volk Noahs
إِنَّهُمْ كَانُوا۟ هُمْ أَظْلَمَ وَأَطْغَىٰ	– die taten noch mehr Unrecht und waren noch widerspenstiger –,
وَٱلْمُؤْتَفِكَةَ أَهْوَىٰ	⁵³ und dass er es war, der die umgestürzte Stadt zu Fall brachte,
فَغَشَّىٰهَا مَا غَشَّىٰ	⁵⁴ so dass sie bedeckte, was sie bedeckte.
فَبِأَىِّ ءَالَآءِ رَبِّكَ تَتَمَارَىٰ	⁵⁵ An welchen der Wohltaten deines Herrn willst du also zweifeln?

Die in Parallelismen strukturierte, den gesamten Mittelteil der Sure 53 umfassenden Hypotaxe ist nur ein Merkmal, das an den Stil eines Hymnus erinnert. Bereits das poetische Merkmal des offenen Reims (auf a) hält die positiven und negativen Elemente des Lebens und das schöpferische und richtende Handeln Gottes in der Welt zusammen. Das Lachen und das Weinen des Menschen sind eines von zahlreichen Gegensatzpaaren, welche wie Zeichen (arab. *āyāt*)[29] die göttliche Verfügungsgewalt, aber auch den Ordnungswillen Gottes in dieser Welt zu erkennen geben.[30] Mit dieser generalisierenden, abstrakten, nicht mehr auf das Verhalten der konkreten Hörer konzentrierten, sondern den Menschen in der Welt allgemein beschreibenden Perspektive ist auch eine andere Bewertung des Affekts des Lachens verbunden. Statt der Androhung von Strafe im Eschaton für den in dieser Welt zu ernstlos agierenden Menschen zeigen sich Bilder der Hoffnung: Das Versprechen, dass Gott vollen Lohn gewährt und eine „zweite Schöpfung" bzw. „Wiedererstehung" (von Verwüstetem) veranlassen wird. Mir scheint, dieser hymnische Ansatz zum Lachen und Weinen als Schöpfungszeichen Gottes neben dem in Q 53 ebenfalls formulierten „Lachverbot" beim Gebet zeigt auch, dass Gott keine Demütigung durch das Lachen der Menschen fürchtet. Die Sure entwirft in diesem hymnischen Mittelteil vielmehr eine ganzheitliche Perspektive auf den Menschen als einem Element in der sinnvoll, harmonisch und ausgeglichen angeordneten Schöpfung.

2.1.2 Trost durch angekündigte Verhältnisumkehr

Neben der Zensur des Lachens im Kontext der Frömmigkeitspraxis der Prophetenanhänger und beim Offenbarungsempfang stehen zahlreiche Verse, die den Spott der Ungläubigen über den koranischen Verkünder bereits ab der frühmekkanischen Phase thematisieren. So etwa Q 83 „die Schmälerer" (*al-Muṭaffifīn*):

---

[29] Der Begriff fällt in Q 53 noch nicht, sondern ist ein Konzept der mittelmekkanischen Zeit. Die sog. ayat-Passagen, in denen das schöpferische Handeln Gottes als lehrreiche Zeichen aufgezählt werden, die den Menschen zur Einsicht bringen könnten sind aber der hymnischen Passage in Q 53 recht ähnlich. Zu den ayat-Passagen der mittelmekkanischen Zeit siehe insbesondere Q 55 auch mit dem Refrainvers „Welche der Wohltaten Eures Herrn wollt ihr beide wohl leugnen", der in Q 53,55 bereits anklingt.

[30] Viele sowohl moderne als auch klassisch islamische Kommentatoren hat an dem Vers „Er (Gott) ist es, der zum Lachen und zum Weinen bringt" die Frage beschäftigt, ob damit eine Aussage über die Vorherbestimmung menschlicher Affekte getroffen sei. Ich glaube nicht, dass es in der Sure selbst um Determination oder Selbstbestimmung des Menschen geht. Lachen und Weinen des Menschen sind vielmehr eines von mehreren Gegensatzpaaren, die die menschliche Existenz und seine Gefühle in das umfassende Heilshandeln Gottes in der Welt einordnet.

²⁹ Die Übeltäter pflegten über die Gläubigen zu lachen,

إِنَّ ٱلَّذِينَ أَجْرَمُوا۟ كَانُوا۟ مِنَ ٱلَّذِينَ ءَامَنُوا۟ يَضْحَكُونَ

³⁰ einander zuzuzwinkern, wenn sie an ihnen vorbeigingen,

وَإِذَا مَرُّوا۟ بِهِمْ يَتَغَامَزُونَ

³¹ sich zu belustigen, wenn sie zu ihren Angehörigen zurückkehrten

وَإِذَا ٱنقَلَبُوٓا۟ إِلَىٰٓ أَهْلِهِمُ ٱنقَلَبُوا۟ فَكِهِينَ

³² und wenn sie sie sahen, zu sagen: „Die da gehen in die Irre!"

وَإِذَا رَأَوْهُمْ قَالُوٓا۟ إِنَّ هَٰٓؤُلَآءِ لَضَآلُّونَ

³³ Dabei waren sie doch nicht als Hüter über sie gesetzt!

وَمَآ أُرْسِلُوا۟ عَلَيْهِمْ حَٰفِظِينَ

³⁴ Heute lachen die Gläubigen über die Ungläubigen,

فَٱلْيَوْمَ ٱلَّذِينَ ءَامَنُوا۟ مِنَ ٱلْكُفَّارِ يَضْحَكُونَ

³⁵ während sie auf Ruhebetten liegend um sich schauen.

عَلَى ٱلْأَرَآئِكِ يَنظُرُونَ

³⁶ Werden die Ungläubigen etwa für das, was sie getan haben, belohnt?

هَلْ ثُوِّبَ ٱلْكُفَّارُ مَا كَانُوا۟ يَفْعَلُونَ

Die Sure schildert offensichtlich eine soziale Situation, in der das Vorübergehen der Gläubigen – vermutlich zu gottesdienstlichen Übungen – an den spottenden Zweiflern bereits mehrfach vorgekommen ist. Die Spötter scheinen sich regelmäßig über die Anhänger des Propheten lustig zu machen. Die Verse, die ebenfalls aus der göttlichen Perspektive gesprochen sind, sind so indirekt ein Trost an die Anhänger des Propheten, denen in den abschließenden Versen 34–36 eine jenseitige Verhältnisumkehr verheißen wird. In dem eschatologischen Szenario einer Kompensation der ehemals verspotteten Gläubigen, die sich ihrerseits auf Ruhebetten liegend umschauen können, d.h. in einer lokal und wohl auch sozial überlegenen Position sein werden, ist vor allem die Betonung des Tempus „Heute" bemerkt worden.[31] Fraglich ist aber, ob dieses Temporaladverb bereits während der Bedrängnis der Gemeinde in Mekka eine realisierte Eschatologie indiziert, die vielleicht das lukanische Konzept präsentischer Eschatologie (ebenfalls betont in den Heute-Versen Lk 19, 9; 23,43) zum Vorbild haben könnte. Zur Unterstützung dieser These könnte auch die wiederholte Gegenüberstellung von Lachen und Weinen, in denen die lukanischen Weheworte anklingen, vorgebracht werden. Trotzdem scheint mir in Q 83 kein durchgearbeitetes Konzept präsentischer Eschatologie zugrunde zu liegen. Das „Heute" ist primär rhetorisches Mittel, das den noch unter dem Spott ihrer Mitmenschen leidenden Gläubigen die Teichoskopie ins Paradies gewährt. Gerade da sich auch die Ungläubigen in ihrem Spott des „religiösen" Vokabulars der Betenden selbst bedienen, indem sie behaupten, diese würden „in die Irre gehen" (*la-ḍālūn*), was den Vers des Gemeindegebets der *Fātiḥa*

---

[31] Vgl. TAMER, The Quran and Humor, 9.

(Q 1, 6 „... nicht derer, die irregehen") aufzunehmen scheint,[32] ist eine subversive, wenn nicht selbst ironische Strategie koranischer Rhetorik erkennbar. Die Ungläubigen verspotten die Gläubigen mit einem Tatbestand, der eigentlich auf sie selbst zutrifft (das Irregehen). Die Spiegelbildlichkeit von Spott und Verspottetwerden, diesseitigem und jenseitigem Lachen wird so in der Sprache der Sure weiter verstärkt.[33]

2.1.3 Topos der Prophetenverspottung

Mit der wachsenden Autorität des koranischen Verkünders zum Gemeindeführer ab der mittemekkanischen Phase richtet sich der Spott der Ungläubigen vermehrt auf seine Person, die zudem stärker in den Kontext biblischer Vorgänger gestellt wird. Der Spott der Ungläubigen wird zum Beweis ihrer Unbelehrbarkeit selbst wenn sie „Zeichen" sehen (Q 37,12–14). Die Ungläubigen spotten konkret über Muhammad, weil er ihre Götter verachtet (Q 21,36–41). Das spottende Lachen kann hier als ein Abwehrmechanismus der Menschen begriffen werden, die die von Muhammad verkündete Botschaft von Monotheismus und Gericht nicht wahrhaben wollen. Der Prophet selbst wird von Gott mit dem Hinweis getröstet, dass die Gesandten (die vorausgegangenen Propheten) immer von ihren Zeitgenossen verspottet und verlacht wurden, dass ihr Spott sie aber stets später eingeholt habe (Q 21, 41). Der Topos der Verspottung des Propheten im Diesseits und der Vergeltung dieses Spotts im Jenseits hält sich dann auch in medinischen Suren (vgl. etwa Q 6:32). Dasselbe gilt für die Abwertung des kurzfristigen Zeitvertreibs, den viele Menschen dem ernsthaften Gebet vorziehen (Q 62,11 und bereits der mekkanische Vers Q 23, 114), da Gott die ungläubigen Hörer am Tag des Gerichts fragt, ob sie geglaubt hätten, sie seien „zu Spiel und Zeitvertreib" erschaffen worden (Q 23, 114). In einem Vers der medinischen Sure Q 9, 82 steht das Lachen der Ungläubigen ganz offen im Kontext der Androhung der Höllenstrafe: „Sie mögen ein wenig lachen, aber viel werden sie weinen über die Vergeltung ihres Tuns."[34] Es ist vielleicht der Betonung wert, dass von Schadenfreude der Gläubigen über die gerichteten Sünder nicht die Rede ist. Auch Gott selbst spottet nicht über die verdammten Ungläubigen,[35] wie Tamer meint, indem er etwa das drastische Bild einer höllischen Bestrafung durch das Essen ekelerregender Früchte vom Zaqqum-

---

[32] Die Fatiha (Q 1) datieren Nöldeke und Neuwirth später als Q 83. Der intertextuelle Bezug zum Gemeindegebet in Q 83, 32 ist also anzweifelbar. Vorstellbar ist jedoch, dass die zentralen Begriffe der Fatiha, zu denen der „gerade Weg" (aṣ-Ṣirāṭ al-mustaqīm) und das Abirren davon, bereits davor in Gebrauch waren.

[33] Dazu passt auch das in der Sure dominante Bild der Waage. Siehe NEUWIRTH, Der Koran. Frühmekkanische Suren, 494.

[34] Hier ist tatsächlich einmal von dem „Spott Gottes" über die Ungläubigen die Rede, allerdings liegt die Betonung auf der Reziprozität von Vergehen und Strafe. So etwa auch in dem Vers 11,11 „Dann werden sie von dem erfasst, worüber sie sich lustig gemacht haben."

[35] Eine Ausnahme stellt der Vers 2,15 dar, in dem ausgesagt wird, Gott werde diejenigen, die sich vordergründig zum Propheten bekennen, dann aber zu ihren Teufeln zurückkehren, verspotten.

Baum (vgl. Q 52:18) als ein „karikatureskes" Moment der koranischen Höllenbeschreibung einstuft. Karikiert bzw. eigentlich pervertiert wird hier allenfalls der ehemalige lukullische Genuss der Ungläubigen. Dass dieses drastische Bild der Bestrafung den göttlichen „Humor" im Koran widerspiegelt scheint mir nicht evident. Statt die Bilder der jenseitigen Verhältnisumkehr als koranische „Weltanschauung" zu verabsolutieren, in der Lachen, weltlicher Genuss etc. den Ungläubigen zugeschrieben werden, halte ich diese Passagen für charakteristisch für die im Verkündigungsprozess dokumentierten Kommunikationsstrukturen. Dass der Prophet gerade mit seiner Botschaft des nahenden Weltendes Spott auf sich gezogen hat und dieser Spott im Koran selbst zurückgewiesen und verurteilt wird, scheint mir gerade ein Hinweis auf die Flexibilität des koranischen Diskurses zu sein. Der Spott der Ungläubigen ist Teil der später zur heiligen Schrift gewordenen Verkündigung. Diese rhetorische Struktur ist vielleicht am ehesten vergleichbar mit den ebenfalls nicht zur Auflösung gebrachten Dialogen des Hiob.[36] Sie fordert bei der Hörerschaft affektive Anteilnahme und indirekt die Erarbeitung eines eigenen Standpunkts. Das Schema der Verhältnisumkehr mit der in Aussichtstellung der Bestrafung derjenigen, die jetzt lachen und spotten und die Belohnung derjenigen, die dem Propheten in frommer Glaubenspraxis und Konzentration auf die göttliche Wahrheit nacheifern, ist nicht Kennzeichen eines sadistischen Humors Gottes, sondern vielmehr ein rhetorisches und pädagogisches Mittel der Überzeugung. Sadistische Schadenfreude kann dem Gottesbild des Koran nicht unterstellt werden und liefe der vielfachen Betonung seiner gnadenvollen Zuwendung und Vergebungsbereitschaft und auch dem andernorts betonten allgemeinen Verbot des „Zwietracht säenden Spotts"[37] zuwider. Es geht bei den Hinweisen auf die Affekte des Lachens und Weinens vielmehr darum, den für den Propheten und seine junge Gemeinde schmerzhaft erlittenen und unter Gefahren ausgestandenen Kampf um gesellschaftliche Akzeptanz zu erkennen. Dass dieser auch für uns heute nachfühlbar ist, liegt an der Tatsache, dass der koranische Diskurs die Stimmen der Gegner nicht eliminiert hat und die Dialektik des Wettstreits zwischen Gläubigen und Spöttern – unter göttlicher Supervision – an uns weitergegeben hat.

Im Ursprung der Offenbarung des Koran steht kein eindeutiges Narrativ eines unfehlbaren Propheten oder einer geschlossen agierenden Gemeinde, die sich ein moderner Mensch zum Vorbild nehmen könnte, sondern ein dialogisches Prinzip. Gelächter, Spott, mangelnde Ernsthaftigkeit werden von der auktorialen Stimme Gottes zwar zensiert, aber sie bleiben Teil der Überlieferung. Die Hinweise auf das

---

[36] Hinweis bereits bei TAMER, The Quran and Humor, 3, allerdings mit anderer Folgerung. Tamer sieht auch in den Fragen Gottes an den leidenden Hiob einen „touch of humor". Ich würde auch hier nicht auf Gottes Humor schließen, sondern die Strategie des Erzählens in Hiob betrachten unter der hermeneutischen Prämisse des Affekts, welcher bei der Hörer- und Leserschaft entsteht.

[37] AMMANN, Vorbild und Vernunft, 37. Siehe auch Ammanns Ausführungen zum Spott des Teufels und der Spötter, 41.

Lachen der frühen Muslime und ihrer Gegner im Koran sind so, mit Benslama gesprochen, Beispiele für das „Offene im Ursprung" des koranischen Diskurses.

3. Figurationen des Propheten in der islamischen Tradition

So wenig Informationen wir im Koran über den Propheten Muhammad, seine Wahrnehmung, sein Aussehen, seine Umgangsweisen und auch sein politisches Vorgehen erhalten, so genau geben spätere islamische Überlieferungen darüber Auskunft. Aufgrund der Vorbildrolle, die Muhammad für die Ethik und das Recht zukommt, hat das historische Wissen über ihn seit den Anfängen der islamischen Theologie und Koranexegese eine große Rolle gespielt.[38] Es sind dabei verschiedene Bilder, Figurationen des Propheten entstanden, die sich zum Teil wesentlich unterscheiden und sogar widersprechen.[39] Ein solcher Dissens betrifft etwa die Frage, ob Muhammad selbst überhaupt je gelacht habe oder nicht. Und damit komme ich zum zweiten Teil, dem Lachen Muhammads in der islamischen Traditionsliteratur. Eine weit verbreitete Aussage im Hadīth besagt, der Prophet habe nur gelächelt, nie gelacht.

> „Abu Dawud at-Tayalisi sagte: Ich fragte Gabir b. Samura: Pflegtest du mit dem Propheten zusammenzusitzen? Ja, er war schweigsam, lachte wenig, und seine Gefährten pflegten manchmal in seiner Gegenwart Gedichte und allerlei Dinge in Erinnerung zu bringen, dann lachten sie und manchmal lächelte er."[40]

Das Wesen des vorbildlich frommen Propheten ist, dieser Darstellung zufolge, zwar nicht unsozial. In geselligen Situationen kann er über Gedichte und anderes *lächeln*, aber er lacht eben nicht lauthals. Sein Charakter ist zurückhaltend, eher introvertiert und selbstgenügsam. Dieses Bild korrespondiert insofern mit der koranischen Kritik an der mangelnden Ernsthaftigkeit der Menschen, die sich mit belanglosen Dingen amüsieren. Andere Theologen und Historiker, die in dem Propheten noch stärker ein asketisches Ideal sehen wollen, spitzen den Kontrast zwischen Lächeln (*tabassama*) und Lachen (*ḍaḥika*) zu: „Der Gesandte war immer in Gedanken, er war viel traurig und lachte wenig außer dass er lächelte."[41]

Daneben ist aber auch eine Zahl von Hadithen über Situationen überliefert, in denen Muhammad sehr wohl lacht und seine Zeitgenossen mit Scherzen zum Lachen bringt. Am deutlichsten in der Formulierung: „Der Prophet, Gesandte Gottes

---

[38] Vgl. etwa SCHIMMEL, Und Muhammad ist sein Prophet.
[39] Zu historischen Entwicklungen verschiedener Muhammad-Bilder siehe KHALIDI, Images of Muhammad, oder auch SCHIMMEL, a.a.O.
[40] AMMANN, Vorbild und Vernunft, 54 mit Parallelüberlieferungen.
[41] As-Sulami, Tabaqat, 98 zitiert in AMMANN, Vorbild und Vernunft, 60.

lachte, bis sich seine Weisheitszähne zeigten."[42] Die wenigen Überlieferungen, in denen wirklich von lachen (ḍahika), nicht lächeln (tabassama) die Rede ist, sind umso interessanter:

> „Ein Beduine riss den vorübergehenden Muhammad grob am Gewand und bat darum, ihm etwas von dem in seinem Besitz befindlichen Vermögen Gottes (māl allāh) zu überlassen. Der Prophet drehte sich um, lachte und ließ ihm ein Geschenk geben."[43]

Diese Situation ist tatsächlich komisch: Der Beduine, der sich am „Vermögen Gottes" bereichern will, konterkariert die höchste der ihm selbst nachgesagten Tugenden, die Großzügigkeit. Es ist der Prophet, der großzügig von dem Vermögen spendet und durch sein Lachen nicht nur seine Erhabenheit über weltlichen Besitz zeigt, sondern auch die Ironie der Situation erkennt und sie souverän für sich entscheidet.

3.1 Der prophetische Körper als Metapher

Neben solchen als historisch dargestellten, da am ethischen Vorbild des Propheten interessierten Traditionsbeständen finden sich in der arabischen Philosophie Beschreibungen des Lächelns und Lachens des Propheten, das hier häufig mit dem Mond verglichen wird. Abu Huraira wurde nach den Eigenschaften des Propheten gefragt und antwortete:

> „Er hatte die besten und schönsten Eigenschaften. Er war von mittlerem Wuchs, breitschultrig, hatte eine hohe Stirn, dichtes schwarzes Haar, schwarze Augen, lange Wimpern, er trat mit dem ganzen Fuß auf, der keine Fußwölbung besaß, wenn er den Mantel um die Schultern legte, war es, als sei er ein Silberbarren, und wenn er lachte, dann leuchtete es beinahe auf den Mauern."[44]

Bereits ab dem 9. Jh. etablierte sich neben dem Genre des Hadith eine eigene literarische Gattung, in der die körperlichen und charakterlichen Vorzüge des Propheten beschrieben wurden. Der erste Text dieser Gattung sind die shamāʾil Muḥammadiyya des Mystikers Hakim al-Tirmidhi. In solchen mystischen Zweigen der islamischen Theologie taucht immer wieder der Vergleich des Lachens des Propheten mit dem Mond auf:

> „Der Prophet hatte einen stattlichen Körperbau. Manche verglichen die Schönheit seines Lächelns mit dem Vollmond. Seine Nase war dünn, sein Gesicht war weich. Sein Bart war dick, sein Hals war am schönsten. Wenn die Strahlen der Sonne auf seinen

---

[42] A.a.O., 48
[43] A.a.O., 43 mit Hinweis auf Ibn Hanbal 4, 204.
[44] Abdarrazaq al-Sanʿani, Musannaf, Bd. 11, 259 zitiert in AMMANN, Vorbild und Vernunft, 58f.

Hals fielen, sah dieser aus wie ein Becher aus Silber und Gold. Seine Schultern waren breit."[45]

So der Philosoph al-Ghazali. Die philosophische Beschreibung ist das Gegenteil von historischem Positivismus mit ethischem oder anders normativem Faktizitätsanspruch. Der Körper des Propheten beschreibt eine kosmische Metapher. Sein Angesicht gleicht dem Vollmond, der auf einem aus den kostbarsten Edelmetallen gefertigten Becher ruht. Am einfachsten erklärt sich die Suche nach dem *tertium comparationis* zwischen dem Lachen und dem Mond über die vielfach betonte Eigenschaft des Glänzens. Das Zeigen der Zähne beim Lachen meint hier nicht einen aggressiven Willen zum Zubeißen, sondern einen Sachverhalt, der im poetischen Sprachgebrauch und in Redewendungen in eine Vielzahl anderer Kontexte übertragen worden ist: Die Wolke „lacht" im arabischen, wenn sie glänzt. Die aufgeschlitzte Dattel, in der sich ein glänzender Kern zeigt, lacht.[46]

Aber der Vergleich des Lachens des Propheten mit dem Mond spielt zugleich einen Topos der altarabischen Dichtung ein.[47] Der vorislamische Dichter Ibn Hajar hat vom Flirt mit Sänftenträgerinnen, „die nur lächelnd lachen wie das Aufleuchten der Sommerwolke" mit den exakt gleichen Worten erzählt, die später auch das Lächeln des Propheten beschreiben.[48]

Nicht nur in der persischen Miniaturmalerei, wie die HerausgeberInnen des Ausstellungskatalogs *Taswir. Islamische Bildwelten und Moderne* einfallsreich belegen,[49] sondern bereits in der altarabischen Dichtung ist der Mond eine Metapher für das Angesicht der geliebten Frau, deren Gesicht metonymisch als *hilya* beschrieben wird, dem Begriff für den Neumond, der sich in einer hauchzarten Sichel zeigt. Die Sehnsucht nach der in der Dichtung stets abwesenden Geliebten erhält nun, transferiert auf den Propheten, eine eschatologische Konnotation. Bereits al-Hakim al-Tirmidhi legt dem Propheten die Aussage in den Mund: „Wer meine *hilya* nach seinem Tode sehen wird, der ist so, als habe er mich gesehen, und wer sie sieht, sich nach mir sehnend, für den wird Gott das Höllenfeuer verbieten."[50] In der *hilya*, dem mondgleichen Angesicht des Propheten verbindet sich

---

[45] Al-Ghazali, Iḥyāʾ ʿulūm ad-dīn, Bd. 2, Neu-Delhi 2001, 251, zitiert in BRUCKSTEIN/BUDDE, Taswir, 207.

[46] AMMANN, Vorbild und Vernunft, 9 mit zahlreichen Belegversen.

[47] Darüber hinaus sei auch an die orientalische bzw. jüdische Tradition der rituellen Begrüßung des Neumonds bzw. der Feier des Vollmonds erinnert, die den religiösen Festen des Shabat bzw. des Neumondfestes zugrunde liegt. Siehe dazu BERLEJUNG, Heilige Zeiten, 3–61. Zu einer Übersicht über Neumond und Sabbat mit alttestamentlichen Belegstellen siehe auch DIES., Exkurs: Feste, Neumond und Sabbat, 81.

[48] Al-Aṣmaʿī, Khalq al-Insan, 199, Hinweis in AMMANN, Vorbild und Vernunft, 101.

[49] Die Ausstellung Taswir fand von 2009 bis 2010 im Martin-Gropius-Bau in Berlin statt. Der Abschnitt „Prophet und Porträt/Face and Effaced Face" im publizierten Ausstellungskatalog ist keinen AutorInnen zugeordnet.

[50] Tirmidhi, zitiert bei SCHIMMEL, Und Muhammad ist sein Prophet, 33.

die jenseitige Hoffnung (auf Erlösung) mit der Ausrichtung des Frommen auf das Vorbild Muhammad im Diesseits.

In der osmanischen Kalligraphie des 16. und 17. Jh. entwickelt sich die Analogie des prophetischen Porträts mit dem Mond zu einer eigenen Kunstform: den Hilyāt, welche die seit dem 9. Jahrhundert gesammelten und textlich tradierten äußeren und inneren Tugenden des Propheten in die graphische Form der Mondsichel eintragen. Wenn die Kunst der Hilyāt auch erst im 17. Jahrhundert von Hafiz Osman zur Meisterschaft gebracht wurde, sollen mondförmige Beschreibungen der Schönheit des Propheten bereits im Frühislam kursiert haben. Hilyāt schmückten Wände in Moscheen und Privathäusern, wurden als Talismanen am Körper getragen. Die von der Hilya erhoffte Schutzfunktion besaß und vermittelte den Segen Muhammads. Sie zeigt das Porträt des geliebten Propheten – in Form eines Textes. Die Hilya ist wie die Sandale (*na'l*), der Umhang (*khirqa*) und der Fußabdruck (*qadam rasul*) des Propheten eine Verehrung des prophetischen Körpers, der nur der Spur nach wahrnehmbar ist. Die Spur bei der Hilya ist nicht einmal wie bei den zahlreichen in der islamischen Welt verehrten Fußabdrücken eine durch den Körper selbst hinterlassene Spur, sondern der sprachlich vermittelte Eindruck, den Muhammad auf seine Zeitgenossen gemacht haben soll. Diese nur der Spur nach wahrnehmbaren Reliquien zeigen, dass das Bild bzw. das Porträt in der islamischen religiösen Tradition der imaginären, nicht der dinglichen Welt zugehört.[51]

Ganz ähnlich ist auch der Schleier bzw. die Flamme die angemessene Darstellungsform des prophetischen Porträts in der islamischen Miniaturmalerei. Eine solche Darstellung möchte ich zum Abschluss zeigen. Sie verbindet die koranische mit der philosophischen Propheten-Figuration:

Die Spaltung des Monds ist in der wiederum frühmekkanischen Sure 54 *al-Qamar* („der Mond") belegt, in einer unserer Sure 53 („der Stern") ganz ähnlichen Evokation des nah herbeigekommenen göttlichen Gerichts durch einen Schwur bei einem Himmelsgestirn, das seinen verlässlichen Verlauf bzw. die Erscheinung ändert: „Die Stunde ist nahegerückt, und der Mond hat sich gespalten".

Aus dem Vers in der Sure geht nicht zwingend hervor, was die islamische Koranexegese überliefert, es sei der Prophet selbst gewesen, der den Mond gespalten habe, um seine Gegner von der Wahrhaftigkeit der Botschaft, d.h. der Unweigerlichkeit des Eintreffens des Tags des Herrn zu überzeugen. Grundsätzlich zeigt auch die Miniatur aus dem persischen *Fāl Nameh*, dem Buch der Prophetien, die Spaltung des Mondes als einen Akt, der durch den Zeigefinger des Propheten ausgelöst sein könnte.

---

[51] So auch BEHIERY, Art. Hilya, 262.

Abbildung 1: Mondspaltung in einer persischen Handschrift des 16. Jahrhunderts.

Aber die Spaltung des Mondes ist in der bildlichen Darstellung eigentlich keine Geste der prophetischen Autorisierung, sondern vielmehr ein wechselseitiger Akt des Sehens und Verweisens. Der Prophet, dessen Antlitz verhüllt ist, zeigt auf seinen himmlischen Antitypus, den Mond, wobei die Hälfte der Zeugen der Szene nicht den Mond, sondern ihn selbst, den irdischen Muhammad, ansehen. Der Mond blickt, mit der Andeutung eines lächelnden Mundes, zurück. Die Geste der Spaltung evoziert gerade nicht „nur" das Szenario des hereinbrechenden Eschatons, sondern eröffnet vielmehr den Zwischenraum dialektischer, reziproker Signifizierung. Auch sind wir in die temporale Ungewissheit versetzt, ob das Ereignis sich schon ereignet hat oder noch ereignen wird. Das Tempus des Verses (*inshaqqa al-qamra*) ist perfektisch. In der Betonung der Geste des Zeigens scheint mir der springende Punkt für das Verständnis des prophetischen Körpers zu liegen, der von seiner eigenen Leiblichkeit abzulenken sucht und auf ein metaphorisches Spiegelbild in der Mondsichel verweist, das, anders als er selbst, die Züge eines menschlichen Gesichts besitzt.

Philippe Soual

Ein Lob auf den Humor

1. Humor in der philosophischen Tradition

Lachen und Humor sind uns vertraut. Anders als Perikles, der aufhört zu lachen, nachdem er sich dem politischen Handeln verschrieben hat, scheint es, dass es für uns moderne Menschen immer möglich sein wird, zu lachen. Wir erleben jeden Tag Lachen, Komik und Humor, trotz der Sorgen – und manchmal auch Unglücke –, die unserem familiären, sozialen und politischen Leben innewohnen. Humor scheint unsere Erde nicht verlassen zu haben, also sollten wir nicht, so wie Trygaios, als er zur Suche nach der Friedensgöttin zum Olymp aufbricht, um sie in Aristophanes' Komödie (Der Frieden) zurück zur Erde zu bringen, in irgendeinem Jenseits nach ihm suchen.

Es ist jedoch schwierig, das Wesen des Komischen zu erfassen. Viele Denker haben mit mehr oder weniger Erfolg versucht, das Lachen bzw. das Komische zu definieren. Es geht jedoch nicht um den Verweis darauf, dass etwas komisch ist, sondern um die Bedeutung, weshalb etwas komisch ist, gemäß der sokratischen Unterscheidung: Wo der Unwissende etwas Komisches zur Schau stellt, müssen wir nachforschen, inwiefern es komisch ist. Es besteht die Gefahr, dass wir das Komische durch „schlafende Tugend" erklären, indem wir sagen, dass etwas komisch ist, anstatt aufzuzeigen, weswegen etwas komisch ist. Dazu ist es notwendig zu hinterfragen: einerseits die komischen Dinge, d.h. zu fragen, was bestimmte Dinge sein müssen, um Menschen zum Lachen zu bringen, und andererseits das komische Selbst, d.h. die Mächte unseres Geistes, die beim Lachen im Spiel sind. Wenn das Lachen im Humor, im Sinne des Geistes, gipfelt, ist es wahrscheinlich, dass die Komik im Wesentlichen eine Sache des Geistes selbst ist. Die Erfahrung des Lachens ist die Erfahrung des Geistlichen, denn sie stellt die Erfahrung einer hohen Möglichkeit des menschlichen Geistes in seiner Freiheit dar.

Das Komische scheint vielfältig zu sein, nicht nur, weil es der Idiosynkrasie einer Nation oder eines Individuums entspricht, sodass das, was den einen zum Lachen bringt, die andere nicht zum Lachen bringt, sondern auch, weil es viele Arten von Komik oder Lachen gibt: Es gibt gemeines und spöttisches oder verächtliches Lachen, Ironie, Humor oder sogar das Lächeln … Es scheint unmöglich zu sein, all dies unter einen Hut zu bringen oder in einer gemeinsamen Definition zu bündeln und die Sprache scheint zu versagen, um alle notwendigen Nuancen oder Unterschiede zu erfassen. Im Rahmen dieses Aufsatzes möchten wir diese verschiedenen Punkte genauer betrachten, indem wir die Idee des Humors mit Hilfe einiger Denker, bei denen diese Thematik selbst entscheidend ist, vertiefen.

Es gibt viele Leidenschaften der menschlichen Seele, eine große Vielfalt an Pathos und seinen Ausdrucksformen, aber es ist sicherlich eines der Verdienste der griechischen Zivilisation, sie in ihrem Wesen durch reine Formen, dank Poesie und Theater, herausgehoben zu haben, vor allem durch die Gegenüberstellung von Tragik und Komik.

1.1 Aristoteles

Sokrates spricht von unserem Leben und sieht darin eine Mischung aus Tragik und Komik: „in der gesamten Tragödie und Komödie des Lebens und in zahllosen anderen Fällen [mischt sich] Unlust mit Lust zugleich". Das bedeutet, dass unser tägliches Leben – und auch das Theater, das in seiner Schönheit die Quintessenz davon ausdrückt – uns eine Mischung aus Übel und Gut, Unglück und Glück darbietet. Jene Mischung ist verbunden mit Lastern und Tugenden, mit Weinen und Lachen. Es kann sich beim Weinen und Lachen sowohl um ein Wechselspiel handeln als auch um eine Simultaneität, wie wenn man etwa vor Lachen weint, oder beim Weinen anfängt zu langen, um gegen die Tränen anzukämpfen. Für Sokrates liegt die „Natur des Lächerlichen" in der Unwissenheit über sich selbst: Es besteht darin, dass ein Mensch aufgrund einer Selbsttäuschung sich eine falsche Überlegenheit zuschreibt, sei es an Reichtum, Schönheit oder Tugend. "Lachen als Lust" ist eine unreine Lust und vermischt sich mit dem Schmerz des spöttischen Neides. Dies wird beispielsweise deutlich, wenn eine Person – und sei es ihr Freund – über andere lacht, weil sie den illusorischen Charakter von Überlegenheit für sich beansprucht und sich am Unglück oder an der Niedrigkeit eines anderen Menschen ergötzt. Dieses Lachen besteht im Anblick des Zusammenbruchs einer illusionären Überlegenheit seitens derjenigen Person, die sich über andere erhaben glaubt.[1]

Wir möchten versuchen, das Lachen genauer zu charakterisieren. Die griechische Sprache unterscheidet zwischen „dem Lustigen" (τὸ γέλοιον) und „dem Lächerlichen" (τὸ καταγέλαστον). Das Wort „Lachen" (ὁ γέλως) ist mit dem Verb „γέλειν" verbunden, was zuerst „glänzen, leuchten" und dann „lachen" bedeutet, denn das Gesicht der lachenden Person leuchtet vor Freude, es wird vom Pathos und dem Gedanken an das, was sie zum Lachen gebracht hat, erleuchtet. Aber „das Lächerliche" wird „τὸ καταγέλαστον" genannt, weil es aus einer Bewegung von oben nach unten und aus Feindseligkeit (κατα) gegenüber dem Objekt des Lachens (γέλως) besteht: Wer das, was ihm lächerlich erscheint, verspottet, stellt sich darüber und verachtet es. Es gibt also ein freudiges Lachen ohne Bosheit, das

---

[1] Vgl. PLATO, Philebos, 50b, 48c, 50a.

ein Gesicht erhellt, und ein spöttisches Lachen, ein „Lachen über", das ablehnt und verachtet, indem es in einer Position der Überlegenheit steht. Tatsächlich ist das menschliche Leben oft ein Wechsel von freudigem und gemeinem Lachen.

Wir wissen, dass Aristoteles' *Poetik* der Tragödie gewidmet ist, mit einigen Anmerkungen zur Komödie, aber dass es wahrscheinlich ist, dass der Teil, der der Komödie gewidmet ist, verloren gegangen ist. In anderen seiner Schriften gibt es jedoch wichtige Texte über das Lachen und die Komödie. So enthält die *Nikomachische Ethik* viele feine Hinweise auf das Lachen. Gewiss ist das wesentliche Merkmal eines freien und tugendhaften Menschen seine Ernsthaftigkeit, doch fehlt das Lachen nicht in seinem Leben. Wo findet das Lachen in einem glücklichen Leben seinen geeigneten Ort?

Das Glück des Menschen besteht zunächst in der Tugend (ἀρετή), d. h. in der Exzellenz in der Führung von Zuneigungen und Handlungen. Je nach der Dauer eines erfüllten Lebens bedarf Glück aber auch sowohl externe Güter (Reichtum und Ansehen) als auch körperliche Güter (Gesundheit). Das Glück hängt von mir ab, da meine Tugend mein eigenes Werk ist, aber auch von den Umständen, die ich nicht beeinflussen kann, so dass ich Mut brauche, um das Bestmögliche zu erreichen. Daher „kann keiner, der glückselig ist, unglückselig werden"[2], d. h. er wird niemals dem Bösen oder der Niedrigkeit verfallen: Seine ethische Tugend ist nahezu unbesiegbar – dies wird eine der Hauptthesen des Stoizismus sein. Auf diese Weise würde ein Mensch das Glück durch stabile Tugend aufrechterhalten, selbst wenn ihm Unglück widerfährt; „paradigmatische Figur" eines solchen Menschen ist König Priamos, der während der Erstürmung seiner Stadt hilflos stirbt und daher nicht als vollkommen glücklich bezeichnet werden kann. Zudem könnte man annehmen, dass er nicht mehr lachen würde und jeglichen Humor verloren hätte. Doch ist Unglück wirklich das Ende des Humors?

Bei Aristoteles ist die ethische Tugend eine Exzellenz des Charakters, als Gipfel zwischen zwei Lastern, dem einen aus Mangel (ἔλλειψις: Mangel, Unzulänglichkeit = Ellipse), dem anderen aus Übermaß (ὑπερβολή: Überschreitung des Maßes, Überfluss, Überlegenheit, Übertreibung = Hyperbel). Während ethische Tugend jedoch eine ernste und lobenswerte Sache ist, können Laster die Menschen zum Lachen bringen. Aber auf welche Weise? Und können wir über jedes Laster lachen? Wäre das Laster nicht eher lächerlich oder blamabel als lustig?

Wir erinnern uns, dass nach der *Poetik* die Tragödie bessere Menschen als uns darstellt, edle Menschen, während die Komödie schlechtere Menschen als uns, nämlich niedere, abscheuliche Seelen darstellt.[3] Allerdings zeichnet die Komödie niedrige Charaktere, Laster, Böses und Hässliches im physischen sowie im moralischen Sinne, aber nicht „alles Böse" oder „alles Hässliche". Sie stellt nur einen Teil des Hässlichen und Lasterhaften dar, nämlich das, was zum Lachen führt: „Denn das Lächerliche ist eine bestimmte Art der Verfehlung (des Handlungszieles) und eine Abweichung vom Schönen, die keinen Schmerz verursacht

---

[2] ARISTOTELES, Nikomachische Ethik (1985), I, 11, 1100b, 19.
[3] DERS., Poetik (2008), 4.

und nicht zerstörerisch ist."⁴ In der Tat bringt das reine Böse, die völlige Hässlichkeit oder das perfekte Laster nicht mehr zum Lachen, sondern macht traurig und beunruhigt, was wiederum Angst und Abneigung erzeugt. Nach Aristoteles lacht der Mensch also streng genommen nur über ein leichtes Laster, das kein moralisches Leid verursacht und nichts Wesentliches zerstört.

Welche Rolle spielt nun der Humor im Leben des tugendhaften Menschen? Macht ihn sein Ernst zu einem Spaßverderber, zu einem Menschen, der nie lacht? Im Gegenteil: Aristoteles betont den hohen Stellenwert von Lachen und Humor im menschlichen Leben, in seiner familiären und sozialen Dimension, aber zweifellos auch in seiner politischen Dimension. Erstens ist der Hochsinnige (μεγαλόψυχος), der der Höhepunkt des antiken griechischen ethischen Lebens ist, derjenige, der sich selbst kennt und der wirklich „großer Dinge (...) würdig"⁵ ist. In der Größe seiner Seele, die sein eigenes Werk, seine Tugend ist, ist er ein vollkommener und ein guter Mensch. Er ist zwar anderen überlegen, aber dennoch ist er derjenige, der gerne gibt und anderen dient. Er liebt es, „wahrhaftig" zu sein, aber vor der Menge kann er „ironisch" sprechen.⁶ Ironie hat hier ihre sokratische Bedeutung, die nichts mit Spott oder Verachtung zu tun hat, sondern darin besteht, Unwissenheit vorzutäuschen: Angesichts von Unwissenheit, die ignoriert wird und zur Gewalt werden kann, ist es ein guter Trick, ignorant zu erscheinen. Der Aufgeblasene, der sich selbst ignoriert, indem er das wahre Gut ignoriert, verspottet alle anderen, er verachtet sie, indem er sich selbst über sie stellt, während er ignoriert, dass er es ist, der aus Sicht der Tugendhaften in seiner Dummheit wirklich lächerlich ist.⁷

In Bezug auf die Lebensalter ist die Jugend die Zeit des Lachens und der Scherze, aber mit dem Risiko, in Spott zu verfallen, da es das Alter des Übermaßes in allem ist, während das Alter die Zeit der Verdrossenheit und der Klage ist, die das Lachen ablehnt.⁸ Daher ist das Alter, in dem man gerne lacht und das reife und maßvolle Lachen kennt, das mittlere Alter, das Alter der goldenen Mitte.

Aristoteles widmet ein ganzes Kapitel der *Nikomachischen Ethik* – eine Abhandlung über Tugenden – der Rolle von Lachen und Komödie im menschlichen Leben. Auf den ersten Blick scheint das Lachen eine geringe Rolle zu spielen, vor allem angesichts der Ernsthaftigkeit des ethischen Lebens. Die Lektüre dieses Kapitels zeigt jedoch seine ganze Bedeutung, denn Lachen, Wissen, wie man lacht und die Menschen zum Lachen bringen, ist eine echte ethische Tugend! Der Tugendhafte wird nicht nur kein griesgrämiger Mensch sein können, sondern er wird ein freudiger Weggefährte sein. Wenn die Tugend darin besteht, das Angemessene zu tun (τὸ δέον), ist das Lachen unter bestimmten Umständen eine soziale Tugend, denn es gibt Dinge und Umstände, über die es angebracht ist, zu lachen

---

⁴ A.a.O., 8.
⁵ DERS., Nikomachische Ethik (1985), IV, 7, 83.
⁶ A.a.O., IV, 8, 87.
⁷ A.a.O., IV, 8, 86f.
⁸ ARISTOTELES, Rhetorik (2002), II, 13, 691–701.

und das Lachen zu suchen. Zu wissen, wie man lacht und wie man Menschen mit Feingefühl zum Lachen bringt, ist eine hohe Tugend, denn sie führt das soziale Leben zu einer Art Exzellenz. Im Hinblick auf Trübsal und Sorge ist der spielerische, fröhliche, scherzhafte Charakter etwas Kostbares.

Es ist keine einfache Zierde, kein Firlefanz oder etwas, was das Leben nur angenehmer, wenn nicht erträglich machen würde. Im Gegenteil, es ist in erster Linie die Essenz einer freundschaftlichen Beziehung, die auf Heiterkeit basiert, denn sie bringt zwei Freunde zusammen, die den gleichen Sinn für Humor haben und das Zusammensein als solches genießen werden. Und schließlich ist es die Krönung einer auf Tugend beruhenden Freundschaft, in dem Sinne, dass, wenn die gleiche Tugend zwei Seelen vereint, ihr Sinn für Humor ihr gemeinsames Leben freudig erfüllt: Der tugendhafte Mensch bedarf „eines Bewusstseins vom Dasein des Freundes, und ein solches wird vermittelt durch das Zusammensein und den Austausch der Worte und Gedanken (ἐν τῷ συζῆν καὶ κοινωνεῖν λόγον καὶ διανοίας[9])". Humor wird sicherlich einen großen Platz in dieser freundschaftlichen Kommunikation einnehmen. Darüber hinaus spendet im Unglücksfall die „bloße Gegenwart" des Freundes, kombiniert mit seinem Mitgefühl, Trost, aber es ist gleichzeitig möglich zu denken, dass eine gewisse Note von Humor mit Fingerspitzengefühl willkommen sein könnte.

Wie Aristoteles betont, sind „Erholung (ἀνάπαυσις) und heiterer Scherz (παιδία) für das Leben notwendig."[10] Lachen ist eine notwendige Tugend, denn es führt das Leben des politischen Lebewesens, welches der Mensch ist, zu einer Art Exzellenz. Unter diesem Gesichtspunkt ist die Komödie nicht das Gegenteil von Ernsthaftigkeit, sondern eine Art von Freude, die in der Ernsthaftigkeit des Lebens selbst gedeiht.

Zuallererst ist festzuhalten, dass sich das menschliche Leben nicht in der Arbeit und in allen Aktivitäten, die zum „leben" (ζῆν) bestimmt sind, erschöpfen kann. Denn es muss zum εὖ ζῆν, zum „guten Leben" aufsteigen. Dazu bedarf es jedoch Ruhe und Erholung, ein kontemplatives Leben, d.h. ein Leben im Denken, mit all seiner Ernsthaftigkeit, aber auch mit Spaß! Ein glückliches Leben benötigt freie Zeit zur Erholung, indem alle ernsthaften Aktivitäten und Arbeiten, alle Techniken und Produktionen eingestellt werden. Es geht hier nicht um ein „sich Ausruhen" im Sinne einer Wiedererlangung der Kräfte für die nächste Arbeit, sondern um Ruhe als das Einstellen (ἀνάπαυσις) jeglichen Tuns, als freie Zeit für die Freizeitgestaltung. Es geht darum, alle notwendigen oder nützlichen produktiven Aktivitäten und alle Handlungen einzustellen, um in der Gesellschaft anderer, in Freundschaft auszuruhen und um in der Lage zu sein, sich dem Humor hinzugeben.

So besteht eine Art von Ruhe in der „διαγωγὴ μετὰ παιδιᾶς":[11] Diese ist ein „Zeit damit verbringen, Spaß zu haben", „eine Lebensart, die im Spiel verbracht

---

[9] DERS., Nikomachische Ethik (1985), IX, 9, 229.
[10] A.a.O., IV, 14, 98.
[11] A.a.O., IV, 14, 96.

wird". Das menschliche Leben, das in der Freizeit gipfelt (die σχολή), ist gleichzeitig ein „Leben mit Spiel", „ein Leben mit Scherzen", nach den beiden Aspekten „Sprechen und Zuhören (λέγειν καὶ ἀκούειν)": Wissen, wie man gute Witze erzählt und wie man ihnen zuhört. Überraschenderweise ist das παίζειν (Spielen, Spaß haben, Witze machen) für das Leben des Weisen selbst unerlässlich. Sicherlich weist Aristoteles an anderer Stelle darauf hin, dass das Ende unserer Existenz und damit unser Glück nicht in der Aktivität des Spiels, in Vergnügen und Witzen besteht – es wäre kindisch und sinnlos, sagt er –, sondern in der Aktivität, die mit der Tugend in Übereinstimmung ist.[12] Unsere Aktivitäten haben daher nicht das Lachen, sondern die Ernsthaftigkeit von ethischem Handeln, ethischer und schließlich intellektueller Tugend – die σοφία – zum Ziel.

Das παίζειν hat jedoch seinen Platz in den zwischenmenschlichen Beziehungen, d.h. sowohl in den *Versammlungen* als auch in den *Reden*, d.h. in den Äußerungen, die während dieser freundschaftlichen oder familiären Treffen getätigt werden. Es wird eine „ὁμιλία τις ἐμμελής", „eine mit heiterem Scherz verbundene[13]" erwartet. Ὁμιλία bedeutet sowohl Begegnung, Versammlung als auch vertrautes Gespräch oder sogar die Lektion eines Meisters. Dieses Wort ist der Ursprung des Wortes Homilie als Predigt. Nun muss diese Aussage den Charakter haben, ἐμμελής zu sein: im guten Ton, in Harmonie, im guten Geschmack, wortwörtlich im Gesang (ἐν μέλος – melodisch). Daraus folgt, dass es nicht nur erlaubt, sondern auch gefordert ist, dass die „Predigten" des Magisters, der Pastorin oder des Priesters reich an Humor sind!

Da sich die Tugend im Maß und in der goldenen Mitte hält, wird der Tugendhafte zu lachen wissen, indem er entscheiden kann, worüber es angemessen ist zu lachen, auf welche Weise, was der richtige Moment (der Καιρός) und wer der richtige Zuhörer ist. Das impliziert, dass es Worte gibt, die er nicht anhören wird und die er nicht sagen wird, weil sie nichts Komisches oder Humorvolles, sondern z.B. Bosheit, Spott oder geschmacklose Dummheit offenbaren würden. Denn nicht alles ist lustig. Wenn auch das Komische seinen Platz im Leben hat, werden das Böse und das Lächerliche von den Tugendhaften geächtet.

Angesichts der komischen Tugend treffen zwei Laster aufeinander, die nicht mehr komisch sind. Das Laster des Exzesses ist die Blödelei, das Laster des Mangels ist die Rauheit. Die Übertreibung des Lachens geht an die Blödelei, und die Auslassung des Lachens geht an die Unkultur des Flegels.

„Die nun im Scherzen zu viel tun, erweisen sich als Possenreißer und lästige Menschen, indem sie schlechterdings darauf aus sind, Spaß zu machen, und sich mehr Mühe geben, Lachen hervorzurufen, als etwas Anständiges zu sagen und aufgezogene Person nicht zu verletzen."[14] Das ist die Haltung der Βωμολόχος: der Witzbold, der schlechte Spaßvogel, der Spötter. Dieses Individuum lauert ständig darauf (λόχος), ein Wort sagen zu können, das es für lustig hält, ohne zu sehen,

---

[12] A.a.O., X, 6, 247f.
[13] A.a.O., IV, 14, 96.
[14] A.a.O., IV, 14, 96f.

dass es vulgär, niedrig, unkomisch ist, wenn es nicht schlicht und einfach gemein ist. Der Witzbold braucht Zuschauer und Zuhörer, Bewunderer, die ihm ähnlich sind, und er wird es genießen, sich über alles und jeden ohne Urteilsvermögen und Wahrheit lustig zu machen. Er versucht, die Menschen um jeden Preis zum Lachen zu bringen, denn Lachen (als Lachen über) ist das Ziel all seiner Worte und seiner ganzen Gestik. Vor allem am Hof der Tyrannen wird er sehr nützlich und geschätzt sein.[15] Die Anwesenheit eines Witzboldes bei einem Tyrannen erweckt den Eindruck, dass der Tyrann besonnen sei, da er den Witzbold duldet. Die Duldung zeigt jedoch die Schlechtigkeit des Tyrannen und seine Bosheit gegenüber allem und jedem auf.

So zielt sein Spott nicht nur auf andere, sondern auch auf sich selbst, solange er einen Lacher erhofft: Er wird sich selbst oder andere nicht verschonen „wenn er nur die Leute zum Lachen bringen kann".[16] Dieses „Lachen über sich selbst" wird wahrscheinlich kein Zeichen einer eigenen Intelligenz, einer Haltung zu seinen Schwächen und Lastern sein, indem man sich von sich selbst distanziert, sondern eine Art von doppeltem Laster. Anstatt ein „es ist ein Spiel, meine Verhöhnung ist nicht ernsthaft und wahr, da ich über mich selbst spotte", bedeutet es ein „nichts ist ernsthaft, da ich mich über alles und jeden lustig machen kann". Nichts und niemand ist ihm ernst, nicht, weil es nichts Ernsthaftes gibt, sondern weil seine Niederträchtigkeit ihn dazu bringt, alles auf seine eigene Niedrigkeit herunterzureißen. Er hat Spaß daran, zu erniedrigen, in dem Glauben, dass er Komik vorführt, und seine böse Freude ist vollkommen, wenn das Opfer seiner Verhöhnung seinen Pfeil kennt und der Witzbold selbst sein Leiden betrachtet. Er genießt es, an jedem Ort durch seine Verhöhnung zu verletzen. Er verwechselt lustig mit lächerlich, Humor mit Grausamkeit oder Dummheit. Es erfordert sicherlich eine Art von Geist, etwas Intelligenz dafür, aber dies als verzerrte, lahme Intelligenz, die nicht in der Lage ist, die wahre Komik zu kennen und das Wahre von dem Falschen zu unterscheiden. Wenn er seinen giftigen Pfeil auf sich selbst schießt, verletzt er sich nicht selbst, sondern bestätigt sich in der Rolle des Spielmeisters.

Gegenüber dem Witzbold steht hier die Ellipse als Auslassung: „Die aber selbst niemals scherzen und denen, die einen Scherz machen, böse sind, erscheinen als steif und trocken."[17] Der Flegel (ἄγροικος) ist der rustikale, unkultivierte, unhöfliche, hartgesottene Mensch. Sein Name bezieht sich auf die Wildnis und das Land (ἄγριος). Mürrisch bedeutet auf Griechisch σκληρός: Es ist wortwörtlich trocken, hart, bildlich steif, starr, und übertragen mürrisch, langweilig, missmutig. Wegen der Schwäche der Intelligenz und des Mangels an Kultur ist dieser Mensch selbst nicht in der Lage, mit dem Logos, mit Worten zu spielen, nicht in der Lage zu lachen und die Menschen zum Lachen zu bringen und er hat keine Ahnung vom wahren Lachen. Und wenn er etwas Lustiges sieht oder hört, macht ihn das – weit davon entfernt, sein Gesicht zu erhellen – wütend: Er kann Humor

---

[15] A.a.O., IV, 14, 96f; X, 6, 247.
[16] A.a.O., IV, 14, 98.
[17] A.a.O., IV, 14, 97.

nicht ertragen. Diese Haltung grenzt an eine Art Dummheit und Engstirnigkeit. Es ist nicht so, dass in seinen Augen alles ernst ist, es ist vielmehr so, dass nichts komisch ist, dass nichts die Leichtigkeit des Spiels, des Wortspiels und des Spielerischen – und damit der geistigen Freude – haben wird. Indem er nichts zum Gespräch und zu den Gästen beizutragen hat, mit allem unzufrieden und unsozial ist, ist er bei diesen Treffen nutzlos. Er bleibt in seiner schlechten Stimmung, außerhalb des Spiels der guten Gesellschaft, auch wenn er zufällig dabei ist.

Wenn es Begegnungen von geistlichen und kultivierten Freunden gibt, wird ihr Lachen im guten Ton, geistlich und maßvoll sein, es wird sich nicht gegen jemanden richten, sondern gegen das, was es wert ist, die Menschen zum Lachen zu bringen, und dadurch wird es die Anwesenden in der gleichen Freude und Nacheiferung zusammenbringen, Menschen zum Lachen zu bringen. Diese Menschen werden eine wahre Gemeinschaft (κοινωνία) von Worten und Taten bilden, da jeder einzelne, indem er anderen seine guten Witze mitteilt, diese Gemeinschaft mitgestalten wird. Die Kommunikation von Humor begründet die Gemeinschaft der Lachenden. Aber es wird auch Treffen geben, die von Witzbolden dominiert werden, bei denen Einzelpersonen sich in der Verhöhnung ihrer Opfer vereinen werden, in verächtlichen Exzessen; und schließlich wird es Treffen geben, die von Flegeln dominiert werden, diesseits der Ernsthaftigkeit, langweilige und flache, geistlose Treffen.

Der geistreiche Mensch ist derjenige, der gerne scherzt, verbal spielt und den guten Ton hält. Er heißt εὐτράπελος, ein Wort, das Aristoteles in die Nähe von εὔτροπος stellt. Εὐτράπελος bedeutet wörtlich „was gut gewendet ist" und bezieht sich auf die Geschmeidigkeit des Geistes, die Schnelligkeit der Schlagfertigkeit, also die spielerische Stimmung, die angenehm scherzt. Εὔτροπος bedeutet wörtlich „das, was schön und gut gewendet ist (εὖ)" und bezieht sich hier auf einen mobilen, gut wendigen Geist, d. h. eine spielerische Geisteshaltung, die nach Witz sucht. Die Idee ist, sich zu wenden oder sich umzuwenden oder sogar sich abzuwenden (τρέπειν) – was für das Wortspiel wesentlich ist: die Bedeutung eines Wortes zu wenden oder seine Bedeutung abzuwenden, um eine unerwartete und lustige Bedeutung entstehen zu lassen. Aristoteles vergleicht diese Beweglichkeit mit der des Körpers in seinen Bewegungen, sodass sie die geistige Flexibilität des gut gewendeten Geistes bezeugt. Witze sind wie „Bewegungen des Charakters"[18]. So wie wir die Fähigkeiten eines Körpers nach seinem offensichtlichen Grad an Beweglichkeit beurteilen, beurteilen wir den Charakter eines Menschen nach seiner intellektuellen Beweglichkeit, d.h. nach seiner Fähigkeit zum Humor, nach seiner Bereitschaft zu scherzen, kurz gesagt, nach seiner Leichtigkeit, die lustige Seite einer Sache zu finden. Humorvolle Kennzeichen sind Bewegungen von spielerischem Charakter, es sind seine intimen Bewegungen, die sich in ihrer körperlichen Übertragung und in ihrem Ausdruck in guten Witzen manifestiert haben. Der ungeordneten Unruhe und der extravaganten Bewegungen des Witzbolds, in

---

[18] Ebd.

seiner Seele und in seinen Gesten, steht die Steifigkeit, die tödliche Unbeweglichkeit des Flegels gegenüber. Doch über beiden erhebt sich die wahre Komik, leicht, luftig, beweglich auf eine schöne und gute Weise, also lustig.

Aristoteles fügt dem Porträt des Geistesmenschen einen wichtigen Charakterzug hinzu, nämlich die ἐπιδεξιότης. Das ist Geschicklichkeit und im moralischen Sinne Taktgefühl, Flexibilität des Geistes, Intelligenz. Es ist eine verbale Fähigkeit, Flexibilität und Finesse des Intellekts in den Spielen der Sprache. „Es verrät den anständigen Menschen, nur solches zu sagen und anzuhören, was sich für einen gesitteten und vornehmen Mann passt. Gewisse Scherze nämlich geziemt es sich wohl für einen solchen Mann zu machen und anzuhören".[19] Der spielerische, humorvolle Mensch wird ein taktvoller Mensch sein, sowohl in seiner Fähigkeit, die Menschen zum Lachen zu bringen, als auch in seinem Sinn für Maß, für das, was angemessen ist.

Nur dieser „freie Mensch" wird in der Lage sein, „über sich selbst zu lachen", nicht in der Weise des Witzboldes, der schließlich auf andere zielt, sondern in der Weise desjenigen, der sich selbst beim Lachen „zu seinem eigenen Vergnügen"[20] wählt. In der Tat distanziert er sich von sich selbst und bringt die Menschen dazu, über das zu lachen, was in ihm noch an leichten Lastern, Fehlern oder an Hässlichkeit des Charakters steckt, allesamt lustige Dinge, sofern dies weder in ihm selbst noch bei anderen Leid oder Zerstörung verursacht.

Für Aristoteles hingegen hat das Lachen keinen notwendigen Zusammenhang mit der Wahrheit und der Tugend der Wahrhaftigkeit. Das bedeutet nicht, dass Humor etwas Falsches sagen kann, sondern dass er nicht an die strenge Wahrhaftigkeit gebunden ist. Mit anderen Worten: der Komiker lügt nicht, sondern spielt mit den Dingen, um dadurch zum Lachen zu bringen, um ein ursprüngliches Vergnügen im gesellschaftlichen Leben zu schaffen.

Es wird auch einen großen Unterschied geben zwischen dem wahren Humor, also dem des freien Menschen, und dem falschen Humor, also dem des unterwürfigen Menschen. Für Aristoteles bedeutet das jedoch wahrscheinlich, dass einige Seelen von Natur aus humorvoll sind, während andere im Gegenteil nicht dazu in der Lage sind. Zu diesem Unterschied in der Natur müssen wir einen Unterschied in der Ausbildung oder Kultur hinzufügen: Es gibt ebenso einen großen Unterschied zwischen dem Humor des gut ausgebildeten, gebildeten Menschen und dem Humor des Menschen ohne Ausbildung, ohne Erziehung. Hierzu gibt es ein Wortspiel auf Griechisch: Nur der Mensch, der παιδεία (die Bildung der ganzen Seele durch das Denken) erhalten hat, ist zu einer wahren παιδία fähig! Das παίζειν und die παιδία sind Teil der παιδεία, die das Kind (παῖς) zu einem Menschen macht. Es ist notwendig, eine hohe Kultur empfangen und verinnerlicht zu haben, um zu den subtilsten und tiefgründigsten Späßen fähig zu sein, denn man muss seine Intelligenz für die Sprachfeinheiten, die Mehrdeutigkeiten der Bedeutungen und die unendlichen Möglichkeiten, mit ihnen zu spielen, geschärft haben. Platon

---

[19] Ebd.
[20] DERS., Rhetorik (1980), III, 18, 223.

empfahl eine Schule, die beim Erlernen von Wissen (μάθημα) Gewalt ausschließt und auf das Spiel (παιδία) zurückgreift, was folglich den Einsatz von Humor impliziert.[21] Eine gute Schule unterrichtet im und durch Humor.

Eine Bestätigung seines Denkens sah Aristoteles in der Geschichte der Komödie. Während die alte Komödie die Leute vor allem wegen der Obszönitäten der Worte zum Lachen brachte, so erreichte es die neue vor allem durch Sprachspiele. Genauer gesagt, die alte gebrauchte (und missbrauchte) die αἰσχρολογία: beschämende, obszöne Bemerkungen, alles, was das Hässliche, das Abscheuliche berührt – das, was unangemessen ist, aber auch an Beleidigung und Verachtung grenzt. Die neue arbeitet eher an der „ὑπόνοια": der Annahme, der Konjunktion, dem anspielenden Denken, der Andeutung, der Unterstellung. Der beste Humor ist ein Spiel mit der νόησις im λόγος, es ist ein Gedanke, der mit der Bedeutung der Worte spielt und der, indem er das eine sagt, das andere andeutet und so die Bedeutung in eine neue Richtung lenkt. Aristophanes' Komödien enthalten beide Arten von Komödie, vulgäre Komödien und raffinierteste und tiefgründigste Komödien der Worte, sodass alle Zuschauer mit ihnen zufrieden sein können.

Aristoteles fragt sich immer noch, wie er im Spott anständig bleiben kann. Es wird nicht daran liegen, dass der „gute Spötter" sein Opfer nicht verletzt und traurig gemacht hat, noch daran, dass er es glücklich gemacht hat, zwei unwahrscheinliche Situationen und auf jeden Fall unbestimmt, denn es ist eine Frage der Eigenart und der Umstände. Vielmehr wird es daran liegen, dass sein Spott innerhalb der Grenzen dessen geblieben ist, was in den Augen des freien und gebildeten, anmutigen und liebenswürdigen, angenehmen (χαρίεις) Menschen angemessen und wichtig ist. Letzterer ist dann nicht nur sein eigenes Gesetz für sich selbst, sondern auch ein Nomothet für andere in jeder Situation.

Beachten Sie, dass hier eine Schwierigkeit besteht: Spott ist eine Art Verachtung oder Beleidigung, aber Beleidigung ist gesetzlich verboten und wird von den Gerichten bestraft. Es ist jedoch notwendig, einem bestimmten Spott einen bestimmten Raum zu lassen, sowohl in unserem täglichen Leben als auch im Theater, um Raum für diese Art von spöttischem Lachen zu lassen, das zweifellos eine Ventilfunktion hat. Ein Verbot würde das Risiko bergen, die eigentliche Quelle der Komik auszulöschen und jegliche Kritik zu verhindern. Die Komödien des Aristophanes zeugen in bewundernswerter Weise von dieser kritischen Macht, in Komödien, deren Ziel rein politischer Natur ist, weil er seine Schläge gegen Politiker und gegen die öffentlichen Laster seiner Zeit ausführt – und nicht gegen private Laster, wie es die spätere Komödie tun wird – die Rettung Athens, die er anstrebt.

1.2 Hegel

Betrachten wir nun das Denken von Hegel, der diesem Thema viele Texte gewidmet hat. Zunächst einmal versucht er in seiner *Anthropologie*, das Lachen in seiner subjektiven Dimension zu verstehen. Das Lachen ist ein Teil der menschlichen

---

[21] PLATO, Der Staat. Politeia, VII, 537a, 633.

Seele, insofern sie sich in allem, was sie fühlt, selbst spürt und es in ihrem Körper ausdrückt, um sich davon zu befreien. Lachen ist also ein Pathos der Seele, das sich physisch in seinem eigenen fleischlichen Körper äußert. Aber was ist der Zweck des Lachens? „Was die geistige Seite jener Erscheinungen betrifft, so wissen wir in Bezug auf das Lachen, daß dasselbe durch einen sich unmittelbar hervortuenden Widerspruch, durch etwas sich sofort in sein Gegenteil Verkehrendes, somit durch etwas unmittelbar sich selbst Vernichtendes erzeugt wird, – vorausgesetzt, daß wir in diesem nichtigen Inhalte nicht selbst stecken, ihn nicht als den unsrigen betrachten; denn fühlten wir durch die Zerstörung jenes Inhalts uns selber verletzt, so würden wir *weinen.*"22 Was die Menschen zum Lachen bringt, ist eine eitle Sache, die sich durch ihre Entfaltung selbst widerspricht und so zusammenbricht. Es ist eine Figur oder eine Handlung, die in ihrer Vollendung gegen sich selbst arbeitet, bis sie vernichtet ist. Diese Vernichtung wird nicht durch etwas Äußeres, wie etwa ein Hindernis, verursacht, sondern durch die Sache selbst.

Hier gibt es mehrere Punkte. Zunächst muss der Widerspruch in Charakter, Handlung oder Sprache offensichtlich sein und er wird manchmal spektakulär sein. Anschließend muss sich die Sache als eigener Gegner erweisen, der sich in sein Gegenteil verkehrt. Die Zerstörung kommt nicht von außen, sondern von der Sache selbst. Außerdem muss diese Sache ein Nichtsein, ein Nichts, zum Beispiel eine Illusion oder Nichtigkeit sein. Schließlich ist sie nur insofern lustig, als wir Zuschauer dieser Vernichtung sind, in Distanz zu und frei von der Sache. Wenn das, was zerstört wird, etwas Wesentliches ist, und etwas, mit dem wir verbunden sind, sind wir verletzt, fühlen uns unglücklich und weinen, sind also weit davon entfernt, darüber zu lachen. Hegel gibt ein Beispiel: Wenn jemand, der stolz voranschreitet, fällt, kann ein Zuschauer anfangen, darüber zu lachen. Worin besteht dann dieses Lachen?

Das Beispiel des Mannes, der fällt, findet sich bei vielen Autoren. Baudelaire fragt sich in seinem Essay *Vom Wesen des Lachens und allgemein von dem Komischen in der Bildenden Kunst* „was (...) der Anblick eines Menschen, der auf dem Eis oder dem Pflaster stürzt, der am Ende eines Trottoirs stolpert, denn so Ergötzliches an sich"23 habe und antwortet darauf, indem er im Lachen etwas Satanisches sieht, das „mit dem Geiste Satans" verbunden ist. „Das Lachen entspringt der Vorstellung der eigenen Überlegenheit. Eine satanische Idee, wenn es jemals eine gab! Hoffart und Aberwitz!" Im Hinblick auf das Schauspiel des fallenden Menschen wäre die Ursache des Lachens also „unweigerlich ein [] gewisse[r] Hochmut" des Betrachters: „Der Ausgangspunkt ist folgender: *Ich* stürze nicht; *ich* gehe aufrecht". Für Baudelaire liegt das Komische „in dem Lacher, dem Betrachter", insofern als er sich in einer Position der Überlegenheit gegenüber dem Übel wähnt, in diesem Beispiel angesichts des gefallenen Menschen. Die Boshaftigkeit, die dem Lachen innewohnt, zeigt sich in seinem hässlichen körperlichen Ausdruck, der aus „dieser nervösen Zuckung, diesem (...) unwillkürlichen Krampf"

---

[22] HEGEL, Enzyklopädie (1970), 113f.
[23] BAUDELAIRE, Sämtliche Werke, 290.

besteht. Wir lachen nur über das, was fällt, bricht, schiefgeht, solange wir als Zuschauer außer Gefahr sind. Und sogar die Kinder, die „Keimlinge künftiger Teufel" sind schon darin verwickelt. Das Lachen ist im Menschen die Spur des Satans, als Hochmut eines jeden Menschen in Bezug auf den anderen und in Bezug auf seinen Fall, auf sein Unglück. Die Karikatur war damals eine exemplarische Kunst für Baudelaire, denn sie ließ uns im anderen einen Menschen sehen, der buchstäblich seiner selbst enthoben war: einen Mann, der in sein böses Gegenteil umgekehrt wurde. So enthüllen einige Farcen oder Pantomimen – wie die von Rabelais oder dem englischen Pierrot – „ein[en] Wirbel der Übertreibungen".[24]

Es scheint jedoch, dass Baudelaire hier von Lächerlichkeit, Hohn und Spott spricht: Sein Lachen bezieht sich auf Laster, Hässlichkeit, Leid und Zerstörung! Das heißt, es geht um die moralische Hässlichkeit eines Menschen, der über das Unglück anderer lacht, um eine Bosheit, die bis zur Grausamkeit geht. Aber wahres Lachen ist nicht satanisch. Vielleicht kann der Spott satanisch sein, weil er eine Übertreibung ist, ein Laster ist, und in der Tat kann ein Mensch aus intimer Bosheit das Unglück eines *anderen* in Form eines unglücklichen Abstandes genießen. Das ist das *Lachen über*, es ist böse, verzweifelt, sündigt gegen den Glauben, die Hoffnung und die Barmherzigkeit und vergisst dabei das freudige Lachen, das humorvollen Spiel, das ein Gesicht erhellt. Baudelaire bekräftigt, dass „der schlechthinnige Weise, das fleischgewordene Wort, niemals gelacht hat"[25], aber er sagt es aus Verwirrung: Es ist wahr, dass Jesus genau dieses böse Lachen ignoriert, doch kennt er Humor und Ironie, wie wir in den Evangelien, insbesondere bei Johannes, sehen können.

In seinem Essay *Das Lachen* nimmt Bergson das gleiche Beispiel. „Ein Mann, der über die Straße gelaufen kommt, stolpert und fällt hin: die Vorübergehenden lachen."[26] Bergson erklärt dieses Lachen mit seiner Grundthese: Lachen ist "Mechanisches als Kruste über Lebendigem", oder „Mechanisches im Lebendigen". Ich lache, wenn „ich jetzt vor mir einen automatisch funktionierenden Mechanismus habe. Das ist kein Leben mehr, das ist Automatismus, der im Leben sitzt und seine Stelle einnimmt. Automatismus aber ist immer etwas Komisches." Das Leben ist für ihn durch Veränderung und Fluidität gekennzeichnet, es ist „wechselnder Ablauf, unumkehrbarer Fortschritt und ungeteilte Einheit." Doch nun werden Bewegungen aufgrund von (gesellschaftlicher und individueller) Gewohnheiten leblos: reiner Automatismus ohne Seele, physische Ungelenkigkeit und psychische Zerstreutheit, mechanische Bewegung ohne Neuheit. Und genau das soll das Lachen hervorrufen. Dieser Mechanismus kann materiell oder moralisch sein. Dann haben wir zum Beispiel auf der einen Seite die Figur der Marionette, auf der anderen die eines „Menschen, der einer einzigen Idee nachgeht", wie Don Quijote. Dieser lebt in einer Illusion und glaubt, er könne die Dinge nach seiner „Idee, die sich besonders fest in sein Gehirn gesetzt hat" formen. Für Bergson ist er komisch,

---

[24] A.a.O., 294, 290f, 295, 300.
[25] A.a.O., 286.
[26] BERGSON, Das Lachen (1948), 11.

weil er mit seiner Illusion konsequent ist und „durch Automatismus", aus „Starrheit", bis hin zum Absurden sündigt.[27]

Hinterfragen wir jedoch die Definition „Mechanisches im Lebendigen". Ein Mensch, der bewusst einen Automaten imitiert, oder eine Armee, die im Gleichschritt marschiert, sind zwar lebende Wesen, die zu Mechanik degradiert werden, aber das ist nicht komisch. Es ist eher traurig oder erschreckend. Die Steifheit der Bewegung ist ebenso wie die Steifheit der Seele (z.B. die eines Rüpels) nicht komisch. Das Lustige an dem Schauspiel eines fallenden Mannes ist nicht die Mechanizität seiner Bewegung. Der Anblick des Mannes erweckt Mitleid und verlangt von uns die Stärke, ihm wie der barmherzige Samariter zu helfen.

Bergson übersieht hier einen entscheidenden Punkt: Der hinfallende Mann bringt uns nur dann zum Lachen, wenn sein Gang eine andere Intention hatte und sein Hinfallen unbeabsichtigt und unbewusst war: Nur, wenn er hochmütig, stolz ging, lacht ein Zuschauer darüber, weil er sieht, wie dieser eitle Inhalt von selbst zusammenbricht. Wie Hegel betont: „Das Lachenerregende wahrhafter *Komödien* liegt daher wesentlich in dem unmittelbaren Umschlagen eines an sich nichtigen Zweckes in sein Gegenteil".[28]

Tatsächlich ist Bergsons Definition von „Mechanisches und Lebendiges ineinandergefügt" zweideutig. Ist das Mechanische im Lebendigen („Automatismus, der im Leben sitzt") oder das Lebendige im Mechanischen („[...] die Eigenart eines komischen Zeichners hinge dann davon ab, welche besondere Art von Leben er einer bloßen Gliederpuppe verleiht")? Einerseits scheint es, als käme das Lachen aus einer Degradierung des Lebendigen im Mechanischen, andererseits aus einer Trägheit des Mechanischen, die das Lebendige zerstört. Mal ist es das Lebendige selbst, das zu Mechanik degradiert, mal ist es die Mechanik, die das Lebendige zerstört. Dies zeigt sich im Dualismus von Seele und Materie: „Von ihrer Leichtbeschwingtheit teilt sie etwas dem von ihr beseelten Körper mit. Das Unkörperliche, das so in den Körper eingeht, nennen wir Grazie. Aber die Materie leistet Widerstand. Sie ruht in sich, möchte jenes immer unruhig tätige höhere Prinzip zu ihrer eigenen Trägheit bekehren und machen, daß es in Automatismus verkümmert". Dieser Dualismus setzt eine verarmte Sicht des Körpers voraus, der als „stupid gleichförmig[...]" konzipiert und zu einer Maschine geworden ist. Er liefert eine seltsame Definition des Lachens als Sieg des Unterlegenen über das höhere Prinzip: Es ist der „Körper, der die Seele nicht aufkommen läßt".[29] In Wahrheit ist es jedoch nicht komisch, wenn das Mechanische das Lebendige abschafft und das Lebendige zum Mechanischen degradiert wird. Es ist ein Sturz des Höheren in das Niedere, ein Verfall oder eine Vereinnahmung und Zerstörung des Höheren durch das Niedere: Es wird Entsetzen hervorrufen, wenn dieses Höhere etwas Schönes und Wahres ist, und Gleichgültigkeit, wenn es etwas Eitles ist.

---

[27] A.a.O., 26, 45, 23, 58, 5, 10ff, 102, 101.
[28] A.a.O., 45. HEGEL, Enzyklopädie (1970), § 401, 114.
[29] BERGSON, Das Lachen (1948), 23, 22, 21, 32, 34, 26, 22.

Folglich muss, damit es Komik gibt, das Höhere in seiner Vernichtung erhalten bleiben, oder besser gesagt in der Vernichtung dessen, was in ihm eitel war. Um beim Beispiel des Menschen zu bleiben, der einen Automaten nachahmt: Er wird nur dann lachhaft sein, wenn die Zuschauerin – durch irgendein Zeichen (Augenzwinkern, Grimasse etc.) spürt, dass es sich tatsächlich noch um einen Menschen handelt. Bergson äußert, dass wir lachen, „wenn eine Person uns wie eine Sache erscheint", wie wenn man „uns im Menschen eine Gliederpuppe sehen läßt". Aber tatsächlich lachen wir nur dann, wenn wir das Gefühl haben, dass die Person unter dem Anschein einer Sache und einer stupiden Bewegung fortbesteht, wenn wir das Gefühl haben, dass dies nur ein Spiel ist und dass die Person den Sieg davontragen wird. Wer über eine Militärparade lacht, lacht nicht über die Mechanik, sondern über den Widerspruch, der der Sache innewohnt, dass Lebende wie Maschinen marschieren. Ein Mensch kann nur über etwas lachen, wenn er sich von der Sache distanziert und sich über sie stellt. Es ist ein wahrgenommener Selbstwiderspruch, der ihn zum Lachen bringt. Das Lachen ist von Spott und Hohn durchdrungen, der von denjenigen kommt, die sich an seine wahre Bestimmung zur Freiheit erinnern. Bergson verwirft in seiner Definition des Lachens die Aspekte der „Überraschung" und des „Kontrastes", obwohl dies die entscheidenden Punkte sind, die sich auf den Selbstwiderspruch beziehen.[30]

In Wirklichkeit liegt das Komische in der Geschmeidigkeit einer Sache, in ihrer freien, gelenkigen Beweglichkeit, ebenso wie in der Geschmeidigkeit der Seele. Man könnte diese Definition korrigieren, indem man sie umkehrt und sagt, dass Lachen „das Lebendige im Mechanischen" ist. Das Lebendige gibt sich den Anschein des Mechanischen gibt, Lachen ist ein Spiel mit diesem Anschein, in dem das Lebendige schließlich triumphiert.

Bergson behauptet, dass das Lachen nur aufgrund der „Gefühllosigkeit"[31] der Seele möglich ist: Um zu lachen, muss man als reiner Zuschauer dem Ding gegenüber emotionslos sein. Das Lachen hat jedoch ganz im Gegenteil ein eigenes Pathos, das eine der wesentlichen Formen der menschlichen Seele ist. Es ist mit Freude verbunden ist und manifestiert sich im strahlenden Gesicht. Wir müssen zwischen Gefühllosigkeit und Gleichgültigkeit unterscheiden: Der Lacher ist empfänglich für den Niedergang des Widersprüchlichen, während die Zuschauerin gleichzeitig gleichgültig ist und nicht von der Sache verletzt wird.

Da er uns durch das „Labyrinthe des Komischen führen" will, scheint es, dass Bergson seine LeserInnen an einen unvorhergesehenen Ort führt. Auf der Suche nach der sozialen Funktion des Lachens sieht er darin „ein Erziehungsmittel. Ist Demütigung sein Zweck, so muss es der Person, der es gilt, eine peinliche Empfindung verursachen."[32] Es korrigiert die Menschen, indem es sie ihre Laster sehen lässt, oder besser gesagt, indem es die Laster einiger Menschen zur Schau

---

[30] A.a.O., 36, 22, 27.
[31] A.a.O., 8.
[32] A.a.O., 50, 107.

stellt. Aber auch dieses Lachen ist ein Lachen über, mehr von der Seite des Lächerlichen und des Narren, also der Parodie, der Karikatur, als des echten Lachens.

Kommen wir auf Hegel zurück. Die Komik scheint zuerst im Objekt zu sein, das sich in seiner Eitelkeit selbst zerstört. Doch gleichzeitig liegt sie im Subjekt, das der Zuschauer und auch der Autor ist. „[D]ie Subjektivität des Zuschauers oder Zuhörers [kommt] zum ungestörten und ungetrübten Genuss ihrer selbst, da sie die absolute Idealität, die unendliche Macht über jeden beschränkten Inhalt, folglich die reine Dialektik ist, durch welche eben der komische Gegenstand vernichtet wird. Hierin ist der Grund der Heiterkeit enthalten, in die wir durch das Komische versetzt werden".[33] Durch die Betrachtung dieses Objekts, das in sich selbst zusammenfällt, wird das komische Subjekt nicht destabilisiert, verwundet oder verloren. Im Gegenteil: es bleibt es selbst und genießt sich im Verständnis von diesem Zusammenbruch. Solange das, was zusammenbricht, das Subjekt nicht verletzt und Wesentliches an sich selbst zerstört, bleibt das Selbst ruhig und ungestört. Es kennt sich selbst als freies, geistiges Selbst, das heißt als eine Kraft, die alles Endliche übersteigt und durch Loslösung von ihm befreit werden kann. Das Subjekt selbst ist es also, das das komische Objekt in sich selbst abschafft. Es ist das unendliche Ich, das diese widersprüchliche Endlichkeit von sich wegstößt und sich in seiner Unendlichkeit wieder fängt. Das Ich erfreut sich am komischen Objekt, das es ebenso sehr zerstört, wie dieses sich selbst zerstört. Sein *Pathos* ist also eine Art Freude, die Freude an der Erfahrung seiner eigenen Unendlichkeit, seiner geistigen Freiheit, verbunden mit einer *Gelassenheit,* die zugleich eine *Heiterkeit* ist. Das komische Selbst erfreut sich daran, die Unendlichkeit seiner Freiheit unter allen Umständen zu erleben, sein Geisteszustand ist Heiterkeit und Verspieltheit in Gelassenheit.

Für Hegel bestätigt sich diese freudige Gelassenheit im körperlichen Ausdruck des Lachens. „(...) [I]m Lachen verleiblicht sich die zum ungetrübten Genuß ihrer selbst gelangende Subjektivität, dies reine Selbst, dies geistige Licht, als ein sich über das Antlitz verbreitender Glanz und erhält zugleich der geistige Akt, durch welchen die Seele das Lächerliche von sich stößt, in dem gewaltsam unterbrochenen Ausstoßen des Atems einen leiblichen Ausdruck."[34] Es gibt in einem schallenden Gelächter das Strahlen des Lachens, die Erhellung des Gesichts, den Glanz und das Leuchten des γέλειν. Die freudige Gelassenheit manifestiert sich im Gesicht mit diesem Strahlen, das geistige Licht erscheint in seinem eigenen fleischlichen Körper, auf seinem strahlend gewordenen Gesicht. Und die Freiheit des Selbst in Bezug auf selbstzerstörerische Inhalte, seine Distanzierung und Loslösung, manifestiert sich in der geistigen Geste, die meist stille und unbemerkte Atmung zu unterbrechen, indem sie sie in eine ruckartige und lautstarke Ausatmung mit einem scharfen Rhythmus verwandelt. Die Seele zeigt, dass sie das Lächerliche aus sich selbst vertreibt, indem sie die Luft rhythmisch aus ihrer Lunge

---

[33] HEGEL, Enzyklopädie (1970), 114.
[34] Ebd.

verdrängt. Der Geist weht aus sich heraus, um seinen Witz körperlich zu übertragen. Je nach Situation und Bildung des Lachenden reicht dies von spontanem und Aufsehen erregendem, sogar vulgärem, *Lachen* bis hin zum *Lächeln* der kultivierten und reifen Seele, die vom Leben geprüft ist, aber innerlich frei bleibt. Über das Laster zu lachen ist etwas anderes als über einen *Witz* zu lachen. Im höchsten Maß erhebt sich das Lachen zum süßen Lächeln der edlen Seele, ein Lächeln in Tränen. Es ist das, was uns Mozarts Musik in ihren schönsten Sätzen darbietet.

Lasst uns diesen Gedankengang fortsetzen, indem wir einen Blick in Hegels *Ästhetik* werfen. Die Tragödie besteht darin, dass die an und für sich notwendigen ethischen Mächte bis hin zu destruktiven Konflikten kollidieren, weil jede Macht, indem sie sich der anderen widersetzt, ein notwendiges Element des ethischen Lebens zerstört. Dies kann man perfekt in Sophokles' *Antigone* erkennen, wo das Prinzip der Familie und das des Stadtstaats zu ihrem Unglück aufeinandertreffen. Das Tragische ist nicht die Tatsache der Sterblichkeit, des Konflikts oder des Unglücks, sondern die Tatsache, dass es sich hierbei um substantielle Ziele handelt, um die Grundlagen des ethischen Lebens, die in den Einzelnen (in ihrem Charakter und ihren Absichten) bis zu ihrer Zerstörung aufeinandertreffen. Das ist der große Unterschied: Das Tragische liegt in der gegenseitigen Zerstörung ethischer Mächte, während das Komische in der Selbstzerstörung eines eitlen Ziels liegt. Jedes Mal jedoch erfordert die vollendete Kunst eine *Versöhnung* in der Wahrheit, durch die *Auflösung* des Problems, also die Entwirrung des Knotens.

Die künstlerische Versöhnung, die die Tragödie bietet, liegt im Sieg der Einheit über den Konflikt, der auf Kosten des Opfers der Individualität erreicht wird, die die ethische Einheit in Gefahr brachte: Die Entfaltung des Dramas löst die Einseitigkeit des individuellen Handelns auf; so wird der gewöhnliche Frieden der ethischen Mächte wiederhergestellt und der Zuschauer betrachtet ihn, indem er sich an dieser lebendigen Einheit des Wesentlichen erfreut. Die Tragödie offenbart den Triumph der Substanz über die einseitige Subjektivität.

In der Komödie ist es hingegen die Subjektivität, als absolutes selbstgewisses Selbst, die triumphiert, also das Subjekt, aber ohne das Substantielle. Dieses Subjekt ist es, das selbst die *Auflösung* seiner eitlen endlichen Handlung ausführt. „[I]n der Komödie kommt uns in dem Gelächter der alles durch sich und in sich auflösenden Individuen der Sieg ihrer dennoch sicher in sich dastehenden Subjektivität zur Anschauung."[35]

Diese Komik kann sich nur ab Geburt der Metaphysik der Subjektivität und zwar in ihrer Sphäre entfalten, d.h. in einer Welt, in der sich der Mensch als Prinzip alles Seienden ausgibt, so dass diese Welt fortan jeglicher Wesentlichkeit entbehrt („Wesenlosigkeit") und als solche bekannt ist.[36] Dieser Mensch wird über sich selbst und über alles lachen können: Er wird wissen können, dass sein ganzes eigenes Werk endlich, um nicht zu sagen eitel oder nichts ist, und er kann sich

---

[35] HEGEL, Vorlesungen über die Ästhetik (1970), 527.
[36] Ebd.

daher mit einem Lachen davon befreien wollen. In diesem Lachen erfreut sich dieses Subjekt an sich selbst in seiner Unendlichkeit. Wenn die Komik zum Höhepunkt der modernen Kunst wird, bedeutet das für Hegel, dass das grundlegende *Pathos* der Moderne jene der Komik, der eigenen Gelassenheit ist, also das Vergnügen des Geistes an sich selbst in seiner unendlichen Freiheit.

Hegel unterscheidet die Komik vom Lächerlichen. In Anbetracht des Lächerlichen ist „[d]as Lachen dann nur eine Äußerung der wohlgefälligen Klugheit, ein Zeichen, daß sie [= die Menschen] auch so weise seien, solch einen Kontrast zu erkennen und sich darüber zu wissen. Ebenso gibt es ein Gelächter des Spottes, des Hohns, der Verzweiflung usf. Zum Komischen dagegen gehört überhaupt die unendliche Wohlgemutheit und Zuversicht, durchaus erhaben über seinen eigenen Widerspruch und nicht etwa bitter und unglücklich darin zu sein, die Seligkeit und Wohligkeit der Subjektivität, die, ihrer selbst gewiß, die Auflösung ihrer Zwecke und Realisationen ertragen kann"[37]. Ein eitles Ziel, das wegen seiner *Nichtigkeit* zusammenbricht, ist jedoch nicht unbedingt komisch und auch das Laster als solches ist nicht komisch. Ein Kontrast zwischen einem Ziel und seiner selbstzerstörerischen Erscheinung, eine umgestürzte Welt (Meister werden zu Dienern und Diener zu Meister), kann lächerlich sein, Gegenstand von Spott oder Satire. Wir lachen dann, weil wir uns darüber erhaben und frei wissen. Es ist das Lachen desjenigen, der ein Zuschauer des Selbstzerfalls der Endlichkeit in anderen ist und der sich amüsiert und sich überlegen fühlt. Dieses Lachen ist charakteristisch für die moderne Komödie, wie wir oft bei Molière sehen, in der der Zuschauer über die Laster eines Mannes lacht, der selbst nicht lacht, doch es erschien bei Aristophanes und in Rom bei Plautus.

Dagegen ist die wahre Komik tiefergreifend und besteht darin, über sich selbst zu lachen, sich von einem endlichen und eitlen Ziel zu lösen, das das eigene war, also von seinem eigenen Schiffbruch, indem das Subjekt sich in den Genuss seiner geretteten geistigen Freiheit begibt. In den Augen von Hegel ist der Meister dieser Komik – der Negativität des Wahnsinns und des Witzes – Aristophanes unter den Antiken und Shakespeare unter den Modernen. Die wahre Komik besteht in der Heiterkeit desjenigen, der über sich selbst lacht. Hegel unterscheidet innerhalb dieser Komik drei Hauptformen. Erstens, das Wollen der Eitelkeit, die das Subjekt ernsthaft bis hin zum endgültigen Scheitern erreichen möchte, wie wir im *Geizhals* von Molière sehen. Zweitens, das Wollen des Falschen, eines substantiellen Falschen, eines Illusionären, durch ein Subjekt, das nicht in der Lage ist, es zu erreichen, wie wir in *Frauen in der Vollversammlung* von Aristophanes oder in *Don Quijote* sehen, der die Ziele der Ritterlichkeit (ein fahrender Ritter zu sein) erreichen will, während diese gar nicht mehr existiert. Aristophanes porträtiert die Selbstzerstörung eines demokratischen Volkes durch seinen eigenen Wahnsinn und seine eigenen Laster. Drittens, die Verknüpfung des Unvereinbaren, die endlose Komik von zufälligen Kontrasten und unmöglichen Situationen, in denen sich das Subjekt befinden kann, bis zum notwendigen glücklichen Ausgang.

---

[37] A.a.O., 528.

Hegel beharrt auf einem entscheidenden Punkt: „Was jedoch in dieser Lösung sich zerstört, kann weder das *Substantielle* noch die *Subjektivität* als solche sein",[38] denn die Komödie zeigt nicht den Schiffbruch des Wahren, teilt „der Torheit und Unvernunft (...) den Sieg"[39] nicht zu, sondern dem Selbst, das *bei sich* und damit frei bleibt. Das ist der Anspruch der wahren Kunst: zu zeigen, dass das, was verloren geht, *nichts* war: Die menschliche Komödie ist die Inszenierung *verlorener Illusionen*.

Das beste Lachen, der Humor, ist daher ein Meisterwerk des Geistes, sein Jubilieren im Spiel mit Worten und Dingen. Es besteht darin, mit den Bedeutungen zu spielen, indem eine Erwartung geweckt wird. Wo unser Blick aus Gewohnheit oder aus Mangel an Einsicht glaubt, dass er die Bedeutung einer Sache, eines Charakters, einer Handlung oder eines Wortes versteht, hebt Humor den offensichtlichen Sinn auf und bringt eine unerwartete Bedeutung hervor. Durch seine Entdeckungen und Nuancen erzeugt er Überraschung, er erzeugt eine neue Bedeutung. Wenn die Erfahrung immer mehrdeutig ist, bearbeitet der Humor diese Mehrdeutigkeit so weit, dass sie zu einem jubelnden Sprachwerk wird, sei sie auch nur flüchtig. Eine der großen Fragen, die *Don Quijote* einführt und die die scharfsinnigen LeserInnen in der Aporie verharren lässt, lautet daher: „Was ist dies?", wie die immer wiederkehrende Debatte über Don Quijote's „Helm" zeigt. Der gesunde Menschenverstand wird über die Irrtümer von Don Quijote lachen, der eine Sache mit der anderen und den eigentlichen mit dem übertragenen Sinn verwechselt oder der die Bedeutung einer seiner Lektüren nicht versteht, zum Beispiel als er, um seine „Waffenwache" zu machen, bevor er Ritter wird, seine Waffen in den Innenhof des Gasthauses legt und sie die ganze Nacht beobachtet. Aber die Frage bleibt offen („Was ist das?" und „wer ist das?") und die Geschichte des „Ritters von der traurigen Gestalt" setzt sie humorvoll in Szene.

Humor besteht in der Freude an der Suche nach einer verborgenen Bedeutung im Offensichtlichen, der latenten Bedeutung in der patenten. Auf diese Weise beschäftigt er sich mit der Wahrheit als ἀλήθεια und als ἀνάμνησις: Er offenbart das Latente, er ist ein Wort, manchmal eine Geste, die sich enthüllt, indem er das Unsichtbare erscheinen lässt. Weil er mit Unbestimmtheit spielt, kann er mit dem Falschem spielen, um das Wahre zu erkennen, aber auch mit dem Wahren, um das Falsche zu sagen, bis hin zum Absurden.

Humor berührt also die Wahrheit und hat einen philosophischen Sinn. Die Bedeutung ist nicht offensichtlich, sondern wird gesucht, und Humor hilft uns spielerisch dabei. Dieses Spiel kann oberflächlich und schnell vergessen sein, aber auch tiefgründig und aufschlussreich. Es wird in der Lage sein, das Nichts durch die Illusion, das Absurde unter dem Deckmantel der Ernsthaftigkeit zu enthüllen. Wo unser schlafendes Bewusstsein etwas erwartet, zeigt Humor das Nichts. Das Nichts ist also nicht nur auf der Seite der Angst, sondern auch auf der Seite der

---

[38] A.a.O., 530.
[39] Ebd.

Komik: Es gibt eine Komik des Nichts. Hier führt das Nichts zu einem freudigen *Pathos* der menschlichen Seele.

Wo wir sehen, wie die Komik vom Einen das Vielfache entstehen lässt oder wie sie das Falsche im (scheinbar) Wahren zeigt oder das Andere im Gleichen und das Gleiche im Anderen oder das Nichts im Seienden oder das Begrenzte im Unbegrenzten und das Unbegrenzte im Begrenzten ... Humor übernimmt die Kategorien und lässt sie in einem neuen Sinne spielen. Damit entdeckt unsere Intelligenz die Unendlichkeit von Bedeutung und Sprache, wie sie beispielsweise im jüdischen Humor zu sehen ist, insbesondere bei Kafka, um sich daran zu erfreuen.

Simone Hankel

Geht das „Heilige" über die Straße

Programmatische Überlegungen zu einer wesentlichen theologischen Fragestellung

1. Überlegungen zur Komischen Mimesis

Ein Mann geht über eine Straße und ein anderer Mann ahmt seinen Gang nach. Die umstehenden Menschen beginnen zu lachen und der Nachgeahmte wundert sich: Plötzlich erscheint ihm sein eigener Gang komisch und es dauert eine Weile, bis er dieses komische Gefühl beim Laufen wieder loswird. Was ist passiert?

Dieses Eingangsbeispiel mag an sich zunächst einmal komisch wirken – und das darf es auch, denn darum soll es im Folgenden gehen: um Komik. Das Hauptanliegen besteht dabei in der Darstellung einer Genese von Komik, wobei der Fokus auf dem Verhältnis von Mimesis und Komik liegt – denn, wie sich zeigen wird, hängen Mimesis und das Auftauchen von Komik miteinander zusammen.

Deshalb möchte ich im Folgenden zuerst auf Mimesis generell eingehen, auf ihre Struktur, Eigenschaften und Eigenarten. Anschließend sollen die Ergebnisse der Charakterisierung der Mimesis auf das Verhältnis von Mimesis und Komik angewendet werden, was in einer neuen Kategorie gipfelt, die ich ‚komische Mimesis' nenne.

Dabei gehe ich von einer grundlegenden Beobachtung aus: Viele Komiktheorien sind sogenannte Inkongruenztheorien. Sie besagen, dass Komik aus dem Widerstreit zweier unterschiedlicher Elemente entsteht. Mimesis dagegen scheint das komplette Gegenteil zu vertreten: Bei Mimesis hat man es scheinbar mit einer Zweiheit zu tun, die gerade nicht zwei gänzlich Unterschiedliches darstellt, sondern sich Ähnelndes, sich Gleichendes. Wie damit umzugehen ist, soll ein Resultat der Ausführungen über die Mimesis sein, was in der Figur einer mimetischen Interferenz ausgedrückt wird. Schließlich soll in einem Ausblick der Horizont des hier Dargestellten eröffnet werden.

Das Folgende ist also weder eine reine Mimesistheorie noch eine reine Komiktheorie. Wahrscheinlich stellt es eher eine komische Mimesistheorie als eine mimetische Komiktheorie dar.

2. Methodische Bemerkung

Wie komme ich zu diesem Ergebnis? Ich beginne mit einer Einschränkung: Ich möchte mich zunächst ein wenig von dem Eingangsbeispiel (ein Mann ahmt den Gang eines anderen nach) distanzieren, da es sehr viele Ansätze bietet, die nicht alle berücksichtigt werden können. Allgemein geht es mir um die Beschreibung einer komischen Mimesis, die den Fokus auf das ‚Wie‘ derselben, nicht auf das ‚Was‘ legt. Eine Wesensbestimmung soll also nicht vorgenommen werden. Außerdem beschreibt das Eingangsbeispiel eine soziale Situation, in der Komik auftaucht, Nachahmung vorkommt und Reaktionen entstehen. So wichtig diese Feststellung auch ist,[1] soll mein Fokus hier eher auf der Beschreibung des Verhältnisses von Mimesis und Komik als Wirkungsweisen liegen, die natürlich auch soziologisch betrachtet werden können, hier aber deskriptiv betrachten werden sollen. Dementsprechend dient das Beispiel als Orientierungspunkt neben dem Aufbau der Theorie und ist als solches nicht in vollem Umfang Gegenstand meiner Überlegungen.[2]

3. Wirkungsweisen der Mimesis

Ein Mann geht also über eine Straße, ahmt einen anderen nach und es gibt Reaktionen darauf. Das kann erst einmal komisch wirken. Aber warum genau?

Neutral ausformuliert, kommen Subjekte vor, es kommen Reaktionen auf, es wird etwas gemacht, nämlich nachgeahmt, und irgendwie taucht etwas auf, das diese Situation in einem komischen Licht erscheinen lässt. Hier ist also Analysearbeit zu leisten, die – ganz banal – von dem ausgehen will, was da anfangs eigentlich gemacht wird, nämlich nachgeahmt. Das Eingangsbeispiel findet sich in einem Aufsatz des slowenischen Philosophen Mladen Dolar[3]. In diesem Aufsatz geht Dolar dem Unternehmen nach, Komik als eigentlich mimetisch darzulegen, indem er die Reduplikation, die Wiederholung und Verdopplung in das Herz des Komischen setzt.[4] Entscheidend ist dabei die Figur der Mimesis, die er dieser Idee zugrunde legt: Die Wette, wie sie Dolar prägnant ausdrückt, lautet „imitation

---

[1] Genauere Ausführungen dazu finden sich beispielsweise in BORCH/STÄHLI, Soziologie der Nachahmung.

[2] An dieser Stelle ist auch eine Anmerkung zur verwendeten Terminologie nötig: Mimesis ist nicht (unbedingt) Nachahmung. Wenn ich hier, vielleicht sträflicherweise, Mimesis mit Nachahmung wiedergebe, ist dies einerseits dem Umstand geschuldet, dass es bis zu einem gewissen Grad zu einem besseren Verständnis von Mimesis beiträgt. Andererseits geht es mir nicht um eine Begriffs-, sondern um eine Problemgeschichte, und insofern finden beide Begriffe eine Art Übereinstimmung, wenn auch nur partiell und mit Vorsicht.

[3] Vgl. DOLAR, The Comic Mimesis.

[4] Inwieweit Reduplikation und Wiederholung mit Mimesis gleichzusetzen sind, kann hier nicht behandelt werden.

sticks".⁵ Sie ist klebrig, kann nicht auf eine leere Wiederholung beschränkt werden und die beteiligte/betroffene Person (oder das beteiligte/betroffene Objekt) kommt in der Regel nicht mit sauberen Händen davon. Neben ‚imitation sticks' gibt es noch zwei weitere Formeln, die zur Beschreibung der hier vorausgesetzten Mimesiskonzeption passen: „One becomes what one enacts"⁶, ebenfalls von Dolar in dem Aufsatz eingeführt, und drittens eine von Platon eingeführte Formel, dass man ‚von der Nachahmung das Sein davontrage'⁷.

Alle drei Formeln lassen sich meines Erachtens unter die Kategorie der „exzessiven Mimesis"⁸ stellen, wie sie seit einiger Zeit von Friedrich Balke entfaltet wird.⁹ Er teilt Mimesis vornehmlich in zwei Pole ein, in einen „protokollarisch-regulierenden" und einen „exzessiven Pol".¹⁰ Beide Pole sind nicht immer scharf voneinander zu trennen, zumal sie sich in ihrer Charakterisierung als einmal eine Ordnung stabilisierende (protokollarisch-regulierende) und eine Ordnung sprengende (exzessive Mimesis) ergänzen. Ich möchte mich im Folgenden auf die exzessive Mimesis konzentrieren, weil sie in das Spiel der ungleichen Gleichheit passt: Eine Verähnlichung, die gerade nicht – zumindest vorerst nicht – zu einer größeren Ähnlichkeit, sondern zu einer Unähnlichkeit führt.

Umrisshaft lässt sich die Kernthese einer solchen exzessiven Mimesis in zwei Aspekte einteilen: Einerseits die Zuschreibung quasi schöpferischer Eigenschaften der Mimesis, was beispielsweise in Konzepten von Wiederholung und Reduplikation zu Tage kommen kann. Hintergrund ist hier eine Vorstellung der Mimesis als Poiesis. Andererseits kann ein Fokus auf die von der Mimesis Betroffenen gelegt werden.¹¹

Mit der exzessiven Mimesis als Kern der drei Beschreibungen mimetischer Wirkungsweisen soll das Verhältnis dieser drei Beschreibungen untereinander nicht gänzlich unbeachtet bleiben, deuten ihre Nuancen doch das komplizierte Verhältnis von Mimesis und den Betroffenen der Mimesis an. Scheint ‚imitation sticks' eher die Wirkungsweise der Mimesis generell zu beschreiben, legt ‚one becomes what one enacts' explizit den Fokus auf die involvierten Elemente im Akt der Nachahmung, die sich gleich werden. In allen beiden trägt jemand oder etwas von der Nachahmung das Sein davon. Der exzessive Charakter ist bei Dolar hier

---

⁵ DOLAR, The Comic Mimesis, 578.
⁶ Vgl. a.a.O., 574.
⁷ PLATON, Politeia, 395c-d.
⁸ Vgl. BALKE, Mimesis zur Einführung. Vgl. dazu auch den Beitrag von Philipp Stoellger in diesem Band.
⁹ Vgl. BALKE, Possessive Mimesis, 111–127.
¹⁰ BALKE, Mimesis zur Einführung, 17. Auf das dort angesprochene Verhältnis von protokollarisch-regulierender Mimesis, Körperlichkeit und sozialer Wirkung kann hier leider nicht eingegangen werden. Balke selbst zählt bei Platon die Gefahr, von der Nachahmung das Sein davonzutragen zur protokollarischen Mimesis.
¹¹ Eine klare Unterscheidung zwischen beiden Aspekten kann dabei nicht oder nur schwer, bzw. sollte womöglich auch gar nicht getroffen werden. Zu einer ersten Beschreibung kann sie aber der Übersicht halber nützlich sein.

allerdings ambivalent. Scheint Dolar die Wirkungsweise der Mimesis einerseits in der schlichten Angleichung des einen an etwas anderes zu charakterisieren, betont er andererseits eine der wichtigsten Fragen zur Beschreibung der Macht der exzessiven Mimesis, nämlich: Kann jemand, der einen Hypochonder nachahmt, daran sterben? Kann also jemand an der Mimesis der Mimesis sterben?[12]

Diese Frage nach der Radikalität von Mimesis, die im Beispiel des Hypochonders auf die Spitze getrieben wird, ist also einerseits Implikat von Dolars Mimesisverständnis, andererseits führt er sie (zumindest an dieser Stelle) nicht konsequent aus, denn scheinbar hat Dolar eine wichtige Sache in der Anführung dieses Beispiels übersehen: Zuschauer, Nachahmender und Nachgeahmter, das sind die drei Subjekte. Das Verhältnis der Subjekte ist bei Dolar oftmals unmittelbar mit der Beschreibung der Reaktion der Subjekte verknüpft. Die Zuschauer lachen, der Nachgeahmte fühlt sich komisch. Aber warum beschreibt er die Reaktion des Nachahmenden nicht? Warum lässt er den Übeltäter so einfach davonkommen? Oder platonisch ausgedrückt: Scheinbar hat derjenige, der nachgeahmt wird, von der Mimesis das Sein davongetragen. Aber warum trägt nicht auch derjenige, der nachahmt, von der Mimesis das Sein davon?

Die Mimesis hat einen exzessiven Charakter, der als solcher durchaus gefährlich sein kann. Um diese Behauptung deutlich zu machen und die Verbindung von Komik und Mimesis einzuführen, sei hier ein weiteres Beispiel aus Dolars Aufsatz aufgeführt. Er schildert den Fall von Genesius, einem Schauspieler (und ironischerweise Patron der Schauspieler) aus dem vierten Jahrhundert, der tatsächlich das wurde, was er darstellen, was er nachahmen musste: Während der letzten großen Christenverfolgung im Römischen Reich waren Theaterstücke ein prominentes Mittel im Staat, um in eigenem Interesse den schlechten Charakter der Christen zur Schau zu stellen. Schauspieler demonstrierten in übertriebenem Maße die Irrationalität und Besonderheiten der christlichen Lehren und Rituale. Das Stück endete mit der Hinrichtung der Christen und dem Jubel der Massen. Dass hier eine Art Wunschdenken und Beeinflussung der Wirklichkeit mit der Verwendung der Mimesis einhergeht, kann an dieser Stelle nicht weiter ausgeführt werden. Es wird aber auf eine ähnliche Begebenheit eingegangen: Genesius war nun einer jener Darsteller von Christen, dessen Aufgabe gerade darin bestand, die Masse von einer näheren Beschäftigung mit dem Christentum abzuhalten. Er selbst jedoch hat wohl eines Tages ein komisches Gefühl verspürt und wurde selbst Christ. Die Herrscher des Reiches machten es wiederum dem Stück nach und ließen Genesius hinrichten – eine Mimesis der Mimesis der Mimesis.

Was sich in diesem Beispiel zeigt, ist eine „Ausweitung der mimetischen Zone"[13] vom Theater in das Leben (ein Argument dafür, warum der Schauspieler als solcher in meinen Überlegungen nicht zwingend aufgeführt werden muss, weil die exzessive Mimesis die ihr vorgegebene Zone gerade überschreitet). Hier zeigt sich auch die oben eingeführte vorläufige Unterscheidung zwischen der Mimesis

---

[12] Vgl. DOLAR, The Comic Mimesis, 575.
[13] BALKE, Mimesis zur Einführung, 24. Vgl. a.a.O., 178–232.

und den Betroffenen der Mimesis, wobei die Betroffenen nicht nur Schauspieler, ja nicht einmal nur Personen sein müssen. Die Gefahr einer „niederen Mimesis"[14] besteht gerade darin, dass beispielsweise auch Tiere nachgeahmt werden können.

Auch geschieht Nachahmung nicht nur in einem abgegrenzten Raum, und selbst wenn, zeigt sich, dass sie keineswegs *nur* Nachahmung ist. Das Beispiel von Genesius zeigt eine Nicht-Passung (er selbst war kein Christ, ahmt aber einen Christen bzw. das Stereotyp eines Christen nach), die zu einer Passung wird (er wird zu einem Christen).[15]

Das Beispiel von Genesius zeigt auch, und das ist im Hinblick auf die Verbindung von Komischem und Mimesis wichtig, wie ein äußerer Mechanismus oder Automatismus sich seinen Weg ins Innere sucht. Der äußere Mechanismus der Nachahmung bahnt sich seinen Weg ins Innere des Nachahmenden, der das wird, was er nachahmt.

Unter etwas anderen, aber durchaus damit zusammenhängenden Vorzeichen tauchen die Begriffe des Automatismus und Mechanismus in der Komiktheorie Henri Bergsons auf.

Eine Verschränkung von außen und innen, wie es bei Genesius der Fall war, die Angst vor einer solchen Verschränkung und die damit verbundene implizite Anerkennung der Macht der Nachahmung ist nicht ganz das, was Bergson in seinem bekannten Buch „Das Lachen" beschreibt. Er umgeht das (für ihn wohl eher furchtbare) Szenario der Verschränkung und beschreibt das Verhältnis von Lebendigem und Mechanischem in einer Art Überstülpen des einen über das andere: der „Mechanismus als Überzug über Lebendigem".[16] Das Mechanische als Gegenbegriff zum Leben, diesen Dualismus muss Bergson im Zuge seiner Lebensphilosophie annehmen. Das Leben, individuell und stets im Wandel, darf nicht wiederholt werden. Wiederholung bedeutet einen Verlust des Individuellen und muss somit dem individuellen Leben gegenüberstehen.

Dass Wiederholung, Mechanismus oder Automatismus dem Individuellen, somit dem, was Bergson „Leben" nennt, keineswegs gegenüberstehen, auf diese basale Einsicht kann ich an dieser Stelle nicht weiter eingehen, zumal es v.a. zu Beginn bei der Charakterisierung der Mimesis als schöpferische schon anklang. Am deutlichsten wurde der Charakter der Wiederholung bei Bergson wohl von Alenka Zupančič beschrieben,[17] auf deren Untersuchungen sich auch Dolar bezieht.[18] Wichtig für mein weiteres Vorgehen ist weniger die Frage, inwieweit das Mechanische nicht doch Teil des Lebens ist, als vielmehr die Tatsache, *dass* Berg-

---

[14] Ein Terminus, den Balke vornehmlich mit Erich Auerbach verbindet, vgl. BALKE/ENGELMEIER, Mimesis und Figura.

[15] Dass hier ein Individuum ein Stereotyp nachahmt, wäre in einem größeren Zusammenhang sicherlich noch zu beachten.

[16] BERGSON, Das Lachen (2014), 40.

[17] Vgl. ZUPANČIČ, The Odd One In, 110–128.

[18] Vgl. DOLAR, The Comic Mimesis, 583f.

son das eine vom anderen unterscheidet. Und diese Unterscheidung ist, in Verbindung mit einer komischen Mimesis, eine phänomenologische Unterscheidung. Eine Unterscheidung, die erst ex post gemacht werden kann, ja erst ex post entsteht und uns zum Kern einer komischen Mimesis führt. Dabei ist zu bemerken, dass Bergson keineswegs einen schlichten Dualismus annimmt mit zwei Prinzipien, die sich einfach gegenüberstehen. Zupančič macht Bergsons eigentliche Leistung deutlich, die nicht in der schlichten Hinzufügung eines weiteren Dualismus besteht, sondern darin, zu zeigen, dass dasselbe Ding an „two sides of an opposition"[19] stehen kann. Es geht also um eine perspektivische Verschränkung, die ein striktes binäres Denken auflöst.

Hier unterbreche ich kurz, um eine Formulierung zu justieren, die am Anfang maßgebend war. Eine Grundüberlegung war die Gegenüberstellung von Inkongruenz und Mimesis. Die eine sieht das Auftauchen von Komik in einem Widerstreit zweier unterschiedlicher Elemente. Die andere lässt einen anderen Aspekt aufscheinen, nämlich ein Verhältnis zweier gleicher oder ähnlicher Elemente. Demnach bleiben jetzt zwei Möglichkeiten fortzufahren. Einmal können exemplarisch an Bergson[20] die Inkongruenztheorien spezifiziert werden, indem der absolute Dualismus zwischen zwei unterschiedlichen Prinzipien relativiert wird. So beispielsweise in der Formulierung Zupančičs, die dasselbe Ding, und auf diesem selben Ding müsste dann der Fokus liegen, an „two sides of an opposition"sieht.[21] Die andere Möglichkeit besteht darin, die Grundannahme der Gleichheit der Mimesis genauer zu untersuchen, um in ihr eine minimale Differenz oder gar einen Überschuss an Gleichheit zu erkennen, der der Gleichheit ebenfalls eine Differenz verschafft. Ich möchte den Fokus auf die zweite Möglichkeit legen, die aber auch die Relativierung der Inkongruenz, die die erste Möglichkeit anspricht, mit aufnimmt. Dazu ist es zunächst aber noch einmal notwendig, auf die bisher als exzessiv charakterisierte Wirkungsweise der Mimesis zurückzukommen, exzessiv im Sinne von übergreifend, vielleicht sogar ansteckend. Was hat diese exzessive Mimesis aber nun mit Komik zu tun?

4. Mimesis und Komik

Mimesis zeichnet sich durch ein Verhältnis zweier gleicher oder ähnlicher Elemente aus. Sie ist aber nicht einfach leere Wiederholung, sondern wirkt aufgrund ihres exzessiven Charakters auf beide Elemente rückwirkend. Die exzessive Mimesis ist also eine rückwirkende, wechselwirkende Mimesis, die zur Genese dessen beiträgt, was Dolar *comical object* nennt. Dabei geht er von einer grundlegenden Beobachtung in der Figur der Mimesis aus: „where there should be difference

---

[19] ZUPANČIČ, a.a.O., 112.
[20] Oder an ISER, Das Komische, 117–120.
[21] ZUPANČIČ, a.a.O., 112.

there is replication".²² Es wird also eine Dopplung wahrgenommen, wo eigentlich eine Differenz sein sollte. Eigentlich läuft der Nachahmende anders als der, der nachgeahmt wird. Durch seine exakte Nachahmung aber besteht keine starke Differenz mehr zwischen den beiden Gangarten. Eine minimale Differenz bleibt aber immer bestehen²³ bzw. entsteht vielleicht sogar erst.

Diese Nachahmung führt zu etwas, das ich als Grenzphänomen bezeichnen möchte. Die normale Art zu zählen greift nicht mehr. Es geht um etwas, das weder eins noch zwei ist, sondern ein „split one",²⁴ das sich nie wirklich fassen lässt.

Dieses *split one* entsteht aus dem „*split*",²⁵ der mit der Mimesis einhergeht. Der *Split* bezieht sich nun gerade nicht nur auf das, was bei der Nachahmung entsteht – das *split one*, das weder eins noch zwei ist. Er bezeichnet vor allem das eigentliche Verhältnis der beiden Elemente als Trennung. Das, was aus dem Verhältnis auftaucht, aber nicht unbedingt daraus entsteht, ist noch einmal etwas anderes, das „*comical object*"²⁶ nämlich oder das, was hier unter Komik verstanden werden soll. *Split*, *split one* und *comical object* sind dabei auseinanderzuhalten. *Split* als eigentliche Trennung bzw. Reduplikation, *Split one* als Produkte dieses *Split* und *comical object*, das dafür zuständig ist, die Schwebe der durch den *Split* entstandenen *split one* zu halten.

Dolar bezieht sich nun noch einmal auf das Verhältnis von Automatismus und Leben, was mit einem Verweis auf den ex post-Charakter der Erkenntnis des Grenzphänomens und der rückwirkenden Mimesis noch eine neue Nuance hervortreten lässt. Konnte man es vorher so verstehen, als komme der *Split*, das Verhältnis als Trennung zwischen den beiden Elementen, die eben nicht mehr auf eins oder zwei zu reduzieren sind, vor dem *comical object*, beschreibt Dolar bei dem Verweis auf das Verhältnis von Automatismus und Leben genauer, dass das *comical object* zuerst komme und der *Split* von dem *comical object* verursacht sei.²⁷ An dieser Stelle zeigt sich meines Erachtens der rückwirkende Charakter einer exzessiven Mimesis deutlich, der auch für das Bemerken von Komik, das durch die komische Mimesis ermöglicht wird, entscheidend ist: Es kann nicht gesagt werden, ob *Split* oder *comical object* zuerst kommt.

Die Interferenz oder Rückwirkung macht auch eine klare Unterscheidung von *split one* und *comical object* unmöglich und führt zu einer Diastase, zu einer zeitlichen Verschiebung, die dem Bemerken von *split one* und *comical object* stets einen Charakter des Zu-Spät-Kommens verleiht. Die komische Mimesis führt dazu, dass

---

²² DOLAR, The Comic Mimesis, 582.
²³ Hier sei noch einmal betont, dass Mimesis keineswegs einfach mit Nachahmung übersetzt werden kann. Auch ist der Fokus auf eine exakte Nachahmung kein zwingendes Kriterium für Mimesis. Siehe dazu PETERSEN, Mimesis – Imitatio – Nachahmung.
²⁴ DOLAR, The Comic Mimesis, 583.
²⁵ Ebd.
²⁶ Ebd.
²⁷ Ebd.

das eine zu einem nicht ganz eins und nicht ganz zwei wird. Dieses *split one* bezeichne ich als Grenzphänomen.

Noch einmal zusammengefasst: Das *comical object* sorgt also dafür, dass dieser Zwischencharakter gewahrt bleibt. Das *comical object* ist ein Grenzprinzip, das *split one* ein Grenzphänomen. Zupančič, ohne den Grenzcharakter explizit zu betonen, fasst es wie folgt zusammen: „One splitting the one in two [der *Split* und das *split one*], the other not letting the two go completely separate ways [das *comical object*]."[28]

Was sich hier anbietet, ist ein Mittelweg zwischen dem Streben, in der Verbindung zur Inkongruenztheorie einerseits die Gleichheit der Mimesis und zugunsten einer Mimesistheorie andererseits eine inhärente Differenz zu betonen. Legt man den Fokus einer Inkongruenztheorie weniger auf das Beteiligtsein zweier *unterschiedlicher* Elemente an sich, sondern mehr auf den Widerstreit zweier Elemente, so könnte die komische Mimesis als exzessiv-rückwirkende Mimesis eine Art Überschuss darstellen, der weniger einen Widerstreit als ein Ungleichgewicht nicht des Gleichen, sondern des Nicht-ganz-Gleichen und Nicht-ganz-Ungleichen bildet.

5. Rückblick, Grenzreaktionen und Ausblick

An dieser Stelle möchte ich eine kurze Zusammenfassung des bisher Dargestellten geben. Um den exzessiven Charakter von Mimesis darzustellen, wurden zwei Beispiele angeführt: Einerseits das Eingangsbeispiel, in dem ein Mann den Gang eines anderen nachgeahmt hat, der Nachgeahmte sich komisch fühlte und die umstehenden Zuschauer anfingen zu lachen. Andererseits das Beispiel von Genesius, einem Schauspieler, der zuerst einen christlichen Märtyrer spielte, um dann schließlich wirklich zum Christentum zu konvertieren und als Märtyrer hingerichtet wurde. Die Betonung der Vermischung von innerem Betroffensein und äußerem Mechanismus der Nachahmung hat uns zur kurzen Beschreibung einer Inkongruenztheorie des Komischen geführt. Von da aus konnte die komische Mimesis konstruiert werden, die trotz erster Intuition gerade nicht das Gegenteil einer Inkongruenztheorie, sondern eine Ergänzung derselben darstellt. Der Fokus einer solchen komischen Mimesis liegt auf einer immanenten Interferenz. Schließlich wurden die Beteiligten der komischen Mimesis – *split one* und *comical object* – als Grenzphänomen und Grenzprinzip charakterisiert. Sie lassen sich nicht in eins oder zwei fassen, da sie nie ganz zu fassen sind.

Ein Mann ahmt also den Gang eines anderen nach und der Nachgeahmte fühlt sich komisch – und noch mehr: Er findet seinen eigenen Gang für einen Moment komisch.

---

[28] ZUPANČIČ, The Odd One In, 124.

Wenn Mimesis wirklich den Kern von Komik bildet, wenn die Mimesis wirklich eine exzessive ist, dann muss auch denjenigen, der nachahmt, ein komisches Gefühl erfassen. Wenn es stimmt, dass „one becomes what one enacts" und wenn Mimesis wirklich klebrig ist, dann muss in dem Beispiel vor allem auch derjenige in irgendeiner Weise „von der Mimesis das Sein davontragen", der den anderen nachahmt. Der Nachahmende darf also nicht so einfach davonkommen. Das Beispiel zeugt auch auf einer höheren Ebene von mimetischer Interferenz, mimetischer Rück- oder Wechselwirkung: Sie bildet nicht nur in demjenigen, der nachgeahmt wird ein inneres Verhältnis, das durch Mimesis bestimmt ist, sondern auch eines zwischen dem vermeintlich unbetroffenen Nachahmenden und dem Nachgeahmten. Auch der Nachahmende muss ein komisches Gefühl bekommen.

Ein Mann geht über eine Straße und ein anderer Mann ahmt seinen Gang nach. Die umstehenden Menschen beginnen zu lachen und der Nachgeahmte bekommt ein komisches Gefühl – plötzlich fühlt sich sein eigener, individueller und eigentlich natürlicher Gang komisch an. Er dreht sich um und auch der Mann, der ihn nachgeahmt hat, sieht verwundert aus: Auch er findet etwas komisch. Vielleicht seinen eigenen Gang, vielleicht den Gang desjenigen, den er nachgeahmt hat, vielleicht aber auch seine Nachahmung des Ganges des anderen – womöglich alles drei. Wie nun auf dieses komische Gefühl antworten? Haben die Zuschauer neben dem Lachen auch ein komisches Gefühl oder ist das Lachen selbst ein komisches Gefühl?

Diese Fragen sollen hier lediglich in einem Ausblick beantwortet werden, der nicht ohne Rückgriff auf das bis jetzt Dargestellte bleibt: Nach den Ausführungen über die komische Mimesis und ihre Wirkung drückt die Reaktion des komischen Gefühls eine mimetische Interferenz aus zwischen Nachgeahmtem und Nachahmenden – oder auch in dem Nachgeahmten/in dem Nachahmenden selbst. Das Verhältnis der Zuschauer zu den von der Nachahmung Betroffenen ist aber immer noch ungeklärt (und auch das Verhältnis der Zuschauer untereinander). Ist die Mimesis, die hier v.a. als mimetische Interferenz oder Rückwirkung ihren Ausdruck findet, wirklich so exzessiv, müssten auch die Zuschauer ein komisches Gefühl davontragen. Sie müssten also auch von der Mimesis Betroffene sein. Und wenn das Lachen wirklich mit der komischen Mimesis zusammenhängt, dann müssten auch Nachahmer und Nachgeahmter lachen. Dolar gibt in diesem Kontext leider keine genauere Analyse des Lachens. Und auch Zupančič nimmt keinen Bezug auf ein Konzept von Lachen, das meines Erachtens fruchtbar für das Beschriebene sein kann: Plessners Konzept der Grenzreaktionen. Um dies in die hier vorliegenden Überlegungen einzuführen, sind vorab einige richtungsgebende Fragen bedeutend: Eine Darstellung der Verbindung von mimetischer Rückwirkung und Grenzreaktionen muss zunächst klären, inwiefern Lachen und komisches Gefühl zusammenhängen. Ist das Lachen eine Reaktion auf das komische Gefühl, oder ist das Lachen selbst ein komisches Gefühl? Vorausgesetzt, dass das, worüber man lacht, stets wechselt, das Lachen als Grenzreaktion laut Plessners Konzept aber universell ist, muss dann ein intrinsisches Verhältnis bestehen zwischen den Grenzreaktionen und der mimetischen Rückwirkung oder Interferenz?[29]

Die Frage, die sich darauf aufbauend in den Vordergrund drängt, ist die Frage nach dem Verhältnis von Grenzreaktion, Grenzprinzip und Grenzphänomen. In was für einem Verhältnis diese drei ähnlich klingenden Wörter zueinander stehen, ist essentiell für das Verständnis einer komischen Mimesis.

Der Begriff „Grenzreaktion" enthält in sich schon einen responsiven Hinweis, nämlich den der „Reaktion". In seiner Terminologie verwendet Plessner „Reaktion" prinzipiell substantivisch, während das verbale Äquivalent dazu „antworten" ist. Plessner beschreibt in *Lachen und Weinen* das Komische als „eine Reaktion gegen das Bedrängende des komischen Konfliktes."[30] Dass Plessner den Begriff der Reaktion wählt, scheint mir bewusst eine Anknüpfung an seinen Ausgangspunkt zu sein, dass Lachen und Weinen vornehmlich „körperliche Reaktionen"[31] sind. Plessner unterscheidet verschiedene Arten von Reaktionen, der Begriff selbst jedoch bleibt und findet offensichtlich auch seinen Platz in der zentralen Kategorie der Grenzreaktion. Wie ist nun die *Grenz*kategorie zu charakterisieren?

Einerseits ist sie eine Distanzbeschreibung und eine Grenze, die Distanz schafft, vielleicht sogar ordnet. Andererseits taucht eine Grenzreaktion gerade dann auf, wenn etwas kollabiert, zusammenbricht und/oder überschritten wird. Insofern wäre das Ziehen einer Grenze schon eine Reaktion auf eine Art Zusammenbruch. Diese binäre Struktur von Distanz und Zusammenbruch von Distanz findet sich auch in der komischen Mimesis. Der entstehende *Split* und die damit verbundenen *split ones*, also die Grenzphänomene, die durch das *comical object*, das Grenzprinzip, nie ganz eins und nie ganz zwei sind, stellen die Distanz und Distanzlosigkeit/Zusammenbruch von Distanz dar, wie es auch die Grenzreaktion des Lachens tut. Insofern ähneln sich Grenzphänomen und Grenzreaktion, die in dem Gesamtkonstrukt, also in der Frage nach dem Verhältnis von Grenzreaktion, Grenzprinzip und Grenzphänomen die beiden Unterbegriffe bilden. Wenn Grenzreaktion und Grenzphänomen (Lachen und *split ones*) die Unterbegriffe bilden, ist das Grenzprinzip (das *comical object*) der Oberbegriff – wobei der Fokus nicht auf der Bezeichnung „Begriff" liegen soll; stattdessen möchte ich lieber von einer Figur sprechen. Die Figur der komischen Mimesis und das *comical object* fallen zu-

---

[29] Daran anknüpfend: Letztlich wäre ein weiterer Schritt, Plessner beim Wort zu nehmen und die Grenzreaktionen, also Lachen UND Weinen zusammenzusehen. Interessanterweise nimmt Plessner die Verbindung beider zwar ernst, und auch zwischen beiden zu unterscheiden ist ein nachvollziehbarer Schritt. Ist dann aber die basale Verbindung beider nicht mehr als die Subsumption unter die Kategorie der Grenzreaktion? Plessner behandelt das Thema der Komik in dem Kapitel „Auslöser des Lachens". Wenn Mimesis, zumindest als komische Mimesis, primär mimetische Rückwirkung ist, könnte diese mimetische Rückwirkung nicht eine stärkere Verbindung zwischen Lachen UND Weinen schaffen?
[30] PLESSNER, Lachen und Weinen (1961), 117.
[31] A.a.O., 42.

sammen und auch der *Split*, das Spaltende, das überhaupt erst eine Art von Differenz eröffnet, fällt darunter. Es sind also Spaltung und gleichzeitiges In-der-Schwebe halten, die zur Figur der Mimesis gehören.

Das komische Gefühl, das sich vor allem im Eingangsbeispiel findet, kann jetzt ebenfalls eingeordnet werden: Es liegt auf derselben Ebene wie Grenzphänomen und Grenzreaktion. Es ist also, um es noch einmal mit Plessners Worten zu sagen, „eine Reaktion gegen das Bedrängende des komischen Konflikts."[32] Was das Verhältnis von Grenzreaktion und Grenzphänomen angeht, so steht auch die Grenzreaktion in dem Nicht-ganz-eins-nicht-ganz-zwei-Sein. Als Antwort – oder in Plessners Terminologie als *Reaktion* auf ausweglose Situationen, Situationen prinzipieller Überforderung, aber nicht nur das, vor allem auch als Grundzustand des Menschen – ist die Grenzreaktion Ausdruck des Menschen als Doppelwesen, der zwischen Leib sein und Körper haben oszilliert.[33] Diese Doppelstruktur ist in der exzentrischen Position nicht auf Ähnlichkeit ausgerichtet, insofern wäre die Grenzreaktion ein weiterer Ausbau zur Inkongruenztheorie der Komik – neben oder eben im Zusammenhang mit der komischen Mimesis selbst, die gerade eine Differenz in der Ähnlichkeit sieht. Bei beiden versagt die normale Art zu zählen und man hat ein Nicht-ganz-eins-nicht-ganz-zwei-Sein.

Rückblickend ging es demnach auch um eine Sensibilisierung, eine scheinbar offensichtliche Primatstruktur, wie man sie der Mimesis häufig zuschreibt (beispielsweise der Primat des Originals vor dem der Kopie), zu hinterfragen, ohne wiederum mit schlichten Dualismen oder einer Verschiebung des Primats zu antworten, sondern in der mindestens zweistelligen Figur der Mimesis Interferenzen, Rückwirkungen zu sehen, die quer zu Primaten und/oder Dualismen stehen. Dies ist nicht zuletzt für die Theologie von Bedeutung, die häufig mit zweistelligen (oder dreistelligen) Mustern und Primatstrukturen operiert. Das „Heilige" oder der „Heilige" wären ebensolche Primatstrukturen, die es auf ihre Interferenzen hin zu befragen gilt. Ausblickend lauten einige richtungsgebende Fragen dementsprechend:

Ein Mann geht über eine Straße, ahmt einen „Heiligen"/das „Heilige" nach und wird selbst heilig? Ein „Heiliger"/das „Heilige" geht über die Straße, ahmt jemanden nach und wird „unheilig" oder sogar „noch heiliger"? Ein „Heiliger"/das „Heilige" geht über die Straße, ahmt jemanden nach und der Nachgeahmte wird „heilig"? Ein „Heiliger"/das „Heilige" geht über die Straße, ahmt das „Heilige"/einen „Heiligen" nach und wird selbst „heilig" oder „unheilig"?

Ein Mann geht über eine Straße, ahmt einen „Heiligen"/das „Heilige" nach, der Mann beginnt zu lachen und wird selbst „heilig"? Ein Mann geht über eine Straße, ahmt einen „Heiligen"/das „Heilige" nach, der Mann beginnt zu lachen und wird (aufgrund des Lachens?) „unheilig"? Kann das Lachen selbst „heilig" oder „unheilig" werden? Kann ein „Heiliger"/das „Heilige" durch Lachen „unheilig"

---

[32] A.a.O., 117.
[33] Z.B. a.a.O., 41.

oder gar „noch heiliger" werden, einen anderen „Heiligen" noch „heiliger"/„unheilig" machen?

Auch wenn diese Fragen abschließend nicht ausführlich beantwortet werden können, bieten die vorherigen Ausführungen doch einige Ansätze zu ihrer Beantwortung. So scheint hier beispielsweise Subjektkonstitution am Ort des Scheiterns des Subjekts stattzufinden, was vor dem Hintergrund der Frage nach dem „Heiligen" in den Bereich der Gotteslehre fällt und rückfragen lässt, ob die Konstitution des „Heiligen" auch beim „Heiligen" am Ort des Scheiterns des „Heiligen" stattfindet?

Was das Verhältnis von „Heiligem" und Lachen angeht, sind die Charakterisierung des Lachens als Grenzreaktion und ihre Strukturähnlichkeiten mit der komischen Mimesis auf das „Heilige" auszuweiten, genauer auf die Fragen eines „Heiligen-" oder Gottesverhältnisses: Als Grenzreaktion und Grenzphänomen drücken Lachen und komische Mimesis ein Schwanken zwischen Distanz und Zusammenbruch der Distanz aus. Für ein „Heiligen-" oder Gottesverhältnis ist dies von Bedeutung, insofern man, ausgehend von einer inner- und intersubjektiven mimetischen Struktur des Menschen, diese ausweiten kann auf ein ebensolches Verhältnis zwischen „Heiligem" und Mensch, welches das ontologische Verhältnis von Urbild/Abbild durch ein mimetisches Denken ablöst, um keine Ursprungslogik, sondern ein Ereignisdenken zu untersuchen. Ein Denken also, das Spielräume eröffnet, auf ein stetes Neuwerden abzielt und Chiasmen und Verschränkungen betont, anstatt in starren Dualismen zu verharren.

Pierre Bühler

Das Tragikomische als Tiefendimension des Menschseins – im Lichte der Kreuzestheologie

1. Persönliche Vorbemerkung

Das Thema meines Beitrags geht auf Fritz Lienhards Anfrage zurück, ob ich an dieser Tagung etwas zum Ineinander von Tragik und Humor im Lichte der Kreuzestheologie vortragen könne. Er wusste wohl, dass mich diese Thematik schon seit langem beschäftigt. Inzwischen wurden bereits von anderen Referenten kreuzestheologische Aspekte aufgegriffen, und zwar mit Bezug auf die Evangelien: Manfred Oeming behandelte den Humor in der Passionserzählung des Johannesevangeliums,[1] während Peter Lampe ihn anhand der Gestalt der Jünger in der markinischen Passionsgeschichte illustrierte.[2] Ich werde meine Überlegungen stärker systematisch ausrichten, in Anlehnung an die paulinisch-lutherische Kreuzestheologie.[3] Ich möchte aber auch interdisziplinäre Bezüge zur Literatur (Dürrenmatt) und zur Philosophie (Plessner und Kierkegaard) herstellen, da beim Tragikomischen auch eine „Tiefendimension des Menschseins" auf dem Spiel steht.

Daraus ergibt sich folgender Aufbau: Das Thema soll zunächst mit der Clownfigur eingeführt werden, wie sie bei Dürrenmatt erläutert wird. Das führt in einem zweiten Schritt zu einer philosophischen Vertiefung mit Helmuth Plessners Reflexion über Lachen und Weinen und in einem dritten Schritt zur Beschäftigung mit Søren Kierkegaards Kategorie des Humors. Sodann kommen wir auf Dürrenmatt zurück, um sein Verständnis der Tragikomödie genauer zu erfassen. Der fünfte Abschnitt ist der zentrale, auf den die Abschnitte 1–4 vorbereitend zusteuern: Er ist der kreuzestheologischen Verarbeitung des Tragikomischen gewidmet. Daraus

---

[1] Vgl. den Beitrag von Manfred Oeming in diesem Band.
[2] Vgl. den Beitrag von Peter Lampe in diesem Band.
[3] Damit überschneidet sich in diesem Band mein Beitrag teilweise mit dem von Marc Lienhard, Die existenzielle und theologische Bedeutung des Lachens bei Martin Luther.

folgt ein abschließender Teil, in dem Implikationen der Kreuzestheologie für den Umgang mit dem Tragikomischen im Menschsein kurz erläutert werden.

2. Zum Einstieg: die Clownfigur

Gisela Matthiae hat in ihrem Beitrag bereits auf die clowneske Spannung „ernst – nicht zu ernst" hingewiesen.[4] Auf ähnliche Weise bezieht sich Friedrich Dürrenmatt auf die Clownfigur, die er als „Urform der Komödie" betrachtet.[5] Der Clown stellt einen Menschen dar, der andere Menschen zum Lachen bringen soll, durch seine Aufmachung, sein Auftreten und sein Gehabe, aber vor allem sein Scheitern, „den Kampf des Menschen mit den Gegenständen und die verblüffende Einfältigkeit, mit der er mit dem Einfachsten nicht zurecht kommt".[6] Von dort her kann Dürrenmatt in der Clownfigur die Spannung von Tragik und Komik wahrnehmen: „Die Tragödie will ergreifen, die Komödie uns zum Lachen bringen. Ergreifen kann uns nur etwas, mit dem wir uns zu identifizieren vermögen in irgendeiner Weise, das uns angeht; lachen können wir nur über etwas, wovon wir uns distanzieren. Der Mensch lacht über den Menschen, wenn er ihm als Clown erscheint; der Clown ist der vom Menschen distanzierte Mensch, der unmenschliche Mensch. Tragisch, komisch. Das Tragische ist das Menschliche, das Komische das Unmenschliche."[7]

Der Clown stellt das Menschliche schlechthin dar, und in diesem Sinne können wir uns mit ihm identifizieren, so dass er tragisch wirkt; zugleich aber setzt er durch sein humoristisches, ja groteskes Verhalten die Zuschauenden auf Distanz und wirkt deshalb komisch. Er ist Mensch, aber zugleich vom Menschen distanziert, ein unmenschlicher Mensch, und deshalb kann Dürrenmatt sagen: „Tragisch, komisch."

Das sei hier mit einem Bild des Schweizer Clowns Dimitri illustriert: Lebensmüde will sich der Clown erschießen. Mit der einen Hand zählt er die Sekunden vor dem Schuss. Das ist die tragische Seite. Doch mit der anderen Hand presst er nicht eine Pistole gegen die Schläfe, sondern seine Panflöte, und das stiftet die komische Seite. „Tragisch, komisch".

---

[4] Vgl. den Beitrag von Gisela Matthiae in diesem Band.
[5] DÜRRENMATT, Sätze über das Theater, 179.
[6] A.a.O., 178.
[7] DERS., Zwei Dramaturgien?, 148. In gewisser Hinsicht entspricht diese Bestimmung der aristotelischen Auffassung von Tragik und Komik (vgl. unten 5d).

Abbildung 1: Der Clown Dimitri will sich mit seiner Panflöte erschiessen. Copyright: Clown Dimitri Estate, Switzerland.

3. Lachen und Weinen – in Anlehnung an Helmuth Plessner[8]

Die Spannung, die wir in der Clownfigur wahrgenommen haben, soll hier philosophisch vertieft werden, indem wir, ohne Anspruch auf eine vollständige Analyse, einige Hinweise aus Plessners 1941 veröffentlichter Studie *Lachen und Weinen* aufgreifen.[9] Zusammen mit Arnold Gehlen hat sich Plessner darum bemüht, ausgehend von Beobachtungen zu Grundphänomenen des menschlichen Lebens im Gespräch mit biologischen Forschungen zu einer konsistenten, klar begründeten philosophischen Anthropologie zu gelangen. Beim Lachen und Weinen, so Plessners Voraussetzung, kommen fundamentale Aspekte des menschlichen Wesens zum Vorschein. Hatte sich Henri Bergson ausschließlich auf das Phänomen des Lachens[10] konzentriert, so betont Plessner vielmehr die konstitutive Zweiheit von Lachen und Weinen als anthropologisch relevant, denn in ihr zeigen sich zwei miteinander verbundene Grundformen menschlichen Verhaltens. Sie haben mit Kommunikation zu tun, aber nicht vornehmlich im Medium der Sprache, sondern in einem leiblichen Verhalten an den Grenzen der Sprache. Es ist in diesem Sinne ein leiblich erfahrenes Grenzverhalten, das den Menschen zutiefst affiziert und das er deshalb auch nicht ganz im Griff hat, dem er ein Stück weit ausgeliefert ist. Das offenbart sich Plessner sprachlich darin, dass bei beiden, bei Lachen und bei Weinen, das Verb „ausbrechen" verwendet werden kann: Man kann sowohl in ein Gelächter ausbrechen als auch in Tränen ausbrechen. Dass damit eine Bewegung nach außen hin markiert wird, interpretiert Plessner als Zeichen einer grundsätzlichen Exzentrizität des Menschen, der sein Zentrum nicht in sich hat, sondern im

---

[8] Zu PLESSNER vgl. den Beitrag von Simone Hankel in diesem Band.
[9] PLESSNER, Lachen und Weinen (1982), 201–387.
[10] Vgl. BERGSON, Das Lachen.

Geflecht seiner Außenbeziehungen. Diese Exzentrizität wird dem Menschen im Lachen und Weinen als dem Grenzverhalten des Ausbrechens leiblich gewahr. Anders gesagt: Der *homo ridens* und der *homo lacrimans* sind zwei Grundformen menschlicher Exzentrizität.

Als kleines biblisches Echo sei hier darauf hingewiesen, dass die Zweiheit von Lachen (bzw. Freude) und Weinen bei Paulus für die Bestimmung christlicher Ethik in eschatologischer Perspektive ebenfalls eine wichtige Rolle spielt. Zunächst wird die Notwendigkeit innerer Freiheit betont, indem dazu aufgerufen wird, sich im Zeichen drängender Zeit nicht einfach der Freude und dem Weinen hinzugeben, sondern ihnen gegenüber eine gewisse Distanz zu bewahren: „Die Zeit drängt. [...] die weinen, sollen weinen, als weinten sie nicht, die sich freuen, als freuten sie sich nicht, [...]. Denn die Gestalt dieser Welt vergeht."[11] Diese innere Freiheit erlaubt nun aber den ChristenInnen, Freude und Weinen im Umgang mit Mitmenschen als sympathetisches Verhalten zu pflegen: „Freuen wollen wir uns mit den Fröhlichen und weinen mit den Weinenden."[12]

4. Tragikomik des Humors bei Søren Kierkegaard

Die Spannung von Lachen und Weinen, die für Plessner eine grundlegende Gegebenheit des menschlichen Lebens darstellt, soll nun nochmals philosophisch-theologisch vertieft werden, indem sie im Rahmen der Beziehungen des Menschen zu sich selbst, zur Welt und zu Gott wahrgenommen wird. Das geschieht mit Hilfe von Søren Kierkegaards Kategorie des Humors, wie er sie in seiner Abhandlung *Abschließende unwissenschaftliche Nachschrift zu den Philosophischen Brosamen* erörtert hat.[13]

Wir steigen bei einem Zitat ein, das gleich auf die Spannung von Tragik und Komik im menschlichen Leben hinweist: „[...] überall wo Leben ist, da ist Widerspruch, und wo Widerspruch ist, da findet sich das Komische. Das Tragische und das Komische sind dasselbe, insofern sie beide den Widerspruch bezeichnen, aber *das Tragische ist der leidende Widerspruch, das Komische der schmerzlose Widerspruch.*"[14]

Man darf hier „Widerspruch" nicht in einem streng logischen Sinne betrachten. Es geht vielmehr darum, dass der Mensch in seinem Leben stets mit Diskordanz, mit Zwiespalt zu kämpfen hat, wie das etwa auch bei Paulus zu lesen ist. „Was ich bewirke, begreife ich nicht; denn nicht, was ich will, treibe ich voran,

---

[11] 1Kor 7,29-31. Die Bibelstellen werden nach der neuen Zürcher Bibel (2007) zitiert.
[12] Röm 12,15. Ähnlich könnte man sagen: Weil es in der Gemeinde „weder Jude noch Grieche" gibt (Gal 3,28), ist es möglich, den Juden ein Jude und den Griechen ein Grieche zu werden (vgl. 1Kor 9,19-23).
[13] Vgl. KIERKEGAARD, Abschliessende unwissenschaftliche Nachschrift, 131-844. Zur Vertiefung, vgl. BÜHLER, Warum braucht das Pathetische den Humor?
[14] KIERKEGAARD, a.a.O., 709.

sondern was ich hasse, das tue ich."[15] Darin liegt etwas Tragisches, denn Zwiespalt löst Leiden aus, wie Kierkegaard betont. Zugleich aber enthält es eine komische Seite, die beim Clown öfters zum Zuge kommt: Es hat etwas Lustiges zu sehen, wie ein Mensch sich selbst eine Falle stellt, sich in sich selbst verfängt und so an sich selbst scheitert. So illustrierte etwa der berühmte Schweizer Clown Grock diese Komik mit folgender Szene: Er bückte sich, um mit den Händen einen Ball vom Boden aufzuheben; doch beim Sichbücken stiess er den Ball mit dem Fuss weg, so dass er ihm wieder nachrennen musste, um sich dann wieder zu bücken, und dann wieder zu rennen; und so rannte er in der Zirkusarena bis zur Erschöpfung seinem nie einzufangenden Ball nach.

Eine Zeichnung des argentinischen Zeichners Mordillo bringt dieselbe Spannung zum Ausdruck:

Abbildung 2: Mordillo: Der Fischer und seine Beute.

---

[15] Röm 7,15.

Ganz stolz zieht der Fischer an seiner Fischrute: Er hat wohl etwas Großes gefangen. Er ahnt aber nicht, dass er auf dem Kopf seiner Beute steht. Die Augen des Tintenfisches lassen vermuten, dass das Verhältnis zwischen Fänger und Gefangenem demnächst ins Gegenteil kippen könnte ... Damit wird Röm 7,15 auf komische Weise interpretiert: Auch dieser Fischer stellt sich selbst eine Falle, so dass er bald erfahren wird, dass er nicht tut, was er will, und tut, was er nicht will!

Für Kierkegaard bildet diese Widerspruchserfahrung eine Grundsituation, in der der Mensch als solcher zur Entscheidung steht. Deshalb siedelt er den Humor, dem die Aufgabe zukommt, diese Selbstwidersprüchlichkeit des Menschen stets aufzuweisen, an der Grenze zum Religiösen an, dort, wo der Mensch dem Absoluten begegnet und vor dieser Instanz zur Rechenschaft aufgefordert wird. Deshalb kann Kierkegaard den Humor als ein „Konfinium", eine Grenzzone, „zwischen dem Ethischen und dem Religiösen" bezeichnen.[16] An dieser wichtigen Grenze erprobt der Humor alle Existenzformen des Menschen, anders gesagt: alle Arten, mit seinen Diskordanzen und Zwiespälten zu leben. Was vorhin vom Leben allgemein gesagt wurde, wird ähnlich vom Humor in seiner prüfenden Funktion ausgesagt: Er konfrontiert den Menschen mit sich selbst, indem er sowohl mit dem Tragischen als auch mit dem Komischen spielt. „Das eine ist der Schmerz im Humoristischen, das andere ist der Scherz, und daher kommt es, dass man, wenn er spricht, sowohl weinen als auch lachen muss."[17] Deshalb enthält der Humor, im Unterschied zur Ironie, das Moment des Mitfühlens: „[G]erade weil im Humor ein verborgener Schmerz liegt, enthält er auch eine Sympathie."[18] In diesem Sinne ist also der Humor nicht einfach spielerisch, und deshalb schmerzlos. Tragisches und Komisches, Schmerz und Scherz hält er im Gleichgewicht zusammen.

Weil er an der Grenze zum Religiösen steht, begleitet der Humor auch ständig die religiöse Existenz, indem er den religiösen Menschen immer wieder mit seinen Zwiespälten konfrontiert und ihn dazu herausfordert, sie vor Gott nicht zu verbergen, sondern sie gerade offenzulegen, als ein Leben in den Paradoxien des Glaubens. In ihm kommt es stets zur Kollision gegensätzlicher Größen, zwischen Leiden und Freude, zwischen Torheit und Weisheit, zwischen Kraft und Schwachheit.

Deshalb liegt im Humor ein Ansporn, es sich mit dem Existieren vor Gott nicht zu leicht zu machen, und das heißt: falschen Ernst zu bekämpfen, um mit authentischer Freude den wahren Ernst des Glaubens zu erfassen. So kann Kierkegaard im Christentum Leichtigkeit und Schwierigkeit paradox in eins fassen: „[D]ie Leichtigkeit des Christentums ist nur an *einem* kenntlich: an der Schwierigkeit: so ist sein Joch leicht und seine Last leicht – für den, der alle, alle Lasten von sich geworfen hat, die Last der Hoffnung und der Furcht und des Missmutes und der Verzweiflung – aber das ist sehr schwierig."[19]

---

[16] KIERKEGAARD, a.a.O., 694.
[17] A.a.O., 631.
[18] A.a.O., 755.
[19] A.a.O., 610.

Damit sich diese dem Glauben innewohnende Spannung nicht in unmittelbaren Veräußerlichungen auflöst, wacht der Humor darüber, dass der Glaubende stets darum weiß, dass er in dieser Welt zu leben hat, aber nicht von dieser Welt ist, um es johanneisch auszudrücken.[20] Oder paulinisch[21]: dass er sich die Dinge dieser Welt zunutze machen soll, als nutzte er sie nicht. In diesem Sinne bezeichnet Kierkegaard den Humor als „Inkognito der Religiosität."[22]

Mit Kierkegaards Tragikomik des Humors sind wir in die Nähe der Paradoxien der Kreuzestheologie gelangt. Bevor wir hier theologisch weitermachen, soll Kierkegaards Reflexion zuerst noch durch Dürrenmatts dramaturgische Verarbeitung des Tragikomischen vertieft werden.

5. Das Tragische aus der Komödie heraus – ein sich öffnender Abgrund

5.1 Dürrenmatts Verständnis des Tragikomischen

Der oben bereits zitierte Dürrenmatt sagte einmal vom Humor: „Dieser Faktor – mein hauptsächlicher – ist nie zu unterschätzen; er ist überall wirksam."[23] Das verbindet ihn mit Kierkegaard, wie er es selbst in seinem letzten Lebensjahr anerkannt hat: „Ohne Kierkegaard bin ich als Schriftsteller nicht zu verstehen."[24] Es liegt deshalb nahe, Dürrenmatts Dramaturgie als Weiterführung von Kierkegaards Spannung von Tragik und Komik beizuziehen.

Für Dürrenmatt steht früh schon fest, dass die reine Tragödie als solche nicht mehr möglich ist. So schreibt er in seinem 1954 verfassten Essay *Theaterprobleme*: „Die Tragödie setzt Schuld, Not, Maß, Übersicht, Verantwortung voraus."[25] Es bräuchte deshalb Helden, mit denen man sich identifizieren kann, mit denen man leiden kann, um Katharsis im aristotelischen Sinne zu erleben. Aber solche Helden gibt es nicht mehr. „In der Wurstelei unseres Jahrhunderts, [...] gibt es keine Schuldigen und auch keine Verantwortlichen mehr. Alle können nichts dafür und haben es nicht gewollt. Es geht wirklich ohne jeden. Alles wird mitgerissen und bleibt in irgendeinem Rechen hängen. Wir sind zu kollektiv schuldig."[26]

---

[20] Vgl. Joh 15,19 und 17,15–18.
[21] Vgl. 1Kor 7,31; zu 1Kor 7,29–31, vgl. oben zu Lachen und Weinen.
[22] KIERKEGAARD, Abschließende unwissenschaftliche Nachschrift, 611.
[23] DÜRRENMATT, Persönliche Anmerkung zu meinen Bildern und Zeichnungen, 204.
[24] DERS., Turmbau, 125. Für Dürrenmatts Verhältnis zu Kierkegaard, vgl. BÜHLER, Friedrich Dürrenmatt.
[25] DÜRRENMATT, Theaterprobleme, 62.
[26] Ebd.

Deshalb kommt Dürrenmatt zum Schluss: „Uns kommt nur noch die Komödie bei."²⁷ Freilich muss hier präzisiert werden: Es geht nicht einfach um die leichtsinnige, schmerzlose Komödie, „wo einem so kannibalisch wohl wird als wie fünfhundert Säuen". Vielmehr soll das Komische „als das Gefährliche, Aufdeckende, Fordernde, Moralische" erkannt werden.²⁸ Die Komödien Dürrenmatts sind deshalb eigentlich *Tragikomödien*, in denen das Komische und das Tragische paradoxerweise ineinander geraten, denn, wie Dürrenmatt betont: „Doch ist das Tragische immer noch möglich, auch wenn die reine Tragödie nicht mehr möglich ist. Wir können das Tragische aus der Komödie heraus erzielen, hervorbringen als einen schrecklichen Moment, als einen sich öffnenden Abgrund."²⁹ Und er fügt gleich hinzu: „[S]o sind ja schon viele Tragödien Shakespeares Komödien, aus denen heraus das Tragische aufsteigt."

In den *„21 Punkten zu den „Physikern"* hat er das als kleine Erzähltheorie prägnant zusammengefasst: „Ich gehe nicht von einer These, sondern von einer Geschichte aus. Geht man von einer Geschichte aus, muss sie zu Ende gedacht werden. Eine Geschichte ist dann zu Ende gedacht, wenn sie ihre schlimmstmögliche Wendung genommen hat. Die schlimmstmögliche Wendung ist nicht voraussehbar. Sie tritt durch Zufall ein. [...] Je planmäßiger die Menschen vorgehen, desto wirksamer vermag sie der Zufall zu treffen. Planmäßig vorgehende Menschen wollen ein bestimmtes Ziel erreichen. Der Zufall trifft sie dann am schlimmsten, wenn sie durch ihn das Gegenteil ihres Ziels erreichen: Das, was sie befürchten, was sie zu vermeiden suchten (z.B. Ödipus)."³⁰

So sind wir wieder bei Röm 7,15, beim Menschen, der im Zwiespalt mit sich selbst lebt, der sich selbst eine Falle stellt und hineinfällt, der immer wieder an sich selbst scheitert. Der Hinweis auf Ödipus deutet das tragische Moment an. Das Stück *Die Physiker* hingegen spielt mit dem Komischen: Zum Lachen ist der vergebliche Versuch der Physiker, sich als Verrückte in einem Irrenhaus zu verstecken, um die Welt vor ihren gefährlichen Forschungsergebnissen zu schützen, denn damit haben sie sich gerade der verrückten Leiterin des Irrenhauses ausgeliefert, die ihre Ergebnisse benutzen wird, um über die Welt zu herrschen! Doch in der verrückten Leiterin steigt ebenfalls der tragische Abgrund auf.

5.2 Don Quijote, der Haupteinfluss

Das verbindet Dürrenmatt mit dem Grotesken: Seine Komödien führen ins Groteske, weil dort der Mensch am eindeutigsten offenbar wird, indem er seinen Selbstwidersprüchen ausgesetzt und so mit seinem Scheitern konfrontiert wird. Beim Überlegen, woher ihm diese Betonung der grotesken Tragikomödie kommt, sagt Dürrenmatt: „[D]er Haupteinfluss kam nicht vom Theater her, sondern von

---

[27] Ebd.
[28] A.a.O., 69.
[29] A.a.O., 63.
[30] DÜRRENMATT, 21 Punkte zu den Physikern, 91f.

Cervantes, der seine Zeit bekanntlich durch einen Verrückten darstellte."³¹ Dieser wichtige Hinweis sei durch eine 1988 entstandene Gouache illustriert:

Abbildung 3: Friedrich Dürrenmatt, Don Quijote (1988). Copyright: Schweiz. Eidgenossenschaft/CDN.

Als Dürrenmatt durch die Mancha reiste, kam er auf die Idee, dass Don Quijote heute nicht mehr mit Windmühlen kämpfen würde, sondern mit den riesigen Masten der elektrischen Stromleitungen. Deshalb hat er dargestellt, wie der stürzende Ritter samt seinem Pferd sich in den elektrischen Drähten verfängt. Groteske, tragikomische Figur, mit der Dürrenmatt jedoch sympathisiert: „Nur insofern halte ich vom Komischen mehr, als ich den Don Quijote höher als den Oedipus einschätze: An den Göttern zugrunde gehen oder am Schicksal ist ehrenhaft, wenn auch unvermeidlich, daran zugrunde zu gehen, dass die Welt der eigenen Vorstellung nicht entspricht, vor dieser ewig komischen Lage, in der der Mensch steckt, habe ich den größeren Respekt."³²

5.3 Tragikomische Kreuzigungen

Die Darstellung von Don Quijotes Scheitern zeigt das Scheitern eines Verrückten, der gegen eine Welt ankämpft, die nicht seiner Vorstellung entspricht. Hat dieses

---

[31] Unveröffentlichtes Dokument zum Stück Die Ehe des Herrn Mississippi, in dem die Gestalt des Don Quijote eine wichtige Rolle spielt, Schweizerisches Literaturarchiv, Signatur: SLA-FD-A-m105 I.
[32] DÜRRENMATT, Der Mitmacher, 196.

Verrückt-Sein etwas mit der moria zu tun, die das Grundthema im paulinischen Wort vom Kreuz bildet? Auf jeden Fall ist hier zu bedenken, dass Dürrenmatt auch mehrmals Kreuzigungsbilder gezeichnet hat, in denen eine vergleichbare Tragikomik zum Zuge kommt. Das sei hier kurz thematisiert, im Sinne eines Übergangs zu unserem nächsten Kapitel.

Bereits früh, 1939 oder vielleicht 1942, entsteht ein erstes Kreuzigungsbild:

Abbildung 4: Friedrich Dürrenmatt, Kreuzigung I (1939-1942). Copyright: Schweiz. Eidgenossenschaft/CDN.

Dieses Bild hat der Autor selbst folgendermaßen kommentiert: „Wie gestalte ich *heute* eine Kreuzigung? Das Kreuz ist ein Symbol geworden und damit auch als Schmuck verwendbar, etwa als Kreuz zwischen Frauenbrüsten. Der Gedanke, das Kreuz sei einmal ein Marterinstrument gewesen, ist verlorengegangen. In meiner ersten *Kreuzigung* versuche ich durch den Tanz um das Kreuz, das Kreuz wieder zum Kreuz, zum Gegenstand des Skandals zu machen, den es einmal darstellte."[33] Die Betonung des Skandals erinnert uns an Kierkegaards Betonung der mit dem christlichen Glauben verbundenen Schwierigkeit, die es nicht erlaubt, mit unmittelbarer Leichtigkeit zu glauben. So betont Dürrenmatt denn auch etwas später im selben Text, in Bezug auf seine Papstbilder: „Das Christentum, das sich nicht als Skandalon begreift, hat keine Berechtigung mehr."[34] Das Groteske dient hier also der Hervorhebung dieser Skandaldimension, die im Kreuz als Schmuck verlorengegangen ist. Zugleich aber hat der Tanz etwas Spielerisches, Komisches: Wenn auch mit Todesmasken, so bildet er doch so etwas wie einen Reigen um das Kreuz, während im Gekreuzigten selbst, ganz im Stil des Isenheimer Altars, das Tragische zum Ausdruck gebracht wird. Man könnte also sagen: Tragikomik in einem einzigen Bild.

---

[33] DERS., Persönliche Anmerkung, 202.
[34] A.a.O., 205.

In seinem letzten Lebensjahr hat Dürrenmatt das Thema des Kreuzes noch einmal in zwei Lithographien aufgegriffen, die Tragik und Komik parallel zueinander zum Ausdruck bringen. Das erste heißt *Kreuzigung*, und das zweite *Gelächter*.

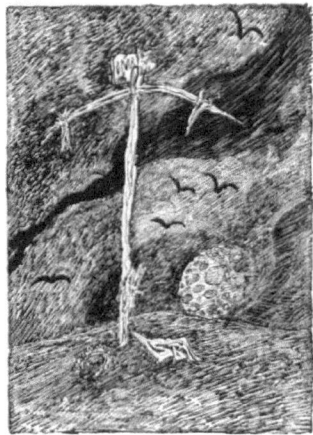

Abbildung 5: Friedrich Dürrenmatt, Kreuzigung (1990). Copyright: Schweiz. Eidgenossenschaft/CDN.

Abbildung 6: Friedrich Dürrenmatt, Gelächter (1990). Copyright: Schweiz. Eidgenossenschaft/CDN.

Im ersten Bild ist das Kreuz, das in einer apokalyptischen Landschaft steht, fast ganz entleert. Vom Gekreuzigten sind nur noch die Hände und die Füße am Kreuz befestigt, während am Boden die Dornenkrone und ein Kleidungsstück liegen. Der Rest wurde wohl von den herumfliegenden Raubvögeln aufgefressen. Im zweiten Bild sind närrische Gestalten zu sehen, die mit offenem Mund lachen, am Kreuz und um das Kreuz herumturnend, hängend, sitzend oder liegend. Was bedeutet dieses Gelächter? Ist es Hohn über dieses seltsam schiefe, verbogene Kreuz? Oder ist es nochmals als Versuch zu deuten, das Kreuz wieder „zum Gegenstand des Skandals zu machen"? Soll das Närrische daran erinnern, dass das Kreuz, ganz im paulinischen Sinne, Torheit ist?

6. Tragikomik im Lichte der Kreuzestheologie

Alle Aspekte, die wir bis hierher zur Tragikomik eingesammelt haben, sollen jetzt ins Licht der Kreuzestheologie gestellt werden, um zu beobachten, inwiefern dadurch nochmals eine neue Dimension gewonnen werden kann. Vorgreifend könnte die Perspektive folgendermaßen lauten: Inwiefern wird die Tragikomik als Tiefendimension des Menschseins dadurch verändert, dass sie nun im Kreuz Jesu Christi auf die Tragikomik göttlichen Handelns stößt? Das sei zuerst mit Hilfe der zwei Hauptzeugen der Kreuzestheologie in Grundzügen erläutert.

6.1 Grundzüge bei Paulus und bei Luther

In Anlehnung an Dürrenmatts Formulierung könnte man sagen, dass sich im Kreuz ein Abgrund öffnet, der eine radikale Umwertung aller Werte auslöst (um etwas frei mit Nietzsche zu sprechen!). Bei Paulus zeigt sich das am paradoxen „Wort vom Kreuz", das er in 1Kor 1,18–25 programmatisch erläutert: Den Juden, die Wunderzeichen suchen, ist der gekreuzigte Christus ein Ärgernis (*skandalon*); den Griechen, die auf Weisheit aus sind, ist er Torheit (*moria*). Doch denen, die berufen sind, ob Juden oder Griechen, ist er Gottes Kraft (*dunamis*), Gottes Weisheit (*sophia*). Im Gekreuzigten zeigt sich Gott als schwach, doch gerade darin liegt eine verborgene Kraft, so dass „das Schwache Gottes stärker ist als die Menschen"; im Gekreuzigten zeigt sich Gott als töricht, doch gerade darin liegt eine verborgene Weisheit, so dass „das Törichte Gottes weiser ist als die Menschen" (Vers 25). Es geschieht also eine Umkehrung der üblichen Auffassung von Kraft und Weisheit: Die Kraft schaltet die Schwachheit nicht aus, sondern sie zeigt sich gerade in ihr. Die Weisheit muss Torheit nicht überwinden; in dieser liegt gerade eine höhere Weisheit. Das widerspricht den Vorstellungen von Kraft und Weisheit, wie sie in dieser Welt gelten. Deshalb kann Paulus später im selben Brief von den Glaubenden sagen: „[Z]u einem Schauspiel (*théatron*) sind wir geworden für die Welt, für Engel und Menschen. Wir sind töricht um Christi willen."[35] Wohl eher eine Komödie als eine Tragödie! Oder besser: Wohl eher eine Tragikomödie als eine reine Tragödie!

Ähnlich liegen die Kategorien bei Luther. Betrachten wir dafür kurz die betreffenden Thesen in der Heidelberger Disputation (wenn wir schon in Heidelberg

---

[35] 1Kor 4,9f.

sind ...).³⁶ Grundthematik ist die Gotteserkenntnis. Der Herrlichkeitstheologe (*theologus gloriae*) will Gott als glorreichen Schöpfer erkennen: Für ihn wird er „aus seinen Werken offenbar" (*Deus manifestus ex operibus*).³⁷ Dem entspricht denn auch eine aufblähende Werkgerechtigkeit, denn auch der Mensch wird dann von seinen Werken her erfasst. Im Gegensatz dazu erkennt der Kreuzestheologe Gott als den „in seinen Leiden verborgenen" Gott (*absconditus in passionibus*).³⁸ Daraus schließt Luther: „Also ist im gekreuzigten Christus die wahre Theologie und Erkenntnis Gottes."³⁹

Aus diesem Akzent erfolgt eine Umkehrung der Grundperspektive, die der Kreuzestheologie ihre paradoxe Dimension verleiht: Der Herrlichkeitstheologe versucht, von den *visibilia*, von den sichtbaren Dingen her die *invisibilia*, die unsichtbaren Dinge Gottes zu erfassen. Kreuzestheologe ist hingegen, wie die 20. These betont, „wer das Sichtbare und das Hintere Gottes (*visibilia et posteriora Dei*) erkennt, das durch Leiden und Kreuz erblickt wird."⁴⁰ Die „sichtbaren Dinge" werden hier mit den „hinteren Dingen" Gottes verbunden, ein Ausdruck, der zweifellos damit zu tun hat, dass Moses in Ex 33,23 die Herrlichkeit Gottes erst „von hinten her" sehen kann, d.h. nachdem sie an ihm vorbeigezogen ist. Das Betrachten Gottes „von hinten her" geschieht für den Kreuzestheologen dadurch, dass Gott *per passiones et crucem*, durch die Leiden am Kreuz erkannt wird. Das ist für Luther die sachgemäße Umkehrung: Was vom Herrlichkeitstheologen schiefgestellt wurde, wird vom Kreuzestheologen wieder richtiggestellt. Während der Herrlichkeitstheologe „das Böse gut und das Gute böse nennt", sagt der Kreuzestheologe, „was Sache ist."⁴¹

Diese Paradoxie der Offenbarung eines in den Leiden des Kreuzes verborgenen Gottes, dieses Ineinander von Offenbarung und Verborgenheit, stiftet Tragikomik. Im Folgenden wollen wir mit einigen Beispielen diese tragikomische Dimension der Kreuzestheologie vertiefen.

6.2 Höhnisches Lachen am Fuß des Kreuzes

Sucht man nach Lachmomenten in den Passionsgeschichten der Evangelien, so findet man eigentlich nur das höhnische Lachen am Fuß des Kreuzes. In Mk 15,29–32 par. wird es als ein dreifaches dargestellt: Die Vorübergehenden zuerst schütteln den Kopf und spotten über ihn: „Ha, der du den Tempel niederreißt und in drei Tagen aufbaust, rette dich selbst und steig herab vom Kreuz!" Dann spotten

---

³⁶ Vgl. WA 1,353-365, vor allem 354,17-28 und 361,31-363,37.
³⁷ Vgl. die Erläuterung zur 20. These, WA 1,362,5-9.
³⁸ A.a.O.
³⁹ 362,18f: Ergo in Christo crucifixo est vera Theologia et cognitio Dei.
⁴⁰ 354,19f: [...] qui visibilia et posteriora Dei per passiones et crucem conspecta intelligit.
⁴¹ These 21 (362,21f): Theologus gloriae dicit malum bonum et bonum malum, Theologus crucis dicit id quod res est.

auch die Hohen Priester mit den Schriftgelehrten und sagen: „Andere hat er gerettet, sich selbst kann er nicht retten. Der Messias, der König Israels, steige jetzt vom Kreuz herab, damit wir sehen und glauben." Und schließlich heißt es, dass auch die zwei Verbrecher, die mit ihm gekreuzigt sind, ihn verhöhnen, wobei hier zu erwähnen ist, dass bei Lukas nur einer mitmacht („Bist du nicht der Gesalbte? Rette dich und uns!"), während der andere Ehrfurcht zeigt und von Jesus eine Heilszusage bekommt (Lk 23,39–43).[42]

Dem höhnischen Lachen am Fuß des Kreuzes hat Michael Andrew Screech eine ausführliche Studie gewidmet, in der er zeigt, wie sich dieses Motiv im Laufe der Ideengeschichte, vor allem in der Renaissance, auf die kulturelle Bedeutung des Lachens ausgewirkt hat.[43] In gewisser Hinsicht aber bleibt es bei Screech ein begrenztes Lachen, weil es vor allem die Gestalt des Spottes annimmt. Mit Kierkegaard gesprochen könnte man sagen, dass diesem Spott der Aspekt des Schmerzes und der Sympathie fehlt. Als Hohn bleibt es vor allem ein distanziertes, ein Abstand nehmendes Lachen. In den Evangelien kommt dieser Aspekt der Sympathie dadurch zum Ausdruck, dass sie im Lichte der kommenden Auferstehung das Spotten der Spötter am Fuß des Kreuzes implizit ironisieren: „Ihr Spötter, ihr habt gut lachen! Ihr werdet noch eine Überraschung erleben!"[44]

6.3 Tragik und Komik in der Passionsgeschichte

Mit Hilfe von zwei literarischen Verarbeitungen der Passionsgeschichte sei der Kontrast zwischen Tragik und Komik nochmals anders akzentuiert.

Friedrich Dürrenmatts Erzählung *Pilatus*[45] stellt den Prozess, die Folterung, die Hinrichtung und den Tod Jesu aus der Perspektive des Pilatus dar, der Entscheidungen treffen muss, ohne zu verstehen, was ihm widerfährt. Die ganze Erzählung wickelt sich auf der Ebene der ausgetauschten Blicke ab. So erahnt Pilatus schon bei der ersten Begegnung, dass der Mensch, den ihm das Volk entgegenschiebt, ein Gott ist, und dass diese Verwischung der Grenze zwischen Gott und Mensch ihn zu Fall bringen wird: „Der Abgrund zwischen Mensch und Gott war unendlich gewesen, und nun, da der Gott diesen Abgrund überbrückt hatte und Mensch geworden war, musste er [Pilatus] an Gott zu Grunde gehen und an ihm zerschmettern, wie einer, den die Welle an eine Klippe schleudert."[46] Des-

---

[42] Dieser Unterschied wird auch in Samuel Becketts Stück Warten auf Godot besprochen. Lukas ist zwar der einzige von vier, der dem einen der zwei Schächer eine Chance gewährt, aber das stiftet immerhin einen gewissen Trost: „Einer von den zwei Schächern wurde erlöst. Pause. Das ist ein guter Prozentsatz." (BECKETT, Warten auf Godot, 33).
[43] SCREECH, Laughter at the Foot of the Cross.
[44] Vgl. den Beitrag von Peter Lampe in diesem Band.
[45] DÜRRENMATT, Pilatus, 97–115.
[46] A.a.O., 104.

halb vollzieht Pilatus nun alle Entscheide im verzweifelten Versuch, Gott aus seiner Rolle zu zwingen, ihn zu zwingen, wieder Gott zu werden. Doch daran scheitert er und verliert an diesem Scheitern seinen Verstand.

Dieser tragischen Geschichte Dürrenmatts steht ein komisches „Dreiminutenspiel" Thornton Wilders gegenüber, mit dem Titel *Und der Knecht hieß Malchus*.[47] Den biblischen Bezug bildet die Stelle der johanneischen Passion, in der Petrus zum Schwert greift und dem mit Namen bezeichneten Knecht des Hohen Priesters das rechte Ohr abschneidet (Joh 18,10). Das kleine Stück Wilders spielt im Himmel. Malchus hat Jesus um eine Audienz gebeten: Jedes Mal, wenn jemand auf Erden diese Stelle liest, fühlt sich Malchus mit seinem abgeschnittenen Ohr lächerlich. Deshalb fragt er Jesus, ob es nicht möglich wäre, diesen Vers aus den Bibeln zu streichen: „Ich dachte mir, du könntest diese Stelle einfach einen leeren Fleck werden lassen."[48] Doch Jesus überrascht ihn: Auch er sei doch lächerlich gewesen, mit allen Versprechungen, die er gemacht habe und nicht einhalten konnte. Und so stellt er nun Malchus eine Gegenfrage: „Meine Versprechungen waren so ungeheuer, dass ich entweder göttlich bin oder lächerlich. *Pause*. Malchus, willst du bei mir bleiben und mit mir lächerlich sein?"[49] Diese überraschende Wende freut Malchus: „Ja, Herr, ich will bleiben. Von Herzen gern, Herr." Bevor er glücklich von dannen geht, fügt er noch hinzu, es sei auch nicht ganz wahr, was da stehe, es sei das linke, und nicht das rechte Ohr gewesen, worauf Jesus noch antwortet: „Ja, es ist auch nicht alles wahr, was über mich in dem Buch steht."[50]

6.4 Umkehrung von Aristoteles' Auffassung der Komödie?

Der zweite Teil der *Poetik* von Aristoteles, der, der der Komödie gewidmet war, ist leider nicht erhalten (Umberto Eco erzählt uns im Roman *Der Name der Rose*, wie das letzte Exemplar verschwunden ist ..!). Durch Abgrenzungen zwischen Tragödie und Komödie am Anfang des Buches lässt sich erraten, dass Aristoteles die Bedeutung der Komödie, und damit auch des Lachens, des Humors, stark eingeschränkt hatte: Das Komische dient vornehmlich dem Lächerlichmachen des Niedrigen, des Unwürdigen, des Hässlichen, im Kontrast eben zur Tragödie, die das Edle, Hochwertige, Schöne hochhebt. Komödie ist vornehmlich Sozialtadel, von leichten Künstlern vollzogen.[51]

Diese die Kreativität des Lachens stark einschränkende Auffassung zog sich durch das ganze Mittelalter hindurch und wirkte bis in die Neuzeit hinein. In diesem Sinne heißt es etwa bei Thomas Hobbes, Lachen entlade sich in einem plötzlichen Gefühl der Überlegenheit: "a sudden glory arising from some sudden

---

[47] WILDER, Und der Knecht hieß Malchus, 48–51.
[48] A.a.O., 50.
[49] A.a.O., 51.
[50] Ebd.
[51] ARISTOTELES, Poetik (1982), 48a16-18, 9; 48b24-27, 13; 49a32-37, 17. Vgl. den Beitrag von Philippe Soual in diesem Band.

conception of some eminency in ourselves, by comparison with the infirmity of others, or with our own formerly."[52] Und so bildet denn auch die Theorie des Sozialtadels den roten Faden in Henri Bergsons lebensphilosophischem Buch über das Lachen:[53] Das Lebendig-Bewegliche lacht über das Mechanisch-Starre, das Starke über das Schwache, das Edlere über das Niedrigere.

In diesem Rahmen fällt überraschend auf, dass Paulus in 1Korinther 1, 26ff, im Zeichen seiner Kreuzestheologie, genau das Gegenteil betont. Davon ausgehend, dass es in der Christengemeinde „in den Augen der Welt nicht viele Weise, nicht viele Mächtige, nicht viele Vornehme" gibt, hebt er dies gerade als die eigentliche Berufung der Gemeinde hervor: „Das Törichte dieser Welt hat Gott erwählt, um die Weisen zu beschämen, und das Schwache dieser Welt hat Gott erwählt, um das Starke zu beschämen, und das Geringe dieser Welt und das Verachtete hat Gott erwählt, das, was nichts gilt, um zunichte zu machen, was etwas gilt."

Die paulinische Kreuzestheologie könnte also als eine neue, antiaristotelische Auffassung der Komödie bezeichnet werden.

Diese Verbindung von Kreuz und Komik bringt eine humoristische Zeichnung des französischen Karikaturisten PIEM auf andere Weise zum Ausdruck:

Abbildung 7: „Oh! Pardon": zwischen Entschuldigung und Vergebung. Copyright: le cherche midi éditeur.

Jesus hantiert ungeschickt mit seinem Kreuz, sodass dabei ein römischer Soldat entwaffnet und umgeworfen wird. Jesus entschuldigt sich, mit dem im Französischen üblichen „Oh! Pardon". Doch heisst „pardon" zugleich „Vergebung", sodass der sich entschuldigende Jesus dem römischen Soldaten zugleich doppelbödig

---

[52] Zitiert in PREISENDANZ, Art. Komische, Lachen, 889.
[53] Vgl. BERGSON, Das Lachen.

Vergebung zuspricht. Das ihn umwerfende Kreuz könnte für den römischen Soldaten noch ganz anders umwerfend werden ...

6.5 Osterlachen – in der tragikomischen Spannung von Ostern und Karfreitag

Auch in Hinsicht auf die Osterbotschaft gilt eine eigentümliche Spannung von Tragik und Komik. Achtet man auf die wohl früheste uns erhaltene Ostererzählung, in Mk 16,1–8, so endet diese nicht einfach in Freude und Jubel: „Da gingen sie [die Frauen] hinaus und flohen weg vom Grab, denn sie waren starr von Angst und Entsetzen. Und sie sagten niemandem etwas, denn sie fürchteten sich." Es könnte sogar sein, dass das Markusevangelium mit diesem Vers schloss, bevor dann nachträglich weitere Erscheinungen des Auferstandenen hinzugefügt wurden. Also brauchte es wohl eine gewisse Verarbeitung, bis das Entsetzen über das leere Grab auch zur fröhlichen Botschaft des Sieges über den Tod werden konnte. Doch damit war die Spannung nicht bereits überwunden, denn der elende Tod am Kreuz und die herrliche Wende der Auferstehung konnten ja nicht einfach in ein bloßes Nacheinander aufgeteilt werden. Kreuzestheologisch betrachtet gehören Kreuz und Auferstehung eng zueinander, sodass eigentlich der österliche Sieg über den Tod bereits im Kreuzesereignis geschieht, wie das Johannes mit dem letzten Wort Jesu am Kreuz zum Ausdruck bringt: „Es ist vollbracht" (Joh 19,30).

Diese enge Verbindung hat Lukas Cranach der Jüngere im Altarbild der Herderkirche in Weimar eindrücklich zum Ausdruck gebracht. In der Mitte ist der hoch am Kreuz hängende Christus zu sehen, als geschlachtetes Lamm Gottes dargestellt, dessen sühnendes Blut nicht nur am Leib entlang fließt, sondern auch auf die Gruppe von Johannes dem Täufer, Luther und dem Maler selbst (?) hinüberspritzt. Aber links von diesem Kreuz ist auch bereits der Auferstandene zu sehen, der aus dem Grab gestiegen ist.

Abbildung 8: Die Kreuzigung im Altarbild der Herderkirche in Weimar, Lucas Cranach d.J., Kreuzigung (1552-1555).

Während der Gekreuzigte in Ohnmacht leidet, ist der Auferstandene in einen Kampf verwickelt: Mit seinen Füßen zertritt er den Tod, als Skelett verbildlicht, und den Teufel, als ein grausames Monster dargestellt, während er diesem mit seinem durchsichtigen Stab den Rachen durchsticht. Beide Ungeheuer liegen wehrlos zu Boden (vgl. unten das Detail der unteren linken Ecke des Gemäldes).

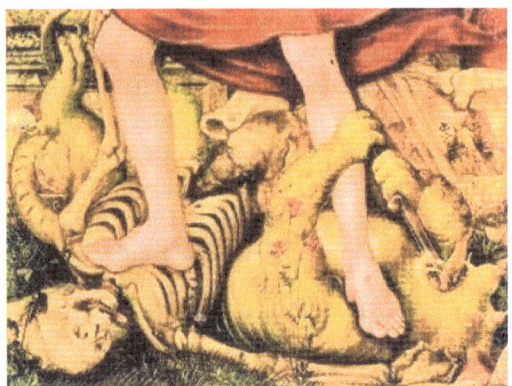

Abbildung 9: Die Kreuzigung im Altarbild der Herderkirche in Weimar (Ausschnitt), Lucas Cranach d.J., Kreuzigung (1552-1555).

6.6 Lachen über den betrogenen Betrüger

Es gehört zu einer liturgischen Tradition, die sich im Mittelalter entwickelt und sich in gewissen Gegenden Europas bis in die Neuzeit hinein erhalten hatte, dass die Freude des österlichen Sieges Jesu Christi im Ostergottesdienst als ein großes Gelächter über den Tod und den Teufel zum Ausdruck gebracht wurde. Dieser Ritus des risus pascalis, der den Predigern etwas Mühe bereitete, so dass es auch kleine Anleitungen gibt, wie man am wirksamsten eine Gemeinde zum Lachen bringt, enthielt als beliebtes Motiv das Lachen darüber, wie der teuflische Betrüger durch Gott betrogen wird. Das wird in einem Bild aus einer Enzyklopädie[54] des 12. Jahrhunderts schön dargestellt: Gott fischt mit einer Fischerrute, deren Leine durch die Reihe der Propheten gebildet ist. Am Ende hängt der Gekreuzigte als Köder am Angelhaken. So wird der Teufel, hier als Leviatan, der Riesenfisch aus Hiob 40, gezeichnet, von Gott gefangengenommen.

---

[54] LANDSBERG, Hortus Deliciarum (ca. 1180), 62.

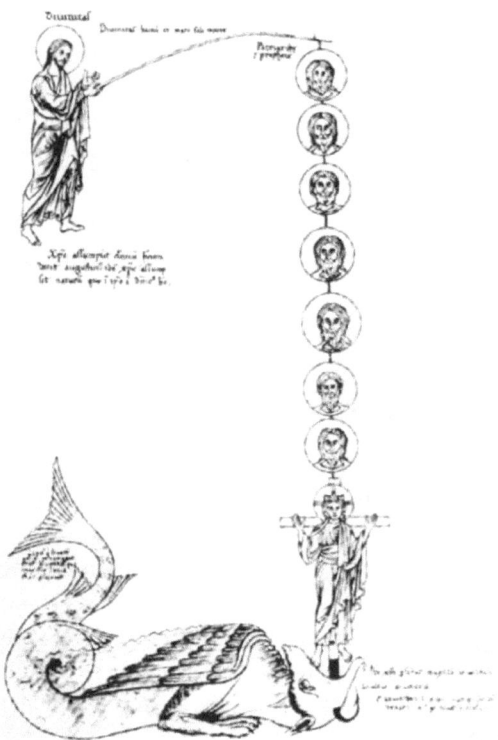

Abbildung 10: Gott als Fischer im Hortus deliciarum (ca. 1180).

„Kannst du den Leviatan an der Angel ziehen und mit dem Strick seine Zunge niederdrücken?"[55] In einer Osterpredigt zu dieser Stelle hat Luther dasselbe Motiv aufgegriffen:[56]

> Er [Gott] nam einen scharffen angel und hengte ein regenwurmlein dran und würff den angel yns meer: Das regenwurmlein ist nu Christus, Der scharff angel ist sein Gottheit. An den Angel ist das regenwurmlein gebunden, nämlich die menscheit Christi und das fleisch. Das betreugt den Teufel. Er denckt: sol ich das klein regenwurmlein nicht verschlingen kunnen? Versihet sich des scharffen angels gar nicht, fehret zu und bellt ynn angel. Da kompt Christus und ruckt yhn er aus und bringt mit sich er aus, was der Teufel yhe gethan hat. Denn es war ya zu hoch angeloffen, tod widder das leben, sund widder gnade, hell widder himel.

---

[55] Hiob 40,25.
[56] WA 32,41,16–26 (Predigt vom 17.04.1530).

7. Das Tragikomische als Tiefendimension des Christseins

Im Lichte der Kreuzestheologie wird das Tragikomische des Menschseins zur Tiefendimension des *Christseins*. Weil die im Wort vom Kreuz verkündigte Kraft und Weisheit selbst tragikomisch bestimmt ist, werden die Spannungen menschlicher Existenz in befreiender Modalität erlebt, so dass die Tragikomik grundsätzlich zum Glaubensvollzug gehört.

Das sei in aller Kürze mit vier paulinischen Hinweisen konkretisiert.

- Wie wir bereits oben gesehen haben, bilden *Lachen und Weinen* im Zeichen eschatologischer Erwartung eine grundlegende Glaubensgegebenheit: Als Lachen, als ob lachte man nicht, und als Weinen, als ob weinte man nicht, sind sie Ausdruck einer inneren Freiheit, die es den Glaubenden erlaubt, beides in den Dienst der Sympathie zu stellen, als Lachen mit den Lachenden und als Weinen mit den Weinenden.
- Dass christliche Existenz stets durch Lachen und Weinen affiziert werden kann, zeugt von einer grundsätzlichen *Empfänglichkeit*, die Paulus folgendermaßen in Anspruch nimmt: „Was aber hast du, das du nicht empfangen hättest? Wenn du es aber empfangen hast, was rühmst du dich, als hättest du es nicht empfangen?"[57] Nur von dem her, was einem widerfahren ist, was einem gnadenhaft geschenkt wurde, kann es zu befreienden Lebensvollzügen kommen. Das Tun, das Handeln erschöpft sich, wenn es nicht immer wieder im Empfangen Kraft und Weisheit schöpfen kann. So kommt es im christlichen Leben zu einer kreativen, konstruktiven Spannung von *Passivität und Aktivität*.
- Christliche Existenz geschieht in endlicher Leiblichkeit. Diese conditio humana des Glaubens formuliert Paulus mit der Aussage, dass wir einen Schatz „in irdenen Gefäßen" tragen[58]. Daraus folgt, dass das christliche Leben mit Humor stets knapp dem Scheitern entgeht. So heißt es für diese irdenen Gefäße: „in allem sind wir bedrängt, *aber nicht* in die Enge getrieben, ratlos, *aber nicht* verzweifelt, verfolgt, *aber nicht* verlassen, zu Boden geworfen, *aber nicht* am Boden zerstört."[59] Diese knapp bemessene Differentialbestimmung begründet Paulus als leibliche Bezeugung Christi: „Allezeit tragen wir das Sterben Jesu an unserem Leib, damit auch das Leben Jesu an unserem Leib offenbar werde."[60]
- Auf mystische Fähigkeiten des Emporsteigens anspielend, deren er sich rühmen könnte, betont Paulus, eine scharfe Einschränkung sei ihm schmerzhaft eingeschärft worden, verbunden mit der paradoxen (humoristischen?) Botschaft: „Du hast genug an meiner Gnade, denn die Kraft findet ihre Vollendung

---

[57] 1Kor 4,7.
[58] 2Kor 4,7.
[59] 2Kor 4,8f.
[60] 2Kor 4,10.

am Ort der Schwachheit. [...] Denn wenn ich schwach bin, dann bin ich stark."[61] Die Schwachheit muss nicht im Namen der Kraft ausgeschaltet, verpönt werden: Sie ist gerade der Ort, an dem einem Kraft, kreative *dunamis* widerfahren kann.

Solche Spannungen, solche Diskordanzen sind nicht zu überwinden. „[W]o Leben ist, da ist Widerspruch", sagte Kierkegaard. Christliche Existenz vollzieht sich deshalb nicht als Bewältigungsstrategie. Diese Diskordanzen sind vielmehr Gegenstand einer ständigen Durcharbeitung. Das ist das Losungswort einer kreuzestheologischen Tragikomik. In diesem Sinne darf am Ende unserer Überlegungen eine anonyme russische Zeichnung stehen, die dieses Losungswort als Zuspruch der Durchhaltekraft ausdrückt. Schon ist der Frosch fast gefressen. Doch fasst er in dieser verzweifelten Lage den Storch bei der Gurgel und verhindert damit sein eigenes Verschlucktwerden. „Bedrängt, aber nicht in die Enge getrieben"... Deshalb, wie es auf der Zeichnung heißt: „Ja nie aufgeben!"

Abbildung 11: „Ja nie aufgeben!", anonyme russische Zeichnung.

---

[61] 2Kor 12,9f.

Philipp Stoellger

Macht des Lachens und Lachen der Macht

Zur Hermeneutik einer gravierenden Differenz

1. Nichts zu lachen?

1. Im Hintergrund einer Debatte über Humor und das Lachen in der Theologie steht das Vorurteil der *Lächerlichkeit* solch einer Themenstellung. Zur hermeneutischen Annäherung ist es daher angebracht, nach Faktum und Gründen für das Verlachen der Frage nach dem Lachen zu fragen. Denn üblicherweise gilt die Regel: Nichts zu lachen in Religion und Theologie. Spricht man von Religion, bekomme man es nicht mit dem Lachen zu tun, denn sie gilt als ernste Angelegenheit, gravitätisch und – humorlos. Es wird vielleicht ‚jubiliert' von den entsprechend zum Jubeln angestellten Engeln, aber nicht gelacht.

Das ‚Lachen' gilt nichts in der Theologie, bestenfalls nichts. Denn traditionell gilt das Lachen als Übel. Um nur aus zweiter Hand literarischer Verarbeitung an die üblichen Vorurteile zu erinnern, sei Eco angeführt: „Das Lachen schüttelt den Körper, entstellt die Gesichtszüge und macht die Menschen den Affen gleich."[1] Diese animalischen Perturbationen machen das Vernunftwesen zum vernunftlosen Tier – und daher gilt: „Das Lachen ist ein Zeichen der Dummheit. Wer lacht, glaubt nicht an das, worüber er lacht, aber er haßt es auch nicht. Wer also über das Böse lacht, zeigt damit, daß er nicht bereit ist, das Böse zu bekämpfen, und wer über das Gute lacht, zeigt damit, daß er die Kraft verkennt, dank welcher das Gute sich wie von selbst verbreitet."[2]

Dass Eco hier das Mittelalter arg verfinstert, gehört zum Witz seiner Erzählung. Die monströse Karikatur des ‚Gottes*fürchtigen*' ist gekonnt komisch – und trifft die Pointe. Das von Jorge so gefürchtete wie verurteilte Lachen vertreibt die Angst der Gottesfurcht und die absolute Ordnung der Schöpfung. Jorge schaut mit Entsetzen die Macht des Lachens. Und um seiner Herr zu werden, reduziert er es

---

[1] Eco, Name der Rose (1982), 168.
[2] Ebd.

auf den teuflischen Gegensatz zur apokalyptischen Angst und zum dementsprechenden Glauben als Gottesfurcht. – *Nichts zu lachen, für uns nicht und für Gott schon gar nicht.*

Wer so finster wie Jorge gezeichnet wird, bedarf keiner Widerlegung mehr. Er ist die Inkarnation der Inquisition. Ecos Groteske ist nicht ohne entsetzliche Komik. So stellt die groteske Gestalt des Jorge zugleich die lichte und heitere Kehrseite des Lachens da: Es *entlastet*[3] von Angst, Herrschaft und absoluter Ordnung – es entlastet von Finsterlingen wie diesem Mönch. Damit ist, so könnte man in theologischer Perspektive weiterführen, Lachen auch ‚Vernichtung' eines Übels. Die eschatologische ‚annihilatio mundi' wäre daher keine Revokation der Schöpfung, sondern der *Untergang des Übels im Lachen.*[4]

Da Jorge selber die Seiten des Manuskripts [von Aristoteles' zweitem Buch der Poetik] vergiftet hat, geht er blätternd und am Daumen leckend an *seiner eigenen* Vergiftung der Komödientheorie zugrunde – und damit zugleich an dem Text, den er für so gefährlich erklärt, dass man die Welt vor einer Komödientheorie schützen müsse. Den Weltenbrand, den er durch das Buch fürchtet, löst er versehentlich selber aus, als er im Kampf eine Öllampe umstößt. Mit der Komödientheorie geht auch die Bibliothek in Flammen auf und mit ihr das ganze Kloster und seine Epoche. Das finstere Mittelalter verbrennt – weil es sich selbst entzündet hat am Streit um das Lachen. – Der Roman bestätigt alle Befürchtungen Jorges, allerdings *ohne sie noch zu fürchten*. Wenn diese Furcht vor dem Lachen einmal vergangen ist, sieht die Welt ganz anders aus. Wenn das Lachen erlaubt ist, bekommt die Welt einen anderen Schein: lichter und heiterer. Die Morgenröte erscheint über einem Zeitalter der Angst.

„Die Seele ist heiter nur, wenn sie die Wahrheit schaut und sich am vollendeten Schönen ergötzt, und über die Wahrheit und Schönheit lacht man nicht. Eben darum hat Christus niemals gelacht. Das Lachen schürt nur den Zweifel."[5] – Woher man das wissen mag, dass Christus nie gelacht habe, bleibt beinahe lustig dunkel. Denn ein Mensch, der Zeit seines Lebens nie gelacht hätte, wäre wohl kaum wirklich Mensch gewesen. Sollte dieser latente Doketismus in der Vertreibung des Lachens zum Ausdruck kommen? Christus das Lachen abzusprechen, wäre doketisch, aber ihm das Lachen zuzusprechen ist keineswegs gleich gnostisch.[6]

2. Religionswissenschaft wie Religionstheorien und die meisten Theologien – sei es im Gefolge Kants, Schleiermachers, Ottos oder der Hegeltradition – haben

---

[3] Den Aspekt der Entlastung von Aggression übergehe ich hier.

[4] Aber solch eine Distanz gegenüber dem erfahrenen Leid ist derzeit undenkbar, beinahe frivol. Sie setzt die Vollendung und Heilung des Zerstörten voraus.

[5] Eco, Name der Rose (1982), 169.

[6] Dirk Westerkamp ist eingehend der Frage nach einem nicht zu findenden Bild eines ‚lachenden Christus' nachgegangen. Vgl. WESTERKAMP, Das gelotheologische Bilderverbot, 343–354.

traditionell wenig zu sagen über die humoralen Seiten Gottes, Christi und der Religion im Allgemeinen. Ob Herms oder U. Barth — zum Lachen findet sich dort m.W. nichts. So steht es mit der Anthropologie Pannenbergs, das Lachen ist kein Thema. Selbst wenn man beansprucht, lebensweltnah ‚Religion als Lebensdeutung' zu konzipieren, findet sich in den einschlägigen Forschungen zwar etwas zu Gefühlen, aber nichts zum Lachen (oder Weinen). Neuprotestantisch bzw. idealistisch angelegte Religionstheorien haben offenbar keinen Sinn für die humoralen Seiten menschlicher oder gar göttlicher Existenz. „Über das Lachen sagte ich: Wie verblendet!" (Koh 2,2; vgl. Sir 21,14f; 27,12f; Jak 4,10). Das biblische Motto scheint auch für die meisten Theologien zu gelten.

Als *anthropologisches* Phänomen ist das Lachen sc. unstrittig, aber in den gängigen Anthropologien taucht es nicht auf (vgl. Pannenberg), geschweige denn in der Soteriologie. Auch in der Religionspraxis der christlichen Kirchen ist es weitgehend ortlos und praktisch-theologisch m.W. unthematisch. Ausnahmen bestätigen die Regel.

Das ist umso erstaunlicher, als sein Pendant, das Weinen, religiös wie theologisch keineswegs derart ortlos und unthematisch bleibt. Sind doch Weinen *wie* Lachen Grenzreaktionen, die in Reflexion und Religionskultur *zusammen*gehören. Spätestens seit dem ‚emotional turn' seit den 1990er Jahren hätte man deren Rehabilitierung erwarten können (und die Hermeneutischen Blätter zum Thema sind ein Beitrag dazu gewesen). Aber — vermutlich gelten Lachen wie Weinen ‚nur' als *Ausdruck* von Gefühlen, nicht *als* Gefühle? Wenn das ‚Eigentlich' ‚innen' sei, ist der ‚Ausdruck' nur äußerlich und nicht eigens interessant? Diese Denkgewohnheit vom Primat des Innen und der Marginalisierung des Ausdrucks ist (nicht erst) seit Augustin gängig — und nicht erst seit Taylor und Cavell bestritten. Phänomenologisch sind nicht nur die Innerlichkeiten interessant, sondern vor allem die Äußerlichkeiten — nicht nur ‚Gott selbst', sondern die Art und Weise der Rede von ihm.

2. Gott im Horizont seiner Leidenschaft

1. Wenn man nach dem Lachen fragt, sind Unterscheidungen nötig und Näherbestimmungen wie die folgenden:

- *Wie* lachen, in welchem Geist?
- *Worüber*, warum und wodurch? Nur *über* andere, auf deren Kosten, oder *mit* anderen oder womöglich auch wir über uns selbst. Das erste Lachen wäre exkludierend, auf Kosten anderer; das zweite eine Vergemeinschaftung, die offen sein *könnte*; das dritte eröffnete eine Distanz zu uns selbst, die anthropologisch wie theologisch relevant werden kann. ‚Nos ponit extra nos' — könnte man dann vom Lachen sagen, der Liebe nicht unähnlich. So kann schon die Divergenz von Wunsch und Wirklichkeit des Daseins ungemein komisch wirken (oder tragisch). Aber — wenn ein so zwiespältig Existierender wie der Mensch

über seine Selbstwidersprüche zu lachen vermöchte, würde er sich in glücklicher Weise selbst entzogen.
- *Wer* lacht: nur der Mensch, oder lacht auch Gott, nicht nur *über* uns, sondern *mit* uns oder gar *für* uns? Wie, worüber und wozu lacht Gott, wenn er denn lachen könnte?
- *Wohin* führt das Lachen? Welche Performanz, Deutungsmacht oder gar soteriologische Wirksamkeit kann es entfalten?

2. Wer ein Lachen Gottes grundsätzlich als absurd zurückweist und einen solchen Anthropomorphismus für lächerlich hält, scheint einem metaphysischen Theismus zu folgen mit einem apathischen Gott des reinen Begriffs, der vielleicht denken, aber nicht fühlen, leiden und auch lachen kann. Solch ein Theismus wird dann auch noch gnoseogen, wenn er anthropomorphe Gottesprädikate für eine Angelegenheit der ‚schlichten Gemüter' hält, die noch nicht auf den reinen Begriff gekommen sind. Dass solche Rede aus ‚kalkulierten Absurditäten' bestehen könnte, Metaphern also, die mitnichten vom Begriff regiert werden, soll im Folgenden zumindest zu Bedenken gegeben werden.

Die Arbeit am Theismus mit den Mitteln der Metapher ist nur die Hintergrundmusik; im Vordergrund des Folgenden steht die Arbeit an einer gravierenden Differenz: der Macht des Lachens gegenüber dem Lachen der Macht. Wenn Gott lacht, könnte das ein Lachen der Macht sein, der Macht über die Toren, Frevler und Ungläubigen, ein Herrschaftslachen. Es könnte aber auch die Macht des Lachens ins Spiel kommen, kraft dessen übliche Dispositive der Macht ins Wanken geraten. Die Macht des Lachens könnte mächtiger werden als das Lachen der Macht, subversiv und deutungsmächtig. Denn es könnte uns Gott anders sehen und verstehen lassen, als alte Theismen uns glauben machten.

Dabei spielt eine hermeneutische Hypothese mit: Lachen sei womöglich ein Medium der offenen Vergemeinschaftung von Gott und Mensch und Mensch, potentiell also ein Heilsmedium, von dem Theologie und religiöse Rede nicht schweigen können. Gott nicht exklusiv unter dem Primat des ‚logos' und ‚nous' zu verstehen, auch nicht allein in seinem Willen und Ethos, sondern auch im Horizont seines Pathos, könnte einen Wahrnehmungs- und Sprachgewinn mit sich bringen. Denn aus Gottes Pathos folgt nicht nur Leid und Passion, sondern auch Passioniertheit und Leidenschaft – die helle Seite seines Pathos wie in Freude und Lachen.

3. Wechselt man die Perspektive und verlässt den klassischen Theismus mit seinem Apathieprimat, könnte sich der theologische Blick weiten, allerdings nicht schon mit dem Rekurs auf ‚*das Heilige*'. Denn ‚das Heilige' und ‚das Lachen' werden für gewöhnlich sauber separiert: Das Heilige als das *Sakrale* hält sich fern vom Profanen, Alltäglichen und damit auch vom Lachen. Im Tempel wird nicht gelacht. Wer am Ort des Heiligen lacht, profaniert, verletzt Grenzen und stört die heilige Ordnung. Angesichts des Faszinosum und Tremendum zu lachen, wäre allenfalls den Unheiligen erschwinglich, den Spöttern und Toren.

Da aber ein Heiliges ohne Menschen nur noch ein Mausoleum wäre, ein verfallener Tempel, eine Ödnis, wüst und leer, kann das Heilige nicht ohne Menschen sein und wirken. Kein Sakrales ohne Profanes, und umgekehrt. Daher gibt es Kreuzungen, Verschränkungen, Grenzüberschreitungen und -verletzungen, wann immer man vom Heiligen spricht. Um so erstaunlicher, dass sich im Horizont der neuen ‚Otto-Renaissance' nichts zum Lachen finden lässt.[7] Soweit, so erwartbar, denn ‚das Heilige' bleibt strikt sakral und separiert.

Anders sähe es aus, wenn nicht *das*, sondern *der* Heilige und das Lachen thematisch würden. *Das* Heilige würde nie und nimmer lachen, aber vielleicht *der* Heilige? Erst die Personalität des Heiligen bringt seine Lebendigkeit in den Blick und eröffnet erst das Thema des Lachens. Nicht sacrum, sondern *sanctus* zu sagen, eröffnet der Frage nach dem Lachen eine Wendung in die Wechselseitigkeit. Denn ‚Sanctus' ist nicht alles Mögliche, sondern vor allem Gott. ‚Sanctus' ist ursprünglich *Gottes* Eigenschaft. Wieweit sie auch anderem zugeschrieben werden kann, der Schrift etwa oder einer kommenden Gemeinschaft (der Heiligen), ist eigens zu fragen. Wenn Gott *der* Heilige ist – kann man nach dem dreistelligen Verhältnis von Gott und Lachen und Mensch fragen. Etwas spezieller gefragt – um mein Interesse anzudeuten: Inwiefern gibt das Lachen *Raum* zwischen Gott und Mensch? Ist es womöglich ein ganz besonderes Medium der Vergemeinschaftung von Gott und Mensch und Mensch – im Geiste eines erlösenden Lachens?[8]

3. Theologische Relevanz des Lachens: ein nicht nebensächliches Adiaphoron

Die theologischen Relevanzen des Lachens sind mindestens dreifaltig: für *Mensch*, *Gott* und ihr Verhältnis, also ihre *Medien*.

1. *Anthropologisch* geht es mit dem Lachen sicher um Gefühl, Leiblichkeit und Atmosphäre. Aber noch um mehr, nicht zuletzt um die Frage, ob der Mensch vor allem von seiner Vernunft, Subjektivität und Autonomie her begriffen wird, oder aber bzw. auch von seinen Grenzlagen her, dem Kontrollverlust, den Schwellen, Medien und (lust- wie unlustvollen) Heteronomien. Als schlichtes Beispiel: Wir sind spätestens seit Descartes und Kant gewohnt, den Menschen von seinem autonomen, lichten, klaren *Wachbewusstsein* her zu bestimmen (normativ, deskriptiv). Alles der Autonomie Zuwiderlaufende ist dann normativ ‚schlechte' Heteronomie: zum Beispiel Schlaf, Dämmerung und das ‚Nicht-ganz-wach-Bewusstsein', oder auch das Lachen, erst recht wider Willen. Wäre kantisch gesehen Lachen

---

[7] Vgl. LAUSTER ET AL., Rudolf Otto. Theologie – Religionsphilosophie – Religionsgeschichte.
[8] Nicht zuletzt deswegen hatte das Institut für Hermeneutik und Religionsphilosophie in Zürich vor ein paar Jahren – als Festgabe für Pierre Bühler zum 50. Geburtstag – Hermeneutische Blätter publiziert mit der Titelfrage ‚Lacht Gott?'. Eine kleine Publikation, die einer neueren theologischen Monographie über das Lachen unbekannt geblieben ist: LÜHL, Lachen als anthropologisches Phänomen.

wider alle Vernunft und damit auch Vernunftgesetz-widrig, so traditionell theologisch Gottes-*gesetzwidrig* und gegen Gottes Vernunft.

Mag Ecos ‚Jorge', wie oben zitiert, für das (vermeintlich) dunkle Mittelalter stehen und vergangen sein, wirft doch auch die helle Aufklärungsvernunft noch ihre Schatten in der theologischen Anthropologie. *Heilsame Fremdbestimmung* namens ‚Gnade' oder Rechtfertigung sind dann nicht nur lächerlich, sondern moralisch empörend und auszuschließen – oder als ‚Bestimmung zur Selbstbestimmung' autonom umzudeuten.

2. *Theologisch* im engeren Sinne ist das Lachen *ein* drastisches Beispiel für die Gretchenfrage nach Gott und Gefühl – also Pathos wie Pathe Gottes. Wird der Mensch von seiner Vernunft her begriffen, so Gott allemal und vor allem: sei er doch wesentlich Nous oder Logos. Der Eine sei frei von der Vielheit der Gefühle.

Versucht man hingegen Gott nicht leidenschaftslos zu denken, Gott also im Horizont des Pathos neu zu verstehen, ist das Lachen eine Probe aufs Exempel: ‚Lacht Gott?' kehrt hier wieder als Frage nach der ‚Pathoskompetenz' Gottes, oder wenigstens unseres Gott-Denkens. Ob Sölle[9] oder Dalferth vom ‚Gott-Denken' handeln, beide fragen weder nach dem Lachen noch grundsätzlicher nach den Pathe Gottes. Die Brisanz für die Gotteslehre ist gleichwohl merklich und absehbar: Wird Gott strikt als Figur der Selbstkontrolle und Selbstbeherrschung gedacht, wie beispielsweise bei Jörg Jeremias, der noch die Reue Gottes als Ausdruck seiner Selbstbeherrschung versteht?[10] Gilt er als universaler Ordnungsstifter und -hüter, der solch einen Kontrollverlust wie das Lachen gar nicht kennen kann? Man rührt am ‚Allerheiligsten' der Gotteslehre, am festgefügten Tempelbau der Begriffslogik, wenn das Denken Gottes derart humoral verflüssigt würde.

Was in der Gotteslehre vielleicht noch verhandelbar ist, gilt *christologisch* als ausgeschlossen. Ein Lachen Christi klingt dogmatisch unsäglich, vermutlich vor allem, weil es gnostisch konnotiert ist.[11] Christus hat nichts zu lachen, sondern zu leiden. Und an der harten Realität von Passion und Kreuz würde ein lachender Christus häretische Zweifel schüren. *Dass* der wahre Mensch nicht nicht lachend vorgestellt werden kann und darf, ist allerdings kaum bestreitbar.

Pneumatologisch ist das Lachen deutlich leichter zugänglich und aufzunehmen. Kann man doch als Wirkung des Geistes problemlos auch das Lachen der Versöhnten und final der Vollendeten begreifen. Wenn es ein Lachen im Sinne Christi gibt, sofern in seinem Geist gelacht wird, ist im Rückblick womöglich doch auch auf ein Lachen Christi zu schließen – wenn es denn *sein* Geist ist, der darin wirkt. „Als mir das Reich genommen, / da Fried und Freude lacht, / da bist du,

---

[9] Vgl. allerdings SÖLLE, Gott denken, 180: „Diese Selbstgenügsamkeit der Kirche der reichen Welt, ihr wesentliches Interesse an Selbsterhaltung widerspricht der Botschaft Jesu, die die Jünger und Jüngerinnen gerade in eine größere Erwartung des Festes, der Freude, des Lachens für alle hin einweist." A.a.O., 306: „Dieser Heiland ist ein verwundeter Heiler, und er heilt so, dass wir werden wie er. Sein wie er, lachen wie er, weinen wie er."

[10] Vgl. JEREMIAS, Die Reue Gottes.

[11] Vgl. WESTERKAMP, Das gelotheologische Bilderverbot.

mein Heil, kommen / und hast mich froh gemacht."[12] ‚In seinem Geist' kann das Lachen nicht ausbleiben.

3. Nur ist damit eine Differenz im Lachen unvermeidlich: ein Lachen über die Fremden, Sünder, ‚Ungläubigen' oder gar Verdammten kann nicht in seinem Sinne sein. Daher ist christologisch zwischen Lachen und Lachen zu unterscheiden. Damit kommt eine hermeneutisch-kritische Dimension in die Frage: Lachen ist zu kreuzen mit der Differenz von Sünde und Glaube oder Gesetz und Evangelium. Es kann im Geiste Christi gelacht werden – oder wider ihn. Es kann gottgefällig sein oder gottlos.

Im Lachen eine christologische Differenz einzuziehen (bzw. anthropologisch eine hamartiologische), ist möglich und kritisch auch nötig und sinnvoll, nicht zuletzt religions- und theologiekritisch. Denn ein ‚Lachen der Macht' Gottes ist ebenso unsäglich wie das Lachen von Gläubigen auf Kosten von Ungläubigen, Verworfenen, Verdammten oder final der Höllleninsassen. Das destruktive, fremdvernichtende Lachen ist von anderem Geist als ein öffnendes, einbeziehendes, versöhntes und erlösendes.

Man könnte zwar das destruktive Lachen (Gottes) als *gerechtes* verstehen, im Zeichen des Gesetzes gerechte Strafe für die ‚Draußen'. Es wäre eine Gestalt des gerechten Zorns über die Renitenten. Aber es bliebe doch für Betroffene ein verletzendes Lachen – das daher ‚dreckig' zu nennen wäre.

Mit Gesetz und Evangelium als Leitdifferenz wäre der zweifache Geist des Lachens zu rekonstruieren – und beides theologisch begründbar. Aber: ‚Ich würde lieber nicht' das destruktive Lachen im Zeichen der strafenden Gerechtigkeit rehabilitieren. Denn solch ein verurteilendes Lachen über die Sünder ist einerseits Fremdvernichtung, andererseits Selbsterhaltung und -steigerung: eine religiöse Identitätspolitik, zu deren Begründung dann Gott ‚gekapert' werden kann als Legitimationsgrund des vermeintlich ‚gerechten' Lachens über die Draußen.

4. Die kritische Differenz im Lachen sollte man nicht zu schnell machen. Denn manchmal ist auch ein Lachen nur ein Lachen: Will sagen, das Lachen kann auch ‚Adiaphoron' sein, diesseits oder jenseits dieser Differenz. Es könnte auch *weder* Sünde *noch* Glaube oder ‚simul' sowohl-als-auch hybrid sein oder dazwischen liegen und in irritierender Weise ‚Adiaphoron' sein: unentscheidbar und damit ‚störend', weil nicht eindeutig einzuordnen. Hermes war bekanntlich als ‚trickster' gerade darin professionell: Orte zu wechseln, nicht einzuordnen oder festzulegen, und daher beunruhigend ‚liquide' wie Quecksilber.

Anders gesagt: die christologische Differenz ins Lachen einzuschreiben, läuft Gefahr zu dualisieren, wobei das *Lachen* als Lachen gerade die Macht haben kann zu *entdualisieren*, zu vermitteln, zu vergemeinschaften und zu versöhnen. Man würde das dynamisch Mediale des Mediums, die Verflüssigung kraft des Lachens, zu schnell scheiden, differenzieren und ihm damit seine bestimmte Unbestimmtheit nehmen (Analoges gilt für eine Metapher).

---

[12] (1653) EG 11, Strophe 3. Vgl. SÖLLE, Gott denken, 177.

Das Adiaphoron namens Lachen ist in dieser Nebensächlichkeit mitnichten eine entbehrliche Nebensache, sondern theologisch wichtiger als gedacht: ἀδιάφορα als ‚nicht Unterschiedenes', ‚nicht Unterscheidendes', ‚Unentscheidbares' oder eben ‚Mitteldinge' (ergo: Medien) sind solche Vollzüge, denen eine bestimmte Unbestimmtheit zu eigen ist: Wer mitlacht, miteinander lacht, überschreitet oder vergisst zeitweilig im Vollzug scheidende Differenzen. Oder anders formuliert: die *Macht des Lachens* – im Unterschied zum Lachen der Macht – zeigt sich darin, bestimmte Differenzen zu überschreiten oder zeitweilig vergessen zu lassen.

Solch eine Verflüssigung ist lebensweltlich gut nachvollziehbar: Wenn in angespannten Situationen wie im Streit plötzlich Lachen einsetzt, löst sich ein Antagonismus. Er löst sich vielleicht nicht endgültig auf, aber es wird eine Möglichkeit zum Neueinsatz und zur anders gerichteten Verständigung eröffnet: ein Neuanfang jenseits alter Dualisierungen.

4. Deutungsmacht des Lachens

1. Die Macht des Lachens als Entdualisierung, als Medium offener Vergemeinschaftung im Mitlachen, miteinander Lachen, vielleicht auch übereinander (nicht aber über die ‚Draußen'), also die Eigendynamik dieses Ereignisses und sein Vollzugssinn führt in die Frage der *Deutungsmacht* des Lachens (als Medium):

Denn die Macht des Lachens ist nicht potestas oder auctoritas, sondern potentia, keine omnipotentia, aber doch modale, mediale Deutungsmacht: Das Lachen lässt (und macht) uns anders sehen als zuvor. Im Lachen sieht die Welt anders aus, Gott auch, man selbst hoffentlich auch. Das womöglich ‚Erlösende' des Lachens oder seine Funktion als Medium offener Vergemeinschaftung ist seine Potenz: seine Macht als Ermöglichung (und Verwirklichung) einer ansonsten unerschwinglichen Möglichkeit (und Wirklichkeit).

Sofern Lachen derart ein Miteinander, ein Mitsein (Nancy) ermöglichen könnte, ermöglichte es etwas zuvor und ohne es *Unmögliches*. Es könnte sein, dass das Lachen uns lassen lässt, was wir von uns aus nicht lassen können (Sünde, Selbstbehauptung und -steigerung etc.). Oder strikter: das Fröhliche am sogenannten fröhlichen Wechsel ist eine Spur der soteriologischen Potenz des Lachens. Am Rande für die Sprache namens Theologisch notiert: Wenn es bei Luther heißt ‚anima enim *copulat* cum Christo'[13] – könnte sich zumindest ein leises Lachen regen. Dass die Übersetzungen und m.W. die gesamte Auslegungsgeschichte diese Drastik unterdrückt, ist symptomatisch.

---

[13] „Quod animam *copulat* cum Christo, sicut sponsam cum sponso"; WA 7,54,31, Kursivsetzung P. Stoellger. Vgl. EBELING, Disputatio de homine, 169f. Bekanntlich steht hier das Hohelied mit seiner Auslegungsgeschichte der Brautmystik im Hintergrund. Vgl. CLAIRVAUX, Sämtliche Werke, Sermo 7,2, 110–113. Vgl. RIEGER, Von der Freiheit eines Christenmenschen, 182ff.

2. Lachen – und zwar jedes Lachen – ist in Machtspiele verstrickt, immer. Denn sowenig es (normativ gesehen) rechtsfreie Räume gibt, sowenig gibt es machtfreie Räume (schon deskriptiv). Diese prekäre Verstrickung von Lachen in Macht zeigt sich auch an gängigen Epitheta des Lachens, an seinen attributiven Differenzierungen: Es kann triumphierend sein oder herablassend bzw. jovial, es kann dreckig sein, kränkend und verletzend – oder auch verzweifelt, verlegen oder erleichtert und hemmungslos.

Nun ist ‚Macht' mitnichten per se etwas Böses, potentia am allerwenigsten. Denn ohne Möglichkeit und Ermöglichung wäre nichts möglich oder wirklich. Es ist daher die Frage, in *wessen* und in *was für* Macht das Lachen verstrickt ist oder wird. Üblicherweise wird diese Machtfrage personalisiert: entweder die Mächtigen, die über die Schwachen lachen, oder die Lachenden, die womöglich auch über die Mächtigen lachen.

So wird Christus verspottet und verlacht ‚vom Volk', im Ecce homo, als Gekreuzigter, in den frühesten Bildzeugnissen im Graffito des Gekreuzigten mit Eselskopf. Oder noch heute: Die Theologie des Kreuzes wird verlacht, von denen, die über solch ‚altprotestantische' Metaphysik längst hinweg seien.

Die Macht ‚von oben' oder die der (vermeintlich) Überlegenen erniedrigt, verspottet – und zielt letztlich auf Herabsetzung oder gar Vernichtung. Als ‚Lachen der Macht' kann es *destruktiv* sein, exklusiv, xenophob etc., als eine Form der Identitäts- und Ordnungspolitik. Normalerweise ist ein Lachen der Mächtigen ein Ausdruck von Ordnung, Herrschaftsordnung, die im Lachen demonstriert wird. Denn Lachen kann ‚in Ordnung' sein, ordnungserhaltend und -bestärkend: wenn es die bestehenden Machtverhältnisse ‚einhält' und bestätigt.

Es kann der ‚Identitätspolitik' dienen, ja, ist dafür besonders geeignet: Denn es exkludiert die Fremden, Unreinen, Anderen etc. Dann steht das Lachen *im Dienste* der Macht, Mächte, Mächtigen, und im Dienste von *deren* Ordnung. Selbst harmlose Unterhaltung kann dann Ordnungserhaltung sein, ‚Opium für ein Volk', das mit Dosengelächter animiert und eingeschläfert wird, um gut unterhalten vor dem Fernseher bei lebendigem Leib zu verwesen.

Theologisch interessant und riskant, für manche sogar gefährlich und daher zu vermeiden, ist das Lachen (wie in milderer, wohltemperierter Fassung ‚der Humor'), weil es Ordnung gefährdend oder gar zerstörend sei. Ist es das *potentiell* oder *per se*? Es ‚habe' die Potenz (potentia, Macht als Möglichkeit und Ermöglichung), bestehende Ordnung in Frage zu stellen, also zur Disposition.

Daher ist wenig verwunderlich, dass das Lachen der Theologie Probleme bereitet: Lachen als theologisches Thema gefährdet nicht nur die Ordnung (Gottes, der Religion, der Kirche, der Theologie, Dogmatik), Lachen fordert dieses ganze ‚Dispositiv' des Ordnungsdenkens heraus – wenigstens potentiell. Diese ‚potentia' haben das Phänomen und der Vollzug – sie ist außerordentlich und erscheint dem Ordnungsdenken daher widerordentlich, ordnungsgefährdend.[14]

---

[14] Vgl. AUGUSTINUS, De ordine. Vgl. STOELLGER, Alles in Ordnung?.

3. Nur – ist das nicht per se erfreulich oder wünschenswert. Es kann auch nihilistisch werden oder bloß skeptisch. Am Ende von Ecos Rosenroman erwägt sein Held, William von Baskerville:

> „Vielleicht gibt es am Ende nur eines zu tun, wenn man die Menschen liebt: sie über die Wahrheit zum Lachen bringen, die Wahrheit zum Lachen bringen, denn die einzige Wahrheit heißt: Lernen, sich von der krankhaften Leidenschaft für die Wahrheit zu befreien."[15]

Ecos Geschichte kippt, wie die Ölfunzel, die die Bibliotheksszene beleuchtet, in der sich der finale Showdown abspielt. In diesem Kippen beginnt die Bibliothek zu verbrennen, der Tempel mit seinem vielseitigen Schatz theologischer Wahrheiten. *Über* die Wahrheit zu lachen, heißt hier, sie zu *ver*lachen. Eco spielt leichtfertig mit dem *Verlachen* der Wahrheit und ihrem Untergang im allgemeinen *Gelächter*, das sich modern gibt. Dieses Lachen über die Wahrheit ist der Spott, wenn nicht gar die Resignation. *Auch eine Grenzreaktion – wenn* man die Wahrheit nur noch als idée fixe einer krankhaften Leidenschaft sieht. Die Menschenliebe mündet dann in den faden Grundsatz einer Pädagogik der Befreiung von den drängenden Fragen, wie der nach der Wahrheit.

Lachen im Dienste der Wahrheit oder *Lachen im Dienste der Befreiung von der Wahrheit.* Hier ergibt sich ein Widerstreit der Horizonte, der beiden Seiten nur Grenzreaktionen übriglässt. Wenn man zuerst über Jorge lacht, lacht man zuletzt vielleicht doch über William, oder gar über Eco.

Über die Wahrheit als Prinzip aller Ordnung der Theologie zu lachen, geht selbst dem Lachen wohlgesonnenen Theologen zu weit. H. J. Kuschel meinte: „Hat der Mensch es zu lernen, im Zeichen der ‚Postmoderne' sich von der Wahrheit zu befreien, weil die ‚Zeichen' nun einmal undeutbar sind und jeder Wahrheitsanspruch von daher etwas Krankhaftes hat? Ist Lachen ‚über' die Wahrheit die einzige dem Menschen gemäße Möglichkeit, in der Welt der ‚Postmoderne' leben zu können? Bleibt also am Ende nichts als das postmoderne Lesevergnügen, die selbstverliebte und sich zugleich ironisierende Poetik des Unverbindlichen und des kalkulierten Scheins?"[16]

Die Fragen bleiben aber rhetorisch, denn eine christliche Theologie „wird sich auch *gegen die Verabsolutierung des Lachens* aussprechen, wie dies im Roman des Umberto Eco geschieht"[17]. Denn diese Verabsolutierung sei (mit Georg Wieland) eine „*Vergleichgültigung der Gottesfrage*"[18]. Bei Eco sei das Lachen nur „das letzte *Mittel humaner Selbstbehauptung*"[19].

---

[15] Eco, Name der Rose (1982), 624.
[16] Kuschel, Lachen Gottes und der Menschen Kunst, 75.
[17] A.a.O. 182.
[18] A.a.O. 184.
[19] A.a.O. 185, mit Wieland.

Kuschel argumentiert mit unterstellten Konsequenzen – und aus denen folgt mitnichten eine Widerlegung von Ecos möglicher und faktizitärer Position. „Denn die Wahrheit verlachen ist kein Weg ins Freie. Im Gegenteil: Es ist ein Weg ins Reich des Labyrinths, des Unverbindlichen, Undurchschaubaren – metaphysisch und ethisch. Ein solches Lachen [...] führt nicht wirklich zur Freiheit, sondern in die Resignation, weil die Widersprüche in Kirche und Gesellschaft zwar verlacht, aber nicht weggelacht werden können"[20].

Hermeneutisch aufschlussreich daran ist, wie die Toleranzschwelle gegenüber dem Lachen manifest wird: Wenn es sich gegen ‚die Wahrheit' wendet (welche? wann? warum?), hört der Spaß auf. Ein der Wahrheit *dienstbares* Lachen ist erwünscht, mehr aber nicht. Am Rande wird damit dem Lachen eine immense Potenz zuerkannt: die Gottesfrage vergleichgültigen zu können – als hätte Kuschel bei Ecos Jorge gelernt.

4. Nun kann man vom Lachen auch wohltemperiert handeln und diesseits dieser Potenz. Das kann ebenso erhellend wie erheiternd sein. Nur brächte man sich damit um die riskante Pointe, der genannten medialen Eigendynamik, Ordnungen zu labilisieren. Für die alte Ordnung ist die neue lächerlich, für die neue die alte gelegentlich zum Lachen.

Lachen ist offensichtlich nicht per se ein erwünschtes Phänomen, auch nicht einfach anthropologisch neutral, sondern prinzipiell erst einmal *ambivalent* (bzw. ambig) und daher unterscheidungsbedürftig. Nicht jede Ordnung ist ein Übel und des Verlachens bedürftig. Und das Lachen ist nicht ‚per se' ordnungskritisch, außerordentlich, subversiv etc. Das kann es werden und sein. Nur – wann und wie?

Der Eigensinn des Vollzugs kann ‚*außer Kontrolle*' geraten, und die Lachenden außer sich geraten lassen. Man gerät ‚außer sich' vor Lachen, man kriegt sich nicht mehr ein. Das ist kein beherrschtes Lachen mehr, sondern ein unbeherrschtes – und im Grenzfall auch unbeherrschbares. Man könnte das auch *exzessives* Lachen nennen (im Sinne von Friedrich Balkes ‚exzessiver Mimesis'[21]).

Das beherrschte Lachen bleibt beherrscht von dem, der lacht, etwa beherrscht von dessen Spott oder Zynismus oder dessen Macht. Beherrscht sind auch die Anlässe zum Lachen in Texten wie Vorträgen. Das entsprechende Lachen ist rhetorisch kalkuliert.

Das unbeherrschte Lachen dagegen ist nicht vom Lachenden beherrscht, sondern umgekehrt, *er* vom Lachen, falls man da noch von Herrschaft sprechen will. Ist doch dieses Lachen wenn, dann herrschaftskritisch oder sogar herrschaftsfrei, gegebenenfalls sogar anarchisch. Das unbeherrschte Lachen ist *Verlust der Selbstkontrolle*, frei und gebunden in eins. Es entreißt mich mir selbst. *Darin* unterscheidet es sich sowohl vom beherrschten Lachen wie vom Lächeln. Es ist, mit Plessner zu sagen, eine *Grenzreaktion*[22]: ‚es ereignet sich aber ...', unwiderstehlich, wenn

---

[20] Ebd.
[21] Vgl. BALKE, Mimesis zur Einführung. Vgl. dazu auch den Beitrag von Simone Hankel in diesem Band.
[22] Vgl. PLESSNER, Ausdruck und menschliche Natur, 299.

mir gar nichts anderes übrigbleibt. Im unbeherrschten Lachen entsteht eine Distanz gegenüber einer Situation, auf die wir unvermeidlich mit Lachen antworten.

Wenn man ‚sich ausschüttet' vor Lachen – ist das die exzessive Gestalt dessen, was in jedem ungewollten, *nicht-intentionalen* Lachen passiert: eine *passive Genesis*: ein Anderswerden, ohne Wissen, Wollen und Wählen. Hier gilt – in aller Mehrdeutigkeit – nos ponit extra nos.

Das *kann* man für Gottes Handeln allein zu reservieren suchen. Er allein könne uns von uns selbst so distanzieren, heilsam unterscheiden. Aber sucht man nach Phänomenen, die dergleichen einsichtsfähig und nachvollziehbar werden lassen, galt schon Jüngel das Gleichnis als ‚ein Witz' – der den Hörer auf eine Pointe hin versammelt und ins Neue wendet.[23] Nur wäre das witzlos, wenn das Lachen nicht ins Spiel käme: das Mitlachen der Hörer – oder das sich abwendende Lachen der Spötter. Während die Spötter beherrscht und beherrschend lachen, bei sich bleiben und die Pointe verpassen (Gesetz), so werden die Mitlachenden zu anderen, nicht anderen ihrer selbst (Hegel), sondern anders als sie selbst von sich aus waren und je sein könnten. Damit ist zwar die Ambivalenz des Lachens noch nicht reduziert: denn ein unbeherrschtes (einen beherrschendes) Lachen kann so oder so klingen, in ganz verschiedenem Geist wirken.

Was ist der Mensch, wenn er lacht? Seiner selbst nicht mehr Herr. Er ist im Lachen ‚ein Anderer', wenn er mit dem Anderen lacht, gar über sich selbst. *Darin* wird der Mensch Mensch – und deswegen sollte eine Theologie, die ‚keine Menschenlosigkeit Gottes' will, der Frage nach dem Lachen Gottes nachdenken. Wenn es gut geht, wird der Mensch *neuer* Mensch, wenn er im Geiste Christi nicht *nicht* mitlachen kann.

5. Die wirksame Unterscheidung der *Macht des Lachens* vom *Lachen der Macht* (oder der Mächtigen) wird hier entscheidend. Analog zu ‚Machtwort und Wortmacht' oder ‚Machtbild und Bildmacht'[24] ist auch im Lachen diese gravierende Differenz zu machen: *Lachen der Macht* ist das Lachen der Mächtigen, dominiert von deren Macht. Die *Macht des Lachens* hingegen ist eine ‚Dynamis' des Lachens sel-

---

[23] Vgl. JÜNGEL, Gott als Geheimnis der Welt, 401f: „Das Gleichnis ist aber keine These und hat gar kein Thema. Es ist vielmehr ein Ereignis, das seinerseits etwas geschehen läßt. Am ehesten ist es in dieser Hinsicht dem Witz vergleichbar, der sich ereignen muß, wenn er gelingen soll, und der dann eben seinerseits den Menschen so trifft, daß etwas mit ihm geschieht: er lacht."; vgl. a.a.O., 404: „Die immer noch größere Nähe der noch so fernen Gottesherrschaft erweist sich in der jeweiligen Pointe des Gleichnisses. In der Pointe des Gleichnisses kommt die Gottesherrschaft dem Hörer in einer unüberbietbaren Weise nahe. Am Ende ist sie mir sogar näher, als ich mir selbst nahe bin – ähnlich wie bei einem gelungenen Witz, der zum Lachen zwingt, auch wenn man sich selbst derart der Nächste sein sollte, daß man auf keinen Fall lachen will. Wo die Pointe des Gleichnisses von der Gottesherrschaft ankommt, da ist der Hörer eben nicht sich selbst der Nächste. Gott kommt ihm näher: deus interior intimo meo."; vgl., a.a.O., 425.

[24] Vgl. STOELLGER/KUMLEHN, Bildmacht/Machtbild. Vgl. DIES., Wortmacht/Machtwort.

ber, eine potentia und energeia, wirksame Möglichkeit und ermöglichende Wirklichkeit. Das ist der potente Vollzugssinn des Lachens – als Ereignis, Erleiden, lustvolles Erleiden.

‚Macht' hat als potentia *des Lachens* einen anderen Sinn als im Lachen der Macht. Lachen die Mächtigen, sind das Machthaber mit potestas und vielleicht auch auctoritas, in politischer Position und institutioneller Sicherung. Die Macht des Lachens hingegen ist eine andere Macht: Sie ist eher dem charisma ähnlich, vor allem aber eine potentia. Das Lachen *ermöglicht*, und es ist im Vollzug eine ermöglichende Wirklichkeit, eine Horizonterweiterung, Wirklichkeitsveränderung. Im Lachen sieht kraft des Lachens die Welt anders aus – und wird auch eine andere: hell, licht, weit, offen, liquide etc.

Wenn das Lachen von seinen Kritikern als ‚subversiv' verdächtigt wird, zeigt sich die Macht des Lachens als eine Macht ‚von unten', von den Lachenden unterhalb der Macht. Die Unterdrückten, Marginalisierten und Exkludierten lachen – und untergraben damit die Herrschaftsordnung.

Dabei empfiehlt sich allerdings, nicht einem ‚stratifikatorischen' Gesellschaftsmodell zu folgen: von oben oder von unten, auch wenn solche Deutungsmuster nach wie vor wirksam sind und unsere Vorstellungen bestimmen. In der Machttheorie ist das noch dominant, wenn man gegen die alte Vorstellung der Macht als potestas von oben Macht als Resultat der Anerkennungsprozesse (von unten) versteht, wie Hannah Arendt.

Lachen ist zwar stets an ‚personale' bzw. ‚soziale' Trägermedien gebunden: jemand lacht, und an sprachliche oder bildliche Distributionsmedien. Aber es ist ein Vollzug oder Ereignis, das von seinen personalen Trägern unterscheidbar ist. Man kann auch sagen, Lachen ist eine Kommunikationsform, die nicht ohne ‚psychische Systeme' denkbar ist, aber es ist eben eine Kommunikation, die nicht reduzibel ist auf die Personen und deren Vermögen (Potenzen).

Versteht man Lachen *selber* als mächtig, ist dessen Macht von der der Mächtigen oder Lachenden zu unterscheiden, also das *Medium* von seinen personalen Trägermedien. (Analoges gilt übrigens auch für die Macht, die von ihren personalen Trägern zu unterscheiden ist). Etwas blechern zeigt sich das im Dosenlachen der Interpassivität (Pfaller/Žižek), oder auch in der irritierenden Wirkung des simulierten Lachens, das die Simulanten fröhlich werden lässt.

‚Jemand lacht' klingt so, als wäre das Lachen eine Handlung, die im Vermögen des Handelnden liegt. Selbstredend ist die Wirklichkeit des Lachens nicht ohne Personen möglich und nicht ohne deren Möglichkeit zu Lachen denkbar. Aber Lachen ist nicht einfach die Aktualisierung einer Potenz der Personen. Lachen ist ein Komplex, eine Verschränkung von Aktiv und Passiv. Grammatisch erscheint das Lachen klar als Aktiv: Jemand lacht (über etwas). Diese Oberflächengrammatik hat allerdings eine kompliziertere Tiefengrammatik: Lacht jemand, kann man fragen, wer oder was ist da ‚aktiv'? Das Lachen der Anderen, bei dem man mitlacht; das uns mitlachen lässt oder macht? Oder lassen wir uns animieren mitzulachen, im medialen Sinn? Oder überfällt uns das Lachen, so dass wir in Grenzlagen ‚wider Willen' lachen im passiven Sinn?

Ich würde für eine – je nachdem zu differenzierende – Verschränkung von Aktiv und Passiv plädieren. ‚Mein Lachen' ist ein responsorisches Aktiv, evoziert oder provoziert durch das *Widerfahren* des Lachens der Anderen (oder eines Ereignisses, einer Darstellung etc.). Und *im Vollzug* ist mein Lachen womöglich aktiver als ich selbst: ich *kann nicht anders*, das heißt wohl auch, mein Lachen lässt mich lachen, beherrscht mich. Man kann hier auch das grammatische Medium aufrufen, das sprachgeschichtlich (indogermanisch) als Wurzel des Passivs gilt. Wie auch immer es grammatisch bestimmt wird, wichtig bleibt, dass der Vollzug des Lachens eine Eigendynamik entfaltet oder hat, die nicht auf die Vermögen und Aktivitäten der Subjekte allein reduzibel ist (wie das ‚Spiel' etc.).

6. Plessners Lachen ist *das Lachen an der Grenze zweier Horizonte.* Der Lachende steht in deren Widerstreit – von dem ihn das Lachen entlastet. Das Lachen, das dem Komischen „antwortet", ist „eine elementare Reaktion gegen das Bedrängende des komischen Konflikts."[25] Plessner aufnehmend, könnte man formulieren: *Lachen ist responsorische Spontaneität*, eine Antwort, die uns durch die Spannung der ausweglosen Situation zugespielt wird und uns die Antwort zuspielt, die uns fehlt: das Lachen. „Die effektive Unmöglichkeit, einen entsprechenden Ausdruck und eine passende Antwort zu finden, *ist* zugleich der einzig entsprechende Ausdruck, die einzig passende Antwort."[26]

Wollte man das theologisch verstehen, gilt für das Lachen in ausgezeichneter Weise: *Nos ponit extra nos.* Im Lachen werden wir uns los, ohne selber *lassen* zu *müssen*, was wir doch nie lassen *können*, uns selbst. Das Lachen entreißt uns uns selbst und bringt uns zum Anderen, mit dem wir gemeinsam lachen. Und von dort her lässt uns das Lachen verändert zurückkommen als ein Anderer, womöglich als ein Neuer.

Dieses Ereignis des Lachens als Grenzreaktion ist wesentlich Herrschaftsverlust: ein Ausdruck, bei dem „der *Verlust der Beherrschung im Ganzen* Ausdruckswert hat."[27] Das oben eingeführte *unbeherrschte Lachen* wahrt keine lächelnde Distanz mehr. Die Distanz des Lachens ist keine Distanz*nahme*, sondern eine Distanz*gabe* (was auch gefährlich werden kann). Der Zusammenbruch der Distanz, zumal der reflexiven Distanz, und damit der Selbstbeherrschung ist auch der *Zusammenbruch der Zuschauerhaltung.* Das unbeherrschte Lachen kennt keine distanzierte Zuschauerposition. Dabei ist das Lachen auf Mitlachen aus, und darin offen vergemeinschaftend. Wer nicht mitlacht, bleibt ein Zuschauer, der es einem verdirbt.

7. In diesem Sinn ist Lachen wie Spielen, Singen und Feiern ein *Immersionsereignis*. Johannes Fischer hatte solche Ereignisse mit Luther als Weise der ‚praktischen Wahrnehmung' bestimmt, die man weiterdenken kann als *pathische* Wahrnehmung: in einer anderen Wirklichkeit verortet werden im Vollzug, passiv

---

[25] PLESSNER, Ausdruck und menschliche Natur, 299.
[26] A.a.O., 274.
[27] Ebd.

voller Passion, also eine Leidenschaft, die uns hin- und wegreißt. Genau das geschieht in Immersionsphänomenen: Ich bin woanders und werde darin anders: Ich *wird* ein Anderer – und zwar nicht aus eigener Kraft und Vernunft, sondern exemplarisch im Lachen kraft des Lachens.

Dass dieser Horizontwandel, um nicht zu sagen Weltenwechsel und Existenzwandel, nur zu passend ist, um den ‚fröhlichen Wechsel' zu deuten, die glückliche Ankunft des Reiches Gottes (genauer: *im* Reich Gottes), das Zur-Welt-Kommen des Himmels etc., liegt auf der Hand. Seltsam nur, dass – wenn ich recht sehe – dieses eschatologische Lachen höchstens für die endzeitliche Vollendung reserviert blieb – nicht für die zeitliche Versöhnung.

Das Lachen als Immersionsereignis hat *Figurationspotential*[28]: Es lässt den bzw. die Lachenden anders werden, alteriert, verändert. Wie das Singen erst den Sänger zum Sänger macht, die Erzählung den Leser refiguriert, so das Lachen den Lachenden.

Aus dieser Figuration kann man eine Kunst machen, Literatur etwa oder Film, in vitro ästhetischer Praktiken also; oder seinesgleichen geschieht in vivo lebensweltlicher Ereignisse. *Lebensweltliche* Komik ist kontingent und wider Willen (nicht-intentional). Die *kunstvolle* Komik hingegen (wie in der Komödie) *inszeniert*, was sich lebensweltlich ereignet. Die lebensweltliche Komik richtet sich nicht an Zuschauer, sondern man ist mitten drin, Teil des Geschehens, wenn man lachen muss.

Dieses Nicht-anders-Können, dieses ungewöhnliche Müssen – ist ebenso befreiend wie bindend: Kontingent und ‚mehr als notwendig' zugleich. Es hat eine ganz sonderbare Modalität. Die *Figuration* des Lachenden vollzieht sich im Ereignis besonderer Kontingenz: nicht die Beliebigkeit des Zufälligen, nicht die Wesentlichkeit des ‚Schicksalszufälligen' (Marquardt), aber auch nicht die Machbarkeit der ‚Comedy' oder guter Rhetorik, sondern die einer Grenzreaktion: Man kann nicht anders, es ist unwiderstehlich, zwingend, aber doch eine sonderbar befreiende Bindung, lustiger, um nicht zu sagen lustvoller Zwang. Weil Lachen die Macht zur Grenzverletzung freisetzt, ist es kein Wunder, dass es als ‚ungehörig' galt, dem Glaubenden ebenso unwürdig wie Gott. Um so klarer scheint, dass Gott doch solch einer Bindung und Befreiung, Notwendigkeit und Kontingenz zugleich nicht unterliegen könne.

Solch eine Grenzreaktion ist eine Grenzüberschreitung, bei der man keineswegs, wie Hegel meinte, bereits das Jenseits der Grenze begreift. Es ist vielmehr eine Grenz*verletzung*, die die ‚alte Welt' im Lachen vergehen lässt. In *dem* Sinne zeigt sich die Macht des Lachens nochmals: hinreißend für die Lachenden, grundstürzend für die alte Welt. Als wäre das unbeherrschte Lachen eine passionierte ‚Maßlosigkeit' – nicht als gula, sondern als ‚affektiver Kontrollverlust' in lichter Tönung.[29]

---

[28] Vgl. STOELLGER, Figurationen des Menschen.
[29] Aber bemerkenswert ist, dass das Lachen allerdings nie zu den ‚Todsünden' gezählt wurde, anders als die ira.

5. Lacht Gott? Rückwirkung des Lachens auf die Macht

1. Was passiert mit dem Lachen der Macht kraft der Macht des Lachens?

Oder was geschieht, wenn so Macht auf Macht trifft, die potentia des Lachens auf die Macht eines Lachenden?

Dass Menschen lachen, ist so glücklich wie gewöhnlich. Der Mensch wird Mensch, wenn er einladend lacht. Der Mensch wird womöglich sogar ein Anderer, wenn er mit anderen lacht. Wird er doch bestenfalls sogar *neuer* Mensch, wenn er im Geiste Christi lacht.

Nur – *was macht Gott derweil*? Ist er nur Zuschauer, der lachende Dritte, oder lacht er *mit*? Lacht er nicht mit den Lachenden, so wie er mit den Weinenden weint? Man könnte die Frage für trivial halten: Wenn Gott lachen könnte, kann er nicht nicht mitlachen. Aber – so einfach ist es leider nicht.

Denn lachende Götter wohnen auf dem Olymp (oder heute in Indien?). Auf dem Sinai hingegen donnert's, auf dem Zion herrscht himmlische Ruhe oder endzeitlicher Jubel, und auf Golgatha wird geschrien, die Sonne verfinstert sich und die Erde bebt. Kein Grund zum Lachen also, und so steht es auch geschrieben. Wer hier dennoch lacht, kommt in die Nähe der Gnosis. Er verkehrt die Tragik in Komik und den unbedingten Ernst in Theater.[30]

Nach Platon wie Aristoteles galt als Gegenstand des Lachens etwas Lächerliches, ein Mangel oder etwas Schimpfliches.[31] Und so griechisch wie gerecht lacht Gott im Alten Testament über die Lächerlichen, die Gottlosen, die schließlich vergehen. Das bleibt leider ein Lachen der Macht. Analog wird in der *rhetorischen* Tradition das Lachen strategisch genutzt, um den Gegner dem Gelächter preiszugeben. So durfte gelacht werden: mit Spott über den Anderen und mit Jubel über dessen Ende. Und gut sophistisch sind in den platonischen Dialogen die Gesprächspartner des Sokrates ‚die Dummen', über deren dümmliche Antworten man gelegentlich nur lachen oder weinen kann. Wer Sokrates nicht folgt, ist nur zu verlachen. Aber selbst wenn man ihm folgt, steht man leicht als der Dumme da.

So ergeht es allemal den Theologen: Wenn Gott Mensch wird und als Gekreuzigter verkündigt, war das Grund genug zum Lachen, was nicht nur Paulus in Athen erlebt hat. Was den einen unbedingter Ernst und allenfalls in der Nähe der Tragödie, ist den anderen unverständlich oder komisch. Hier herrscht Gelächter (oder Kampf). Es liegen zwei grundverschiedene Perspektiven miteinander im Widerstreit, und die eine lacht über die andere. Die Unverträglichkeit zweier Horizonte provoziert eine Spannung, die komisch wirken und sich im Lachen entladen kann (aber im Grenzwert auch tödlich werden kann).

2. „Je enger der Horizont, desto ärmer die Möglichkeit des Verstehens, desto rascher an der Grenze der Sinnlosigkeit und Ambivalenz", und deshalb „neigt die

---

[30] Das hat Dirk Westerkamp ausgeführt im Blick auf das unmögliche Bild eines lachenden Christus.
[31] ARISTOTELES, Poetik, 1449a, 33f.

Dummheit viel mehr zum Lachen als die Intelligenz", notierte Plessner lakonisch.[32] Wie also sollte Gott angesichts der universalen Weite seines Horizontes dann etwas zum Lachen finden? Kann ihm Menschliches oder Allzumenschliches so fremd sein, dass es für ihn komisch ist?

Hier zeigt sich die *Gefährlichkeit* der Frage nach *dem* Lachen Gottes, im Verlachen der Sünder: Gott lacht *über die vergehenden Frevler*. Aber, in diesem Lachen mischt sich die Freude mit dem Spott: „Die Frevler sehen das Ende des Weisen, verstehen aber nicht, was der Herr mit ihm wollte und warum er ihn in Sicherheit brachte. Sie sehen es und gehen darüber hinweg; doch der Herr lacht über sie. Dann werden sie verachtete Leichen sein, ewiger Spott bei den Toten" (Sap 4,17ff.). Solch ein Siegerlachen ist ein Lachen der Macht, auf Kosten der Verlachten und als Demonstration der Macht des Lachenden. Theologisch wäre genauer zu sagen: Gott lacht nicht über die Frevler, sondern über die Frevel, die er final annihiliert.

Von dieser kleinen Korrektur abgesehen – ist die Frage, *ob denn das Lachen der Macht seinerseits so mächtig sein kann, Gott zu verändern*, zu verändern: Hat *sein* Lachen eine Macht, die von der Macht des Lachenden zu unterscheiden ist – und gegen die Machtdemonstration antreten kann? Hier streitet Macht gegen Macht, die Macht des Lachens gegen das Lachen der Macht. Ist der Vollzug des Lachens *rückwirksam* (retroaktiv) kraft der Eigendynamik des Mediums ‚Lachen'?

Zur Erinnerung: Gott von der Passion aus zu denken, also Gott im Horizont des Pathos zu denken, verändert das Denken Gottes gründlich. Der hermeneutische Grund dafür ist, dass Gott von Christus aus, von Passion und Kreuz aus zu denken, heißen muss: ihn im Horizont seiner Pathe, der Widerfahrungen und Affektionen zu denken. Kann nun das Pathos des Lachens Gott anders werden lassen, zumindest anders denken und vorstellen lassen?

Selbst wenn *Mächtige* lachen, ist es zumindest möglich, eine Rückwirkung des Lachens auf die Lachenden anzunehmen, eine Wirkung der Macht des Lachens auf die lachenden Mächtigen. Theologisch gesprochen: Selbst wenn Gott über die Frevler und Toren lacht – könnte es nicht sein, dass das Lachen die mächtigen Lachenden verändert? Erlöst das Lachen die Lachenden von ihrer Machtposition? Öffnet das Lachen als Lachen die Identitätspolitik der exklusiv Lachenden?

Leider keineswegs in jedem Fall. Ein ‚dreckiges Stammtischlachen' bestärkt die Exklusivität und Identität der Lachenden. Das überlegene Politikerlachen lädt mitnichten die Verlachten zum Mitlachen ein. Lachen ist als Lachen leider nicht mit Gewissheit so mächtig, die Macht des Lachenden zu erschüttern.

Das Verflüssigende des Lachens (sein liquider, quecksilbriger Zug) ist seinerseits kein *sicherndes Medium*. Es mag *entsichernd* wirken, entmächtigend, entlastend, entsorgend etc. Aber *dass* es so wirkt, bleibt beunruhigend ‚unverfügbar', unabsehbar, ungesichert. Das ist auch nur passend – denn sonst wäre die *Macht* des Lachens nicht potentia, sondern potestas, nicht Ermöglichung, sondern gesicherte Herrschaft.

---

[32] PLESSNER, Ausdruck und menschliche Natur, 303.

Kurzum: die Macht im Lachen der Macht bleibt eine andere als die Macht des Lachens. Und dass das Lachen als Lachen mächtig wird, bleibt offen, vielleicht zu hoffen, aber nicht zu sichern. Erst das *unbeherrschte* Lachen untergräbt die Machtverhältnisse und ver*ändert* die Lachenden, selbst wenn sie mächtig sind.

3. Die theologische Gretchenfrage ist daher: Kann Gott solch eine Unbeherrschtheit im Lachen erleiden, derer er selber nicht mehr Herr zu werden vermag? Kann das Medium seinen ‚Herrn' von seiner Herrschaft entlasten? Etwas kritischer formuliert: Kann die Vorstellung eines unbeherrschten Lachens Gottes den metaphysischen Theismus eines Allmachtsgottes erschüttern? Für solche Theisten wäre solch ein Lachen lächerlich. Für die Atheisten wäre es willkommene Absurdität. Eine doppelt willkommene Torheit also.

Ein Gott, der der Macht des Lachens ausgeliefert wäre, ist ein überaus *verletzlicher* Gott: Ecce deus? Und eine Theologie, die so von Gott dächte und spräche, wäre so angreifbar wie nur möglich. Akademisch wie interreligiös ist das nicht sonderlich empfehlenswert. Dass Theologie und religiöse Rede davon die Finger gelassen haben, ist daher nur zu verständlich. Sollte man es dennoch versuchen?

4. Dann wird man nach christologischen Gründen fragen müssen, also nach der christologischen Legitimität des Lachens Gottes.

Interkulturell wie interreligiös gilt eine Distanz- oder Differenzregel: Mögen andere Götter lachen oder lächeln, ‚unserer' aber doch gewiss nicht. Interkonfessionell verschärft sich das, zumal lutherisch: Eine *Kreuzestheologie* lässt wenig Spielraum für ein Lachen Gottes. Wenn als theologische Denk- und Sprachregel gilt, also auch Vorstellungs-, Imaginationsregel: Denke und sprich so von Gott, dass es angesichts des Gekreuzigten zu verantworten ist, dann verschärft sich die Differenz zu den Olympiern und ihren Verwandten.

Hier nun wird die Bestimmung des Lachens als nicht nebensächliches Adiaphoron relevant: Vom Lachen zu handeln ist kreuzestheologisch nicht notwendig, aber es auszuschließen ebenso wenig (die Gnosis-Distanz vorausgesetzt). Die intrinsische Ambivalenz des Lachens ist daher *nicht* eine Lizenz zur Vereindeutigung und Negativierung. Die potentia des Lachens als Ermöglichung einer Immersion, eines Weltenwechsels, ermöglicht auch seine eschatologische Wendung mit soteriologischer Pointe. Der schlichte Hinweis auf die Gleichnisse als heilvoll wirksamer ‚Witz' zeigte das bereits an.

Wenn theologisch gilt, ‚keiner kann Gott denken, denn durch mich' (johanneisch formuliert), wenn also Gott zu denken ist nach Maßgabe Christi als *dem* Hermeneut Gottes, dann ist dieser singuläre, ‚wahre Mensch' das Leitmedium des Denkens Gottes. Ist aber dieser Mensch der, *durch den und in dem* wir Gott denken und erkennen, wäre dieser Mensch kein Mensch, wenn er nicht auch lachend vorzustellen wäre.

Dem wird historisch aus anthropologischen Gründen sicher so gewesen sein, warum auch nicht. Ein Leben, bei dem es schlechterdings gar nichts zu lachen gegeben hätte, wäre depressiv zu nennen oder genauer: reine Akedie. Aber was historisch und anthropologisch begründet der Fall gewesen sein mag, ist theologisch eigens zu durchdenken. Was heißt es *theologisch*, wenn und dass Christus lachte – und Gott mit ihm?

Das ist *eschatologisch* genauer zu bestimmen – mit der Differenz von Alt und Neu (in eschatologischem Sinn):

Über Gott und seine Menschwerdung gibt es angeblich nichts zu lachen, allerdings doch einiges zu jubeln. Auch hier kann schon das Weihnachtslachen hemmungslos werden und unbeherrscht. Nur – die Kehrseite des Heils liegt uns stets im Rücken. Was vergeht und alt wird, sind wir noch nicht los. Deswegen gehört es zu eines jeden Geschichte, mit einem Selbstwiderspruch zu existieren.

Unser Leben ist nicht ohne Komik, gerade im Licht der Eschatologie. Das ‚simul' unseres Daseins, ‚alt und neu zugleich', birgt Grund genug zum Lachen, nicht zum spöttischen, sondern zum befreiten und befreienden. Und in dieses Lachen der Befreiung könnte wohl auch Gott einstimmen. Ein Gott, der sich immer ganz und gar im Griff hätte, ein Gott der infalliblen Selbsthabe in der Position des gesicherten Zuschauers, wie der nur sich selbst denkende nous, hätte sicher nichts zu lachen. Wie sollte er die Beherrschung verlieren und vom Lachen geschüttelt werden? Diesen anthropomorphen Niederungen ist der Gott des Aristoteles ebenso entrückt wie die Götter Epikurs: „sie lachen nicht, weil sie nicht hinsehen", notierte Blumenberg.[33]

Der Gott hingegen, von dem hier die Rede ist, *sieht hin*, schon während der Schöpfung. Er sieht nicht nur hin, sondern spricht sie an. Er wechselt nicht nur Worte, sondern schließlich seinen Ort: Auch Gott widerfährt eine Immersion – namens Menschwerdung und In-der-Welt-Sein. Aber – kennt Gott die *Ausweglosigkeit* der Situation des Lachens als *Grenzreaktion,* in der keine Antwort zuhanden ist, in der einem die Worte fehlen und daher nur Lachen (oder Weinen) als letzter Ausweg bleibt? Wenn Gott unbeherrscht lachen könnte, verlöre er darin seine Beherrschung, seine vermeintlich immer noch größere Distanz. Er könnte gar nicht anders.

Die Frage nach dem unbeherrschten Lachen Gottes lässt sich über einen Umweg entscheiden: Gott kennt die Tränen der Ausweglosigkeit. Wenn er Unglück nicht abwenden kann, um die Schöpfung und ihre Freiheit nicht zu revozieren, bleiben ihm *im Augenblick* nur die Tränen, das Weinen als Grenzreaktion. Auch wenn er die finale Überwindung aller Übel und die Tränen zu trocknen verheißt. Damit kennt er schon uns zuvor die Ausweglosigkeit der Grenzreaktion – und um wieviel mehr dann auch die des Lachens. Dass Lachen und Weinen ihre Zeit haben, wird daher auch für Gott gelten. Ergo:

5 a) Dass *Gott jubelt*, ist protologisch, christologisch und eschatologisch vertretbar (und belegbar). Dort *lacht* Gott, sofern er jubelt. Sein Lachen ist Ausdruck unbändiger *Freude*. Früher als das Weinen ist das Lachen, denn früher als der Fall ist die Freude über die gelungene Schöpfung. Und andererseits hat das Lachen das letzte Wort über das Weinen. Die Schöpfung ist somit gerahmt vom Lachen des

---

[33] BLUMENBERG, Der Sturz des Protophilosophen, 24.

Jubels, des Jubels, der auch der Anfang der Interpretation des Kreuzes ist. *Sein Lachen des Jubels ist auch eine Grenzreaktion*, unbeherrschter Ausdruck der Freude. „Wem das Herz im Leibe hüpft, weil er eine frohe Botschaft bekommen hat [...], der kann lachen. Aber sein Lachen ist in Wirklichkeit Jubeln. [...] Der Jubel ist die Ausdrucksgebärde des vor Glück Zerspringens."[34]

b) *Gott lacht vermutlich auch ohne uns, uns zuvor, wo wir noch nicht lachen*: über die *Komik* unserer Existenz, aufgrund der Wirklichkeitsdifferenz von Gott und Mensch. Es muss für ihn nicht selten unerhört komisch sein, mit welchem Ernst wir nehmen, was ihm (und dereinst wohl auch uns) unerheblich erscheinen oder selbstverständlich sein mag, wie all die Blüten theoretischer Neugierde: die Suche nach intelligentem Leben mittels immenser Lauschapparate, mit denen man das All abhorcht und nur gigantisches Rauschen findet; die Spekulationen über die Selbstunterscheidungen Gottes, die Ratschlüsse erfinden, von denen er selber nichts weiß; die Phantasien über das schlechthin Unerfahrbare wie das Jenseits des Todes – oder auch den allgegenwärtigen ‚Narzissmus der kleinen Differenzen'. Gott lacht also nicht zuletzt und sicher nicht am wenigsten über die *Theologie*. Und damit steht er nicht allein. Nur – die Theologie für lächerlich zu halten und Gottes Lachen sind grundverschieden. Über die, die die Theologie verlachen, wird auch noch gelacht werden, wenn es denn nicht zu billig wäre.

c) *Gott lacht mit*, und zwar *mit uns* über einen geglückten Witz (und ein geglücktes Gleichnis). Ganz gleich, wie man den Witz zu ‚definieren' versucht, weiß doch jeder diesseits dieser Anstrengung des Begriffs, was ein Witz ist. Und einem guten und passenden Witz gegenüber kann man sich des Lachens nicht erwehren. – Auch Gott nicht. Anders als das Lachen der Freude und des Jubels, löst sich das Lachen über den Witz vom Lachenden. Es ist unbeherrschtes Lachen.

d) Wenn Gott im Gleichnis als Gleichnis zur Sprache kommt, und das Gleichnis die Struktur eines Witzes hat – wie könnte die Theologie dem entsprechen? Als Gleichnis*theorie*? Wenn die Theologie präsent halten will, wovon sie spricht, hätte sie eine *Theologie mit Witz* zu sein. Keine witzelnde Theologie, sondern eine, die riskiert, *komisch* zu werden. Damit riskierte sie, verlacht zu werden (so wie Jüngel, wenn er sich als Theologe gerne in der Rolle des *Narren* sähe). Aber dieses Risiko scheint der unvermeidliche Preis dafür, wenn man Pointen setzt und eine Horizontdifferenz zur Sprache bringt.

Gott hätte nichts zu lachen, wenn er bereits alle möglichen Pointen kennen würde. Es gäbe für ihn keine Überraschung. Offenbar bereitet einem allwissenden Gott seine Allwissenheit Probleme – wenn sie sein Leben witzlos werden ließe. Aber wenn man eine totale Allwissenheit verträte, dann bitte auch einen entsprechenden Determinismus. Dann wären es nämlich samt und sonders *Gottes* Witze, die *wir* machen. Die theologisch weniger belastete Alternative wäre allerdings, den Menschen die Ausgestaltung ihrer Freiheit zuzugestehen und damit auch das

---

[34] PLESSNER, Ausdruck und menschliche Natur, 279.

Erfinden von Witzen. Wenn sie aber sind, was sie sind, unvorhersehbar und überraschend, dann wird sich Gott ihnen gegenüber der Grenzreaktion des Lachens nicht enthalten können.

e) *Wenn Gott seine Grenzen überschreitet* kraft der Schöpfung, wenn er sich sogar selbst riskiert in Menschwerdung und Passion*, bekommt er es unvermeidlich selber mit Grenzreaktionen zu tun.* Im Widerstreit von Gott gegen Gott und Macht gegen Macht wird er sich des Weinens wie des Lachens nicht entziehen können und dies auch gar nicht wollen. Auch wenn er ein ganz und gar selbstbeherrschter Gott gewesen wäre – er wäre es nicht geblieben. ‚Kein Gott der Beherrschung' also, deswegen kann das Wort Gottes auch ein Lachen Gottes sein – ein Lachen im Geiste Christi.

PS: Ob Gott das genauso sieht, weiß ich natürlich nicht. Aber – er wäre theologisch gut beraten, sich an die vorangehenden Überlegungen zu halten.

Fritz Lienhard

Lachen in der kirchlichen Praxis

Die Theologie der Praxis studiert das gelebte Christentum, von dem die kirchliche Tätigkeit einen wichtigen, wenn auch nicht den einzigen Teil ausmacht. Dabei konfrontiert sich kirchliche Praxis mit Tragödien, aber auch mit Komödien des Lebens, die ihrerseits Anlass zum Lachen bieten. Deshalb werde ich im Zusammenhang mit dem vorliegenden Thema – zunächst hypothetisch – auf die Gelegenheiten zum Lachen im Rahmen kirchlicher Tätigkeiten eingehen. Eine Reise durch verschiedene Aktivitäten wird es ermöglichen, zwischen verschiedenen Arten des Lachens zu unterscheiden, um eine grundlegendere Dimension des Lachens unter anderen zu vertiefen, nämlich diejenige, die sich auf die *österliche Freude* bezieht.

1. Lachen in der Kirche

Im Rahmen des vorliegenden Vorhabens können wir kein ganzes Forschungsprojekt über *Heiterkeit* in kirchlichen Tätigkeiten durchführen. Es müsste damit beginnen, kirchliche Situationen zu beobachten, in denen Subjekte lachen. Man möge sich im Gemeindehaus, im Gottesdienstgebäude und sogar im Pfarramt mit einem Diktiergerät aufhalten und verschiedene Formen des Lachens sammeln: Lachen, Witze, Witzeleien, Spott, Lächeln, gezwungenes Lachen usw. Als nächstes könnten die Beteiligten nach ihrem eigenen Verständnis dieser verschiedenen Formen des Lachens befragt werden. Ich werde in meinem Beitrag darauf verzichten, solche Formen des Lachens methodisch zu sammeln, sondern ich begnüge mich heute damit, verschiedene Erfahrungen des Lachens in der Kirche zusammenzuführen. Diese Arbeit soll dazu dienen, Arbeitshypothesen für eine stringentere Studie aufzustellen, die später durchgeführt werden könnte. Ich gehe in einer Logik biographischer Chronologie vor, indem ich Manifestationen des Lachens sammle und Elemente der Analyse vorschlage.

1.1 Lachen mit Kindern

Betrachten wir zuerst das Lachen in der Gegenwart von Kindern.

1.1.1 Taufe

Das erste Lachen, das zu erwähnen ist, kommt bei der Taufe von Kindern vor. Kommen wir zur Phantasie eines Pastorenkindes, das davon träumt, einen Goldfisch in das Taufbecken zu legen. In der Praxis tritt das Lachen eher dann auf, wenn das Baby der Gottesdienstversammlung vorgestellt wird. Dann kann man eine Welle des Lachens durch die Kirchenbänke beobachten. Wie lässt sich dies erklären?

- Dieses Lachen ist in erster Linie das des Wohlwollens. Es ist das typische Lächeln von Erwachsenen gegenüber einem Kind, insbesondere gegenüber einem Baby, ein Lächeln, das schließlich mit dem ersten Lächeln des Babys selbst wiedergegeben wird. Es ist der Ausdruck der Liebe eines Elternteils zu seinem Kind, wenn nötig in Form von Mitleid, das eine Voraussetzung für das Überleben des Menschen von einer Generation zur nächsten darstellt.
- In einigen Gemeinden ist dieses Lachen das Lachen der Erleichterung. Während die Zukunft der Ortskirchen nicht gesichert ist, freuen sich die Gemeindemitglieder über die Anwesenheit einer neuen Generation, die kommen wird. Dieses Lachen ist ein Lachen der Freude jenseits aller Sorgen.
- Aber dieses Lachen findet auch aus Überraschung statt, wenn sich der Anblick eines Neugeborenen gegen die eigene Erwartung richtet. Wenn eine Frau schwanger ist, wird ein Netz aus Worten um das ungeborene Kind gewoben, das es in die Vergangenheit zurückversetzt: Auf dem Ultraschallbild hat es die Wangen und die Nase seines Großvaters, die Körperform seiner Ur-Ur-Tante, die Haare seines Vaters... und der erste Anblick des Babys zerreißt dieses Netz. Es erscheint als eigene Person und setzt sich schon durch diesen Blick als solches durch. Dieser Überraschungseffekt erregt Heiterkeit im Zusammenhang mit dem Abstand zwischen dem Erwarteten und dem Ereignis. Dieser Abstand scheint mir charakteristisch für Heiterkeit, und ich möchte dieses Motiv in der kommenden Reflexion vertiefen.

1.1.2 Kinderclub

Die Suche wird je nach Fall mit dem Kinderclub oder dem „Kindergottesdienst" fortgesetzt. Gelacht wird vor allem mit so genannten „Kinderwörtern". Nennen wir zwei Beispiele:

- Der Pfarrer erzählte in der letzten Sitzung das Gleichnis vom „verlorenen Sohn". Um die pädagogische Kontinuität zu gewährleisten, lud er die Kinder wie immer ein, sich an die Geschichte zu erinnern. In diesem Zusammenhang stellte er die Frage: „Und wer war nicht glücklich über die Rückkehr des verlorenen Sohnes?" Ein kleines Mädchen hob die Hand und sagte: „Das gemäs-

tete Kalb".[1] Das Lachen entstand durch einen Überraschungseffekt. In der erwarteten Kontinuität des Diskurses wäre der ältere Bruder als Antwort zu nennen gewesen, der Gegenstand der Reflexion sein sollte. Aber die Bemerkung des kleinen Mädchens führte in eine unerwartete Richtung bei der Interpretation des Textes. Diese Diskrepanz zwischen der erwarteten und der gegebenen Antwort ruft Gelächter hervor.
- Ein kleiner protestantischer Junge besuchte seine erste katholische Messe. Bei der anschließenden Veranstaltung im Bibelclub sagt er: „Der Moment, der mir am besten gefiel, war, als der Priester die Chips des kleinen Jesus in den Kühlschrank einschloss". Das Lachen entspricht einem Überraschungseffekt angesichts einer unerwarteten Bemerkung, aber es reagiert auch auf eine Entheiligungsaktion, die mit der Identifizierung der Hostien mit den Chips und des Tabernakels mit einem Kühlschrank verbunden ist. Beachten wir am Rande den Ausdruck einer Frömmigkeit des „kleinen Jesus", die im 18. Jahrhundert entstand, das Jahrhundert der Erfindung der unschuldigen Kindheit. Diese Gestalt erleichtert es Kindern, sich mit Jesus zu identifizieren.

In beiden Fällen ist das Element der Überraschung zentral. Das Kind bietet eine andere Perspektive auf die biblische Geschichte oder den liturgischen Prozess und verwirrt so die konventionelle Lesart der Erwachsenen. Es führt eine Abweichung ein. Gleichzeitig werden diese Geschichten auf eine neue und entheiligte Weise angeeignet und bieten ein neues Deutungsmodell, dessen allgemeine Fruchtbarkeit natürlich zu etablieren bleibt. Erinnern wir uns an Andersens Erzählung „Des Kaisers neue Kleider". Der Schneider, der Kaiser und die Höflinge hatten sich darauf geeinigt, dass diese Kleidung – in Wirklichkeit imaginär – nur von intelligenten Menschen gesehen werden konnte. Deshalb gaben alle Erwachsenen, die nicht wie Narren aussehen wollten, vor, diese Kleidung zu bewundern. Ein Kind sprach schließlich: „Aber er hat ja gar nichts an!" Das Kind zerriss mit seinem Ausruf das Gewebe der Lügen, provozierte allgemeine Heiterkeit und verursachte eine Entmythologisierung der Situation. Es war ein befreiendes Lachen. So stellen die Worte der Kinder ein Ereignis der Wahrheit dar. Im Falle des Kaisers handelt es sich um eine symbolische Enthüllung (ἀλήθεια), bei der imaginäre Kleider abgelegt werden.[2]

1.1.3 KonfirmandInnenunterricht

Bei Teenagern ändert sich das Lachen. Vermeiden wir allzu vereinfachende Gegensätze zwischen unschuldigem Kinderlachen und jugendlichem Spott, aber als Trend würde eine Studie sicherlich zeigen, dass das Lachen von Teenagern einen anderen Charakter hat als das von Kindern.

---

[1] Zitiert von JEAN-CHARLES, La foire aux cancres, 256.
[2] Vgl. ANDERSEN, Des Kaisers neue Kleider, 7. Vgl. LIENHARD, Rire avec Dieu, 218.

Weisen wir zunächst darauf hin, dass das Lachen unter Jugendlichen riskanter ist. Teenager mögen es überhaupt nicht, wenn sie das Gefühl haben, dass jemand über sie lacht. Sie befinden sich in der fragilen Phase der Konstruktion ihrer Identität, was dazu führen kann, dass über eine notwendige Phase des Moratoriums gesprochen wird.[3] Françoise Dolto sprach von dem „Hummerkomplex". Eine alte Kruste wurde abgelegt, die neue hat sich noch nicht gebildet, so ist ein Adoleszent besonders verwundbar.[4] Aber dann üben sie selbst ein Lachen, das darin besteht, Figuren wegzustoßen, die nicht der Identität entsprechen, die Gegenstand ihrer Suche ist. Wir lachen über diejenigen, denen wir nicht ähnlich sein wollen … und über diejenigen, vor denen wir Angst haben, wie sie zu sein. So entsteht eine neue Form des Lachens, ein polemisches Lachen, das dem Zähneklappern der Affen ähnelt und potenzielle GegnerInnen bedroht.

Dieses Lachen der Heranwachsenden ähnelt dem, das gegen Ende des Mittelalters auch aus pädagogischen Gründen in der Predigt gepflegt wurde. In diesem Zusammenhang hält uns das Lachen auf dem richtigen Weg, indem es Laster stigmatisiert und lächerlich macht. Aus dieser Perspektive lädt uns das Lachen über abweichendes Verhalten ein, uns an Tradition und Konvention anzupassen, indem wir diejenigen verspotten, die von diesem „geraden Weg" abrücken. Man lacht über das Seltsame, das Fremde und das Anormale. Es ist ein erniedrigendes, demütigendes Lachen. Lachen ist eine Waffe. Vergessen wir nicht, dass Sarkasmus von σάρξ herrührt und darin besteht, Fleisch zu zerreißen.[5]

Nach dem Katechismus ist eine Geschichte charakteristisch für eine verbreitete Erfahrung und verdient es, analysiert zu werden. Ein Pastor hatte ein Problem mit Tauben, die seinen Glockenturm beschmutzten. Er öffnete sich seinem Kollegen, der antwortete: „Ich habe das Problem gelöst. Ich taufte sie, konfirmierte sie, sah sie nie wieder". Der komische Effekt der Geschichte ergibt sich in erster Linie aus der unerwarteten Verbindung zwischen jungen Menschen, Objekte der Begierde der Kirchen, und den Tauben, die Pfarrpersonen loswerden wollen. Der letzte Satz, den der Kollege ausspricht, der „das Problem gelöst" habe, ist eine Untertreibung. Er drückt in verkürzter Form aus, was jahrelange Arbeit darstellt, um dann das Scheitern der Katechese zu markieren. Das Lachen, das dabei herauskommt, ist knirschend. Es stellt eine Art dar, auf das Versagen der Katechese zu reagieren.

1.2 Lachen mit Erwachsenen

Wenn wir uns nun den Erwachsenen zuwenden, sollten wir unterscheiden zwischen dem, was im Gemeindehaus geschieht, und dem, was in der Kirche oder im

---

[3] Siehe die klassischen und immer noch gültigen Werke von Dubied, Apprendre Dieu à l'adolescence, 129, und Baumann, Jésus à 15 ans, 131f.
[4] Siehe Dolto/Percheminier/Dolto-Tolitch, Paroles pour adolescents.
[5] Siehe Minois, Histoire du rire et de la dérision, 152.

Tempel – im Wortschatz des Protestantismus westlich der Vogesen –, als Kirchengebäude und Ort des Gottesdienstes, geschieht.

1.2.1 Gremien

Was den Humor der Erwachsenen betrifft, so sollten wir, das mentale Diktiergerät in der Hand, das Lachen bei Gremien, einschließlich des Kirchengemeinderates, beobachten. Das Lachen im Rahmen von Kirchenversammlungen zeigt, wie sehr es ein Gruppenphänomen darstellt. Die von Bergson zitierte Anekdote eines Mannes, der nicht weinte, als alle anderen weinten, und der seine Enthaltung mit den Worten begründete: „Ich gehöre nicht zur Pfarrei", wäre laut des Philosophen auf das Lachen anwendbar. Lachen impliziert Verständnis und Komplizenschaft mit anderen Lachenden.[6]

Lachen kann auch zur Argumentation eingesetzt werden. So bieten beispielsweise karikierte Beschreibungen die Möglichkeit, bestimmte Menschen, Argumente, Anliegen oder Sachverhalte zurückzuweisen. Es ist eine neue Form des polemischen Lachens, die in der Tradition des kontroversen Lachens steht, wie sie z.B. aus dem 16. Jahrhundert bekannt ist. Polemisches Lachen erlaubt, Missbräuche anzuprangern und schafft es, Menschen auf Kosten gemeinsamer GegnerInnen zum Lachen zu bringen.[7] Auf diese Weise gibt es ein „Lachen gegen" oder ein „Runterlachen", Spott, Hohn und Hohngelächter. Der abwertende Charakter dieses Lachens zeigt sich darin, dass es mit Emotionen, also mit Empathie, unvereinbar ist. Wir können nicht auf diese spezifische Weise über eine Person lachen, die Mitleid oder Zuneigung in uns weckt. Bergson spricht sogar von einer „vorübergehenden Anästhesie des Herzens". So kann eine völlig inakzeptable Situation zum Lachen führen, wenn man mit den richtigen rhetorischen Techniken die Sensibilität beseitigt.[8]

Aber auch auf den Gängen der Sitzungssäle oder beim gemeinsamen Bier gibt es das Lachen der Geselligkeit, verbunden mit der Freude am Zusammensein. Es ist eine neue Form des wohlwollenden Lachens, das diesmal auf Gegenseitigkeit beruht. Erinnern wir uns daran, dass SoziologInnen die Bedeutung dieses Moments aufzeigen. Auch und gerade bei lebhaften Debatten während einer Sitzung ist es wichtig, sich gegenseitig zu beruhigen, indem man intaktes Wohlwollen unter den Menschen zeigt. Darüber hinaus entstehen in diesen informellen Momenten oft neue Ideen oder Lösungen für Konflikte, die nicht in der formelleren, aber auch frontaleren Logik der Arbeitssitzungen einfallen. Bereitschaft zum Lachen, bzw. Humor ermöglicht uns in diesem Zusammenhang, dass wir uns von festge-

---

[6] BERGSON, Das Lachen (2011), 16. Peter Lampe betonte im Dialog mit Marc Lienhard während unseres Kolloquiums, dass es nach Luther bezeichnend sei, dass Gott mit seinen Engeln lache.
[7] LIENHARD, Rire avec Dieu, 115f, 293.
[8] BERGSON, Das Lachen (2011), 15, 97f.

fahrenen Positionen lösen und Freude am Zusammensein entdecken, indem Humor zugleich einen Raum für Kreativität bietet. Unerwartete Lösungen und ungewöhnliche Entwicklungen entstehen. So macht Humor Veränderung möglich.[9]

1.2.2 Gottesdienst

Der Gottesdienst eignet sich nicht zum Lachen. Die verwendete Sprache ist in der Tat performativ und die Bedingung für ihren Erfolg ist die Ernsthaftigkeit der sprechenden Person. Dieselbe Sprache ist bei Kasualien am Werk. Die Worte „ich taufe dich" oder „deine Sünden sind dir vergeben" müssen ernsthaft ausgesprochen werden, um ihre Aufgabe zu erfüllen[10]. Die Feierlichkeit des Gottesdienstes führt zu Gelächter, wenn die unvermeidlichen „falschen Töne" auftreten. Das Gelächter ist umso mächtiger, als der Gottesdienst den Anspruch erhebt, feierlich zu sein.[11]

Wenn auch Humor in der Liturgie wenig Platz hat, so gibt es eine eher strukturelle Ausnahme, was die Predigt betrifft. Seit St. Augustinus gehört zur Rhetorik der Predigt ein Lachen, das intellektuelle Distanz und Raum zum Nachdenken schafft.[12] Beginnen wir erneut mit einem Beispiel. In einer Predigt über Lukas 18,1–8, „Die Witwe und der ungerechte Richter", und über das Gebet als Bitte, erzählt der Pfarrer L. einen klassischen Witz:

„Jemand sieht Gott in einem Traum und sagt zu ihm:

> Herr, was ist für Dich eine Ewigkeit?
> Gott: Oh, fünf Minuten.
> Träumer: Ah, das ist interessant, und was ist für Dich eine Milliarde Euro?
> Fünf Cent.
> Willst Du mir nicht fünf Cent geben?
> Warte fünf Minuten."

Nachdem der Pfarrer die Versammlung einige Sekunden lang lachen ließ, fährt er mit seinen Worten fort: „Gottes Wege sind nicht unsere Wege. Aber ich habe Ihnen noch etwas viel Wichtigeres zu sagen: Gottes Wege machen Umwege. Wie können wir die Krippe und das Kreuz Christi anders verstehen, als als Umwege auf Gottes Wegen?" Gerade im Zusammenhang mit diesen „Umwegen" kann das Fürbittegebet einen Sinn finden. Diese Predigtsequenz funktioniert über eine Reihe von Diskrepanzen zwischen den Wegen der Menschen und denen Gottes.

- Die erste ist die zwischen der Kleinheit des Menschen und der Unendlichkeit Gottes, so dass die Forderung des Menschen nach Geld kleinlich wirkt.

---

[9] Vgl. KNIELING, Plädoyer für unvollkommene Gemeinden. Heilsame Impulse, 111. Deshalb teile ich die Abwertung des „kirchlichen Gelächters" von Max Lühl nicht. Vgl. LÜHL, Lachen als anthropologisches Phänomen, 318.
[10] AUSTIN, Zur Theorie der Sprechakte, 43ff, 54.
[11] LIENHARD, Rire avec Dieu, 290. Ich rede hier lieber von „feierlich" als von „heilig".
[12] LÜHL, Lachen als anthropologisches Phänomen, 427.

- Die zweite, die damit zusammenhängt, ist die abschlägige Antwort von Gott, die darauf verweist, dass die Gebetserfüllung eine „Ewigkeit" auf sich warten lässt.
- Während die erste Abweichung zu einer Art kontemplativem Erstaunen führt, erregt die Antwort Gottes Heiterkeit. Sie stellt eine Überraschung dar und damit einen Bruch mit der Erwartung des Träumers. Die Figur im Chiasmus erwischt die Hörenden auf dem falschen Fuß. Wenn das Ende eines Witzes etwas Unerwartetes bezeichnet, spricht man im Französischen von „chute" (dt. „Sturz").
- Der Kommentar des Pastors erkennt zunächst diese Kluft zwischen den Wegen der Menschen und denen Gottes an, verdoppelt die Kluft dann aber durch Umwege auf diesen Wegen, so dass ein Fürbittegebet Sinn macht. In gewisser Weise folgt er dem Weg von Karl Barth in „Die Menschlichkeit Gottes".[13] Er stellt fest, dass die Behauptung des unendlichen Gottes immer wieder einer Projektion des Menschen entspricht, der unendlich sein möchte. Der eigentliche Bruch mit dieser Projektion ist die Inkarnation, die noch einmal den Menschen auf dem falschen Fuß erwischt und zur Darstellung eines lebendigen Gottes führt.

Wie funktioniert diese Sequenz? Sukzessive Abweichungen führen zu einem Kontrollverlust der Zuhörerschaft und verwirren sie; in diesem Fall ein freudiger Kontrollverlust. Dies bereitet in der Sprache das Element der Diskontinuität des Gottesbildes vor: Der Gott des Deismus, unfähig, sich auf die Sache eines Gebetes einzulassen, wird vom Gott Jesu Christi überholt. So stellt die Sequenz eine Einladung zum Glauben an diesen Gott dar, in einem doppelten Bruch mit der menschlichen Kleinlichkeit und einem „deus otiosus", einem müßigen Gott, der in seiner Göttlichkeit gefangen sei. Aber dieser vorgeschlagene Glaube ist gleichzeitig ein Bruch mit dem Erwarteten und damit ein Kontrollverlust der Zuhörerschaft. Die Arbeit an der Gottesvorstellung ist gleichzeitig Arbeit an der Haltung des Menschen, in diesem Fall ein Kontrollverlust, eine Akzeptanz der Endlichkeit, die den Weg zur Einladung zum Vertrauen öffnet, die es erlaubt, Anliegen in der Fürbitte vor Gott zu bringen. So öffnet das Lachen in dieser Predigtsequenz den Weg zur Verkündigung eines Gottes, der auf Gebete hört, und ermöglicht Vertrauen der Gläubigen.

1.3 Pastoraler Selbsthumor

Ein Thema, bei dem die praktischen TheologInnen besonders von Humor sprechen, ist die pastorale Identität.

Nehmen wir ein weiteres Beispiel: Ein Pastor möchte eine Frau heiraten, die in wirtschaftlicher und sozialer Hinsicht recht gut gestellt ist. Wie es sich in einem solchen Milieu gehört, lädt der potentielle Schwiegervater, während die Frauen

---

[13] BARTH, Die Menschlichkeit Gottes.

den Abwasch erledigen, den potentiellen Schwiegersohn in die Bibliothek ein. Er sagt ihm: „Sie wissen, dass Ihre zukünftige Frau an einen bestimmten Lebensstil gewöhnt ist. Wie wollen Sie mit Ihrem pastoralen Gehalt zurechtkommen?" Und der Pastor antwortet: „Gott wird dafür sorgen". Der Schwiegervater sagt: „Sie wollen sicher Kinder haben, sie werden studieren wollen. Wissen Sie, wie viel das kostet?" Und der Pastor sagt: „Gott wird dafür sorgen". Der Schwiegervater geht in die Küche und sagt zu seiner Frau: „Hör mal, es sieht nicht gut aus. Er hat nichts, er wird nichts haben, und ich glaube, er hält mich für Gott."

Auch in dieser Geschichte wird durch die Einführung eines Abstandes Heiterkeit erzeugt. Der Pastor befindet sich in einer Logik der Frömmigkeit, die sich in einer konventionellen Formel ausdrückt. Der Schwiegervater bricht mit dieser Logik, indem er ihn auf den Boden der Tatsachen zurückholt und eine Situation zukünftiger wirtschaftlicher Abhängigkeit zwischen der Familie des Pastors und ihm selbst darstellt. Die konventionelle Frömmigkeit zeigt sich in ihrer Nacktheit und Bedeutungslosigkeit für eine prosaische wirtschaftliche Situation. Zugleich ist die Art und Weise, wie sich der Pastor durch solche theologischen Formeln übermäßig ernst nimmt, lächerlich. Natürlich könnte ein guter, etwas jesuitischer Theologe, antworten, dass Gott sich schließlich des Schwiegervaters bedient, um für das Leben der Familie des Pfarrers „zu sorgen".[14]

In der theologischen Tradition sorgt eine ähnliche Diskrepanz für Heiterkeit. Vor allem im Mittelalter erregten der lüsterne Mönch und der ehebrecherische Priester wegen der Kluft zwischen ihren moralischen und religiösen Ansprüchen und der Niederträchtigkeit ihrer unkontrollierbaren körperlichen Realität Heiterkeit. In gewisser Weise neigt der Geistliche umso mehr zum Lachen, je ernster er sich selbst nimmt. Dieses Lachen baut eine ungebührliche Anmaßung ab und schickt den Kleriker in sein menschliches Dasein zurück. Eitelkeit und Überheblichkeit stellen unerschöpfliche Quellen der Heiterkeit dar. Vielleicht hat Bergson nicht Unrecht, wenn er darauf hinweist, dass je fragiler eine Berufsidentität ist, desto mehr sind ihre Vertreter in eine besondere Feierlichkeit gehüllt, die sich wiederum zum Lachen eignet.[15]

In der zeitgenössischen Pastoraltheologie wird diese Verhöhnung des pastoralen Zustandes den Pfarrpersonen selbst vorgeschlagen. P.-L. Dubied schlug Humor vor, um auf die Situation der Pfarrpersonen zu reagieren. Für ihn steckt der Pfarrberuf in einer Krise. Insbesondere gibt es eine Diskrepanz zwischen dem Selbstbild der Pfarrperson und dem der anderen über sie. Bis heute gilt die Pfarrperson als moralisches Vorbild, und sie selbst weiß sehr wohl, dass sie einem solchen Bild nicht entsprechen kann ... das im Übrigen im Widerspruch zu der theologischen Behauptung steht, dass alle Gläubigen „sowohl gerecht als auch sündig" sind und bleiben. In gleicher Weise wird die pastorale Identität durch das perma-

---

[14] KNIELING, Plädoyer für unvollkommene Gemeinden, 108, 110.
[15] BERGSON, Das Lachen (2011), 120ff, 123ff. LÜHL, Lachen als anthropologisches Phänomen, 299. DUBIED, Le pasteur, 67. LIENHARD, Rire avec Dieu, 290.

nente Versagen im Zusammenhang mit der Säkularisierung beeinträchtigt. Insbesondere die oben erwähnte Arbeit mit den KonfirmandInnen kennzeichnet diesen Misserfolg, der nur zum Teil auf die Pfarrperson zurückzuführen ist. Zudem entsprechen ihre Aufgaben nur teilweise ihrer Ausbildung, da die PfarrerInnen für Verwaltung, Animation, Leitung von Tagungen usw. eingesetzt werden, Tätigkeiten, die mit ihrer theologischen Ausbildung wenig zu tun haben. Die Folge ist eine Art grundlegende Unsicherheit.[16]

Dubied zufolge muss die Pfarrperson akzeptieren, sich auf die Rolle einzulassen, die ihr aus soziologischer Sicht zukommt, und sich dennoch weigern, sich darauf zu beschränken. Sich mit der formalen und dekorativen Rolle zu begnügen, die ihr von der Gesellschaft übertragen wurde, würde in der Tat bedeuten, das Evangelium zu verraten, Gleichgültigkeit zu wecken und die Zukunft der Kirchen zu gefährden. Gleichzeitig aber erzeugt diese Diskrepanz mit den Erwartungen der Gesellschaft Antagonismus und untergräbt die Glaubwürdigkeit der Pfarrperson. Aus diesem Grund kann die Pfarrperson das Modell weder vollständig verleugnen noch vorbehaltlos akzeptieren. Sie ist zu einer Neuausarbeitung des Modells verurteilt, die sich sowohl von der religiösen Situation als auch von der Treue zu ihrer Botschaft leiten lässt. In diesem Fall geht es darum, die spirituelle, persönliche und berufliche Identität der Pfarrperson neu zu interpretieren.[17]

Vor dem Hintergrund dieser unmöglichen Situation und der Notwendigkeit, eine Abkehr von vorgefassten Rollen zu vollziehen, schlägt Dubied Humor vor. Das führt erstens dazu, die pastorale Situation inmitten der Schwierigkeiten freudig zu leben. Humor ermöglicht es dann, das Groteske, das mit der pastoralen Situation verbunden ist, positiv zu leben oder sogar zu übertreiben. Die Pfarrperson ist wie der Hofnarr, der in die Fußstapfen des Kindes aus Andersens Märchen tritt. Zweitens ist Humor eine Folge der Botschaft der Rechtfertigung aus Gnade. Dadurch kann das gläubige Subjekt nicht auf seine sozialen Bilder reduziert werden. Darüber hinaus erlaubt es der Humor den Gläubigen, die Kontrolle zu übernehmen und nicht einfach Unterdrückung zu erleiden. Er ermöglicht einen Kampf gegen die Verzweiflung. Diese Art des Lachens hängt mit der Tradition des Lachens über das eigene Unglück zusammen. Es ist eine Möglichkeit, sich davon nicht überwältigen zu lassen. Es ist ein Lachen „trotz allem", das Mut im Angesicht von Widrigkeiten zeigt. Dieser Humor ist besonders in der Tradition des Judentums entwickelt worden. Humor bedeutet Akzeptanz, Distanzierung und Protest zugleich, und diese Dialektik führt die Pfarrperson dazu, eine unmögliche Situation zu überwinden, indem sie sie aktiv durchlebt und so ihre Lebenswelt strukturiert.[18]

Eine solche Position wird als eine Möglichkeit begrüßt, eine Krisensituation zu überwinden, indem man sich ihr aktiv stellt. Auf diese Weise entspricht sie

---

[16] DUBIED, Le pasteur, 12, 2, 57, 66, 125. Vgl. SCHNEIDER/LEHNERT, Berufen – wozu?, 75.
[17] DUBIED, a.a.O., 42, 54, 69, 71, 77, 82.
[18] A.a.O., 28, 61, 125f. Vgl. KNIELING, Plädoyer für unvollkommene Gemeinden, 105.

einer christologischen Spiritualität. Allerdings muss man vorsichtig sein. Die Krisensituation im Pfarrberuf kann nicht alleine gelöst werden. Die Verantwortung in dieser Hinsicht ist geteilt. Die Situation, die diese Krise auslöst, muss sorgfältig analysiert werden. Dubieds Analyse dramatisiert zudem den pastoralen Zustand. Zunächst ist festzustellen, dass diese Vorstellung vom Pastor als Überchrist längst nicht mehr überall geteilt wird. Vielmehr hat sich eine professionelle Identität als „InterpretIn" durchgesetzt, die ermöglicht, einige der von Dubied erwähnten Widersprüche zu überwinden. Dubied hat im Übrigen zu dieser positiven Entwicklung beigetragen. Auch die finanzielle Situation der Pfarrpersonen ist nicht so dramatisch, wie die oben erwähnte Geschichte des Verlobten vermuten lässt. Sogar in Frankreich westlich der Vogesen entspricht die finanzielle Situation einer Pfarrperson, einschließlich der Sachleistungen, dem eines französischen Durchschnittseinkommens. Das Gehalt entspricht nicht dem Studium oder den Verantwortlichkeiten, aber eine Pfarrperson kann gut davon leben und ihre Familie auch. Dabei kann jedoch ein solches Motiv des Humors ein Alibi sein, das ein strukturelles Problem auf die Einzelnen überträgt. Die Untersuchung der strukturellen Ursachen, die zur Demotivation der Pfarrpersonen führen, führt zur Unterscheidung zwischen solchen, die nicht beseitigt werden können, wie die Säkularisierung, und solchen, die auf Strukturen oder Mentalitäten zurückzuführen sind, die verändert werden können. Humor, gut verstanden, wie Dubied ihn versteht, führt sowohl zu Nüchternheit als auch zu dem Mut, Situationen zu verändern, die Leid verursachen.[19]

1.4 Lachen mit älteren Menschen

Auch hier gilt: Vermeiden wir Vorurteile, und seien wir uns bewusst, dass die „Typen", die wir vorschlagen, zum Teil Karikaturen sind. Aber der Prozess erlaubt es uns, die Hauptmerkmale hervorzuheben, ein „System" als eine Reihe von internen Interaktionen zu begreifen und die Unterschiede zwischen den Modellen zu markieren. Sehen wir also, wie das Lachen bei älteren Menschen aussieht.

1.4.1 Geschichten

SeniorInnen zu besuchen bedeutet, viele anekdotische Geschichten zu hören. Diesen Geschichten aufmerksam zuzuhören, ist aus mehreren Gründen wichtig.

- Erstens erleben viele ältere Menschen, dass sie mit zunehmendem Alter für andere weniger interessant sind. Dies führt zu einem schmerzhaften Gefühl des Anerkennungsverlustes. Die Geschichte ihres Lebens zu erfahren, bedeutet, ihnen Bedeutung beizumessen.

---

[19] Was SCHNEIDER/LEHNERT, Berufen – wozu?, 75, zu wenig tun.

- Diese Geschichten ermöglichen es den älteren Menschen, ihre eigene Biografie geistig zu strukturieren und so zu einer globaleren Sicht des eigenen Lebens mit der Pfarrperson und möglicherweise vor Gott zu gelangen.[20]
- Aber sie sind auch für diejenigen interessant, die sie hören. Die hörende Person entdeckt die Menschheit auf eine andere Art und Weise, z.B. wenn es in der Geschichte der alten Menschen um Krieg geht. Weit entfernt von den goldenen Legenden begegnet die zuhörende Person, die diese Zeit nicht erlebt hat, Heldinnen und Verrätern, Profiteurinnen und ehrlichen Menschen. Dieses Eintauchen in die Biografie eines anderen Menschen, kann das Gefühl hervorrufen, als würde man mehrere Leben leben.
- Schließlich erlaubt es die Erzählung dieser Anekdoten zum Beispiel Hinterbliebenen, die Mischung aus Trauer und Dankbarkeit für das Erlebte auszudrücken und darzustellen. Von Zeit zu Zeit kehrt der Refrain zurück: „Ich hatte ein schönes Leben."

1.5 Lachen auf der Beerdigung

Es bleibt festzustellen, dass Lachen bei Beerdigungen nicht unüblich ist. Es gibt sogar ein Lied von einem der populärsten Liedermacher des heutigen Frankreichs, Bénabar, das *„fou rire à l'enterrement"* heißt. Natürlich gibt es die elsässische Redewendung: „es mueß gelacht wäre an e re Licht, schunscht dät jo nieme me kumme" – „Auf einer Beerdigung muss man lachen, sonst würde ja niemand mehr kommen". Sie ist symptomatisch. Wie können wir Lachen in diesem Zusammenhang verstehen? Ich werde mehrere Hypothesen nennen, die sich keineswegs gegenseitig ausschließen:

- Bei einer Beerdigung, vor allem einer leidvollen, sind die Trauernden ausgesprochen nervös. Ihre Selbstbeherrschung ist erschüttert und sie sind daher besonders empfindlich für Tränen, Zärtlichkeit und eben Humor. In einem solchen Kontext kann das Lachen leicht ausbrechen.
- „Humor ist die Höflichkeit der Verzweiflung" (Alphonse Allais).[21] Es gibt Situationen äußerster Bedrängnis, in denen das Lachen schlimmstenfalls eine Form von Resignation zeigt. Wir „geben auf". Man lacht, um nicht zu weinen.
- Es wird zärtlich gelacht. Die Erinnerung an bestimmte Situationen, die mit der verstorbenen Person erlebt wurden, bezieht sich auf das, was wir über die Selbstgeschichte gesagt haben: die gemeinsam erlebte Geschichte schweißt zusammen, mit der zu betrauenden Person, aber auch in der Familie. Zum Beispiel kann während der Begräbnisliturgie im Zuge der Erzählung des Lebenslaufes eine einzigartige Mischung aus Lachen und Tränen entstehen. Denken wir nur an den Film „Vier Hochzeiten und ein Todesfall", in dem der Lebensgefährte des Verstorbenen erklärt: „Seine Ente mit Orangen wird ihm – Gott

---

[20] Vgl. DRECHSEL, Lebensgeschichte und Lebens-Geschichten, passim.
[21] Zitiert von LIENHARD, Rire avec Dieu, 232.

sei Dank – ins Grab folgen." Die Dankbarkeit für das, was gemeinsam erlebt wurde, eine Quelle der Komplizenschaft, macht dieses Lachen möglich.
- Aber das Lachen in dieser Situation kann sich auch auf das Osterlachen beziehen. Es ist also ein „trotz allem Lachen", ein Protest gegen den Tod im Namen des Sieges über den Tod. In dieser Hypothese bedeutet das Lachen mit einem trauernden Menschen, dass die Trauer nicht mehr den ganzen Raum einnimmt. Der Tod und die mit ihm verbundene Traurigkeit nehmen einen begrenzten Raum im Leben ein, sodass sich das Leben nicht auf den Tod und die Traurigkeit reduzieren lässt, weder in der Vergangenheit, noch in der Gegenwart, noch in der Zukunft.

2. Transversalität?

Gibt es einen gemeinsamen roten Faden, der diese verschiedenen Formen des Lachens in der kirchlichen Praxis konzeptionell verbindet? Im Allgemeinen verbindet das Lachen physiologische, psychologische und soziale Dimensionen, die sich gegenseitig beeinflussen und doch spezifisch sind. Aber die irreduzible Vielfalt der verschiedenen Formen des Lachens muss anerkannt werden. Das Lachen von und mit Kindern ist spezifisch. Es gibt ein abwertendes Lachen, das eine Distanzierung von seinem Gegenstand einführt, eine Gruppe bildet und sich von anderen Gruppen abhebt. Es gibt auch ein Lachen, um nicht zu weinen, ein verzweifeltes Lachen, und es gibt ein hysterisches Lachen. So muss die Vielfalt unterschiedlicher Lachformen einbezogen werden: vom geselligen Witz, vom Spott, dem Lachen über Glück und Erleichterung, bis hin zum gezwungenen oder knirschenden Lachen. Nicht alle Formen des Lachens sind fröhlich und manche können zerstörerisch sein.

Der Begriff des Bruchs könnte möglicherweise diese verschiedenen Lachen zusammenfassen. Kinderaugen laden zum Lachen ein, weil sie nicht mit den Wahrnehmungen der Erwachsenen übereinstimmen. In vielen Fällen wird das Lachen durch eine Art „Bruch im Diskurs" provoziert, in Bezug auf die Eigenschaften eines Charakters oder in einem unerwarteten Verlauf von Ereignissen. Die Formel ist nicht bedeutungslos: „Wenn Sie Gott zum Lachen bringen wollen, sprechen Sie mit ihm über Ihre Pläne." „Witze" sind in dieser Hinsicht typisch. Sicherlich sind sie nicht die vollkommenste Form des Lachens. Sie provozieren es künstlich und stellen eine Art „Humor aus der Konserve" dar. Sie funktionieren jedoch wegen des Abstands, der im Französischen „la chute" genannt wird, der Sturz[22]. Selbst abwertendes Gelächter und Karikaturen stellen die Person, die ins Visier genommen wird, auf unerwartete Weise dar, indem sie aus der Selbstverständlichkeit herausgehen und eine andere schaffen. Der Überraschungseffekt ist auch dieser Form des Humors inhärent. Auf der anderen Seite ist dieses Lachen ohne Freude.

---

[22] A.a.O. 295.

Es muss jedoch gesagt werden, dass dieser Begriff des Abstandes oder der Diskrepanz nicht ausreicht. Bergson weigert sich, Lachen durch Überraschung, Kontrast, Disharmonie oder Abstand zu definieren und sagt nicht ohne Grund, dass diese Begriffe für eine Vielzahl von Fällen gelten, die sich nicht zum Lachen eignen.[23]

Bergson selbst vertritt die These, dass das Objekt der Komödie eine gewisse mechanische Steifheit im Gegensatz zur Geschmeidigkeit des Lebens aufweist. Eine Grimasse bringt uns insofern zum Lachen, als sie etwas darstellt, das im Gesichtsausdruck fixiert ist. Körperhaltungen und Bewegungen bringen uns zum Lachen, wenn sie eine mechanische Dimension annehmen. Eine Person nachzuahmen bedeutet, den Teil der Automatismen in ihrer Haltung auszuweisen. Auch in einer Komödie bringen uns Handlungen und Ereignisse zum Lachen, indem sie uns die Illusion einer Art mechanischer Anordnung vermitteln, die durch das Leben gestört wird. Dasselbe gilt für eine Handlung, die darin besteht, ein Stück aus einem System in ein anderes System zu importieren, ohne ausreichende Anpassung. Auch hier wird das Leben als mechanisch behandelt. Das geistreiche Wort wird seinerseits als eine Art Kurzkomödie präsentiert. In ähnlicher Weise ist eine Figur komisch, wenn sie automatisch ihrer eigenen Logik folgt, ohne Rücksicht auf den Kontext und andere.[24] Dies ist im Zusammenhang mit einem Denken zu verstehen, das sich auf „Lebendiges" konzentriert. „Mechanische Steifheit" ist dafür ungeeignet und muss daher von der Gesellschaft bestraft werden.[25] Lachen ist erniedrigend und stellt soziales Mobbing dar. Die Gesellschaft strebt danach, „eine gewisse Steifheit des Körpers, des Charakters und des Geistes" zu beseitigen, „damit ihre Glieder möglichst beweglich und umgänglich seien."[26]

3. Einwände

Diese Definition von Lachen und Komödie erlaubt es uns nicht, all das „Lachen" zu erfassen, das in der kirchlichen Praxis mitschwingt. Wenn die Definition durch den Abstand zu breit ist, ist die Definition durch das „Mechanische" zu eng. Es ist daher notwendig, in unseren Überlegungen weiter zu gehen. Nehmen wir zu diesem Zweck die Argumente derjenigen wieder auf, die das Lachen in der christlichen Spiritualität ablehnen, um die Struktur dieser Position besser zu verstehen und eine andere Position im Gegensatz dazu zu konstruieren. Wir haben diese Einwände in unserer allgemeinen Einleitung zum Buch erwähnt, jetzt geht es darum, unsere Überlegungen zu diesem Thema zu vertiefen.

---

[23] BERGSON, Das Lachen (2011), 36, 138f.
[24] A.a.O., 22, 29f, 31–34, 61, 75f, 82, 86ff, 90–93, 105. Man fragt sich, inwieweit der Philosoph unter diesem Gesichtspunkt nicht von den Filmen Charlie Chaplins geprägt sei.
[25] A.a.O., 13, 18f. Auf diese Weise werden wir die Philosophie den Gedanken Durkheims einerseits und Nietzsches andererseits näherbringen.
[26] A.a.O., 24, 67, 105f, 133–136.

Ein erstes Argument stützt sich auf den anthropologischen Dualismus. Das Lachen hat seinen Platz in den weniger edlen Organen des Menschen, dem Bauch und Unterleib. Es ist nahe an Unanständigkeit und Obszönität. Es hat keinen Platz im spirituellen Bereich. In dieser Logik ist seine Unterdrückung mit den Tabus des Körpers, des Todes und damit der Endlichkeit verbunden.[27] In einer ähnlichen, aber nicht identischen Perspektive steht das Lachen einem Ideal der Selbstbeherrschung entgegen, das dem Stoizismus innerhalb des Christentums entnommen ist. Deshalb wird dem Lachen vorgeworfen, dass es die Harmonie des Gesichts untergräbt. Das Lächeln ist in dieser Tradition weniger ein Problem. Die Opposition gegen das Lachen ist nicht einfach eine Ablehnung des Körpers, sondern vielmehr eine Opposition zwischen einer vitalistischen, sinnlichen, ekstatischen Körperlichkeit auf der einen Seite und einem rationalisierten, moralisierten und disziplinierten Körper auf der anderen Seite. Zu Beginn der Moderne ging diese Abwertung des Lachens Hand in Hand mit dem humanistischen und pädagogischen Willen zur Erziehung des Menschen. Es ging darum, den Körper zu disziplinieren und die willkürlichen Instinkte zu beherrschen. Aus solchen Gründen haben die Kirchen der Reformation das Ostergelächter verboten.[28] Eine solche Vorstellung ist mit dem Wunsch verbunden, die Welt in der Moderne zu beherrschen und zu kontrollieren. Jede Diskrepanz wird verdächtig. Das Universum ist in quantitativen und mechanistischen Kategorien zu verstehen und jede Überraschung stellt ein Versagen von Wissenschaft und Technik dar.

Diese Ansichten gegen das Lachen werden in der zeitgenössischen christlichen Theologie nicht mehr geteilt. Seele steht nicht mehr im Gegensatz zum Leib. Spiritualität besteht vielmehr darin, das Leben als Ganzes, einschließlich seiner prosaischsten Dimensionen, vor Gott zu leben, und nicht darin, sich von der Materialität zu distanzieren. Darüber hinaus schließt die Spiritualität die Endlichkeit ein, anstatt sie zu leugnen. Ebenso ist die Beherrschung des Selbst und der Welt illusorisch. Die biblische Sicht des Menschen betont eher Vitalität als Rationalität. Darüber hinaus stößt eine radikal entzauberte Weltsicht auf zwei dissonante Erfahrungen: die künstlerische Praxis und die Begegnung mit dem Gesicht eines anderen Menschen. In diesen Kontexten sind „Verschiebungen" in Bezug auf Realitäten bzw. auf Menschen, die beherrscht, kontrolliert oder fabriziert werden, unvermeidlich.

Im streng theologischen Bereich besteht ein Einwand darin, dass der Glaube von Natur aus ernst sei. Deshalb sei Lachen eine Ablenkung. Es sei daran erinnert, dass Jesus der Tradition zufolge nicht lachte. Daher gilt das patristische Gebot: „Was der Herr nicht annahm, das hat er nicht gerettet." Lachen wird nicht erlöst.

---

[27] LIENHARD, Rire avec Dieu, 289. LÜHL, Lachen als anthropologisches Phänomen, 294, 297.
[28] LIENHARD, a.a.O., 66, 73. LÜHL, a.a.O., 275, 283, 286.

Ebenso kann die Weigerung zu lachen auf dem Fluch beruhen, der auf die Seligpreisungen folgt: „Wehe euch, die ihr lacht, denn ihr werdet weinen" (Lk 6,25). Lachen hier auf der Erde wäre verfrüht. Es ist der Endzeit vorbehalten.[29]

Auf diese Einwände ist es angebracht, zunächst mit anderen Beiträgen zum vorliegenden Band daran zu erinnern, wie viel Gelächter in der Heiligen Schrift vorhanden ist. Dies ist ein Zeichen dafür, dass es tatsächlich Teil einer biblischen Spiritualität ist. Zweitens stellt sich Jesus in den Evangelien nicht als ungerührter Betrachter seines kosmischen Nabels dar. Er ist von Leidenschaft beseelt, und zwar nach dem kürzesten Vers der Bibel: „Jesus weinte" (Joh 11,35). Er nimmt die gesamte Menschheit vor Gott an, „wahrer Gott und wahrer Mensch". Daher wäre es eine doketische Häresie zu sagen, dass Jesus nicht gelacht habe.[30]

Ebenso sollte der oben zitierte Fluch in seinem Zusammenhang gelesen werden. Seligpreisungen und Flüche konstruieren eine Opposition, die in erster Linie sozial ist: die der Armen und der Reichen. In diesem Zusammenhang ist das Lachen der Reichen das Lachen des Triumphes und der egoistischen Befriedigung, die mit ihrem wirtschaftlichen Erfolg verbunden ist, in Gegenwart der Armen. In der griechisch-lateinischen Antike bezieht sich die Komödie traditionell auf die menschliche Schwäche. Eine soziale Kategorie verspottet die andere. Es ist dieses spezielle Lachen, das Gegenstand des Fluches ist.[31] Zudem deutet nichts darauf hin, dass der Gegensatz zwischen der Gegenwart des „Lachens" und der Zukunft des „Weinens", bzw. umgekehrt (Lk 6,21), in einer chronologisch eschatologischen Perspektive zu verstehen ist. Vielmehr hält es die christliche Theologie für notwendig, zu einem kairologischen Denken überzugehen, nach dem die Eschatologie punktuell in der Gegenwart verwirklicht wird, ohne ihr dabei fest anzugehören.

3.1 Die Auferstehung und die Freude

Um eine alternative Position zum Lachen in der christlichen Spiritualität zu entwickeln, erinnern wir uns an die Tradition, den Ostermorgengottesdienst mit einem Witz zu beginnen. Die Praxis ist ein bisschen gefährlich; ich denke an einen Pastor, der dies jedes Jahr praktiziert hat. Das unerwartete Ergebnis war, dass ihm die Gemeindemitglieder während der Fastenzeit Witze erzählten, in der Hoffnung, dass ihre Geschichte die Erwählte für Ostern sein würde. Die Praxis des Osterlachens wurde 852 in Reims bezeugt. Sie verbreitete sich vor allem im Spätmittelalter. Vom 14. bis zum 16. Jahrhundert gehörte das Osterlachen zur Liturgie, auch im Mönchtum. Es war Teil des Fastenbrechens und des Endes der Buße. In diesem Zusammenhang führt der „liturgische Witz" zunächst eine doppelte Verschiebung

---

[29] LIENHARD, Rire avec Dieu, 48f, 53, 60, 74. LÜHL, Lachen als anthropologisches Phänomen, 336ff, 341. Im Neuen Testament wird das Lachen dieser Welt auch in Mt 12,36 und Eph 5,4 abgelehnt.
[30] LÜHL, a.a.O., 294, 297.
[31] LIENHARD, a.a.O., 15. LÜHL, a.a.O., 399.

ein: die des „Sturzes", der jedem Witz eigen ist. Hier besteht die Verschiebung darin, im Gottesdienst einen Witz zu erzählen.[32] Zweitens entspricht der Witz des Ostermorgens der Osterfreude, der χαρά, der Freude, die der χάρις, der Gnade, dem Sieg über den Tod, entspricht. Drittens umfasst dieses Lachen die körperliche, geistige und soziale Dimension, die jeweils mit Gottes Sieg in Christus gegen den Tod zu tun haben.[33]

3.2 Verschiebung

Halten wir fest, dass die Auferstehung Christi die letztgültige Verschiebung darstellt. Diese Verschiebung lässt sich mit dem Begriff „Transzendenz" ausdrücken. Die Auferstehung ist Gegenstand weder einer Prognose noch einer Projektion. Die Frauen am Grab kamen, um einen Leichnam einzubalsamieren (Mk 16,1). Das Ereignis der Auferstehung wird vor dem Hintergrund einer doppelten Lücke bekräftigt: die zeitliche Unterbrechung des Sabbats, die in Mk 16,1ff zweimal erwähnt wird, und die räumliche Öffnung des leeren Grabes. Die vorhersehbare und kontrollierbare Entfaltung der Zeit und der übliche Umgang mit dem Raum werden ausgesetzt.

Erinnern wir uns daran, dass die erste Reaktion auf dieses außergewöhnliche Ereignis nicht Freude, sondern Angst ist. Diese Angst (τρόμος) erscheint in Markus 16,8 als Hapax legomenon. Die Frauen sind „aus sich selbst heraus" in Ekstase. Die „Unordnung" der Auferstehung führt zu Verwirrung. Die Auferstehung macht „sprachlos" in der Gegenwart eines wörtlich unerhörten Ereignisses. In ähnlicher Weise wie bei Markus wird Maria Magdalena (Joh 20,11–18) nach dem Johannesevangelium zweimal zur „Umkehr" (Vv. 14 und 16) geführt, als wäre sie doppelt „konvertiert", aber auch desorientiert durch dieses schwindelerregende Ereignis, das ihre Weltsicht pervertiert. Es ist wichtig, noch einmal darauf hinzuweisen, wie Jesus dem Wunsch widersteht, ihn gefangen zu nehmen (V. 17, μή μου ἅπτου: „Rühre mich nicht an", „halte mich nicht zurück" oder „ergreife mich nicht").[34]

Diese Texte behaupten, dass Christus den Menschen entkommt, und bewirken eine Verschiebung von dem, was erwartet wird. Gleichzeitig dementieren sie die Versuche des Menschen, seine Realität zu meistern. Auf diese Weise überträgt sich die Diskrepanz auf das gesamte Leben, das nun dem Lachen ausgesetzt ist. Wir haben gesehen, dass in der Geschichte des Christentums Kontrollversuche dem Lachen, das einen Mangel an Selbstbeherrschung darstellt, entgegengesetzt waren. Auf diese Weise entspricht der Sinn für Humor als Veranlagung zum Lachen der gläubigen Haltung, sich von Gott überraschen zu lassen. Das Eindringen der Andersartigkeit Gottes in Christus bricht mit den Modellen der Beherrschung und Kontrolle und mit der eindimensionalen, quantitativen und mechanistischen Sicht der Welt, die sie begleitet. Sie bricht auch mit jedem dogmatischen System,

---

[32] LÜHL, Lachen als anthropologisches Phänomen, 303.
[33] A.a.O., 311, 314ff, 355. LIENHARD, Rire avec Dieu, 76f.
[34] Vgl. ZUMSTEIN, Lecture narratologique, 1–15.

das versucht, Gott einzuschließen. Die Verschiebung der Auferstehung ist paradigmatisch für eine grundlegende Glaubenshaltung, die der „Entkontrollierung", die das Lachen eher ein- als ausschließt. Ein Lachen, das unkontrolliert ist, beinahe weint und schluchzt.[35]

3.3 Freude

Bei Bergson haben wir jedoch gesehen, dass der Begriff der Verschiebung nicht ausreicht, um Komik zu definieren. Viele Verschiebungen lösen bei uns keine Heiterkeit aus. Wir müssen daher ein zweites Merkmal hinzufügen, nämlich die Freude. Dies trifft jedoch nicht auf alle Formen des Lachens zu, da wir gesehen haben, dass ein abwertendes Lachen freudlos sein kann. Es befindet sich in der Tat eine besondere Heiterkeit am Horizont der Auferstehung Christi: „Da wurden die Jünger froh (ἐχάρησαν), dass sie den Herrn sahen" (Joh 20,20b, vgl. Mt 28,8 und Lk 24,41.52).

Diese Freude, die sich im Lachen ausdrückt, kann bis zur Verspottung des Todes gehen, nach dem Beispiel des Apostels Paulus in 1 Kor 15,55 f.: „Tod, wo ist dein Sieg? Tod, wo ist dein Stachel?". In mittelalterlichen Theaterstücken, die als „Mysterien" bezeichnet werden und das Leiden und die Auferstehung Christi zeigen, wurden Figuren, die das Böse darstellen, in den Triumphzug des Siegers Christus hineingezogen, um das Böse lächerlich zu machen. Im Zusammenhang mit der Botschaft von der Auferstehung Christi antwortet das Lachen auf die Botschaft von Gottes Sieg in Christus über den Tod und beschwört den Tod. Das ist die höchste Kühnheit, den Tod nicht ernst zu nehmen.[36] Das jubelnde, triumphierende Lachen der Kinder und Liebenden, Ausdruck der (wiedergewonnenen) Gesundheit und Lebensfreude (trotz allem), ist eine Form der Dankbarkeit gegenüber Gott, der das Böse überwindet.[37]

Diese mit der Auferstehung verbundene Freude bleibt punktuell. Sie wird von den Gläubigen nicht angeeignet. Es handelt sich nicht um eine erworbene Tugend, wie die traditionelle εὐδαιμονία im griechischen Denken. In ihrem inhärent flüchtigen Charakter ist die Freude vom Zustand des Glücks zu unterscheiden. Bis zu einem gewissen Grad lässt sich Glück im Laufe eines ganzen Lebens einrichten. Man kann sich im Glück niederlassen. Mit Freude ist es anders. Während eine Party sich organisieren lässt, bleibt die Freude unerwartet und kann nicht fabriziert werden. Freude ist vom quantitativen oder mechanistischen Denken entfernt. Ebenso ist die Freude in einer bestimmten Zeitlichkeit angesiedelt. Sie tritt nach einem Ereignis ein, das der Ursprung dafür ist, aber sie besteht auch im „sich freuen auf", in einer freudigen Spannung auf ein kommendes Ereignis, wie zum Beispiel ein Wiedersehen. Neben der flüchtigen Dimension der Freude besteht

---

[35] LIENHARD, Rire avec Dieu, 291, 293. LÜHL, Lachen als anthropologisches Phänomen, 358, 437, 439.
[36] LÜHL, a.a.O., 363f.
[37] A.a.O., 374.

ihre Beziehung zur Vergangenheit und zur Zukunft. Wie in einer Art „Zeitmischung" treffen sich in der Freude Vergangenheit, Gegenwart und Zukunft. Hypothetisch gesehen kann eine solche Erfahrung der Freude den Begriff der Ewigkeit erhellen. Diese wäre nicht die Abwesenheit von Zeit, sondern ihre Fülle. Der Prophet Hesekiel (Hes 47,12) und die Offenbarung des Johannes (Offb 22,2) kündigen eine Zeit an, in der alle Früchte der verschiedenen Jahreszeiten gleichzeitig kommen. Die Freude ist ein Vorgeschmack darauf.[38]

Lächeln und Lachen von ChristInnen sind Ausdruck der inneren Freude, die aus der Auferstehung Christi fließt. Nach Calvin „ist die Frucht des Geistes ... Freude, eine fröhliche Art, Dinge zu tun, oder eine Heiterkeit, die wir unseren Nächsten zeigen, die im Gegensatz zur Trauer steht".[39] In der christlichen Tradition ist Freude in der Tat das Gegenteil von Traurigkeit oder „acedia". Für Eremiten und Mönche stellt sie eine Form der Depression dar. Sie gilt als Sünde bzw. als Undankbarkeit gegenüber dem Schöpfer und Erlöser. Das Lachen stellt einen Weg dar, diese Traurigkeit zu überwinden im Licht der Auferstehung, die zur Freude führt.

Wenn die der Freude innewohnende Zerbrechlichkeit mit ihrer Kurzlebigkeit verbunden ist, dann bezieht sie sich auch auf ihre Kontingenz. Die $\chi\alpha\rho\acute{\alpha}$ entspricht der $\chi\acute{\alpha}\rho\iota\varsigma$, einer Gabe, dass immer *nicht sein* könnte, also eine kontingente Wirklichkeit ist. Hier gilt das gleiche, was wir über die Verschiebung gesagt haben: ein Geschenk ist nicht Teil des Flusses einer Notwendigkeit. Das Gefühl der Kontingenz entsteht vor allem im Zusammenhang mit dem Tod. Ich denke an einen Mann, der zu mir sagte: „Mein Vater starb mit 55 Jahren. Seit ich dieses Alter erreicht habe, betrachte ich jeden Tag als ein Geschenk". Man beachte die gleiche Art und Weise, wie Bernhard von Clairvaux gegen die *acedia* der Mönche kämpfte: er ließ ihnen eine Leiche vorführen. Paradoxerweise ermöglichte das „memento mori" die Entdeckung, wie prekär und daher kostbar das Leben ist, und dass wir uns darüber freuen sollten.[40] Nicht ohne Grund argumentierte dabei Hannah Arendt, dass sich Geburt auf eine noch stärkere Kontingenz beziehe als der Tod.[41] Nicht nur das Sein ist kontingent, sondern auch das Sosein: Wäre ich woanders und in einer anderen Zeit geboren, wäre ich radikal anders. Sowohl mein Sein als auch mein Sosein sind also kontingent. Auch Liebe lebt von ihrer Kontingenz. Nach 70 Jahren glücklicher Liebe hat ein Freund von mir alle Zufälle, die dazu geführt haben, seine Frau zu treffen, aufgezählt. Als „die Einheit von Tod und Leben zugunsten des Lebens" (Jüngel) trägt die Liebe die Möglichkeit der Nicht-Liebe in sich. Jede Liebeserklärung stellt einen Wagemut dar und birgt das Risiko eines „Korbes". Liebe als Gegenleistung ist ein Geschenk. Diese Kontingenzereignisse haben die Eigenschaft, menschliches Leben aus seiner Banalität herauszuholen. Gleichzeitig, und ohne Zufall, sind sie die Anlässe der Kasualien.

---

[38] A.a.O., 370.
[39] Vgl. CALVINI, Opera quae supersunt omnia, 255.
[40] Vgl. CAUSSE, Le moine mélancholique, 91.
[41] Vgl. ARENDT, Vita activa, 215ff, 222ff, 239ff.

Ob in ihrer Kurzlebigkeit oder in ihrer Kontingenz, die Freude besteht nicht darin, den Tod und die menschliche Endlichkeit zu leugnen, sondern in sich zu tragen. Es gibt keinen Gegensatz zwischen Komödie und Tragödie, da die Komödie in ihren Tiefen die Tragödie in sich trägt. Subjektiver ausgedrückt: Freude ist überwundene Traurigkeit. Das entsprechende Lachen ist ein Lachen trotz allem. Auch mit Kindern oder in Liebesverhältnissen.

3.4 Ganzheitlichkeit

Schließlich zeichnet sich das mit der Osterfreude verbundene Lachen durch seine Ganzheitlichkeit aus. Es ist die ganze Person, die lacht. Als emotionaler Zustand, der durch seine angenehme Färbung gekennzeichnet ist, betrifft das Vergnügen bestimmte Organe des Körpers. Das Vergnügen verwandelt sich in Freude, wenn es das Subjekt als Ganzes affiziert: „Finde Freude in der Frau deiner Jugend" (Spr 5,18). Mit dieser allgemeinen Freude sind sowohl das Lachen als auch das Vergnügen verbunden. Es ist kein Zufall, dass Abimelek entdeckt, dass Rebekka und Isaak verheiratet sind, wenn sie zusammen „lachen" (Gen 26,8). Im Französischen sprechen wir von „rire à gorge déployé", mit entfalteter Kehle lachen, als lautes, ungebändigtes Lachen. Das Wort „Kehle" ist im Hebräischen dasselbe Wort wie „Seele". Es ist der Ort des Durstes und der Atmung, entsprechend den elementaren Bedürfnissen des Menschen: der Ort von Wasser und Luft. In dieser Perspektive gibt es keine Trennung von Seele und Körper. Es gibt eine Einheit von Spiritualität und Vitalität, die sich beide der menschlichen Kontrolle entziehen.[42]

Nicht ohne Grund hat sich die christliche Tradition stets geweigert, den Begriff der Auferstehung in dem der Unsterblichkeit der Seele zu verwässern. Die Auferstehung ist körperlich. In diesem Kontext und in dem der Freude, die das Vergnügen einschließt, ist das Lachen gleichzeitig körperlich, geistig und sozial. Wie die Verschiebung stellt auch der Körper eine permanente Verweigerung des Versuchs dar, sich selbst und die Welt zu kontrollieren. Mein Körper entgleitet mir. Vor allem, wenn ich älter werde. Im traditionellen Verständnis ist das Lachen körperliche Anarchie und muss daher abgelehnt werden. Im Licht der Auferstehung stellt diese Anarchie eine Öffnung zur Transzendenz dar, die sich dem Bewusstsein als Beherrschung seiner selbst entzieht. Wenn man die Selbstbeherrschung verliert, öffnet sich das Lachen für die Botschaft der Liebe Gottes, wie sie sich zu Ostern offenbart hat, und antwortet darauf.[43]

---

[42] LÜHL, Lachen als anthropologisches Phänomen, 322, 372, 430.
[43] A.a.O., 3, 15, 319, 345, 376, 441.

4. Schlussfolgerung

Wir sehen, wie die Botschaft von der Auferstehung zu einem besonderen Lachen führt. Sie ist geprägt von der Verschiebung, der Freude und der Globalität. Weit entfernt von menschlichen Anmaßungen, im Bruch mit geschlossenen Systemen, seien sie fundamentalistisch, dogmatisch, „akademisch" oder entzaubert, führt uns dieses Lachen dazu, die Menschheit so zu akzeptieren, wie sie ist. Wir müssen die Menschen so nehmen, wie sie sind, es gibt keine anderen. In dieser Perspektive ist selbst geselliges und oberflächliches, ja „albernes" Lachen ein Weg, zu seiner einfachen Menschlichkeit zu stehen, die dem Bekenntnis, dem Lob Gottes und seiner Gnade, wie sie sich in Jesus Christus manifestiert, vorausgeht. Der Gott der Auferstehung ist dem Gelächter näher als der allzu feierlichen Liturgie und allzu ernsthaften Predigten.[44]

Unser Weg durch die kirchliche Praxis führt uns jedoch dazu, unsere Aussage über das Lachen zu nuancieren. Es gibt ein destruktives Lachen. Gewiss, Jugendliche brauchen ein abwertendes Lachen, um ihre eigene Identität zu konstituieren. Vielleicht müssen sie lernen, von dieser Praxis Abstand zu nehmen und auf irgendeine Weise über ihr Lachen zu lachen. Das ist der Preis der Reife. Aber wir haben auch gesehen, dass es ein Lachen von oben nach unten gibt, das untrennbarer Bestandteil von Unterdrückungssystemen ist. Die Gesellschaft bestraft laut Bergson mit ihrem Lachen das, was nicht konformgeht. Rassistische Witze zum Beispiel bringen mich nicht zum Lachen.

Aber am Osterhorizont kann man die Bereitschaft zum Lachen als „Sinn für Humor" (sens de l'humour) bezeichnen. Er besteht darin, zu akzeptieren, dass man mit den eigenen Reden und dem eigenen „Charakter" brechen kann. Er stellt eine Möglichkeit dar, sich von dem transzendenten Gott überraschen zu lassen, der die Welt in Christus auf dem falschen Fuß erwischt. Das Gegenteil dieser Spiritualität wäre der Geist der Ernsthaftigkeit, der darin besteht, sich in unerschütterlichen Universen niederzulassen. Humor ist eine zutiefst spirituelle Angelegenheit: eine Unterbrechung geschlossener Logiken, die Bereitschaft, sich von den überraschenden Worten eines singulären Anderen herausfordern zu lassen und so ein immer wieder neues Licht auf das Leben zu werfen.

---

[44] A.a.O., 335, 423f, 435f.

Wolfgang Drechsel

„Mit (Seel-)Sorgen und mit Grämen und mit selbsteigner Pein ...?"

Zum Humor in der Seelsorge

Seinem ursprünglichen Wortsinn nach hat der Humor etwas mit den Körpersäften zu tun, den humores, und in der Folge mit der Verflüssigung von Ansichten, Meinungen und Wirklichkeitssichten, die dann – konfrontiert mit der Starrheit und der Ordnung des bislang Vertrauten – unerwartet komisch wirken, zu einem Lächeln, zum Lachen Anlass geben.

Nur – wer in der Seelsorge nach solchen Verflüssigungen sucht, der sitzt zuerst einmal auf dem Trockenen. Der findet sich wieder in einer Landschaft, in der die meisten potentiellen Feuchtgebiete und Biotope des Lebens von den tiefen Gräben und Drainagen der Sinnsuche durchzogen sind, mit dem Ergebnis einer systematischen Trockenlegung.

Das mag nun im ersten Augenblick durchaus sinn-voll erscheinen, zielorientiert und auch angenehm. Auf festem Boden zu stehen, auf dem Ergebnis einer anstrengenden Leistung, der Kultivierung bodenlosen Lebensschlamms in Form von Beziehungsarbeit, Problemlösungsarbeit und Ressourcenarbeit. Und am Gewinnen von festem Boden weiterzuarbeiten, indem den Unbilden des Lebens mühsam Verstehbares, Perspektive und Ordnung abgerungen, ja abgetrotzt wird: Wer im tiefgehenden Gespräch weit genug nach unten schürft und die festen Fundamente des Sinns freilegt, der hat – ganz pastoral – schließlich seine Schäfchen im Trockenen. Da geht es um Gewichtiges, um Schweres, um hilfreich Menschenfreundliches, eben um Sinn. Eine wahrhaft ernste Angelegenheit. Da ist für Leichtsinn und Unsinn kein Platz. Und so sind – um im Landschaftsbild zu bleiben – die Wege der Seelsorgetheorie fest gegründet, weitab von allem Sumpfland. Wer auf diesen Straßen unterwegs ist, der hat das Gewicht seiner Aufgabe erfasst. Und so sind auf diesen Straßen vor allem überbreite Schwertransporte unterwegs, die nicht überholt werden können. Die möglichen Spuren der Leichtigkeit sind im Allgemeinen unsichtbar, als Überholspuren immer schon belegt, versperrt bzw. vom Konzept her eher unzugänglich.

Das aber heißt: Wer die Seelsorgelandschaft aus der Perspektive der Frage nach dem Humor betrachtet, der hat erst einmal nichts zum Lachen.

So zumindest auf der Ebene der Theoriebildung, die – bis auf zwei Ausnahmen, die die Regel bestätigen[1] – zum Thema schlicht nichts zu sagen hat, nur Leere bietet. Und so wird sie zum gähnenden Leerstück, das den Humor nicht einmal mehr im Modus der bedrohten Art behandelt (wie sich noch Bukowskis Aufruf als „Animation zum Humor" verstehen lässt), sondern ihn schlicht dem Vergessen anheimstellt. Nur – wie schon Harald Weinrich in seinem Buch „Lethe. Die Kunst und Kritik des Vergessens" festhält – „mit Freud hat das Vergessen seine Unschuld verloren."[2] Was wiederum beinhaltet, dass gerade solches Vergessen gelesen werden kann als ein subtiler Hinweis auf ein subversives Dasein und Wirken dessen, was da vergessen worden ist bzw. werden sollte. In unserem Falle des Humors in der Seelsorge. Was wiederum heißt: Die Seelsorgelandschaft bietet zwar aus der Perspektive der Frage nach dem Humor erst einmal nichts zum Lachen – es sei denn, dass man trotzdem lacht.

Diesem „Trotzdem" gelten die folgenden Ausführungen. Zuerst einmal in der Annäherung an ein Verstehen der Seelsorgetheorie als humorfreier Zone, was selbst manchmal einer gewissen Komik nicht entbehrt und zumindest zu einem Lächeln der Seelsorgetheoretiker über sich selbst einlädt. Dann aber auch im Blick auf die Praxis, in der der Humor auf der Ebene der Individualität von Seelsorgerin und ihrem Gegenüber nicht selten alle konzeptionelle Humorfreiheit unterläuft und sich durchsetzt. Dies aber beinhaltet dann notwendigerweise auch einen Blick auf die Minenfelder, die sich in der konkreten Seelsorgepraxis auftun, wenn Humor ins Spiel kommen sollte oder könnte: Vom Beschämungspotential, über

---

[1] Meines Wissens beschäftigen sich einzig BUKOWSKI, Humor in der Seelsorge, und PFANDL-WAIDGASSER, Spielerischer Ernst, mit dem Thema. Dabei bietet Bukowski, wie mit seinem Buch zur Frage nach Seelsorge und Bibelbezug (DERS., Die Bibel ins Gespräch bringen), bei allen möglichen Anfragen, die man haben kann, eine wirkliche Pionierarbeit, die erstmals nach der therapeutischen Wende dem Humor als eigenem Thema der Seelsorge Raum gibt. Pfandl-Waidgasser verfolgt dann ein letztlich analoges Gesamtinteresse. Ihr Zugang zur Fragestellung basiert auf der Tradition des Clowns, der Clownin, wobei sie dann allerdings keine „seesorgebezogene Humormethodik mit roter Nase" präsentiert, wie es der Untertitel ihrer Arbeit „clowneske Interventionen in der Krankenhausseelsorge" durchaus nahelegen könnte und zumindest bei einigen mir bekannten Seelsorgerinnen zu Missverständnissen geführt hat, sondern sie fragt – das „Clowneske" ausweitend und abstrahierend – nach einer grundlegenden Haltung des Seelsorgers, der Seelsorgerin, die durch ihre spezifische humorbezogen-clowneske Perspektive die Seelsorge bereichern kann. Bei aller Fülle an wichtigen und interessanten humorbezogenen Details gilt dann aber auch für diese Arbeit, was schon bei Bukowskis Büchlein der Fall war: Das Ausbleiben von Resonanz in der Seelsorgetheorie.

Insofern gilt auch nach knapp zwanzig Jahren Bukowskis Beschreibung seines damaligen persönlichen Erlebens: „In der Seelsorge aber erschien mir der Humor unangebracht, galt es doch, dem existentiellen und theologischen Ernst der Lage gerecht zu werden. Als Ratsuchender habe ich humorvolle Seelsorge nicht erlebt, aber auch nicht vermisst, wichtig war mir die Erfahrung, mit meinen Problemen ernst und angenommen zu werden" (DERS., Humor in der Seelsorge, 9).

[2] WEINRICH, Lethe, 171.

Machtfragen bis hin zur Nicht-Domestizierbarkeit des Humors. Denn erst mit dem so geschärften Blick eröffnet sich die Wahrnehmung, dass Humor eine Haltung ist, und nicht eine erlernbare Methode in der Seelsorge (und sei sie noch so gut und liebevoll gemeint)[3]. Und so ist eben nicht der Seelsorger alleine fürs Lachen und Lächeln zuständig und verantwortlich, sondern der Humor geht oft genug vom Gegenüber aus (so es denn das Gefühl hat, dass Humor erlaubt ist). Oder aber der Humor zeigt sich selber – quasi als eigenständiges Subjekt – und entfaltet sich, als interpersonale Szene, als Komik der Situation. Nicht selten verbunden mit einem situativen Kontrollverlust der Seelsorgerin, was sich dann aber auch – mitten in allem drückenden Gewicht der Seelsorge-Welt – als ein Geschenk der Schwerelosigkeit erweisen kann. Und von hier aus ist dann der Weg nicht weit, die Frage zu stellen nach einer dem allen zugrundeliegenden Theologie der Seelsorge: Wie könnte denn die Praxis einer Seelsorge aussehen, die sich selbst als eingebettet versteht ins humorvolle Lächeln Gottes?

Soweit ein vorläufiger Programmentwurf zum Folgenden, in einer immer wieder neuen Annäherung an die Frage, was denn Humor in der Seelsorge sei. In der Gleichzeitigkeit der Feststellung, dass diese Einleitung selbst zuerst einmal noch nichts mit diesem Humor zu tun hat, sondern sehr viel mehr mit Ironie und satirischer Überspitzung. Allerdings nicht ohne ein gewisses Schmunzeln, das sich mit einer situativen Komik konfrontiert sieht, wenn man selbst ein Professorenleben lang an der Humorvergessenheit der Seelsorgetheorie beteiligt gewesen ist.

Doch nun zurück zur Ausgangssituation, zur Seelsorgetheorie und ihrem schwergewichtigen Anliegen, das so wenig Raum für die Fragilität, aber auch Leichtigkeit des Humors lässt.

Wer die Seelsorgetheorie aus der Perspektive der Frage nach dem Humor betrachtet, der stellt nicht nur fest, dass er sich in einer humorfreien Zone befindet, sondern auch, dass die gängigen, mit großem Ernst gepflegten Vorstellungen in der Seelsorge – wenn man sie aus einer gewissen Distanz betrachtet – nicht selten einer gewissen Komik nicht entbehren. Exemplarisch dafür ein Zitat aus einer Examensarbeit: „Im Predigerseminar haben wir gelernt, auf die Gefühle der Besuchten zu achten. Die sollten wir so lange wiederholen, bis die Besuchten selber

---

[3] Exemplarisch dafür mag an dieser Stelle ein Vorschlag (von außen) stehen, wie der vorliegende Text zum Humor in der Seelsorge zusammengefasst und überschrieben hätte werden können: „Liebevoll auf den Arm nehmen." Eine Überschrift, die nicht nur den Humor in seiner Eigendynamik und den Humor des Gegenübers in der Seelsorge ausblendet, sondern – bei aller Betonung des „Liebevollen" – in der Reduktion des Humors auf das Reden und Handeln des Seelsorgers, der Seelsorgerin am Ende doch wieder zur Methode mutiert. Die Konsequenz lässt sich beispielhaft mit BUKOWSKI, Humor in der Seelsorge, 43f beschreiben: „Es kann und darf nicht darum gehen, das seelsorgliche Methodenrepertoire im Schnellverfahren in Richtung Humor erweitern zu wollen." Und: „Es gibt neben einer christlichen Tradition der Humorvergessenheit je und dann einen Aufbruch zum Humor, dessen Früchte eher peinlich als überzeugend sind. Humor kann man eben tatsächlich nicht machen. Wer's dennoch versucht wird entweder harmlos oder hölzern oder beides." Oder aber übergriffig, wie sich dieses Zitat von Bukowski erweitern ließe.

merken, dass sie sie haben. Und im Übrigen sollten wir die Besuchten dazu reizen, zu erzählen, dass es ihnen schlecht geht."

Gerade in seiner unfreiwilligen Überspitzung und Skurrilität macht dieses Zitat auf einen Grundtenor aufmerksam, der die Seelsorgelandschaft zutiefst prägt und mit großem Ernst betrieben wird:

Es geht immer um eine Form von Hilfe, und – seit der psychotherapeutischen Wende in den 60-er Jahren – um therapeutische Hilfe zur Selbsthilfe. Allerdings – und das ist der blinde Fleck, der sich durch die letzten 60 Jahre der Seelsorgetheorie zieht: Ein großer Teil der realen Seelsorgesituationen unterscheidet sich zutiefst von allen therapeutischen, beraterischen oder supervisorischen Begegnungen. Überall dort, wo der Seelsorger, die Seelsorgerin *von sich aus* Menschen besucht. Menschen, die nicht von vornherein ein Veränderungsanliegen haben und deshalb Hilfe suchen.[4] Aus der Perspektive des therapeutischen Programms beinhaltet dies dann die latente Frage: Wie kann ich mein Gegenüber dazu bringen, dass es – um das obige Zitat aus der Examensarbeit aufzugreifen – sagt, dass es ihm schlecht geht? Wie kann ich auf einen potentiell therapeutischen Kontrakt hinarbeiten? D.h. dass das Gegenüber sich auf eine Hilfe zur Selbsthilfe einlässt, zu dieser motiviert wird. In dieser Hinsicht gleicht die Seelsorge dem Esel, dem an einer Art Angel die Karotte der Psychotherapie vor der Nase schwebt und er zieht den ganzen Karren und die Karotte bewegt sich mit. Er hat sie immer vor Augen, als schmackhaftes Ziel, aber er wird sie nie erreichen.

Dieser grundlegende Konflikt bindet immens viele Kräfte. Und versperrt die Spielräume, derer der Humor bedürfte. Wobei dann die glaubensbezogenen, theologisch grundierten Ansprüche zu aller therapeutischen Orientierung der Seelsorge dazukommen. Als Ansprüche, auch noch an der Realisierung von Rechtfertigung, Sinn, Heil und Heilung arbeiten zu sollen. Im Sinne einer leistbaren

---

[4] Vgl. exemplarisch PFANDL-WAIDGASSER, Spielerischer Ernst, 74: „Im Regelfall ist die/der KH-Seelsorgende initiativ." Das heißt dann aber: Dieses „auf Menschen zugehen um ihrer selbst willen", ohne dass sie Hilfe, Veränderung, Beratung, Therapie usw. suchen bzw. um eine solche anfragen, ist ein Alleinstellungsmerkmal von Seelsorge und hat seine Grundlage in der christlichen Glaubensbezogenheit. In der Begeisterung der therapeutischen Wende, die nach einer langen Phase der Vorherrschaft der theologischen Rede „von oben herab" die persönlichkeitsfördernde Wirksamkeit des therapeutisch orientierten Beziehungsgeschehens in der Seelsorge entdeckte, rückte es dann aber in den Hintergrund des seelsorglichen Bewusstseins. Das Interesse galt primär dem Ziel, psychische Veränderungsprozesse anzustoßen und nicht zufällig geht das Einbringen von beraterischen, therapeutischen Kontrakten als Ausdruck einer spezifischen Fokussierung des Interesses zumeist vom Seelsorger, der Seelsorgerin aus. So wurde der seelsorgliche Besuch, mit seinem Zugehen auf die Menschen um ihrer selbst bzw. um Gottes willen faktisch zum Adiaphoron. Dabei ist es selbstverständlich keine Frage, dass aus der Situation des Besuchtwerdens und eines beginnenden Gesprächs sich ein Veränderungsbedürfnis bei der besuchten Person zeigen kann, dem dann z.B. ein entsprechender beraterischer bzw. therapeutischer Kontrakt gerecht wird, doch ist diese Situation zuerst einmal nicht die eigentliche Intention des seelsorglichen Besuchs und dieser gegenüber sekundär.

Zielorientierung auf der Ebene der konkreten Praxis. Wobei so aber auch unmittelbar deutlich wird, wie der Ernst, vor allem aber auch der Über-Ernst bzw. die Verbissenheit einzuordnen sind, die nicht selten den Rahmen für Seelsorge abgeben.[5]

Während in der Psychotherapie das Thema Humor schon längst ein eigenständiges Thema ist[6], ist die Humorfreiheit der Seelsorgetheorie gewissermaßen selbstverständlich.

Denn hier geht es immer ums Ganze, ums Eigentliche statt ums Uneigentliche, um zu realisierende Heilsprogramme und nicht um jokes. Mögen diese nun als Leichtsinn oder als Unsinn überkommen, immer haftet ihnen der Ruch des Sakrilegs an, wie wenn jemand mit Nagelschuhen über den Altar klettert. Und so wundert es nicht, dass es da wenig zu lachen gibt. Dass da die Seelsorgetheorie zu einer Art Tragödienstadel mutiert, wo man zum Lachen in den Keller geht. Zumindest hat man dann auch Tiefe.

Nun hat m.E. Humor auf dieser Ebene der Seelsorgetheorie zuerst einmal damit zu tun, diese ganze eigene Situation zwar ernst zu nehmen, aber vielleicht ein bisschen weniger verbissen ernst, gewissermaßen von sich selbst und der eigenen Seelsorgekonzeption einen Schritt zurückzutreten und so zumindest zuzulassen, dass das, was bislang so selbstverständlich war, möglicherweise etwas anders aussehen kann, als bislang vermutet. Das mag im ersten Augenblick vielleicht erschrecken: Sich selbst in seiner Verbissenheit ansichtig zu werden. Das kann etwas mit Scham zu tun haben. Nur wer das jetzt mit einer gewissen Offenheit für die Komik der Situation tut, die sich da auch auftut, den lädt diese ein zu einem Lächeln, vielleicht auch zu einem Lachen über sich selbst.

Hier wird bereits ein erster grundlegender Aspekt des Humors in der Seelsorge sichtbar, im Sinne einer Einstellung, einer Haltung, einer Verhältnisbestimmung zu sich selbst, die mit der Möglichkeit der komischen Selbstrelativierung rechnet.[7]

Dies zeigt sich entsprechend auch im Blick auf die konkrete Praxis, in der der Humor auf der Ebene der Individualität der Seelsorgerin und ihrem Gegenüber nicht selten alle konzeptionelle Humorfreiheit unterläuft und sich durchsetzt. Und

---

[5] Vgl. BERGER, P., Erlösendes Lachen, 35 im Blick auf den philosophischen Umgang mit dem Komischen: „Philosophen lassen sich nur von den Theologen in der Neigung übertreffen, die eigenen Theorien überaus ernst zu nehmen und die komische Perspektive stellt alle solche Ernsthaftigkeit radikal in Frage."

[6] Um nur zwei Beispiele zu benennen: Vgl. WILD, Humor in Psychiatrie bzw. TRENKLE, Das Ha-Handbuch der Psychotherapie.

[7] Dieser Selbstbezug des Humors im Sinne einer Selbstdistanzierung und -relativierung ist ein Thema, das MATTHIAE, Mit Clownerie zur Glaubensfreude, immer wieder betont. Vgl. z.B. a.a.O., 40f: „Humor setzt außerdem immer bei sich selbst an. Humorvolles Lachen ist kein schadenfrohes Auslachen anderer, sondern ein Lachen über sich selbst."

so ist es das „Sich selbst dem Humor aussetzen", das gewissermaßen den Angelpunkt ausmacht für die Möglichkeit des „Trotzdem-Lachens" in der konkreten Seelsorgesituation.[8]

Ein Beispiel: Ein Klinikseelsorger macht einen kursorischen Besuch bei einer Patientin. Ein Kontakt entsteht, er darf sich setzen, aber das Gespräch windet sich irgendwie hin und her. Es wird deutlich, dass die Patientin in dieser für sie neuen Begegnung nicht so recht weiß, ob sie genug Vertrauen hat, sich selbst ins Gespräch einzubringen. „Mit nem Pfarrer reden, ich weiß nicht so recht ..." Nachdem dies benannt ist, meint der Seelsorger: „Nun, dann können Sie doch einfach abzählen." Die Patientin wirkt irritiert. Pfarrer: „Wenn wir von dem Satz ausgehen: Wussten Sie schon, dass jeder vierte Pfarrer ein Mensch ist? Da können Sie mal schauen, wie viele grad da sind, können mal abzählen und dann Ihre Entscheidung treffen." Die Patientin stutzt, dann muss sie lachen. Der Pfarrer stimmt ein. Der Knoten hat sich gelöst. Das Gespräch kann beginnen.

Ein zweites Beispiel: Ein Gemeindepfarrer im Gespräch mit einem Mann, den er schon lange kennt. Mitten in einem intensiven Gespräch merkt der Pfarrer mitten im eigenen Reden, dass das, was er gerade sagt, eine Deutung beinhaltet, die im Augenblick schlicht nicht passt, eher kränkend wirkt. Obwohl er es nicht so gemeint hatte. Und er merkt, dass das bei seinem Gegenüber auch so ankommt. Das ist ihm peinlich. Er unterbricht sich selbst. „Das tut mir jetzt leid, da hab ich so unbedarft vor mich hingeredet. Aber da wird mal wieder deutlich: Um zu verhindern, so zwischendrin auch Stuss zu reden, da nützen auch 6 Jahre Theologiestudium gar nichts." Ein Lächeln des Gegenübers und das Gespräch geht weiter.

Hier mag deutlich werden, dass bei aller Kleinräumigkeit dieser Szenen die humorvolle Selbstrelativierung des Seelsorgers, der Seelsorgerin eine zentrale Rolle spielen kann, so sie denn als Stimmigkeit der Person wahrgenommen werden kann und in die Situation passt, d.h. wenn der Kairos gegeben ist und der rechte Einfall zur rechten Zeit kommt.

Und zugleich wird in einer ersten Andeutung sichtbar, dass dieser Humor auch etwas Kurzlebiges, Flüchtiges und Fragiles an sich hat, dass nicht lang auf ihm herumgeritten werden kann, dass er aber das Verhältnis zwischen Seelsorgerin und ihrem Gegenüber in eine neue Dimension stellen kann.[9]

Wird so ein erster Aspekt der Bedeutung des „Trotzdem-Lachens" in der Seelsorge sichtbar, so könnte es naheliegen, in guter, alter Seelsorgetheorietradition den Humor zu einem neuen Programm, zu der eleganten Methode für die Seelsorge zu machen. Gewissermaßen eine neue adjektivische Seelsorge, wie etwa „humororientierte Seelsorge". Doch wenn Humor etwas mit einer Haltung zu tun

---

[8] BUKOWSKI, Humor in der Seelsorge, 47 spricht hier vom sich „erlauben, Menschen, Begebenheiten und Situationen komisch finden zu dürfen", wobei – und dies sei hinzugefügt – diese Erlaubnis im Blick auf sich selbst beginnt, allerdings nicht selten am schwersten fällt.
[9] Diese Fragilität und Flüchtigkeit des Humors betont immer wieder BERGER, P., Erlösendes Lachen, XXI, 6, 111. Zugleich weist er aber z.B. auf S. 145 darauf hin, dass auf diese Weise auch „die Fragilität dessen" enthüllt wird, „was uns als Realität erscheint".

hat, dann haben wir es in den entsprechenden Fällen eher mit Haltungsschäden zu tun, bei denen nicht selten das sogenannte Humorvolle der Durchsetzung von Eigeninteressen, und in der Folge, von Macht, Gewalt bzw. Beschämung dient.

Beginnen wir im Vorfeld der Seelsorge:

Ein Krankenhausseelsorger begleitet seine neue Kollegin bei der Suche nach einer Wohnung. Nach der Vorstellung, beim Betreten des Wohnzimmers, stellt sich heraus, dass das Vermieterehepaar den Krankenhauspfarrer schon einmal gesehen hat. Und schon kommt der Satz: „Also wir gehen sonntags eher nicht in die Kirche, da gehen wir meistens in den Wald, da ist Gott ja auch irgendwie da." Der Pfarrer, der sich nur darauf eingestellt hatte, hier einen Kontakt zu vermitteln und sich nicht im Seelsorgemodus wähnt, meint darauf – angeregt durch die fast wortgetreue Übereinstimmung der Begrifflichkeit – im lockeren Ton und wohlgemerkt im Konjunktiv: „Da könnte man ja auch den Witz erzählen, wie da einer sagt: Ich geh sonntags nicht in die Kirche, sondern in den Wald, da ist mir Gott am nächsten. Und der andere sagt: Naja, dann musst du dich aber auch vom Oberförster beerdigen lassen." Und – von Stund an wurde er gehasst. Die nächsten Jahre war bei jeder zufälligen Begegnung von Seiten des Vermieterehepaars dieses Thema verbunden mit einer Selbst-Rechtfertigung und massiver unterschwelliger Aggression auf dem Tisch.

Einmal ganz abgesehen davon, dass in der Zwischenzeit dieser Witz sich selber überholt hat, heutzutage ist es schließlich gang und gäbe, sich vom Oberförster beerdigen zu lassen – bei aller Komik, die diese Geschichte von außen gesehen hat, konkret hat hier ein Witz genau das Gegenteil eines befreienden Lachens bewirkt. So lässt sich bereits der erste Satz des Vermieters und der Vermieterin verstehen als Reaktion auf einen latenten moralischen Druck, der allein durch die Präsenz des Pfarrers ausgelöst wird („eigentlich müssten wir Sonntags in die Kirche gehen"), was dann als Rede vom „in den Wald gehen" zum Ausdruck kommt, als einer Art apotropäischer Rede im Sinne einer Schamabwehr.[10] Und genau diese Schamabwehr wird unterlaufen, und als Beschämung quasi verdoppelt zurückgegeben: Nicht allein durch den Inhalt, symbolisiert vom Oberförster, sondern vor allem auch durch die Tatsache, dass das alles im Modus eines Witzes betrachtet wird.

Nun kann diese Szene durchaus als exemplarisch gelten dafür, dass es in der Seelsorge immer wieder um ausgesprochen sensible Bereiche und Themen geht, in denen der vorschnelle Einsatz von Komik schlicht kontraindiziert ist. Sonderlich, weil Seelsorge mit ihrem Angebot „Du kannst mir alles erzählen, was dich beschäftigt, auch das, was du sonst nicht erzählst" sich von ihrem Anspruch her immer schon am Rande bzw. im Bereich des Schambehafteten bewegt. Und in diesen Bereichen deutet eine schnelle auf Humor zielende Intervention des Seelsorgers – und sei sie noch so lustig – häufig genug darauf hin, dass der Seelsorger die im Raum befindlichen Gefühle nicht aushält, sie abwehrt und sie so – in der Abwehr – zumeist als unterschwellige Beschämung zurückgibt. Im Minenfeld der

---

[10] Vgl. ZOBEL, Scham in der Seelsorge, 48.

Scham können die Flurschäden beträchtlich sein, wenn das Gegenüber sich auf den Arm genommen fühlt, und sei das noch so humorvoll und liebevoll gemeint.

Hier werden nun verschiedene Aspekte sichtbar, die mit den Rahmenbedingungen des Humors in der Seelsorge zu tun haben.

Im Blick auf die Praxis: In der Perspektive des Humors zeigt sich auf hervorragende Weise eine Grundgefahr der Anwendung von Methoden in der Seelsorge, die sich in ihrer ganz knappen Form fassen lässt mit: „Knapp daneben ist auch vorbei." Humor ist keine Methode, die man einsetzen könnte. Und – damit in engem Zusammenhang: Er ist nichts, das man gänzlich unter Kontrolle haben könnte.

Dies wird deutlich im Blick auf den Witz. Witze erzählen hat zuerst einmal nicht unbedingt etwas mit Humor zu tun. Wer Witze erzählt, behält im Wesentlichen die Kontrolle. Nicht allein im Blick auf eine feste, ritualisierte Sprachform, sondern auch auf der Beziehungsebene: Er hat das Sagen. Und wer dann die Lacher auf seiner Seite hat, der hat auch die Macht. Egal, was er sagt und worüber er seinen Witz macht.[11]

Das heißt im Blick auf die Seelsorge kein Witzeverbot. Der rechte Witz zur rechten Zeit kann die Gesprächsatmosphäre auflockern, kann ablenken, ja, er kann gerade im Krankenhaus, aus der Perspektive der Leidenden, die sich vom System als geknechtet erleben, – ähnlich dem politischen Witz – einen durchaus subversiven Charakter haben, in der Solidarität der Seelsorgerin mit dem Patienten.

Doch wie im obigen Beispiel sichtbar, ist selbst die Umsetzung der relativ stabilen Erzählform des Witzes von nicht gänzlich kalkulierbaren und somit kontrollierbaren Variablen geprägt, sonderlich im Blick auf Erwartung und Haltung der Zuhörenden.

Und zugleich wird in diesem Zusammenhang deutlich, dass Humor in der Seelsorge immer auch ein Wagnis ist. Im Sich-Einlassen auf etwas, das sich nicht nur der Kontrolle entzieht, sondern in seiner Nicht-Domestizierbarkeit auch alle Vorstellungen einer Machbarkeit von Humor torpediert.[12] Humor hat immer auch eine Seite des Unwägbaren, des Sich-Aussetzens – und es ist nicht selten gerade

---

[11] Hier zeigt sich auf exemplarische Weise die Differenz einer Frage nach dem Humor zu der nach dem Komischen: Während BERGER, P., Erlösendes Lachen, sein gesamtes Projekt primär über Beispiele aus dem Bereich des (literarischen) Witzes aufbaut, beinhaltet die Ausrichtung auf den Humor immer die Frage nach einer Verhältnisbestimmung „auf Augenhöhe", die in ihrer Orientierung an Respekt und Sympathie alle hierarchisch orientierten Machtansprüche infrage stellt. Vgl. dazu z.B. MATTHIAE, Mit Clownerie zur Glaubensfreude, 40.

[12] In dieser Hinsicht stellt sich die Frage, ob der Begriff der „Humorkompetenz", wie ihn z.B. PFANDL-WAIDGASSER, Spielerischer Ernst, 237 u.ö. verwendet, nicht eine contradictio in adjecto darstellt: Humorkompetenz suggeriert ein autonomes und humorbezogen, handlungsfähiges Subjekt und läuft zumindest Gefahr, den Humor in das Schema des handelbaren Objekts einzuordnen, wobei das Unverfügbare des Humors letztlich ausgeblendet wird (Analoges gilt für die in der Gegenwart so beliebten Spiritualitätskompetenzen).

die daraus entstehende Spannung, deren Auflösung in einem befreienden Lächeln oder Lachen enden kann.

Ein Beispiel: Ein Krankenhausseelsorger besucht eine Patientin. Ein Gespräch entsteht, die Patientin hat aber ihren Fernseher weiterlaufen lassen, der hinter dem Seelsorger an der Wand hängt. Immer wieder sieht der Seelsorger den Blick der Patientin nach oben wandern. Irgendwann dreht er sich um, und schaut auf den Bildschirm, um zu sehen, was die Patientin gerade so anschaut. Und muss lachen. Die Patientin fragt verwundert, warum er lacht. Seelsorger: „Sie liegen hier im Krankenhaus. Und was schauen Sie sich an – eine Krankenhausserie." „Stimmt" sagt die Patientin. Und prustet los.

Und auch hier: Humor als ein Wagnis, das sich nicht an die Regeln seelsorglichen Verhaltens hält, nicht empathisch die Zusammenhänge klärt, was denn die Patientin gefühlsmäßig dazu veranlasst, so etwas anzuschauen, sondern schlicht loslacht. Mit dem Risiko, dass es auch hätte schiefgehen können.[13]

Nun mag vom Vorausgehenden her zumindest implizit bereits deutlich geworden sein, dass es strukturelle Analogien gibt, zwischen dem Seelsorgetreiben und dem Humor. In beiden Fällen geht es um eine Haltung, wobei die grundlegende Einstellung der Seelsorge zum Gegenüber, zum Mitmenschen strukturell mitbestimmt, was eigentlich Humor ist und wo seine Grenzen sind im weiten Feld des Komischen.

Dazu im Einzelnen: Seelsorge geht nicht auf in Methoden und Anwendung spezifischer konzeptioneller Vorstellungen, sie hat ihre Basis zuerst einmal (und darin zeigt sich exemplarisch ihre theologische Grundlage) in einer Haltung: „Ich sehe in Dir einen von Gott gerechtfertigten Menschen, und will mich bemühen, mich dieser Zusage, die du von Gott hast, in Wahrnehmen und Annehmen angemessen zu verhalten. Wo auch immer du in unserer Begegnung mit mir hinwillst." Und diese Haltung bedingt dann alles Weitere, auch die Anwendung von Methoden.[14]

Dies lässt sich als die Basis dessen wahrnehmen, was im vorliegenden Kontext als Humor beschrieben werden kann: eine innere Einstellung, eben eine Haltung der spielerischen Distanz zu sich, zum Gegenüber, zur Wirklichkeit, die sich immer wieder neu auf eine Neuperspektivierung des Altvertrauten einstellt und

---

[13] BUKOWSKI, Humor in der Seelsorge, 45, sieht hier einen der Gründe für die Humorvergessenheit der Seelsorge, die „die Fahne christlicher Humorverdächtigung und -feindlichkeit" weiterträgt: „Viele Pfarrerinnen sind von der seelsorgerlichen Situation überbeeindruckt. Sie möchten nichts falsch machen. Sie möchten vor allem nicht gegen die Maximen der Empathie und der Wertschätzung verstoßen."

[14] Zur Haltung in der Seelsorge vgl. DRECHSEL, Gemeindeseelsorge, 70ff. In dieser Hinsicht scheint mir das „Clowneske", wie es Pfandl-Waidgasser für die (Krankenhaus-) Seelsorge beschreibt, letztlich auf eine solche Einstellung bzw. Haltung hinauszulaufen, als „Chiffre für ‚spielerisch-schräges Ausloten von Möglichkeitsräumen im Modus einer angemessenen Respektlosigkeit'" (DIES., Spielerischer Ernst, 220), die in vielerlei Hinsicht Anregungen und humororientierte Perspektiven bietet, selbst wenn dem Leser/der Leserin die clowneske Tradition nicht so nahe liegt.

das Eigentliche durch die Brille des Uneigentlichen betrachtet (und umgekehrt), so dass es in seiner Komik sichtbar wird und als Lächeln, als Lachen zumindest punktuell Lockerheit und Schwerelosigkeit im Gewicht des Alltags erleben lässt.[15]

Dabei beinhaltet dieser Humor immer auch eine Verhältnisbestimmung zum Anderen meiner selbst, in der sich das „Für den Anderen da sein, um seiner selbst willen, weil um Gottes willen" der Seelsorge widerspiegelt.[16] Wobei auf diese Weise auch die Grenzen des Humors deutlich werden: Und diese Grenzen zeigen sich z.B. darin, dass in den Bereichen des Komischen nicht mehr von Humor die Rede sein sollte, wo *über* jemanden gelacht wird, wo er ausgelacht, beschämt oder ausgegrenzt wird, wie das bei vielen Witzen, und nicht selten bei Ironie oder Satire der Fall ist. Der Humor in der Seelsorge hat dort seine Grenzen, wo er die Annahme und eigenständige Würde des Gegenübers unterläuft. Die Beziehungsgestalt der Seelsorge prägt den Humor als Lachen *mit* jemandem, auch dort, wo der Seelsorger sich selbst humorvoll in Frage stellt.

Wer dann allerdings mit dem so geschärften Blick durch seine Seelsorgepraxis geht, der wird feststellen, dass Humor nicht die Sache und Aufgabe des Seelsorgers, der Seelsorgerin allein ist. Die unvoreingenommene Wahrnehmung des Gegenübers in der Seelsorge, verbunden mit einer entsprechenden Aufmerksamkeit aufs Humorvolle lässt entdecken, dass viele Menschen ihre Form von Humor einbringen, wenn sie denn dürfen. Sei dies bewusst oder auch unbewusst.

---

[15] Zum Eigentlichen und Uneigentlichen im Kontext des Humors vgl. HAMBURGER, Der Humor bei Thomas Mann, 21ff: „Der Begriff des Uneigentlichen oder Inadäquaten ist unser Ausgangspunkt für die Analyse, die Phänomenologie des Humors [...] Das Element, das dieser Humorstruktur zugrunde liegt, ist die Erkenntnis von etwas Inadäquatem. Dieses enthält, dass eine Erscheinung nicht dem entspricht, was sie ‚eigentlich' repräsentieren will oder soll, d.h. dass etwas Eigentliches eine in irgendeiner Weise uneigentliche Erscheinungsform erhalten hat. Nun ist aber ein solches Inadäquatsverhältnis als solches nicht für eine humoristische Haltung allein konstitutiv, sondern auch für andere Haltungen den Phänomenen gegenüber, in denen es erscheint, z.B. für eine satirische oder eine resignierende oder sogar für eine auch nur moralisierende [...] In diesen und ähnlichen Haltungen wird das Inadäquate nicht nur als inadäquat, sondern darüber hinaus als das Schlechtere beurteilt und bewertet und wird als solches verachtet oder lächerlich gemacht oder resignierend hingenommen. Der Humorist aber nimmt keine von diesen verurteilenden Haltungen ein. Auch er vergleicht das Inadäquate, Uneigentliche mit dem Eigentlichen, das es repräsentiert oder repräsentieren möchte. Aber für ihn nun sind die uneigentlichen Erscheinungsformen eben deshalb uneigentlich, *weil* sie das Uneigentliche eines Eigentlichen sind; d.h. er sieht im Uneigentlichen noch das Eigentliche, oder umgekehrt das Eigentliche noch in seinen uneigentlichsten Erscheinungsformen – und dies ist der Grund dafür, dass er nicht verurteilt, sondern lächelt." (Hervorhebung im Original).

[16] Vgl. dazu die Beschreibung des Humors bei MATTHIAE, Mit Clownerie zur Glaubensfreude, 36: „ein beziehungsreiches Miteinander voller Respekt und auf Augenhöhe. Humor ist ein Verhältnisbegriff [...]. Dieses Verhältnis ist grundsätzlich und trotz aller Konflikte von Wohlwollen und Zuneigung, wenn nicht gar Liebe zu anderen Menschen geprägt."

Dazu eine Szene expliziten Humors, eingebracht vom Gegenüber in der Seelsorge: Ein Gemeindepfarrer will nach einer Dreiviertelstunde seinen Geburtstagsbesuch bei einer 80-jährigen Frau aus der Gemeinde beenden. Er benennt, dass er jetzt gehen wird und steht auf. Da „beginnt die Seniorin: ‚Also, wenn mir was passieren sollte, dann halten Sie doch die Ansprache, eine kleine, oder?' Darauf der Pfarrer: ‚Ich werde Sie beerdigen, Frau B.' Doch im nächsten Moment bereut er schon die Zusage. Denn er steht kurz vor dem Ruhestand. [...] Er spricht die Sache so an: ‚Freilich, der jüngste bin ich auch nicht mehr. Zwei Jahre habe ich noch bis zum Ruhestand.' Darauf die Besuchte: ‚Na, wenn das so ist, dann muss ich mich ja sputen!' Da müssen beide lachen."[17]

Und eine zweite Szene, in der sich durch die Aktivität des Gegenübers eine Dynamik des Komischen entfaltet, obwohl von ihm nicht bewusst intendiert: In der Klinik wird die Seelsorgerin auf eine chirurgische Station gerufen. Es stellt sich heraus, dass der Stationsarzt sie angepiepst hat: „Wir haben hier eine Patientin, Frau M., 74 Jahre, Pankreaskarzinom im fortgeschrittenen Stadium." Und er zitiert den Oberarzt: „Ich krieg noch nicht mal die Diagnose an die ran." Dieser Oberarzt war ins Zimmer getreten und wollte ihr die Diagnose mitteilen, doch kaum hatte er den Mund aufgemacht, stimmte die Frau ein Indianergeheul an, richtig laut und hörte nicht auf. Er hatte keine Chance und zog unverrichteter Dinge ab. Auch ein zweiter Versuch endete im Indianergeheul. Daraufhin hatte der Oberarzt die Aufgabe der Diagnosemitteilung an den Stationsarzt weitergegeben: „Machen Sie's!" Und auch dessen Besuch endete unverrichteter Dinge im Geheul. Und jetzt hatte der Stationsarzt die Seelsorgerin gerufen, mit der halb ausgesprochenen Bitte, dass sie das jetzt doch übernehmen solle. Die Seelsorgerin macht den Vorschlag: „Die Patientin hat auch ein Recht auf Nicht-Wissen. Schreiben Sie doch in die Krankenakte: Trotz mehrfachem Versuch will die Patientin ihre Diagnose nicht hören. Stimmt Indianergeheul an. Das versteht jeder. – Dann ist hier der Druck raus. Und ich kann dann gerne auch mal bei der Patientin vorbeischauen."

So besucht sie Frau M., stellt sich vor, die Patientin geht in eine deutliche Abwehrhaltung. Die Seelsorgerin – eher locker und leicht belustigt durch die Komik der Situation – legt offen, was sie weiß: „Na Sie haben hier ja den Aufstand geprobt" und macht zugleich klar: „Ich hab' nichts vor mit Ihnen" und dann humorvoll: „Und jetzt bin ich mal da, wie ich das sonst bei Patienten auch bin". Frau M.: „Naja, dann setzen sie sich mal." Dann schaut die Patientin die Seelsorgerin an: „So sitzen die Pfarrer immer." Die Seelsorgerin schaut an sich runter, begutachtet sich, ein bißchen übertrieben, wie wenn Sie sich zum ersten Mal sähe: „Wie sitze ich denn?" Patientin: „So sitzen die Pfarrer immer und warten drauf, dass man über den Tod redet". (Und nur in Klammern: Die Patientin weiß Bescheid.) „Da will ich nicht drüber reden. Ich trinke Champagner bis zum Schluss." Die Seelsorgerin stimmt dem zu, findet das gut so. Frau M.: „Dann unterhalten wir uns jetzt über Lotte in Weimar und Effie Briest." Und so reden sie eine knappe Stunde

---

[17] HAUSCHILDT, Seelsorge auf Besuch, 54f.

über diese beiden Bücher. Am Schluss meint die Patientin: „Sie können wiederkommen."

Dem schließen sich drei Besuche an, in denen es, u.a. mit Vorlesen von verschiedenen von der Patientin ausgewählten Textabschnitten, um Lotte in Weimar und Effie Briest geht. Beim letzten dieser Besuche, so zwischendrin, Frau M.: „Was ist eigentlich der Unterschied zwischen Palliativ und Hospiz?" Die Seelsorgerin erklärt sehr sachlich die Unterschiede. Und das Gespräch geht zurück zu Lotte in Weimar. Einige Tage später kommen die Töchter von Frau M. zur Seelsorgerin. Frau M. ist verstorben und die Töchter fragen an, ob sie die Beerdigung machen könne, da sie anscheinend eine wirklich gute Beziehung zu ihrer Mutter gehabt habe und sie mit ihr *über alles* hätte reden können.

Und auf Nachfrage der Seelsorgerin, wie denn das mit dem Sterben so war: Am Vorabend des Sterbens hätten sie noch zusammen eine Flasche Champagner getrunken.[18]

Nun kann die Fülle an humorbezogenen Aspekten dieses Beispiels hier nicht gänzlich ausgebreitet werden, es spricht für sich selbst. Und auch, wenn die Sache mit dem Indianergeheul der Frau M. nicht als Humor gemeint ist, so akzeptiert sie doch die belustigte Reaktion der Seelsorgerin, die sie dann allerdings nicht auslacht, sondern ihr den Raum ihrer eigenen Würde belässt, den sie braucht und den sie haben will. So wächst aus dem ungewollt gewollten Humor eine Begegnung gegenseitigen Respekts. Bis hin zum „Ich trinke Champagner bis zum Schluss."

Zugleich aber lädt dieses Beispiel auch zu einem kleinen Exkurs ein, zu dem, was ich das Schibboleth des Über-sich-selbst-lachen-Könnens bezeichnen möchte. Denn es ist ja eine tiefsitzende Vorstellung, dass gutes Sterben das Reden über das eigene Sterben zur Voraussetzung hat, der gegenüber diejenigen nicht selten als Problemfälle erscheinen bzw. schlecht wegkommen, die sich schlicht weigern, darüber zu reden.

Nun bietet der Blick ins Netz, etwa zu „Sterben und Humor" eine ungeheure Fülle an Literatur, Vorträgen und Aufsätzen – alle mit der Tendenz: Es darf auch gelacht werden. Gewissermaßen als Dokumentation am ganzen Leben dran zu sein und nicht nur tod-ernst das Sterben zu thematisieren. Allerdings unter den Bedingungen, dass das alles auf der Grundvoraussetzung beruht, dass über das eigene Sterben geredet wird. Das ist die immer schon zugrunde gelegte Voraussetzung.

Insofern wird von unserem Beispiel her immer auch die Frage deutlich: Kann ich auch darüber lachen, wenn der freiwillige oder unfreiwillige Humor einer Sterbenden genau diesen meinen Grundsatz vom Drüber-Reden auf subversive Weise unterläuft? Und dieses Schibboleth des Über-sich-selbst-Lachens gilt dann für *alle* als selbstverständlich vorausgesetzten Axiome, die den Umgang mit Menschen

---

[18] Vgl. DRECHSEL, Sterbenarrative, 239f. Diese eindrückliche Szene verdanke ich Frau Pfarrerin Dr. Dagmar Kreitzscheck.

prägen, gestalten und gerne mit einem heimlichen Absolutheitsanspruch belegt werden.[19]

Doch zurück zu unserem Ausgangspunkt, dass der Humor in der Seelsorge nicht allein von den Interventionen des Seelsorgers, der Seelsorgerin abhängig ist. Denn die Aufmerksamkeit, als Element einer eigenen humorbezogenen Haltung eröffnet nicht nur den Blick auf die vielfältigen Angebote, die das Gegenüber in der Seelsorge auf humorvolle Weise macht, sondern auch auf die Situationen, in denen sich Humor gewissermaßen als eigenständiges Subjekt im Interaktionsgeschehen zeigt, sei es als Ausdruck einer situationsbezogenen Komik, die aus den Elementen Seelsorgerin, Gegenüber und Kontext besteht, oder sei es, dass mitten im Gespräch Bilder, Symbole oder Geschichten auftauchen, die in ihrer Dynamik ein Lächeln auslösen, das gewissermaßen über dem realen Gesprächsgang schwebt.

Dazu ein Beispiel: Eine krebskranke palliative Patientin erzählt von ihrer älteren Schwester. „Ein ganzes Leben lang haben wir uns gestritten. Das war immer so. Und dann ist meine Schwester krank geworden. Hirntumor und ihr Gesicht war ganz entstellt. Ich hab sie begleitet. Das war schwer – und seit sie tot ist, konnte ich mich nicht mehr mit ihr streiten. Und ich – bei meinem Sterben jetzt – da bin ich ganz allein. Naja...", die Patientin zögert, „.... nicht ganz. Heut Nacht war meine verstorbene Schwester bei mir. Sie hat da am Fußende des Bettes gestanden ..." Seelsorgerin: „Und wie sah sie aus?" Patientin: „Sie ist in ihrer Kraft. Kein Tumor mehr. Das Gesicht, der Kopf – alles ganz heil. Die wartet auf mich. Und wenn wir uns sehen, dann werden wir uns streiten von Ewigkeit zu Ewigkeit."[20]

Blicken wir an dieser Stelle noch einmal zurück auf die Humorfreiheit der Seelsorgetheorie, so mag nun auch deutlich werden, dass es sich nicht um eine grundsätzliche Humorlosigkeit handelt, sondern eher um ein Verstricksein in überaus ernste Angelegenheiten, die dem Humor, aber auch der möglichen Aufmerksamkeit für den Humor kaum Raum lassen.

Sodass auch dann, wenn Humorvolles auf der individuellen Ebene auftaucht, dieses Auftauchen im Nachhinein eher abgetan wird, im Sinne von: Der Humor hat seine Schuldigkeit getan. Der Humor kann gehen.

---

[19] Gerade in der Seelsorge erweisen sich nicht selten die im Laufe des eigenen Seelsorgelernens erarbeiteten Beziehungskonzepte als persönlich befreiend und die eigene Entwicklung vorantreibend. In Verbindung mit dem je eigenen theologischen Anspruch tendieren sie dann dazu, in den Status der heiligen Kuh erhoben zu werden, was eine humorvolle Selbst-Infragestellung nicht selten verunmöglicht oder zumindest sehr schwer macht. In dieser Hinsicht scheint mir die Betonung der Respektlosigkeit (gegenüber sich selbst) bzw. das Rechnen mit eigenem Scheitern, das Andrea Pfandl-Waidgasser immer wieder hervorhebt (vgl. DIES., Spielerischer Ernst, 220, 246ff), ein wichtiges Regulativ für die Praxis, zumindest auf der Ebene der Theorie, die dann allerdings einer unmittelbaren Selbstanwendung bedarf.
[20] Vgl. DRECHSEL, Sterbenarrative, 254.

Zugleich wird ein grundsätzliches Problem deutlich, das der Humor mit sich bringt, sonderlich im Blick auf alle Formen der Theoriebildung: Das Subversiv-Widerständige des Humors zeigt sich auf besondere Weise in allen Versuchen, ihn sprachlich zu fassen. Von der Suche nach beschreibbaren gelungenen Beispielen bis hin zur Einbindung in jegliche Form der Theorie sträubt sich der Humor gegenüber allen Tendenzen, ihn sprachlich in den Griff zu bekommen.

Das beinhaltet: Bereits auf der Suche nach gelungenen Beispielen für Humor, die über die festen Formen des Witzes hinausgeht, artikulieren sich die Fragilität und Flüchtigkeit des Humors. Im Sinne von: Worüber haben wir damals eigentlich gelacht? Und jeder Versuch, die Gesamtsituation dann zu beschreiben, stößt permanent an die sprachlichen Grenzen des Humors, der eben nicht nur sprachliches, sondern immer auch ein nonverbales, ein körperliches, ein interaktives und gesamtszenisches Geschehen ist.[21]

Und erst recht unterhöhlt der Humor dann alle Versuche, ihn im Sinne einer stringenten Theoriebildung in den Griff zu bekommen. So verführen manche Humorbestimmungen in ihrer theoretischen Fassung eher dazu, sich selbst zum Objekt von Witzen zu machen, statt im labyrinthischen Satzbau einen Zugang zum Verstehen des unmittelbar Komischen zu finden. Insofern hier nur ein Beispiel, eine Definition des Humors, die ich für ausgesprochen instruktiv und hilfreich erachte, und die zugleich auch auf besagtes theoretisches Dilemma aufmerksam macht: Wenn Käthe Hamburger in ihrem Buch zum Humor bei Thomas Mann im Josephsroman diesen Humor versteht „als ein Verhältnis des Uneigentlich-Eigentlichen, der lächelnden Spiegelung eines eigentlichen und als solchen auf irgendeine Weise werthaltigen Sinnes in einer uneigentlichen Erscheinungsform"[22], so dürfte hier ein Lächeln als Reaktion sich eher auf die Differenz von Humorunmittelbarkeit und theoretischer Annäherung an dieselbe beziehen. Es bedarf einer komplexen Konstruktionsarbeit, sich so dem Humor anzunähern, und das, obwohl es in diesem Fall hier primär um die quasi überschaubare, literarische Fassung des Humors geht, die selbst weitab von den nonverbalen, körperlichen und interaktiven Dimensionen des Humors in der Lebenspraxis angesiedelt ist.

D.h. dort, wo Humor in der Lebenspraxis vorkommt, und dafür kann die Seelsorge exemplarisch stehen, ist die Sprache zwar immer am Humor bzw. seiner Deutung als Humor beteiligt, aber er geht nicht in der Sprache auf. Und er ist in seiner befreienden, vom Gewicht des Alltags erlösenden und diesen transzendierenden Funktion vor allem auf den Augenblick bezogen, auf das Erleben einer Gegenwart, die – so sie denn vergangen ist – in ihrer Eröffnung befreiten Lächelns

---

[21] Diese Schwierigkeit umgeht z.B. BERGER, P., Erlösendes Lachen, indem er seine Beispiele auf die feste Sprachform des (literarischen) Witzes reduziert. Aber auch die Beschreibungen von clownesken Aktionen und Situationen, die Gisela Matthiae in ihrem Buch präsentiert, lassen immer wieder spüren, dass in der reinen Versprachlichung nicht immer alles Humorvolle, zum Lächeln, zum Lachen Anregende der jeweiligen Situation erfasst werden kann.

[22] HAMBURGER, Der Humor bei Thomas Mann, 47.

oder Lachens nicht immer sprachlich so rekonstruiert werden kann, dass sie wiedererlebbar ist.

So ist es strukturell kein Wunder, dass der Humor in der Seelsorgetheorie nicht zum Thema wird: Nur schwer sprachlich fassbar ist er kein Instrument, dauerhafte Veränderungen zu bewirken, ist fragil und flüchtig und er untergräbt nicht selten in seiner Nicht-Kontrollierbarkeit genau die Distanz des Seelsorgers zu seinem Gegenüber, die ihm zur Wahrung einer professionellen Beziehung notwendig erscheint.[23]

Dies ist auch der Punkt – und das kann an dieser Stelle allerdings nur angedeutet werden – der auf eine untergründige Parallele zwischen der Scham und dem Humor hinweist: Auch die Scham bewirkt eine Art Implosion der seelsorglichen Distanz, die nicht aus eigener Kraft aufhebbar ist und nicht zufällig haben große Felder des Komischen gerade mit Beschämung, und daraus resultierend, mit Scham zu tun. Allerdings – und hier liegt etwas von der Besonderheit des Humors – in der Entdeckung des Drüber-Lächeln-Könnens hebt der Humor selbst gerade diese Verunsicherung durch den Kontrollverlust wieder auf und schafft neue Distanz – ohne allerdings die Nähe in der Beziehung zu verlieren. In dieser Entdeckung offenbart sich im Humor eine neue Perspektive, die im Lächeln, im Lachen Abstand gewinnt, zu dem, in das man vorher involviert war. Und nicht zufällig ist es der Humor, der Situationen der Scham aufzulösen vermag, ohne in die gewaltsamen Formen der Schamabwehr zu verfallen. So er denn gelingt, in seiner Nicht-Machbarkeit, die dafür steht, dass für den rechten Einfall zur rechten Zeit immer noch etwas hinzukommen muss, das die Seelsorgerin nicht in der Hand hat.[24]

Wenn es aber gelingt, unter der Voraussetzung einer humoroffenen Haltung, dann ist es die so entstehende Distanz (in der Gleichzeitigkeit eines Fortbestehens bzw. Neu-Gewinnens an Nähe in der Beziehung), die den Humor zu einem zentralen Element der Seelsorge macht. In, mit und unter aller Professionalität, dort wo der Humor den Raum erhält, dessen er bedarf, kann zumindest punktuell etwas zum Ausdruck kommen, das mitten in der schwergewichtigen Welt der Seelsorge als lächelnde Distanz etwas Erlösendes hat. Etwas Erlösendes, das in der Beziehung als unmittelbare Menschlichkeit erlebt wird, als ein die Seelsorgerin und ihr

---

[23] Nur angedeutet werden kann an dieser Stelle ein Zusammenhang zwischen Humor (hier z.B. im Blick auf seine Fragilität und Flüchtigkeit) und der grundlegenden Vulnerabilität des Menschen. Dabei hebt der Humor – gegenüber einer Tendenz, Vulnerabilität auf ihre problematische, schmerzhafte, endlich-begrenzte und so eben verletzliche Seite zu reduzieren, gerade das Lebendige, Kreative und die überraschende Entdeckung des Eigentlichen im Uneigentlichen in der Vulnerabilität auf besondere Weise hervor. Vgl. zum Thema SPRINGHART, Der verwundbare Mensch, 203–216.
Analoges gilt für den im nächsten Abschnitt thematisierten Zusammenhang von Humor und Scham.
[24] Vgl. dazu insgesamt den instruktiven Abschnitt „Humor in der Begegnung mit demenziell Erkrankten" bei SPITZBART, Scham, 111–114.

Gegenüber umfassendes Geschenk der Schwerelosigkeit. Im gemeinsamen Lachen. Als etwas, das theologisch gesprochen, als eine Vorausahnung des Eschatischen gedeutet werden kann, als eine Vorausahnung des Eschaton, in dem nicht nur Tränen abgewischt werden, sondern gerade auch Lächeln und Lachen ist.[25]

Damit aber kommen wir unmittelbar zu der Frage, wie denn die theologische Grundlegung einer Seelsorge verstanden werden kann, die Raum lässt für Humor. Für einen Humor, der der Komik Ausdruck gibt, wenn das werthaltige Eigentliche sich im Modus des Uneigentlichen zeigt und auf diese Weise die starre Ordnung des Selbstverständlichen in Frage stellt, aufhebt und in einem Lächeln bzw. Lachen in Schwerlosigkeit verwandelt.

Auf diese Weise komme ich zurück zu der bereits genannten Haltung, die aus theologischer Perspektive die Seelsorge prägt und die im jeweiligen Gegenüber den Menschen sieht, der von Gott bereits gerechtfertigt ist, als Mensch vor Gott, auf dessen Würde das Interesse, die Aufmerksamkeit und die Zuwendung des Seelsorgers, der Seelsorgerin ausgerichtet sind.

Und hier anschließend möchte ich – vom bislang Entfalteten her, eine zumindest zum Weiterdenken anregende These aufstellen – vielleicht verbunden mit einem kleinen Augenzwinkern und doch in vollem Ernst. Die These: Gerade die Rechtfertigung erhält noch einmal eine ganz andere Dimension, wenn ich sie als Ausdruck des Humors Gottes betrachte. Als Ausdruck seines Blicks auf das vollzogene Gericht über den Menschen, als das werthaltige Eigentliche, das Gott dann aber selbst in eine gänzlich neue Perspektive stellt, ins Licht der Gnade, in das juridisch Uneigentliche, indem er über sich selbst lächelt, und so den Menschen in dieses Lächeln hineinnimmt. Nicht in dem Sinne, dass er ihn auslacht, sondern ihm an der Schwerelosigkeit der Gnade Anteil gibt, so, dass der Mensch befreit über sich selbst lachen kann – in einem, wie es die Formulierung Bergers durchaus zutreffend beschreibt, erlösenden, weil erlösten Lachen.

Nun kann diese These an dieser Stelle nicht in ihren Konsequenzen entfaltet werden, sei es trinitarisch im Blick auf die opera ad intra et extra, sei es im Blick auf die Kenosis einer Menschwerdung Gottes, die in ihrem Allmachtsverzicht nur schwer ohne eine Prise göttlichen Humors denkbar ist. Allerdings kann festgehalten werden, dass diese These weit über die Humorfreiheit der Seelsorge hinausgeht und mit einer eher mühsamen Tradition des Christentums bricht, die in der verbissenen Lust an einer Überführung des sündhaften Menschen gerade den Humor als eine solche Sündenursache identifiziert, entlarvt und somit systematisch verdammt hat. Exemplarisch zusammenfasst in der literarischen Gestalt des Jorge aus „Im Namen der Rose".

---

[25] Vgl. BERGER, P., Erlösendes Lachen, 205: „Der Glaube antizipiert jene Erfüllung, die erst kommen wird, und handelt kraft dieser Antizipation so, als sei diese Erfüllung schon eingetreten. Wir möchten meinen, dass das Komische in diesem präzisen Sinne ‚proleptisch' ist."

Und dass es erst mit der Entdeckung der positiven Seiten des Humors in der Neuzeit möglich geworden ist, diese Seite auch im Handeln Gottes wiederzuentdecken. Nicht im Sinne einer Übertragung des Neuen nun auch auf Gott im klassisch Feuerbachschen Sinne, sondern im Sinne eines Wiederentdeckens dessen, was immer schon da war.

Bei aller Kürze der Andeutung lässt sich so festhalten: Wer in der Seelsorge sich selbst und sein Gegenüber als eingebettet versteht, ins humorvolle rechtfertigende Lächeln Gottes, der wird seine Praxis anders wahrnehmen. Der wird sich selbst erlauben können, mitten in den schwergewichtigen Tiefen der Sinnfrage Trost zu finden in der Leichtigkeit des Lächelns Gottes.[26] Der wird nicht nur die Bereitschaft und Aufmerksamkeit pflegen, für das Auftauchen von Humorvollem, sei es, dass er sich selbst lachend in Frage stellt oder das Humorvolle im konkreten Seelsorgegeschehen entdeckt, sei es, dass er die kleinen Pflänzchen des Humors beim Gegenüber oder auch in der Gesamtsituation hegt und pflegt. Immer im Bewusstsein, dass es hier zwar um Leichtsinniges oder Unsinniges gehen kann, das in seiner Fragilität und Flüchtigkeit zumeist eher augenblickshaft ist, und das doch verstanden werden kann als punktuelle Vorausahnung eines eschatischen Geschehens, als Geschenk der Gnade, schwerlos im Alltag, als erlösendes Lachen.

Und so erweist sich – mitten im Gewicht der mühsamen Seelsorgearbeit, die auf dem hart erarbeiteten Handwerk der Seelsorgetheorie aufruht – das Auftauchen von Humor, als etwas, das zutiefst mit den theologischen Grundlagen der Seelsorge zu tun hat, als Lächeln, als Lachen, das sich verstehen lässt als Abschattung des Humors Gottes.

---

[26] In dieser Hinsicht erhält dann auch der Gedanke des Trostes eine neue Perspektive in der Entdeckung der Gewissheit des immer schon Hineingenommenseins in das Lächeln Gottes. In Anlehnung an unsere einleitenden Ausführungen zu Gegenwart der Seelsorge, die in ihrer Ausrichtung auf Ernst, Schwere und Sinn dem Humor kaum Raum lässt, erhält so die Überschrift über die Monographie von Sybille Rolf einen ganz neuen Deutungsspielraum: „Vom Sinn zum Trost. Überlegungen zur Seelsorge im Horizont einer relationalen Ontologie".

Gisela Matthiae

„Ernst – nicht zu ernst."

Humor und Glaube in der Praxis einer Clownin

1. „Send In the Clowns"[1]

Nicht in die Manegen werden sie geschickt – in diesem Beitrag geht es um Clownerie in der Kirche, im Gemeindehaus, in kirchlichen Akademien und überall da, wo es auch um Theologie geht. Was geschieht, wenn Clowns die kirchlichen Räume betreten? Welche Sprache sprechen sie? Haben sie eine Botschaft? Kann man gläubiger Clown sein? Sind sie Botschafter des Humors? Und wenn ja, welcher Art von Humor?

Abbildung 1: Neugierig wie immer, die Clowns.

Ein paar Dinge vorweg: Ich bin selbst Clownin und Pfarrerin, bezeichne mich als Kirchenclownin. Mir ist es wichtig, neben dem aus dem Englischen kommenden generischen Begriff „clown" im Deutschen auch von der Clownin zu sprechen.

---

[1] Titel eines Songs von Stephen Sondheim, geschrieben 1973 für das Musical „A Little Night Music".

Denn erst seit wenigen Jahrzehnten wird die Clownsrolle auch von Frauen ausgefüllt. Unter ihnen sind die bekanntesten Gardi Hutter, Laura Herts, Angela de Castro, Nola Rae, Pepa Plana, Hilary Chaplain, Antoschka – und sehr viele etwas weniger berühmte aus aller Welt. Und es werden noch mehr, meine Ausbildungskurse besuchen zu 80 Prozent Frauen.[2]

Meine erste Erfahrung in einem Clownskostüm und mit roter Nase machte ich bei einem Studienaufenthalt an der Pacific School of Religion in Berkeley, Kalifornien. Bei einer Feier für den Präsidenten der theologischen Hochschule traten wir zu zweit auf. Das war 1990 und bereits damals gab es in den USA eine große Bewegung von „Holy Fools" in den Kirchen. „Clowning Ministry" war in Berkeley sogar ein ordentliches Studienfach, neben den klassischen Fächern wie Altes Testament, Kirchengeschichte, Praktische Theologie etc. Im Fach Neues Testament unterrichtete Douglas Adams „Biblical Humor".[3] Seine Veröffentlichungen und besonders seine Seminare, ebenso wie auch seine Vorträge und Gottesdienste, öffneten den Blick auf das spezifisch Humorvolle in der Bibel und der Theologie. Sie haben auch mich beeindruckt und beeinflusst.

Abbildung 2: Auf dem Weg, die Kirche zu entdecken.

Aber wer und wie sind sie, die Gestalten mit der merkwürdigen Kleidung, dem auffälligen Gang und den roten Nasen mitten im Gesicht? Neugierig, direkt und offenherzig betreten Clowninnen und Clowns ihre Bühnen – und sei es eben auch ein Kirchenraum. Alles an ihnen scheint unpassend: Die Erscheinung zu bunt, die Hose zu weit, die Jacke zu eng, der Rock zu lang, der Hut zu klein, dazu diese rote Nase. Als Erkennungszeichen versteckt sie nichts, sie ist eher das Gegenteil einer

---

[2] Informationen zu meinen Clownerie-Aus- und Weiterbildungen unter www.kirchenclownerie.de.

[3] Vgl. besonders die Veröffentlichung von ADAMS, The Prostitute in the Family Tree.

Maske. Haltung, Absicht, Emotion lassen sich mühelos in der Mimik und in der gesamten Körpersprache entdecken.

Die ClownInnen wirken fremd, und alles um sie herum ist ihnen fremd. Sie kennen keine Normalität und keine Selbstverständlichkeiten, vielmehr begegnen sie allen und allem mit Staunen und Verwunderung. Sie haben keine Ahnung und dabei großes Vergnügen. Aus dieser Unkenntnis heraus werden Situationen und Gegenstände fortlaufend verwandelt. Doch geschieht das nie zielstrebig oder aus Berechnung. Es scheint sich spielerisch zu ergeben, sehr zur Verblüffung und zur Erheiterung des Publikums. Dass dabei auch immer etwas schiefgeht, gehört zum Experiment. Clowns sind keine Helden, ganz im Gegenteil. Sie sind nicht schön, nicht fit, nicht gesund und damit alles andere als perfekt. Aber sie verfügen über Ausdauer, Kühnheit, Wagemut und einen unerschütterlichen Optimismus. Mögen sie auch noch so oft stolpern, sie stehen wieder auf. Sie leben mit aller Aufmerksamkeit im Hier und Jetzt, sie sind einfach da.

Es geht also um Clownerie in einem ersten Teil, dann um Beispiele der Clownerie im Raum der Kirche. In einem zweiten Teil beschreibe ich Aspekte von Humor und wie sie sich in der Clownerie ablesen lassen. Warum es sich hierbei auch um ein theologisches Projekt handelt, folgt am Ende des Beitrags.

2. Lesarten der Clownerie

Was ich bisher beschrieben habe, ist die Form der Clownerie, die sich in meiner und in der Praxis der meisten derzeit agierenden Clowns und Clownschulen zeigt – wohl wissend, dass die Figur des Clowns in der Geschichte des komischen Theaters viele verschiedenen Namen und Erscheinungsweisen hat. Es sind Begriffe wie Absichtslosigkeit, Naivität, Unbefangenheit, Mut und Übermut, Kreativität, Zweckfreiheit, die zur Beschreibung geeignet sind. Oder in der Negation: ClownInnen kennen keine Schamhaftigkeit und keine Angst, sich lächerlich zu machen. Sie sind unpassend und unangepasst, dabei ohne zerstörerische Absicht, auch wenn so manches zu Bruch gehen kann, wenn sie es in die Finger bekommen.[4]

Der Begriff „clown" taucht nach dem Oxford English Dictionary[5] erstmal im Laufe der zweiten Hälfte des 16. Jahrhunderts auf und bezeichnet einen Bauern oder Landmann (rustic), davon abgeleitet einen Grobian (man without refinement). Als Herkunft des Wortes wird das englische Wort „clod" für Erdklumpen oder das Isländische „klunpi" angegeben. Auch diese Begriffe beschreiben einen

---

[4] Zur weiteren Auseinandersetzung und aus den Perspektiven zahlreicher auftretender Clowninnen und Clowns, sowie theoretischer Beiträge aus verschiedenen Disziplinen vergleiche die Veröffentlichung mit Beiträgen der interdisziplinären Tagung „Kulturelle Genealogie und Theorie des Clowns", die im Mai 2014 auf dem Monte Verità bei Ascona stattfand: WEIHE, Über den Clown.
[5] SIMPSON/WEINER, Art. Clown, 364.

ungebildeten, rüpelhaften Gesellen.[6] Verwandt mit ihm ist der Narr (fool) oder der Spaßvogel (jester) im Theater, wobei Clown nicht nur zu einem Oberbegriff wird, sondern seit dem Ende des 16. Jahrhunderts überhaupt einen neuen sozialen Typus und eine Theaterfigur bezeichnet. Mit „Clown" wird eine zugewanderte Person vom Land beschrieben, die alles vermissen lässt, womit sich die Städter schmücken. Ihr fehlen Ritterlichkeit (chivalry), Galanterie (gallantry) und Vornehmheit (gentility). „Clownish" gilt als das Gegenteil von „gentle". Im Theater taucht der Clown bei Shakespeare auf. Die sogenannten Totengräber sind eigentlich „clowns". Doch da Clowns im Deutschen zur Zeit der Übersetzung nicht bekannt waren, übersetzte man mit „Totengräber".[7] Bekannt ist, von Narren in den Stücken Shakespeares zu sprechen. Clowneske Gestalten traten bei den „Mummers' Plays" auf, den traditionellen Vermummungsspielen, bei denen bestehende Ordnungen und Hierarchien mit Spott und Kritik überzogen wurden. Ein „Lord of the Misrule" spielte im Elisabethanischen Theater zum Maifest einen anarchischen Narrenkönig, mit dem das öffentliche Leben aus den Fugen gerät. Kurzum: Clowns gab es weit vor dem Zirkus, auch wenn sie nicht immer so benannt wurden. Von England hat sich der „clown" über ganz Europa und die USA ausgebreitet.

Es gibt die Tendenz, in vielen Erscheinungsformen des komischen Theaters den Clown zu entdecken, vom Trickster bei den Native Americans, den Satyrn bei den Griechischen Dionysien, markante Figuren bei römischen Komödien wie den Maccus, komödiantische Figuren im Volkstheater wie die Fescennini, über den Arlecchino bei der Commedia dell'Arte und volkstümliche Gestalten wie den Till Eulenspiegel, den Hanswurst und seine Kollegen aus Frankreich und England wie Jean Potage und Pickelhering oder auch das Kasperle.[8] Von Clowns direkt spricht man spätestens seit ihrem Einzug Ende des 19. Jahrhunderts in den Zirkus. Davor traten sie als Schauspieler auf den großen Bühnen in London und Paris auf, in einer Mischung aus Pantomime, Maskenspiel, Tanz, Gesang, Akrobatik und Zauberei. Auf Tom Belling wird die Erfindung des „Dummen August" aufgrund eines Missgeschicks zurückgeführt und damit das klassische Duo von Weißclown und Dummem August. Es wird von vielen Clowns bis heute praktiziert. Unter den Solisten gehören Grock, Charlie Rivel, Oleg Popow und Dimitri zu den ganz Großen. Und mit dem sukzessiven Verschwinden des traditionellen Zirkus entwickelten sich neue Arten der Clownerie, nun wieder mehr auf den Bühnen. Django Edwards gehört dazu, Philippe Gaulier und Pierre Byland, Leo Bassi und eben auch Gardi Hutter. Clowns spielen inzwischen außerdem in Kliniken und Altenheimen, in Krisengebieten[9] und bei Demonstrationen. Und jetzt auch noch in Kirchen!

---

[6] Übersetzung von WEIHE, a.a.O., 11.
[7] A.a.O., 10f.
[8] In meinen Kursen gebe ich einen detaillierten Überblick, gestützt u.a. auf BRAUNECK, Die Welt als Bühne.
[9] Vgl. clownswithoutborders.org.

Die Vielfalt der Erscheinungs- und Spielformen, der Aufführungsorte und des Publikums widerspricht Tendenzen einer vorschnellen Vereinheitlichung des Phänomens „Clown". Dennoch gibt es ständig Versuche, den Clown als „Weltfigur"[10], als Archetypen[11], als Grundfigur des Komischen[12] und als Verkörperung des Menschlichen schlechthin zu bezeichnen. Ohne die Gestalt des Clowns und der Clownin zu sehr zu idealisieren, möchte auch ich verschiedene Lesarten vorstellen, die sich nach meinem Dafürhalten im Phänomen „clown" zeigen und damit wiedererkennbare Merkmale darstellen.

2.1 Clownerie als Körpertheater

Ob nun pantomimisch, mit Sprache oder mit der clownseigenen lautmalerischen Sprache des Gromolo bzw. des Gramelot[13], bei der Clownerie spricht der Körper. Die gesamte Haltung, der Gang, die Bewegungen von Armen und Beinen und ganz besonders die Mimik, die Blicke und Blickrichtungen sind die Ausdrucksmittel. Die Kleidung mag das unterstreichen. An ihnen ist ablesbar, in welchem Zustand sich die Clownin befindet, was sie fühlt und auch was sie denkt. Gefühle wie Freude, Zorn oder Trauer beherrschen die Clownin von den Haarspitzen bis zu den großen Zehen. Auch wenn sich ein zweites Gefühl hineinschleichen sollte – je nach Gegenüber –, ist auch dieses eindeutig. Jede clowneske Szene entwickelt sich von Gefühl zu Gefühl im Einklang mit Bewegung und Begegnung. Jeder Impuls wird wahr- und aufgenommen, ausgelöst durch das eigene Spiel und das der Mitspielenden. Im Zentrum der Clownstücke stehen damit eindeutig die spielenden Figuren, nicht ein fertiges Stück, auch kein vorgegebenes Thema. Allerdings spielt der Raum und alles darin Befindliche ebenso mit wie das Publikum. Gespielt wird nämlich im direkten Kontakt mit dem Publikum, auch wenn mehrere Clowninnen beteiligt sind. Alles, was geschieht oder getan wird, soll deutlich wahrgenommen werden. Clowninnen tun das mitunter so überzogen, damit sie auch ganz sicher die Resonanz spüren können, die wiederum das weitere Spiel vorantreibt. Anders gesagt: Clowntheater ist Theater ohne vierte Wand.[14]

---

[10] BARLOWEN, Clown.
[11] WERNER-LOBO, Frei und gefährlich.
[12] DIMITRI, Humor.
[13] Gromolo wird die Clownsprache im Deutschen genannt, in Frankreich und Italien heißt sie Gramelot, im Englischen Jibberish oder auch einfach Kauderwelsch. Es handelt sich eigentlich um eine Vorsprache, Laute wie oh, ah, ui, ei wie sie kleine Kinder sprechen. Ab und zu findet man sie sogar im Evangelischen Gesangbuch Nr. 32 „Zu Bethlehem geboren ... Eia, eia, sein Eigen will ich sein."
[14] Und war immer schon Theater in der Begegnung, das Publikum Mitspielende, Komplizen etc. – Clowntheater hat also, wenn man so sagen will, das postdramatische Theater schon lange vorweggenommen.

Abbildung 3: Singen aus voller Kehle und mit roter Nase.

2.2 Clownerie als komisches Theater

Inkongruenz ist das vorherrschende Stichwort, wenn es um die Beschreibung von Komik geht. Es meint vereinfacht einen Unterschied mit einem Gefälle, der ein Lachen bewirkt.[15] Inkongruenzen entstehen etwa zwischen Sein und Schein, Erwartung und tatsächlich Eintreffendem, zwischen kleinem Aufwand und großer Wirkung oder umgekehrt – um ein paar Beispiele zu nennen. Komisch wirkt bei Clowns alles. Da ist das Unpassende der Kleidung, das „zu klein", „zu groß" etc. im Unterschied zu bestehenden Kleiderordnungen.[16] Handlungen wirken aufwändig, Wege umständlich, Herangehensweisen an Schwierigkeiten absurd – stets im Kontrast zu konventionellem Handeln. Der Kontrast entsteht in einer Übertreibung oder auch in einer Untertreibung. Erstaunlich dabei – und ein weiteres Merkmal der Komik – ist, dass sich Lösungen einstellen und dass Möglichkeiten entdeckt werden, die zunächst nicht im Bereich des Erwartbaren sind. Das gilt auch für das legendäre clowneske Stolpern, das nie in eine Katastrophe mündet, sondern Ausgangspunkt für wiederum andere Handlungsmöglichkeiten ist. Spielen mehrere Clowns auf der Bühne synchron, entsteht die Komik aus der Abweichung des einen vom anderen. Ist damit ein Status verbunden, lacht das Publikum über das Scheitern des einen, der immer zuletzt erst versteht, was zu tun wäre. Komik entsteht also aus Verdoppelungen bzw. Vervielfältigungen und den jeweiligen Abweichungen. Seien sie auch noch so klein, das Publikum nimmt sie wahr. Es lauert regelrecht darauf.

---

[15] Sehr ausführlich und gründlich zum Begriff der Komik: WIRTH, Komik.
[16] Und sie verdanken sich meist der Armut. Kleidung als zusammengeflickte ist keine Mode der Clownerie, sondern dem Mangel geschuldet.

Ein weiteres Element der Komik zeigt sich im Überangepassten. Dieser Aspekt wird später in meiner Beschreibung des Humors eine zentrale Rolle spielen. So wirken alle überzogenen, steifen, extremen Haltungen und Handlungen an sich bereits komisch. Priester in steifen Roben, das Militär auf dem Exerzierplatz oder ein eingebildeter Kranker gehören dementsprechend zur Grundausstattung von Komödien, komischen Filmen oder eben auch der Clownerie.

2.3 Clownerie als Dekonstruktion

Was sich bereits in der Entstehung des Begriffs „clown" zeigt, bildet auch ein grundlegendes Merkmal, ja, ich würde sagen, sogar ein Indiz dafür, dass es sich um Clownerie handelt. Clowns repräsentieren Menschen vom Rand der Gesellschaft. Arlecchino ist ein Diener, Charlie Chaplin ein Tramp, Gardi Hutters Clownfigur „Die tapfere Hanna" ist eine Waschfrau, die davon träumt, so stark und mutig zu sein wie ihr Vorbild Johanna von Orléans.[17] Ihre Mit- oder Gegenspieler sind entsprechend Vertreter der Venezianischen Oberschicht, ein Polizist oder Fabrikbesitzer oder ein gigantischer Wäscheberg. Gesellschaftliche Verhältnisse und ihre Repräsentanten bilden auch den Stoff für Clownerie, sofern es kein reines Gag-Theater ist. Dabei werden nicht nur Herrschaftsverhältnisse offenkundig, sondern auch ihre konkreten Ausprägungen und Wirkweisen. Innen und außen, unten und oben, vordergründig und verdeckt, das Eine und das Andere – das sind Verhältnisse, die im Clowntheater enthüllt und verkehrt werden, und sei es auch nur für kurze Zeit. Politische Autoritäten stehen bald als aufgeblasen und unfähig auf der Bühne, Gelehrte werden als Nichtsahnende entlarvt, Helden als Feiglinge. Auch wenn es nicht gleich so drastisch zugehen muss, zeigt das Clownspiel, dass Normalitäten, Identitäten und strukturelle Unterscheidungslinien Konstruktionen sind, die veränderbar sind.[18] In ihrer Position als ausgeschlossene Andere bringen sie scheinbar Unwichtiges zur Darstellung, leben als peinlich versteckte Gefühle aus oder stellen in Frage, was als gegeben gilt oder gelten soll. Insofern kann Clownerie durchaus als subversiv und eben dekonstruktiv bezeichnet werden. Meines Erachtens gelingt dies Clowninnen und Clowns aufgrund ihrer Naivität, die keine kindliche ist, sondern im Sinne einer „Zweiten Naivität"[19] verstanden werden soll. Diese Lesart soll über Beispiele von Clownerie in der Kirche verdeutlicht werden.

---

[17] Moser-Ehinger, Gardi Hutter.
[18] Joachim Valentin verdeutlicht den Zusammenhang von Dekonstruktion und Komik an einem sehr drastischen Beispiel, an dem Film „Das Leben ist schön", der zum großen Teil in einem Konzentrationslager – und gerade dort mit allen Mitteln der Clownerie (GM) – spielt: Valentin, Das Komische als Dekonstruktion des Schreckens, 125–141.
[19] Vgl. Ricœur, Philosophie de la volonté, 326.

2.3.1 Was macht der Clown, die Clownin in der Kirche?

> Frau Seibold, eine engagierte Gemeindefrau aus dem Schwäbischen, sitzt wie an jedem Sonntag in der Kirche. Sie geht immer, auch wenn sie heimlich alle möglichen anderen Religionen ausprobiert und „durchbetet". Obwohl sie eine 1 A-Ehrenamtskarriere hingelegt hat und endlich von der Frauenkreisleiterin zu einer Kirchengemeinderätin gewählt wurde – und jetzt doch wieder im Ausschuss für den Kindergarten sitzt –, wird es ihr mitunter langweilig in ihrer evangelischen „Sparkirche". Doch eben wird ein Liedvers gesungen, der sie nahezu elektrifiziert: „Die Gott suchen ... denen wird das Herz aufleben". Gott suchen, ja genau, darum geht es doch. Gesagt-getan und schon springt sie auf, mitten im Gottesdienst und fängt an, überall, aber wirklich überall zu suchen. Die Pfarrerin lässt sie gewähren nach einem kurzen Dialog. Adele Seibold entdeckt viel bei ihrer Suche, sogar eine sprechende Statue, sie entdeckt lauter „Gott" in der Bibel und am Ende findet sie sogar – natürlich nicht das, was sie meinte finden zu müssen. Denn das wäre ja langweilig und keine Überraschung mehr. Mehr sei dazu nicht verraten. Nur mittendrin, als sie des Suchens schon recht müde ist, sagt sie: „Wenn man jetzt genau wüsst', was man sucht, dann tät ma' ja vielleicht finden!"[20]

Frau Adele Seibold ist eine meiner komischen Figuren, eine Clownin, die spricht. Ich zitiere sie hier, weil mir das für eine gedruckte Form am passendsten erscheint. Solche Frauen wie Adele Seibold gibt es viele in allen Kirchen. Sie erledigen den Großteil der ehrenamtlichen Arbeit, sind in Frauenverbänden engagiert, bilden sich theologisch fort und genießen trotzdem kein besonderes Ansehen. In ihrer wachen Präsenz nimmt sie alles wörtlich und fühlt sich direkt aufgefordert, das zu tun, was das Kirchenlied besingt. Aus einer bloßen Gottesdienstbesucherin wird eine Akteurin, die nun ihrerseits in konkreten Handlungen thematisiert, was Inhalt einer Verkündigung sein könnte. Dabei geht sie in Kontakt mit den anderen Menschen in den Bankreihen und mit Gegenständen. Sie spricht direkt an, lässt Vermutungen über Gott äußern, bringt ins Gespräch. Auf die Gottebenbildlichkeit angesprochen, holt sie ihren Handspiegel aus der Tasche, schaut sich beeindruckt an und sagt:

> „Aha, dann ist Gott auch schon in die Jahre gekommen und am Ende sogar noch eine Frau!" Wobei ihr auch sogleich Zweifel kommen: „Die Frage ist ja, wer gleicht da jetzt wem? Seh' ich aus wie Gott oder Gott wie ich? Es hat sich ja scho' mancher mit Gott verwechselt!"

---

[20] Mehr zu Frau Seibold, zu diesem Stück „Frau Seibold auf der Suche nach Gott" und zu meinen weiteren Clowninnen unter www.clownin.de.

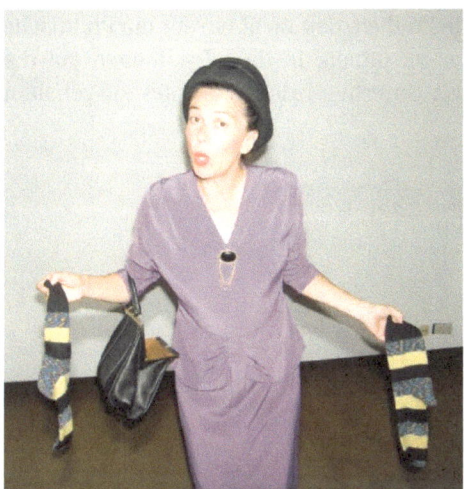

Abbildung 4: Frau Seibold, deren Engagement nicht nur aus dem Stricken von Socken besteht.

Frau Seibolds Komik wird ausgelöst durch ihr unangepasstes Verhalten, für das sie Sympathie erhält, weil viele sich in ihr wiedererkennen können. Ihr Tun und ihre Überlegungen sind offenkundig, ablesbar in ihrer gesamten Performance. Sie überrascht mit Fragen und Entdeckungen, die unpassend erscheinen, und sich dann gerade als interessant erweisen. Unter anderen ruft sie Gott, es entsteht ein Echo, daraus ein Song und ein Tanz und schließlich über die Frage, ob Gott auch tanzt die Erinnerung an Sprüche 8 und die spielende Weisheit.

> „Das haben wir doch neulich erst im Frauenkreis gelesen. Achso, jetzt weiß ich, warum Gott die Welt erschaffen hat, aus lauter Spiel und Tanz und Freude! Nicht einfach so vom Schreibtisch weg."

2.4 Clownerie als zweite Naivität

Diesen Beschreibungen ist – hoffentlich – anzumerken, dass in der Figur der Frau Seibold sowohl eine engagierte Gemeindefrau als auch eine ausgebildete Theologin stecken. In ihr verknüpfen sich zu meinem nicht nur persönlichem Vergnügen Unkenntnis, Neugier, Entdeckungslust und das Studium zahlreicher Bücher, sowie ein gewisses Quantum an Erkenntnissen und Erfahrungen. Mit Frau Seibold kann ich in einer Art zweiter Naivität Liturgie und Bibel begegnen, als wäre es das erste Mal, ohne dabei in eine vorkritische „erste Naivität" abzutauchen. Zwischen Spiel und theologischer Arbeit entsteht ein durchaus fröhlicher Wechsel: Begriffe, Definitionen und symbolische Gegenstände mal einem freien, unvoreingenommenen Spiel überlassend, mal die im Spiel entstandene Erfahrung theologisch reflektierend.²¹ Meine Clownin nimmt sich die Freiheit, den nicht nur für die Praktische Theologie interessanten „leeren Raum" zu öffnen, in dem Traditionen auf die Probe, neue-alte Fragen gestellt und das Unfertige jedes Konzeptes ausgehalten werden muss.²²

Abbildung 5: Clownsgruppe probt in einer Kirche.

In meinen Kursen gelingt es Pfarrerinnen und Pfarrern mit langjähriger Erfahrung mithilfe der roten Nase und ihres Clownskostüms, eine Kirche zu betreten und zu erkunden, als wäre es das erste Mal. Gerade weil sie alles kennen, weil ihnen jede Symbolik bekannt ist, bereitet die Dekonstruktion großes Vergnügen. Da ist ein Tisch dann einfach ein Tisch, auch wenn er merkwürdig hoch ist und die Stühle drum herum fehlen. Ein Kreuz mit einem leidenden Körper erregt unmittelbar Entsetzen und Mitleid und fordert zu besonderen Hilfen heraus. Eine Bank ist eine Bank und verlockt dazu, sich auf ihr auszustrecken. Aus dem Spiel mit zwei Traustühlen lassen sich vielfältige Beziehungskonstellationen ablesen.²³

> Wenn Clown Justav in die Kirche gerät, ist auf den ersten Blick offensichtlich, dass er sich verirrt hat. Aber es ist schön warm da. Mit seiner Decke unter dem Arm entdeckt er das „Ps" auf der Anstecktafel und hält sich erschrocken die Hand vor den Mund. Er

---

²¹ Sehr schön und ebenfalls inspiriert von vielen Spielerfahrungen beschreibt es auch der Marburger Theologe ERNE, Spielräume des Lebens.
²² Ich verstehe Clowntheater auch als weitere Form mit dem Konzept vom „empty space", wie es besonders von dem Regisseur und Theatermacher Peter Brook vorgestellt und praktiziert wurde: BROOK, Der leere Raum.
²³ Weitere Beschreibungen finden sich in meinem Buch, das meine Arbeit zwischen Theologie und Komik, Clownerie und Humor insgesamt spiegelt: MATTHIAE, Wo der Glaube ist, da ist auch Lachen (2019).

wärmt sich an den Kerzen und entdeckt, dass die Taufschale eine ganz passable Kopfbedeckung abgeben könnte. Am Tisch vorne angekommen packt er seine Habseligkeiten aus, darunter ein Foto seines verstorbenen Vaters, das er ans Kreuz lehnt, weil er es auf die Art gut sehen kann. Ein kaputter Kamm und eine Stulle kommen zum Vorschein. Ein Stuhl ist herbeigeschafft, er nimmt Platz und kann aber kaum mehr über die Tischfläche hinwegsehen. Als er zu essen beginnt, entdeckt er die vielen anderen Leute vor ihm und streckt ihnen sein Brot entgegen. Wortlos fragt er: „Möchten Sie auch mal?"

Abbildung 6: Clown Justav am Abendmahlstisch.

Die Szene entstand aus der Improvisation und wurde im Kurs zu einem Stück ausgebaut, das während eines Gottesdienstes aufgeführt wurde. Justav ist privat ein pensionierter Hamburger Pfarrer, doch als Justav sind ihm die Gegenstände und ihr Gebrauch nicht bekannt. In das gottesdienstliche Geschehen wird gleichsam eine zweite selbstreferenzielle Ebene eingebaut, die das Gesehene und Erlebte doppelt lesbar werden lässt. Da ist der Tisch und der Altar, das Sitzen-Am-Tisch und die Abendmahlfeier, die Stulle und die Hostie bzw. das Brot. Als Clown weiß Justav nichts von Altar und Abendmahl und setzt es doch in Szene. Eine anamnetische Rückerinnerung an das letzte Abendessen und eine prospektive Erinnerung an gemeinsames Essen am Tisch Jesu, beides wird spürbar in dieser Szene, obwohl Justav keine der liturgischen Handlungen direkt „bedient". Er benutzt den Tisch als Tisch. In dieser Entkoppelung von Gegenstand und Bedeutung liegt genau die Chance, die das theatrale Clownspiel bietet. Denn es stellt keine bloße Verdoppelung einer Abendmahlfeier dar, schafft vielmehr Distanz und Fremdheit. In der Abweichung der als parallel wahrgenommenen Clownerie steckt dann freilich auch die Komik. Und aus ihr ergeben sich wichtige liturgische Fragen: Wer sitzt am Tisch des Herrn? Wer lädt ein? Wie ist die Tischordnung?

Wer fühlt sich eingeladen, Platz zu nehmen? Was wird dort geteilt? Werden alle satt?

Der Gottesdienst ist ebenfalls ein performatives Geschehen[24] und setzt den Bezugsrahmen für das clowneske Spiel. Auch wenn der Clown in diesem Fall nicht direkt im Gottesdienst „mitspielt", wäre sein Stück in einem anderen Raum und während eines anderen Geschehens nahezu witzlos. Das Stück braucht die Parallelität der gottesdienstlichen Performance. Braucht der Gottesdienst umgekehrt auch die Clownerie? Er ist von seinem Selbstverständnis her natürlich nicht auf einen Clown angewiesen.[25] Die Clownerie hier ist zweckfrei. Und so öffnet sie auf unterhaltsame und komische Weise Perspektiven auf liturgische Fragestellungen, ohne selbst verkündigen zu wollen. Die Spannung in der Parallelität der Performancen bleibt bestehen, mag sie mal mehr oder weniger aufgeladen sein. Bei einem weiteren Beispiel legt sich der Gedanke allerdings nahe, dass Gottesdienst und Clownerie durchaus mehr miteinander zu tun haben – bei der Predigt.

2.5 Clownerien von der Kanzel

Beim clownesken Erkunden der Kirchenräume werden auch Kanzeln bestiegen, weil die Treppen oder Figuren locken. Sie bieten eine Art Aussichtspunkt oder Unterschlupf. Die Figuren von Luther und Calvin werden angesprochen, als seien sie lebendig. Die clowneske Predigerin gesellt sich zu den Reformatoren, als wäre sie eine von ihnen und ist sie es nicht auch?

Nach den Theologen Charles L. Campbell und Johan H. Cilliers kann sie als „preaching fool"[26] bezeichnet werden. Die Übersetzung ins Deutsche ist nicht ganz einfach, denn preaching fools sind einerseits predigende Narren und Närrinnen, andererseits meint der Satz auch: Die Predigt narrt. Beide Übersetzungen sind richtig, denn sowohl der Inhalt der Predigt, als auch der Akt des Predigens selbst ist eine Torheit, so die Autoren.

---

[24] Nach dem performative turn in den Liturgiewissenschaften gibt es dazu ja eine Fülle an Veröffentlichungen. Für meine Arbeit sehr interessant ist ROTH, Die Theatralität des Gottesdienstes.
[25] Über die Verbindung von Clowntheater im Gottesdienst und der Liturgie als Spiel ließe sich natürlich noch einiges bemerken ...
[26] CAMPBELL/CILLIERS, Preaching fools (dt. Was die Welt zum Narren hält).

Abbildung 7: Clownin fühlt sich ganz wohl unter der Kanzel.

„Das Evangelium ist eine Torheit. Predigen ist eine Torheit. Und der Prediger ist ein Narr."[27] Der Grund dafür liegt in der zentralen Botschaft, nämlich der Verkündigung des Kreuzes als einer Torheit im politischen, theologischen und kulturellen Sinn. Wieso sollte ausgerechnet ein Kreuz, das für den Schrecken des Römischen Imperiums steht, befreiend sein? Wieso sollte ein Gekreuzigter als messianisch geglaubt werden? Wieso mit Gott selbst in Verbindung gebracht werden?[28] In seiner Rede von Weisheit und Torheit (1 Kor 1,17–25) spielt Paulus „wirklich die Rolle des Narren", der den „derben Scherz als Weisheit Gottes hinstellt" und damit selbst zum „Gespött der Leute" wird.[29] Jesus selbst, so wird an vielen exegetischen Beispielen gezeigt, verhielt sich grenzüberschreitend und tabubrechend, war schlagfertig, gewitzt, verwirrend und überraschte. Für die Rhetorik der Predigt ergibt sich daraus zwangsläufig, dass sie ebenfalls ein Schauspiel, eine Hanswurstiade vor der Welt sein soll, mit derben Scherzen, Umkehrungen, Verdrehungen, ironischen Untertönen, auch mit Sarkasmus, Parodien und Paradoxien. Für die predigenden Personen bedeutet dies, dass sie sich ebenfalls als Witzbolde wahrnehmen, der Lächerlichkeit aussetzen sollten. Ich erinnere daran, dass Heije Faber schon in den 70er Jahren den Pfarrer als Bettler und als Clown beschrieben hat.[30]

Dann scheint diese Clownin neben Luther und Calvin ja ganz richtig zu stehen. Sie gibt eine närrische Figur ab, hat keine Angst vor Lächerlichkeit, spricht clowneskes Gromolo und mit ihrem ganzen Körper. Inhaltlich schwärmt sie von der Liebe, das wird in all ihren Gesten, Bewegungen, Hinwendungen und ihrem

---

[27] DIES., Was die Welt zum Narren hält, 19.
[28] A.a.O., 21.
[29] A.a.O., 29f.
[30] FABER, Profil eines Bettlers.

Strahlen deutlich. Direkt unter ihr steht der Tisch mit einem großen Kreuz. Die anderen Clowninnen haben Tücher um den Körper gewickelt und einen großen Regenschirm darüber ausgebreitet. Ab und zu blickt sie von oben herab und scheint mit ihm zu sprechen.

Abbildung 8: Clownin im Gespräch mit Herrn Luther.

Abbildung 9: Den schützenden Schirm über dem Altarkreuz haben Clowninnen aufgestellt.

3. Komisch ist etwas, aber Humor hat man.

Unpassendes und Unangepasstes und damit Komisches ist jetzt zumindest sprachlich und bildlich, wenn auch nicht live, vorgeführt worden. Aber ob es auch ein humorvolles Lachen hervorgebracht hat? Das entscheiden die Leserinnen und

Leser selbst. Merkmale des Komischen können herausgearbeitet und dargestellt werden, aber sie selbst sind noch kein Anzeichen von Humor. Dazu braucht es eine entsprechende Haltung, die darin besteht, das Komische auch wahrnehmen zu wollen. „Man nimmt etwas *als* Komisches, aber man nimmt es *nicht mit* Komik, wie man es *mit* Humor und *nicht als* Humor nimmt."[31] Der Philosoph Thorsten Sindermann bezieht sich auf eine Unterscheidung, wie sie von vielen geteilt wird, die sich mit Humor befassen und nennt dabei explizit den Religionssoziologen Peter L. Berger.[32] Beide haben auch mein Verständnis von Humor geprägt und geschärft, besonders auf Sindermann werde ich mich im Folgenden immer wieder beziehen. Humor werde ich entsprechend als Haltung vorstellen, die mit der Fähigkeit und dem Willen einhergeht, Komisches als Komisches wahrzunehmen.[33]

„Haben Sie Humor, wenn Sie alleine sind?"[34] Diese Frage Max Frischs führt mitten hinein in das Erheiternde, aber auch das Unangenehme des Humors. Denn es geht zunächst und vor allem um einen selbst. Ich eröffne mit dieser Frage fast alle meine Humortrainings und ernte regelmäßig Verblüffung. Geht es denn nicht um Geselligkeit, um das Erzählen von Witzen, ums Lachen? Das mag alles sein, doch „Humor zu haben heißt, *sich selbst* komisch finden zu können."[35] Sindermann nennt es das „intern Komische", ohne das kein Humor möglich ist und ohne das auch kein extern Komisches humorvoll quittiert werden kann. Warum ist das so? Weil das Relativierende, das zum Humor gehört, erst wenn es auf sich bezogen wird, auch auf Externes bezogen werden kann, ohne ironisch, spöttisch oder sarkastisch zu werden. Humor, so wie ich den Begriff hier verhandle, ist kein Oberbegriff über die Summe aller möglichen Reaktionsweisen auf Komisches. Humor unterscheide ich grundsätzlich von Spott.[36] Kriterium zur Unterscheidung bietet das Lachen, womit auf jede dieser Formen reagiert werden kann. Wird bei Spott *über* jemanden gelacht, so zeichnet sich humorvolles Lachen dadurch aus, dass *mit*einander gelacht wird. Humor schafft demnach eine Begegnung auf einer Horizontalen ohne Abwertung oder Überlegenheit, und sei es auch im Verhältnis mit sich selbst. Das Lachen über sich selbst angesichts der eigenen Komik ist dann ein humorvolles Lachen. Spott, Sarkasmus, auch Zynismus situiere ich dagegen auf einer Vertikalen, wobei sowohl von oben nach unten als auch von unten nach oben gespottet werden kann. Ein Beispiel aus einem Krankenhaus, einer hierarchischen Struktur, mag das verdeutlichen.

---

[31] SINDERMANN, Über praktischen Humor, 27. Vgl. auch Faber, a.a.O., 129. Alle Hervorhebungen i.O., auch bei allen weiteren Zitaten.
[32] BERGER, P., Erlösendes Lachen.
[33] Jedem der im Folgenden benannten Aspekte von Humor ist in meinem Buch ein eigenes Kapitel gewidmet, jeweils mit Bezügen zur Clownerie und mit biblisch-theologischen Reflexionen, vgl. MATTHIAE, Wo der Glaube ist, da ist auch Lachen (2019).
[34] FRISCH, Fragebogen, V, 38.
[35] SINDERMANN, a.a.O., 30.
[36] Vgl. meine Darlegung im Art. Humor.

> Das Pflegepersonal einer Station entschied, im Krankenhausflur verschiedene Comics aufzuhängen. Einer davon zeigte einen Chefarzt, wie er zur Visite auf einer Sänfte durch den Flur getragen wird. Nach einigem Zögern wurde auch dieser aufgehängt, denn das Thema war dem Team wichtig. Bei der nächsten Visite entdeckte der Chefarzt den Comic und blieb eine ganze Weile davor stehen, während die anderen gebannt seine Reaktion abwarteten. Schließlich drehte er sich um, blickte in die Runde und fragte: „Ist es wirklich so schlimm?" Allgemeines Lachen und der Beginn einer Diskussion über dieses heikle Thema.[37]

Die Comics stellen in diesem System eine Art Spott dar, in der Hierarchie von unten nach oben. Der betroffene Chefarzt hätte seinerseits mit Spott, Ärger oder Ignoranz reagieren können. Doch er reagierte humorvoll, was sich an dem gemeinsamen Lachen und der anschließenden Diskussion zeigt. Damit ist das für ein Krankenhaus typische System über den Humor temporär aufgehoben. Der Chefarzt hatte die Lacher auf seiner Seite, weil er zuvor sich selbst in dem Comic wiedererkannt und über sich selbst lachen konnte.

Clowninnen und Clowns hatte ich beschrieben als Figuren, die keine Angst davor haben, sich lächerlich zu machen. An ihnen kann das Lachen über sich selbst und das intern Komische par excellence beobachtet werden. An ihnen zeigt sich auch der weitere Aspekt des Humors, der hinter dem Begriff der Relativierung steckt. Sie nehmen sich ernst, aber sie nehmen sich auch wieder nicht zu ernst.

3.1 Ernst, aber nicht zu ernst

Oftmals habe ich erlebt, wie eine Pointe, ein Lachen weggewischt wurde mit dem Spruch: "Jetzt aber wieder zum Ernst der Sache!" Das unterstellt einen fundamentalen Unterschied zwischen Ernst und Unernst und siedelt Humor auf der Seite des Unernstes, meist „bloßer Spaß" genannt, an. Doch es gibt noch etwas Drittes: Den Zuernst. Humor ist in diesem Spielraum zwischen Ernst und Zuernst angesiedelt. „Humor heißt, ernst sein zu können, ohne überernst sein zu müssen."[38] Auch das soll an einem Beispiel verdeutlicht werden.

> Ein Mann geht an einem schönen Sonntagnachmittag spazieren, das Hemd blütenweiß gestärkt, er selbst in bester Laune. Da, plötzlich, scheißt ihm die Taube aufs Hemd. Nun könnte er wütend werden oder in Tränen ausbrechen, denn der Fleck wird vermutlich nie wieder rausgehen. Doch der Mann reagiert anders und sagt: „Wie gut, dass Kühe nicht fliegen können!"[39]

Dieser Spaziergänger findet einen komischen Vergleich – vom Kleinen zum übertriebenen Großen –, und relativiert damit seine missliche Situation. Auf diese Art

---

[37] Beispiel aus BISCHOFBERGER, Das kann ja heiter werden, 68f.
[38] SINDERMANN, Über praktischen Humor, 142.
[39] Das ist eine Art Wanderwitz, der in Varianten oftmals zu finden ist.

nimmt er sie durchaus ernst, er negiert sie gerade nicht, er geht auch nicht einfach pfeifend weiter seines Weges. Vielmehr setzt er alle Aufmerksamkeit direkt auf den Ernst der Lage, um ihn dann – überbietend – nicht *zu* ernst zu nehmen. Anders gesagt: Humor ist die Haltung, mit der ein angemessener Ernst gefunden wird, was nach Sindermann eine sowohl praktische wie theoretische Aufgabe der Lebenskunst darstellt.[40] Sich selbst, und damit jegliches Wissen, Überzeugungen, Positionen ernst zu nehmen, aber auch wiederum nicht zu ernst, stellt vielleicht eine der größten Herausforderung des Humors dar. Sich bildlich bei der eigenen Nase zu packen mit dem Gedanken, dass man irren könnte und das vermutlich auch tut.

An dieser Stelle wird deutlich, dass die Haltung des Humors eine akademische sein sollte, auch ein Politikum darstellt. Denn das Relativieren von allem Überernsten ist eine grundsätzliche Kritik an allem Absolutistischen, sei es Fundamentalismus, Rassismus, Dogmatismus etc. Positiv formuliert ist die Haltung des Humors eine dialogische, relativierende, flexible und mehrperspektivische.

Für die Komik ergibt sich daraus noch ein weiterer Grund: Wirkt das Unpassende und Unangepasste komisch, so ist es ebenso das Überangepasste. Der Zuernst, verkörpert in extremer Steifigkeit, Halsstarrigkeit, Verbohrtheit, Prinzipienreiterei, Rechthaberei wirkt gerade als solcher komisch. Leider wissen das die Betroffenen selten und meist verfügen sie über so viel Macht, dass sich kaum jemand traut, mit Humor zu reagieren. Und doch gab und gibt es gerade unter absolutistischer Herrschaft die besten Witze und Geschichten. Es gibt den sogenannten Flüsterwitz, der nur hinter vorgehaltener Hand erzählt werden kann, weil es sonst zu gefährlich würde.

> Haben Sie gehört, dass der Diktator Witze über sich sammelt? – Ja, aber zuerst sammelt er die Leute, die die Witze über ihn erzählen. Oder diesen: Was ist der Unterschied zwischen Gott und dem Präsidenten? – Gott hält sich nicht für den Präsidenten!

Auf die Frage, was der größte Gegenspieler zu Humor ist, lautet die Antwort: Fundamentalismus. Deshalb erachte ich Humor als eine Haltung nicht nur der Lebenskunst, sondern als eine unverzichtbare Haltung des respektvollen sozialen Miteinanders, die überdies noch Lachen, Heiterkeit und gute Laune erzeugt.

Und wiederum gehe ich dafür bei der Clownerie in die Schule, die lehrt, dass sich Gegenstände, die Situation, die Emotionen von einem Augenblick auf den andern wandeln können, Hierarchien gekippt und aus misslichen Situationen unabsehbare Lösungen geboren werden. Clownerie lebt geradezu aus der Fülle an misslichen Situationen, Peinlichkeiten, kleinen und großen Katastrophen, Hindernissen, die unüberwindbar oder unlösbar erscheinen. Sie bilden sozusagen den gesamten Stoff der Clownerie.

---

[40] SINDERMANN, Über praktischen Humor, 151.

Humor wächst auf dem Mist, der mir die Luft verpestet.[41]

Humor ist dann gefragt, wenn es eigentlich nichts zu lachen gibt, wenn man genauso gut in Tränen ausbrechen könnte oder sich ärgern könnte. *Eine Frau geht einkaufen und beim Verlassen des Geschäfts reißen die Papiertaschen und ergießen ihren Inhalt auf den Platz vor dem Supermarkt. Die Leute springen zur Seite und schon lacht jemand schadenfroh. Da ruft sie aus: „Was für ein Menü!", und alle Umstehenden lachen nun mit ihr und helfen ihr beim Einsammeln.* Sindermann nennt das das Skandalonartige[42] des Humors. Humor setzt immer eine Situation voraus, die man am liebsten meiden möchte oder vor der man fliehen möchte. Dabei kann es sich um Missgeschicke im Alltag ebenso wie um große Tragödien der Menschheit handeln. Humor ist dann die Fähigkeit, sich selbst auch in einer solchen ernsthaften Situation noch komisch finden zu können.

Abbildung 10: Die Clowngruppe wartet in der Kirche auf den Beginn des Gottesdienstes und hält ihn schließlich selbst, weil sonst niemand kommt.

Das ist mitunter zu viel verlangt und verweist auf einen weiteren Punkt. Die Haltung des Humors ist keineswegs auf Dauer gestellt, ebenso wenig wie die Situationen, denen Menschen ausgesetzt sind. Das macht das Situative des Humors aus, den man eben mal mehr oder weniger hat. Von Woody Allen stammt der Ausdruck

---

[41] Nach Sigmund Graff, zitiert bei SINDERMANN, a.a.O., 164.
[42] A.a.O., 164ff.

„Comedy, that's tragedy plus time." Auch hier macht sich das Phänomen der Relativierung, nun als zeitliches oder räumliches bemerkbar. Man lacht oft erst einen Moment, einen Tag oder ein ganzes Jahr später. Dann, wenn man nicht mehr direkt drinsteckt. So erging es einer Vikarin, die sich im Gottesdienst versprach und sagte: *„Niemand wird zum Vater denn durch mich."* Gelacht hat hier niemand, es hat sich keiner getraut und ihr selbst war es äußerst peinlich. Doch anschließend ergaben sich gerade aus diesem Versprecher interessante Gespräche bei Kaffee und Keksen. Wie ernst so ein Gottesdienst zu sein hat, wie ernst so ein Versprecher ist – das sind nun keine feststehenden Tatsachen. Es handelt sich vielmehr um die Wahrnehmung, die Einschätzung und schließlich den Umgang mit derartigen Situationen. Es kommt auf die Perspektive an.

„Hinter jeder Ecke lauern ein paar Richtungen."[43]

Abbildung 11: Was für ein tiefes Loch!

Die Fähigkeit und der Wille, verschiedene Perspektiven einzunehmen, kann als Voraussetzung für einen humorvollen Umgang mit dem Ernst der Lage angesehen werden. Umdeutungen, im therapeutischen Kontext auch das reframing, verleihen ein und derselben Situation völlig unterschiedliche Bedeutungen. Dass sie ihnen auch den Schrecken nehmen können, zeigt Viktor Frankl in seinen Schilderungen seiner Erfahrungen im KZ. Der „Trick" bestehe im Perspektivwechsel, sodass etwas an sich Geringfügiges große Freude bereiten kann. Es bleibe als letzte menschliche Freiheit, sich so oder so zu den gegebenen Verhältnissen zu stellen.[44] In dem bereits erwähnten Film „Das Leben ist schön" erfindet Guido eine Parallelgeschichte im KZ, mit der er die entsetzliche Situation seinem kleinen Sohn Giosuè wie ein Spiel erscheinen lässt. Wer alle Regeln des Spiels befolgt, kann am Ende einen Panzer gewinnen. Der Sohn wird am Ende tatsächlich auf einem Panzer, allerdings einem der Alliierten, fahren, wohingegen Guido erschossen wird.

---

[43] LEC, unfrisierte Gedanken, 77.
[44] Näheres unter SINDERMANN, Über praktischen Humor, 172.

Wenn sich an dem Grauen der Situation selbst auch nichts geändert hat, so hat sich doch im Umgang mit ihr und in ihrer Deutung Entscheidendes geändert. Humor stellt hier die Möglichkeit der Deutungshoheit dar. Sie entlarvt das Zuernste, sieht darin noch das Komische und kann so Erleichterung finden.

Die Haltung des Humors ist grundsätzlich nicht mit einer eindimensionalen Perspektive vereinbar, weshalb sie auch als epistemologische Grundhaltung verstanden werden kann. Ihr ist klar, dass Wissen volatil ist, viabel und stets abhängig von Kontexten, Erfahrungen und Perspektiven. All diese Größen können sich schnell ändern, man muss dazu nicht unbedingt wie Thales von Milet in den Brunnen fallen.[45]

„Du bist ungeschickt, aber siehe, ich bin noch viel ungeschickter."[46]

Womit ich am Ende dieses Rundgangs durch die miteinander zusammenhängenden Aspekte einer Humorhaltung wieder beim intern Komischen angelangt wäre. Clowns und Clowninnen verkörpern es perfekt, das Imperfekte. Oder, um noch einmal Galli zu zitieren: „Ein Clown beherrscht nichts – das aber dafür richtig."[47] Auch in Zeiten der Selbstoptimierung bleibt es dabei, dass Menschen Fehler machen, sich irren, in peinliche Situationen geraten, sich verrennen und scheitern. Der Unterschied zur Clownerie besteht m.E. nur darin, dass Clowns das offen zeigen und gerade nicht versuchen, es zu verstecken oder zu vertuschen. Ist der Mensch deshalb nicht nur komisch, sondern vielmehr lächerlich? Humor als Tugendbegriff, wie u.a. Sindermann ihn entfaltet, versteht sich gerade als Haltung gegenüber menschlichen Schwächen, der menschlichen Endlichkeit und Unvollkommenheit, die sich nicht lachend darüber erhebt. Vielmehr vermag sie, gerade in diesem „Mist" Besonderes oder Interessantes zu entdecken, ohne deshalb spöttisch zu werden. Dennoch bleibt die Frage, ob mit Humor die Schwächen lachend und doch nur billigend in Kauf genommen werden oder ob in jeder Unvollkommenheit völlig hierarchiefrei eine Art Vollkommenheit gesehen wird. Damit bin ich bei einer theologisch relevanten Unterscheidung von Humor und „Großem Humor" angelangt und auch bei der Frage nach dem Humor Gottes.

3.2 Hat Gott – was für einen – Humor?

Der bereits erwähnte Religionssoziologe Peter L. Berger hat mit seinem Buch über das erlösende Lachen entscheidend dazu beigetragen, dass Komik und Humor auch für die Theologie zu einer interessanten Thematik wurden. Ich bedaure, dass

---

[45] Vgl. im Internet meinen Art. Humorvoll lernen und leben.
[46] GALLI, Clown, 105.
[47] A.a.O., 74.

er dies im Duktus eines „Großen Humors"[48] getan hat. Erste Merkmale dieses „Großen Humors" findet Thorsten Sindermann bereits in Jean Pauls „Totalitäts- und Universalisierungspathos und -vokabular"[49] mit seiner Beschreibung des Humors als einem umgekehrt Erhabenen. Der Humor erniedrigt das Große, um ihm das Kleine an die Seite zu stellen, und erhöht das Kleine, um ihm das Große an die Seite zu stellen, denn vor der Unendlichkeit sind alle gleich und nichts.[50] Daraus ergibt sich eine umgekehrte Perspektive. Man sieht nicht mehr – herablassend – von einer überirdischen auf eine irdische Welt hinab, die jetzt nur klein und eitel erscheinen kann. Vielmehr sieht man umgekehrt auf das Kleine und verknüpft sie mit der unendlichen Welt: „so entsteht jenes Lachen, worin noch ein Schmerz und eine Größe ist".[51] Doch, trotz Umkehr, es bleibt ein ins Unendliche gehender Kontrast zwischen Immanenz und Transzendenz. Humor nimmt darin die übergeordnete Position eines Gottes ein, bei dem die fundamentalen Gegensätze zusammenfließen. Auch ohne Glauben an einen solchen Gott macht das die Frömmigkeit des Humors aus. „Der Humorist steht über den Dingen, sieht sie unter dem Aspekt der Ewigkeit."[52]

„Am Ende wird alles gut sein", schreibt auch Berger gegen Ende seines Buches, dann, wenn das göttliche Versprechen der Erlösung eingelöst wird.[53] „Religiöser Glaube ist die Hoffnung, daß Er einmal wieder erscheinen wird und uns jene letzte Erleichterung schenkt, die eben die Erlösung ist".[54] In der Zwischenzeit gibt es mit der Komik schon Zeichen der Erlösung. Komik, so sieht es Berger, ist das Zusammenprallen von gegensätzlichen Größen oder Ordnungen, im weitesten Sinn von Immanenz und Transzendenz. Das Komische ist wie ein Einbruch aus der transzendenten in die immanente Welt. Weil darin ein unendlicher Kontrast liegt, werden ihre Zeichen als komisch wahrgenommen. „Die Erfahrung des Komischen ist schließlich ein Versprechen von Erlösung".[55] Der Glaube ist dann, wie Berger recht witzig formuliert, „die Intuition – einige zu beglückwünschende Menschen würden sagen: die Überzeugung –, dass das Versprechen gehalten werden kann". Als Belege führt auch Berger unter anderem die Seligpreisungen Jesu, die Narrenrede des Paulus, prophetische Zeichenhandlungen und das Treiben heiliger Narren zu allen Zeiten an. Für die Zwischenzeit gibt es kleine, flüchtige Momente mit erlösendem Charakter, die sich nach Berger niedriger Transzendenz

---

[48] Für die Bildungsarbeit ebenfalls: SCHULZE, Humor als regulative Idee politischer Bildung. Der Begriff „Großer Humor" wurde u.a. geprägt von Karl Julius Weber, dann auch Harald Höffding. Beide veröffentlichten Anfang des letzten Jahrhunderts.
[49] SINDERMANN, Über praktischen Humor, 69.
[50] PAUL, Vorschule der Ästhetik, §33, 125.
[51] Ebd.
[52] SINDERMANN, a.a.O., 73.
[53] BERGER, P., Erlösendes Lachen, 202.
[54] A.a.O., 201.
[55] A.a.O., XVI.

verdanken.[56] Doch erst die höhere Transzendenz verweist auf eine Welt, die „unendlich wirklicher ist als alle Wirklichkeit dieser Welt", nämlich auf die Wirklichkeit Gottes.[57] Zwischen der niedrigen und der höheren Transzendenz liegt ein qualitativer Sprung, wie Berger nach dem Theologen Sören Kierkegaard formuliert und das auch auf den Glauben bezieht. Mit Humor ist die niedrige Transzendenz identifizierbar, aber erst mit dem Glauben die höhere. Glaube ist folglich Humor auf höherer Ebene. Aus der Warte des Glaubens erscheint Berger die Wirklichkeit nicht „wesentlich ernsthaft".[58] Sie ist zwar keine Illusion, existiert aber doch nur zeitweilig und wird schließlich aufgehoben. Humor, so scheint es mir, entspricht hier eher einer ironischen Haltung. Denn die Endlichkeit, unsere Welt mit all ihrem Glück und all ihrem Elend, wird letztlich nicht ernst genommen. Mit ihr wird auch der Mensch nicht ernst genommen, sondern als ein eher bedauernswertes Geschöpf zwischen Himmel und Erde dargestellt, „lächerlich zwischen den Mikroben und den Sternen" baumelnd.[59]

Der Kabarettist Hagen Rether meinte einmal, Gott müsse Humor haben, weil er die Meerschweinchen erschaffen habe. Damit greift er ein theistisches Gottesverständnis auf, das immer wieder herangeholt wird, wenn es denn auch mal um die Rede vom Humor Gottes geht. Das ist dann ein Gott, der milde, also humorvoll, über seine Geschöpfe lächelt, besonders, wenn sie ihre Endlichkeit verkennen und zu sehr versuchen, es ihm gleichzutun.

In meiner Beschäftigung mit Humor, Komik und Clownerie versuche ich, den unendlichen gap zwischen Immanenz und Transzendenz zu einem horizontalen Spannungsverhältnis werden zu lassen und damit diese, wie ich finde, unfruchtbare und theologisch fragwürdige Binarität aufzuheben und lieber zu einem doppelten Blick im Hier und Jetzt werden zu lassen. Nicht die Endlichkeit im Lichte einer Vollkommenheit erscheint mir dann bedenkenswert, vielmehr interessiert mich das Zugleich von glückendem und gutem Leben bei aller Gefährdung und allem Scheitern. Humor und Glaube sind für mich Haltungen, Einstellungen, Einübungen in der Art der Betrachtung, die der Wirklichkeit immer wieder neue Möglichkeiten abtrotzen will. Gegen das Ausspielen des Kleinen, Stümperhaften, Unperfekten gegen das Große als nur vorübergehend, setze ich die Fähigkeit und den Willen, noch Sinn zu finden, wo keiner mehr vermutet wird. In allem lockt die Verheißung unmöglicher Möglichkeiten immer schon und jetzt auch.

Ich meine, Humor und auch der Glaube bewegen sich in dem Paradox von Schon-Jetzt und Noch-Nicht, das ich gerne im räumlichen Sinne umformulieren würde zu einem Schon-Da und Da-Auch. So wird daraus eine Suchbewegung mit Überraschungseffekt. Bei meinen Ausführungen zu Clownerie in der Kirche bzw. im Gottesdienst habe ich von der Parallelisierung zweier Handlungs- und Bedeu-

---

[56] A.a.O., 11f.
[57] A.a.O., 200.
[58] Ebd.
[59] Ebd.

tungsstränge gesprochen. Jetzt rede ich vom doppelten Blick. Wenn ich diese Gedanken in einem Schema festhalten wollte, so erscheinen mir zwei Linien, die mit verschiedenen Wellenlinien miteinander verbunden sind, interessant. Störend daran ist allerdings, dass sich die Linien nicht treffen. Wäre dann eine liegende Acht, unendlich zwischen Immanenz und Transzendenz oszillierend, ein passendes Modell?[60] Als räumliches Bild scheint mir der Gedanke der Falte[61] sehr verlockend, als Bewegungsbild das des Sprungs.[62] Doch mit diesen Überlegungen stehe ich erst am Anfang. Wie Gott ohne diesen strengen Dualismus humorvoll gedacht und erfahren werden könnte, dazu habe ich bereits vor vielen Jahren die Metapher der „Clownin Gott" vorgelegt.[63]

Es sei eine „bilderstürmerische"[64] Metapher, ein überraschendes und verstörendes Gottesbild, das nicht mehr nach Macht und menschlichen Absichten schmeckt, wie es für „preaching fools" wichtig ist.[65] Irritieren und neugierig machen, sich selbst auf die Bildersuche begeben, in der Bibel und in weiteren eigenen und anderen Erfahrungen – das war und ist tatsächlich mein Anliegen. Als provokant weibliche Clownin legt sich die Metapher mit einer männlich dominierten Gottesrede an und unterstreicht die Notwendigkeit, überhaupt nur metaphorisch angemessen von Gott reden zu können. Metaphern existieren in der Spannung zwischen Vertrautheit und Verfremdung, nehmen eigene Erfahrung auf und durchkreuzen sie sogleich wieder. Sie laden zu neuen Perspektiven und Sehordnungen ein, die in der wechselseitigen Bezogenheit von „Gott" und „Clownin" entdeckt werden wollen. Den tanzenden Gott (Sprüche 8) und diesen Tanz als Schöpfungsimpuls habe ich bereits erwähnt. Die Schöpfungsgeschichte selbst ist im Folgenden allerdings nicht als Erfolgsgeschichte erzählt. Da ist zunächst alles „sehr gut" und erweist sich kurze Zeit danach bereits als brüchig. Eine Sintflut und zwei Gebotstafeln später – es bleibt dabei. Braucht also Gott nicht in erster Linie Humor mit sich selbst, in Anbetracht solcher Erfahrungen von Misslingen? Derartiges lässt sich fortsetzen in den Erfahrungen der Propheten, die sich zum Narren machen mussten und trotzdem nicht den gewünschten Erfolg hatten. Es sei denn, es handelt sich um Jona, der mit seiner extrem kurzen Predigt mehr erreicht hat als alle anderen je zuvor.[66] Dann erwähne ich das überraschende, unterbrechende und irritierende Wirken der Geistkraft Gottes, wie sie meist mit Erstaunen oder auch Spott zur Kenntnis genommen wird. Da ist etwa die Salbung Sauls und die anschließende Ekstase, in die er gerät (1 Sam 10,1–12). Sie scheint

---

[60] Dieses Bild verdanke ich Marcus A. Friedrich.
[61] DELEUZE, Die Falte.
[62] Vor Jahren entstand dazu bereits ein Sammelband: BEUTH/JOSWIG/MATTHIAE, Der Sprung in der Schüssel.
[63] MATTHIAE, Clownin Gott.
[64] FRETTLÖH, Gott Gewicht geben, 241.
[65] CAMPBELL/CILLIERS, Was die Welt zum Narren hält, 60f.
[66] In meinem Art. Humor finden sich diese Beispiele ausführlich dargestellt.

so gar nicht zu einem König zu passen und sie geht auch nicht mit einer Erwählungsgewissheit einher. Die Reaktion: "Was ist denn mit dem Sohn des Kisch geschehen? Ist Saul unter den Propheten?"[67] Der Geistbegabte wird für einen Narren gehalten, und fällt das nicht auch auf Gott zurück? Die Pfingstgeschichte mit dem heftigen Brausen der Geistkraft und den Feuerzungen steht am Beginn einer neuen Geschichte und ist auch keine Erfolgsgeschichte. Die Geistbegabten gelten auch hier als närrisch bzw. als betrunken. Irritierend und verwirrend sind auch die Erlebnisse, die diesen vorangegangen waren und in den Evangelien beschrieben wurden. Bereits in den 70er Jahren hatte Harvey Cox Jesus aufgrund seines merkwürdigen Verhaltens als Clown bezeichnet. Inzwischen gibt es zahlreiche Veröffentlichungen zu den Gleichnissen und Heilungsgeschichten, die die Merkmale der Komik herausstreichen. Das sind Paradoxien, Umkehrungen, verblüffende Reaktionen u.v.m., was sich als gefährlich herausfordernd erweist und ebenfalls mit Staunen oder Spott quittiert wird. Die Position eines Außenseiters und Querdenkers eröffnet neue Perspektiven und zielt letztlich auf Befreiung. Beispielhaft erscheint mir dafür die Geschichte mit den 2000 Schweinen, die ich als politische Satire deute. Der Kranke bei den Grabeshöhlen ist von einem Dämon besetzt, wie das ganze Land von den Römern besetzt ist. Bezeichnenderweise antwortet denn auch der Dämon, von Jesus nach seiner Identität gefragt: „Legion ist mein Name, denn wir sind viele". (Mk 5,9) Witzigerweise bitten sie noch selbst darum, in die Schweineherde fahren zu dürfen, um sich daraufhin im See zu ertränken. Was nach kurzer Handlung klingt – „Die Herde stürmte los – den Steilhang herab in den See" (Mk 5, 13) – muss doch mehr Zeit in Anspruch genommen haben. Immerhin liegt Gerasa 40 km vom See Genezareth entfernt! Dass es sich dabei eher um die Römer als um Schweine gehandelt hat, lässt sich aus der Tatsache schließen, dass es tatsächlich eine römische Legion mit dem Eber als Wappen gegeben hat.[68]

Das Kreuzesgeschehen als Skandal, als Torheit und zugleich als Weisheit – zu dieser Paradoxie habe ich auf Campbell und Cilliers verwiesen und es befindet sich in diesem Band ein ausführlicher Beitrag dazu von Pierre Bühler. Die Verletzlichkeit Gottes selbst kommt hier zum Vorschein, das Scheitern und dann aber auch das, worauf sich christliche Hoffnung letztlich berufen darf: Die Befreiung zum Leben. Der Tod wird ernst genommen, aber auch wieder nicht zu ernst.

Ich meine, dass die Clownin Gott auf gelungene Weise zum Ausdruck bringt, was biblisch-theologisch mit Gott gemeint ist. Wohl wissend, dass alle Aussagen über Gott einem Ernst unterliegen, der aber auch wieder nicht zu ernst genommen werden darf, muss natürlich auch darüber gestritten werden, ob die Metapher nun gelungen ist oder nicht. Da zeigt sich eventuell der wichtigste Aspekt von Humor

---

[67] Zum Geistwirken Gottes als befremdlicher Macht, die bestehende Ordnungen und Identitäten auf die Probe und in Frage stellt, ganz besonders WELKER, Gottes Geist.
[68] Zum Schwankhaften und Ironischen der Erzählung vgl. z.B. GNILKA, Das Evangelium nach Markus.

in religiösen Dingen. Humor mag in allem entdeckt werden, aber er ist auch ein Korrektiv, falls sich Theologie oder Glauben zu ernst nehmen sollten.

Und was meint die Clownin dazu, als scheiternde, lebensfrohe, neugierige, unerschrockene Figur in ständiger Resonanz mit sich und der Welt? Sie ist von einem unerschütterlichen Optimismus und einer Liebe zu den Menschen geprägt. Ganz und gar nicht perfekt, dafür aber eigenartig und besonders zeigt sie sich mit ihren Stärken und Schwächen, wobei das Starke geradezu im Schwachen mächtig erscheint. Voller Hoffnung rechnet sie mit dem scheinbar Unmöglichen. So ist es, aber es könnte auch noch ganz anders sein! Ihr Trotz ist provokant und herausfordernd, lenkt den Blick auf bestehendes Unrecht und die Sehnsucht nach Befreiung. Sie ist subversiv und kreativ und alles in allem vor allem komisch. Für mich ist sie, wie unschwer zu erkennen ist, ein Vorbild, was meinen Humor anbelangt ebenso wie meinen Glauben.

Abbildung 12: Der Sprung als clowneske Übung.

Patrick Ebert

Ordnung des Komischen – das Komische der Ordnung

Vom Komischen, Heiligen und dem Außerordentlichen

Ich hab' es öfters rühmen hören,
Ein Komödiant könnt' einen Pfarrer lehren.[1]

1. Das Heilige und das Lachen – Einleitung

„Ja, wenn der Pfarrer ein Komödiant ist; Wie das denn wohl zu Zeiten kommen mag."[2] Dieser Wortwechsel zwischen Wagner und Faust soll zu einer ersten Annäherung an das Konferenzthema *Das Heilige und das Lachen – Humor als Element von Religion* dienen. Freilich, ein Komödiant zu Zeiten Goethes war wohl kaum mit heutigen *stand-up comedians* oder Komikern zu vergleichen und war stattdessen eine Bezeichnung für ‚Schauspieler'.[3] Und auch ‚Pfarrer' sind nicht qua Amt heilig, geschweige denn Heilige im Sinne der katholischen Heiligenverehrung.[4] Und doch scheint in diesem Wortwechsel Wagners und Fausts das Licht des Tagungsthemas in verschiedenen Facetten durch: Denn auch im Faust wird die Verbindung von Schauspieler, Komödiant und lustiger Person – und somit des Komischen – deutlich.[5] Zugleich ist der Pfarrer als Theologe durchaus im breiten Spektrum dessen angesiedelt, was nach alt- und neutestamentlicher Tradition unter ‚heilig' [קדש ; ἅγιος] gefasst wird.[6] Doch wie ist nun der Zusammenhang von ‚heilig' und Lachen, von Pfarrer und Komödiant näher zu bestimmen? Nimmt man

---

[1] GOETHE, Faust. Eine Tragödie, 24 Wagner zu Faust.
[2] Ebd. Faust zu Wagner.
[3] Vgl. ARENS, Kommentar zu Goethes Faust I, 98.
[4] Dagegen wäre mit LUTHER, WA, 30/1, 190,5-6 anzuführen, „das da sey ein heilig heufflein und gemeine auff erden eitleler heiligen unter einem heubt Christo, durch den heiligen geist zusamen beruffen".
[5] Vgl. SCHMIDT, Goethes Faust, 50f.
[6] Vgl. die einschlägigen Artikel bei KORNFELD/RINGGREN, Art. קדש. PROCKSCH/KUHN, Art. ἅγιος. KELLERMANN, Art. Heiligkeit II. LATTKE, Art. Heiligkeit III. LAUBE, Art. Heiligkeit IV.

erneut den Wortwechsel in den Blick, so erteilt Goethe dem Zusammenhang eine klare, wenn auch selbst nicht unhumoristische Absage: So steht im Hintergrund dieser Auseinandersetzung um Wagners Streben nach praktischem Nutzen, wirkungsvoller Rhetorik und Überredung, nach dem, was ‚heutzutage' gilt, Goethes Kritik an Karl Friedrich Bahrdt, der – ganz nach: „wenn der Pfarrer ein Komödiant ist; Wie das denn wohl zu Zeiten kommen mag"[7] – forderte, Pfarrer von Schauspielern unterrichten zu lassen,[8] d.h. eine Verbindung von Schauspiel, Rhetorik und Homiletik – und diese als Gefährdung oder Verwässerung des Theologischen (?).[9] Im *Prolog zu den neuesten Offenbarungen Gottes verdeutscht durch Dr. Carl Friedrich Bahrdt* verspottet Goethe den Theologen und humanistischen Aufklärer Bahrdt und dessen umstrittene Übersetzung des Neuen Testament *Die neuesten Offenbarungen Gottes in Briefen und Erzählungen*,[10] indem er ihn in einem kleinen Spottgedicht auf unangenehme Weise auf die vier Evangelisten treffen lässt, denen Bahrdt in der Anmaßung, zu sprechen, als sei er Christus, u.a. entgegenbringt, dass sie nicht gesellschaftsfähig seien und ihre Schriften nichts mehr gelten würden, woraufhin die Evangelisten schließlich entnervt von dannen ziehen und Bahrdt beschließt, dass nun ihre Schriften *dran* seien.[11] Betrachtet man diesen humoristischen Hintergrund des Wortwechsels, scheint für Goethe der Zusammenhang von Theologie und dem (vorsichtig gesagt) Komödiantischen ein problematischer Zusammenhang zu sein. Hierin zeigt sich jedoch nur eine mögliche Position gegenüber dem Zusammenhang, der sich im Rahmen der Konferenz *Das Heilige und das Lachen – Humor als Element von Religion* als Grundlage der verschiedenen Beiträge erwies.

Der vorliegende Beitrag möchte im Rückgang auf verschiedene Thematisierungen dieses Zusammenhangs im Zuge dieser Konferenz eine Zusammenschau versuchen, in der die erarbeiteten Betrachtungen zum Heiligen, zur Theologie, zu Lachen, Humor und Witz usw. aufgenommen und unter einer spezifischen Perspektive systematisiert werden sollen. Zunächst soll jedoch eine erste Annäherung an das Konferenzthema erfolgen.[12] Im Zuge dieser Annäherung sollen dabei die Begriffe wie Lachen, Humor, Komik, Ironie, Sarkasmus, Satire, Groteske und der Witz als ein Komplex *des Komischen* behandelt werden,[13] der für die zweite Hälfte des Mottos „Das Heilige und *das Lachen*" steht, darin freilich Verkürzungen

---

[7] GOETHE, Faust. Eine Tragödie, 24.
[8] Vgl. ARENS, Kommentar zu Goethes Faust I, 98.
[9] Vgl. MEYER, Goethe, 133.
[10] Vgl. SAUTER, Art. Bahrdt, 542. HOEREN, Präjakobiner in Deutschland, 56, 60f.
[11] Vgl. GOETHE, Prolog zu den neuesten Offenbarungen Gottes, 3–7.
[12] In diesem Zusammenhang sind noch (mindestens) vier bedeutende Veröffentlichungen zu erwähnen, die sich bereits der Thematik des Verhältnisses von Religion und Humor gewidmet haben: TheoLogica 1 (2000) „Lacht Gott"?; Cardo 10 (2012) „Nichts zu lachen? Zum Verhältnis von Religion und Humor"; LÜHL, Lachen als anthropologisches Phänomen; BERGER, K., Ein Kamel durchs Nadelöhr?
[13] So fasst WIRTH, Komik, V diese Aspekte als Grundbegriffe des Komischen. Vgl. weiter PREISENDANZ/WARNING, Das Komische.

vornimmt, Ungleiches gleichsetzt und den es deshalb später noch zu differenzieren gilt. In dieser vorläufigen Zusammenfügung entsteht so die Möglichkeit, die erste Hälfte des Mottos – das Heilige – in seinem Zusammenhang mit dem Komischen differenzierter in den Blick zu nehmen, ohne die Wahrnehmung in der Fixierung auf Begriffe wie Lachen oder Humor zu beschränken. Doch was genau kommt einem da in den Sinn? Die *Heiligen* und das Lachen?

2. Lachende Heilige und heiliges Lachen?

Dass Heiligen das Lachen und der Humor zu Lebzeiten nicht fremd war, lässt sich an vielen erheiternden Erzählungen verdeutlichen, die mit den Heiligen verbunden werden: Der 1665 heiliggesprochene François de Sale soll auf die Frage: „Was würden Sie tun, wenn ich Sie auf die rechte Wange schlage?"[14] *lächelnd* geantwortet haben: „Mein Freund, ich weiß, was ich tun sollte, nicht, was ich tun würde"[15]; und der Kirchenlehrer Albertus Magnus – heiliggesprochen 1931 – soll, nachdem der Papst bei einer Audienz aufgrund der geringen Körpergröße Alberts des *Großen* nicht bemerkte, dass dieser gar nicht mehr kniete und ihn aufforderte, sich doch endlich zu erheben, dem Papst geantwortet haben: „Will eure Heiligkeit gegen den Willen des Schöpfers kämpfen?"[16]. Es gäbe noch viele weitere dieser humoristischen Erzählungen zu Heiligen, die sich gemäß eben dieser Erzählungen für den ein oder anderen Spaß und die ein oder andere schnippische Bemerkung nicht zu schade waren – bis hin zum ‚lachenden Heiligen' Philipp Neri. Den posthum Heiligen waren das Lachen, Humor und Witz zu Lebzeiten also durchaus nicht fremd. Freilich: Hier geht es nicht darum, zu zeigen, dass Albertus Magnus tatsächlich mit dieser schnippischen Bemerkung dem Papst antwortete und dass François de Sales wirklich so auf die kühne Herausforderung seines Verzichts auf Vergeltung reagierte – stattdessen ist von Bedeutung, dass es in den Erzählungen um Heilige und in der damit verbundenen Frömmigkeit durchaus nicht selten war und ist, den Heiligen humoristische Züge zuzuschreiben.

In beiden Fällen – dies sei schon jetzt vermerkt – zeigt sich dabei ein besonderes Element des Witzes dieser Beispiele: der Bruch mit der Ordnung. So bietet die Erzählung um François de Sales eine komische Thematisierung der besonderen Schwierigkeit der Einhaltung des Gebots des Verzichts auf Vergeltung und so dessen inhärenter Ordnung oder Ökonomie. Lässt sich die matthäische Antithese „Ihr habt gehört, dass gesagt ist ‚Auge um Auge, Zahn um Zahn.' Ich aber sage euch, dass ihr nicht widerstreben sollt dem Übel, sondern: wenn dich jemand auf

---

[14] EPPING, Von Anekdote bis Wundergeschichte, 17. Epping bezieht sich hierbei auf eine Zusammenstellung witziger Geschichten von Heiligen, die von dem ehemaligen Weihbischof Andreas Laun zusammengestellt wurde. Vgl. dazu LAUN, Heiteres.
[15] EPPING, ebd.
[16] LAUN, Heiteres.

deine rechte Backe schlägt, dem biete die andere auch dar" (Mt 5,38–39) zunächst selbst als paradoxes Aufbrechen[17] einer verfestigten Ordnung anführen,[18] so verfestigt sich dieses im Rahmen der Heiligenerzählung selbst so sehr, dass mit ihr gerechnet, auf sie spekuliert, sie scheinbar gefordert werden kann. Auf humoristische Art und Weise wird im Rückgriff auf den Heiligen die Unnachgiebigkeit der Ordnung und ihrer Forderung gebrochen, darin jedoch wiederum auf paradoxe Weise in der Radikalität des Anspruchs bestätigt. Und auch am Beispiel des Albertus Magnus zeigt sich ein Bruch der Ordnung, ein Bruch mit dem Protokoll, in dem jedoch zugleich – zumindest in dieser Version der Anekdote – keine Berichtigung des Papstes stattfindet à la „Aber ich stehe doch schon", sondern auf humoristische Weise im Bruch der Ordnung etwas sagbar wird und ausgesagt wird, ohne gesagt zu werden. Zugleich wird auch im Erzählen dieser Anekdote das Verhältnis von Erzählenden, Hörenden und erzählter Ordnung neu konfiguriert: Durch den komischen Heiligen wird mehr und anderes sagbar, ohne es zu sagen. Dieser enge Zusammenhang von Witz, Humor, Lachen und Ordnung soll im weiteren Verlauf dieses Beitrages genauer in den Blick genommen werden. Zu vermerken ist an Hand dieser beiden narrativen Beispiele bisher: Von einer Scheu der Verbindung von ‚heilig' und ‚komisch' kann so zumindest in den Fällen dieser heiliggesprochenen *Menschen* nicht die Rede sein.

Von lachenden Heiligen führt ein weiterer Schritt zum ‚heiligen Lachen'. Ein erster Hinweis auf ein solches könnte der alte liturgische Brauch des Osterlachens (*risus paschalis*) bieten. So war es im Spätmittelalter üblich, „in der Osterpredigt eine Geschichte zu erzählen, die die Gemeinde zum Lachen brachte"[19]. Dabei gehen die Deutungen über diesen Brauch eines liturgisch *responsiven* Lachens jedoch stark auseinander: von der schlichten Unterhaltung der Gemeinde bis zur psychoanalytisch geprägten Deutung einer „mythisch-ritulle[n] Positivierung von kerygmatisch Ausgegrenztem"[20], sodass es nicht als ausgemacht gilt, ob ‚heilig' und ‚Lachen' im Osterlachen notwendig zu verbinden sind. Näher kommt so etwas wie einem ‚heiligen Lachen' wohl eher die eschatologisch-soteriologische Aufnahme des Motivs des Lachens in Lk 6,21. Doch auch hier rückt weniger das

---

[17] Vgl. KONRADT, Das Evangelium nach Matthäus, 95. So bleibt das Opfer „nicht passiv, sondern stellt sich ‚dem Bösen' provokativ für die Fortsetzung des Unrechts zur Verfügung" (ebd.). „Durch die Gegenprovokation, auch die andere Wange hinzuhalten, verändert er die Situation. Das Objekt des Unrechts wird zum Handlungssubjekt und gewinnt so ein Stück weit Handlungssouveränität und Würde zurück" (ebd.). So „hat sich die Konstellation gegenüber dem ersten Schlag fundamental verändert" (ebd.).

[18] A.a.O., 94. So steht in der Gegenthese die talio „als Regel des Alltagslebens zur Diskussion" (a.a.O., 49). Es wird kritisiert, „die talio als Grundsatz für das persönliche Verhalten in Konflikten" (a.a.O., 94) aufzunehmen. Demgegenüber geht es bei der talio „um einen Grundsatz für die Strafzumessung im Rechtsverfahren" (ebd.). Die Gegenthese nimmt dabei den „vergeltungskritische[n] Impetus des Toragebots auf [...]" (ebd.) und führt so dessen Pointe der Begrenzung der Vergeltung konsequent weiter – zum Verzicht auf Vergeltung.

[19] SCHROETER, Art. Ostern, 532.

[20] Ebd.

Motiv des ‚Heiligen' als eher das des Heils ins Zentrum. Zugleich ist das Lachen hier auch nicht primär mit so etwas wie Humor zu verbinden, ergeht es doch nicht auf einen Witz, sondern stellt sich als Ausdruck der Freude dar.[21] So wird eschatologisch „den κλαίοντες νῦν für die kommende Zeit Lachen in Aussicht gestellt"[22]. Dabei zeigt sich jedoch in der Seligpreisung eine gewisse *Ambivalenz* des Lachens: So wird das Lachen nicht nur zeitlich (jetzt zwar, dann aber) in Lk 6,21 und 6,25 antithetisch kontrastiert, sondern wohl auch seinem Charakter nach: Das Lachen der jetzt Lachenden hat wohl *negativen* Charakter als Lachen aus weltlich (selbst)errungener Selbstzufriedenheit und Selbstsicherheit,[23] als „carefree expression of contentment with the success of the present"[24]. Diese Ambivalenz gilt es, noch weiter zu verfolgen. Zunächst wird aber klar: In der Antithese zum (eschatologisch vergehenden) Lachen der jetzt Lachenden in Lk 6,25 wird so in Lk 6,21 von einem Lachen der jetzt Weinenden gesprochen, von einem verheißenen Lachen, von einem Lachen aus *Heil*, von einem eschatologischen Lachen *bei* Gott – aber auch von einem Lachen *mit* Gott?

3. Der/Das Heilige und das Lachen

Betrachtet man unter diesem Aspekt nun den Zusammenhang von Lachen und ‚dem Heiligen' im *Singular* und mit bestimmtem Artikel als Zeichen der *Singularität* der Heiligkeit Gottes, d.h. nicht nur *einem* Heiligen,[25] so findet man sich in einem spezifischen Muster alt- und neutestamentlichen Umgangs mit dem Lachen

---

[21] Wobei es durchaus im Sinne der freudschen Entspannungs- oder Entlastungstheorie des Witzes eingeordnet werden kann: ein Lachen als Reaktion auf die eschatologische Entspannung der weltlichen Bedrückung. Vgl. CRITCHLEY, Über Humor, 11. Doch sorgt jüdisch-christliche Eschatologie tatsächlich für diese Entspannung und liegt ihr nicht eine radikale Spannung unhintergehbar zugrunde? Vgl. als Auswahl zur Interpretation des Lachens in Lk 6,21 SCHÜRMANN, Lukasevangelium, 331f; FITZMYER, The Gospel According to Luke 634; KLEIN, Das Lukasevangelium, 248; NOLLAND, Luke, 284; BOVON, Das Evangelium nach Lukas, 302f.

[22] RENGSTORF, Art. γελάω, 660. Eine ähnliche soteriologische Dimension des Lachens lässt sich wohl in Psalm 126,2 finden, der bezüglich des von Jhwh gewendeten Geschicks Zions einen Mund voll Lachen (אָז יִמָּלֵא שְׂחוֹק פִּינוּ) besingt. Vgl. dazu BARTELMUS, Art צחק/שחק, 744.

[23] Vgl. SCHÜRMANN, Lukasevangelium, 338. NOLLAND, Luke, 288.

[24] FITZMYER, The Gospel according to Luke, 637. Vgl. RENGSTORF, Art. γελάω, 658. Zu fragen wäre weiter, ob sich diese Ambivalenz nicht auch in das Lachen von Lk 6,21 (und Psalm 126,2) einträgt, wenn neben der „(geäußerten) ‚Freude' [...] das befreiende Lachen [gemeint ist], wenn [...] alle Bedrängnis mit ihren dämonischen Täuschungen als ein ‚lächerlicher' Irrtum erkannt ist" (vgl. SCHÜRMANN, Lukasevangelium, 332). Die Bedrängnis selbst wird dann lächerlich, zum Witz.

[25] Vgl. zunächst zum atl. Befund KORNFELD/RINGGREN, Art. קדש. Besonders 2 Kön 19,22; Jes 1,4; 5,24; 6,3 (Trishagion); 10,17; 31,1; 37,23; 40,25; 41,14; 43,3.14; 45,11.15; Jer 50,29;

wieder.[26] Denn die bereits für Lk 6,21.25 konstatierte Ambivalenz lässt sich auch für das hebräische צחק/שׂחק und sein Auftreten im Alten Testament aufweisen. Von Bedeutung ist dabei, dass צחק/שׂחק diese Ambivalenz aufweist, selbst wenn zu dieser Ambivalenz noch לעג als aggressiver Hohn und Spott hinzutritt: So zeige sich nach Rüdiger Bartelmus für צחק/שׂחק im qal, das mit ‚lachen' übersetzt wird, eine Ambivalenz, die auch für Nomen zu verzeichnen sei, sodass sich eine positive Konnotation des Lachens als Ausdruck der Freude und eine ‚negative' im Sinne eines Verspottens, eines Lachens aus Überlegenheit, lediglich aus dem Kontext ergebe.[27] So fänden sich positive Bewertungen u.a. in Hi 29,24, Koh 10,19, Spr 10,23 und auch Psalm 126,2, während gerade das Verspotten aus Überlegenheit u.a. in Hi 5,22; 30,1, Jer 20,7, Hab 1,10, Klgl 1,7; 3,14 und Psalm 52,8 deutlich werde.[28] Lachen scheint im Alten Testament ein ambivalentes Phänomen zu sein.

Und mitten in dieser Ambivalenz tritt nun auch das Lachen JHWHs auf: Die Psalmverse 2,4; 37,13 und 59,9 sprechen von einem spöttisch überlegenen Lachen des im Himmel Thronenden, des Herrn, von einem „Spott des Überlegenen, wie aus dem Kontext bzw. [...] aus dem parallel erscheinenden לעג eindeutig zu entnehmen ist."[29] Wenn Gott lacht, so spottet er, so lacht er als Überlegener gegenüber seinen Feinden (und den Feinden seines Gesalbten), gegenüber dem Gottlosen oder den Feinden des Psalmbeters. So war auch für Luther in Bezug auf Psalm 2,4 klar:

> „‚Habitator coeli ridet, et Dominus subsannat eos'. Sed est Sardonius risus, sequitur enim hunc risum furor, ira et dispersio."[30]

Der Spott und das Lachen ist nach Luther als *sardonischer* Spott und *sardonisches* Lachen grimmig, schmerzvoll und finster und so mehr als ‚nur' sarkastisch (beißend und bitter). Andreas Wagner hat sich im Rahmen dieses Tagungsbandes in seinem Beitrag *Humor unter den Emotionen Gottes?* unter anderem diesem Lachen

---

Hos 11,9 und Psalm 71,22; 78,41; 89,19; 99 betonen diesen singulären Aspekt der Heiligkeit Jhwhs. Vgl. weiter zur Aufnahme von קדשׁ im griechischen ἅγιος innerhalb der LXX und der Betonung der Singularität der Heiligkeit Jhwhs im Alten Testament, bei Philo und dem rabbinischen Judentum PROCKSCH/KUHN, Art. ἅγιος, 88-101. Diese Betonung der Singularität der Heiligkeit Gottes wird schließlich im Neuen Testament ebenfalls aufgenommen (vgl. a.a.O., 101-107).

[26] Vgl. dazu den Beitrag von Philipp Stoellger in diesem Band.

[27] Vgl. BARTELMUS, Art. צחק/שׂחק, bes. 733f, 737f, 743f. Diese Ambivalenz wird in sich noch weiter differenziert durch die Unterscheidung der im qal absolut gebrauchten Verben und der Belege mit präpositionaler Fügung (vgl. a.a.O., 734, 736-740). Schließlich kommt noch die Bedeutung der Verbform im pi (vgl. a.a.O., 740-743) als Ausführen einer fröhlichen Tätigkeit samt sexueller Konnotationen dazu (vgl. a.a.O., 734, 740). Vgl. dazu ausführlich den Beitrag von Andreas Wagner in diesem Band.

[28] Vgl. a.a.O., 738f, 743f.

[29] A.a.O., 739.

[30] WA 42,420,20f.

Gottes detailliert gewidmet, das er ausgehend von der Frage nach dem Zusammenhang von Emotion, Humor und Lachen und der *intentionalen* Grundausrichtung eben dieses Lachens über die die anthropomorphe, -pathische und -pragmatische Verbindung von Mund und Lachen bei Mensch und Gott und schließlich in Analyse der drei Belegstellen in den Psalmen als Spott und Schadenfreude ausweisen kann. Dabei lässt sich, folgt man wiederum Luther, trotz allen sardonischen Lachens, Spotts und (schwarzen) Humors (?) Gottes an diesen Stellen auch hier eine soteriologische Dimension des Lachens finden: „Nam quod Spiritussanctus Deum ridere dicit et subsannare impios, id propter nos fit, ut nos quoque rideamus cum Deo, et non ringamur aut trepidemus"[31]. Doch Luther zeichnet in diese eschatologisch-soteriologische Dimension zugleich das Motiv der zeitlichen Verschiebung, des zeitlichen Ausstehens ein:

> „Hoc qui ubique et semper potest, Is est verus Theologiae Doctor. Sed nec Petrus nec Paulus nec reliqui Apostoli semper hoc potuerunt. Igitur nos quoque discipulos, et non Doctores in hac arte nos esse profiteamur, quanquam ne discipulorum quidem nomen meremur, siquidem cum Deus ridet, nos aut ringimur aut stomachamur."[32]

Marc Lienhard hat in seinem Beitrag *Die existenzielle und die theologische Bedeutung des Lachens bei Martin Luther* diese theologische Dimension des Lachens im Denken Luthers aufgeführt und an vielen Beispielen erläutert.[33]

In Aufnahme dieser Überlegungen, aber auch von Lk 6,21 und Psalm 126,2, bietet sich mit Luther so durchaus die Möglichkeit, von einem (sich aufschiebenden) eschatologisch-soteriologischen Lachen *bei* und *mit* Gott zu sprechen. Dieses Lachen ist jedoch zutiefst von einer gewissen Anstößigkeit gezeichnet, die sich zum einen in der Ambivalenz des Lachens als Lachen der Freude und sardonisches Lachen zeigt, eine Ambivalenz, die jedoch auch dem unschuldigen Lachen der Freude immer schon eingeschrieben ist; und zum anderen so ein Gottesbild auftritt, das sich gerade dieser Ambivalenz aussetzt, an ihr partizipiert, dem sie vielleicht sogar widerfährt.[34]

Nicht erst seit Ecos Romanverarbeitung dieser Thematik in *Der Name der Rose* insbesondere in Gestalt des Mönches Jorge von Buros ist nun diesbezüglich ein gewisses Unbehagen der Verbindung der beiden Aspekte des ‚Heiligen' auf der einen Seite und des ‚Humors', ‚Lachens', der ‚Komik' und des ‚Witzes' auf der anderen Seite – und dies gerade im Versuch der Bewahrung der ersten Seite – zu verzeichnen. Jacques Le Goff hat diese Geschichte in verschiedene Phasen aufge-

---

[31] A.a.O., 220,11ff.
[32] A.a.O., 226,18–22.
[33] Vgl. den Beitrag von Marc Lienhard in diesem Band.
[34] Vgl. dazu den Beitrag von Philipp Stoellger in diesem Band.

teilt, deren erste Periode vom 4. bis zum 10. Jahrhundert sich durch die Unterdrückung und Erstickung des Lachens auszeichnete.[35] Zu deren Anfängen wäre aber auch schon früher der durchaus lachfreundliche Klemens von Alexandrien (um 150–215) zu erwähnen, bei dem sich sowohl „die platonisch-stoische Aufforderung, die Affekte und damit auch das Lachen so weit wie irgend möglich zu beherrschen oder gar zu vermeiden"[36], als auch die aristotelische These des Lachens als *proprium hominis* finden lässt, sodass das Lachen, wenn dann nur als Lächeln (μειδίαμα) oder ‚Lachen der Weisen' erlaubt sei.[37] Deutlich lachfeindlicher zu nennen wäre Johannes Chrysostomos (344–407) (aber auch Tertullian), dem das Lachen schändlich und gefährlich und als *pompa diaboli* erscheint, sodass er es als für das Seelenheil gefährlich betrachtet.[38] Bedeutsam in dieser Geschichte ist ebenfalls die Rolle Augustins (354–430). Auch hier wird zwischen einem wohlwollenden Lachen und einem sündigen und gottwidrigen Lachen unterschieden,[39] wobei sich auch bei Augustin eine Reduktion des Lachens auf den gehässigen Aspekt findet.[40] Aber auch die dualistische Perspektive wäre problematisch: Bleibt hier die Unterscheidung von צחק/שׂחק und לעג im Hintergrund bestehen, so übersieht dies die Ambivalenz, die selbst צחק/שׂחק innewohnt – dem gutmütigen Lachen wohnt immer schon die Ambivalenz des (Aus-)Lachens inne. Diese (unterdrückende) Haltung zum Lachen fand in den Klosterregeln z.B. des Basilius von Caesarea (330–379) sowie des Benedikt von Nursia (um 480–547) und anderen Ordensregeln Ausdruck.[41] Dabei werden, wie Prütting überzeugend herausarbeiten kann, neben dem Versuch, diese Position biblisch zu begründen, die Hintergründe der platonischen (Reduktion des Lachens auf eine Reaktion auf Lächerliches) und aristotelischen Stellung (Lachen als *proprium hominis* und das *mesotische Motiv* der εὐτραπελία) bezüglich des Lachens erkennbar.[42] Im Sinne einer solchen lachfeindlichen Position argumentiert auch mehr als 600 Jahre später in der Scholastik noch Bernhard von Clairvaux (1090–1153), für den das Lachen, „genau wie für Hugo von Sankt Viktor *ominmodo malus*, also böse, schlecht, sündig, in welcher Form auch immer"[43], gilt. Prütting verweist dabei jedoch auf Anselm von Canterbury (1033–1109) und dessen Neuausrichtung der Sündenlehre, die bereits „vom Ballast dieser Argumentationsfigur [Lachen als Sünde, teuflisch] zu einem großen Teil"[44] befreit habe, sodass das Lachen zur *lässlichen Sünde* oder

---

[35] Vgl. LE GOFF, Das Lachen im Mittelalter, 38. Die folgende knappe Darstellung orientiert sich an den historischen Ausführungen in PRÜTTING, Homo ridens, 85-588.
[36] A.a.O., 327f.
[37] Vgl. LE GOFF, Das Lachen im Mittelalter, 49f.
[38] Vgl. PRÜTTING, Homo ridens, 352-354.
[39] Vgl. a.a.O., 371.
[40] Vgl. a.a.O., 362, 366.
[41] Vgl. a.a.O., 417-435. LE GOFF, Das Lachen im Mittelalter, 51-68.
[42] Vgl. den Beitrag von Philippe Soual in diesem Band.
[43] PRÜTTING, Homo ridens, 468.
[44] A.a.O., 476.

Laster wurde. Diese Befreiung zeigt sich dann besonders im Umdenken bei Alexander von Hales (1185–1245) und Thomas von Aquin (1225–1274). So findet sich hier eine Rehabilitation der aristotelischen εὐτραπελία, die im Rahmen einer mesotischen Ordnung des Lachens nicht mehr auf Possenreißerei reduziert wird und sogar theologisch gerechtfertigt wird und als Tugend bezeichnet werden kann.[45] Wenn nun schließlich am Ende des Mittelalters und im Zuge der Reformation ‚ein gewaltiger Schub an neuer Ernsthaftigkeit über die Christenheit' kam, so schien die Thematisierung des Lachens letztlich im christlich-theologischen Diskurs als unmöglich – Ausnahmen bestätigen wohl auch hier die Regel. Ein solcher kurzer Einblick macht deutlich, dass, selbst wenn das Lachen und so das damit verbundene Feld des Komischen nicht verteufelt wurde, es doch durch bestimmte Ordnungsprozesse gezähmt und gezügelt werden musste – Verteuflung oder Zähmung, von der (ethisch anmutenden) Ordnung des Heils als sündhaft ausgeschlossen oder durch diese gezähmt.

Und dies wohl nicht von ungefähr – nimmt man z.B. Ps 126,2 in den Blick, in dem für die Heilszeit ein Mund voller Lachen bescheinigt wird, so zeigt sich hier ein Konflikt und Unbehagen mit dem pathisch strukturierten, einen überkommenden Lachen, wenn in der LXX das Lachen (שְׂחוֹק) – in der Vulgata jedoch *risu* – zur Freude (χαρᾶς) wird – im Versuch, die Ambivalenz zu umgehen? Ganz nach dem Motto ‚fromme Freude statt Heidenspaß'? Ein anderer Umgang mit der Ambivalenz findet sich, wenn das Lachen Gottes צחק/שׂחק in Ps 2,4; 37,13; 59,9 in der LXX mit ἐκγελάομαι übersetzt wird – und auch die Vulgata verwendet in Ps 37,13 und Ps 59,9 *deribere*. Das Lachen Gottes, das neben den Spott לעג tritt, wird hier ohne Unterschied zum spöttischen Verlachen oder Auslachen. Sind auch dies schon Reduktionen des Lachens auf den spöttischen, überheblichen Charakter? Einen Charakter, den man besonders betonen muss, um das Lachen Gottes gleich als Überheblichkeitslachen einzuordnen und so das Lachen Gottes in dem Moment der *souveränen* Ernsthaftigkeit (Überheblichkeitslachen als *souveräne* Geste) vom pathisch strukturierten Lachen (γέλως) zu unterscheiden? Zugleich berief man sich gerne darauf, dass im Neuen Testament nirgends die Rede davon ist, dass Christus lacht – und auch die Jünger nicht. So begegnet das Lachen – Lk 6,21 wie oben gezeigt wohl ausgenommen – zentral als spöttisches Auslachen (καταγελᾶν) in Mt 9,24; Mk 5,40 und Lk 8,53 oder in Jak 4,9 als Verkehren des Lachens in Weinen im Zuge des Sich-Demütigens. Die Ambivalenzbewältigung führt demnach entweder zur Reduktion auf den souverän-überheblichen Charakter des Lachens oder zur Ersetzung des Lachens durch die fromme Freude.

Doch bedeutet dies, dass biblisch jeglicher Humor, jeglicher Witz, Ironie und so das Komische ausgeschlossen ist? Bedeutet, dass es keine Berichte davon gibt, dass Christus je gelacht hätte,[46] und dass das Lachen Gottes in der Tradition immer mehr zum *souverän-ernst* spöttischen Verlachen wurde, dass es in der Bibel und so in Sachen Theologie völlig ‚humorlos', ohne ‚das Komische' zugeht?

---

[45] Vgl. a.a.O., 502, 521–529.
[46] Zumal dies nicht ausschließt, dass Christus je gelacht hätte.

Zu einem solchen Schluss könnte man m.E. jedoch nur gelangen, wenn man wiederum zwei Reduktionen vornimmt und eine entscheidende Vorannahme voraussetzt. *Zum einen*, wenn man eine zu enge Kopplung von Lachen und dem Komischen vornimmt – was auf der einen Seite das Lachen auf das komische Element z.B. eine Reaktion auf Witze reduziert und auf der anderen Seite das Komische exklusiv an das Lachen bindet. *Zum anderen* ist die moralische Reduktion von Humor auf das Moment des Wohlwollenden vorausgesetzt: Gottes Lachen kann gar nicht im Sinne des Komischen in den Blick kommen, wenn die durchaus spöttischen Stellen gleich als ernst und souverän-überheblich eingeordnet werden. Zu fragen wäre hier, ob z.B. Humor tatsächlich immer nur wohlwollend sein kann, oder ob es nicht auch dunkle Seiten des Humors gibt. Schließlich setzt die These der ‚Humorlosigkeit' noch die Vorannahme eines apathischen, souveränen Gottes voraus, dem gerade nichts widerfahren kann, was ihn zum Lachen bringt, sondern das Lachen ist nur Zeichen seiner Souveränität.

Doch diese Reduktionen und Vorannahmen sind nun eben nicht unumstößlich: So zeigen sich im biblischen Text unabhängig vom Moment des Lachens viele komische Ein- und Ausbrüche, Störungen, Figuren und Bewegungen. Im Rahmen dieses Bandes ist an die Ironie des Markus- und des Johannesevangeliums oder die Wortspiele in Gen 14 zu denken. Aber auch Erzählungen wie die Geschichte von Bileam und seiner Eselin in Num 22 zeugen von einer besonderen Komik und dies nicht nur durch das Sprechen der Eselin oder Bileams Verhalten im Gegensatz zur Eselin – sondern auch Gottes Hin und Her.[47]

Und auch das Lachen Gottes in den Psalmen scheint nicht frei von einer gewissen Komik zu sein – zumindest wäre dahingehend zu überlegen, ob Gottes überheblicher (souveräner) Spott nicht von einem Lachen begleitet ist, das ambivalent auch ein Lachen über etwas ist, das Gott zum Lachen bringt. So werden die Gegner, die Anstürmenden, die auflehnenden Könige der Erde, die drohenden Gottlosen, die geifernden Übeltäter mit Schwertern auf den Lippen zu Witzfiguren und das Anstürmen, Auflehnen und Drohen zum Witz, sodass Gott darauf lachend antwortet – nicht ohne Spott, aber sicher nicht ungebrochen souverän. Lässt sich diesem Geschehen tatsächlich jegliche Komik absprechen? Und kann dies nicht auch von Humor zeugen? Sicherlich von keinem absolut wohlwollenden Humor, sondern einem, der immer schon von dunklen Zügen, moralisch nicht Kontrollierbarem verunreinigt ist – aber nicht doch von einem gewissen Humor?[48]

Die hier aufkommenden Aspekte und Fragen sollen im Folgenden – auch im Rückgang auf die Beiträge dieses Bandes – näher in den Blick genommen, phänomenologisch beschrieben und systematisiert werden.

---

[47] Vgl. die Beiträge von Peter Lampe, Manfred Oeming und Andreas Wagner in diesem Band. Einen Überblick über die verschiedenen komischen Figuren des biblischen Textes bietet MATTHIAE, Art. Humor, 5–30.

[48] Vgl. den Beitrag von Volker Grunert in diesem Band, wenn auch ohne Verweis auf Gottes Lachen.

Doch ein letzter, nicht unbedeutender Punkt soll noch angesprochen werden: Warum scheint es so problematisch, Heiliges und Lachen zusammen zu denken? Die Frage, die hier aufkommt, ist die, wie das Heilige bestimmt ist. Ist es das Geborgene, Unversehrte, Immune und Ganze? Mit Levinas und Derrida wäre dies das Heilige im Sinne des Sakralen (*le sacré*). Ein solches Heiliges muss freilich, damit es rein und unversehrt bleibt, vom Profanen ferngehalten werden. Philipp Stoellger problematisiert dies in seinem Beitrag in diesem Band. Levinas ruft demgegenüber das Heilige als Heiligkeit Gottes auf (*le saint*). Levinas unterscheidet dabei zwischen dieser Heiligkeit Gottes, die vor einem In-Beziehung-Treten Gottes mit den Menschen gedacht ist, und der numinosen Bedeutung des Wortes ‚Heiligkeit'. In dieser numinosen Bedeutung hebt das Heilige als Sakrales die Beziehung zwischen den Menschen, das Weltliche auf, indem es den Menschen „umhüllt und entrückt [...] über seine Kräfte und seinen Willen hinaus"[49] – Heiliges und Eigentlichkeit in Reinheit und Immanenz zeichnen also das Heilige als Numinoses aus. Das Heilige selbst ist die eigentliche Ordnung. Die Heiligkeit Gottes (*le saint*) wird demgegenüber im Namen der Transzendenz – genauer – radikaler Transzendenz aufgeführt, also nicht im Sinne *der* Transzendenz oder des Transzendenten als hypostasierte Größe, sondern im Sinne der Transzendenz als Anspruch des Anderen, als Ereignis und Widerfahrnis, das sich zeigt, indem es sich entzieht, das einen angeht, einem widerfährt und sich darin zugleich entzieht:

> „Durch die Transzendenz des Unendlichen, die uns das Wort das ‚Gute' sagt. Damit das Desinteresse im Begehren möglich ist, damit das Begehren jenseits des Seins keine Versenkung darstellt – muß das Begehrte (oder Gott) im Begehren getrennt bleiben: nah, aber different – was im übrigen den eigentlichen Sinn des Wortes ‚heilig' ausmacht."[50]

Heiligkeit steht hier für Höhe, Asymmetrie und Trennung,[51] und darin die immer wieder ungenügende Nähe Gottes im Gesicht oder Antlitz meines Nächsten, in der Spur Gottes, die uns in die Verantwortung setzt. Eine solche Trennung, Transzendenz und Alterität, durch die das Heilige oder besser die Heiligkeit Gottes als der Heilige bestimmt ist, ist dabei keine absolute Trennung, Alterität und Transzendenz, was wiederum *le saint* zu *le sacré* verschieben würde, sondern eine radikale – radikale Transzendenz darin, dass sich das Heilige immer nur im Profanen zeigt, mit Philipp Stoellger gesprochen: „Kein Sakrales ohne Profanes"[52], und so nie reines Sakrales, sondern *le saint*.

---

[49] Levinas, Schwierige Freiheit, 25.
[50] Ders., Ein Gott, 235.
[51] Vgl. ders., Totalität und Unendlichkeit, 105.
[52] Vgl. den Beitrag von Philipp Stoellger in diesem Band.

4. Phänomenologie des Komischen?

Eine weitere Annäherung an die Thematik dieses Bandes kann über John Morrealls Unterscheidung zwischen drei Theorien des Lachens unternommen werden:[53]

Als erstes führt Morreal die Überlegenheitstheorie auf, die sich bei Denkern wie Platon, Aristoteles und Hobbes zeigt. Gemäß dieser Theorie lachen wir, „weil wir uns überlegen fühlen ‚und ein plötzlicher Stolz aus der plötzlichen Vorstellung einer Erhebung in unseren Selbsten im Vergleich zu der Gebrechlichkeit anderer oder unserer früheren eigenen aufkommt'"[54]. In dieser Theorie zeigt sich besonders die Einschätzung von (maßlosem) Lachen als ‚untugendhaft' und so eine negative Konnotation, die sich auch in dem humanistischen Dualismus eines wohlwollenden Humors und eines hasserfüllten Spottes widerspiegelt – nicht ohne Verkürzungen der Ambivalenz der Phänomene vorzunehmen.

Die zweite Theorie stellt die Entlastungstheorie dar, die in Freuds Verständnis des Witzes wohl ihren prominentesten Ausdruck findet. So wird das Lachen als Freisetzung und Abführung von Energie bezeichnet, die Lust bereitet. Dabei steht auch bei Freud im Hintergrund eine Theorie des Witzes, gemäß derer sich die Witzarbeit durch Abweichung, Verschiebung und Widersinn auszeichnet. Der Witz kann so Lachen freisetzen, das also in der Energieabfuhr und -freisetzung Lust bereitet, anstatt dass diese Spannungen die psychische Aktivität verdrängen oder eindämmen.[55]

Schließlich ist die Inkongruenztheorie zu nennen, die sich besonders bei Kant, Schopenhauer, Kierkegaard und am prominentesten bei Bergson finden lässt. Hier wird Lachen und Komik „durch die Erfahrung einer empfundenen Unvereinbarkeit erzeugt – zwischen dem, was wir wissen oder erwarten, und dem, was dann im Witz, Gag, Scherz oder Übertreibung stattfindet"[56]. Von Bedeutung wird hier also das Motiv der Differenz, der Verschiebung und so ein Verhältnis zur Ordnung – und nicht nur als eine Ordnung gegen die andere Ordnung, sondern sogar als Differenz in der Ordnung selbst.

Die Unterscheidung macht Mehreres deutlich, wovon zwei Punkte hervorgehoben werden sollen. Zum einen zeigt sich, dass sich der Zusammenhang von Lachen, Witz, Humor und Komik als vielschichtig und mehrdeutig darstellt. Zum anderen wird deutlich, dass zwischen den Theorien bestimmte Überschneidungen auftreten, die sich vor allem daran zeigen, dass Lachen – oder vorsichtiger gesagt – komische Situationen entstehen, wenn bestimmte Ordnungsverhältnisse oder Verhältnisse zur Ordnung eintreten, sei es in der Figur des ‚Über', der ‚Verschiebung', der ‚verschiebenden Verdichtung' oder der ‚Inkongruenz'. Zugleich zeigt sich aber, dass auch die Überlegenheitstheorie des Lachens nie vollständig von dem Bereich des Komischen aber genauso des Humors zu trennen ist – darauf

---

[53] Vgl. MORREALL, The Philosophy of Laughter and Humor.
[54] CRITCHLEY, Über Humor, 11.
[55] Vgl. a.a.O., 11, 17.
[56] A.a.O., 12.

verweist der sogenannte ethnische Humor, der zum reaktiven Humor werden kann.[57]

Der Philosoph Simon Critchley verweist in seiner ‚Phänomenologie eines Witzes' noch auf zwei weitere Punkte, die an dieser Stelle relevant werden: Critchley führt auf, dass ein Witz „eine spezifische und bedeutungsvolle Praxis"[58] darstellt, der ein stillschweigender Gesellschaftsvertrag zugrunde liegt: Dies bedeutet, dass es einen Konsens darüber geben muss, was einen Witz ausmacht und was nicht, welche Formen und Riten dafür in Frage kommen, und wie sich alle Parteien in dieser Situation verhalten, damit ein Witz sich als Witz zeigen kann: „keine soziale Kongruenz, keine komische Inkongruenz"[59]. Dabei gilt es – vermutlich im Sinne Critchleys – zu betonen, dass sich der Witz nun aber zugleich als je konkretes Ereignis nie völlig in dieser sozialen Kongruenz auflöst, sondern im Gesagten (Witz als regelhaft rituelle Form) immer das ereignishafte Sagen durchscheint, das zugleich das Riskante des Witzes ausmacht – d.h., bei aller sozialen Kongruenz ist der Witz als Ereignis des Sagens doch nie durch diese Kongruenz prästabilisiert, gesichert, geordnet. Ferner zeichnen sich Witze nach Critchley durch ein besonderes Timing aus, ein komisches Timing. Diese Zeitlichkeit des Witzes zeichnet sich durch die Motive der Ausschweifung, der Wiederholung und Dehnung aus, in denen eine Spannung entsteht, die sich wie ein Gummiband immer mehr dehnt, bis es in einer plötzlichen Beschleunigung zum Schnalzen kommt und sich die Zeit zusammenzieht.[60] Dieses von Critchley betrachtete Timing, das sich zunächst als rhetorisches Stilmittel zeigt, deutet jedoch auf die Ereignishaftigkeit des Witzes und so die daraus gewonnene Zeitlichkeit der Verschiebung, Aufspaltung, Verzögerung und Verspätung – v.a. der Verspätung des Lachens oder anderen Respondierens auf das sich immer schon entzogen habende Ereignis des Witzes. Dies wird besonders dann eindrücklich, wenn ein Witz gerade nicht zündet – die Anspannung entweicht langsam in der Verwunderung, dem Rätseln und schließlich der Enttäuschung.

Diese eröffnende Annäherung an die Theorien des Lachens und eine Phänomenologie des Witzes sollen fürs erste genügen und später wieder aufgenommen werden. Von hier aus sollen nun zunächst die Beiträge dieses Bandes in den Blick genommen werden. Dabei erweist sich zunächst eine Grundfrage als bedeutend, die sich in den verschiedenen Beiträgen immer wieder bemerkbar macht. Die Frage nach der Verhältnisbestimmung und Differenzierung. So stößt man auf die verschiedenen Aspekte des Lachens, des Humors, des Lächerlichen, des Komischen, des Witzes, der Ironie und des Sarkasmus (und wohl auch Sardonismus). Was hat Lachen mit Humor zu tun? Wie Jessica Lampe in ihrem Beitrag *Zwischen Zähneklappern und Gelächter – Eine Anthropologie des Humors* eindrücklich aufzeigen kann, lachen auch Tiere. Doch haben Tiere auch Humor? Wie sollen wir

---

[57] Vgl. a.a.O., 11.
[58] A.a.O., 12.
[59] A.a.O., 12f.
[60] Vgl. a.a.O., 15f.

das feststellen? Lässt sich also vom menschlichen Lachen auf Humor rückschließen? Vermutlich nicht notgedrungen. Doch ist Lachen zugleich ein nicht allzu unbrauchbarer Marker für so etwas wie Humor. Aber: Lachen geht auch weit über den Bereich des ‚Komischen' hinaus, und das nicht nur da, wo man uneins ist, was unter Humor zu verstehen ist – weshalb auch die Einschränkung auf diesen Begriff im vorliegenden Beitrag durch den Rekurs auf das Phänomenfeld des Komischen umgangen werden sollte.

Dabei ist explizit nicht (nur) an Lachen aus Schadenfreude, an boshaftes Lachen zu denken, was durchaus noch im Rahmen eines sehr dunklen Humors denkbar wäre, sondern auch an die Reaktion des Lachens, die gerade Ausdruck des Schmerzes und der Unlust sein kann. Zu denken wäre hier an das pathologische Lachen (sardonisches Lachen/Lächeln), das z.B. Menschen, die einen Schlaganfall erlitten haben, an Strychnin Vergiftete, an Tetanus Erkrankte oder von Multipler Sklerose Betroffene überfällt, an den Lachkrampf oder aber an das Kitzeln als Folter, das bis ins Mittelalter eingesetzt wurde und dessen Reaktion des Lachens zu schmerzhaften Muskelkrämpfen führt. Eine Einschränkung des Lachens im Dienste einer „Aesthetik des Komischen, [...] der Psychologie des Humors und der Gefühle"[61] würde nicht nur die Komplexität des Phänomenfeldes des Komischen unnötig reduzieren, sondern zugleich auch das Lachen lediglich auf den Effekt eines Kausalzusammenhangs verkürzen.[62]

Die Beiträge können nun in dieser Verhältnisbestimmung durchaus Profilierungen vornehmen: So bezüglich des Lachens, das im Beitrag Wagners in seinen verhaltens-psychologischen Dimensionen beleuchtet wird und im Ausgang von dem Motiv der Emotion als Emotionsausdruck beschrieben wird. Die Ausführungen zum Lachen betonen dabei zugleich die Leiblichkeit des Lachens, die in der Verbindung von Lachen und Mund, von Zähnen, Beißen, Lippen, Stimme usw. auftritt. In Anlehnung an diese Überlegungen zum Lachen in Verbindung mit Emotionen im Beitrag von Andreas Wagner, soll an dieser Stelle mit dem Beitrag von Philipp Stoellger zur Differenzierung auf das Modell von Pathos und Response, wie es in der Phänomenologie Bernhard Waldenfels' entwickelt worden ist, zurückgegriffen werden.[63] So kann das Lachen, aber nicht nur dieses, als Response auf ein Pathos verstanden werden. Lachen ist somit immer auf etwas gerichtet, ergeht auf etwas hin, auf einen Witz, eine komische Geste usw. Auch das Interaktions- und Resonanzlachen, das Lenz Prütting mit Hermann Schmitz dem Bekundungslachen an die Seite stellt,[64] scheint von dieser Responsivität gezeichnet zu sein, da doch auch dieses Mit des Mit-Lachen in seiner Sozialität eine laterale Dimension und eine frontale Dimension aufweist,[65] sodass das Mit-Lachen zum einen

---

[61] PLESSNER, Das Problem von Lachen und Weinen, 319.
[62] Vgl. zur Weite des Phänomens des Lachens die 2019-Seitige Studie PRÜTTING, Homo ridens, bes. 1673–1947 im Rahmen der „Neuen Phänomenologie".
[63] Vgl. den Beitrag von Philipp Stoellger in diesem Band.
[64] Vgl. PRÜTTING, Homo ridens, 296, 1852–1898.
[65] Vgl. WALDENFELS, Sozialität und Alterität, 52–59.

als Ko-response auftreten kann, in der der Andere „zusammen mit mir auf etwas antwortet"[66], und vom Ko-patienten zum Ko-respondenten (nicht Korrespondenten; Entsprechenden!) wird (Mit-Lachen) – wobei mir auch dieses wiederum widerfährt –, und zum anderen als Antwort auf das Widerfahrnis des Lachens, das mir widerfährt und (ansteckend) eine Antwort verlangt (Lachen als Mitlachen) – die freilich auch im gezwungenen (vorgetäuschten) Mitlachen bestehen kann. Das Lachen als Responsion,[67] das im Rahmen einer pathisch grundierten und responsiv ausgerichteten Phänomenologie zutiefst von der *Leiblichkeit* her gedacht werden muss,[68] hat damit, wie Wagner richtig betont, etwas Intentionales an sich – es ist auf etwas gerichtet. Doch in diesem Gerichtetsein des Lachens geht es nicht rein von sich selbst aus, sondern ergeht auf etwas hin – re-spondiert.[69] Der Zusammenhang von Pathos und Response schießt so über das Moment der Intentionalität hinaus, ohne diese irgendwie aufzuheben oder zu ersetzen. So schreibt Waldenfels:

> „So wie das Pathos diesseits der Intentionalität, so ist unsere Response jenseits der Intentionalität anzusetzen. Die Responsivität geht über jede Intentionalität hinaus, da das Eingehen auf das, was uns zustößt, sich nicht in der Sinnhaftigkeit, Verständlichkeit oder Wahrheit dessen erschöpft, was wir zur Antwort geben."[70]

Intentionalität im Sinne des ‚etwas erscheint als etwas' wird so durch die Responsivität überboten: „Etwas, das *als etwas* intendiert oder *in etwas* erstrebt wird, ist darüber hinaus etwas, *wovon* wir getroffen sind und *worauf* wir antworten, indem wir es auf diese oder jene Weise meinen und erstreben"[71]. Rufen wir uns dann noch einmal die Überlegungen zum Lachen Gottes in Erinnerung, das Wagner über die Unterscheidung zum menschlichen Lachen profilieren kann, so ist auch dieses Lachen über das Anstürmen der Feinde ein Lachen, das auf etwas hin ergeht, und es schreibt auch dem hier vermittelten Gottesbild eine konstitutive pathische Dimension ein – widerfährt so Gott etwas, auf das er lachend antwortet, sodass in seinem Lachen das Anrennen zum Witz wird und die Anrennenden zu Witzfiguren?

Von Bedeutung wird dabei die Frage, ob der Witz erst zum Witz wird im Zuge der Rezeption durch den Anderen? – Was uns zugleich auf die Überlegungen Peter Lampes verweist, der die Ironie des Markusevangeliums im Rückgang auch auf die Ebene der Rezeption herausstellt.[72] So zeigt sich gemäß den Überlegungen von

---

[66] A.a.O., 94.
[67] Vgl. PREISENDANZ/WARNING, Das Komische, 373ff.
[68] Vgl. WALDENFELS, Antwortregister, 463–556.
[69] Vgl. zum Verhältnis von Intentionalität und Responsivität DERS., Grundmotive einer Phänomenologie des Fremden, 45, 47–58 (uvm.). DERS., Bruchlinien der Erfahrung, 24–60.
[70] DERS., Grundmotive einer Phänomenologie des Fremden, 45.
[71] DERS., Bruchlinien der Erfahrung, 60.
[72] Vgl. dazu den Beitrag von Peter Lampe in diesem Band.

Pathos und Response das, was uns widerfährt, nur in der Response – auf unsere Thematik des Witzes angewandt: Ob ein Witz ein Witz ist, zeigt sich immer erst in der Response: So zeigt sich im Lachen, Schmunzeln, Kopfschütteln, Zähnefletschen usw., ob eine Aussage ein Witz ist, witzig ist, oder ob sie stattdessen eine unangebrachte Frechheit und Beleidigung darstellt. Dabei ist diese Art der Rezeption – witzig oder nicht witzig – nicht rein nach eigenem Gutdünken vollzogen, sondern ist durchaus beeinflusst durch bestimmte Responsorien, die sozio-kulturell und leiblich geprägt sind, wie z.B. Habitualisierungen.[73] Was sich als witzig zeigt, kann sich so je nach sprachlicher und kultureller Prägung aber auch leiblicher Verfasstheit (Gemütszustand) unterscheiden, und auch die Art und Weise, wie das Lustigfinden und Nichtlustigfinden zutage tritt, ist durch diese leiblich-kulturelle Prägung und durch das leibliche Responsorium beschränkt, aber auch nicht unveränderlich. Damit rückt die Figur des Dritten in den Blickpunkt, die nicht nur besagt, dass in einem Witz von Zweien ein Dritter ausgeschlossen wird, sondern dass das, was als lustig gilt, selbst durch soziale Regelungen und Habitualisierungen mitbestimmt ist – hier wäre z.B. an den großen Anderen Lacans zu denken. Erneut: Diese Prägungen sind nicht unveränderlich, aber dennoch sind sie unausweichlich.

Von Bedeutung ist weiterhin, dass auch das Witzereißen oder komische Verhalten als Response gelten kann. So wäre nur an das nervöse Rumalbern in unpassenden Situationen wie Trauer oder Angst zu denken. Zugleich kann auch das Lachen widerfahren, auf das es zu antworten gilt – eindämmend, mitlachend oder wie auch immer. Responses können selbst wieder widerfahren und verlangen auch dann erneut nach Antworten.

Humor scheint sich dann auf eine weitere Reflexionsstufe zu beziehen. So wird im Zuge sozialer Prozesse Humor zugeschrieben. Ob jemand Humor hat oder nicht, ist so aus dem Spiel von Antwort und der Figur des Dritten, als das, was jeweils als witzig, komisch gelten kann oder nicht, rückgeschlossen. Wenn z.B. von vier Personen drei über einen Witz lachen, so schreiben sie sich gegenseitig Humor zu und sprechen der Person, die nicht lacht, vielleicht sogar mahnt: „Leute, das ist nicht witzig", Humor ab. Dies bedeutet, dass sich Humor im Rahmen einer auf das responsive Verhalten (z.B. Lachen) bezüglich eines Ereignisses (z.B. Witz) ergehenden Zuschreibung – auch Selbstzuschreibung – als eine Art ‚Haltung' zeigt. Bereits im 18. Jahrhundert diente der Term ‚Humor' neben der Beschreibung der ‚Launen' einer Figur zunehmend der „positiven Würdigung einer Haltung, Fähigkeit oder Leistung von Personen"[74], und galt schließlich im 19. Jahrhundert als „Eigenschaft von Personen, für das Komische oder einzelne seiner Ausprägungen empfänglich zu sein"[75], wie z.B. bei Jean-Paul, was „bis heute die dominierende Sichtweise"[76] geblieben ist – freilich neben anderen Verständnissen des Humors

---

[73] Zum leiblichen Responsorium vgl. WALDENFELS, Antwortregister, 463–538.
[74] WIRTH, Komik, 6f.
[75] Ebd. 7.
[76] Ebd.

als Voraussetzung dieser Haltung als grundsätzliche Gelassenheit, oder des Humors als Form des Komischen im Sinne der wohlwollenden Komik.[77] Eine solche Bestimmung des Humors als *Haltung* oder „besondere Wahrnehmungsweise [...], der ein spezifisches Vergnügen korrespondiert"[78], ist nun immer schon durch dieses intersubjektive oder besser interkorporale Geschehen bestimmt und keine unveränderlichen, kategorialen natürlichen Eigenschaften hinsichtlich eines Wesens o.ä. Haltungen sind Habitualisierungen – und darin immer schon gewordene, beeinflusste, konkrete und geformte Wahrnehmungsformen und Haltungen.

Zur Erläuterung soll auf die phänomenologischen Überlegungen zur Aufmerksamkeit und zum Erinnern in der Phänomenologie Waldenfels' zurückgegriffen werden. So findet bei Waldenfels die Aufmerksamkeit ihre Szene im Rahmen der pathisch grundierten Responsivität,[79] d.h. dem ereignishaften Geschehen von Pathos und Response, sodass der Zweitakt von Auffallen und Aufmerken in den Blick kommt:[80] Aufmerken ist dann nicht im Sinne eines Scheinwerfers, der etwas oder jemanden die Bühne der Erfahrung betreten lässt,[81] zu verstehen, sondern zunächst fällt mir etwas auf, lässt mich etwas aufmerken, stößt mich ab oder zieht mich an – erregt oder weckt meine Aufmerksamkeit, bevor ich diese auf etwas richten kann.[82] Das Richten selbst ist ein antwortendes auf-etwas-Richten und so das Aufmerken ein responsives Aufmerken. Dabei sind Auffallen und Aufmerken wie Pathos und Response diastatisch verschoben. Dies wird von Waldenfels als primäre Aufmerksamkeit bezeichnet, „die sich bei aller Wiederholung niemals völlig wiederholt."[83] Die davon zu unterscheidende sekundäre Aufmerksamkeit bezeichnet dabei eine Aufmerksamkeitseinstellung mit einem gewordenen und geformten Repertoire an Auffälligkeiten.[84] Doch wird diese sekundäre Aufmerksamkeit immer von der primären und deren ereignishaften Konstitution und so

---

[77] Vgl. ebd. Vgl. dazu weiter HÖRHAMMER, Art. Humor, 70ff. Wobei gerade die moralisierende Einschränkung die ‚dunklen Seiten des Humors' als Haltung, die einen überfällt, unterschätzt. Ein solches normativ geladenes Verständnis von Humor findet sich ebenfalls bei CRITCHLEY, Über Humor, 25, der sich aber der normativen Setzung bewusst ist und diese nicht als „formal" ausgibt. Eine solche normative Aufladung findet sich in ihrer strukturellen Darstellung bei SCHMIDT-HIDDING, Humor und Witz, 48, wo Humor auf gleicher Ebene wie Spott und Witz behandelt wird – nur diesen durch die Kräfte des Gemüts entgegengestellt ist. Auch hier wird die normative Aufladung fraglich, aber auch die Verortung des Humors als wohlwollende Form der Komik. Und auch bei Freud wird das Überraschende des Humors durch eine normative Setzung bewältigt.
[78] HÖRHAMMER, Art. Humor, 69. Vgl. zur „Haltung" und (geformten) „Wahrnehmungsform" weiter a.a.O., 74, 76. PREISENDANZ, Art. Humor, 1232ff.
[79] Vgl. WALDENFELS, Phänomenologie der Aufmerksamkeit, 12, 66.
[80] Vgl. DERS., Grundmotive einer Phänomenologie des Fremden, 93.
[81] Vgl. a.a.O., 92.
[82] Vgl. a.a.O., 99. Vgl. DERS., Phänomenologie der Aufmerksamkeit, 66f.
[83] DERS., Phänomenologie der Aufmerksamkeit, 86.
[84] Vgl. ebd.

diastatischen Verschiebung und dem Widerfahrnischarakter heimgesucht und gestört. Ähnlich steht es um das Phänomen des Erinnerns: So lässt sich eine primäre Erinnerung, die als geweckte Erinnerung erneut die pathischen und diastatischen Momente aufweist, sich in singuläres Erinnerungsereignis und relativ allgemeinen Erinnerungsgehalt verdoppelt und so responsiv auftritt,[85] von einer sekundären Erinnerung unterscheiden, „in der es primär darauf ankommt, Erinnerungsgehalte und Vergangenheitsdaten zu reproduzieren, abgelöst von ihren pathischen Impulsen."[86] Rückwirkend auf das Phänomen des Humors gilt es zu fragen, ob nicht auch im Falle des Humors von primärem (pathischem) und sekundärem (vom pathischen abgelöstem) Humor zu sprechen wäre und der Humor als Haltung ähnlich der Aufmerksamkeit (der berühmte Sinn für Humor) nicht immer schon eine sekundäre Aufmerksamkeit beschreibt, sondern eine diastatisch vorausgehende primäre Aufmerksamkeit, die durch etwas Nicht-Kontrollierbares, Ereignishaftes geweckt wird. Wenn Humor so wie die primäre Aufmerksamkeit oder das Erinnern als geweckter Humor in den Blick kommt, kann einem der ‚eigene' (manchmal nicht allzu ‚gute') Humor selbst überraschend widerfahren: „Warum finde ich das komisch? – Das geht doch nicht!" Dies führt zugleich zur Frage, ob so etwas wie Humor, wenn er im Sinne der Aufmerksamkeit verstanden wird, nicht auch jenseits der Frage von gut und böse zu verorten ist und diese Frage erst im Zuge einer nachträglichen Betrachtung aus Perspektive der spezifischen Normativität, Moralität und (verkörpernden und verkörperten) Habitualität einer Ordnung entschieden wird. Humor kann so auch in seinen Abgründen und Ungründen, seinen Schattenseiten in den Blick kommen, ohne auf normativer (oder moralischer usw.) Ebene jeglichen Humor immer und überall gut zu heißen. Auch der erlaubte oder gutgeheißene Humor ist im Zuge einer Genesis der Ordnung geworden und je spezifisch und konkret geprägt – hätte anders sein können und wird wohl anders sein (werden).

Zur weiteren Differenzierung ‚des Komischen' wären an dieser Stelle neben den Motiven des Witzes, des Lachens und des Humors noch weitere Begrifflichkeiten im Phänomenbereich (oder auch: Spielarten) des Komischen von Bedeutung, die auch teilweise in den in diesem Band versammelten Beiträgen immer wieder begegnen:

Zunächst wäre an das Motiv der *Ironie* (gr. εἰρωνεία – ‚Verstellung') zu denken, das seit der griechischen Antike eine Wandlung vom komischen Schimpfwort – besonders bei Aristophanes, der damit auf die sophistische Verstellungskunst abzielt –, über die erkenntnistheoretische Funktion der sokratischen Ironie als Position negierten Wissens bei Platon, die Aufnahme in die Kategorien der Ethik und Rhetorik bei Aristoteles, die, wenn sie als Ausdruck der Bescheidenheit auftritt, als lobenswert betrachtet wird, die theologische Aufnahme bei Thomas als Haltung der Demut vor Gott, der Eingang in die europäischen Sprachen und die Entwick-

---

[85] Vgl. DERS., Hyperphänomene, 152-155.
[86] Ebd., 155.

lung zur romantischen Ironie als Durchbrechung des Illusionsrahmens bei Schlegel, die kritische Aufnahme des romantischen Verständnisses in der Philosophie Hegels, die ästhetische Ironietheorie Ende des 19. Jahrhunderts bei z.B. Baudelaire oder bei Proust in Form des Pastiche als offene Imitation, bis hin zum sog. ‚postmodernen Spiel der Ironie' in der Literaturtheorie, Philosophie, Kunst und Architektur.[87] Mit Peter Lampe lassen sich im Rückgriff auf den antiken Ironiebegriff im Register der Rhetorik besonders folgende Motive betonen: Das Ausdrücken durch das Gegenteil (*inversio*), die durchschaubar ironische Verstellung (*dissimulatio*) und das Auftreten der Ironie sowohl als Trope (einzelne Wendung) als auch als Figur (größerer textlicher Zusammenhang).[88]

Davon gilt es, den *Sarkasmus* (gr. σαρκασμός – ‚Zerfleischung') zu unterscheiden: Sarkasmus und sarkastische Aussagen treten als bitterer, beißender und ins Fleisch schneidender Hohn oder Spott auf, die in der Spätantike zwar noch als ironische Tropen verstanden werden und den spöttischen Charakter einer Aussage betonen, in der lateinischen Rhetorik jedoch dem Bereich der Allegorie zugeordnet werden, da die auch der Ironie eigene kontrafaktische Bedeutung im Falle „des Sarkasmus in höhnischer Form zum Ausdruck gebracht wird"[89]. Dabei verstärkt sich bis ins Mittelalter der Aspekt der makabren Schadenfreude, was sich in Reflexionen über den Spott und Hohn gegenüber Jesu in den Darstellungen der Kreuzigung des Neuen Testaments zeigt.[90] In der Neuzeit führt dies zu einer Moralisierung der Trope in Form des Sarkasmus-Verbots, wobei auch hier Sarkasmus nie ganz von der durchaus gestatteten Ironie zu trennen ist, sodass sich eine moralische Ambivalenz einstellt und zugleich die satirische Funktion des Sarkasmus erkannt wird.[91] Im 20. Jahrhundert schließlich rückt Sarkasmus als indirekter Sprechakt in den Blick, wobei zur Unterscheidung von Ironie und Sarkasmus das Motiv des Lächerlichmachens von Bedeutung bleibt.[92]

Wiederum zu differenzieren ist der Begriff des *Zynismus* (gr. κυνισμός von κύων – ‚Hund'), der wie der Begriff der Ironie und des Sarkasmus eine enorme Bedeutungsvielfalt sowie einen diffusen Gebrauch aufweist und so „drei Dinge bezeichnen [kann]: a) die Lehre der […] ‚Philosophenschule' der Kyniker, b) die entsprechende ‚Denkungs- und Handlungsweise' und c) eine dem kynischen/zynischen Gedankengut bzw. Charakter entsprechende Art zu reden."[93] Dabei wird gerade das Negativbild der Kyniker, für die Werte keine Geltung hätten, im 17. und 18. Jahrhundert zum geistigen Allgemeingut, kann jedoch auch gerade in der poeto-

---

[87] Vgl. DESPOIX, Art. Ironisch, 196–244. WIRTH, Komik, 16–20.
[88] Vgl. den Beitrag von Peter Lampe in diesem Band. Vgl. weiter WIRTH, Komik, 17.
[89] A.a.O., 61.
[90] Vgl. a.a.O., 62.
[91] Vgl. ebd.
[92] Vgl. a.a.O., 63ff.
[93] TINNER, Art. Zynismus, 1549.

logischen Perspektive als „eigenes Vermögen besonderer intellektueller Kreativität"[94] betrachtet werden, worin besonders der zynische Witz als Zynismus in Verbindung mit dem Komischen in Blick genommen wird. So kann der komische Zynismus, der Zynismus des Witzes und Humors als Annäherung an die Zensurfreiheit gelten, in der es möglich wird, über Tabuthemen zu sprechen, sodass ihm auch in der Ästhetik trotz aller ‚Anstandsverletzung' und allen ‚moralischen Ekels' ein gewisses Recht zugestanden wird.[95] Auch nach Freud erschüttert der zynische Witz „den Respekt vor Institutionen und Wahrheiten"[96], was an Nietzsches Umwertung der Werte erinnert – zugleich wird damit nicht die Ambivalenz des Zynismus verdeckt, die sich nach Sloterdijk in der – recht dualistischen – Gegenbesetzung von Zyniker und Kyniker nur allzu deutlich zeigt.[97]

Ferner findet sich in der Satire (lat. *satura/satira*) als Grundbegriff des Komischen eine eigenständige Stoßrichtung. Mit unklarer etymologischer Herkunft – entweder von *lanx satura* als Opferschüssel mit verschiedenen Früchten oder mit Satyr und dem Satyrspiel in Verbindung stehend –,[98] stellt sich das Satirische als eigenes System oder die Satire als Teil eines Systems (z.B. der Literatur) als „Ausdruck der Anstoßnahme an generellen, die Allgemeinheit betreffenden [...] Missständen oder Mängeln, sodann [...] Darstellung der Missstände oder Mängel und schließlich zugleich [...] Appell, diese Missstände abzustellen und diese Mängel zu beheben"[99], dar. Dabei muss Satire nicht immer komisch sein, so wie Komik nicht immer satirisch, sondern Komik kann in den Dienst der Satire gestellt werden als „Ästhetisierung der Darstellung durch (zumal tendenziell komische) Stilisierung, Fiktionalisierung oder Symbolisierung"[100], was die Satire, bei aller ihr eigenen Aggressivität, von anderen Formen verbaler Aggressivität unterscheidet, wobei auch hier die Grenzen verschwimmen. So hat gerade die „lachende Satire [...] eine Affinität zu Komik, Witz, Ironie und Humor"[101], indem sie mit Verkehrung, Umkehrung und Negation arbeitet. Die Satire zeichnet sich so schon früh durch den Zug der Aggressivität aber auch der Moralisierung aus,[102] sodass gerade der destruierende Aspekt (auch des Komischen in der lachenden Satire) hier besonders zum Vorschein kommt.

Blickt man auf das in diesem Band behandelte Motiv der Mimesis, so tritt ferner das Motiv der Parodie (gr. παρῳδία – ‚Gegengesang') auf. Lassen sich auch für diesen Begriff vielfältige Bestimmungen finden, so zeigen sich doch verbindende

---

[94] A.a.O., 1550.
[95] Vgl. a.a.O., 1550f.
[96] FREUD, Der Witz, 143.
[97] Vgl. SLOTERDIJK, Kritik der zynischen Vernunft. Vgl. dazu weiter TINNER, Art. Zynismus, 1552ff.
[98] ARNTZEN, Art. Satire, 345f.
[99] WIRTH, Komik, 21.
[100] A.a.O., 22.
[101] ARNTZEN, Art. Satire, 347.
[102] Vgl. a.a.O., 346.

Aspekte wie z.B. das Motiv der Imitation eines Musters. Dies kann nun zum einen als Nachahmung und komische Umfunktionierung einer Vorlage verstanden werden, wobei eine Distanz zwischen Parodie und Parodiertem entsteht – Wiederholung in Verbindung mit Differenz. Zum anderen – gerade in der frühen Neuzeit – kann die Parodie auch als ernste Parodie verstanden werden, nach dem Muster der Imitatio als Aneignung der Vorlage – hier wäre aber zu fragen, ob nicht auch eine solche ernsthafte Imitatio oder Parodie in dem Moment der Wiederholung, die immer schon eine Differenz in sich trägt – was noch zu zeigen ist –, auch von einer grundsätzlichen ‚Komik' gezeichnet ist. Wird nun Parodie in Verbindung mit dem Komischen gesehen und so als eine Figur des Komischen, impliziert diese ‚eine komische Inkongruenz', welches Moment auch im Rahmen literaturgeschichtlicher und -theoretischer und schließlich auch linguistischer, soziologischer und psychologischer Forschung betont wird. Auch Bachtins Karnevalslogik, welche die Ambivalenz der parodierten Elemente hervortreten lässt, scheint sich in diesem Bedeutungsrahmen der Parodie zu bewegen.[103]

Weiter wäre an Motive wie das Wortspiel oder das Groteskkomische zu denken – ohne damit die Aufzählung der weiteren möglichen Motive abschließen zu wollen. Zugleich müsste auch neben der verbreiteten Pointen-Komik die Prozess-Komik als Komik von Gestaltverläufen betrachtet werden.[104]

Differenzierungen der einzelnen Phänomene des Komischen sind also durchaus zu beachten, doch scheint zugleich eine klare Trennung und letzte Definition – wie wohl kaum überraschend – nicht vollständig möglich zu sein, da Phänomene wie Ironie, Sarkasmus, ‚das' Komische, der Witz usw. durchaus Überschneidungen und Überlappungen aufweisen und sich einer letzten eindeutigen lexikalischen Definition immer schon entzogen haben. Aber: Unabhängig davon, eine solche Differenzierung detailliert und an den Phänomenen durchzuführen, gilt es, diese Schwierigkeit der Verhältnisbestimmung und ihre Notwendigkeit zugleich herauszustellen, um den Phänomenreichtum nicht unnötig und ungerechtfertigt zu reduzieren auf ein Wesen des Humors, ein Wesen des Komischen usw. Daran wurde im Zuge der Beiträge immer wieder und zurecht erinnert. Zugleich wird man in dieser Betrachtung der Phänomenvielfalt gerade auf die Überlappungen und Überschneidungen aufmerksam, die im Zuge einer einfachen Identifizierung der Phänomene belanglos wären.

Von Bedeutung ist dieser Einblick in einzelne Phänomene des Komischen jedoch noch aus einem weiteren Grund. Der Einblick zeigt deutlich den Zusammen-

---

[103] Vgl. WIRTH, Komik, 28. Zugleich ist ein „aggressiv-satirische[r] Charakter" (a.a.O., 29) der Parodie nicht gänzlich von der Hand zu weisen, sodass sich auch dieser als durchaus ambivalent erweist, worin aber auch die kritischen Momente der Parodie am deutlichsten hervortreten. Gegen diesen satirischen Zug der Parodie wird nun im postmodernen Diskurs Einspruch erhoben und eine „blank parody" als neutrale Praxis ohne satirische Absicht aufgerufen (vgl. a.a.O., 28f). Vgl. den Beitrag von Simone Hankel in diesem Band.
[104] Vgl. PRÜTTING, Homo ridens, 7.

hang von *Ordnung und Außerordentlichem*, von Verstellung, Verschiebung, Erschütterung, Umwertung, Störung und Unterbrechung – bedeutsam werden bestimmte Ordnungsverhältnisse oder Verhältnisse zur Ordnung. Komik also als Widerstreit von Horizonten,[105] von Wirklichkeitsbegriffen und so von Ordnungen und wohl auch – innerhalb von Ordnungen.

5. Das Komische und die Ordnung

So führen die Überlappungen und der Zusammenhang mit dem Motiv der Ordnung nun nämlich zu der Beobachtung spezifischer Stränge, die sich im Zuge der Beiträge dieses Bandes abzeichnen, zu den Aspekten und Motiven, die dem Witz, Humor, dem Komischen usw. und auch der Äußerung des Lachens gemeinsam zu sein scheinen, bzw. in denen sich Überlappungen erkennen lassen.

So wurde im Laufe der Vorträge z.B. das heilsame Moment des Lachens betont. Lachen sei demnach gut für die Gesundheit. Es sozialisiere, sei ansteckend und befreiend – es sei erlösendes Lachen. Es bringe Geist in das Geistlose und Ordnung ins Ordnungslose. Damit verwandt sind die Überlegungen zur Traumabewältigung durch Lachen, Witz und Humor, die in dem Beitrag *Abraham, Vater des Glaubens und des Lachens? Humor als funktionale Bewältigungsstrategie in Gen 14* von Volker Grunert so eindrücklich an den spöttischen Wortspielen der Personen- und Ortsangaben aus Gen 14 aufgezeigt werden.[106] Ebenfalls wird hier deutlich, wie verschwommen sich doch die Grenze zwischen Etymologie und Etymogelei darstellt, um an dieser Stelle Bernhard Waldenfels zu paraphrasieren.[107] Dies wird praktisch-theologisch im Rahmen der Seelsorge von Wolfgang Drechsel in seinem Beitrag *„Mit (Seel-) Sorgen und mit Grämen und mit selbsteigner Pein ... ?". Zum Humor in der Seelsorge* dargestellt, in Form der Wiederherstellung oder gar Eröffnung der Gesprächssituation.[108] Lachen, Humor und Witz würden demnach helfen, sie würden helfen mit Schmerz, Trauer und Trauma umzugehen – durch sie ließe sich einordnen, reframen und bewältigen – Humor als funktionale Bewältigungsstrategie – Humor im Register der Resilienz. Humor schaffe es, Gesprächsfäden und Beziehungen wieder aufzunehmen, Brüche zu kitten und Gemeinschaft zu stiften. Humor befreit, baut Spannung ab und löst Knoten.

Aus phänomenologischer Perspektive treten hier Witz, Lachen, Komik, Humor usw. in ihrer *ordnenden* und *ordnungswiederherstellenden* Funktion auf. Dieses Ordnen bedeutet freilich kein Herabspielen von Leid und Trauer, als ob dieses nicht zum Zug käme, doch tritt Humor in ordnender Funktion auf, da durch Witz, Lachen usw. ein Umgang mit dem Riss gefunden wird, der Riss vielleicht sogar

---

[105] Vgl. dazu STOELLGER, Grenzreaktionen Gottes, 17 im Rückgang auf Blumenberg.
[106] Vgl. den Beitrag von Volker Grunert in diesem Band.
[107] Vgl. WALDENFELS, jeder philosophische Satz, 452.
[108] Vgl. den Beitrag von Wolfgang Drechsel in diesem Band.

bewältigt werden kann, Ordnung – wenn auch relativ verändert – wiederhergestellt wird, das Trauma, der Riss, die Unterbrechung über Witz und Lachen Teil der Ordnung wird.[109] Hierzu ließen sich m.E. auch die Überlegungen zu Aristoteles und Hegel, die Philippe Soual in seinem Beitrag *Lob des Humors* einer Analyse unterzieht, rechnen: Das Lustige wird hier ja gerade vom Lächerlichen durch eine bestimmte Ordnungshaftigkeit unterschieden. Sei es im Sinne der Mesotes-Lehre als tugendhafter Humor zwischen dem Possenreißer und dem Ungebildeten oder Unreifen bei Aristoteles:[110] „Wer nun im Komischen übertreibt, wirkt als Possenreißer und als ordinär […]. Wer aber selbst niemals scherzt […], gilt als ungebildet und steif. Wer endlich angemessen scherzt, heißt gewandt als einer, der sich zu wenden weiß"[111] – auch hier steht die geordnete Mitte gegen Übermaß und Mangel. Oder sei es in dem Moment des Selbstgenusses bei Hegel, in dem sich das Komische als dialektische Bewegung erweist, in der letztlich „der Sieg ihrer dennoch sicher in sich dastehenden Subjektivität zur Anschauung kommt"[112], sich also eine Harmonie, ein Ort der aufgehobenen (wenn auch dynamisierten) Ruhe einstellt und verfestigt.[113] Dabei wird das Komische vom Lächerlichen abgehoben: Während sich in letzterem die Erscheinung selbst aufhebt und um ihr Ziel bringt, steht das Komische für eine Wohlgemutheit und Zuversicht bezüglich der Erhabenheit über den eigenen Widerspruch als „Seligkeit und Wohligkeit der Subjektivität."[114] In diesem Sinne findet sich bei Hegel, wie auch bei Aristoteles, eine Ordnung – teleologische Ordnung – des Komischen, das sich in einer stufenförmigen Entwicklung des Lachens vom „gemein, sich ausschüttenden, schallenden Gelächter eines leeren oder rohen Menschen bis zum sanften Lächeln der edlen Seele"[115] darstellt, welche verschiedenen Weisen die Bildungsstufen der Individuen ausdrücken.[116]

Doch haben Humor, Lachen und Witz nicht nur ordnungswiederherstellende oder erhaltende Funktion, sondern zugleich ordnungs*erweiternde* Funktion, die besonders theologisch relevant wird. Dieses Motiv begegnet so z.B. in den Witz- oder Scherzverwandtschaften bzw. der Verwandtschaft der Sprachfreiheit,[117] die Frédéric Rognon in seinem Beitrag *Das Lachen – Eine Gemeinsamkeit der Men-*

---

[109] Wäre hier auch das Motiv des Durcharbeitens, das Pierre Bühler im Rückgang auf Dürrenmatt, Kierkegaard und Plessner kreuzestheologisch entwickelt, zu verorten?
[110] Vgl. den Beitrag von Philippe Soual in diesem Band. Ähnlich wohl auch Kierkegaard, bei dem Humor anders als Ironie, das Moment der Sympathie enthält (vgl. BÜHLER, Das Tragikomische).
[111] ARISTOTELES, Die Nikomachische Ethik (2010), 199.
[112] HEGEL, Vorlesungen über die Ästhetik (2016), 527.
[113] Vgl. den Beitrag von Philippe Soual in diesem Band.
[114] HEGEL, Vorlesungen über die Ästhetik (2016), 528. Vgl. den Beitrag von Philippe Soual in diesem Band.
[115] HEGEL, Enzyklopädie (2014), 114.
[116] Vgl. ebd. Vgl. den Beitrag von Philippe Soual in diesem Band.
[117] Vgl. den Beitrag von Frédéric Rognon in diesem Band.

schen? an den Ausführungen von Marcel Mauss und Maurice Leenhardt analysiert: Hier wird das, was sagbar ist, erweitert. Was im Rahmen einer ersten Ebene als Unsagbar gilt, wird auf einer zweiten Ebene sagbar, wird im Witz sagbar. Auch für die Seelsorge konnte gezeigt werden, dass das Ereignen von Humor das Sagbare erweitert, Unsagbares sagbar macht. Auch den Ausführungen Peter Lampes zur Ironie des Markusevangeliums und Manfred Oemings zur Ironie der Passion des Johannesevangeliums zufolge, zeige sich auch hier die Doppelbödigkeit, die Eigentlichkeit, das ironische Spiel des Eigentlichen/Verborgenen und des Uneigentlichen/Offensichtlichen. Der Ordnung des Sichtbaren wird eine zweite Ordnung des eigentlich Verborgenen oder Unsichtbaren zur Seite gestellt, die auf ironische Weise durchscheint, dort Sinn finden lässt, wo keiner mehr vermutet wird‘[118], und gerade im Witz und in der Ironie das Eigentliche offenbart und ans Tageslicht bringt und darin zutiefst *soteriologisch* wird. Heilsam, befreiend usw. Eine ‚Ironie des Heils‘ wie man mit Peter Lampe formulieren könnte. In Witz, Ironie, Lachen und Humor wird so mehr sichtbar, wahrnehmbar, sagbar, relevant usw., als auf den ersten Blick möglich scheint. Die Ordnung der Wahrnehmung wird erweitert um eine andere Ebene, eine transzendente, eine eigentliche Ebene usw.[119]

In beiden Fällen, dem ordnungswiederherstellenden und -erweiternden, scheint dabei durchgängig der pathisch-responsive Charakter des Zusammenhangs des Komischen in seinen verschiedenen Gestalten durch. Lachen, aber auch Witz und komisches Verhalten gelten als Response auf Leid und Beschränkungserfahrung – doch zugleich scheint gerade die Responsivität darauf zu deuten, dass sich etwas dieser Erhaltung, Wiederherstellung und Erweiterung entzieht.

6. Paradoxie und Außer-ordentliches

An den Rändern dieser beiden Stränge im Umfeld der Frage nach dem Ordnen, der Ordnung und ihren Grenzen zeigt sich deshalb der Strang des Paradoxons und des Abgründigen – d.h.: Er sucht diese heim, überrascht und stört sie. Jochen Hörisch stellt diese Begriffe ins Zentrum seines Beitrags *Wer lacht, zeigt Zähne – Abgründige Dimension religionskritischer Witze* und führt dies bis zur radikalsten Form des Paradoxons im Tod Christi am Kreuz weiter. Es zeigt sich, dass dieses Motiv des Paradoxons einen zentralen Punkt in der Frage des Witzes, Humors usw. einnimmt. Dies wird philosophiehistorisch an Aristoteles, Hegel und Peter

---

[118] Vgl. den Beitrag von Gisela Matthiae in diesem Band.
[119] Doch lässt sich tatsächlich so von einer eigentlichen Ebene sprechen, einer Doppelbödigkeit? Müsste nicht dieses Motiv der Eigentlichkeit mit Denkern wie Levinas, Derrida und Waldenfels problematisch werden, wenn die Erfahrung in den Blick kommt – und theologisch Offenbarung (vgl. dazu EBERT, Offenbarung und Entzug). Hierauf verweist der dritte nun folgende Strang.

Berger aber auch exegetisch an Gen 14, dem Markusevangelium und der Passionsgeschichte des Johannesevangeliums im Laufe dieses Bandes eindrücklich dargestellt und detailliert entfaltet. Zu denken wäre auch an das dekonstruktive Moment der Clownerie.[120] Ferner rücken auch die Punkte der Inkongruenz aber auch der Mimesis wie im Beitrag *Überlegungen zur komischen Mimesis* von Simone Hankel in den Blick.[121] So zeigt auch die Mimesis diese paradoxe Struktur in Form einer minimalen Differenz – ich würde sagen einer radikalen Differenz –, da in der Mimesis gerade keine leere Wiederholung, sondern eine Wiederholung eines Singulären durch singuläres Verhalten stattfindet. So zeigt sich etwas zwar immer nur, indem es wieder auftritt, als dasselbe (typisch) auftritt,[122] doch liegt dabei das Paradox der Wiederholung darin, „daß etwas als dasselbe auftritt, obwohl doch dieses Wiederauftreten eine zumindest winzige Differenz ins Spiel bringt. Wiederholung ist die *Wiederkehr des Ungleichen als Gleichen.*"[123] Wenn also etwas immer nur auftritt, indem es sich wiederholt, so ist diese Wiederholung aus phänomenologischer Perspektive doch gerade keine identische Wiederholung oder Wiederholung des Identischen, d.h. dass die Wiederholung selbst sich verändert, zur Iterabilität wird, sodass sich im Wiederholen erst so etwas wie ‚Identität' bildet, so aber jede Identität des Wiederholten verunmöglicht wird.[124] Mimesis als identische Wiederholung würde vermutlich nicht komisch sein, sondern es ist dieses Moment der Differenz, dass die Mimesis als Mimesis auffällt, wie z.B. das militärische Gehabe des rheinischen Karnevals gerade keine identische Nachahmung der napoleonischen Armee darstellt, sondern in die Wiederholung das Moment der Alterität einträgt. Was dabei die Mimesis besonders herausarbeiten kann, ist der Ort der Differenz, die Art der Paradoxie, die nicht als Gegensatz von zwei Sachen besteht – was leicht wieder einzuordnen wäre: Dinge sind eben unterschiedlich. Die Art der Paradoxie, die in der Mimesis deutlich wird und die wohl auch die In-Kongruenztheorie betrifft, liegt in der Differenz in der Sache selbst, der Umstand, dass das Wiederholte – oder in der Inkongruenztheorie das Zusammengebrachte – mit sich selbst uneins ist, in sich selbst verschoben ist.

Pierre Bühler stellt dieses Motiv der Paradoxie an der Verbindung von Komik und Tragik bei Dürrenmatt, von Lachen und Weinen bei Plessner und den Gedanken Kierkegaards zum Tragischen und Komischen in seinem Beitrag *Das Tragikomische als Tiefendimension des Menschseins – im Lichte der Kreuzestheologie* dar, die nicht einfach einen Gegensatz bezeichnen, sondern in sich verwoben und aufeinander bezogen sind und leidend oder schmerzfrei auftreten, was schließlich kreuzestheologisch erprobt wird – am paradoxen Wort vom Kreuz der *sophia* als gleichzeitige *moria*. Schließlich betont Fritz Lienhard in seiner Analyse kirchlicher

---

[120] Vgl. den Beitrag von Gisela Matthiae in diesem Band.
[121] Vgl. den Beitrag von Simone Hankel in diesem Band.
[122] Vgl. WALDENFELS, Ordnung im Zwielicht, 66.
[123] Ebd.
[124] Vgl. WALDENFELS, Antwortregister, 398. Vgl. weiter DERS., Hyperphänomene, 242, 247. DERRIDA, Limited Inc, 183f.

Praxis im Rahmen seines Beitrages *Lachen in der kirchlichen Praxis* diese Momente des Bruchs, der Unverfügbarkeit, der Kontingenz und Paradoxalität.[125]

M.E. kristallisiert sich dabei *jedoch* die Frage nach der *Radikalität des Paradoxons* heraus – und dies als entscheidende Frage, wie es um das Paradoxon letztlich bestellt ist: Wie radikal wird die Paradoxie gedacht? Ist diese vorläufig? Nur ‚innerweltlich' und woanders wohl schon gelöst? Was wird aus einer Paradoxie, wenn sie wieder allzu schnell vor dem Hintergrund ihrer Auflösung gedacht wird, im Moment einer Einheit, einer Vermittlung, einer Aufhebung usw.?[126] Zeigt sich die Radikalität der Ironie der Passionsgeschichte des Johannesevangeliums – und wohl auch der johanneischen Ausführungen zum *noli me tangere* (Joh 20,11–29) und der nicht so reibungslosen Erzählungen der Auferstehungserscheinungen (Joh 21,1–13) – und des Markusevangeliums in der verdoppelten Ironie der Verspottung (Mk 15,16–20), des Schreis am Kreuz (Mk 15,34), des Motivs des ‚Jüngerunverständnisses' (z.B. Mk 4,13) und im ‚kurzen' Markusschluss (Mk 16,1–8) usw. nicht in Form einer Paradoxie, die gerade nicht aufgelöst, aufgehoben oder harmonisiert wird?[127] Einer Paradoxie, die dem Zeugnis nach Gott selbst und so sein Offenbaren betrifft? Die bis ins Äußerste des Kreuzes geht?

Die Frage, die hierbei aufkommt, ist die nach einem Motiv, das ebenfalls als eine solche Überlappung auftritt. In der Paradoxie kann Humor, Witz und auch das Lachen vor aller Ordnungswiederherstellung und -erweiterung als Ordnungs*unterbrechung* in den Blick kommen. Ein Witz stört die Ordnung, stellt sie in Frage, stört sie von innen heraus, mit den eigenen Mitteln der Ordnung – als Para-doxon. Paradox ist also nicht, dass neben die vermeintliche Ordnung die wirkliche oder eigentliche doxa tritt – hier besteht die Gefahr, dass das Paradox immer schon vor dem Hintergrund der Bestimmungen ‚eigentlich', ‚ursprünglich', ‚wesentlich' usw. aufgelöst wird. Stattdessen wird in diesem Verständnis des Para-dox als radikalem Paradox, das die Ordnung stört und unterbricht, das Andere der Ordnung aufgerufen, das nicht außerhalb der Ordnung existiert, einen ontologischen Status im Sinne des Eigentlichen, Wesentlichen usw. annimmt, sondern das sich nur in der Ordnung zeigt, aber nur als Überschuss oder als Entzug, als Außer-ordentliches, das die Ordnung konstituiert und sich in ihr als Überschuss zeigt, ohne in ihr aufzugehen oder außerhalb der Ordnung eine eigentliche Ordnung zu etablieren. Dieser letzte Aspekt betrifft die Frage nach der am Anfang aufgeworfenen Frage nach der *Umkehrung*. Betrifft diese Umkehrung z.B. der Machtverhältnisse ein einmaliges Geschehen oder sucht diese Umkehrung wiederum die umgekehrte Situation heim? So würde gerade die Paradoxie und Ereignishaftigkeit des Komischen verloren gehen, wenn sie sich als Umkehrung ins Eigentliche vollziehen würde. Müsste nicht stattdessen das Komische in seiner ereignishaften, störenden und

---

[125] Vgl. den Beitrag von Fritz Lienhard in diesem Band.
[126] Hier wären die erwähnten und in den Beiträgen aufkommenden Motive von Bewältigung, Eigentlichkeit und Sinnfindung zu problematisieren – im Namen radikaler Alterität jenseits aller Bewältigung, Sinnfindung und Eigentlichkeit.
[127] Ähnlich auch bei Lk und Mt. Vgl. dazu EBERT, Offenbarung und Entzug, 7–17.

unterbrechenden, seiner paradoxalen Struktur gerade als Heimsuchung jeder geordneten Größe, jeder Ordnung und so gerade auch der eigentlichen Ordnung auftreten? Hier wäre z.B. auf Nietzsches Verständnis des Komischen und des Lachens zu verweisen, das kein „partielles Aufheben von Schranken oder zeitweiliges Freisetzen von unterdrückter Natur im Lachen" zum Ziel hat, „sondern nur ein Lachen, das sowohl mit der Subjektzentrierung eines sich individuell gebärdenden Vernunft-Ichs als auch mit der metaphysischen Zentrierung in der Wahrheitsfrage bricht"[128], d.h. ein Lachen, das sowohl das Motiv der Gesamtordnung als auch der Grundordnung (und deren autonomen Ordner) stört, unterbricht und heimsucht: „Ueber sich selber lachen, wie man lachen müsste, um *aus der ganzen Wahrheit heraus* zu lachen"[129]. Vor jeder Ordnungserweiterung und -wiederherstellung wäre also immer schon auf die Ereignishaftigkeit und so die Störung der Ordnung zu verweisen, die von keiner Wiederherstellung oder Erweiterung je eingeholt werden könnte, kommen diese doch dem Ereignis gegenüber immer schon zu spät und haben immer schon eine Ordnung etabliert; haben ausgewählt, ein- und ausgegrenzt, bestimmt und thematisiert: eine Ordnungsleistung vollzogen. Wenn dabei die Störung der Ordnung durch den Witz vor aller Erweiterung und Wiederherstellung in den Blick kommt, so besagt dies nicht, dass keine Erweiterung oder Wiederherstellung stattfindet, sondern dass diese Ordnungsleistungen verspätet auftreten und auf eine Störung zurückgehen, sodass das Wiederordnen und Erweitern immer schon ein Neuordnen und Andersordnen darstellt – und somit notwendig selektiv und exklusiv auftritt.[130]

Als Vorschlag, wie dieser Zusammenhang denkbar werden kann, soll auf Levinas' und Waldenfels' Unterscheidung von Sagen und Gesagtem bzw. Zeigen und Gezeigtem rückgegriffen werden.[131] Diese Unterscheidung besagt, dass jede Aussage und jedes leibliche Verhalten sich ähnlich der Unterscheidung von Aussagegehalt und Aussagegeschehen (oder -ereignis) in das Ereignis des Sagens und den Gehalt des Gesagten verdoppelt. Nach Levinas manifestiert sich jedes Ereignis des Sagens in Form von Gesagtem, geht jedoch nie vollständig darin auf, sondern überschießt dieses und entzieht sich diesem. Das Sagen zeigt sich nur im Gesagten. So ist das Sagen nach Waldenfels und Levinas gerade kein reines Sagen, Sagen ohne Gesagtes, das nichts anderes als sich selbst gibt – dies wäre ein Purismus des Sagens, in dem sich letztlich das Ereignis des Sagens zum Gesagten hypostasiert oder besser hyperessentialisiert: „Ein Sagen, das seine Differenz zum Gesagten aufgibt, wäre selbst nur noch etwas Gesagtes"[132]. So lässt gerade die Inkongruenztheorie erkennen, dass der Witz einen impliziten Hintergrund voraussetzt, damit diese Inkongruenz des Witzes sich zeigt – es werden also bestimmte Formen,

---

[128] SCHWIND, Art. Komisch 372.
[129] NIETZSCHE, Morgenröte, 370. Vgl. weiter DERS., Also sprach Zarathustra I–IV (2014), 264: „Und falsch heisse uns jede Wahrheit, bei der es nicht Ein Gelächter gab!".
[130] Vgl. WALDENFELS, Ordnung im Zwielicht, 53–83.
[131] Vgl. DERS., Antwortregister, 194–223, 313–317, 325ff, 335, 348–351.
[132] DERS., Hyperphänomene, 47.

Praxen, Strukturen, d.h. Ordnungsfiguren vorausgesetzt, mit denen der Witz spielen kann, vor deren Hintergrund die Inkongruenz, die Störung, die Verschiebung auftritt. Versucht man stattdessen,

> „das Gesagte so weit wie möglich auszuschalten, führt [dies] zwangsläufig zu einem Stakkato des Sagens, das mit dem Gesagten auch die Möglichkeit der Anknüpfung an fremde Äußerungen einbüßt. Wenn das Sagen, sich dem Weitersagen des Gesagten überläßt, beim Gerede und beim Gerücht endet, so endet das Sagen, das sich lediglich sich selbst überläßt, im Schweigen"[133].

Ein solcher Purismus des Sagens wird jedoch bereits dadurch verunmöglicht, dass jedes Sagen immer schon durch die Leiblichkeit der Sprache als leiblicher Ausdruck, durch das Begehren und so das Zeigen verunreinigt wird.[134] Aus phänomenologischer Perspektive und im Sinne der Betonung der Leiblichkeit müsste also diese Unterscheidung ausgeweitet werden und als Zeigen im Gezeigten gefasst werden, da sich auch Sprache immer schon zeigt.[135] So kommt die Sprache in ihrer Leiblichkeit (Stimme etc.) aber auch die Leiblichkeit der Gebärden, Gesten und Mimik, Körperhaltung und -bewegung etc. während des Witzeerzählens oder gar der Pantomime und z.B. des Verhaltens eines Clowns oder einer Clownin, wie von Gisela Matthiae unter dem Stichwort der ‚Clownerie als Körpertheater' in ihrem Beitrag „*Ernst – nicht zu ernst". Humor und Glaube in der Praxis einer Clownin* aufgeführt,[136] in den Blick, sodass der Witz nicht im rein logozentrischen und rationalen Muster der Sprache und des Verstehens verbleibt. Die Medialität des Witzes oder Komischen geht weit über die Sprache, das Wort und so das ‚Verstehen' eines Witzes hinaus. Aber – wenn sich demnach ein Witz immer nur im Gezeigten zeigt, d.h. in spezifischer Sprache, spezifischer Gestik, in spezifisch kulturellem Kontext, in einer spezifischen Anordnung von Wort und Buchstaben, aber gerade auch Tonfall, Stimmlage und -kraft, Bewegung und Leiblichkeit, so geht das Ereignis des Komischen oder Witzigen doch nicht im Gezeigten auf. Ein Witz, der rein Gezeigtes, rein Gesagtes ist, ist ein erklärter Witz und verliert wohl bekanntermaßen seinen ‚komischen Charakter'. Doch ist er auch nicht reines emphatisches Sagen oder Ereignen, sondern Anknüpfung muss erfolgen können – *etwas* ist witzig, weil es sich *als etwas* zeigt, wie auch immer es sich als etwas Gesagtes, Gezeigtes zeigt (mimetisch, inkongruent usw.). „Etwas ist als etwas gemeint oder gegeben, es tritt als etwas in Erscheinung"[137] – gemäß der *signifikativen Differenz*. Erscheint nun etwas immer als etwas, so „öffnet sich ein Spalt, der das, was ist,

---

[133] DERS., Antwortregister, 350.
[134] Vgl. a.a.O., 349.
[135] Vgl. a.a.O., 221ff, 280-293.
[136] Vgl. den Beitrag von Gisela Matthiae in diesem Band.
[137] WALDENFELS, Bruchlinien der Erfahrung, 28.

von sich selbst trennt"[138], und sich so etwas darstellt, „ohne daß das, was sich präsentiert, durch seine Repräsentationsmodi ausgeschöpft würde"[139]. Etwas rückt also, indem es als etwas erscheint „in Form einer repräsentativen Differenz von sich selbst"[140] ab, was sich in einer Serie von Repräsentationen fortsetzt – das ist die konstitutive Medialität. Aber – wie bereits betont – geht darin das etwas, das sich als etwas zeigt, nicht im als etwas, in dem es sich zeigt, auf, sondern entzieht sich dieser Medialität. So zeigt sich das Sagen immer nur im Gesagten, das Außerordentliche immer nur in der Ordnung – ohne aber in dieser aufzugehen, sondern immer nur im Entzug. Diese Thematik kündigt sich in der Entzogenheit, Fragilität und Flüchtigkeit und des Risikos des Witzes, des Humors, des Komischen usw. an.[141] Das Komische lässt sich nicht methodisch kontrollieren – Humor, Witz und das Komische bleiben Wagnis. Wenn das Ereignishafte des Komischen so nie im Gesagten aufgeht, sich aber nur in diesem zeigt, stellt sich immer wieder von neuem ein Wiedersagen, ein Widerrufen (*redire* und *dédire*),[142] ein von neuem Erzählen und anders Erzählen ein – eine Form der Wiederholung, die aber nicht Identisches wiederholt, sondern in der Wiederholung das Wiederholte erst produziert und so jedem Wiederholten konstitutiv Andersheit einschreibt – Derrida nannte dies Iterabilität (itera-/itara-).

Wenn schließlich das Komische von einem phänomenologischen Ordnungsdenken aus in den Blick genommen wird, so begegnet zugleich das Motiv der Selektion und Exklusion. Erweitern Witze Ordnungen, stellen sie wieder her oder stehen gar im Dienste der Ordnung, so ist Macht im Spiel:[143] „Ein Problem von Rationalität und Macht tritt dann auf, wenn unser Reden und Handeln auf Ansprüche antwortet, die Ordnungen aber, in denen dies geschieht, selektiv und exklusiv sind, ohne daß diese Selektionen und Exklusionen durch zureichende Gründe abgedeckt wären."[144] So setzt sich nach Waldenfels auf allen Ordnungsstufen „eines gegen anderes durch als bedeutsam, typisch, normal, schicklich oder richtig, ohne daß es erschöpfende Gründe auf seiner Seite hätte."[145] Diese Macht zeigt sich zunächst darin, dass nicht alles ‚witzig' ist, dass das, was ‚guten' von ‚schlechtem' Humor unterscheidet, selbst einer genetischen Setzung entstammt und so auf Macht verweist – ‚Was witzig ist, bestimme ich'. Macht zeigt sich aber auch darin, dass in einem Witz oder Scherz als Gesagtem das eine inkludiert, das andere exkludiert wird – als dasjenige, über das gelacht wird, über das ein Witz gemacht wird. Klassischerweise denkt man hier an ein Lachen der Macht als Lachen der

---

[138] A.a.O., 34.
[139] Ebd.
[140] Ebd.
[141] Dies betont auch der Beitrag von Wolfgang Drechsel in diesem Band.
[142] Vgl. LEVINAS, Jenseits des Seins, 339, 386f. WALDENFELS, Antwortregister, 269.
[143] Darauf weisen die Beiträge von Philipp Stoellger und Wolfgang Drechsel in diesem Band hin.
[144] WALDENFELS, Ordnung im Zwielicht, 108.
[145] Ebd.

Mächtigen, deren Macht als *potestas* oder *auctoritas* – wie von Philipp Stoellger in diesem Band in seinem Beitrag *Lachen der Macht und Macht des Lachens* gezeigt – das Lachen, das Komische, das, was witzig ist, bestimmt.[146] Zugleich zeigt sich aber auch eine Macht des Lachens, die ermöglicht, Ordnung erweitert, Unsagbares sagbar werden lässt,[147] vielleicht sogar Machtverhältnisse umkehrt, sodass die Ersten die Letzten und die Letzten die Ersten, die Lachenden die Nichtlachenden und Nichtlachenden die Lachenden werden. Dabei kann freilich diese Macht des Lachens in den Dienst genommen werden, sodass im Zuge der Umkehrung erneut ein Lachen der Macht aufkommt. Von Bedeutung ist aber, dass sich dieser Ermächtigung – durch wen auch immer – die Macht des Lachens als unkontrollierbare Eigendynamik immer schon entzieht und etablierte oder umgewälzte (umgedrehte) Machtverhältnisse immer schon stört.[148] Auch in der Machtfrage zeigen sich somit die ordnungsstiftenden, -erhaltenden und -erweiternden, aber auch -störenden und -unterbrechenden Elemente des Komischen. Zugleich zeigen sich darin die Ambivalenzen des Komischen,[149] die in einem letzten Gedankengang angeführt sein sollen.

7. Ambivalenzen des Komischen

So scheinen m.E. diese Stränge auch spezifische Felder der Ambivalenz zu eröffnen, von denen die Aufnahme des Motivs des Komischen in seinen verschiedenen Facetten immer wieder heimgesucht wird. Hier sollen einige wenige genannt werden – genauer das Verhältnis der ereignishaft-ordnungsstörenden Struktur des Komischen auf der einen und der ordnungswiederherstellenden und -erweiternden Funktion auf der anderen Seite, was uns erneut auf den Zusammenhang von Außer-ordentlichem, Ordnung und Ordnen verweist.

Zunächst gilt es, demgegenüber kritisch zurückhaltend zu sein, Humor, Lachen, Witz oder das Komische zum neuen einzigen Heilsmedium zu erheben – theologisch und umgangssprachlich. Hier sei nur zu erinnern an unüberlegte Aufnahmen des *linguistic, corporal, pictural turns* usw. als Allheilmittel philosophischer oder anderer Probleme – dies müsste immer schon in der Berufung auf einen *comic turn* mitbedacht werden.

Zweitens wurde der sozialisierende Faktor des Lachens und Humors betont. Gemeinsames Lachen und gemeinsamer Humor schaffen Zusammenhalt und stiften Gemeinsamkeit. Doch muss zugleich betont werden, wie auch einige Stimmen

---

[146] Vgl. den Beitrag von Philipp Stoellger in diesem Band. Auch Wolfgang Drechsel in diesem Band macht diesen Punkt des Lachens der Mächtigen deutlich.
[147] Vgl. den Beitrag von Philipp Stoellger in diesem Band.
[148] Ebd.
[149] Diese Ambivalenz des Komischen betont auch Fritz Lienhard in seinem Beitrag in diesem Band, Lachen in der kirchlichen Praxis.

dieses Symposions bemerkten, dass auch hier Gefahren bestehen. Die sozialisierende Dimension hat zugleich ausgrenzenden Charakter. Jede Vergemeinschaftung grenzt zugleich aus – um noch einmal die Ordnungsthematik aufzurufen: Wir ordnen, indem wir auswählen und ausgrenzen. So werden Witze durchaus auf Kosten anderer gemacht und haben darin enorme sozialisierende Kraft. Selbst das romantische Ideal eines Humors, der Witze nur auf eigene Kosten reißt, bleibt von dieser unausweichlichen Gewalt und Dissoziierung nicht ausgenommen. Liegt doch auch diesem Übersichselbstlachen kein souveränes, einheitliches Subjekt oder Selbst zugrunde – dies haben Psychoanalyse, Phänomenologie und Dekonstruktion überzeugend in Erinnerung gerufen –, sondern ein zutiefst gespaltenes, disloziertes und mit sich im Clinch liegendes Selbst, ein gebrochenes, verspätetes und verschobenes Selbst (z.B. in Patient, Adressat und Respondent). Auch hier bleibt eine dritte Sache oder Person, über die gelacht und Witze gerissen werden. Dies kann sich mit Simon Critchley gesprochen nun zu einem ‚reaktionären Humor' verwachsen, der in den Formen ethnischen oder sexistischen Humors auftritt, „indem er entweder einen bestimmten Sektor der Gesellschaft verunglimpft – der sexistische Humor –, oder über die angebliche Dummheit eines gesellschaftlichen Außenseiters lacht"[150] – wie z.B. die „Briten über die Iren [...], die Deutschen über die Ostfriesen, die Griechen über die Pontier [...], die Franzosen über die Belgier, die Holländer ebenfalls über die Belgier und so weiter."[151] Begründet scheint dies aber wiederum in der Verbindung von Komischem (Humor etc.) und Ordnung, ist doch Humor „eine Form des kulturellen Insiderwissens"[152], das uns „zu einem spezifischen und eingeschränkten *Ethos*"[153] zurückbringt, sodass uns ein Sinn für Humor, der immer schon mit einem Ort verbunden ist, dazu bringt, „Kennzeichen jenes Ortes zu prädizieren, seinen Bewohnern bestimmte Dispositionen und Gebräuche zuzuschreiben"[154], und verbindet so unweigerlich *Ethos* mit *Ethnos*.[155] Hieraus kann sich nun das triumphalistische Moment des Humors entwickeln, das ebenfalls an Hobbes Superioritätstheorie[156] des Lachens erinnert – der reaktionäre Humor, den Critchley in seinem Verhältnis zur Ordnung wie folgt beschreibt:

„Zum größten Teil strebt der Humor [...] danach, den Konsens zu verstärken und keinesfalls die bestehende Ordnung zu kritisieren oder die Situation, in der wir uns befinden, zu verändern. Ein solcher Humor will die Situation nicht verändern, sondern

---

[150] CRITCHLEY, Über Humor, 22.
[151] Ebd.
[152] A.a.O., 82.
[153] A.a.O., 82f.
[154] A.a.O., 83.
[155] Vgl. ebd.
[156] Vgl. SCHWIND, Art. Komisch, 342f, 371.

spielt einfach mit den bestehende Sozialhierarchien in einer charmanten, aber ziemlich gutmütigen Art und Weise."[157]

Polemisches Lachen,[158] reaktionärer Witz und spezifischer Humor deuten so auf die exkludierenden und darin gewaltsam verletzenden Momente des Komischen.

Dieses unausweichlich Verletzende und Gewalttätige des Witzes verweist weiterhin auf die Flüchtigkeit des Ereignens von Humor. Er lässt sich nicht fassen, festhalten und kontrollieren. So können Witze nach hinten losgehen, intendierter Humor kann verletzen, soziale Beziehungen abbrechen. Humor, Witz und Ereignis von seiner Ereignishaftigkeit und Konkretheit her gedacht, als Außer-ordentliches, ist so zutiefst ambivalent, aussichtsreich und zugleich gefährlich oder bedrohend. Mit Drechsel gilt zu betonen:[159] Der Witz kann sein Gegenteil schaffen, kann für Beschämung sorgen. Wer Witze erzählt, begibt sich in ein ‚Minenfeld der Scham' – dies ist die Gefahr des Witzes: die Entzogenheit, die ‚Nicht-Domestizierbarkeit', die Unkontrollierbarkeit und Unaneigenbarkeit des Ereignishaften und der Eigendynamik. Gerade wenn eine bestimmte seelsorgerliche und therapeutische Praxis Rahmenbedingungen benötigt, bietet sich für den Humor, den Witz und das Komische in den jeweiligen Situationen keine Methode, kein Kontrollwerkzeug – das Komische bleibt ein Wagnis.

Schließlich rückt auch das Motiv der Ordnungs*erweiterung* ambivalent in den Blick, wenn diese Erweiterungsfunktion kalkuliert eingesetzt wird, um die Ordnungsunterbrechung zu verhindern. Kann dem Witz durchaus z.B. politisch ordnungsunterbrechende Kraft zukommen, die Ordnungen verändert, umstürzt oder neue Ordnungen konstituiert, so kann zugleich der kalkulierte Witz, der politische Aschermittwoch, in dem das karnevaleske Lachen, wie es Michail Bachtin beschreibt,[160] selbst als Ordnungsinstanz Anwendung findet, oder die bürokratische Regulierung des Witzes systemstärkend und -erweiternd wirken, da die Ordnung selbst ihr störendes Moment immer schon reguliert und relativiert, regulierend und relativierend einsetzt: „Natürlich dürft ihr Witze machen – doch nur die, die wir erlauben". Der Philosoph Slavoj Žižek hat sich in seinem ‚Witz-Buch' in diesem Sinne einem alten Mythos über die Sowjetunion gewidmet:

> „One of the popular myths of the late Communist regimes in Eastern Europe was that there was a department of the secret police whose function was (not to collect, but) to invent and put in circulation political jokes against the regime and its representatives,

---

[157] CRITCHLEY, Über Humor, 21. Dies verweist uns zugleich auf die letzte, noch zu besprechende Ambivalenz des Komischen – der Witz im Dienste der Ordnung.
[158] Vgl. den Beitrag von Fritz Lienhard in diesem Band.
[159] Vgl. den Beitrag von Wolfgang Drechsel in diesem Band.
[160] Vgl. SCHWIND, Art. Komisch, 374.

as they were aware of jokes' positive stabilizing function (political jokes offer to ordinary people an easy and tolerable way to blow off steam, easing their frustrations)."[161]

Bei aller Fraglichkeit dieses Mythos scheint daran doch Folgendes beachtlich zu sein: Je flexibler ein System sich dabei in seiner Selbstironie erweist, umso schwieriger wird die Ordnungsunterbrechung. Mit Critchley kann man so z.B. konstatieren, dass Humor „von Beratern als Managementwerkzeug eingesetzt"[162] wird. So beziehen sich Managementberater auf das Konzept eines

> „‚strukturierten Spaß[es]', der Innovationen umfasst wie ‚inside out day', an dem die ArbeitnehmerInnen ersucht werden, ihre Kleidung verkehrt herum anzuhaben, oder ‚silly hat day', der für sich selbst spricht [...]. Ein solcher erzwungener Spaß ist eine Form des obligatorischen Glücks"[163].

Dies gerät freilich notgedrungen an die Grenzen der Funktionalität, sodass schließlich auch hier Regelungen festlegen, was an Witzen erlaubt ist und was nicht. Und auch das fortwährende Erzählen erlaubter Witze stellt sich nicht als reines Wiederholen von etwas Identischem dar, das kontrolliert werden könnte, sondern wird im Wiederholen als Iterabilität, als Wiedersagen und Widerrufen immer wieder anders und immer wieder neu, sodass auch solche Witze eine Eigenmacht entwickeln, die sich jeder Kontrolle und Ordnung als außerordentliches Ereignis entziehen und ihre eigene Komik freisetzen, um diese so vielleicht gerade in der Repetition ordnungsstörend auftreten und Kontrolle verunmöglichen. So treten doch z.B. am Arbeitsplatz wieder die subversiven Kennzeichen des Humors hervor:

> „So sehr die Managementberater auch versuchen, den Spaß zum Vorteil der Firma zu einer formellen Angelegenheit zu machen, in der die komische Pointe und das ökonomische Fazit sich zu vermischen scheinen, ein solcher Spaß kann immer durch informelle, inoffizielle Beziehungen zwischen Angestellten, durch freche Widerrede und lüsternen Klatsch dem Gespött ausgesetzt werden [...]. Der Humor ist vielleicht ein Managementwerkzeug, aber er ist ebenso ein Werkzeug gegen das Management."[164]

Auch Žižek weist uns auf diese Unkontrollierbarkeit hin, indem er die Autorenfrage, die Eigendynamik und das Immer-schon-zuvorgekommen-Sein des Ereignisses des Witzes vor jeder Handlungs- und Ursprungslogik und so vor jeder Bändigung und Bewältigung des Witzes thematisiert:

---

[161] ŽIŽEK, Žižek's Jokes, VII.
[162] CRITCHLEY, Über Humor, 23.
[163] Ebd.
[164] A.a.O., 24.

„Attractive as it is, this myth ignores a rarely mentioned but nonetheless crucial feature of jokes: they never seem to have an author, as if the question ‚who is the author of this joke?' were an impossible one. Jokes are originally ‚told', they are always-already ‚heard' (recall the proverbial ‚Did you hear that joke about ...?'). Therein resides their mystery: they are idiosyncratic, they stand for the unique creativity of language, but are nonetheless ‚collective', anonymous, authorless, all of a sudden here out of nowhere."[165]

Witze, das Komische und selbst der Humor widerfahren, ereignen sich und entziehen sich so letztlich als Sagen im Gesagten jeder Ordnung gerade als deren Störung – als Außer-ordentliches.

---

[165] ŽIŽEK, Žižek's Jokes, VII.

Anhang

Salome Lang

Und Sara lachte

Predigt zu Gen 18,1–15 am 21.12.2022 in der Peterskirche Heidelberg

Predigttext aus Gen 18,1–15 (Übersetzung nach der BasisBibel):

¹Der HERR erschien Abraham bei den Eichen von Mamre. Abraham saß in der Mittagshitze am Eingang seines Zeltes. ²Er schaute auf – da standen drei Männer vor ihm. Als er sie erblickte, lief er ihnen vom Zelteingang entgegen und verneigte sich bis zum Boden. ³Er sagte: „Mein Herr, wenn ich Gnade bei dir gefunden habe, geh nicht an deinem Knecht vorbei. ⁴Man soll etwas Wasser bringen, damit ihr euch die Füße waschen könnt. Bitte ruht euch unter dem Baum aus. ⁵Ich will euch ein Stück Brot holen. Ihr sollt euch stärken, bevor ihr weiterzieht. Deshalb seid ihr ja bei eurem Knecht vorbeigekommen." Die Männer antworteten: „Tu, was du gesagt hast." ⁶Abraham eilte ins Zelt zu Sara und sagte: „Schnell! Bereite eine große Menge Teig zu und back Brotfladen daraus!" ⁷Er selbst lief zur Rinderherde, nahm ein zartes, schönes Kalb und übergab es einem Knecht. Der bereitete es rasch zu. ⁸Abraham nahm Butter, Milch und das fertig zubereitete Kalb und brachte es den Männern. Während sie aßen, blieb er bei ihnen unter dem Baum stehen. ⁹Sie fragten ihn: „Wo ist deine Frau Sara?" Er antwortete: „Drinnen im Zelt." ¹⁰Darauf sagte einer der Männer: „Nächstes Jahr um diese Zeit komme ich wieder zu dir. Dann wird deine Frau Sara einen Sohn haben." Sara stand am Zelteingang hinter Abraham und konnte alles hören. ¹¹Die beiden waren schon sehr alt, und Sara hatte längst nicht mehr ihre Tage. ¹²Daher lachte sie in sich hinein und dachte: „Jetzt, wo ich schon so alt bin, soll ich da noch Lust bekommen? Auch mein Mann ist doch viel zu alt!" ¹³Da fragte der HERR Abraham: „Warum lacht Sara und denkt, dass sie zu alt ist, um ein Kind zu bekommen? ¹⁴Ist denn für den HERRN irgendetwas unmöglich? Zur genannten Zeit komme ich wieder zu dir. Dann wird Sara einen Sohn haben." ¹⁵Da leugnete Sara und sagte: „Ich habe nicht gelacht." Denn sie fürchtete sich. Er aber entgegnete: „Doch, du hast gelacht."

Kichernd. Lauthals. Verlegen. Grell. Hämisch. Glucksend. Müde. Überrascht. Dröhnend. Ansteckend. – Zehn Varianten des Lachens, und es gibt noch so viele mehr. Gott kommt zu Besuch – und Sara lacht. Es ist die vielleicht kurioseste aller Reaktionen auf eine göttliche Verheißung, die uns in der Bibel überliefert ist –

und da begegnet viel Kurioses. Lachen ist nicht unbedingt etwas, das sich mit Gottesbegegnung verbindet. Nicht zuletzt deswegen wurde Saras Lachen ihr oft negativ ausgelegt. Es hat über die Jahrhunderte viele Fromme befremdet. Wie kann sie nur, im Angesicht von Gottes gütiger Verheißung? Und dann lügt sie auch noch – eine freche Lüge, findet noch Gerhard von Rad.[1] Ganz so einfach ist es nicht, denke ich. Unangenehm berührt und beschämt ertappt versucht sich Sara aus der Situation zu befreien. Das ist vielleicht ‚frech', vor allem aber sehr menschlich. Auch ihr Mann reagiert ein Kapitel vorher wohlgemerkt genauso: Als Gott seine Verheißung direkt an ihn richtet, lacht auch er (Gen 17,17). Nur wird er nicht darauf angesprochen – Gott übergeht sein Lachen einfach.

Jetzt, ein Kapitel später, rückt der Fokus weg von Abraham hin zu seiner Frau. Sie ist der heimliche Hauptcharakter dieser Erzählung. Im ersten Teil der Geschichte hat sie nur eine Nebenrolle: die Gattin des Patriarchen. Sie ist die Frau, die im Hintergrund bäckt und vorbereitet, wie so viele Frauen über die Weihnachtstage – auch einige Männer, aber doch ehrlicherweise immer noch größtenteils Frauen. Damit die Gäste versorgt sind und alle zufrieden. Man muss Abraham in diesem Szenario lassen, dass er sich nicht auf das großmundige Ankündigen beschränkt, sondern selbst mit anpackt, das Fleisch besorgt und das Servieren übernimmt. Wie es sich bei männlichen, fremden Gästen damals gehörte, hat sich Sara während der Mahlzeit zurückgezogen – vermutlich in einen privaten Teil des Zeltes, von dem aus sie das Gespräch bestens mithören kann und die Männer umgekehrt auch sie hören. Würden die Gäste nicht explizit nach ihr fragen, wäre sie wohl nie aufgefallen. Doch sie tun es und wissen dabei ihren Namen: Niemand hat in der Erzählung sich oder jemand anderen vorgestellt, und trotzdem ist Saras Name ihnen bekannt. Sie wissen ihn, weil ihre Nachrichten zur Schwangerschaft Sara betreffen: ihren Körper, ihren Alltag, ihre Pläne. Fast orakelartig kündigen sie Sara einen Sohn an, der da sein wird, wenn sie das nächste Mal wiederkommen.

Doch Sara reagiert nicht wie erwartet: Sie lacht. Ich möchte Saras Lachen besser verstehen und es in unsere Zeit hineinklingen lassen. Drei unterschiedliche Wege eröffnen sich mir, ihr Lachen zu interpretieren.

Der erste und vielleicht naheliegendste ist es, aus Saras Lachen eine gewisse Ungläubigkeit herauszulesen: „Sollte *ich* wirklich noch ein Kind bekommen?" Diese Ungläubigkeit muss gar nicht religiös überhöht werden: Woher soll Sara in diesem Moment wissen, dass es sich bei der Ankündigung um ein Versprechen Gottes handelt? Da sitzen drei fremde Männer, um die sich der ganze Haushalt den lieben langen Tag gekümmert hat, und stellen eine in Saras Augen völlig haltlose Behauptung auf – dabei sehen sie doch das Alter der beiden, können sich doch denken, dass sexuelle Aktivität möglicherweise ein schwieriges Thema ist und Fruchtbarkeit kaum mehr realistisch. Die Ankündigung eines Kindes muss dann zynisch, fast schon grausam für Sara gewirkt haben. Vor diesem Hintergrund hat ihr Lachen eine Note der Bitterkeit. Wie können drei Fremde, die hier

---

[1] Vgl. RAD, Das erste Buch Mose, 163 („kecke[] Lüge").

Gastfreundschaft genießen, es wagen, ihr so höhnisch zu spotten? Gutes wird verheißen, aber es lässt sich gar nicht annehmen, weil es außerhalb des Rahmens dessen scheint, was möglich ist.

Dann klingt Saras Lachen nach dem bitteren, müden Lachen aller, denen es schwerfällt, noch zu hoffen. Ich höre Saras bitteres Lachen bei desillusionierten Menschen, die schwanger werden möchten und deren Hoffnung langsam schwindet; bei chronisch Kranken, für die es nur noch Milderung, aber keine Heilung mehr gibt; bei all denen, für die Familie mehr Schmerz als Freude bedeutet.

Die zweite Möglichkeit ihres Lachens liegt nicht allzu weit davon entfernt und schließt an die Furcht an, von der die Rede ist, als sie von den Männern auf Gottes Wirken im Hintergrund verwiesen wird. Es ist das „Angstlachen", das zunächst etwas kontraintuitiv wirkt, das sich aber immer wieder einstellt, wenn Menschen in schwierigen sozialen Situationen nicht wissen, wie sie reagieren sollen: eine Art Übersprungshandlung, die die Überforderung angesichts einer Situation ausdrückt. Diese Überforderung könnte bei Sara unterschiedliche Gründe haben: Sie kann zum einen davon zeugen, wie überwältigt ein Mensch im Angesicht Gottes ist. Sara fürchtet sich, und „Gottesfurcht" ist dabei gar nichts Negatives, sondern eine gesunde Reaktion auf die Größe Gottes, die in der Bibel immer wieder berichtet wird.

Denn wie gesagt, war Gott bisher für sie verborgen. Nur den HörerInnen der Geschichte wird gleich zu Beginn zugeflüstert: Adonaj, der Herr, erschien Abraham. Wir kombinieren: Aha, die drei Fremden im nächsten Satz müssen irgendetwas mit dieser Erscheinung zu tun haben. Immer wieder deutet der Text – ganz bruchstückhaft, ganz vorsichtig – an, dass die Gäste transparent sind für den Einen: Da ist zum Beispiel ein Singular in dem, wie Abraham sie anredet – „mein Herr" –, wo eigentlich ein Plural hingehört. Doch erst der Verweis auf Gott, dem nichts unmöglich ist, lässt Gott durch diese Gäste auch für Sara sichtbar werden.

Saras ängstliches Lachen lässt sich auch noch anders verstehen. Ihre Frage kann nämlich auch so betont werden: „Soll ich *wirklich* ein Kind bekommen?" – Dann wird ihre Frage plötzlich nachvollziehbar für viele Menschen unserer Zeit, die sich genau diese Frage stellen: Soll ich wirklich ein Kind bekommen, in all der Unwirtlichkeit der Welt, der Ungewissheit der Zukunft unseres Planeten? Ich höre Saras ängstliches Lachen bei den Engagierten für Fridays for Future, bei werdenden Eltern, bei allen, die voller Sorge sind um die Zukunft.

Die dritte Möglichkeit, Saras Lachen zu verstehen, ist die pure Freude. „Soll ich wirklich noch ein Kind bekommen?", ist dann mehr ein jubelnder Ausruf als alles andere. Die Bibel in gerechter Sprache übersetzt Saras Lachen mit „Jauchzen". Dieses Verständnis gewinnt an Gewicht, wenn Isaaks Geburt wenige Kapitel später mit einbezogen wird: Dort wird Isaak – in Aufnahme des hebräischen Verbs – nach Saras Lachen benannt und Sara sagt: „Gott hat mir ein Lachen bereitet; jeder, der es hört, wird mir zulachen" (Gen 21,6). Ein so verstandenes Lachen klingt nach in der Freude, die am Sonntag hier gepredigt wurde und uns im Wochenspruch aus Philipper 4 begleitet: „Freut euch in dem Herrn allewege, und abermals sage ich: Freuet euch! [...] Der Herr ist nahe!" (Phil 4,4f.) – Der Herr ist nahe. Genesis 18 würde sagen: Gott wird unser Gast. In einer Zeit, in der mir selbst oft nicht zum Lachen zu Mute ist, angesichts eines anstrengenden Jahres voller Krieg und Ungerechtigkeit: da hat Gott mir ein Lachen bereitet.

Ein Lachen und drei Varianten, es zu verstehen. Ist es bitter, ängstlich, freudig? Das Lachen bleibt eine ambivalente Reaktion auf Gottes Verheißung – eine Reaktion, die sich nicht auflösen lässt und die Ungewissheit zulässt, das peinliche Berührtsein, die Verwirrung. Die nicht unmittelbar deutet, aber die Begegnung auch nicht direkt abwertet.

Damit reagiert Sara in genau dieser Ambivalenz eigentlich ganz adäquat darauf, dass Gott bei ihr zu Gast ist. Sie gibt mit ihrem Lachen ihre Ungewissheit preis. Gibt preis, dass sie sich und diese besondere Begegnung nicht in der Hand hat.

Wenn Gott zu Gast kommt, geht etwas vonstatten, was wir selbst nicht kontrollieren können. Es ist ein besonderer Effekt von Gastfreundschaft, dass dabei auch mit der Gastgeberin, dem Gastgeber, etwas passiert: Erst „[d]er Fremde schafft uns ein Zuhause".[2] Der Philosoph Jacques Derrida schreibt, wie immer etwas kompliziert, aber doch auf den Punkt: „Der Hausherr ist bei sich zu Hause, doch tritt er nichtsdestoweniger dank des Gastes – der von draußen kommt – bei sich ein. Der Herr tritt also von drinnen ein, *als ob* er von draußen käme. Er tritt dank des [...] Besuchers bei sich ein, durch die Gnade [...] seines Gastes."[3] Wenn Gott uns also dieses Weihnachten nicht so begegnet wie erwartet – wenn sich das warm-wohlige Gefühl der Heimeligkeit durch das Krippenspiel nicht einstellen will, die Nähe der eigenen Familie fehlt oder aber erdrückend wirkt –, dann erinnere ich mich an Saras Lachen und daran, dass Gottesbegegnung Grund zum Lachen ist. Weil Gott zu Gast kommt – so oder so. Ob ich bitter lache, ängstlich oder freudig: Gott kommt zu Gast und schafft mir ein Zuhause, wenn ich es selbst nicht kann.

Und der Friede Gottes, der höher ist als alle Vernunft, bewahre eure Herzen und Sinne in Christus Jesus. Amen.

---

[2] MAAK, Der Fremde.

[3] DERRIDA, Von der Gastfreundschaft, 91.

Literaturverzeichnis

Die Abkürzungen folgen der Theologischen Realenzyklopädie.

Adams, Douglas: The Prostitute in the Family Tree. Discovering Humor and Irony in the Bible, Louisville 1997.

Ahrens, Jörn: Wie aus Wildnis Gesellschaft wird. Kulturelle Selbstverständigung und populäre Kultur am Beispiel von John Fords Film The Man Who Shot Liberty Valance, Wiesbaden 2012.

Alt, Albrecht: Gedanken über das Königtum Jahwes. In: ders., Kleine Schriften zur Geschichte des Volkes Israel, Bd. 1, München ²1959.

Ammann, Ludwig: Art. Laughter. In: EQ.

Ammann, Ludwig: Vorbild und Vernunft. Die Regelung von Lachen und Scherzen im mittelalterlichen Islam (Arabistische Texte und Studien 5), Hildesheim 1993.

Anaximenes: Ars Rhetorica. In: Fuhrmann, Manfred (Hg.), Anaximenis Ars Rhetorica, Leipzig 1966, 1–97.

Andersen, Hans Christian: Des Kaisers neue Kleider. Ein altes, aber immer zeitgemäßes Märchen, Frankfurt a.M. 1949.

Arendt, Hannah: Vita activa oder Vom tätigen Leben, München/Berlin, ¹⁸2016.

Arens, Hans: Kommentar zu Goethes Faust I, Heidelberg 1982.

Ariston: Fragmenta. In: Wehrli, Fritz (Hg.), Lykon und Ariston von Keos (Die Schule des Aristoteles 6), Basel ²1968, 32–44.

Aristoteles: Ethica Nicomachea. In: Bywater, Ingram (Hg.), Aristotelis Ethica Nicomachea, Oxford 1962, 1–224.

Aristoteles: Die Nikomachische Ethik, übers. v. Gigon, Olof, München ⁸2010.

Aristoteles: Nikomachische Ethik, übers. v. Rolfes, Eugen, hg. v. Bien, Günther, Hamburg ⁴1985.

Aristoteles: Poetik, übers. v. Schmitt, Arbogast. In: Flashar, Hellmut (Hg.): Aristoteles. Werke in deutscher Übersetzung, Bd. 5, Berlin 2008.

Aristoteles: Poetik. Griechisch/Deutsch (Reclam Universal-Bibliothek 7828), übers. v. Fuhrmann, Manfred, Stuttgart 1982.

Aristoteles: Rhetorica. In: Ross, William David (Hg.), Aristotelis Ars Rhetorica, Oxford 1964, 1–191.

Aristoteles: Rhetorik, übers v. Rapp, Christof, Berlin 2002.

Aristoteles: Rhetorik, übers. v. Sieveke, Franz, München 1980.

Arntzen, Helmut: Art. Satire. In: Ästhetische Grundbegriffe. Studienausgabe. Postmoderne – Synästhesie, Bd. 5, Stuttgart 2010, 345–364.

Augustinus, Aurelius: De ordine. Philosophische Frühdialoge. Gegen die Akademiker. Über das Glück. Über die Ordnung, Zürich/München 1972.

Austin, John Lanshaw: Zur Theorie der Sprechakte (How to do things with words), Stuttgart 2014.

Bachtin, Michail: Rabelais und seine Welt. Volkskultur als Gegenkultur (STW 1187), übers. v. Lachmann, Renate, Frankfurt a.M. 1995.

Bäder-Butschle, Ivo: Der Witz über den Glauben und der Witz des Glaubens. In: Roland, Oliver (Hg.), Humor in der Kirche. Der christliche Witz, Mannheim ²2008, 21–29.

Balke, Friedrich: Mimesis zur Einführung, Hamburg 2018.

Balke, Friedrich: Possessive Mimesis. Eine Skizze und ein Beispiel. In: Koch, Gertrud/Vöhler, Martin/Voss, Christiane (Hg.), Die Mimesis und ihre Künste, München 2010, 111–127.

Balke, Friedrich/Engelmeier, Hanna: Mimesis und Figura, Paderborn 2018.

Barlowen, Constantin von: Clown. Zur Phänomenologie des Stolperns, Königstein i.T. 1981.

Bartelmus, Rüdiger: Art צחק/שׂחק. In: ThWAT 7 (1993), 730–745.

Barth, Karl: Die Menschlichkeit Gottes. Vortrag, gehalten an der Tagung des Schweiz. Ref. Pfarrvereins in Aarau am 25. September 1956 (Theologische Studien 48), Zollikon-Zürich 1956.

Battegay, Caspar: Judentum und Popkultur. Ein Essay, Bielefeld 2012.

Baudelaire, Charles: Sämtliche Werke und Briefe, Bd. 1, übers. v. Meister, Guido/Kemp, Friedhelm, München 1977.

Baumann, Maurice: Jésus à 15 ans. Didactique du catéchisme des adolescents, Genf 1993.

Baumgarth-Dohmen, Ines: Die Gefangennahme Christi. Francisco de Goya. In: WUB 92 (2019), 72–75.

Bbc: Making a chimp laugh (Interview with Isabel Behnke Izquierdo), [YouTube] URL: https://www.youtube.com/watch?v=hhlHx5ivGGk (Stand: 01.03.2022).

Beaumont, Daniel: Art. Lie. In: EQ.

Becker, Ferdinand: Das Spott-Crucifix der römischen Kaiserpaläste aus dem Anfange des dritten Jahrhunderts, Breslau 1866, URL: https://www.digitale-sammlungen.de/de/view/bsb10023316?page=6 (Stand: 05.06.2022).

Becker, Jürgen: Ja, was glauben Sie denn? Ein Religions-TÜV (CD), Köln ²2007.

Becker, Jürgen: Das Evangelium nach Johannes. Kapitel 11–21 (ÖTK 4,2), Gütersloh ³1991.

Becker, Jürgen: Religion ist, wenn man trotzdem stirbt. Ein Handbuch für Humor im Himmel, Köln 2007.

Beckett, Samuel: Warten auf Godot. En attendant Godot. Waiting for Godot, übers. v. Tophoven, Elmar, Frankfurt a.M. 2013.

Bednarz, Terri: Humor in the Gospels. A Sourcebook for the Study of Humor in the New Testament, 1863–2014, Lanham 2015.

Bednarz, Terri: Humor-Neutics. Analyzing Humor and Humor Functions in the Synoptic Gospels, PhD Dissertation, Brite Divinity School 2009, URL: https://citeseerx.ist.psu.edu/viewdoc/download?doi=10.1.1.427.5116&rep=rep1&type= (Stand: 14.08.2022).

Behiery, Valerie: Art. Hilya. In: Fitzpatrick, Coeli/Walker, Adam (Ed.), Mohammed in History, Thought, and Culture. An Encyclopedia of the Prophet of God, Santa Barbara 2014, 258–263.

Beikircher, Konrad: Der große Opernführer in zwei Bänden: Bajazzo/Boheme, Köln 2008.

Beikircher, Konrad: Himmel un Ääd (CD), Bochum 2019.

Beikircher, Konrad: Sarens, Frau Walterscheidt (CD), Bochum 2005.

Beikircher, Konrad: 500 Jahre falscher Glaube (CD), Köln 2017.

Bennett, Mary Payne/Lengacher, Cecile: Humor and laughter may influence health: III. Laughter and health outcomes. In: Evidence-Based Complementary and Alternative Medicine 5/1 (2008), 37–40.

Benslama, Fethi: Psychoanalyse des Islam. Wie der Islam die Psychoanalyse auf die Probe stellt, übers. v. Mager, Monika/Schmid, Michael, Berlin 2017.

Berger, Klaus: Ein Kamel durchs Nadelöhr? Der Humor Jesu, Freiburg/Basel/Wien ²2019.

Berger, Peter L.: Erlösendes Lachen. Das Komische in der menschlichen Erfahrung. Berlin/Boston ²2014.

Bergson, Henri: Das Lachen. Ein Essay über die Bedeutung des Komischen (Philosophische Bibliothek Bd. 622), übers. v. Plancherel-Walter, Roswitha, Hamburg 2011.

Bergson, Henri: Das Lachen, übers. v. Frankenberger, Julius, Meisenheim am Glan ²1948.

Bergson, Henri: Das Lachen, übers. v. Frankenberger, Julius, Wiesbaden 2014.

Berlejung, Angelika: Exkurs: Feste, Neumond und Sabbat. In: Gertz, Jan Christian (Hg.) Grundinformation Altes Testament, Göttingen ⁶2019, 78–81.

Berlejung, Angelika: Heilige Zeiten. Ein Forschungsbericht, Neukirchen 2003.

Berner, Christoph: Abraham amidst Kings, Coalitions and Military Campaigns. Reflections on the Redaction History of Gen 14 and its Early Rewritings. In: ders./Samuel, H., The Reception of Biblical War Legislation in Narrative Contexts (BZAW 460), Berlin/New York 2015, 23–60.

Beuth, Kirsten/Joswig, Benita/Matthiae, Gisela (Hg.): Der Sprung in der Schüssel. Künstlerinnen und Theologinnen im Austausch, Herbolzheim 2002.

Bischofberger, Iren: Das kann ja heiter werden. Humor und Lachen in der Pflege, Bern ²2008.

Blomqvist, Christer/Mello, Inês/Amundin, Mats: An acoustic play-fight signal in bottlenose dolphins (Tursiops truncatus) in human care. In: Aquatic Mammals 31/2 (2005), 187–194.

Blumenberg, Hans: Der Sturz des Protophilosophen – Zur Komik der reinen Theorie, anhand einer Rezeptionsgeschichte der Thales-Anekdote. In: Preisedanz, Wolfgang/Warning, Rainer (Hg.), Das Komische (Poetik und Hermeneutik 7), München 1976, 11–64.

Blumhofer, Christopher: The Gospel of John and the Future of Israel (SNTSMS 177), Cambridge 2020.

Booth, Wayne: A Rhetoric of Irony, Chicago 1974.

Borch, Christian/Stähli, Urs (Hg.): Soziologie der Nachahmung und des Begehrens. Materialien zu Gabriel Tarde, Frankfurt a.M. 2009.

Botha, J. Eugene: The Case of Johannine Irony Reopened I: The Problematic Current Situation. In: Neotest 25 (1991), 209–220.

Botha, J. Eugene: The Case of Johannine Irony Reopened II: Suggestions, Alternative Approaches. In: Neotest 25 (1991), 221–232.

Bovon, François: Das Evangelium nach Lukas. Lk 1,1–9,50 (EKK 3,1), Zürich 1989.

Brauneck, Manfred: Die Welt als Bühne. Geschichte des europäischen Theaters, 6 Bände, Stuttgart 1993–2007.

Brodie, Thomas L.: The Gospel according to John, Oxford 1993.

Brook, Peter: Der leere Raum, Berlin 1997.

Bruckstein, Almut S./Budde, Hendrik (Hg.): Taswir. Islamische Bildwelten und Moderne, Berlin 2009.

Büchner, Georg: Lenz, Frankfurt a.M. 1879, URL: https://de.wikisource.org/w/index.php?title=Seite:Georg_B%C3%BCchner_-_Franzos-Werkausgabe_228.jpg&oldid=- (Stand: 15.08.2022).

Bühler, Pierre: Friedrich Dürrenmatt. A Swiss Author Reading and Using Kierkegaard. In: Stewart, John (Ed.), Kierkegaard's Influence on Literature, Criticism and Art. The Germanophone World, Bd. 1 (Kierkegaard Research 12/1), Ashgate 2013, 43–59.

Bühler, Pierre: Warum braucht das Pathetische den Humor? Humor und Religiosität bei Johannes Climacus. In: Cappelørn, Niels Jørgen/Deuser, Hermann (Hg.), Kierkegaard Studies. Yearbook 2005, Berlin/New York 2005, 153–174.

Bukowski, Peter: Die Bibel ins Gespräch bringen. Erwägungen zu einer Grundfrage der Seelsorge, Neukirchen 1994.

Bukowski, Peter: Humor in der Seelsorge. Eine Animation, Neukirchen 2001.

Bultmann, Rudolf: Das Evangelium des Johannes (KEK 2), Göttingen ^{20}1978.

Burns, Joshua Ezra: Like Father, Like Son. An Example of Jewish Humor in the Gospel of John. In: Myers, Susan (Hg.), Portraits of Jesus. Studies in Christology (WUNT 2/321), Tübingen 2012, 27–43.

Busch, Wilhelm: Max und Moritz, München 1865.

Calvini, Ioannis: Opera quae supersunt omnia, hg. v. Baum, Guillaume/Cunitz, Édouard/Reuss, Édouard, Bd. 50, Braunschweig, 1863–1900.

Camery-Hoggatt, Jerry: Irony in Mark's Gospel, Cambridge 1992.

Campbell, Charles L./Cilliers, Johan H.: Was die Welt zum Narren hält. Predigt als Torheit, übers. v. Eichenberg, Dietrich, Leipzig 2015.

Causse, Jean-Daniel: Le moine mélancholique ou comment faire le deuil de Dieu. In: Blaise, Marie (Hg.), Melancholia, Montpellier 2000, 85–93.

Chabbi, Jacqueline: Art. Zamzam. In: The Encyclopaedia of Islam. New Edition, Bd. XI, Leiden 2002, 440–442.

Chen, Guo-Hai/Martin, Rod A.: A comparison of humor styles, coping humor, and mental health between Chinese and Canadian university students. In: Humor 20/3 (2007), 215–234.

Cicero, Marcus Tullius: De Oratore. In: Wilkins, Augustus S. (Hg.), M. Tulli Ciceronis Rhetorica, Libros de Oratore Tres Continens, Bd. 1, Oxford 1902.

Clairvaux, Bernhard von: Sämtliche Werke, hg. v. Winkler, Gerhard B., Innsbruck 1994.

Clavier, Henri: L'ironie dans le quatrieme Evangile. In: StEv l (1959), 261–276.

Crüsemann, Frank: Zwei alttestamentliche Witze: I Sam 21,11–5 und II Sam 6,16.20–23 als Beispiele einer biblischen Gattung. In: ZAW 92 (1980), 215–227.

Culpepper, R. Allan: Reading Johannine Irony. In: ders. (Hg.), Exploring the Gospel of John. In honor of D. Moody Smith, Louisville 1996, 193–207.

Critchley, Simon: Über Humor, übers. v. Vogt, Erik M., Wien 2004.

Darwin, Charles: Der Ausdruck der Gemüthsbewegung bei dem Menschen und den Thieren, Stuttgart 1877.

Davila-Ross, Marina/Owren, Michael J./Zimmermann, Elke: Reconstructing the evolution of laughter in great apes and humans. In: Current Biology 19/13 (2009), 1106–1111.

Davila-Ross, Marina/Owren, Michael J./Zimmermann, Elke: The evolution of laughter in great apes and humans. In: Communicative & Integrative Biology 3/2 (2010), 191–194.

Deleuze, Gilles: Die Falte. Leibniz und der Barock, Frankfurt a.M. [7]2017.

Demosthenes: Epitaphius. In: Rennie, William (Hg.), Demosthenis Orationes, Bd. 3, Oxford 1966, 1388–1400.

Demosthenes: Exordia. In: Rennie, William (Hg.), Demosthenis Orationes, Bd. 3, Oxford 1966, 1418–1462.

Demosthenes: Philippica. In: Butcher, Samuel H. (Hg.), Demosthenis Orationes, Bd. 1, Oxford 1966, 40–55.

Derenbourg, Joseph: Œuvres complètes de R. Saadia Ben Youssef al-Fayyoûmî, Vol. 1, Version arabe du Pentateuque, Paris 1893.

Derrida, Jacques: Limited Inc (Passagen Philosophie), übers. v. Rappl, Werner, hg. v. Engelmann, Peter, Wien 2001.

Derrida, Jacques: Von der Gastfreundschaft. Mit einer „Einladung" von Anne Dufourmantelle, übers. v. Markus Sedlaczek, hg. v. Peter Engelmann, Wien 2001.

Despoix, Philippe: Art. Ironisch/Ironie, übers. v. Fetscher, Justus. In: Ästhetische Grundbegriffe. Studienausgabe 3 (2010), 196–244.

Dietrich, Walter/Arnet, Samuel (Hg.): Konzise und aktualisierte Ausgabe des Hebräischen und Aramäischen Lexikons zum Alten Testament (KAHAL), Leiden/Boston 2013.

Dimitri/Lanfranchi, Corina (Hg.): Humor. Gespräche über die Komik, das Lachen und den Narren, Dornach 1995.

Dirnbeck, Josef: Gott lacht. Ein fröhlicher Crashkurs des christlichen Glaubens, Pattloch 2006.

Dober, Hans Martin (Hg.): Religion und Humor, Göttingen 2017.

Dolar, Mladen: The Comic Mimesis. In: Critical Inquiry 43/2 (2017), 570–592.

Dolto, Françoise/Percheminier, Colette/Dolto-Tolitch, Catherine: Paroles pour adolescents. Le complexe du homard, Paris 1992.

Dramlitsch, Thomas: The Origin of Humor and How Evolution Really Works, o.O. 2018.

Drechsel, Wolfgang: Gemeindeseelsorge, Leipzig 2015.

Drechsel, Wolfgang: Lebensgeschichte und Lebens-Geschichten. Zugänge zur Seelsorge aus biographischer Perspektive, Gütersloh 2002.

Drechsel, Wolfgang: Sterbenarrative aus der Sicht der Krankenhausseelsorge. In: Peng-Keller, Simon/Mauz Andreas (Hg.), Sterbenarrative. Hermeneutische Erkundungen des Erzählens am und vom Lebensende, Berlin 2018, 239–258.

Dubied, Pierre-Luigi: Apprendre Dieu à l'adolescence, Genf 1992.

Dubied, Pierre-Luigi: Le pasteur. Un interprète. Essai de théologie pastorale, Genf 1990.

Duke, Paul D.: Irony in the Fourth Gospel, Atlanta 1985.

Dunbar, R. I. M. et al.: Social laughter is correlated with an elevated pain threshold. In: Proceedings of the Royal Society. Biological sciences 279/1731 (2012), 1161–1167.

Durand, Jean-Marie: Réalités Amorites et traditions Bibliques. In: Revue d'Assyriologie et d'archéologie orientale 92/1 (1998), 3–39.

Dürrenmatt, Friedrich: Der Mitmacher. Ein Komplex. In: ders., Werkausgabe in siebenunddreissig Bänden, Bd. 14, Zürich 1998.

Dürrenmatt, Friedrich: Persönliche Anmerkung zu meinen Bildern und Zeichnungen. In: ders., Werkausgabe in siebenunddreissig Bänden, Bd. 32, Zürich 1998, 201–216.

Dürrenmatt, Friedrich: Pilatus. In: ders., Werkausgabe in siebenunddreissig Bänden, Bd. 19, Zürich 1998, 97–115.

Dürrenmatt, Friedrich: Sätze über das Theater. In: ders., Werkausgabe in siebenunddreissig Bänden, Bd. 30, Zürich 1998, 176–211.

Dürrenmatt, Friedrich: Theaterprobleme. In: ders., Werkausgabe in siebenunddreissig Bänden, Bd. 30, Zürich 1998, 31–72.

Dürrenmatt, Friedrich: Turmbau. Stoffe IV–IX. In: ders., Werkausgabe in siebenunddreissig Bänden, Bd. 29, Zürich 1998.

Dürrenmatt, Friedrich: 21 Punkte zu den Physikern. In: ders., Werkausgabe in siebenunddreissig Bänden, Bd. 7, Zürich 1998, 91–93.

Dürrenmatt, Friedrich: Zwei Dramaturgien?. In: ders., Werkausgabe in siebenunddreissig Bänden, Bd. 30, Zürich 1998, 147–149.

Ebach, Jürgen: Babel und Bibel oder das „Heidnische" im Alten Testament. In: ders., Hiobs Post. Gesammelte Aufsätze zum Hiobbuch, zu Themen biblischer Theologie und zur Methodik der Exegese, Neukirchen-Vluyn 1995, 145–163.

Ebeling, Gerhard: Disputatio de homine. Die theologische Definition des Menschen. Kommentar zu These 20–40 (LuSt 2,3), Tübingen 1989.

Ebert, Patrick: Offenbarung und Entzug. Eine theologische Untersuchung zur Transzendenz aus phänomenologischer Perspektive, Tübingen 2020.

Eco, Umberto: Der Name der Rose, München/Wien 1982.

Eco, Umberto: Der Name der Rose, München 1986.

Eco, Umberto: Der Name der Rose, übers. v. Kroeber, Burkhart, München/Wien ³²1984.

Effinger, Herbert: Lachen erlaubt. Witz und Humor in der Sozialen Arbeit, Regensburg 2006.

Ekman, Paul: An argument for basic emotions. In: Cognition and Emotion 6 (1992), 169–200.

Epping, Josef: Von Anekdote bis Wundergeschichte. Textsorten verstehen. Ein Arbeitsbuch für den Religionsunterricht, München 2010.

Erne, Thomas: Spielräume des Lebens. Zur Bedeutung des Spiels für die Praktische Theologie. In: tà katoptrizómena. Magazin für Theologie und Ästhetik 24 (2003), URL: https://www.theomag.de/24/te4.htm (Stand: 14.08.2022).

Faber, Heije: Profil eines Bettlers? Der Pfarrer im Wandel der modernen Gesellschaft, Göttingen 1976.

Figueroa-Dorrego, Jorge/Larkin-Galiñanes, Cristina (Hg.), A Source Book of Literary and Philosophical Writings About Humour and Laughter. The Seventy-Five Essential Texts from Antiquity to Modern Times, Lewiston 2009.

Fitzmyer, Joseph A. (Hg.): The Gospel According to Luke I–IX (The Anchor Bible 28), New York 1981.

Foster, Benjamin: Before the Muses. An Anthology of Akkadian Literature, Bethesda ³2005.

Foster, Benjamin: Humor and wit in the ancient Near East. In: Sasson, Jack M./Baines, John/Beckman, Gary (Hg.), Civilizations of the Ancient Near East, Bd. 4, New York 1995, 2459–2469.

Frahm, Eckart: Humor in assyrischen Königsinschriften. In: Proseckÿ, Jiri (Hg.) Intellectual life of the Ancient Near East. Papers presented at the 43rd Rencontre assyriologique internationale, Prague, July 1–5, 1996, Prag 1998, 147–162.

Fraley, Barbara/Aron, Arthur: The effect of a shared humorous experience on closeness in initial encounters. In: Personal Relationships 11/1 (2004), 61–78.

Francis, Linda E.: Laughter, the Best Mediation. Humor as Emotion Management in Interaction. In: Symbolic Interaction 17/2 (1994), 147–163.

Frettlöh, Magdalene L.: Gott Gewicht geben. Bausteine einer geschlechtergerechten Gotteslehre, Neukirchen 2006.

Freud, Sigmund: Der Witz und seine Beziehung zum Unbewußten, Frankfurt a.M. 1961.

Freud, Sigmund: Humour. In: The International Journal of Psychoanalysis 9 (1928), 1–6.

Frijda, Nico: The emotions, Cambridge 1986.

Frisch, Max: Fragebogen, Frankfurt a.M. 2011.

Galli, Johannes: Clown. Die Lust am Scheitern, Freiburg i.Br. 1989.

Gesenius, Wilhelm: Hebräisches und Aramäisches Handwörterbuch über das Alte Testament, Berlin/Göttingen/Heidelberg ¹⁷1962.

Gibson, Janet M.: An introduction to the psychology of humor, London/New York 2019.

Gilhus, Ingvild Sælid: Laughing Gods, Weeping Virgins. Laughter in the History of Religion, London/New York 1997.

Gnilka, Joachim: Das Evangelium nach Markus, Dresden 1980.

Goethe, Johann Wolfgang: Faust. Eine Tragödie. In: Goethes Werke. Dramaturgische Dichtungen. Bd. 1, Hamburg ²1954, 7–145.

Goethe, Johann Wolfgang: Prolog zu den neuesten Offenbarungen Gottes, übers. v. Bahrdt, Carl Friedrich, Gießen 1774.

Grafton, Anthony: Forgers and Critics. Creativity and Duplicity in Western Scholarship, London 1990.

Granerød, Gard: Abraham and Melchizedek. Scribal Activity of Second Temple Times in Genesis 14 and Psalm 110 (BZAW 406), Berlin/New York 2010.

Gunkel, Herrmann: Die Psalmen (HK 2/2), Göttingen 1926.

Gunkel, Hermann: Genesis (HK 1/1), Göttingen 1901.

Gunkel, Hermann: Genesis (HK 1/1), Göttingen ⁹1977.

Hamburger, Käte: Der Humor bei Thomas Mann. Zum Joseph-Roman, München 1965.

Hartung, Martin: Ironie in der Alltagssprache. Eine gesprächsanalytische Untersuchung, Radolfzell 2002, URL: http://www.verlag-gespraechsforschung.de/2002/pdf/ironie.pdf (Stand 14.08.2022).

Hauschildt, Eberhard: Seelsorge auf Besuch. In: Kunz, Ralph (Hg.), Seelsorge. Grundlagen – Handlungsfelder – Dimensionen, Göttingen 2016, 53–65.

Hegel, Georg Wilhelm Friedrich: Ästhetik, o.O. 1835.

Hegel, Georg Wilhelm Friedrich: Enzyklopädie der philosophischen Wissenschaften im Grundrisse III, Frankfurt a.M. 1970.

Hegel, Georg Wilhelm Friedrich: Enzyklopädie der philosophischen Wissenschaften im Grundrisse (1830). Dritter Teil. Die Philosophie des Geistes. Mit den mündlichen Zusätzen, hg. v. Moldenhauer, Eva/Michel, Karl Markus (Werke in zwanzig Bänden 10), Frankfurt a.M. ⁹2014.

Hegel, Georg Wilhelm Friedrich: Vorlesungen über die Ästhetik. Dritter Teil, hg. v. Moldenhauer, Eva/Michel, Karl Markus (Werke in zwanzig Bänden 15), Frankfurt a.M. ¹⁰2016.

Hegel, Georg Wilhelm Friedrich: Vorlesungen über die Ästhetik III, Frankfurt a.M. 1970.

Heine, Heinrich, Schriften 1831–1837. In: ders., Sämtliche Schriften (Hanser 220,5), München 1976.

Hoeren, Thomas: Präjakobiner in Deutschland. Carl Friedrich Bahrdt (1740–1792). In: ZRGG 47 (1995), 55–72.

Hoffmann, Friedhelm/Quack, Friedrich Joachim: Anthologie der demotischen Literatur (Einführungen und Quellentexte zur Ägyptologie 4), Berlin ²2018.

Hörhammer, Dieter: Art. Humor. In: Ästhetische Grundbegriffe. Studienausgabe 3 (2010), 66–85.

Hossfeld, Frank-Lothar/Zenger, Erich: Die Psalmen. Psalm 1–50, Bd. 1 (NEB 29), Würzburg 1993.

Hossfeld, Frank-Lothar/Zenger, Erich: Die Psalmen. Psalmen 51–100, Bd. 2 (HThK.AT), Freiburg 2000.

Hupe, Henning: Paradoxe Abschiede. Ironie des Entzugs im Markusevangelium. In: Eisen, Ute E./Mader, Heidrun E. (Hg.), Talking God in Society. Multidisciplinary (Re)constructions of Ancient (Con)texts. Theories and Applications (NTOA 120,1), Göttingen 2020, 617–636.

Iser, Wolfgang: Das Komische – Ein Kipp-Phänomen. In: Bachmaier, Helmut (Hg.), Texte zur Theorie der Komik, Stuttgart 2016, 117–120.

Ito, Hisayasu: Johannine Irony Demonstrated in John 9, Part I. In: Neotest 34/2 (2000), 361–371.

Ito, Hisayasu: Johannine Irony Demonstrated in John 9, Part II. In: Neotest 34/2 (2000), 373–387.

Jacob, Benno: Das erste Buch der Tora – Genesis, Berlin 1934.

Janowski, Bernd: Das Königtum Gottes in den Psalmen. Bemerkung zu einem neuen Gesamtentwurf. In: ZThK 86 (1989), 389–454.

Jean-Charles: La foire aux cancres, Paris 1990.

Jeremias, Jörg: Das Königtum Gottes in den Psalmen. Israels Begegnung mit dem kanaanäischen Mythos in den Jahwe-König-Psalmen (FRLANT 141), Göttingen 1987.

Jeremias, Jörg: Die Reue Gottes, Neukirchen-Vluyn ²1977.

Jeremias, Jörg: Theologie des Alten Testaments (ATD.E 6), Göttingen 2015.

Jüngel, Eberhard: Gott als Geheimnis der Welt, Tübingen ⁶1992.

Kappelhoff, Herrmann et al. (Hg.): Emotionen. Ein interdisziplinäres Handbuch, Berlin 2019.

Keith-Spiegel, Patricia: Early Conceptions of Humor. Varieties and Issues. In: Goldstein, Jeffrey H./McGhee, Paul E. (Hg.), The Psychology of Humor. Theoretical Perspectives and Empirical Issues, New York 1972, 4–36.

Kellermann, Dietrich: Art. Heiligkeit II. Altes Testament. In: TRE 14 (1985), 697–703.

Khalidi, Tarif: Images of Muhammad. Narratives of the Prophet in Islam Across the Centuries, Albig 2009.

Kiefer, Iris/Tiefenbacher, Matthias: Tatort. Tempelräuber, filmpool 2009.

Kierkegaard, Søren: Abschliessende unwissenschaftliche Nachschrift zu den Philosophischen Brosamen (1846). In: ders., Philosophische Brosamen und Unwissenschaftliche Nachschrift, hg. v. Diem, Hermann/Rest, Walter, München 1976, 131–844.

Kipfer, Sara: Angst, Furcht und Schrecken. Eine kognitiv-linguistische Untersuchung einer Emotion im Biblischen Hebräisch. In: JNSL 42 (2016), 15–79.

Kirn, Thomas/Echelmeyer, Liz/Engberding, Margarita: Imagination in der Verhaltenstherapie, Heidelberg 2009.

Klein, Hans: Das Lukasevangelium (KEK 1,3), Göttingen ¹⁰2006.

Knieling, Reiner: Plädoyer für unvollkommene Gemeinden. Heilsame Impulse, Göttingen 2008.

Konradt, Matthias: Das Evangelium nach Matthäus (Das Neue Testament Deutsch 1), Göttingen/Bristol 2015.

Kornfeld, Walter/ Ringgren, Helmer: Art. קדש. In: ThWAT 6 (1989), 1179–1204

Kowalski, Beate: Was ist Wahrheit? (Joh 18,38a). Zur literarischen und theologischen Funktion der Pilatusfrage in der Johannespassion. In: Huber, Konrad (Hg.), Im Geist und in der Wahrheit (NTA 52), Münster 2008, 201–227.

Krüger, Annette: Das Lob des Schöpfers. Studien zu Sprache, Motivik und Theologie von Psalm 104 (WMANT 124), Neukirchen-Vluyn 2010.

Krüger, Thomas: Tacit Knowledge in the Old Testament. In: Oorschot, Jürgen van/Wagner Andreas/Allolio-Näcke, Lars (Hg.), Archeology of Mind in the Hebrew Bible/Archäologie alttestamentlichen Denkens, Berlin 2023, 347–356.

Kuiper, Nicholas A./Olinger, L. Joan: Humor and mental health. In: Friedman, Howard S. (Hg.), Encyclopedia of Mental Health, San Diego 1998, 445–458.

Kuschel, Karl-Josef: Lachen Gottes und der Menschen Kunst, Tübingen 1998.

Landsberg, Herrad von: Hortus Deliciarum. In: Schmidt, Heinrich/Schmidt, Margarethe, Die vergessene Bildersprache der christlichen Kunst. Ein Führer zum Verständnis der Tier-, Engel- und Mariensymbolik, München 1981.

Landsberger, Benno: Die Eigenbegrifflichkeit der babylonischen Welt. In: Islamica 2 (1926), 355–372.

Lange, Martin: „Lachen mit" und „Lachen über". Heiteres über Präpositionen und Mantafahrer im DaF-Unterricht. In: Hoffmann, Tina et al. (Hg.), Humor. Grenzüberschreitende Spielarten eines kulturellen Phänomens, Göttingen 2008, 215–219.

Larkin-Caliñanes, Cristina: An Overview of Humor Theory. In: Attardo, Salvatore (Hg.), The Linguistics of Humor, Oxford 2020, 4–16.

Larsen, Brian: Archetypes and the Fourth Gospel. Literature and Theology in Conversation, London/New York 2018.

Lattke, Michael: Art. Heiligkeit III. Neues Testament. In: TRE 14 (1985), 703–708.

Laube, Johannes: Art.Heiligkeit IV. Systematisch-theologisch. In: TRE 14 (1985), 708–712.

Laun, Andreas: Heiteres, URL: https://web.achive.org/web/20110209180155fw_/http://www.kirchen.net/bischof/laun/launheiteres.htm#heilge (Stand: 14.08.2022)

Lauster, Jörg et al. (Hg.): Rudolf Otto. Theologie – Religionsphilosophie – Religionsgeschichte, Berlin 2014.

Le Goff, Jacques: Das Lachen im Mittelalter, Stuttgart 2004.

Le Goff, Jacques: Laughter in the Middle Ages. In: Bremmer, Jan/Roodenburg, Herman (Hg.), A Cultural History of Humor, Cambridge 1997, 40–53.

Lec, Stanislaw Jerzy: Das große Buch der unfrisierten Gedanken. In: Dedecius, Karl (Hg.), Das große Stanislaw Jerzy Lec Buch, Aphorismen, Epigramme, Gedichte und Prosa, München/Wien 1971.

LeDoux, Joseph: Das Netz der Gefühle. Wie Emotionen entstehen. München/Wien 1998.

Leenhardt, Maurice: Do Kamo. La personne et le mythe dans le monde mélanésien, Paris ³1998.

Leenhardt, Maurice: Expériences sociales en terre canaque. In: Christianisme social 9 (1921), 96–114, abgedruckt unter dem Titel: De la gangue tribale à la conscience morale. In: Le Monde Non-Chrétien 66 (1963), 114–132.

Leenhardt, Maurice: Gens de la Grande Terre, Paris ²1953.

Leenhardt, Maurice: Le catéchumène canaque. In: Société des Missions évangéliques (1922).

Leenhardt, Maurice: Notes d'ethnologie néo-calédonienne (1930) (Travaux et mémoires de l'Institut d'ethnologie, Band VIII), Paris ²1980.

Leuenberger, Martin: Konzeptionen des Königtums Gottes im Psalter. Untersuchungen zu Komposition und Redaktion der theokratischen Bücher IV–V innerhalb des Psalters (AThANT 83), Zürich 2004.

Levinas, Emmanuel: Ein Gott, „transzendent bis zur Abwesenheit", übers. v. Wasel, Ulrike. In: Nettling, Astrid/Engelmann, Peter (Hg.), Gott, der Tod und die Zeit (Passagen Forum), Wien ²2013, 231–236.

Levinas, Emmanuel: Jenseits des Seins oder anders als Sein geschieht, übers. v. Wiemer, Thomas, Freiburg/München ⁴2011.

Levinas, Emmanuel: Schwierige Freiheit. Versuch über das Judentum, übers. v. Moldenhauer, Eva, Frankfurt a.M. ²1996.

Levinas, Emmanuel: Totalität und Unendlichkeit. Versuch über die Exteriorität, übers. v. Krewani, Wolfgang Nikolaus, Freiburg/München ⁵2014.

Liebertz, Charmaine: Lachen und lernen bilden ein Traumpaar – Bedeutung des Lachens für das Lernen. In: Unsere Kinder. Das Fachjournal für Bildung und Betreuung in der frühen Kindheit 62/3 (2007), 10–13.

Lienhard, Marc: Rire avec Dieu. L'humour chez les chrétiens, les juifs et les musulmans, Genf 2019.

Lowie, Robert Harry: Social Life of the Crow Indians (Anthropological Papers of the American Museum of Natural History 9,2), New York 1912.

Lowie, Robert Harry: Traité de sociologie primitive (1936), übers. v. É. Métraux, Paris ²1969.

Lühl, Max: Lachen als anthropologisches Phänomen. Theologische Perspektiven, Berlin/Boston 2019.

Luther, Martin: D. Martin Luthers Werke. Kritische Gesamtausgabe (WA), Weimar 2000.

Maak, Niklas: Der Fremde schafft uns ein Zuhause. Frankfurter Allgemeine Zeitung, 1.8.2017, URL: https://www.faz.net/-gr0-909v0 (Stand: 20.12.2022).

MacRae, George W.: Theology and Irony in the Fourth Gospel. In: Clifford, Richard J. (Ed.), The Word in the World. Essays in Honor of Frederick L. Moriarity, Cambridge 1973, 83–96, reprinted in: Stibbe, Mark W. G. (Ed.) The Gospel of John as Literature. An Anthology of Twentieth-Century Perspectives, Leiden 1993, 103–113.

Man, Paul de: The Concept of Irony. In: ders., Aesthetic Ideology, Minneapolis/London 1996, 163–184.

Margalith, Othniel: The Riddle of Genesis 14 and Melchizedek. In: ZAW 112 (2000), 501–508.

Marrin, Patrick: Did Jesus Have a Sense of Humor? In: BiTod 33 (1995), 68–73.

Martel, Frédéric: Sodom. Macht, Homosexualität und Doppelmoral im Vatikan, Frankfurt a.M. 2019.

Martin, Rod A. et al.: Humor, coping with stress, self-concept, and psychological well-being. In: Humor 6/1 (1993), 89–104.

Martin, Rod A. et al.: Individual differences in uses of humor and their relation to psychological well-being. Development of the Humor Styles Questionnaire. In: Journal of research in personality 37/1 (2003), 48–75.

Martin, Rod A./Ford, Thomas E.: The Psychology of Humor. An Integrative Approach. London ²2018.

Marzolph, Ulrich: Arabia ridens. Die humoristische Kurzprosa der adab-Literatur im internationalen Traditionsgeflecht, Frankfurt a.M. 1992.

Marzolph, Ulrich: The Muslim Sense of Humour. In: Humour and Religion. Challenges and ambiguities 1/13 (2011), 169–187.

Matthiae, Gisela: Art. Humor (AT). In: WiBiLex 2009.

Matthiae, Gisela: Clownin Gott. Eine feministische Dekonstruktion des Göttlichen, Stuttgart ²2001.

Matthiae, Gisela: Humorvoll lernen und leben. Über eine gewitzte Haltung in der Bildungsarbeit, [Erwachsenenbildung und Familienbildung im Zentrum Bildung der EKHN], URL: https://www.erwachsenenbildung-ekhn.de/index.php?id=879 (Stand: 14.08.2022).

Matthiae, Gisela: Wo der Glaube ist, da ist auch Lachen. Clownerie für Leib und Seele, München ²2019.

Matthiae, Gisela: Wo der Glaube ist, da ist auch Lachen. Mit Clownerie zur Glaubensfreude, Stuttgart 2013.

Mauss, Marcel: Parentés à plaisanteries (1926). In: Œuvres 3 Cohésion sociale et divisions de la sociologie, Paris 1969, 109–135.

McGhee, Paul: Humor als Copingstrategie. In: Wild, Barbara (Hg.), Humor in Psychiatrie und Psychotherapie. Neurobiologie-Methoden-Praxis, Stuttgart 2012, 197–217.

Meeker, Joseph: The Comedy of Survival, Tucson 1997.

Metcalf, Charles W./ Felible, Roma: Lighten Up. Survival Skills for People Under Pressure, New York 1999.

Meyer, Richard Moses: Goethe, Bd. 1, Berlin ³1905.

Meyer-Sickendiek, Burkhard: Der ‚jüdische Witz'. Zur unabgegoltenen Problematik einer alten Kategorie. In: Block, Friedrich (Hg.), Wandel und Institution des Komischen. Ergebnisse des Kasseler Komik-Kolloquiums, Bielefeld 2012, 93–116.

Meyerowitz, Jan: Der echte jüdische Witz, Berlin 1971.

Mieroop, Marc van de: A History of the Ancient Near East, Oxford ²2007.

Miles, John A.: Laughing at the Bible. Jonah as a Parody. In: The Jewish Quarterly Review 65/3 (1975), 168–181.

Miller, Michael: Laughter helps blood vessels function better. Presentation conducted at the meeting of the American College of Cardiology Scientific Session, Orlando/Florida 2005.

Minois, Georges: Histoire du rire et de la dérision, Paris 2000.

Mordillo, Guillermo: Cartoons zum Verlieben, München 1977.

Morenz, Ludwig D.: Kleine Archäologie des ägyptischen Humors. Ein kulturgeschichtlicher Testschnitt, Berlin 2013.

Morreall, John (Hg.): The Philosophy of Laughter and Humor, Albany 1987.

Moser-Ehinger, Susann/Moser-Ehinger, Hansueli W.: Gardi Hutter. Die Clownerin, Altstätten/München ²1986.

Moser, Felix: Mißverständnis und Ironie in der johanneischen Argumentation und ihr Gebrauch in der heutigen pfarramtlichen Praxis. In: Rose, Martin (Hg.), Johannes-Studien. Interdisziplinäre Zugänge zum Johannes-Evangelium, Zürich 1991, 47–73.

Mulder, Martin J.: Art. s^edom. In: ThWAT 5 (1986), 756–768.

Müller-Zähringer, Erik/Rahner, Johanna/Grillmeyer, Siegfried (Hg.): Peterchens Mondfahrt. Peter Sloterdijk, die Religion und die Theologie (Fragen der Zeit 12), Regensburg 2015.

Münch, Hans-Hubertus: Individualität im Alten Ägypten. In: Oorschot, Jürgen van/Wagner Andreas/Allolio-Näcke, Lars (Hg.): Archeology of Mind in the Hebrew Bible/Archäologie alttestamentlichen Denkens, Berlin 2023, 247–258.

Neuwirth, Angelika: Der Koran als Text der Spätantike, Berlin ⁴2017.

Neuwirth, Angelika: Der Koran. Handkommentar mit Übersetzung, Bd. 1–5, Berlin 2011.

Neuwirth, Angelika: Der Koran. Frühmekkanische Suren. Poetische Prophetie, Bd. 1, Berlin 2011.

Neuwirth, Angelika: Vom Rezitationstext über die Liturgie zum Kanon. Zu Entstehung und Wiederauflösung der Surenkomposition im Verlauf der Entwicklung eines islamischen Kultus. In: Wild, Stefan (Hg.), The Qur'an as text (Islamic philosophy, theology and science 27), Leiden/New York/Köln 1996, 69–105.

Nietzsche, Friedrich: Also sprach Zarathustra. Ein Buch für Alle und Keinen (1885). (Dritter Teil, Von den Abtrünnigen). In: ders., Kritische Studienausgabe, Bd. 4, hg. v. Colli, Giorgio/Montinari, Mazzino, München ²1999.

Nietzsche, Friedrich: Also sprach Zarathustra I–IV. In: ders., Sämtliche Werke. Kritische Studienausgabe, Bd. 4, hg. v. Colli, Giorgio/Montinari, Mazzino, München 2014.

Nietzsche, Friedrich: Also sprach Zarathustra I–IV. In: ders. Sämtliche Werke. Kritische Studienausgabe in 15 Bänden, hg. v. Colli, Giorgio/Montinari, Mazzino, Berlin/NewYork ²1988.

Nietzsche, Friedrich: Morgenröte. Idyllen aus Messina. Die fröhliche Wissenschaft. In: ders., Sämtliche Werke. Kritische Studienausgabe, Bd. 3, hg. v. Colli, Giorgio/Montinari, Mazzino, München 1999.

Nöldeke, Theodor: Geschichte des Qorans. Über den Ursprung des Qorāns, Bd. 1, Hildesheim ²1961.

Nolland, John: Luke 1–9:20 (WBC 35A), Nashville 2000.

Oatley, Keith/Duncan, Elaine: The experience of emotion in everyday life. In: Cognotion and emotion 8 (1994), 369–381.

Oeming, Manfred: Das Buch der Psalmen. Psalm 1–41 (NSK.AT), Bd. 1, Stuttgart 2000.

Oeming, Manfred: „Wer mein Fleisch kaut und mein Blut trinkt, der hat ewiges Leben" (Joh 6,54). Fleisch- und Blutrituale des Mithras-Kults als antiker Kontext von Johannes 6,51–60. In: Eisen, Ute E./Mader, Heidrun E. (Hg.), Talking God in Society. Multidisciplinary (Re)constructions of Ancient (Con)texts. Hermeneuein in Global Contexts. Past and Present (NTOA 120/2), Göttingen 2020, 661–696.

Panksepp, Jaak: Neuroevolutionary sources of laughter and social joy. Modeling primal human laughter in laboratory rats. In: Behavioural Brain Research 182/2 (2007), 231–244.

Panoff, Michel/Perrin, Michel: Dictionnaire de l'ethnologie, Paris 1973.

Paul, Jean: Vorschule der Ästhetik, Hamburg 1990.

Pellis, Sergio M./Pellis, Vivien C.: What is play fighting and what is it good for? In: Learning & Behavior 45/4 (2017), 355–366.

Petersen, Jürgen: Mimesis – Imitatio – Nachahmung. Eine Geschichte der europäischen Poetik, München 2000.

Pfandl-Waidgasser, Andrea: Spielerischer Ernst. Clowneske Interventionen in der Krankenhausseelsorge, Stuttgart 2011.

Piem: Dieu et vous, Paris 1996.

Plamper, Jan: Geschichte und Gefühl. Grundlagen der Emotionsgeschichte, München 2012.

Platon: Der Staat. Politeia, übers. v. Rufener, Rudolf, Düsseldorf 2000.

Platon: Philebos, übers. v. Diès, A., Paris 1966.

Platon: Politeia. In: Wolf, Ursula (Hg.), Sämtliche Werke, Bd. 2, Hamburg ^{34}2013.

Plessner, Helmuth: Ausdruck und menschliche Natur. In: ders., Gesammelte Schriften, Bd. 7, Frankfurt a.M. 1982.

Plessner, Helmuth: Das Problem von Lachen und Weinen. In: Tijdschrift voor Philosophie 2 (1940), 317–384.

Plessner, Helmuth: Lachen und Weinen, Bern/München 1961.

Plessner, Helmuth: Lachen und Weinen. Eine Untersuchung der Grenzen menschlichen Verhaltens. In: ders., Gesammelte Schriften, Ausdruck und menschliche Natur, Bd. VII, Frankfurt a.M. 1982, 201–387.

Plutchik, Robert: Emotion. A psychoevolutionary synthesis, New York 1980.

Preisendanz, Wolfgang: Art. Humor. In: HWPh 3 (1974), 1232–1234.

Preisendanz, Wolfgang: Art. Komische, Lachen. In: J. Ritter/K. Gründer (Hg.): Historisches Wörterbuch der Philosophie, Bd. 4, Basel 1976.

Preisendanz, Wolfgang/Warning, Rainer: Das Komische (Poetik und Hermeneutik 7), München 1976.

Procksch, Otto/Kuhn, Karl Georg: Art. ἅγιος. In: ThWNT 1 (1933), 87–116.

Prütting, Lenz: Homo ridens. Eine phänomenologische Studie über Wesen, Formen und Funktionen des Lachens (Neue Phänomenologie Band 21), Freiburg/München ^{4}2016.

Rad, Gerhard von: Das erste Buch Mose. Genesis (ATD 2/4), Göttingen ^{9}1972.

Radday, Yehuda T.: Humour in Names. In: ders./Brenner, Athalya, On Humour and the Comic in the Hebrew Bible (JSOTS 92), Sheffield 1990, 59–98.

Radday, Yehudah. T.: On Missing the Humour in the Bible. An Introduction. In: ders./Brenner, Athalya (Ed.), On Humour and the Comic in the Hebrew Bible (JSOTS 92), Sheffield 1990, 21–38.

Raphaël, Freddy: L'injonction au rire. Marcel Mauss et les «parentés à plaisanterie». In: Revue des Sciences sociales 43 (2010), 32–33.

Raskin, Viktor (Hg.): The Primer of Humor Research (Humor Research 8), Berlin/New York 2008.

Regan, Pamela C./Joshi, Anupama: Ideal partner preferences among adolescents. In: Social behavior and personality 31/1 (2003), 13–20.

Rengstorf, Karl Heinrich: Art. γελάω. In: ThWNT 1 (1933), 656–660.

Rieger, Reinhold: Von der Freiheit eines Christenmenschen, Tübingen 2007.

Ritter, Falko: Lachszenen in der Literatur. Von Homer bis Houellebecq, Hamburg 2018.

Rognon, Frédéric: Maurice Leenhardt. Pour un destin commun en Nouvelle Calédonie (Figures protestantes), Lyon 2018.

Rolf, Sybille: Vom Sinn zum Trost. Überlegungen zur Seelsorge im Horizont einer relationalen Ontologie, Münster/Hamburg 2003.

Roth, Ursula: Die Theatralität des Gottesdienstes, Gütersloh 2006.

Sabbe, Maurits: The Arrest of Jesus in Jn 18,1–11 and its Relation to the Synoptic Gospels. A Critical Evaluation of A. Dauer's Hypothesis. In: ders., Studia Neotestamentica. Collected Essays (BETL 98), Leuven 1991, 355–388.

Sanders, Barry: Sudden Glory. Laughter as Subversive History, Boston 1995.

Scheffler, Eben: Jesus' non-violence at his arrest. The Synoptics and John's Gospel compared. In: APB 17 (2006), 312–326.

Scherer, Klaus R.: Emotionen. In: Stroebe, Wolfgang/Jonas, Klaus/Hewstone, Miles (Hg.), Sozialpsychologie. Eine Einführung, Berlin [4]2002, 165–213.

Schimmel, Annemarie: Und Muhammad ist sein Prophet, München [3]1995.

Schmidt-Hidding, Wolfgang: Humor und Witz (Europäische Schlüsselwörter 1), München 1963.

Schmidt, Jochen: Goethes Faust. Erster und Zweiter Teil. Grundlagen – Werk – Wirkung, München 1999.

Schmidt, Werner H.: Das Königtum Gottes in Ugarit und Israel. Zur Herkunft der Königsprädikation Jahwes (BZAW 60), Berlin 1961.

Schneider, Niklaus/Lehnert, Volker: Berufen – wozu? Zur gegenwärtigen Diskussion um das Pfarrbild in der Evangelischen Kirche, Neukirchen-Vluyn 2009.

Scholtissek, Klaus: Ironie und Rollenwechsel im Johannesevangelium. In: ZNW 89 (1998), 235–255.

Schroer, Silvia/Staubli, Thomas: Die Körpersymbolik der Bibel, Darmstadt [2]2005.

Schroeter, Harald: Art. Ostern/Osterfest/Osterpredigt II. In: TRE 25 (1995), 530–533.

Schulze, Frank: Humor als regulative Idee politischer Bildung. Der Beitrag des „Großen Humors" zur Orientierung kritisch-rationaler und dialogischer politischer Erwachsenenbildung, Schwalbach a.T. 2010.

Schürmann, Heinz: Das Lukasevangelium. Kommentar zu Kap. 1,1–9,50 (HThKNT 3,1), Freiburg/Basel/Wien ³1984.

Schuster, Benny Grey: Das Osterlachen (Flensburger Studien 14), übers. v. Harbsmeier, Eberhard, Hamburg 2019.

Schwiderski, Dirk: Die alt- und reichsaramäischen Inschriften (FoSub 2), Berlin/New York 2008.

Schwiderski, Dirk (Hg.): Die Reichsaramäischen Inschriften. Konkordanz (FoSub 4), Bd. 1, Berlin/New York 2008.

Schwind, Klaus: Art. Komisch. In: Barck, Karlheinz et al. (Hg.), Ästhetische Grundbegriffe. Studienausgabe. Harmonie – Material, Bd. 3, Stuttgart 2010, 332–384.

Schwing, Raoul et al.: Positive emotional contagion in a New Zealand parrot. In: Current Biology 27/6 (2017), R213–R214.

Screech, Michael Andrew: Laughter at the Foot of the Cross, London 1997.

Seebass, Horst: Genesis II. Vätergeschichte I (1,1–11,26), Neukirchen-Vluyn 1996.

Seters, John Van: Abraham in History and Tradition, New Haven/London 1975.

Sevrin, Jean-Marie: Ego eimi/ouk eimi. Une triple affirmation (de Jésus: 18,4–9) et deux triples négations (de Pierre: 18,17–18.25–27; de Jean: 1,19–21). In: Brelle, Gilbert van/ Labahn, Michael/Maritz, Pieter (Hg.), Repetitions and Variations in the Fourth Gospel. Style, Text, Interpretation (BETL 223), Leuven 2009, 347–355.

Sauter, Bruno: Art. Bahrdt. In: NDB Aachen–Behaim 1 (1953), 542–543.

Seybold, Klaus: Die Psalmen (HAT 1/15), Tübingen 1996.

Shafer, Naomi/Langenes, Susan: Clowns without Borders, URL: https://clownswithoutborders.org (Stand: 14.08.2022).

Sheridan, Mark (Hg.): Genesis 12–50 (Ancient Christian Commentary on Scripture II), Downers Grove 2002.

Siegel, Lee: Laughing Matters. Comic Tradition in India, Chicago 1987.

Simonet, Patricia/Versteeg, Donna: Dog Laughter. Recorded playback reduces stress related aggression in shelter dogs. In: Clum, Nancy/Silver, Scott/Thomas, Pat, Proceedings of the Seventh International Conference On Environmental Enrichment, New York 2005, 170–176.

Simpson, J.A./ Weiner, E.S.C. (Hg.): Art. Clown. In: OED III, Oxford ²1989.

Sinai, Nicolai: An Interpretation of Sūrat al-Najm (Q. 53). In: Journal of Qur'anic Studies 13/2 (2011), 1–28.

Sindermann: Thorsten: Über praktischen Humor. Oder eine Tugend epistemischer Selbstdistanz, Würzburg 2009.

Sloterdijk, Peter: Den Himmel zum Sprechen bringen. Über Theopoesie, Frankfurt a.M. 2020.

Sloterdijk, Peter: Gottes Eifer. Vom Kampf der drei Monotheismen, Frankfurt a.M./Leipzig 2007.

Sloterdijk, Peter: Kritik der zynischen Vernunft, Frankfurt a.M. 1983.

Sloterdijk, Peter: Nach Gott: Glaubens- und Unglaubensversuche, Berlin 2017.

Sloterdijk, Peter: Zorn und Zeit. Politisch-psychologischer Versuch, Frankfurt a.M. 2006.

Sölle, Dorothee: Gott denken. Eine Einführung in die Theologie, Stuttgart 1990.

Spitzbart, Detlev: Scham, Beschämung und Kontrollverlust in der Seelsorge an Demenz erkrankten Menschen. In: Transformationen 23 (2015), 76–114.

Springhart, Heike: Der verwundbare Mensch. Sterben, Tod und Endlichkeit im Horizont einer realistischen Anthropologie, Tübingen 2016.

Steinberg, Guido: Reformismus, Islamismus und Salafismus in der arabischen Welt. In: Brunner, Rainer (Hg.), Islam. Vielfalt und Einheit einer Weltreligion, Stuttgart 2016, 501–526.

Sternberg, Robert J.: Implicit theories of intelligence, creativity, and wisdom. In: Journal of personality and social psychology 49/3 (1985), 607–627.

Stoellger, Philipp: Alles in Ordnung? Die Ordnung des Übels und das Übel der Ordnung. In: Boothe, Brigitte (Hg.), Ordnung und Außer-Ordnung. Zwischen Erhalt und tödlicher Bürde, Bern 2008, 111–141.

Stoellger, Philipp: Grenzreaktionen Gottes. Hat Gott etwas zu lachen? In: TheoLogica 1 (2000), 14–21.

Stoellger, Philipp (Hg.): Figurationen des Menschen. Studien zur Medienanthropologie (Interpretation Interdisziplinär 18), Würzburg 2019.

Stoellger, Philipp/Kumlehn, Martina (Hg.): Bildmacht/Machtbild. Zur Deutungsmacht des Bildes. Wie Bilder glauben machen (Interpretation Interdisziplinär 17), Würzburg 2018.

Stoellger, Philipp/Kumlehn, Martina (Hg.): Wortmacht/Machtwort. Deutungsmachtkonflikte in und um Religion (Reihe: Interpretation Interdisziplinär 16), Würzburg 2017.

Tamer, Georges (Hg.): Humor in der arabischen Kultur. Humor in Arabic Culture, Berlin/New York 2009.

Tamer, Georges: The Quran and Humor. In: ders. (Hg.), Humor in der arabischen Kultur. Humor in Arabic Culture, Berlin/New York 2009, 3–28.

Temprano, Emilio: El arte de la risa, Barcelona 1999.

Theophrastus: Characteres. In: Steinmetz, Peter (Hg.), Theophrast. Charaktere (Das Wort der Antike 7,1), München 1960, 62–106.

Thiede, Werner: Das verheißene Lachen. Humor in theologischer Perspektive, Göttingen 1986.

Thielicke, Helmut: Das Lachen der Heiligen und Narren. Nachdenkliches über Witz und Humor, Freiburg 1982.

Tinner, Walter: Art. Zynismus; zynisch. In: HWPh 12 (2005), 1549–1556.

Tomkins, Silvan S.: Affect, imagery, consciousness, New York 1962.

Torberg, Friedrich: „Wai geschrien", oder Salcia Landmann ermordet den jüdischen Witz. Anmerkungen zu einem beunruhigenden Bestseller. In: ders., PPP. Parodien, Pamphlete, Post Scripta, München 1964, 183–208.

Trenkle, Bernhard: Das Ha-Handbuch der Psychotherapie. Witze – ganz im Ernst, Heidelberg [10]2017.

Valentin, Joachim: Das Komische als Dekonstruktion des Schreckens. Philosophisch-theologische Überlegungen zu „Das Leben ist schön" von Roberto Benigni. In: Orth, Stephan/Ders./Zwick, Reinhold (Hg.), Göttliche Komödien. Religiöse Dimensionen des Komischen im Kino, Köln 2001, 125–141.

Wagner, Andreas: Emotionen, Gefühle und Sprache im Alten Testament. Vier Studien. (KUSATU 7), Kamen [2]2011.

Wagner, Andreas: Emotionen in alttestamentlicher und verwandter Literatur – Grundüberlegungen am Beispiel des Zorns. In: Egger-Wenzel, Renate/Corley, Jeremy (Hg.), Emotions from Ben Sira to Paul. (Deuterocanonical and Cognate Literature. Yearbook 2011) Berlin/Boston 2012, 27–68.

Wagner, Andreas: Emotionen in Text, Sprache und materialen Bildern. Eine Skizze aus Sicht der Metaphernanalyse. In: Kipfer, Sara (Hg.), Visualizing Emotions in the Ancient Near East (OBO 285), Fribourg/Göttingen 2017, 207–218.

Wagner, Andreas: God's Body. The Anthropomorphic God in the Old Testament, London 2019.

Wagner, Andreas: Gottes Körper. Zur alttestamentlichen Vorstellung der Menschengestaltigkeit Gottes, Gütersloh 2010.

Wagner, Andreas: Liebe Gottes und der Götter. Einige Beobachtungen aus dem Vergleich Jahwes mit den Göttern Ugarits. In: Oeming, Manfred (Hg.), Ahava. Die Liebe Gottes im Alten Testament (ABG 56), Leipzig 2018, 73–92.

Waldenfels, Bernhard: Antwortregister, Frankfurt a.M. [2]2016.

Waldenfels, Bernhard: Bruchlinien der Erfahrung. Phänomenologie, Psychoanalyse, Phänomenotechnik, Frankfurt a.M. 2002.

Waldenfels, Bernhard: Grundmotive einer Phänomenologie des Fremden, Frankfurt a.M. 2006.

Waldenfels, Bernhard: Hyperphänomene. Modi hyperbolischer Erfahrung (Stw 2047), Berlin 2012.

Waldenfels, Bernhard: ... jeder philosophische Satz ist eigentlich in Unordnung, in Bewegung. In: Fischer, Matthias/Gondek, Hans-Dieter/Liebsch, Burkhard (Hg.), Vernunft im Zeichen des Fremden. Zur Philosophie von Bernhard Waldenfels, Frankfurt a.M. 2001, 409–459.

Waldenfels, Bernhard: Ordnung im Zwielicht (Übergänge 61), München [2]2013.

Waldenfels, Bernhard: Phänomenologie der Aufmerksamkeit (Stw 1734), Frankfurt a.M. 2004.

Waldenfels, Bernhard: Sozialität und Alterität. Modi sozialer Erfahrung (Stw 2137), Berlin 2015.

Wead, David W.: Johannine Irony as a Key to the Author. Audience Relationship in John's Gospel. In: Francis, Fred O. (Hg.), Biblical Literature. 1974 Proceedings, Tallahassee 1974, 33–50.

Wead, David W.: The Literary Devices in John's Gospel. In: ThD 4 (1970), 47–68.

Weihe, Richard: Über den Clown. Künstlerische und Theoretische Positionen, Bielefeld 2016.

Weinfeld, Moshe: Bereshit (Olam ha-Tanakh), Jerusalem ^{6}2002.

Weinrich, Harald: Lethe. Kunst und Kritik des Vergessens, München ^{2}1977.

Weiß, Andreas G.: Ausgelacht!? Glaube und die Grenzen des Humors, Freiburg 2021.

Welker, Michael: Gottes Geist. Theologie des Heiligen Geistes, Neukirchen 1992.

Wellhausen, Julius: Prolegomena zur Geschichte Israels, Berlin/New York ^{6}2001.

Wengst, Klaus: Das Johannesevangelium, Stuttgart ^{27}2009.

Werner-Lobo, Klaus: Frei und gefährlich. Die Macht der Narren, Wals bei Salzburg 2016.

Westerkamp, Dirk: Das gelotheologische Bilderverbot. In: Stoellger, Philipp/Wolff, Jens, Bild und Tod. Grundfragen der Bildanthropologie, Tübingen 2016, 343–354.

Westermann, Claus: Genesis 12–36 (EdF 48), Darmstadt 1975.

Wierzbicka, Anna: Emotions across languages and cultures. Diversity and universals, Cambridge 1999.

Wild, Barbara (Hg.): Humor in Psychiatrie und Psychotherapie. Neurobiologie – Methoden – Praxis, Stuttgart 2016.

Wilder, Thornton: Und der Knecht hieß Malchus. In: ders., Einakter und Dreiminutenspiele, übers. v. Herlitschka, Herberth E., Frankfurt a.M. 1968, 48–51.

Willi-Plein, Ina: Das Buch Genesis. Kapitel 12–50 (NSK.AT 1,2), Stuttgart 2011.

Wirth, Uwe (Hg.): Komik. Ein interdisziplinäres Handbuch, Stuttgart 2017.

Wolff, Hans Walter: Dodekapropheton. Obadja und Jona (BKAT 14,3), Neukirchen-Vluyn 1977.

Wright, Arthur M. Jr.: The Governor and the King. Irony, Hidden Transcripts, and Negotiating Empire in the Fourth Gospel, Eugene 2019.

Ziemer, Benjamin: Abram – Abraham. Kompositionsgeschichtliche Untersuchungen zu Genesis 14, 15 und 17 (BZAW 350), Berlin/New York 2005.

Ziemer, Benjamin: Art. Amrafel. In: WiBiLex 2008.

Ziemer, Benjamin: Art. Arjoch. In: WiBiLex 2008.

Ziemer, Benjamin: Art. Tidal. In: WiBiLex 2008.

Zimmerli, Walther: Ezechiel 1–24 (BKAT 13), Neukirchen-Vluyn 1969.

Zimmerli, Walther: 1. Mose 12–25. Abraham (ZBK.AT 1,2), Zürich 1976.

Ziv, Avner: Jewish Humor, New Brunswick 1998.

Žižek, Slavoj: Žižek's Jokes. Did You Hear the One about Hegel and Negation?, Cambridge 2014.

Zobel, Dagmar: Scham in der Seelsorge. In: Link-Wieczorek, Ulrike (Hg.), Verstrickt in Schuld, gefangen von Scham? Neue Perspektiven auf Sünde, Erlösung und Versöhnung, Neukirchen 2015, 43–57.

Zumstein, Jean: Das Johannesevangelium (KEK 2), Göttingen/Bristol 2016.

Zumstein, Jean: Lecture narratologique du cycle pascal du quatrième Évangile. In: ETR 76/1 (2001), 1–15.

Zupančič, Alenka: The Odd One In. On Comedy, Massachusetts/London 2008.

Abbildungsnachweis

Beitrag Manfred Oeming und Fritz Lienhard

Abb. 1: Das Wortfeld von „Humor" in sozialanthropologischer Perspektive.

> Effinger, Herbert, Lachen erlaubt. Witz und Humor in der Sozialen Arbeit, Regensburg 2006, 50.

Abb. 2: Vier Pole von Humor.

> Matthiae, Gisela: Art. Humor (AT), Abb. 1, Spielarten der Komik. In: WiBiLex 2009. Graphik erstellt nach Dopychai, Arno: Der Humor. Begriff, Wesen, Phänomenologie und pädagogische Relevanz [Dissertation an der Universität Bonn], Bonn 1988, 12. Vgl. die Schlüsselwörter bei Schmidt-Hidding, Wolfgang (Hg.): Europäische Schlüsselwörter. Wortvergleichende und wortgeschichtliche Studien, Bd. 1, München 1963, 48.

Abb. 3: Das humoristische Viereck.

> Eigene Darstellung.

Beitrag Andreas Wagner

Abb. 1: Einflüsse der Kultur auf die Emotionssequenz.

> Bender, Andrea: Heiliger Zorn im „Paradies"? Emotionen im Kulturvergleich. In: Wagner, Andreas (Hg.): Anthropologische Aufbrüche. Alttestamentliche Menschenkonzepte und anthropologische Positionen und Methoden. (FRLANT 232) Göttingen 2009, 316.

Beitrag Manfred Oeming

Abb. 1: Merian, Gefangennahme Jesu.

> Kupferstich aus dem Zyklus der „Kupferstiche zur Heiligen Schrift", 1625–1627. Copyright von akg-images erworben.

Abb. 2: James Tissot, Les Gardes Tombant à la renverse/The Guards Falling Back.

Tissot, James, Les Gardes Tombant à la Renverse/The Guards Falling Back, Guache zwischen 1886-1894, 19,8 x 26,4 cm. Copyright: Public Domain, URL: https://upload.wikimedia.org/wikipedia/commons/a/a5/Brooklyn_Museum_-_The_Guards_Falling_Backwards_%28Les_gardes_tombant_%C3%A0_la_renverse%29_-_James_Tissot.jpg (Stand: 15.01.2023). Schwarz-weiß-Bearbeitung von Manfred Oeming.

Abb. 3: Bronzemünze des Pontius Pilatus.

30 n. Chr. geprägt, Umschrift: TIB·PIOY KAICAPOC = des Kaisers Tiberius, mit Lituus, dem Krummstab der Amtsträger bzw. dem Priesterstab, 16 mm, 1,58 g. Privatbesitz. Copyright: Manfred Oeming.

Abb. 4: Umzeichnung einer Spott-Graphity.

Gefunden in einer Schule auf dem Palatin, aus der Zeit um 200 n.Chr.; die Texteinritzung lautet: „Ἀλεξάμενος σέβετε Θεόν" „Alexamenos betet (seinen) Gott an", oder „Alexamenos huldigt Gott". Das Original befindet sich im Palatin-Museum. Copyright: Pubic Domain, URL: https://de.wikipedia.org/wiki/Alexamenos-Graffito#/media/Datei:AlexGraffito.svg (Stand: 15.01.2023).

Beitrag Nora Schmidt

Abb. 1: Mondspaltung in einer persischen Handschrift des 16. Jahrhunderts.

Fāl-Nāmeh, Iran, 16. Jh., Sächsische Landesbibliothek, Staats- und Universitätsbibliothek Dresden (Mscr.Dr.Eb. 445), URL: https://www.qalamos.net/receive/DE14Book_manuscript_00000449 (Stand: 16.08.2023). Nutzung: Gemeinfrei.

Beitrag Pierre Bühler

Abb. 1: Der Clown Dimitri will sich mit seiner Panflöte erschießen.

Porod, Christina: Clown Dimitri – Highlights aus 55 Jahren im TAK Liechtenstein. In: Zeitschrift für Kultur und Gesellschaft, 11 (2013), URL: https://www.kulturzeitschrift.at/kritiken/kleinkunst-kabarett/clown-dimitri-highlights-aus-55-jahren-im-tak-liechtenstein (Stand 15.01.2023). Copyright: Clown Dimitri Estate, Switzerland.

Abb. 2: Mordillo: Der Fischer und seine Beute.

Mordillo, Guillermo: Cartoons zum Verlieben, München ⁵1979.

Abb. 3: Friedrich Dürrenmatt, Don Quijote (1988).

Dürrenmatt, Friedrich, Don Quijote (1988), Sammlung Centre Dürrenmatt Neuchâtel. Copyright: Schweizerische Eidgenossenschaft/CDN.

Abb. 4: Friedrich Dürrenmatt, Kreuzigung I (1939-1942).

Dürrenmatt, Friedrich, Kreuzigung I (1939-1942), Sammlung Centre Dürrenmatt Neuchâtel. Copyright: Schweizerische Eidgenossenschaft/CDN.

Abb. 5: Friedrich Dürrenmatt, Kreuzigung (1990).

Dürrenmatt, Friedrich, Kreuzigung (1990), Sammlung Centre Dürrenmatt Neuchâtel. Copyright: Schweizerische Eidgenossenschaft/CDN.

Abb. 6: Friedrich Dürrenmatt, Gelächter (1990).

Dürrenmatt, Friedrich, Gelächter (1990), Sammlung Centre Dürrenmatt Neuchâtel; Copyright: Schweizerische Eidgenossenschaft/CDN.

Abb. 7: „Oh! Pardon": zwischen Entschuldigung und Vergebung.

Piem, Dieu et vous, Paris 1996. Copyright: le cherche midi éditeur.

Abb. 8: Die Kreuzigung im Altarbild der Herderkirche in Weimar; Lucas Cranach d.J., Kreuzigung (1552-1555).

Cranach d. J., Lukas, Cranach-Altar in der Stadtkirche St. Peter und Paul (Herderkirche), Weimar; Copyright: Evang.-Luth. Kirchgemeinde Weimar. Rechtefrei.

Abb. 9: Die Kreuzigung im Altarbild der Herderkirche in Weimar (Ausschnitt), Lucas Cranach d.J., Kreuzigung (1552-1555).

Cranach d. J., Lukas, Cranach-Altar in der Stadtkirche St. Peter und Paul (Herderkirche), Weimar; Copyright: Evang.-Luth. Kirchgemeinde Weimar. Rechtefrei.

Abb. 10: Gott als Fischer im Hortus deliciarum (ca. 1180).

Landsberg, Herrad von, Hortus Deliciarum (12. Jhd.), wikimedia.commons.org.

Abb. 11: „Ja nie aufgeben!", anonyme russische Zeichnung.

Eine anonyme Zeichnung aus Russland, die in der Schweiz frei zirkulierte, rechtefrei.

Beitrag Gisela Matthiae

Abb. 1: Neugierig wie immer, die Clowns.

Copyright: Matthiae, Gisela.

Abb. 2: Auf dem Weg, die Kirche zu entdecken.

Copyright: Matthiae, Gisela.

Abb. 3: Singen aus voller Kehle und mit roter Nase.

Copyright: Matthiae, Gisela.

Abb. 4: Frau Seibold, deren Engagement nicht nur aus dem Stricken von Socken besteht.

Copyright: Matthiae, Gisela.

Abb. 5: Clownsgruppe probt in einer Kirche.

Copyright: Neumann, Rainer.

Abb. 6: Clown Justav am Abendmahlstisch.

Copyright: Matthiae, Gisela.

Abb. 7: Clownin fühlt sich ganz wohl unter der Kanzel.

Copyright: Matthiae, Gisela.

Abb. 8: Clownin im Gespräch mit Herrn Luther.

Copyright: Matthiae, Gisela.

Abb. 9: Den schützenden Schirm über dem Altarkreuz haben Clowninnen aufgestellt.

Copyright: Matthiae, Gisela.

Abb. 10: Die Clowngruppe wartet in der Kirche auf den Beginn des Gottesdienstes und hält ihn schließlich selbst, weil sonst niemand kommt.

Copyright: Matthiae, Gisela.

Abb. 11: Was für ein tiefes Loch!

Copyright: Matthiae, Gisela.

Abb. 12: Der Sprung als clowneske Übung.

Copyright: Neumann, Rainer.

Autorenverzeichnis

Prof. em. Dr. Pierre Bühler: Professor (em.) für Systematische Theologie, insbesondere Hermeneutik und Fundamentaltheologie, Universität Zürich.

Prof. em. Dr. Wolfgang Drechsel: Professor (em.) für Praktische Theologie: Seelsorge, Universität Heidelberg.

Dr. Patrick Ebert: Wissenschaftlicher Mitarbeiter am Lehrstuhl für Systematische Theologie: Dogmatik und Religionsphilosophie, Universität Heidelberg.

Dr. Volker Grunert: Akademischer Rat, Abteilung Evangelische Theologie und Religionspädagogik, Pädagogische Hochschule Schwäbisch Gmünd.

Simone Hankel: Wissenschaftliche Hilfskraft am Lehrstuhl für Systematische Theologie: Dogmatik und Religionsphilosophie, Universität Heidelberg.

Prof. em. Dr. Jochen Hörisch: Professor (em.) für Neuere Germanistik und Medienanalyse, Universität Mannheim.

Dr. Jessica Lampe: Communications Manager, Swiss 3R Competence Center; Forbes 30 under 30.

Prof. em. Dr. Peter Lampe: Professor (em.) für Neutestamentliche Theologie, Universität Heidelberg. Prof. h.c. Universiteit van die Vrystaat, South Africa.

Salome Lang: Doktorandin im Fach Neues Testament, Universität Heidelberg.

Prof. Dr. Fritz Lienhard: Professor für Praktische Theologie: Kirchentheorie und Pastoraltheologie, Universität Heidelberg.

Prof. em. Dr. Marc Lienhard: Professor (em.) für Neuere Kirchengeschichte, Universität Straßburg.

Dr. Gisela Matthiae: Lehrbeauftragte, Referentin in der kirchlichen Bildung, Vortrags- und Tagungsarbeit, freischaffende Autorin und Komödiantin. Leiterin von Ausbildungsgängen „Clownerie in Kirche und Gemeinde" und „Clown/Clownin im Altenheim".

Prof. Dr. Manfred Oeming: Professor für Alttestamentliche Theologie, Universität Heidelberg.

Prof. Dr. Frédéric Rognon: Professor für Philosophie der Religionen, Universität Straßburg.

Dr. Nora Schmidt: Leiterin und Bearbeiterin des DFG-Projekts „Die Umschrift der Weisheit. Übertragungen der Josef-Legende vom Alten Orient bis in die islamische Zeit", Universität Heidelberg.

Prof. Dr. Philippe Soual: Professor für Philosophie, Institut catholique de Toulouse.

Prof. Dr. Philipp Stoellger: Professor für Systematische Theologie: Dogmatik und Religionsphilosophie, Universität Heidelberg.

Prof. Dr. Andreas Wagner: Professor für Altes Testament, Universität Bern.